U0606414

修订者名单

（以姓氏笔画为序）

冯　俊　李秋零　李毓章　张志伟　钟宇人　聂敏里

XIFANG ZHEXUESHI
XINBIAN

西方哲学史新编

修订本

苗力田 李毓章◎主编

人民出版社

目　录

导　言 ……………………………………………………… 1

第一章　古希腊哲学 …………………………………… 19

引　言 ……………………………………………………… 19

第一节　早期希腊的自然哲学 …………………………… 28

　一、伊奥尼亚哲学 …………………………………… 30

　二、毕达哥拉斯学派的数目哲学 …………………… 39

　三、爱利亚学派的存在哲学 ………………………… 43

　四、恩培多克勒和阿那克萨戈拉的自然哲学 ……… 51

　五、留基波和德谟克利特的原子论 ………………… 59

第二节　古典时期的希腊哲学（上）。苏格拉底和

　　　　柏拉图 …………………………………………… 65

　一、智者的社会伦理思想 …………………………… 66

　二、苏格拉底的德性论 ……………………………… 74

　三、小苏格拉底学派 ………………………………… 80

　四、柏拉图的理念论 ………………………………… 83

第三节　古典时期的希腊哲学（下）。亚里士多德 …… 102

　一、形而上学 ………………………………………… 105

　二、自然哲学 ………………………………………… 116

　三、实践科学 ………………………………………… 126

第四节　晚期希腊各派哲学 ·············· 132

一、斯多亚主义 ·············· 135

二、伊壁鸠鲁和卢克莱修 ·············· 144

三、怀疑主义 ·············· 151

四、新柏拉图主义 ·············· 155

本章小结 ·············· 164

第二章　中世纪哲学 ·············· 166

引　言 ·············· 166

第一节　教父哲学 ·············· 169

一、早期基督教与古代希腊哲学 ·············· 170

二、早期希腊教父 ·············· 172

三、早期拉丁教父 ·············· 175

四、亚历山大里亚宗教哲学 ·············· 176

五、奥古斯丁 ·············· 178

六、波爱修 ·············· 186

第二节　早期经院哲学 ·············· 190

一、爱留根纳 ·············· 191

二、安瑟尔谟 ·············· 195

三、洛色林和阿伯拉尔 ·············· 198

第三节　经院哲学的繁荣 ·············· 202

一、阿拉伯的亚里士多德主义 ·············· 203

二、早期弗兰西斯教派 ·············· 206

三、多米尼克教派。托马斯·阿奎那 ·············· 208

四、拉丁阿威洛依主义 ·············· 220

第四节　经院哲学的解体 ·············· 222

一、罗吉尔·培根 ·············· 222

　　　二、邓斯·司各脱 ……………………………………… 227

　　　三、奥康的威廉 ………………………………………… 230

　　　四、约翰·艾克哈特 …………………………………… 234

　本章小结 …………………………………………………… 237

第三章　文艺复兴时期哲学 ………………………………… 239

　引　言 ……………………………………………………… 239

　第一节　人文主义思潮和社会政治学说 ………………… 242

　　　一、人文主义思潮 …………………………………… 242

　　　二、马基雅维利 ……………………………………… 255

　第二节　哲学的"复兴" ………………………………… 259

　　　一、柏拉图主义的复兴。库萨的尼古拉 ………… 259

　　　二、庞波那齐的亚里士多德主义 …………………… 268

　　　三、蒙台涅的怀疑主义 ……………………………… 271

　第三节　宗教改革者的哲学思想 ………………………… 275

　　　一、路德的"因信称义"说 ………………………… 275

　　　二、加尔文的"先定"说 …………………………… 277

　　　三、宗教改革精神的意义及其局限性 ……………… 278

　第四节　科学革命和自然哲学 …………………………… 280

　　　一、达·芬奇 ………………………………………… 280

　　　二、哥白尼 …………………………………………… 283

　　　三、特勒肖 …………………………………………… 286

　　　四、布鲁诺 …………………………………………… 289

　本章小结 …………………………………………………… 296

第四章　16 世纪末—18 世纪上半期西欧各国哲学 ………… 298

　引　言 ……………………………………………………… 298

　第一节　16 世纪末—17 世纪中期英国哲学 …………… 310

一、培根 ……………………………………………… 311

二、霍布斯 …………………………………………… 324

第二节 17 世纪法国哲学 ……………………………… 342

一、笛卡尔 …………………………………………… 343

二、伽森狄 …………………………………………… 360

三、马勒伯朗士 ……………………………………… 364

第三节 17 世纪荷兰哲学。斯宾诺莎 ………………… 367

一、论自然——实体学说 …………………………… 371

二、论心灵——认识学说 …………………………… 376

三、论幸福——伦理政治学说 ……………………… 379

第四节 17 世纪下半期英国哲学。洛克 ……………… 382

一、对天赋观念论的批判 …………………………… 384

二、论观念 …………………………………………… 386

三、论知识 …………………………………………… 395

四、社会国家学说 …………………………………… 403

第五节 17 世纪末—18 世纪初德国哲学 ……………… 405

一、莱布尼茨 ………………………………………… 407

二、沃尔夫 …………………………………………… 423

第六节 18 世纪上半期英国哲学 ……………………… 424

一、托兰德 …………………………………………… 426

二、贝克莱 …………………………………………… 430

三、休谟 ……………………………………………… 439

本章小结 ………………………………………………… 456

第五章 18 世纪法国启蒙哲学 ………………………… 459

引 言 …………………………………………………… 459

第一节 启蒙主义者 …………………………………… 466

一、比埃尔·贝尔 ················· 467

二、孟德斯鸠 ···················· 475

三、伏尔泰 ······················ 486

四、卢梭 ························· 499

第二节　唯物主义者 ················ 514

一、拉美特里 ···················· 515

二、孔狄亚克 ···················· 523

三、爱尔维修 ···················· 528

四、狄德罗 ······················ 538

五、霍尔巴赫 ···················· 551

本章小结 ························· 566

第六章　18世纪末—19世纪初德国古典哲学 ·········· 568

引　言 ··························· 568

第一节　康德 ····················· 579

一、"前批判时期"的哲学思想 ········· 580

二、"批判时期"的哲学思想 ··········· 585

第二节　费希特和谢林 ··············· 641

一、费希特 ······················ 642

二、谢林 ························· 655

第三节　黑格尔 ··················· 670

一、哲学体系的形成 ················ 671

二、《精神现象学》 ················· 675

三、逻辑学 ······················ 684

四、自然哲学 ···················· 708

五、精神哲学 ···················· 714

第四节　青年黑格尔派 ··············· 732

一、黑格尔学派解体的社会文化背景 ············· 732

二、施特劳斯 ····································· 735

三、布鲁诺·鲍威尔 ······························· 738

四、施蒂纳 ······································· 742

第五节　费尔巴哈 ···································· 746

一、早期哲学思想 ································· 748

二、关于人的学说 ································· 758

三、关于自然的学说 ······························· 778

四、关于宗教的学说 ······························· 781

本章小结 ······································· 788

结束语 ··· 791

后　记 ··· 794

修订本后记 ··· 796

导　言

一、哲学史的对象

哲学是理论化系统化的世界观和方法论,是以概念形式并从整体上认识世界、人以及人在世界中的地位,指导人们改变世界、完善自己、改善自己同世界关系的理论体系,简言之,即是关于人与世界的关系的理论体系。哲学史也就是这一理论体系的发展史。

人具有精神活动、意识现象,具有以实践为基础的自觉能动性,从而能够认识世界和改造世界,并且创造了光辉灿烂的人类文化——物质文化和精神文化。人因此同世界有了关系,这种关系是为人而存在的。而"动物不对什么东西发生'关系',而且根本没有'关系';对于动物来说,它对他物的关系不是作为关系存在的"[①]。那么对于具有精神(理性、意志、情感等等)的人来说,人和对象(主体和客体)的关系是什么? 很显然,人无论是作为实践主体还是认识主体,都必须要有对象、客体的存在。它们当然不依赖于主体而存在,但对象乃是人的对象。无论是实践对象还是认识对象,只是对人来说,才具有"对象"的规定性。具有精神的人反思精神同对象的关系。具体科学并不对这种关系本身进行探

---

① 《马克思恩格斯文集》第 1 卷,人民出版社 2009 年版,第 533 页。

讨,而是把这个问题的肯定观点当作一个既定的无可置疑的前提,以对象的某一方面或对象与人关系的某一方面或人的精神现象(活动)的某一方面作为自己研究的对象。而作为人类知识系统最高层次的哲学,恰恰要对这个关系本身进行探讨,作出理论上的阐明、论证,并以哲学的语言,把这一关系抽象地概括地表述为思维和存在、精神和物质的关系。正是哲学研究对象的规定性,思维和存在、精神和物质的关系也就成为哲学的基本问题,哲学史也就是这一基本问题的生成史。

哲学基本问题的核心是思维对存在、精神对物质的关系问题,也就是谁是第一性谁是第二性? 世界的本原是存在、物质还是思维、精神? 由于回答的不同,便产生了不同的派别。唯物主义者主张物质第一性、意识第二性,世界的本原是存在。唯心主义者则认为意识第一性、物质第二性,思维是世界的本原。当然也有些哲学家在这个问题上采取"中间派"的立场。哲学史因而也就是各个哲学派别,主要是唯物唯心这两个基本派别的产生、形成、发展及其论争的历史。

西方哲学史表明,虽然在哲学发展的两千多年的长河中,哲学研究的范围在不同历史条件下曾几次发生过变化,哲学家们也曾对哲学下过各自区别的定义。然而任何哲学,只要它是哲学,即使是宗教化的哲学但不是哲学化的宗教,都或明或暗地体现出这一哲学最高问题的存在。哲学家们总是自觉或不自觉地、直接或间接地表明自己对这一问题的见解。有些杰出的哲学家(唯物主义者和唯心主义者)不仅肯定了哲学上存在着这两个基本派别,甚至提出了划分派别的标准。亚里士多德在总结以往哲学的基础上指出,有一门学问专门研究"有"(存在)本身以及有凭本性具有的各种属性。他一方面肯定有虽然有许多意义,但"最根本的'有'却显然是那个'什么',即事物的实体"①。亚里士多德还指出,早期自然哲学家有的主张"物质性的本原"是始基,有的则"脱离可感事物"说明始基。至于近代,莱布尼茨、贝克莱、拉美特里等人,以及 19 世纪德国古典哲学的代表者都对这个问题做过重要论述。黑格尔就指出,近代哲学的最高分裂是思维和存在的对立;全部哲学的兴趣就在于和解这一对立。费尔巴哈认为思维与自身的关系,思维与客体、自然的关系是哲学上最重要最困难的问题,唯心主义的实在性就在于它的回答是否正确,等等。这说明:第一,哲学史上确实存在着两个基本派别;第二,并非只有马克思主义哲学肯定哲学上两个派别的对立和论争,问题在于马克思以前的哲学家由于没有正确的哲学学,因而不能对此作出科学的完整的阐述。

　　在以人与世界的关系问题为自己主要研究对象的哲学中,同存在与思维、物质和精神何为第一性何为第二性的最高问题相联系,还有人能否认识世界的问题,也就是人们所说的思维与存在的同一性问题。特别是在近代,随着科学的发展,认识论日益成为哲学研究的重点。在这个问题上,绝大多数的哲学家,包括唯物主义者和唯心主义者都持肯定看法。唯物主义者基于存在是世界的本原的立场,主张思维能够认识客观世界。唯心主义者基于世界是精神或自我产物的观点,提出了思维和存在同一这一实质上不过是精神、自我与自身同一的观点。也有些哲学家持否定态度,主张不可知论。古代怀疑论是不可知论的最初形态,较为完备的不可知论则是近代西方出现的。

　　关于世界、人的精神(思维、认识)是否发展、怎样发展以及发

---

① 　[古希腊]亚里士多德:《形而上学》,1003a20-b9(凡注亚里士多德著作页码,皆为贝克尔标准本页码),参见苗力田主编:《亚里士多德全集》第 7 卷,中国人民大学出版社 1993 年版,第 84—85 页。

展的动力、源泉问题,关于人在自身同世界的关系中是能动的还是被动的问题,都是哲学研究内容的重要方面。这就是人们所说的辩证法和形而上学①所探讨、争论的问题。辩证法是以矛盾为基础的关于普遍联系和发展的学说,形而上学则用孤立片面、凝固不变的观点看待一切。这也是两种对立的宇宙观和方法论,同样存在于哲学发展的历史中。哲学家们在这个问题上的不同观点是同他们对世界本原问题的不同回答融合、交织在一起的。哲学史也就呈现出丰富多彩的局面。就西方哲学史而论,古代辩证法和形而上学从整体上说是自发的幼稚的。只是近代,随着科学(认识)和实践活动的发展,形而上学和辩证法,尤其是形而上学思维方式和辩证思维方式才得到了充分的发展,出现了形而上学唯物主义和唯心主义,产生了黑格尔的唯心主义辩证法。

　　哲学研究的对象是丰富的、多方面的、多层次的。除了上述主要内容外,自然观、关于社会发展的动因及规律、善恶、审美、有神和无神等问题,也是或曾是哲学家们探索、研究的问题。这就告诉我们:把全部哲学发展的最高问题说成是哲学的唯一问题,把仅仅是回答世界本原上所使用的唯物唯心术语绝对化,或把它们的含义片面地夸大,或在别的意义上使用它们,当然是错误的;但以哲学内容的丰富否认唯物唯心是哲学史上的两个基本派别,否认它们的论争是哲学发展的主线,同样也是不妥当的。

二、关于哲学史观的几个问题

　　不同的哲学理论有着不同的哲学史观。马克思主义哲学史工作者应当遵循、运用马克思主义哲学史观,科学地阐发哲学史的内

---

①　在西方哲学史上,"形而上学"词义是"物理学之后",指研究事物本原的学向,即哲学。与辩证法相对应的形而上学的含义,始于黑格尔。

容,正确地论述、分析、评判哲学史上的不同派别及其论争。

　　哲学是世界观方法论,又是社会意识形态之一,社会上层建筑的一部分。因此从根本上说,哲学总是为一定的社会经济基础所决定所制约,并为经济基础服务。在阶级社会中,哲学总是一定阶级的理论体系,哲学斗争"实际上只是或多或少明显地表现了各社会阶级的斗争"①。但是,哲学又是社会意识形态中远离经济基础的一个领域,是"更高地悬浮于空中的意识形态的领域"②。它们之间的联系是由许多环节构成的,而不是直线的、一目了然的。同样,作为哲学发展主线的唯物唯心及其论争也不能简单地等同于政治上的进步、反动。它们在历史不同阶段的作用也不是固定不变的。历史上常有这样的情况:被压迫阶级或正在形成中的新兴进步阶级,往往以唯心主义哲学来表达自己的要求。至于历史唯心论,则是无产阶级世界观出现之前任何阶级都具有的。这说明在分析唯物唯心斗争的阶级实质时,需要实事求是的态度,进行具体的历史的细致分析,简单化的做法是无济于事的。对可知与不可知、辩证法与形而上学的分析也应如此。

　　哲学上的唯物唯心斗争,以及不可知论、形而上学的产生,也还有认识论的根源。哲学史上的唯物主义哲学,无论是古代朴素唯物主义还是近代形而上学唯物主义,虽然它们对认识路线的理解并非完全正确。但从总体上说,都是遵循了从客观到主观的认识路线,承认客观事物离开我们而独立存在。但是,主客统一是对立的统一。人的认识是以实践为基础,借助语言进行认识(思维)的过程,是一个充满矛盾的复杂发展过程。认识过程的相对独立性,就有可能把这一过程的某一方面、某一环节加以片面化、绝对

---

① 《马克思恩格斯文集》第 2 卷,人民出版社 2009 年版,第 469 页。
② 《马克思恩格斯文集》第 10 卷,人民出版社 2009 年版,第 598 页。

化。这就可能陷入唯心主义和不可知论。形而上学唯物主义的根本缺陷也就在于不能把辩证法应用于认识论，不仅采用形而上学的思维方式，甚至认为客观世界也是形而上学的。

真理超出了它的界限就成为谬误，唯心主义者的失足往往就在这里。他们正是把真理性认识的某一特征、方面、部分片面地夸大了，绝对化了。然而就这某一特征、方面和部分的真理性认识来说，无疑是正确的，应予以肯定。不仅如此，纵观两千多年的西方哲学史，唯心主义虽然从总体上说是错误的，但它确实提出了不少有价值的思想，对哲学的发展起了积极作用。人们尽管对巴门尼德哲学的性质尚有争议，但谁也不否认他的存在概念对理论思维发展的巨大贡献。芝诺否认运动是错误的，但他确实揭示了运动的矛盾性质。中世纪的艾克哈特神秘主义是神学唯心主义，但它认为人通过"沉湎"就能了悟上帝，从而否定了教会的作用。在近代，这种情况更为显著。笛卡尔的"我思故我在"并不是唯物主义的命题，然而这一命题弘扬了人的理性，用人类理性代替上帝理性。笛卡尔哲学也就成为近代哲学理性主义的开端。休谟的怀疑论并不是正确的观点，但它以否定方式暴露或揭示了经验论的局限，给后人以深刻的启迪。至于德国古典唯心主义哲学关于认识（主体）能动性的思想，更是哲学史上极有价值的成果。因此，粗暴武断地把唯心主义哲学说成胡说，既不是尊重历史，也不是尊重科学，更不是马克思主义实事求是的态度。总之，在对待两千多年唯心主义哲学的问题上，"问题决不是要简单地抛弃这两千多年的全部思想内容，而是要对它们进行批判，要把那些在错误的、但对于那个时代和发展过程本身来说是不可避免的唯心主义的形式内获得的成果，从这种暂时的形式中剥取出来。"①

---

① 《马克思恩格斯文集》第9卷，人民出版社2009年版，第458页。

　　哲学是人类文明的活的灵魂。哲学作为人类知识最高层次的理论体系，是一定时代人类文化的结晶，是自己时代精神的精华。哲学是由该时代的政治学、科学、道德、宗教、文学艺术等等因素组成的文化共同体的产物，而不单纯是经济基础的产物，阶级斗争的产物。哲学也对这些学科发生重大作用和影响。同时，"每一个时代的哲学作为分工的一个特定的领域，都具有由它的先驱传给它而它便由此出发的特定的思想材料作为前提。因此，经济上落后的国家在哲学上仍然能够演奏第一提琴：18世纪的法国对英国来说是如此（法国人是以英国哲学为依据的），后来的德国对英法两国来说也是如此。"①这就说明，在分析某一哲学的产生、本质及社会功能等问题时，要力戒"经济决定一切"、"阶级决定一切"的片面观点，而是把它放在一定时代广阔的文化环境、文化（哲学）传统的背景下考察，力图把握该时代的时代精神、时代的历史使命，从而科学地阐发这一时代的哲学。

　　发展是哲学的本质规定。就哲学和时代的关系而言，哲学作为一定时代的关于人与世界的关系的理论体系，总是一定时空、一定社会形态、一定文化背景下的产物。它既受时代的制约，也随着时代的发展而发展，随着人类实践活动和认识活动的发展而不断丰富。就哲学自身来说，它作为爱智慧的学问是一门从事创造性活动的学问。它不满足于已有的东西，不停滞在现有知识的水平上，总是不断地提出、探索新的问题。而哲学作为理论形态的学问，正是以概念、范畴来阐发其内容，认识人与世界的关系的。这些概念、范畴既是理论思维的结晶，认识之网的网上纽结，有其逻辑的内在联系，又是人类认识长河中的积淀物，有其历史发展的必然联系。它们的发展从逻辑（思维）和历史方面体现了哲学发展

---

① 《马克思恩格斯文集》第10卷，人民出版社2009年版，第599页。

的前进运动,但不是直线的,而是螺旋式的前进运动,体现了人类认识不断深化的进程。

哲学研究对象的特殊性,使哲学的发展有着不同于自然科学发展的一些特点。一般说来,科学上不同观点的分歧随着科学的发展而消除。科学的发展是在前人成就的基础上提出新见解从而克服前人的局限,超过前人。新观点被证实后,旧的观点也就被取代了。今天,很少有人再相信地球中心说、燃素说之类的说法。哲学的发展固然也是在前人思想基础上继续前进,但并不总是新的学说战胜以往的哲学,哲学上不同学说的分歧也并非暂时现象。恰恰是哲学不同派别的论争伴随着哲学的发展,并且在新的条件下以更丰富的内容展开(正是不同派别的对立、论争成了哲学发展的内在机制)。因此,在哲学上往往存在着错误观点并不因为正确观点的出现而消失的情况。在当今,人们并不因为有了马克思主义哲学就不相信唯心主义、形而上学以及历史唯心论。但是,不应把哲学发展和科学发展的区别绝对化,更不应否认发展是哲学的本性。两者的差别决不意味着哲学是停滞的、僵死的,决不意味着哲学总是面向过去,返祖式地复归到以往哲学,以致后人在前人哲学面前除了表示惊讶以外无事可做。当今哲学状况表明,人们今天对人与世界的关系的认识,无论就其广度、深度来说,都远远超过前人。尽管这一问题是不同时代人们所认识的共同课题。

因此,揭示哲学发展线索是哲学史的重要任务。哲学史所阐发的是在时间、民族、国家嬗变、更迭中相继产生的哲学思想、思潮和哲学派别。但哲学史不应是各种思想的陈列馆或管家婆,而是要揭示它们的相互关系,揭示哲学概念、范畴发展的具体的历史进程。这是因为,作为具有相对独立性的意识形态,哲学的发展既有阶段性,又有其内在的必然联系,即发展的连续性。一方面,每一哲学作为一定历史阶段对人和世界的关系的整体认识,都有其一定的并且不能为其他哲学所代替的地位,有其存在的必然性合理性;另一方面,无论从哲学随着时代的前进而不断发展的角度说,抑或就哲学作为对人与世界的关系的认识是不断深化的立场说,每一哲学又是哲学发展的无限过程中的一个环节。就是说,哲学发展的过程是各个哲学理论扬弃的过程。每一哲学既继承了先前哲学的思想成果,同时它自身又是后来哲学赖以出发的思想前提。这里要指出的是,哲学发展中的继承关系不仅表现在唯物唯心内部的各自继承关系,而且也表现在它们相互之间。古代自发唯物主义和后来的一神教(唯灵论)在灵魂与肉体问题上有这种关系。洛克和贝克莱在物体的所谓第一、第二性质上也是有着这种关系。黑格尔和费尔巴哈在宗教哲学上也是这样。这又说明,唯物唯心之间既有对立、斗争的一面,也有相互渗透、批判继承的一面。

　　实事求是是哲学史研究的根本原则。哲学发展的本质规律或哲学探讨的重大问题存在于哲学发展的全部历史中,但这决不意味着对此可以作简单机械的理解。哲学并不是一开始就自觉地探讨哲学基本问题,也没有两条路线的“你死我活”的斗争。泰勒斯和阿拉克西美尼主张水和气是万物的本原,但他们并没有给自己提出意识同本原有怎样的关系。而毕达哥拉斯派作为本原的数——用黑格尔的话说,既是非感性的感性之物,也是感性的非感性,这是其一;其二,这也不意味着我们可以对丰富的哲学史内容作主观任意的处理。一般不能离开个别而存在,哲学发展的主线是通过某一时代哲学研究的课题,某一哲学理论体现出来的。而每一哲学都依据其探讨的问题而有其自身的内在逻辑结构,就是说哲学家们并不是按照我们设想的本体论、方法论、认识论这套模式来构建自己的哲学的。有的哲学家建立了包罗万象的庞大体系,有的也只是在哲学的某一方面给后人留下著作。这就表明,在阐发某一哲学思想时,不应用几个板块拼成的模式去框套内容丰富的哲学,使它们变成千篇一律、一个面孔的东西。而是从实际出发,详细地占有原始资料,力图按照哲学家本人的体系或主要哲学著作或基本哲学概念(主要哲学范畴)来阐发他们的哲学。同时遵循一般寓于个别之中的原则,运用逻辑和历史统一的方法,通过阐发其哲学来揭示其哲学倾向,使共性与个性有机地统一起来,进而揭示出哲学思想、哲学范畴发展的进程。对不同的哲学学说,都应以历史主义的态度对待,不要把前人没有的思想强加到他们身上,不要作出偏颇的评论或苛求前人。

进取、创新、开放是哲学史研究始终充满生机和活力的重要因素。科学的哲学史观不是永恒不变的教条,不是禁锢人们思想的僵化、凝固的模式,更不是宗派主义统治的王国。它面向恒动不息的现实,面向学派林立、灿烂多彩的整个哲学世界,面向哲学的未来。我们应当勤思多想,积极探讨哲学史研究中出现的新课题,开拓新的研究领域,应当借鉴、吸收其他学科的新成果、新方法,而不应因循守旧、故步自封;对于用其他哲学观点研究的哲学史,应当以科学态度对待,凡是有价值的东西,凡是真知灼见,都应学习,汲取过来。

三、西方哲学史的主要发展阶段和基本特点

本书的内容是马克思主义哲学产生之前的西方哲学史(西方古典哲学)。这里所讲的"西方",不是政治的或经济的概念,而是地理—文化概念。西方哲学史是指那些直接或间接地以希腊哲学(文化)为源,从而对它有一种"家园之感"的欧洲国家的古典哲学,具体地说是从公元前6世纪初的泰勒斯到19世纪中叶的费尔巴哈的哲学。这段哲学史大致可分为古希腊、中世纪和近代三个时期的哲学。这里的"古希腊"不是历史—地理概念,"中世纪"、"近代"也不是社会形态上的欧洲封建社会、资本主义社会的同义

概念。它们是依据哲学发展的程度、哲学探讨的主要内容,划分西方哲学发展主要阶段的哲学—文化概念。

古希腊哲学是指公元前 6 世纪末到公元 5 世纪的希腊哲学及继后的罗马哲学。这是西方哲学的开端,也是西方哲学的摇篮。西方哲学后来的各种观点,都可以在形式多样的古希腊哲学中找到它们的最初形态。古希腊哲学作为西方哲学的童年,有着朴素、直观的特征。这一时期,哲学逐渐脱离宗教、神话,自然科学还没有同哲学分离。哲学主要是围绕着生成与存在、一般与个别、变与不变等问题(苏格拉底以后又增加了人事问题)来探讨本体论。至于思维对存在的关系问题,希腊哲学已开始提了出来,但还处于萌芽状态,没有像近代哲学那样,达到明确的有所意识的程度。就是柏拉图的理念世界和感觉世界,亚里士多德的形式与质料,实质上还是关于一般与个别的问题。倒是灵魂问题是绝大多数希腊哲学家经常论及的问题。从毕达哥拉斯派到晚期斯多亚派都主张灵魂脱离肉体,灵魂不朽。而从德谟克利特到卢克莱修则认为灵魂是由精微的质料(原子、种子)构成的。这不能驳倒对方的观点。以致到了公元 1 世纪末,灵魂不朽为基督教所承继,成为它的教义之一。随着希腊文化的衰落、基督教的产生,希腊哲学也就被基督教教父学所代替。希腊—罗马世界的多神教也就被基督教一神教所代替。

中世纪哲学是指西欧 5 世纪至 15 世纪初的基督教哲学,主要是形成于 11 世纪的经院哲学。教父学是基督教哲学的最初阶段。经院哲学用上帝同万物的关系取代人与世界的关系,以阐发圣经、教义,论证神学理论为根本任务。因此从根本上说,经院哲学是信仰哲学。然而它在理性服从信仰的前提下,又力图使神学体系化理论化。这又使它不可避免地涉及、论及那些属于哲学内容的问题。安瑟尔谟从伟大无比的观念必然存在证明上帝存在,实际上就涉及观念(思维)和存在的对立和结合。围绕共相(种和属)实在性展开的唯名论和唯实论的论争,实质上就是关于个别与一般关系的论争。这一持续了几个世纪的论争到14世纪时以唯名论兴盛而结束。经院哲学内在的因素(神学的思辨思维的发展,唯名唯实的论争等),世俗生活、科学和文化的复苏和萌发的外在因素,使经院哲学不可避免地衰落。

近代哲学始于15世纪初发端的文艺复兴时期哲学。这是西方古典哲学发展的最重要阶段,也是人类近代哲学发展的典型代表。当东方、中国还处在封建社会缓慢发展阶段的时候,西方人则率先跨进了资本主义的大门,几个世纪取得的成就比过去所有成就还要大得多。正像西方社会生活自此以后取得惊人的发展一样,哲学自此也就走上蓬勃发展的大道。哲学逐渐挣脱了神学桎梏,具体学科纷纷从哲学中分化出去。崇尚自然和人、提倡科学和民主、反对信仰和专制是时代精神的主流,也是贯穿这一时期哲学的基本精神。思维与存在的关系问题,随着自我意识的觉醒,随着本体论、特别是认识论的深入研究而成为近代哲学的重大基本问题,各派围绕它展开激烈的争论,阐发自己的哲学学说。唯物唯心都具有较完备、较系统化的形态。人的学说、以人为基础的社会政治哲学,以及伦理学、美学和宗教哲学等,都得到充分的发展,空前的繁荣。作为经院哲学的对立面,近代哲学起初是以15—16世纪的人文主义和自然哲学思潮肇始的。到了17世纪,培根和笛卡尔分别奠立了经验主义和理性主义的原则,两派在知识的来源、生成、标准及范围等问题上各抒己见或相互争辩,居主导地位的形而上学思维方法使他们不能获得完满的正确的见解。18世纪法国唯物主义出于反宗教的需要而着重于本体论研究,形成了机械的形而上学的自然哲学体系。德国古典唯心主义哲学一方面以其对辩证法和主体能动性深入研究的丰硕成果,给思维与存在关系问

题的探讨灌注了新的内容；另一方面以它对人的问题全面系统的
阐述，把这一问题的研究推向新的阶段。康德实质上以人的知意
情为对象建立起批判哲学体系，他的人是最终目的的思想突出了
人的至上尊严。黑格尔则以绝对精神及其庞大的体系确立了人在
世界中的至尊地位（尽管是以颠倒的方式）。而费尔巴哈的人本
学以唯物主义形式，把文艺复兴以来思想家所关注的人确立为哲
学的根本原则。

　　西方哲学史除具有哲学史的一般规律外，还有其相对说来比
较鲜明的一些特点。概括起来，这主要是：

　　第一，在西方哲学探讨世界、人以及人在世界中的地位问题的
历史长河中，对世界（自然）、人这两者的研究，或交替侧重或同时
并重，因而出现交叉繁荣或同时昌盛的局面。当然，也有共同衰微
的情况。西方哲学发端于对自然本原的探讨，早期希腊哲学家被
后人称之为"自然哲学家"。苏格拉底把"认识你自己"引进哲学，
人的德性成了知识问题，开创了柏拉图、亚里士多德等人广泛研究
世界与人事的先河。不过总的说来，希腊哲学本体论的主线还是
探讨自然。经院哲学使这两者泯没在对神、神与万物关系的阐发
之中。文艺复兴重新发现了人。从此，人、世界（自然、社会）及其
关系的研究又成了哲学探讨的主题，进入同时全面展开、深化的新
阶段，取得丰硕的成果。

　　第二，西方古典哲学对作为认识对象的人与世界关系的研究，
是同对作为认识主体的人的认识过程、能力、作用以及检验真理的
标准等问题的研究同步进行的。认识论是西方哲学史的一个重要
组成部分。古希腊哲学是这样，中世纪经院哲学在一定意义上说
也不例外。经院哲学是为神学、教会服务的，然而只要它力图把教
义建立在形而上学基础上，关注教义是否为理性所说明或在逻辑
上得到证明，它就必然要把信仰的对象变为思维的对象。这样，经

院哲学一方面势必把人引向怀疑、思考、认识的领域；另一方面它本身又必不可免地从事认识和逻辑的研究。近代哲学，由于自然科学的发展更是如此，有些哲学家的整个哲学几乎就是认识论或为认识论统摄。

第三，哲学是脑力劳动和体力劳动分工的产物，西方哲学从希腊哲学开始，就是一部分有了"闲暇"的人所从事的学术，明显地有着人类知识最高层次（亦即远离实际）所具有的抽象思辨的特征。哲学认识的特殊性，对事物的惊异，求知即爱智慧的本性，所谓超功利的理论直观的喜悦，学院式的自由思考——这种种因素，使西方哲学形成了一系列高度抽象概括的概念、术语和范畴，形成了追求严密而又系统的逻辑证明的传统。这既使理论思维得到充分发展，也带来某些哲学学说具有玄秘，乃至神秘的缺陷。经院哲学是这两者兼而有之的典型代表。亚里士多德、黑格尔则充分研究了辩证思维这一最高思维形式。

第四，西方古典哲学同自然科学有着须臾不可分离的关系；尤其是近代，哲学和科学结成联盟，携手前进。在古希腊，自然科学是哲学的组成部分。在中世纪，科学和哲学一道成为神学的侍女。在近代，自然科学纷纷脱离哲学，成为独立的学科，而且是推动哲学前进的主要力量之一。自然科学不仅使唯物主义随着它的每一重大成就而不断丰富、完善自己，而且使"唯心主义体系也越来越加进了唯物主义的内容"[1]，这是一方面。另一方面，哲学也对自然科学的发展起着巨大的作用（积极的或消极的影响）。总的说来，近代哲学，特别是认识论给自然科学提供了观察、认识对象，收集、整理经验材料和检验认识的原理和方法，从而促进了科学的发展、繁荣。

---

[1] 《马克思恩格斯文集》第4卷，人民出版社2009年版，第280页。

第五，西方古典哲学同宗教，主要是基督教的联系是千丝万缕的。早期希腊哲学承继了希腊原始宗教的思想素材，而费洛的新柏拉图主义和塞涅卡的晚期斯多亚主义则是基督教神学的思想来源。基督教神学是中世纪的唯一的意识形态，哲学是神学的支目。基督教的统治地位和深远影响使得近代哲学各派在宗教问题上显出错综复杂的局面。一方面，反宗教反神学是近代哲学和启蒙运动的重大历史使命。唯物主义者程度不同地进行了这一斗争，乃至产生了18世纪法国唯物主义的战斗无神论。唯心主义则用理性原则同宗教盲从信仰相对立，或用怀疑论这一非宗教的思想同宗教对立。另一方面，一些唯物主义者由于种种原因，往往用泛神论、自然神论的形式来表现自己的唯物主义，有些唯物主义者甚至把自己某一学说或理想宗教化，宣称要以这些学说或理想为基础建立什么新的宗教。而有些唯心主义者也试图调和宗教和哲学的矛盾，甚至为传统宗教辩护，宣扬僧侣主义。

四、学习西方哲学史的意义

学习西方哲学史的意义，是由下列因素决定的：哲学及其研究对象的规定性，我们正在从事的事业，以及当代哲学同以往西方哲学的关系等。

哲学既然是关于人与世界的关系的理论体系，是文明的活的灵魂，那么一定时代的哲学也就是从整体上体现了一定时代人类文明的成就。哲学史自然就是人类文化遗产的最重要方面。西方哲学史是人类文化宫殿里的一颗璀璨明珠。承继这一宝贵遗产是我们义不容辞的义务。毫无疑问，承继哲学遗产不是消极地被动地保管遗产，而是为了促进哲学的繁荣，丰富人们的思想，培养完善的新人。

哲学探讨的人与世界关系的问题是各个时代哲学都在探讨的

问题(尽管自觉程度、研究深度不同)。换句话说,哲学史是历史形态的哲学,是人类对人与世界的关系问题获得真理性认识的生动的具体历程。一个重视哲学的民族必然是重视哲学史的民族。因为,一定时代的哲学作为人类社会发展长河中、人类认识发展长河中某一不可逾越、不可逆转阶段(即不可复返阶段)的哲学,有着为别的哲学不能取代的形态特征。但哲学的发展又是连续的,发展的各个环节有着必然联系。哲学比其他学科更重视自身历史的原因就在于此。黑格尔曾经指出,"我们的哲学,只有在本质上与前此的哲学有了联系,才能够有其存在,而且必然地从前此的哲学产生出来。"①从哲学发展的自身内在联系来说,这并非是唯心之见。随着我国社会主义事业的发展,必将出现一个探讨人与世界的关系的繁荣局面。在这方面,我们固然要研究、总结实践提出的问题。但同样需要熟悉、掌握前人的成果,需要汲取、借鉴西方哲学史的思想资料、经验教训。这是不可缺少的方面。学习西方哲学史无疑是做到这一点的第一步。

我们正处在经济、政治、文化等领域改革、发展的时代。改革开放的社会环境为每一个人实现自我价值创造了良好的客观条件。从主体自身来说,也须要树立正确的世界观人生观,具备良好的素质;对一个哲学工作者来说,还需要有训练有素的理论思维能力。这要认真学习马克思主义哲学。但学习哲学史无疑是重要方面。表面看来,学习哲学史并不产生立竿见影的功效,即不能当下直接地提高人的素质、思维能力,就像不能在课堂上学了生理学,就使我们立刻改善消化功能一样。然而正如黑格尔所说,哲学史的素养却是人们精神生活的"潜能"力量。它的作用是不可低估的。学习哲学史就是学习哲学。谙晓人类探索哲学真理的具体过

---

① [德]黑格尔:《哲学史讲演录》第1卷,贺麟等译,三联书店1957年版,第9页。

程,比较、鉴别、消化前人的思维内容、思维方式,从中汲取思维经验教训,将使我们的哲学理论知识成为丰富的、有生命的知识。同时,每一个人就其天性禀赋来说,都自发地具有理论思维能力。但自觉地熟练地运用这种能力,并不是生来就能做到的,也不只是仅仅在现有理论基础上形成的;它本质上是在继承人类哲学遗产基础上获得的。西方哲学史无论就其思维内容还是就其思维形式来说,都是锻炼、发展这种能力的园地。总之,学习西方哲学史,无疑是确立正确世界观、人生观,完善人的素质、锻炼理论思维能力的必要而有效的环节。

人与世界的关系问题是人类各民族面临的共同问题。哲学内容是世界性的,又具有民族性。任何一个民族只有开放门户,实行双向交流,汲取其他民族的哲学和哲学遗产,才能对世界哲学作出贡献,自立于世界哲学之林。排斥、否定外来文化—哲学,采取封闭政策,只能走向反面。中华民族历来不仅就有重视、承继自己优秀哲学遗产的传统,而且具有注重学习、汲取外来文化—哲学,甚至把它中国化(如佛教)的优良传统。改革开放的洪流加速了中国哲学走向世界、开展同各国哲学交流的进程。我们要发展马克思主义哲学,以中国化的马克思主义哲学走上世界哲学舞台。我们要了解、研究当代西方哲学;分辨它们的真理和谬误,参与全球范围内的哲学论争。然而,马克思主义哲学不是离开人类以往文明发展大道而在一片思想荒芜上产生的,当代西方哲学也不是无源之水,无本之木。它们都是植根于西方古典文化—哲学的肥沃土壤之中。学习西方哲学史是研究、发展马克思主义哲学,开展世界性哲学交流的基础性工作。

五、西方哲学史的分期

哲学作为人与世界的关系认识的理论结晶,有着体现认识不断深化的特征。依据这种认识发展的程度,本书讲述的这段西方哲学史(西方古典哲学)分为古希腊、中世纪和近代三个时期。鉴于近代关于人与世界的关系的认识得到长足的发展,具有丰富的内容,因而可作进一步较细的划分。这样,本书具体分为:

(一)古希腊哲学;

(二)中世纪哲学;

(三)文艺复兴时期哲学;

(四)16世纪末—18世纪上半期西欧各国哲学;

(五)18世纪法国启蒙哲学;

(六)18世纪末—19世纪初德国古典哲学。

第 一 章

古 希 腊 哲 学

引　言

　　古希腊哲学是西方哲学发展的最初形态。这里所说的"古希腊",既不是一个历史名词,也不是一个地理名词。从时间上说,古希腊哲学从公元前6世纪开始形成,一直到公元6世纪初,最后一个新柏拉图学校被皈依了一神教的基督教的罗马皇帝所封闭,共延续了一千多年,中间经过了希腊古典时期、希腊化时期、罗马共和及帝国时期。从地域上说,它开始于小亚细亚的希腊殖民城市,繁荣于希腊本土,并移植到亚洲、非洲的广大地区。古希腊哲学是一个自称为海伦后代的小民族给予欧洲和全人类的精神宝藏。它追究宇宙来源,探索万物真实,并诘问人生目的,内容丰富,气象万千,为人类的理论思维开辟了道路,给以后西方哲学的发展奠定了基础。

一、古希腊哲学产生和发展的社会历史条件

　　古代希腊的社会是奴隶制的社会,古希腊哲学是奴隶主的哲学。在奴隶社会里,奴隶不但被当作生产力,供奴隶主使用,同时被当作生产工具为奴隶主占有。奴隶主完全占有了奴隶,对奴隶有生、杀、予、夺之权。奴隶在古希腊的人口中占有很大的比重,据

公元前3世纪著作家雅典纽斯的记载,在马其顿亚历山大时代,科林斯有48万奴隶,而自由民只有4万人;雅典有40万奴隶,公民仅有2万1千和1万外邦人。现代学者们倾向于减缩这个数字。科林斯的奴隶数字被减为6万,雅典的奴隶被减为10万,此外有自由民10万和半自由民、外邦人3万,总的估计雅典居民为25万。哲学家同时是奴隶主,据说亚里士多德有13名奴隶,他的学生和朋友赛奥弗拉斯特有9名奴隶。①

奴隶负担了全部体力劳动,从沉重的不见天日的矿坑采掘,到比较繁杂的家务劳动,以至于代替主人宣读文稿等。这样就给奴隶主们提供了从事社会政治、军事、文化活动的必要条件,从而出现了人类历史上又一次分工,即体力劳动和脑力劳动的分工。从这一分工中,精神劳动、文化学习、科学研究和艺术创作获得了必要的时间和精力,经验被逐渐积累起来,各种技术如物质创作的技术、精神创作的技术、语言的技术也形成和发展起来,并且越来越精巧,这就导致了科学的产生。亚里士多德已经明确地把知识分为经验、技术和科学三个层次,指出经验的判断只对个别事物,技术判断进一步对某类的事物,唯有科学才能超越当前的实际效用,而去寻求普遍的、根本的原因。那些既不提供快乐也不满足必需的科学才首先被发现。而智慧、哲学就是关于本原和原因的科学。

二、古希腊哲学的文化背景

在古希腊哲学于公元前6世纪初开始出现时,这已经是一块文化基础相当丰厚的土地。在这时候,荷马的英雄诗篇,赫西俄德关于诸神谱系的故事已经流传了300年,为有文化的人家喻户晓,

---

① 参见[苏]塞尔格叶夫:《古希腊史》,缪灵珠译,高等教育出版社1955年版,第25页。

成为生活的教科书。另外,随着生产的发展,初步的自然科学知识也萌芽了,特别是天文学和数学,后来是医学。至于希腊的文学作品,伟大的悲剧和喜剧,则是和哲学同步发展的,它们以不同的题材和方式,表现着、探索着和哲学相同的内容,和哲学以及其他艺术门类共同组成了灿烂的古代希腊文化。从荷马以来,那些著名的篇章、杰出雕刻家、画家、音乐家以及科学家的名字,在柏拉图和亚里士多德的著作中被广泛征引,并被当作立论的依据。

在古代希腊人看来,哲学和神话是一对孪生姊妹。哲学起源于好奇。人们对林林总总宇宙现象,经纬万端,变幻莫测,百思不得其解,产生了好奇之心,设定了难题所在,并且溯本追源,穷究下去,于是产生了哲学。但是,在宇宙中,最巨大的难题,最深邃的奥秘莫过于宇宙自身,万物自身,人生自身。宇宙万物是哪里来的?消灭之后又回到哪里去?为什么每类事物,有众多个体,不能胜数,却有一个共同的、单一的种,或者自身等同,固有的本质使其成为真实,是其所是?柏拉图说:"只有那些天分极高的人,更富于奥秘的人,才能发现这类事物,适当地分析它们,理解它们。"①到亚里士多德,则索兴把"爱智慧"和"爱奥秘"看作是同义语。而"第一哲学"和"神学"则成为一而二、二而一的概念。

在神话诗篇里,我们可以看到古希腊早期自然哲学家用来阐明宇宙生成的词汇早就出现了。天空和大地,迷蒙的气和发着光的以太,还有那环绕着大地的海洋——奥开安诺斯。不过神话和哲学,虽然最初探索着同类的问题,使用着同样的词汇,但两者的思维方式则完全不同。神话通过想象,把这些自然物形象化、神化,于是天变成了乌兰诺斯天公,地变成了该亚地母。柏拉图和亚

---

① Plato, *Parmenides*, 135A, *Plato* vol. IV, Loeb Classical Library 167, Harvard University Press 1926.

里士多德多次重复着荷马的一句话，"奥开安诺斯产生了众神，冥河太提斯的母亲"。更进一步，神话把诸神想象的和世间的男女一样，具有相同的相貌，相同的七情六欲，相同的人性弱点，即所谓"神人同形论"（anthropomorphism）。

既然神和人有着同样的相貌和品行，那么神的氏族，也当然要和人的氏族一样，有着血缘和谱系。于是在公元前8世纪出现了赫西俄德的《神谱》。这是一部以神话语言，以形象方式编纂而成的宇宙生成论，可以说，它是以后哲学的、思辨的宇宙生成论的范本。

不过，哲学的、思辨的宇宙发生论的思维方式却与此完全相反。哲学一开始就把自己的理论放在经验和理性的基础上，重新恢复了自然的本来面貌，开辟了理智主义的、现实主义的道路。他们是自然哲学家而不是神学家。从克塞诺芬尼开始，一切希腊的思想巨匠都以反对人神同形，反对愚昧迷信为己任，直到4世纪，基督教被宣布为罗马帝国统一的信条。

至于灵魂，荷马把它看作是非实体影像，它的功能是呼吸，给予肉体以生命，在肉体毁灭之后，成为无所着落的幽灵，孤零地飘荡在地府之中。至于灵魂不朽和转世观念则来自希腊北方色雷斯的奥菲教派。[①] 他们认为，如能保持灵魂的纯洁，它是可以永存的。他们编制了一部具有特色的宇宙发生神话，以酒神狄俄尼索斯为代表，来表现自己的观点。在希腊哲学史上，如果说毕达哥拉斯第一次给予灵魂以道德意义，则赫拉克利特更进一步赋灵魂以思维、认识的功能，把它和宇宙的最高原则"逻各斯"联系起来。

---

① 奥菲教（Orphkoi）是希腊的古老教团，自公元前8世纪传播开来，相传其创始人为诗人奥菲尔，故因此得名。他们崇拜酒神狄俄尼索斯，相信灵魂转世说，与奥林波斯相对。

　　至于说到自然科学的各专门部门，人所共知，它们在古代希腊有一个漫长的岁月是和哲学混融在一起的。不但在毕达哥拉斯那里，就是在柏拉图、亚里士多德那里，它们都是哲学的有机构成部分，不仅是用来阐明理论的素材，也是制定理论的依据。所以，在古代希腊哲学家往往也是在自然科学上有巨大成就的哲学家。但是自然科学知识和神话不同，如果说神话被称之为"希腊的"，那么他们的自然科学知识自古就被认为来自东方，特别是亚洲的巴比伦和非洲的埃及。根据文献记载，早在公元前 2500 年前巴比伦国王的敕令中就有长度单位——指，每指等于 1.65 公分。在他们的碑文中曾发现乘法表和平方、立方表。他们发明了十二进位数，和十进位数同时并行。巴比伦很早就开始了有系统测计时间，在纪元前的 2000 年，就已把一年定为 365 日或 12 个月。

　　几乎和巴比伦同时，非洲的另一古国埃及在算术、天文、历法方面也取得了很高的成就。而最著名的，还是他们在几何学方面的成就。由于每年尼罗河泛滥之后，重新测量土地的需要，测地术发展起来。在最早的时候，似乎就有一种"牵绳者"，他们丈量土地，并记录其结果。他们的算术和几何学的历史纪录，见之于公元前 2200 年传下来的抄本。至于埃及祭司那种孜孜不倦，观察探索的求知精神，更使希腊哲人受到很大鼓舞。

　　古希腊的文学和哲学一起构成了希腊文化的重要部分。在希腊古典时期文学的繁荣预示了哲学的繁荣。导源于神话的希腊文学和哲学有血肉联系。不但在哲学著作中大量引证文学篇章作为论据，众口传诵，剧作家们也把著名的哲学人物作为主人公，把他们的思想和行事加以描写，以娱观众。希腊文学和哲学的更深层关系，还在于它们的主题，例如关于命运、报应、任何人任何神都不可避免地必然性的探讨，就是两者所共同的。在悲剧《被缚的普罗米修斯》里，以最崇高、最庄严的风格，情感澎湃地描写了普罗米修斯反抗命运的斗争。普罗米修斯在《神谱》中本是一尊小神，可是经过埃斯库罗斯的大笔，他成为一个不畏强暴，不怕牺牲，敢于和命运抗争的伟大精神的化身。马克思称他为"哲学日历中最高尚的圣者和殉道者"。[①]

在索福克里斯的悲剧《俄狄甫斯王》中，命运的主题更强烈地震撼着善良的心灵。跛足的王子俄狄甫斯为了逃脱杀父弑母的可怕命运遁走他乡，反而陷入了命运的罗网。在这出悲剧里，他安排了这位不幸王子和斯芬克斯的会见。正是通过这个狮身怪物之口，希腊的先民提出了响彻千古的人生之谜。

许多读过柏拉图《会饮篇》的人，都会为伟大的喜剧家阿里斯托芬关于爱情的奇想所倾倒。然而，他在《鸟》中却提出了颇具特色的宇宙生成论，人们称之为"鸟式的宇宙生成论"。在许多民族古老的宇宙生成论里都能找到这"鸟式"论的痕迹。在我国古代神话中也有天地混为鸡子，盘古生其中，万八千岁，天地开辟，阳清为天，阴浊为地，盘古在其中的说法。

三、古希腊哲学的一般特点和问题

古希腊哲学是丰富多彩的哲学。它的各种流派，不同倾向、侧面、层次和色彩孕育着以后西方哲学的不同形式。然而，作为共同的社会条件和文化背景的产物，作为西方哲学最初的形态，它具有某些一般的特点。

首先，作为一种社会意识形态，古希腊哲学是奴隶主的世界观。德谟克利特的原子论和柏拉图的理念论，作为理论两者显然不同，以至于对立，但德谟克利特和柏拉图作为奴隶主的哲学家，他们的理论却都是企图为奴隶制度的合理性作辩护，为巩固奴隶

---

① 　马克思:《博士论文》,贺麟译,人民出版社1961年版,第3页。

制度服务的。他们认为,这种制度是合乎自然的制度,奴隶按着本性,天生就是俯首听命,从事于沉重的体力劳动。奴隶主则按照本性,天生就是发号施令,从事于政治、文化、军事活动。奴隶制是永远不可改变的,改变了奴隶制就是违反了自然,悖逆了宇宙秩序和人自身的本性。

不但这样的阶级偏见会有意无意地给理论打上烙印,甚至某些社会观念和政治理想,也会影响着哲学理论的形成。像许多研究家曾指出的,柏拉图单一的、自我等同的理念和希腊城邦小国寡民、独立自足(outarkeia)理想之间有密切的联系。弗兰西斯·培根说,把圆周运动看作是完全、美满,是希腊人的种族成见〔偶像〕。这就超出社会意识形态而成为种族群体成见了。

其次,在理论内容上,古代希腊哲学也有某些共同的东西。古希腊哲学家承神话的余续,一直把追寻宇宙万物是从哪里来的,探讨事物的本性、本质是什么作为目标。关于自然的研究是贯穿古希腊哲学始终的主导线索。它以有形体质料为本原的伊奥尼亚的宇宙生成论开始,而以新柏拉图主义的神秘流溢说而告终,统统都离不开一个宇宙生成问题。

在古典时代,反思领域扩大了,反思的层次深化了。柏拉图和亚里士多德更进一步对事物的本质、存在的真实艰苦思辨。桌子的本质是什么? 床的本质是什么? 桌子何以是桌子? 床何以是床? 此外,他们还涉及了认识本身问题、伦理问题以及政治制度问题。这样看来,古希腊哲学已经开始把目光从对象转向主体,从客观转向主观。但是,在希腊人看来,这种转变却不曾发生,他们仍在孜孜不倦地研究着自然,研究着宇宙,不过自然不是外界事物,而是灵魂的本性,不是大宇宙,而是心灵的小宇宙罢了。自然是一本永远读不完、解释不尽的大书。求知是人的本性,人的自然,人生来是要求知的。德性是灵魂的特长,是灵魂自身的品质。国家不过是扩大了的灵魂。所以,自然还是那个自然,宇宙还是那个宇宙,不过是更深入到精微的层次罢了。早期的希腊哲学家们往往把自己的著作称为《论自然》,而原子论的最后一个代表、罗马的卢克莱修也把自己的长篇哲理诗称为《论物的本性(自然)》,可见古希腊哲学一脉相承,其研究对象不外都是自然。

同时,也不应忘记,柏拉图和亚里士多德除了理念论、实体论和关于认识、伦理、政治的学说,又都各自有着独特的宇宙生成论。

在思维方式上,古希腊一直被认为是理论思维、思辨哲学的策源地。黑格尔说:"一提到希腊这个名字,在有教养的欧洲人心中,尤其是在我们德国人心中,自然会引起一种家园之感"。[①] 不过,这是作为来源、作为发端来说的。诚然,希腊哲人们非常重视思辨,亚里士多德甚至于把这种最高思维方式,看作是只有神才配享有的天福。但在实际上,对古希腊哲学整个来说,理论思维、概念推理,在哲学反思中还没上升到主导地位。

在早期,以有形体质料为本原的自然哲学家那里,固然是把一定形体和性质的自然物作为万物的开始之点。就是那些无形体本原的主张者,乃至巴门尼德,也同样不能离开从中心到周边全等的圆球来设想存在。柏拉图的对话固然是把神话故事和戏剧形象、哲学观念熔为一炉。甚至于那 idea(我们译为"理念"似成定论)看来是极为抽象的理性概念了,但在古希腊人看来,这个源出于"观看"的词,却完全是直观表象的。它是桌子自身、床自身、美自身、善自身,不过不是用肉体的眼睛,而是灵魂的眼睛来观看罢了。亚里士多德是概念推理形式的发现者,只此一项发现就足使他名垂千古。但阅读亚里士多德的哲学著作就会发现,他经常是通过

---

① ［德］黑格尔:《哲学史讲演录》第 1 卷,贺麟等译,三联书店 1957 年版,第 157 页。

举例子、打比方来阐述自己的论点,更多的是用形象的类比推理,而不是抽象的概念推理。

在品类纷繁、多姿多色的古希腊哲学中,后来西方哲学中各种理论、不同流派的雏形几乎都具备了,问题也都提出来了。古希腊哲学以自然哲学、宇宙论开始并贯穿于始终,其中本原和万物的问题也提了出来。本原是一个,而万物是多种多样的,既是一和多的问题,也是本质和现象问题。这一问题通过爱利亚派那种严密的思辨,转化为真理和意见的对立。知识问题,感性和理性问题,个别与一般问题,日益成为哲学的重心,在苏格拉底和智者的论争中,积叠成柏拉图和亚里士多德的哲学高峰。除了宇宙生成论之外,由于存在问题的提出,特别是亚里士多德提出哲学的对象规定为"作为存在的存在",那么本体论(ontologia)也就露出了头角。除了探讨自然外,人事也为哲学家们所关注。在关于本原的讨论中有有形体和无形体的分歧,在关于知识的讨论中有理性和感性的对立,但不可知主义在这里也非全无踪迹。

四、本章段落的划分

为着讲述的方便,我们把西方哲学的第一个形态分为四个段落。

第一,早期希腊哲学,大体相当于人们习称的苏格拉底以前的哲学。在西方哲学的这个萌芽时期,哲人们的注意力主要集中于对作为大宇宙的自然的探讨,所以经常被称为自然哲学家。德谟克利特的原子论是这一阶段的最高成就。可是巴门尼德已经话分两头,理分两路,在宇宙生成之外,把真理与存在的问题,也置于理论视野之内了。

第二,智者派、苏格拉底和柏拉图的哲学。这是希腊史上的"古典时代",也是希腊文化繁荣的高峰时期。随着巴门尼德的真理和意见的探讨,对小宇宙、灵魂的本性给予更大的关注。哲学的内容大大丰富了,把对普遍概念的认识提到了首要地位。

第三,我们让亚里士多德哲学自成段落,因为他是古希腊哲学的集大成者,也是以后西方各哲学思潮的开拓者。他囊括以前哲学的各种流派,包括着互不相容的倾向。所以,他的哲学的性质至今还是专门家们争论的问题。

第四,亚里士多德殁后,古代社会进入了动荡时期。哲学随着希腊文化的传播,在地域上有所扩大,但社会制度的没落,腐蚀了哲学的创造精神。它们只是沿袭以前各派哲学的基本论点,适应当时的需要来构造自己的理论。不过,即使在自己的暮年,希腊哲学仍然保持着自身的特点,它面向自然,维护理性,与新兴基督教的愚昧,不惜作流血的斗争,终于被皈依基督教的皇权镇压而消灭。

第一节 早期希腊的自然哲学

希腊的自然哲学,是古代希腊哲学发展的最初阶段,也是整个西方哲学的发源地。它在西方哲学史上之所以被习称为"自然哲学",是因为古希腊的哲学家们一开始就把自然(phusis)——这一不以外力生长、变化着的对象作为思考对象,而他们的作品的题名,大多都冠之以《论自然》。

早期希腊哲学在解释自然万物何以生成、何以存在的时候,提出了"本原"(arkhe)概念。"本原"可以说是西方哲学史上第一个哲学范畴。根据亚里士多德的规定,"本原"是"存在或生成或认识由之开始之点"[1],具有多种意义。不过在早期自然哲学那里,

---

① [古希腊]亚里士多德:《形而上学》1013a18,参见苗力田主编:《亚里士多德全集》第7卷,中国人民大学出版社1993年版,第110页。

主要是把它看作处于现象背后的基础,是存在和生成的质料。并且,有两种明确的不同质料,即伊奥尼亚的有形体的质料和南意大利的无形体的质料。这样看来,我们虽然不能说在早期希腊哲学中就存在着近代意义上的唯心主义和唯物主义两大阵营的对立,但是可以说它一开始就有了哲学基本问题上两种倾向的种子。

早期哲学家们的著述都没有直接留给我们。这一状况,既决定了确切判断早期希腊哲学的困难,也决定了在此概略叙述史料来源的必要性。具有权威性的、为多数研究者所公认和引证的早期希腊哲学史料来源主要有:亚里士多德和柏拉图著作中的记述;2 世纪普鲁塔克的《道德论集》,塞克斯都·恩披里柯的《反杂学》;3 世纪希波里特的《反驳》,第欧根尼·拉尔修的《名哲言行录》;5 世纪斯脱鲍斯的《文摘》;辛普里丘的《物理学》等。上述著作中的有关论断和记载,在现代德国第尔斯编的《苏格拉底以前哲学家残篇》和英国基尔克与拉文①合著的《前苏格拉底哲学家》中得到了较为全面的汇集,是这一时期直接材料的主要来源。

如果按地域划分,早期希腊哲学有三大学派,即位于东方小亚细亚的伊奥尼亚学派(包括米利都学派、赫拉克利特和阿那克萨戈拉),位于西方的南意大利学派(包括毕达哥拉斯学派、爱利亚学派和恩培多克勒)以及位于北方的阿布德拉学派(留基波和德谟克利特)。如果按时间和思想的发展来划分,则可以爱利亚(厄勒亚)②学派为界分出前后两个阶段。

---

① 本章定稿后又见到了由 M.Schofield 参加编著的第二版。有关本章更详尽的材料,请参阅《古希腊哲学》一书。

② 本章所用古代地名,采自钱伯斯的《世界历史地图》。哲学汉语文献中已约定俗成的主要地名与《地图》不一致时,在括号中将地图译名标出。

一、伊奥尼亚哲学

位于小亚细亚西海岸的伊奥尼亚地区成为希腊哲学的摇篮并不是偶然的,这里连接着欧、亚、非三大洲,是当时东西方各族人民贸易的要道,手工业和商业极其发达。这里也是接受东方文明的一个窗口,受北部希腊色雷斯一带流行的奥菲教的影响较少。所以,具有强烈科学精神和明显反迷信倾向的自然哲学就在此诞生了。恰恰在手工业和商业中心的米利都和爱菲斯(或以弗所)两个城市里孕育了两个最初的自然哲学流派。

(一)米利都学派

米利都学派因其三个代表人物泰勒斯、阿那克西曼德和阿那克西美尼都出生和活动在米利都城而得名。

1.泰勒斯的"水"和"灵魂"。

泰勒斯(Thales,盛年①约在前 585 年)是米利都学派的创始人,从亚里士多德起,他一直被尊为整个西方哲学的始祖。据说他出身于上层社会,从事过政治活动以及对自然的观察研究工作。他到过埃及,并从那里学到了几何学。由于他博学多才和富有成就的社会活动,得到了和梭伦一样的"圣人"(sophos)的尊称。

关于泰勒斯的哲学思想,我们今天知道的一切几乎全都来自亚里士多德。但亚里士多德似乎也没有直接见到泰勒斯的原作,因而常使用"据说"、"可能"、"也许"等审慎的字眼。根据他的记载,泰勒斯的哲学思想可归纳为两个命题。

第一,大地浮于水上。

亚里士多德说:在第一批哲学家中,大多数人只把物质性的东

---

① "盛年"是由雅典编年史家阿波罗多洛(Apollodoros)提出来,对早期希腊人物一种计算年龄的方法,原文 akme,意思是最高点、极盛期。一个人以 40 岁为盛年,把他一生的最大成就定为盛年。如泰勒斯的盛年定为公元前 585 年,因他测定这次日食。

西当作万物的本原。如果存在着一个东西,它是万物最根本的来源,万物由它产生,最后毁灭时又复归于它,实体随万物的变化而形状多变,但本身仍保持不变,他们就称这为万物的元素和本原。……这类哲学的奠基者泰勒斯认为是水(他因此宣告大地浮于水上)。他还说:人们说地在水上。这是我们所获得的最古老的说法。据说是由米利都人泰勒斯提出的。大地在水上漂浮就如同木块及同类事物(因为这些事物都不能停留于空中,而只能浮于水上)。

至于泰勒斯为什么要以水为本原,当然可以从历史、宗教、现实生活和自然现象等方面举出多种理由,这里仅介绍一点亚里士多德的推测。他说:泰勒斯之所以作出这一论断,可能是因为他看到了万物都要由水生成的潮湿滋养。热本身也来自它并依赖于它才得以保持(万物的本原即是它们所由产生的东西)。由于这一点,再加上万物的种子就其本性来说都是潮湿的,所以,对于潮湿的事物,水就自然地成了本原。

第二,"灵魂是一种具有活动能力的东西。"

在《论灵魂》中,亚里士多德记载说:"据某些人叙述,泰勒斯似乎是把灵魂看作是一种具有活动能力的东西,如若,他确实说过'磁石能使铁移动所以磁石有灵魂'这句话"。[①] 有人说灵魂弥漫整个宇宙。可能正是由于这个原因,泰勒斯才认为万物都充满了神。

以上论点无疑是朴素的。不过,它却给西方思想的发展带来了深刻的革命变革。他反对迷信和神秘,坚持用自然本身去说明自然万物的生成和存在,第一次抛弃了世界的神秘创造,人事的神意安排的愚昧观念;他也不为现象的千变万化、五光十色所迷惑,

---

① [古希腊]亚里士多德:《论灵魂》405a19—20,参见苗力田主编:《亚里士多德全集》第3卷,中国人民大学出版社1992年版,第11页。

而努力寻求在现象背后、作为基础的万物存在和生成的本原,从而庄严地宣告了理性的胜利,哲学的诞生。当然,也是因为这种哲学刚从神话中脱胎而出,也就不可避免地带有母体的烙印。

2.阿那克西曼德的"无定"与"对立"。

阿那克西曼德(Anaksimandros,盛年约在前 570 年)是米利都人,泰勒斯的学生。据第欧根尼·拉尔修记载,"他第一个发明日晷的指针,并且安装在斯巴达的日晷上来测定冬至和夏至、春分和秋分。他还造出了一个计时器。他第一个绘出了海陆的轮廓,制造了第一个地球仪。"①

关于他的本原学说,古代文献有不少记载。第欧根尼·拉尔修说:阿那克西曼德说本原和元素是"无定",但没有指明它是气、是水还是其他什么东西。辛普里丘记载:他说万物的本原和元素是无定,是最先使用本原这个名称的人。……他说它既不是水也不是另外那些被认为是元素的东西,而是另一类无定的实体。亚里士多德认为,自然哲学家们的学说可分为两类:……另一些人在一中区分出对立,并使它们存在于一中。如阿那克萨戈拉及所有认为存在着一和多的人们(像恩培多克勒和阿那克萨戈拉),他们都是从混合中分离出万物。阿那克西曼德及其他许多自然的探索者说,"无定"是不朽的,不可摧毁的,所以是神圣的。

阿那克西曼德的"无定",用的是 apeiron。apeiron 是一个中性形容词,意为缺乏界限,没有规定(peiras)的东西。因此,这个东西既在性质上没有规定,也在形状上没有规定,正如老子所说,"惚兮恍兮,其中有象;恍兮惚兮,其中有物。"②这个"无定"是唯

---

① G.S.Kirk and J.E.Raven,*The Presocratic Philosophers*,Cambridge,1957,p.99.

② 老子:《道德经》第 21 章,转引自陈鼓应:《老子今注今译》,商务印书馆 2003 年版,第 156 页。

一的、永恒的、能动的、内部包含着对立的实体。它在数量上和形状上是不定的。它虽然也是一种有形体的质料,但却不是具有固定性质和形状的水、气。

用这种"无定"作本原,阿那克西曼德描述了事物的生成过程。辛普里丘说:阿那克西曼德认为生成不是元素的变化,而是通过永恒的运动分离出对立面。伪普鲁塔克记载说:他说在世界的生成之初,某种能产生热和冷的东西,从永恒中分离出来,构成一个火球。它环绕着地球的气就像树皮包裹着树干一样。当它被炸开,并进入一定的圆周中时,太阳、月亮和其他行星便生成了。关于动物和人类的生成,艾修斯记述着:阿那克西曼德说第一批生物生于潮湿,裹着一层荆棘皮。随着年龄的增长,它们来到较干燥的地方,荆棘皮破裂后,它们在一个较短的时期中过着不同的生活。另据记载,他还认为生物生成于被阳光蒸发的湿气,人原来很像另一种生物——鱼。

3.阿那克西美尼的"气"、"凝聚和疏散"。

阿那克西美尼(Anaksimenes,盛年约在前546—前545年)是阿那克西曼德的学生,米利都学派最后一位代表。

他也和两位前辈一样,用一种有形体的质料作为本原来解释世界万物的存在和生成。不过,他认为这种质料既不是定形的水,也不是惚兮恍兮的"无定",而是虽无定却可成为直观表象对象给以名称的气。没有史料说明他为什么要用气作为本原,但从他对气生万物过程的解释看,可能是由于气比水更富于变化,又没有定型,并且气——呼吸与生命现象和灵魂是紧密相关的,就更能有力地说明万物的形成,特别是生命现象的存在的缘故。

辛普里丘这样说,阿那克西美尼与阿那克西曼德一样,都认为"本原"是唯一的和无限的,但又跟后者不同,他提出本原不是无定,而是具有确定性的。因为他说这个本原是气。但这个气并不是视之不见的气,而是弥漫宇宙的迷蒙之气(aer),它通过凝聚和疏散而形成不同的实体。疏散了就变成火,凝聚时就成为风,然后形成云。再凝聚就变成水,继之为土,最后变成石头。从这些生成其余的一切事物。他也认为运动是永恒的,并说变化也是通过气而生成的。

据艾修斯和西塞罗等人记载,他还认为气是神。关于气与神的关系,奥古斯丁写道:"他不否认神的存在,……但是,他认为气并不是它们做成的,相反,它们倒是由气生成的。"①

用气作本原,他描绘了宇宙天体的生成图景。"由于气的凝聚及疏散,生成了所有的事物。运动是永恒存在的。他说,当气凝聚时,首先生成的是大地。大地非常平坦——因而它浮于气上;太阳、月亮及其他行星都以地球作为生成之源。他最后宣告,太阳是一块土,只是由于急速的运动,才获得了极大的热。"②另据希波吕特记载,他认为:"天体是由于蒸发而产生的,当蒸发疏散之后,便产生了火,高处的火则构成了星球。"③

关于气与灵魂的关系,据艾修斯记载:"至于我们的灵魂,他认为是把我们结为一体并主宰我们的气。所以,气息(pneuma)和气包围着整个世界,气息和气在这里是同义词。"④

阿那克西美尼对自然哲学的贡献主要有以下两点:

他用凝聚和疏散这两种气的对立的运动方式,比阿那克西曼德用热和冷这两种物体的性质,深刻而概括地揭示了世界万物生成的过程,开辟了用量的不同解释事物性质的差异的新途径。

他认为灵魂就是气,是气息,气是生命赖以维持的本原,这就既坚持了用有形体质料来贯通一切的原则,又能较好地说明生命

①②③④　G.S.Kirk and J.E,Raven,*The Presocratic Philosophers*,Cambridge,1957,pp. 151-152,158.

这一更高层次的现象。

恩格斯指出:古希腊哲学把自然界看作是"一切都在运动、变化、产生和消灭。"这是"原始的、朴素的、但实质上正确的世界观。"①不幸的是,就在阿那克西美尼死后30年左右,米利都城市被波斯军队攻破焚毁,米利都学派也随之绝响。但是,这种有生命力的哲学的精神和原则却不会灭亡,它在邻近的爱非斯(或以弗所)城的伟大哲学家赫拉克利特那里得到了发扬光大。

(二)赫拉克利特的"流变"哲学

赫拉克利特(Herakleitos,盛年约在前504—前501年)出生在米利都以北的另一个商业城邦——爱非斯的一个贵族家庭。据说由于放逐了他的朋友赫尔谟多罗,导致他厌弃政治和社会生活,把王位让给了弟弟,自己隐居到山中,以草根等植物度日,最后因患水肿病而死,享年60岁。或许正是这种生活经历,形成了他反思内向的性格和隐晦的语言。据第欧根尼·拉尔修记载,他写了一本《论自然》,内容分为"宇宙论"、"政治学"、"神学"三个部分。遗憾的是,我们现在所能见到的只是从不同时代的著作家们的记述中摘录出来的、比较杂乱的130多条残篇。

综观这些残断的记述可以看出,赫拉克利特虽然依旧在探讨世界的本原问题,但他更多的是从运动变化的角度,紧紧抓住现象世界川流不息这一共同而又明显的特征,把"流变"作为主线来贯穿于本原问题之中。正是由于他的起点较高,因而取得了米利都学派所不及的,甚至在某些方面超越其时代的思想成就,受到了古今深刻的思想家们的一致重视,引起了他们的共鸣。

1."变"的普遍性——"一切皆流,无物常住"。

肯定变化的普遍性和永恒性,是赫拉克利特哲学的前提。柏

---

① 《马克思恩格斯全集》第20卷,人民出版社1970年版,第23页。

拉图认为，"赫拉克利特在某处说，万物皆变，无一常住。他把存在的事物比作一条河流，声称人不能两次踏入同一条河流。"①亚里士多德也同样说：赫拉克利特不认为存在的东西有些运动，有些不运动，而是说万物都在永远的运动，只是我们的感觉察觉不到这种运动而已。赫拉克利特这种肯定运动变化普遍存在的思想，受到了恩格斯的高度赞扬："这种原始的、朴素的、但实质上正确的世界观是古希腊哲学的世界观，而且是由赫拉克利特最先明白地表述出来的"②。

2.世界是一团永恒的活火。

"变"只是万物的共同性质，决定万物及其运动变化性质的基础和本原则是火。在他看来，火产生一切，一切都统一于火。据普鲁塔克记载，他说：万物都等换成火，火又等换为万物，犹如货物换成黄金，黄金又换成货物一样。与米利都学派前辈们不同，赫拉克利特旗帜鲜明地把自己这种观点与宗教愚昧公开对立起来，明确宣布这个万物自同的世界既不是任何神，也不是任何人所创造的，它过去是、现在是、将来也是一团永恒的活生生的火，按照一定的分寸燃烧，按照一定的分寸熄灭。

3."逻各斯乃人所共有"。

"逻各斯"（logos）或"道"是赫拉克利特哲学中一个重要的概念。

在古希腊语中，logos 一词有多种含义，如语言、道理、理性、考虑、份额、比例，等等。关于赫拉克利特 logos 一词的使用，也因语境不同而含义各异，历来的研究者其说不一。我们倾向于把它主

---

① Plato，*Cratylus*，402A，*Plato* vol.Ⅳ，Loeb Classical Library 167，Harvard University Press，1926.

② 《马克思恩格斯文集》第 9 卷，人民出版社 2009 年版，第 23 页。

要地理解为火及万物的变化所必须遵守的尺度或比例、平衡关系方面的规律。在他看来,"逻各斯"是"火"这个本原所固有的共同属性,所以,由火产生的一切事物(包括人在内)都必然普遍地遵循它。但是,由于"逻各斯"的表现复杂,又不像现象那样容易被人觉察,如果不能理解并进而服从这"逻各斯",就无法把握事物的变化和规律。因此,他说:"必须遵守这(共同的)东西。尽管逻各斯乃人人所共有,但许多人却像自己有着特殊聪颖似地生活着。"①

可见,"逻各斯"不仅是火燃烧的"分寸"、尺度和规律,而且也是支配一切、人所共有、普遍起作用的东西。"逻各斯"这一概念的发现和理论表述,揭示了运动变化的规律性,在以后西方哲学的发展中成为"规律"的概念,并作为"逻辑"、"学科"等词的词根。

4. "变"的源泉——"正义就是斗争"。

从大量现象的变化中,赫拉克利特觉察到任何变化的根源都在于对立面之间的斗争和统一。他明确指出:必须知道,战争是普遍的,正义就是斗争,万物都是由于斗争和必然性而生成。战争是万物之父,亦是万物之王。它证明这一些是神,另一些是人;它也让一些人成为奴隶,一些人成为自由人。根据这种认识,他激烈地批评否认对立和斗争的观点,认为他们不理解分散和集合何以是同一的:相反的力量造成和谐,就像弓与琴一样。他还责备荷马写下了"无论是来自神还是来自人的斗争都可以消除"的诗句,说:假如没有高音与低音的存在,就没有和声;如若没有雄性和雌性的对立,也就没有生物。

5. "变"化的总体特征是循环与平衡。

虽然赫拉克利特说过"太阳每天都是新的"等具有发展含义

---

① G.S.Kirk and J.E, Raven, *The Presocratic Philosophers*, Cambridge, 1957, p.188.

的话,但总的说来,他仍然恪守着古希腊种族的古老信念,把变化总体看作是循环和平衡。这方面的记载不少,譬如他说:存在于我们之中的生与死、醒与睡、少与老是同一的,因为变化了的前者就是后者,而变化了的后者又成了前者。他还认为世界的变化有一个周期或"大年",由一万零八百年组成,时间一到,整个宇宙及其余一切物体都被火焚烧,万物又都变成了火。他之所以有这种看法,根源于他对"火"这个本原的认识。"火"在他那里本身就是按照"逻各斯"而有规律地周期燃烧和熄灭的。同时,他也认为"火"的转化自身就呈现出一种循环和平衡,是周而复始的过程。

6. "事物的本性惯于掩盖自己"。

在现存赫拉克利特残篇里,除去关于万物从哪里来的问题外,我们还第一次发现关于万物怎样被认识的问题的讨论。这一类的残篇计 25 条左右,约占全部的 1/5。

作为一位自然哲学家,他充分肯定了通过感官得到认识的必要性。但是,他又强调:如果人们不能正确地理解感觉和语言材料,被耳闻目睹的一些表面现象所迷惑,就不可能认识事物真正的本质。因为在他看来,"事物的本性惯于掩盖自己"[①]。它总是隐藏在变动不居的表面现象之后,单凭感官是无法把握的。这种事物的本性,在他那里就是指"逻各斯"。所以,他宣称:"如果不听从我而听从这个逻各斯,就会一致说万物是一,那也就会是智慧的。"[②]

赫拉克利特的流变哲学,是早期自然哲学发展的重要成果,对后来也产生了多方面的影响。列宁赞誉他对火的变化过程的描述是对辩证唯物主义原则绝妙的说明。并把他称为"辩证法的奠基

---

①② G.S.Kirk and J.E. Raven, *The Presocratic Philosophers*, Cambridge, 1957, pp.193, 188.

人之一"①。自赫拉克利特之后,古希腊哲学就增加了新的内容,感性和理性、意见和真理、现象和本质,成为哲学中越来越重要的问题。

二、毕达哥拉斯学派的数目哲学

和以有形体的感性质料作为本原的伊奥尼亚自然哲学家们的观点相反,在南意大利一带,流行着以无形体的质料作本原的哲学思潮。这就是以现在仍沿用旧名的克罗托内城为活动中心的毕达哥拉斯学派。

所谓毕达哥拉斯学派,就是以毕达哥拉斯为创始人和首领的,集政治活动、宗教信仰和学术研究于一身的团体。作为一个团体,它在古希腊活动的范围很大,影响时间很长。在这里,我们只讲巴门尼德以前的毕达哥拉斯学派的哲学思想,不涉及这个学派以后的发展和其他观点。

毕达哥拉斯(Pythagoras,盛年约在前532年)出生于希腊东部爱琴海中靠近伊奥尼亚的萨摩斯岛上。早年,他曾就学于阿那克西曼德,熟悉了米利都学派的自然哲学。后来他离乡出游,到过埃及、巴比伦等东方古国,学到了那里的天文学和几何学知识,也受了灵魂不死观念的影响。约在公元前525年,步入中年的他(约45岁左右)才到了南意大利克罗托内城,招收门徒,组织社团,积极从事政治和学术活动。据说由于上层贵族密谋叛乱,他逃离该城,但被发觉追杀而死。他死后,他所创立的学派流传了数百年。

毕达哥拉斯学派虽然也和米利都学派一样集中注意于宇宙万物的本原问题,但却表现出完全不同的风格和差异明显的倾向。他们不是从有形体的某种质料中去探求万物生成和存在的本原,

---

① 《列宁全集》第55卷,人民出版社1990年版,第296页。

而是对现存事物的一种共同属性——数量进行抽象,并以这种不具形体的、抽象的量作为构成宇宙的质料、万事的模式。与伊奥尼亚自然哲学相比,毕达哥拉斯派的无形体质料标志着另一不同哲学倾向的萌芽。这种数目哲学重视理论概括,把普遍视为本质的东西,从人类认识发展的角度看,无疑是一种进步,是人类思维的又一胜利。

亚里士多德说:"与这些哲学家同时甚至更早,那些被称之为毕达哥拉斯学派的人就深入研究了数学;他们是最早推进这门知识的人。通过对数学的研究,他们认为数目的本原就是万物的本原。因为在所有的本原中,数目在本性上是居于首位的。在他们看来,同火、土、水相比,数目和那些存在着的东西以及生成着的东西之间有着更多的相似之处。同时,从某一方面看,数目的属性是正义,从另一方面看,数目的属性是灵魂、理性或机遇。其他事物也都可以用数目来表示。此外,他们还看到,音阶的特点和比率也在数目之中,而且,所有别的事物表明,它们的整个本性是对数目的摹仿,在整个自然界,数目是第一位的。因此,他们便认为数目的元素便是万物的元素,整个天界不过是和谐与数目而已。"①这段精辟的叙述,使我们确知了毕达哥拉斯学派以数为本原的基本哲学主张。

作为本原的"数目"已经是一个抽象的、独立的、普遍的模式,但在毕达哥拉斯派这里,它还没有摆脱感觉性质和直观表象。他把数目和几何学结合起来,提出了三角数、矩形数、正方数的理论。亚里士多德认为,他们既把数看作存在物的质料因,又拿来描述存在物的性质和永恒状态。黑格尔也说:"这个数不是感性的,但也

①　[古希腊]亚里士多德:《形而上学》985b23-986a4,参见苗力田主编:《亚里士多德全集》第7卷,中国人民大学出版社1993年版,第39页。

还不是思想。因为数还不是个永远自身等同的概念。"①

　　他们力图用"数"的基本观点来解释其他一切现象。例如,他们用数量的比例关系来说明音乐,洞察到这些可以听见的差别是可以用数学来说明的,洞察到我们对于协调和不协调的听觉乃是一个数学的比较。他们也用"数"来构造天体。他们认为十这个数是完美的,并且体现了数目的全部本性,于是便说,在天空运行的东西有十个,但由于能看见的只有九个,便提出了第十个——"对地"。不仅如此,他们还把意见、正义、婚姻、友爱、理性、充满等精神现象和数目联系起来进行类比说明。这种简单的比附和解释难免有些神秘莫测之感。但是他们力图用一种统一的、严格的系统去说明一切,力图探索宇宙万物的数学模式的精神是可贵的。黑格尔说得好:"我们必须承认这种思想的庄严——一种有必然性的思想。"②

　　据说毕达哥拉斯学派有两条基本的格言:

　　什么最智慧?　——数目。

　　什么最美好?　——和谐。

　　"和谐"概念的提出,是古希腊哲学发展史上的一大进步,对后来苏格拉底、柏拉图和亚里士多德的目的学说产生了明显的影响。而在毕达哥拉斯学派这里,"和谐"学说的提出则反映了他们对于宇宙万物统一现象的直观把握以及对于道德完善、社会公允等理想状态的追求。另一方面,他们也并没有否认事物对立面的存在,而且还把对立作为存在物的本原。亚里士多德说:"他们认为数目的元素是偶和奇;其中偶为无限,奇是有限的。'一'这个数则出自这两者(因为它既属偶又属奇),而数目又出自一这个

―――――――

①② 　[德]黑格尔:《哲学史讲演录》第 1 卷,贺麟等译,三联书店 1957 年版,第219、241 页。

数。如前所述,整个天不过是一些数目而已。这一学派的另外一些成员认为,存在着十对本原。他们将这十对本原排成同类的两列:有限和无限、奇数和偶数、单一和众多、左方和右方、阳性和阴性、静止和运动、直线和曲线、明亮和黑暗、善良和邪恶、正方和长方。"①可见,在他们看来,数和万物的本原是一,而一就包含着奇和偶两个对立的方面(这与阿那克西曼德认为"无限"包含着对立是一样的),因为一加奇为偶,加偶则成奇。奇由于不能被对分为二,所以是有限的,而偶则可以平分为二,所以无限。因此,亚里士多德才说他们把对立作为存在物的本原。

　　"灵魂"是古代希腊哲学中一个重要概念,从泰勒斯开始,几乎每一个重要的哲学家都讨论了灵魂问题。最早对灵魂问题作出较多研究的是毕达哥拉斯派。亚里士多德认为,他们仅仅只是试图说明灵魂是什么东西,但在谈到灵魂所依托的肉体时,他们没有作进一步的详细说明。按照毕达哥拉斯学派的秘传看来,似乎任何灵魂都有机会进入一个任意的肉体。灵魂可以进入一个任意的肉体,这就肯定了灵魂是从外面得来了,可以轮回。传说认为毕达哥拉斯是第一个发现灵魂轮回的人,他宣称灵魂依照命运的规定,从一个生物体转移到另一个生物体中。此外,毕达哥拉斯派还提出了"灵魂尘埃说"和"灵魂和谐说"来回答"灵魂是什么"的问题。他们有些人认为,灵魂是空气中的尘埃,另外一些人则认为,灵魂是使这些尘埃运动起来的东西。他们提到尘埃,是因为尘埃明显地在不断运动,甚至在完全沉静时也是如此。关于灵魂还流传着另一种意见,他们说灵魂是一种和谐;因为和谐是由对立面混合而成,肉体就是对立面的合成物。

---

① ［古希腊］亚里士多德:《形而上学》986a19-28,参见苗力田主编:《亚里士多德全集》第7卷,中国人民大学出版社1993年版,第40页。

就像毕达哥拉斯社团是一个集政治、宗教和学术为一的混合体一样，他们的学说和精神也是不同倾向的混杂：他们的精神既闪耀着科学探索的光辉，又掺和着牵强附会的神秘色彩；他们的学说则带有明显的过渡性质，既表现出对感性事物的大胆超越，又保留着朴素的自然哲学的传统特征。所以，他们在数学、哲学、天文学、伦理学、音韵学等领域都留下了不可磨灭的足迹；也为后来的唯心主义和神秘主义开了门户。

三、爱利亚学派的存在哲学

爱利亚学派是早期希腊哲学中一个承先启后、开始转变哲学研究方向的流派。它的奠基人是克塞诺芬尼，创始者和主要代表是巴门尼德，保卫者是芝诺，修正完善者则是麦里梭。

（一）克塞诺芬尼的一神论思想

克塞诺芬尼（Ksenophanes，盛年约在前 540 年）出生在小亚细亚的科洛封，因此，也有人把他归为伊奥尼亚自然哲学家的行列，但后来他定居在希腊半岛西部的爱利亚。他写过一些叙事诗、讽刺诗和哀歌。

他的思想主要有三个方面：关于神、关于万物生成以及关于真理认识。对爱利亚学派有直接影响的是他对神的见解。从现有的资料看，他反对当时流行神话那种蒙昧的神人同形论，主张单一的、非人化的、不动的神、理性上的神、思想上不自相矛盾的神。

他以自然哲学家的方式，回答了万物生成的本原问题，认为所有生成的和生长的东西皆出于土和水。因为一切都曾经是从土和水中生成而来。

在对待真理的问题上，他似乎也和赫拉克利特一样，具有某种怀疑论的倾向。他认为：

既无人明白，也没人知道，

我所说的关于神和一切东西是什么，

因为纵使有人碰巧说出最完备的真理，

他也不会知道。

对于一切，所创造出来的只是意见。①

巴门尼德接受和改造了克塞诺芬尼关于"神"的思想，创立了著名的"存在"哲学。

（二）巴门尼德对存在哲学的创立

巴门尼德（Parm enides，盛年约在前 504—前 501 年）是爱利亚人。据说他是克塞诺芬尼的学生。关于他的生平，我们知之甚少。他曾写过一篇论自然的长诗，阐明了他的哲学观点。我们现在仅能从所存的残篇中窥其梗概。

巴门尼德对阿那克西曼德、赫拉克利特、毕达哥拉斯和克塞诺芬尼等人的思想都很熟悉，在这一基础上提出了自己富有特色的存在哲学。他避开了宇宙万物从哪里来又回到哪里去的自然哲学的传统问题，另辟蹊径，把注意力转移到真理和意见、本质与现象问题的讨论上来，提出了两条认识道路的学说，并从这个新的角度来回答存在与非存在、运动与静止、单一与众多、感性与理性等问题。

在《论自然》一开头，巴门尼德就以浪漫的神话色彩和优美的诗句向我们展示了一幅乞求女神指点迷津的生动画面。接着，他借用女神之口提出了三条认识的途径：第一，"存在者存在，不可能不存在"；第二："存在者不存在，非存在者一定存在"；②第三，"存在和非存在同一又不同一"③。第一条是"确信的路径，因为

①②③　G.S.Kirk and J.E, Raven, *The Presocratic Philosophers*, Cambridge, 1957, pp. 179, 269, 271.

它与真理同行",第二条路是"根本不可能的",第三条路则是普通人因"怯懦无能"和"茫然失措"而提出的。所以,第一条路称之为真理之路,后两条路则统统是意见之路。

这样,巴门尼德就建立起了他的真理和意见两条道路,从存在角度则可称为本质和现象两个世界的学说。

1.真理道路——存在是唯一不动的。

他区分两条认识道路的目的,就是为了把人们的目光从变动繁多的现象界引向常住的单一的本质。因为只有常住不变的东西,才是真理性认识的对象。这种企图,与整个早期希腊哲学寻求本原、探索原因的精神从根本上讲是一致的,其区别在于他的考察角度新颖,思维层次深入,因而把西方的理论思维向前推进了一步。

从现存的残篇看,他对"存在"的规定大致如下:

第一,存在是永恒的,不是生成的。对于这个特性,他提出了两方面的论证:首先,从来源上看,"存在"不是生成的。如果说"存在"是生成的,只有两种可能,或者生于存在,或者生于非存在。但是,这两种情况都不可能。因为如果说它生于存在,这就预先假定了另一个存在的存在,违反"存在"唯一的规定了;如果说它生于非存在,这就更加荒谬。因为存在者曾经不存在是不可思议的。其次,从时间上看,"存在"也不是生成的。他认为,所谓"存在",既不是过去曾经存在过,也不是在将来才会存在,而是整个地现在存在着。如果说"存在"是生成的,就只可能在过去或将来生成,但这是于理不通的。因为如果它在过去或将来生成,那它现在就会不存在了。所以,"生成是没有的,消灭也不可想象。"①存在只能是永恒的。

---

① G.S.Kirk and J.E.Raven, *The Presocratic Philosophers*, Cambridge, 1957, p.275.

第二,存在是唯一的,不可分的。因为它是连续的,不可分的。

第三,"存在"是不动的。这个论证是从"存在"既不生成也不消灭的命题中引申出来的。他说:"强大的必然性四方八面包围着它,像锁链一般将它紧紧捆绑。"①

由此可见,巴门尼德对"存在"特性的上述规定,基本上就是克塞诺芬尼加给"神"的那些特性。但是,这个"存在"(to on)却不是神,而是客观世界的一个最普遍的肯定和最高度的抽象。凡一切肯定的东西,可以称为"是"的东西,都不是"非存在",而是"存在"。它是既不生成也不变化的东西。这样,巴门尼德把存在和生成割裂了,却把存在和不变的真理结合了起来。它作为最普遍的东西,最高度的抽象,只能是思维的对象。所以,"作为思维和作为存在是一回事"。这个命题在西方哲学史上是对理性认识、概念认识的本质的第一个规定,后来被简化为"思维存在同一性"。

巴门尼德的存在论哲学,标志着古希腊理论思辨的性质。但是,他也并未因此而完全摆脱了感性因素和直观表象。他依然认为,这个"存在"是一个具有形体的东西。

　　"存在着一条最后的边界,

　　'存在'因此而在一切方面都被封闭,

　　有如一个滚圆的球体,中心到各边都距离相等。"②

2.意见道路——对立是万物生成的本原。

巴门尼德的女神指示说,你应当学会一切东西。不仅要知晓完全真理那不可动摇的核心,也要对根本没有真理的平常人的意见加以领会。于是,他就结束了真理道路的探索,转向所谓的意见

---

①② G. S. Kirk and J. E, Raven, *The Presocratic Philosophers*, Cambridge, 1957, pp. 276.

之路,也就是转向自然哲学。

在这方面,他提出了对立作为本原的看法。亚里士多德说:"所有学者都提出了对立作为本原。其中包括主张万物是一且是不动的人们(如巴门尼德也提出了冷和热作为本原,他把它们叫作土和火),也包括了主张稀散和凝聚是本原的人们。"①巴门尼德认为,明和暗、热和冷、火和土是两种性质相反的对立的本原。

在他看来,生命的产生也是对立面的统一,"因为女神处处鼓励着充满痛苦的分娩和交配,把雌性送给雄性,雄性交与雌性去偶配。"②

巴门尼德这种两条认识道路或两个世界划分的理论,对后来的思想家,尤其是对柏拉图影响很大,从一个方面奠定了本体论哲学产生的基础。在思维方式上,他开创了逻辑论证这一西方思辨哲学的主要方法,涉及选言推理、同一律等问题,比以前思想家们那种单纯的直言判断式陈述大大前进了一步。但是,他把区分出来的两个世界或两条道路截然对立起来,没有想到如何统一它们、沟通它们。这就给以后的哲学留下了一个艰巨的课题。

巴门尼德的存在论,从逻辑上讲虽然比他以前的任何一个哲学家论证得更充分,但是,它不仅和千变万化的现象明显抵牾,而且也是尚处于直观表象阶段的早期希腊哲学所不容的,因此难免受到非议。人们攻击的目标集中在"存在"的两个要害处——单一和不动上。为了捍卫存在论,芝诺站出来进行辩护。

(三)芝诺对存在哲学的辩护

芝诺(Zenon,盛年约在前464—前461年)也出生在爱利亚

---

① ［古希腊］亚里士多德:《物理学》188a19-22,参见苗力田主编:《亚里士多德全集》第2卷,中国人民大学出版社1991年版,第15页。

② G.S.Kirk and J.E,Raven,*The Presocratic Philosophers*,Cambridge,1957,p.283.

城,并且一辈子都没离开过这里。据说他是巴门尼德的义子和得意门生,因为反对僭主被杀害。

芝诺在哲学上以为巴门尼德的存在论作辩护而知名。他说:"我的这些论证的目的是保卫巴门尼德的那些观点,反对另一些非难他的人。那些人认为,如果承认有'单一',就会因为巴门尼德的观点而得出许多荒谬的和矛盾的结论来。我的答复是说给那些拥护'众多'的人听的,我有意把他们的'非难'还给他们自己,指出他们假定'众多'存在的那种看法如果推论下去,就要比假定'单一'存在更为荒谬。"①

芝诺的辩护分为两个方面:一是论证单一否定众多,二是论证静止反对运动,使用的方法都是归谬法。

1.否定"众多"的两个论证。

第一,从无限大与无限小的角度否定众多。

他认为,如果存在着众多,那么,它就必然由许多部分构成。这些构成部分只有两种可能情况:(A)部分有一定的广度和厚度。由于"存在"的任何一个部分边界都不会是最外的,所以,这种广度和厚度就可以无限相加下去。(B)部分无广度和厚度。那么,把这样的部分相加即怕一千次,也依然等于零。因此,"如果存在着众多,那么就一定是既大又小,小会小到没有体积,大会大到体积无限。"②

第二,从有限与无限的角度否定众多。

他指出,如果存在是众多的,就会出现两种矛盾的情况:(A)存在的数目必须同实际存在的事物刚好相等。但假如事物就是这

① Plato,*Parmenides*,128C-D,*Plato* vol.IV,Loeb Classical Library 167,Harvard University Press,1926.

② G.S.Kirk and J.E,Raven,*The Presocratic Philosophers*,Cambridge,1957,p.288.

样多,那它们在数目上就是有限的。(B)相反,假如存在的事物是众多的,它们在数目上就会无限。"因为在存在的东西之间永远会存在着另一个中介,中介之间也还会有其他中介,所以,存在的东西便会无限众多。"①

既然承认众多就会出现体积上既无限大又无限小,数目上既有限多又无限多的矛盾,所以,"存在"就只能是单一,不能是众多。这就是芝诺所要得的结论。从理论思维发展的角度看,芝诺的这套论证比起那些简单的直接断语来要有力量、雄辩得多。但是,单一与众多、巨大与微小、有限与无限是些相互依存的概念,把它们人为地割裂开并对立起来,这就自然要陷入自相矛盾。

2.否定运动的四个论证。

第一,"二分法"。芝诺认为,一个东西不能在有限的时间内通过无限的事物,或者分别地和无限事物相接触。因为运动着的物体在达到目的地之前必须预先走完行程的一半。

第二,"阿基里追龟"。这个论证的意思是说:一个跑得最快的人永远追不上一个跑得最慢的龟。因为追赶者必须首先跑到被追者的出发点,因此尽管龟走得慢它却必然永远领先。

第三,"飞矢不动"。芝诺认为,如果任何东西,当它是在一个和自己大小相同的空间里时,它是静止的,并且,如果位移物体在任何一个瞬间总是占有这样一个空间,那么,飞着的箭就是不动的。

第四,"运动场"。芝诺认为,跑道上有两排物体,大小相同,数目相等,一排从终点排到中间点,另一排从中间点排到起点,它们以相同的速度作相反的运动。芝诺认为这可以证明:一半的时间等于那个时间的一倍。

---

① G.S.Kirk and J.E,Raven, *The Presocratic Philosophers*, Cambridge, 1957, p.288.

亚里士多德在经验范围内逐一反驳了这四个论证,认为它们全是错误的。但是,亚里士多德没能、也不可能从概念上加以总体的把握。恩格斯分析了运动的概念,他指出:"运动本身就是矛盾;甚至简单的机械的位移之所以能够实现,也只是因为物体在同一瞬间既在一个地方又在另一个地方,既在同一个地方又不在同一个地方。这种矛盾的连续产生和同时解决正好就是运动。"①列宁也说:"运动是(时间和空间的)非间断性与(时间和空间的)间断性的统一。运动是矛盾,是矛盾的统一。"②

当然,芝诺在把运动视为矛盾而加以否定时,在客观上却正好揭示了运动的矛盾本性。从这个意义讲,他对概念辩证法的发展起了积极作用,同时,他的那些论证方法又奠定了论辩辩证法的基础。所以,黑格尔称他为"辩证法的创始者"③。他与赫拉克利特辩证法的区别是:后者揭示的是宇宙万物变化发展的客观辩证性质,他却主要是在逻辑上论证概念矛盾关系;后者是正面肯定矛盾,他是反面揭露矛盾;后者是描述运动、对立的现象,他是从概念上暴露运动的矛盾本质。通过概念的论证,所以他的思想反而显得更深刻些。

(四)麦里梭对存在哲学的论证和修正

麦里梭(Melissos,盛年约在前440年左右)是萨摩斯岛人,巴门尼德的学生。他是位出色的政治家,曾被选为海军统帅,并以其个人的美德引起了人们极大赞誉。在哲学上,他是爱利亚学派的最后一个重要代表,其主要贡献是对"存在"的性质进行了更严密的论证,并修正了前辈的两个论点。

---

① 《马克思恩格斯文集》第9卷,人民出版社2009年版,第127页。
② 《列宁全集》第55卷,人民出版社1990年版,第217页。
③ [德]黑格尔:《哲学史讲演录》第1卷,贺麟等译,三联书店1957年版,第272页。

如果说芝诺是从反面揭露"众多"和"运动"的矛盾,从而维护"单一"和"静止"的原则,那么,麦里梭则是从正面直接论证这种原则的。他首先修正了巴门尼德"存在"有限的观点,从"存在"的永恒无限性出发来论证其他性质。从这种永恒无限性,他证明了"存在"的单一性,"因为任何事物,如果它不是整个存在,就不可能永恒存在"①。"如果它是(无限的),它就应该是单一的;因为如果它是二,那么就不可能是无限的、而将会相互限制。"②

他从否定虚空存在的角度来证明"存在"是不运动的。因为虚空就是无,而无是不存在的。既然没有虚空,"存在"就不能运动,因为没有可供它移动的空间,一切都是充实的。

麦里梭对巴门尼德的另一个修正是否认"存在"有体积。据辛普里丘记载,麦里梭主张的"存在"是不具形体的东西,因为他说:如果它存在,它就必定是单一的;作为单一的东西,就必定不具形体。如果它有体积,那么它就会存在着部分,并且因此而不再是单一的了。

通过爱利亚派三代思想敏锐、语言锋利的哲学家反复辩难,理性认识和思辨方法在哲学中的地位越来越重要。但伊奥尼亚自然哲学的传统,在新的条件下也达到了发展的光辉顶峰——原子论。

四、恩培多克勒和阿那克萨戈拉的自然哲学

巴门尼德以后,自然哲学的特点是把事物看作是个组合物,开始更深一层探求物质的内部结构问题。哲学思维的这种进步,不但由存在、非存在这类理论问题上的反思、思辨所推动,同时也与当时科学的发展分不开。克罗托内的阿尔克芒首先进行了解剖实验,从而发现了视觉神经,并且认识到大脑是感觉和理智活动的中

---

①② G.S.Kirk and J.E,Raven,*The Presocratic Philosophers*,Cambridge,1957,p.299.

央器官。阿那克萨戈拉用动物进行实验,并用解剖方法研究它们的构造。[①] 人们的思想已深入到动物身体内部。

(一)恩培多克勒的元素学说

恩培多克勒(Empedokles,盛年约在前444—前443年)是西西里岛上阿格里琴托人。他的一生充满着矛盾的性格和传奇的色彩。据说他是巴门尼德的追随者并写过《论自然》和《净化》两个诗篇,加在一起约有5000行。但是,我们现在只能从其他人的论述和引证中看到约450行残篇了。

在希腊哲学史上,他是第一个主张多种元素为本原的人,因而带有综合和过渡的性质。从思想来源上看,他继承了伊奥尼亚学派的有形体质料说,吸收了毕达哥拉斯学派的数目哲学和宗教观点,也接受了巴门尼德的"存在"理论。但是,他又与爱利亚学派不同,认为这个永恒不动的"存在"不是单一的,也不仅仅是思想的对象,而是构成万物的四种基本元素。他称之为"根"(rhizomata)。

1.六本原说——"四根"与"友爱"、"争吵"。

恩培多克勒以优美的诗笔写道:

> 首先请听真,万物有四根:
> 宙斯照宇宙,赫拉万灵源,
> 还有爱多组,伴同奈斯蒂,
> 抛尽自己珍珠泪,浇灌万物生命泉。[②]

火、土、水、气这四重"根"是万物从单一变为众多,又从众多回归单一的本原。但除此之外,在事物中还有那"处处对称"、毁灭性的"争吵"以及"同宽同长"的"友爱"。这两种大小相同但作用相

---

① 参见[英]丹皮尔:《科学史及其与哲学和宗教的关系》,李珩译,商务印书馆1975年版,第63页。

② G.S.Kirk and J.E, Raven, *The Presocratic Philosophers*, Cambridge, 1957, p.323.

反的力量,交互消长,轮流坐庄,形成了宇宙万物悠忽生灭,不停流转的总画面。

对于恩培多克勒的这种论点,亚里士多德评论说:如果我们考察恩培多克勒的观点,不是按照不确切的表述,而是根据其含义来解释,就会发现,"友爱"是善的事物的原因,"争吵"则是恶的事物的原因。所以,假如我们说他在某种意义上提出了、并且是首次提出了恶和善为本原,那我们就可能说对了。辛普里丘也指出:恩培多克勒主张物质的元素在数量上是四种,即火、气、水和土。它们都是永恒的,通过混合和分离而发生多寡的变化。但是,他真正的本原是"友爱"和"争吵",因为是它们把运动给予了元素。元素不断进行交替变化,一时由"友爱"而集聚,一时又因"争吵"而分离。所以,按照他的说明,本原在数量上是六种。

此外,他认为事物的差异在于元素结合的不同比例。以这种多元素的本原学说,他叙述了宇宙和生物的生成发展过程。

2.宇宙起源和生物进化思想。

他认为,宇宙开始是个球体,混沌不分。后来逐渐产生了冲突和分离、形成日月星辰等天体。艾修斯转述他的观点说:以太是首先分离的,其次是火,然后是土。由于土被旋转的力量所紧紧压缩,就从中生成了水,水的蒸发又生成了气。星辰来自以太,太阳源于火,地上的万物则由其他元素集聚而成。他还阐述了一种朴素的生物进化论思想。他把生物的进化分为四代:第一代的动植物是不完善的,由分离着而不是结合在一起的肢体形成。到第二代时,由于这些分离肢体的结合,就出现了像梦幻中的生物。第三代是整体上的本性形成的一代。第四代就不再由于同类的物质(如土或水),而是通过繁殖生成的。在某些场合是它们的养料凝聚的结果,而在另一些场合则是由于雌性的美貌刺激起雄性的冲动。所有动物的不同种类都是由它们之中混合的量的差异而相区别的。人也是在这种不断的进化中生成和完善起来的。人的感觉是哪里来的呢？他回答了这个前人没有涉及的问题，并且以朴素的形式提出了符合说。

3.同类相知和流射说。

恩培多克勒认为：在所有生成的事物中都同样有流射物存在。不仅动物、植物、土和海，而且石头、铜、铁都不断地放出许多流射（aporroai）。但是，不同的流射是不能随意进入不同通道的。他认为，当某物适合于那些感觉的通道时，感觉就产生了。所以，一种感觉不能判别另一些对象。因为对于被感知的对象来说，一些通道碰巧太宽，另一些又恰好太狭。因此，有些对象就毫无接触地直穿而过，而另一些则根本就不能进入通道。

正因为感觉的产生依赖于流射与通道之间的符合关系，所以，他提出了"同类相知"说。他说："我们是用土看土，用水见水，用气应神圣的气，用火视昏暗之火，用友爱待友爱，用争吵对可悲的争吵。"[1]关于智慧和无知，他也有同样的见解。因为认知是由相同而来，无知则因相异生成。所以，知识和感觉是同一的，或者是密切相关的。人特别是用血液来思想，因为在血液中，所有部分的各元素都非常好地混合在一起。

4.灵魂轮回说。

作为哲学家和科学家，恩培多克勒发表了上述具有巨大科学性的思想，但作为一名奥菲教信徒，他却相信灵魂不死的说教，并花了很多篇幅来描述灵魂轮回的痛苦经历。他宣称灵魂不是从我们的血液和呼吸中生成的，而是从别处来到肉体寄居的，它是一个被神的命令所逐出的"完完全全的流浪汉"[2]。在他看来，灵魂开

---

① ［古希腊］亚里士多德：《形而上学》1000b6-8，参见苗力田主编：《亚里士多德全集》第7卷，中国人民大学出版社1993年版，第77页。

② G.S.Kirk and J.E.Raven, *The Presocratic Philosophers*, Cambridge, 1957, p.349.

始处于原始的纯洁状态,没有冲突和争吵,只有爱与美之神库波莉斯。但堕入肉体后,就沾染了血液带来的罪恶,不得不历经轮回。他认为灵魂在辗转投身于不同的生物体时忍受了惨痛的历程:强劲的空气把他赶压入海,海把他冲向干燥的陆地,地将他抛进炽热的阳光下烘烤,烈日再将他重新投回风的旋涡。虽然轮流将他接待,但全都对他憎厌。

恩培多克勒的思想是哲学与宗教、科学与迷信的混合物,抽象思维和形象思维的综合体。从积极的方面看,他的本原学说、感觉理论和生物进化观点在哲学和科学的发展中具有重要意义。他的四根说和流射说都直接启发了原子论,他的"友爱"和"争吵"的观念则是第一个以形象的方式提出的动力因。而他的生物进化和适者生存的猜测,则是生物进化论思想的萌芽。

(二)阿那克萨戈拉的"种子"理论

阿那克萨戈拉(Anaks agoras,盛年约在前 440 年)是伊奥尼亚地区的克拉左美奈人。约 20 岁时,他到雅典讲授哲学并和执政的伯里克利交往密切。后来因不敬神罪名而处以罚金并被驱逐出境。离开雅典后,他回到了伊奥尼亚,定居在米利都的殖民地兰萨库斯,并死在那里。相传他也写过论述自然的书。但现在只有 20 多条残篇被保留下来。

在希腊哲学史上,他因完成了两项业绩而具有重要地位。他把哲学从外邦第一次带到了希腊本土,使这朵智慧之花在雅典结出了丰硕的果实,产生了苏格拉底、柏拉图和亚里士多德等伟大的思想家。他第一次把"理智"①(或努斯 nous)和看不见的物质元素——"种子"(spermata)引进了本原说,给哲学思想开拓出新的

---

① nous 一词来自动词 noein(思想)。通行文献在这里往往因英语的 mind 而译心灵。本章中一律作理智,以见古希腊思想的前后延续。

局面。

1."同素体"与"理智"。

"阿那克萨戈拉可能提出物质本原是无限的,但是,运动和生成的原因却只有一个,即'理智'。如果假定万物的混合是一个在形式上和广延上都不确定的实体,那就会由此得出结论:他断言有两个本原,即无限的实体和理智。"①这种无限的实体,他称为"种子"或"同素体"(homoiomereiai)。他说,情形既然如此,那就必须假定在结合而成的万物中有着一切种类的许多成分以及万物的种子。这些种子有着各种各样的形状、颜色和味道。

他认为,"种子"具有如下主要的性质:

第一,它们是无限的。"无限"(apeiron)这个概念,阿那克西曼德、毕达哥拉斯和麦里梭等人都用过,但他们主要是从"没有规定性"的角度讲的。阿那克萨戈拉的"无限"则有多方面的含义:首先是种类上的无限,即有多少种事物就有多少类的种子。其次是数量上的无限。万物都混合在一起,数量无限多,体积无限小。最后是分割上的无限。因为,在小的东西中不能有最小的东西;因为永远有更小的东西(存在物不在是不可能的),也永远总有比大的东西更大的东西存在。

第二,它们是永恒的。他认为,存在是不能从不在生成的,所以作为无限多样性的存在物的本原,"种子"就应该是无限的,永恒的。亚里士多德说,阿那克萨戈拉认为"事物必然是从存在中,即从已经存在的东西中生成。但由于这些东西太小,我们觉察不到"②。

① G.S.Kirk and J.E,Raven, *The Presocratic Philosophers*, Cambridge, 1957, p.375.

② [古希腊]亚里士多德:《物理学》187a31-b2,参见苗力田主编:《亚里士多德全集》第2卷,中国人民大学出版社1991年版,第12页。

第三，它们是同质的，看不见的，各个部分都相同的"同素体"。亚里士多德认为阿那克萨戈拉与恩培多克勒对于元素的看法相反，恩培多克勒主张万物都由火、水、土和气等元素构成，而阿那克萨戈拉却说："同质的东西，如肉、骨头等是元素，气和火则是这些东西和所有其他的种子的混合。因为它们每个都是一切同质的东西的聚合，只是看不见而已。"①他还认为面包和水由同质的种子构成，但感觉无法把握，只有理智才能领悟得到。

第四，它们是混合而存在的。除理智外，每一事物中都有另一事物的部分，在有些事物中也有理智。在他那里，没有什么东西是完全纯粹的，如纯白、纯黑、纯甜、纯肉和纯骨头。相反，一物的本性被认为是它所包含的那个最多的成分的本性。

阿那克萨戈拉认为，光有这些无限的、永恒的、看不见的、又混合在一起的"种子"还不能形成事物。因为"种子"自身没有结合成万物的运动能力，需要"理智"的作用。其他事物都分有每一事物的一部分，只有理智是无限的、自主的，它不与任何东西相混合，而是单一的，自为的。如若某物与理智相混合，它就会妨碍理智，使它不能像现在独立自为时一样地支配混合物。

正是由于"理智"发动着混合种子的分离和结合，才形成了万物。基于这种认识，他坚决反对使用生成和毁灭的字眼。他说：那些希腊人承认生成和毁灭，这是不正确的。因为没有什么东西生成，也没有什么东西毁灭，有的只是混合和从存在事物的分离。所以，假如他们把生成称为混合，把毁灭叫作分离，那就对了。

2.异类相知说。

在感觉的产生及其作用的问题上，阿那克萨戈拉提出了与符

---

① ［古希腊］亚里士多德：《论天》302a28-b3，参见苗力田主编：《亚里士多德全集》第2卷，中国人民大学出版社1991年版，第362页。

合说相反的对比原则,相反相成原则。

他认为,感觉由相反者生成。因为相同者是不被相同者作用的。……同样,我们感觉到的一物的热和冷不是由于相似物引起的,也不能通过同样的东西来认识甜和苦,而是根据每一个的缺乏,由热知冷,由咸知淡,由苦知甜的。他还说:可见的东西使昏暗的东西显现出来。虽然他在解释感觉的具体起源上与恩培多克勒见解不同,但在坚持感觉来源于物质对象的作用这一根本点上却是一致的。他比恩培多克勒深刻的地方在于:他在肯定感觉作用的同时看到了它的不足,认为仅靠感觉不能把握真理。这种认识,也与他的"种子"学说一脉相承。因为"种子"本身就是不可见的微小部分、感觉不到,只能靠理性才能把握。

3.宇宙学说和生物理论。

和任何一位自然哲学家一样,阿那克萨戈拉也对天文学、生物学方面的大量现象进行了解释。

他推断有多个世界存在。他宣称,人和动物都由种子形成,因此就会有许多世界存在。在另外的世界里,那些人有居住的城市和耕作的田地,和我们一样;他们有太阳、月亮和其他星辰,和我们一样。

他解释了日月星辰等自然现象的形成。他认为,大地在形状上是扁平的,由于它的广阔,由于没有虚空,也由于非常强大有力的空气使它漂浮其上,所以,它是悬挂在那里的。……太阳、月亮和一切星体都是炽热的石头,这些石头由于以太的旋转而和它一起运行。……月亮没有自己的光,而是来自太阳的光。月食的发生是由于地球的遮蔽,有时也由于月亮下面物体的遮蔽,日食的发生则由于处于新月时期的月亮遮蔽,……月亮是由土构成的,在它上面有平地和峡谷。我们把虹称为太阳在云中的反射。所以,它是暴风雨的先兆。因为云中流出的水造成了风或者降下了雨。

他也说明了动植物的产生:气里面包含着万物的种子,当它们和雨水一起下落时,就生长出植物。动物最初是从湿气中生成的,后来就互相产生了。

特别重要的是,他指出了手在人的形成过程中的作用。亚里士多德说:"阿那克萨戈拉断言,由于有了手,人就成了最为聪明智慧的动物。"①

阿那克萨戈拉的种子学说,成了原子论哲学的直接先驱,而他的"理智"学说,则被苏格拉底和柏拉图所发挥。整个地说,在阿那克萨戈拉的自然哲学中,朴素的"种子"理论占了上风。

五、留基波和德谟克利特的原子论

留基波(Lcukippos,盛年约在前440—前430年)是爱利亚人或米利都人。据说曾经和巴门尼德一起研究过哲学,但观点不同。德谟克利特(Demokritos,盛年约在前420年),是希腊北部色雷斯的阿布德拉人,就学于留基波。他一生游学四方,知识渊博,著述甚多。马克思和恩格斯称他为"经验的自然科学家和希腊人中第一个百科全书式的学者"②。据公元1世纪编纂的他的著作目录表看,他有15组70部(篇)著作,内容涉及哲学、物理、数学、天文、地理、逻辑、心理、伦理等几乎当时所有的知识领域。他的主要著作有:《大世界系统》、《小世界系统》、《天象志》、《论星体》等。不幸的是,这些著作都已佚失。

留基波和德谟克利特的观点是一致的,尤其是老师的思想都包含在学生之中。所以,下面以德谟克利特的名义展开的叙述,实际上是他们共同的见解。

---

① [古希腊]亚里士多德:《论动物的部分》687a7-8,参见苗力田主编:《亚里士多德全集》第5卷,中国人民大学出版社1997年版,第131页。

② 《马克思恩格斯全集》第3卷,人民出版社1960年版,第146页。

（一）原子和虚空

在万物本原问题上，德谟克利特提出了原子——虚空说。这是对以前各派哲学的总结和发展。伊奥尼亚地区自然哲学的古朴传统，毕达哥拉斯学派用无形体质料——数目来建立宇宙系统的尝试，爱利亚学派对"存在"与"非存在"两个概念的思辨，尤其是恩培多克勒的"四根"说和阿那克萨戈拉的"种子"论，无不在他的学说中得到相应的体现。

亚里士多德说："留基波和他的朋友德谟克利特主张充实与虚空是本原。他们把它们分别称之为存在和不在，充实而坚固的是存在，空虚而稀薄的是不在。但是，他们说虚空并不比物体缺少些什么，因为不在与存在同样实在。这两者的结合是万物的质料因。正如那些从作为同一基础的性质变化（疏散和凝聚是这种变化之源）中寻找万物根源的人一样，他们宣称原子之间的区别是生成其他不同事物的原因。这些区别共有三种：形状、秩序和位置。他们主张存在只有形态、关联和方向上的不同。形态就是形状、关联就是次序、方向即是位置。例如，A 与 N 是形状不同，AN 和 NA 是次序不同，Z 与 N 则是位置不同。"①辛普里丘也记载说，他们认为"本原在数量上是无限的，是不可分割的原子。这些原子由于它们的充实而不可分割。它们之中没有虚空存在。可分性是由于复合体中存在的虚空才存在着的"。②

从这两段记载能够看出，德谟克利特认为，宇宙万物的本原就是原子与虚空，或者说存在与不在。"原子"（atom）的基本性质是：内部充实、没有虚空；不可分割（在希腊语中，atom 本身就是

---

① ［古希腊］亚里士多德：《形而上学》985b5–17，参见苗力田主编：《亚里士多德全集》第 7 卷，中国人民大学出版社 1993 年版，第 38—39 页。

② G.S.Kirk and J.E,Raven,*The Presocratic Philosophers*,Cambridge,1957,p.407.

"不可分割的东西");"不能为感官所感知";数量无限;在形状、次序和位置上相互区别。这种本原,明显是与爱利亚学派对立的。爱利亚学派坚决否认"不在"和虚空的存在,把"存在"与"不在"视为不可逾越的两个世界,并以否定虚空来否定"存在"的运动。德谟克利特针锋相对地把本原的含义给予了"不在"或虚空(to kenon),并断言它与"存在"一样实在。此外,这种本原学说也是对毕达哥拉斯数学质点的改造,把它变为了有形体的物理质点。同时也克服了巴门尼德以前的自然哲学家以一种感性物质作本原的朴素性,把探索的触角伸进了看不见的、物质的内部结构中去。

（二）宇宙生成说

据第欧根尼·拉尔修记载,留基波和德谟克利特认为,"世界是这样生成的:在广阔无垠的虚空中,许多不同形状的物体彼此聚集在一起,产生了一种旋涡运动。在旋涡中,物体相互撞击,以各种方式不停地旋转,继而开始分离,相似的物体就和相似的物体结合起来。但是,当它们的数量众多以至于无法再进行均衡的旋转时,轻的物体就像筛选似的被抛到周围的虚空里,其余的则留在中心,更紧密地结合起来,协调运动,产生出第一个球形物体,这物体像一层内部包含着各类物体的壳。当进行旋涡运动时,由于中间部分的反作用,周围的壳变得十分细薄;由于与旋涡运动的联系,相邻的原子就不断地流到一起。这样,地球就产生了。早先待在中部的原子就居住在那里。再者,包含万物的那层壳也由于外部物体的吸引在增长。随着它在旋涡中的运动,它吸入所有它所碰到的东西。这些纠合在一起的物体,有些就组成一个构体,起初十分潮湿和泥泞,但随着它们跟随整体的旋涡一起旋转,就逐渐干燥起来,并成为天体的基础。"①

----

① 　G.S.Kirk and J.E,Raven, *The Presocratic Philosophers*, Cambridge, 1957, p.410.

在他们看来,以原子在虚空中的这种旋涡运动而构成的宇宙数目无限,大小不同。德谟克利特把这种原子的旋涡运动生成宇宙看成是必然的过程。在他那里,每件事物都根据必然性产生。因为万物生成的原因是旋涡,他就把这称为必然性。这种把世界万物的生成归结为物质作用的必然结果的论点,对于神话迷信的创世说,无疑是一个沉重打击。不仅如此,这也克服了恩培多克勒和阿那克萨戈拉靠外力作用发动运动的局限性,坚持了用物质自身来说明物质生成的一贯立场。但是他由此否认了偶然性的存在,又具有极大的片面性。他认为没有什么东西是偶然产生的,每件事物都有一个原因,并且是由于必然性。他还进一步把偶然性斥之为人们为了掩盖自己的无知而捏造出来的东西:人们自己虚构出偶然性的幻影,为自己的无有理智辩护,须知理智按其本性来说就是反对偶然的。这就割裂了二者的有机联系,一方面无法有效地解释原子如何能发生碰撞并形成万物;另一方面由于它带有浓厚的机械论色彩,忽视了作为整体的宇宙万物的内在联系和相互依存,忽视了事物"何所为"的目的因,因此也不能有效地说明自然事物的和谐发展与整个自然界的秩序。亚里士多德批评说:德谟克利特"忽视了目的因,把自然界的一切都归结为必然性"。①

(三)影像说

在认识论方面,德谟克利特用影像来说明感觉的产生。他认为:当影像从外面进入时,感觉和思想就会产生;相反,如若没有影像来撞击感官,就没有什么能够产生。依据这种认识,他具体论述了视觉的产生。他说:印象不是直接在瞳孔中生成的,而是眼睛与视觉对象之间的空气在视者和视觉对象之间被紧压而留下的印

---

① [古希腊]亚里士多德:《论动物的产生》789b2—3,参见苗力田主编:《亚里士多德全集》第5卷,中国人民大学出版社1997年版,第399页。

记。这种"影像"说可能是受了恩培多克勒"流射说"的启发，在实质上，两人的观点是一致的，但另一方面，"影像"（eidola）概念的提出对柏拉图的理念论和亚里士多德的形式说影响很大。

德谟克利特不仅肯定了感觉产生的客观性，而且也看到了感性认识的不足。他说："有两类知识，一类是真实的，另一类是模糊的。模糊的一类包括视觉、听觉、嗅觉、味觉、触觉。真实的知识明显地与此相区别。……当模糊的知识在细微的领域中不能再看、不能再嗅、再尝、再通过触摸而感知时，那种真实的知识就参加进来的了。"①不过，他又严正地警告那些片面夸大理性否认感性的人说：可怜的理性，你从我们这里获得证据，怎么又试图推翻我们感性了呢？我们的失败就是你的末日。

德谟克利特关于认识问题讨论更为深入，更加全面。虽然他并未真正理解感觉和理性之间的关系，更不可能了解理性认识形成的过程和原因，但他看到了感觉的重要性和不足，看到了理性优于感觉又不能脱离感觉。从这里我们不难理解他那段著名的可以从不同角度加以理解的残篇。他说："甜和苦是约定的，热和冷是约定的，颜色也是约定的，真实的存在只有原子与虚空。……实际上，我们没有确切地把握什么，而只是根据我们身体的状况以及透入身体之中或留在身体之内的那些东西去感知变化。"②

（四）灵魂学说与幸福理论

德谟克利特还用他的原子理论来回答灵魂的构成问题。他认为，"灵魂是由精细的球形原子构成的，并且是使动物运动的东西。因此，德谟克利特宣称灵魂是一种火或热的东西。原子的形状同原子本身一样无限多，他就把那些球形的原子叫作火和灵魂，并且把它们比作空气中的尘埃，在窗口射进的阳光中可以看见它

---

①② G.S.Kirk and J.E.Raven, *The Presocratic Philosophers*, Cambridge, 1957, p.422.

们浮动着。……留基波也是这样看的。他们主张球形的原子构成灵魂,因为这种形状的原子最适合于穿过一切事物,自己运动并使它物运动。他们认为灵魂就是使动物身上产生运动的东西。因此,他们视呼吸为生命的标志。"①

德谟克利特把自己关于灵魂的学说和社会伦理观点直接联系起来,进行了关于什么是幸福问题的讨论。

他认为,虽然人人都具有灵魂并希求灵魂的安宁,但要真正使灵魂安宁,就必须克服欲望、节制享乐、淡泊名利。如果老是贪心不足,嫉妒他人,就会造成灵魂的苦恼,带来生活的不幸。相反,只有灵魂安宁,品质高尚的人才会有幸福的生活。他说:幸福不在于占有畜群和金银,灵魂才是一个人善恶品质的寄居地。所以他主张要做正义、合法之事,广结善缘,普施德惠,追求神圣的智慧的东西,才能净化灵魂,得到幸福。这种幸福观给以后原子论派的幸福观奠定了基础。

德谟克利特创立的原子论哲学,虽然形式朴素,但其基本精神却是科学的。列宁把它看作是哲学唯物主义理论在历史上最典型的代表。② 它对后世产生了很大的影响。伊壁鸠鲁结合当时科学的新发展,使其更加完善。在罗马共和时期,卢克莱修给予了广泛论证,把它当作消除迷信开化愚昧的工具。到了近代 17 世纪,法国的伽桑狄以新的科学为背景,恢复和发展了古代原子论,使这一古老的哲学理论出现在近代哲学面前。

德谟克利特的原子论,是古希腊自然哲学的顶峰。随着人们抽象思维的进一步提高,随着哲学中心向雅典的转移,随着雅典民

---

① [古希腊]亚里士多德:《论灵魂》403b28-404a10,参见苗力田主编:《亚里士多德全集》第 3 卷,中国人民大学出版社 1992 年版,第 7~8 页。
② 参见《列宁选集》第 2 卷,人民出版社 1972 年版,第 362 页。

主制带来的经济繁荣、社会兴旺、文化发达和科学进步,人们的视野更为开阔,思想愈益深入。在早期自然哲学培育下的肥沃的土壤上,古希腊哲学进入了百花争艳的春天。

第二节　古典时期的希腊哲学(上)。
苏格拉底和柏拉图

马克思说:"希腊的内部极盛时期是伯里克利时代。"①伯里克利(前495—前429年)时代是一个永远为史家所缅怀的时代。雅典在反对波斯战争(前492—前449年)中取得胜利后,依仗强大的海军力量取得了海上霸权,同时又把大批战俘变为奴隶,极大地促进了社会经济的繁荣。由于在战争中,平民和工商业者起了举足轻重的作用,因而民主制也迅速发展。到伯里克利执政时期(前443—前429年),奴隶主民主政治达到了它的鼎盛期。

繁荣的经济和开明的政治使文化发达的雅典群星交辉、百花争艳、学术文化盛极一时。民主制的发展,产生了群众性的文化生活艺术。节日歌舞发展成为戏剧,出现了埃斯库罗斯、索福克里斯、欧里庇弟斯的不朽悲剧以及阿里斯托芬的杰出喜剧。这些作品思想丰富、哲理深刻、文字华丽、形象完美,一直流传至今,成为西方文化的宝贵遗产。在柏拉图和亚里士多德的作品里大量引用了他们的诗句,这些文艺作品从思想到内容都和当时哲学血肉相连。雅典的城市进行了大规模的建设,建筑既淳厚典雅,又华丽庄严。据记载,当时的雅典城:大厦巍峨耸立,宏伟壮丽,轮廓秀逸,无与伦比。雕塑随着建筑的发展也达到了空前的水平。梅农、菲狄亚斯、波吕克利托斯等名家辈出。雅典人的理智世界也同样绚

---

① 《马克思恩格斯全集》第1卷,人民出版社1995年版,第212页。

丽多彩,使他们的科学文化成就卓著。"历史之父"希罗多德的《历史》,修昔底德的《伯罗奔尼撒战争史》皆在当时问世。在数学方面,开奥斯人奥诺庇弟斯测定了年度的长短。雅典人墨同修正了他的数字,并编制了太阳历法。"医学之父"希波革拉底奠定了科斯[岛]学派的基础。生物学、植物学、地理学等学科在此时都有了很大进步。

阿那克萨戈拉第一个从伊奥尼亚把哲学带到雅典,并受到伯里克利的保护。哲学在雅典的较为安定民主的社会政治条件下,在它的营养丰富的文化土壤中,焕发出异彩,达到了希腊哲学的高峰。宽广而优美的公共建筑给哲学家们的活动提供了方便的场所。科学、艺术和文化的灿烂成果,成为哲学的反思素材。就哲学本身说,它从自然哲学的单一对象、单一问题扩展到社会、国家、人生目的等多个方面,不但继续探讨宇宙论问题,并且开始重点研究认识和本体问题。哲学方法也是日益多样化,逻辑推理渐趋严密,学派林立,体系纷呈,哲人辈出。智者的大师首先创办学校,招生收徒,开了一代争鸣论辩之风。苏格拉底把自我认识提高到对普遍知识的寻求,走上和自然哲学相反方向的道路。他的弟子柏拉图继承了他的衣钵,建立了影响深远的理念论,成为西方唯心主义派别的创始人。柏拉图的弟子亚里士多德不但继续着,而且对以前哲学做了综合考察,这一时代的雅典终于产生了自己的希腊哲学的集大成者。

一、智者的社会伦理思想

智者派是雅典民主制的直接产物。当时,在决定国事的公民大会上,在裁决生死的陪审法庭上,要获得胜利,达到目的,不再靠权贵、地位和财富,而是要直接发表演说,成功地阐述自己的政见或为自己作辩解,说服听众。这就需要每个人训练自己的演说、修辞、文法等方面的才能。智者于是应运而生。

智者,原文是 Sophistes,来自 sophia(智慧)。在古代,大凡有学识、有才能、具有某方面专长的人士都被称作智者。一直到公元前 5 世纪,智者的名称才用来专指一批收费授徒、教授修辞学、论辩术的职业教师。他们以雅典为活动中心,巡回各邦。在奥林匹亚赛会、泛雅典娜集会等希腊盛典上发表演说、开展辩论、解答问题,训练青年们的演说和诉讼的能力。智者派的主要代表是普罗泰戈拉和高尔吉亚。其他比较著名的还有普罗狄库斯(Prodikos)、希庇阿斯(Hippias)、安提丰(Antiphon)、斯拉西马库(Thrasumachos)、克里底亚(Kritias)等。智者们崇尚感觉、主张怀疑、批判宗教偏见、抨击习惯传统。传统的"自然论"认为伦理准则、法律制度和社会地位是天生的、自然的。而智者们却提出"约定论"。普罗泰戈拉主张,在政治方面,所谓正义与非正义、荣誉和耻辱、虔敬与亵渎,事实上都是法律造成的,是各个城邦自己这样看的。凡一国视为公平正义者,只要它信以为然,那就是公平正义的。"自然论"与"约定论"之争历时甚久,影响极广。所以,人们将智者与文艺复兴时期的人文主义者相比,把他们看作是启蒙者与第一批人文主义者。

智者派并不是一个统一的哲学学派。他们之间无论在政治立场上还是思想观点上都有极大的差异。但是共同的社会需要和历史背景,使他们的活动具有某些相似之处。首先,社会法律和制度的完善,生产和科技的发展,使人们越来越意识到人自身的力量。航海和商业的发展又使人们看到了不同的社会风貌。以前人们好奇于自然界,产生了自然哲学。现在智者们好奇于社会起源和社会现象,他们开始对国家的产生、伦理准则、法律制度等问题进行探索。其次,随着哲学研究对象的变化,哲学研究的方法也发生了变化。以往自然哲学家都是寻找事物的基础和本原,并以此来解释万事万物的生成和运动。而智者们开始对大量的社会现象进行概括、提炼，从中找出一般性的原理。再次，智者们一般都致力于当时可取得实际效用的逻辑、语法、修辞、论辩等学科的研究，对这些学科的建立和发展具有重大贡献。

雅典的民主制是建立在对广大奴隶的极不民主的基础上的。由于自身存在着严重缺陷，民主制度逐步衰落，每个公民各行其是，最终成为莫衷一是。公民大会上的慷慨陈词、陪审法庭上的唇枪舌剑变成了歪曲事实的手段。贝壳放逐法成了党派争斗的工具。公元前431年，雅典和斯巴达之间由于一系列政治经济的原因爆发了伯罗奔尼撒战争。交战双方互有胜负拖延了27年之久，最后雅典惨败，一蹶不振，民主制陷入了重重危机。智者的发展与这个过程是完全一致的。本来他们重修辞技巧，轻思辨内容；重实际应用，轻理论思维，已经存在着严重的感觉主义、相对主义和怀疑主义的倾向。到了智者末流更是完全不顾事实，一味颠倒黑白、混淆是非、为我所用，堕落成无聊的文字游戏和诡辩，智者成了诡辩家的同义词，在历史上声名狼藉。柏拉图称他们为"批发或者零售灵魂粮食的商人"①。亚里士多德谴责他们说，"智者的学说是一种貌似哲学而并不是哲学的东西"②，"智者的技术就是毫无实在内容的似是而非的智慧，智者就是靠一种似是而非的智慧赚钱的人"。③ 这种恶名也连累了普罗泰戈拉和高尔吉亚这两个奠基者。实际上，尽管他们对智者的衰落亦难辞其咎，但在哲学史上却曾起过有益的作用。

① Plato, *Protagoras*, 313A, *Plato* vol. II, Loeb Classical Library 165, Harvard University Press, 1924.

② ［古希腊］亚里士多德：《形而上学》1004b27，参见苗力田主编：《亚里士多德全集》第7卷，中国人民大学出版社1993年版，第88页。

③ ［古希腊］亚里士多德：《辩谬篇》165a20—22，参见苗力田主编：《亚里士多德全集》第1卷，中国人民大学出版社1990年版，第552页。

（一）普罗泰戈拉

普罗泰戈拉（Protagoras，约前490—前410年）生于希腊阿布德拉城。他与德谟克利特是同乡，并且据史料记载，还是德谟克利特的学生，向他学习过哲学和修辞学。他把德谟克利特的感觉主义应用到社会现象中，创造了自己的学说。

普罗泰戈拉做了40年的智慧教师。他的盛年在第84届奥林匹亚赛会即公元前444—公元前441年前后。当时正值雅典极盛时期。普罗泰戈拉拥护民主制度，是伯里克利的亲密朋友。他第一个宣称自己是智者，并认为智者的职业是让人们"在私事中有把家庭料理得井井有条，在公务中有以言语和行动对城邦产生最大影响的能力"[1]。他的著作有《论真理》、《论神》、《论相反论证》，但皆已佚失，仅留下三条残篇。后人主要根据柏拉图、亚里士多德、塞克斯都·恩披里柯的记载来讲述他的思想。他的《论神》，开头一句话就是："至于神，我既不知道它们是否存在，也不知道它们是什么。认识这一问题的障碍很多，诸如问题的模糊，人生的短促等。"[2]这触怒了雅典公民，结果，《论神》被焚毁，他自己也被赶出城邦，在返回西西里的途中失足落海而死，时约为公元前410年。

1.人是万物的尺度。

这是普罗泰戈拉最著名的命题，它的完整形态是："人是万物的尺度，它存在时，事物存在；它不存在时，事物不存在。"[3]

在思维发展的早期阶段，"人"还没有抽象化。命题中的"人"实际上是指活生生的、感性的人，是人的个体。柏拉图认为这句话的含义是事物对于你就是它向你显现的样子，对于我就是向我显

---

[1] Plato, *Protagoras*, 381E-391A, *Plato* vol.II, Loeb Classical Library 165, Harvard University Press, 1924.

[2][3] ［德］第尔斯：《前苏格拉底残篇》D80, B4, D80, B1, 转引自北京大学哲学系外国哲学史教研室编译：《古希腊罗马哲学》，三联书店1957年版，第138页。

现的样子。亚里士多德也指出:普罗泰戈拉说,人是万物的尺度,意思不过是说,每个人所感知的都是一样确实的。一阵风吹来,有些人觉得冷,有些人觉得热,而风本身无所谓冷热,对于感觉冷的人来说,它就是冷的,对于感觉热的人来说,它就是热的。

"人是万物的尺度"这一命题无疑是雅典的活跃气氛和公民的主人翁感的真实写照。它一反传统的神是万物的尺度,把人变成主宰万物的力量,是人从自然界、动物界分离出来这一实际的理论反思,具有明显的强调人的能动性的色彩。

然而"人是万物的尺度"毕竟带有过重的主观意味。它将冷热、好坏等性质看作是人的主观感觉的产物,否定事物性质的客观性。它应用到认识论上的结果是知识就是感觉。最终陷入主观主义和怀疑主义。

2.人类社会约定生成论。

柏拉图对我们讲述了普罗泰戈拉关于人类社会产生的理论。他认为,一切生物都是神用土、水以及这两种元素的合成物在大地内部创造出来的。普罗米修斯偷了赫淮斯托斯和雅典娜的机械技术和火一起送给人。人类便从这里获得了谋生所必需的智慧。人出世后不久,便发明了有音节的语言和名称,并且造出房屋、衣服、鞋子、床,从土地取得了养生之资。人类起初是分散居住,因此常遭到野兽的袭击。为了保存自己,免遭伤害,人们便相约聚集在一起,产生了城邦。然而由于缺少政治技术,聚在一起的人们彼此相害。于是宙斯派遣赫耳墨斯给人类送来尊敬和正义分配给所有人,作为治理城市的原则、友谊与和睦的纽带。不具备尊敬和正义品质的人就要被处死,社会和国家就这样产生了。①

―――――――

① 参见 Plato,*Protagoras*,320A,*Plato* vol.Ⅱ,Loeb Classical Library 165,Harvard University Press,1924。

在这里,城邦起源于人类自我保存本能的观点开了近代社会契约论的先河。尤其是人人都有德性和治国能力的论点为民主制提供了理论基础。普罗泰戈拉认为,如果雅典人民在考虑造船、建筑等具体事物时,要是没有造船术和建筑术的人对此发表意见,无论家境如何富裕,出生如何高贵,人们都不会相信他反而会嘲笑他。但是,如果他们需要考虑有关城邦管理问题,那么每个人都可站起来发表意见;无论他是铁匠、鞋匠、商人还是船长,是富人还是穷人,是出身高贵的人还是出身低贱的人都是平等的。没有人会嘲笑他们,原因就在于他们认为每个人都分有正义及其他政治德性。

3.方法论。

列宁在读黑格尔《哲学史讲演录》一书时写道:"谈到诡辩学派时,黑格尔极其细致地反复琢磨这样一个思想:在诡辩中具有一般教养——我们的教养也在内——所共有的因素,即提出理由(Gründe)和反理由——'反思推论';在一切之中找出种种不同的观点。"①这里所指的正是普罗泰戈拉的另一个重大的理论贡献——方法论。

第欧根尼·拉尔修说:"普罗泰戈拉是第一个采用所谓苏格拉底式讨论方法的人。……而且他首先提出如何攻击与辩驳人们所提出的任何命题。"②

这里所谓苏格拉底式的方法显然是指反讥法,即给对方的命题提出反命题,以反对原命题的方法。普罗泰戈拉还对此做了理论上的论证。在他看来,人是万物的尺度,每个人的意见都是正确

---

① 《列宁全集》第55卷,人民出版社1990年版,第230页。
② [古罗马]第欧根尼·拉尔修:《名哲言行录》第9卷第8章第53节,转引自北京大学哲学系外国哲学史教研室编译:《古希腊罗马哲学》,三联书店1957年版,第125页。

的,那么,提出一个相反的命题并不足以推翻原命题。这两个命题都是正确的。第欧根尼·拉尔修写道:普罗泰戈拉第一个说,关于万物都有两个互相对立的说法。对任何一个命题都可以给出一个反命题,而且两者皆真。后来,人们把它概括为一切正题都可提出反题;希腊人说,普罗泰戈拉提出的原则是对一切说法提出相对立的说法。

这种对矛盾必然性的揭示,是芝诺揭露矛盾的技巧的进一步发展,并且对苏格拉底辩证法的提出有直接影响。

（二）高尔吉亚

高尔吉亚(Gorgias,约前483—前375年)出生于西西里岛雷昂丘城。他是一个政治活动家,曾代表母邦出使雅典,说服雅典帮助母邦反对叙拉古。他在修辞学、演讲术方面造诣很深。据记载,雅典人还为此在德尔斐神庙给他立了一个全金的像。

高尔吉亚留传下来的著作有《论自然或非存在》、《海伦赞》、《帕拉梅德斯辩护词》;分别讨论哲学、伦理学和法学的问题,其中以讨论哲学问题的《论自然或非存在》最为重要。

从哲学特征上说,高尔吉亚和芝诺相似,也是通过逻辑推论揭露别人论点中矛盾的能手。不过二者的方向刚刚相反,芝诺是要竭力维护巴门尼德“存在论”,而高尔吉亚则是要通过同样的逻辑推论揭露巴门尼德“存在论”的荒谬。

在《论自然或非存在》一文中,高尔吉亚针对爱利亚派的“存在论”提出了三个命题:第一,无物存在;第二,如果有物存在,也无法认识它;第三,即令可以认识它,也无法把它说出来告诉别人。

下面是他对这三个命题的论证。

第一,无物存在。高尔吉亚推论说,如果有物存在,那么该物便有三种可能:(1)存在,(2)不在,(3)既存在又不在。首先,设若该物不在,那就意味着它一方面存在,另一方面又不在。说同一件东西既存在又非存在是荒谬的。况且,存在和不在是矛盾的,如果说非存在存在,那么存在就不在,而这是不可能的,所以那物不可能不在。其次,如果说那物存在,那么它或者是派生的,或者是本生的,或者同时既是派生的又不是派生的。但如果它是本生的,那么它便没有开始,是无限的,而如果它是无限的,则它便不在任何地方,而不在任何地方的存在是不可思议的。如果它是派生的,那么它或者从存在中派生出来,或者从不在中派生出来。后者根本不可能,而前者则说明存在早已存在了。既然存在既不是派生的,也不是本生的。这样,该物也不可能存在,即不在。最后,第三种可能不过是第二和第一种可能的合成。现在既然第一和第二两种可能都不能成立,那么第三种可能当然也不可能成立。既然有物存在的三种可能都不能成立,于是推论出:无物存在。

第二,即使有物存在,也是不可认识的。高尔吉亚从认识就是思想这一前提出发论证说,如果我们所想的东西并不因思想而存在,我们便思想不到存在。而我们所思想的东西并不因此而存在是很明显的。如果我们所思想的东西是真实的存在,那么凡是我们所想的东西便都存在了,这是荒谬的。因为当我们思想一个飞行的人或一辆在海上驰骋的车,并不真有一个人在飞或者一辆车在海上行驶。另外,如果我们所思想的东西是真实的存在,那么不存在的东西就思想不到了。然而我们却可以设想六头十二足的女妖和吐火怪兽及其他许多不在的东西。所以,即使有物存在,也是不能认识的。

第三,即使我们能认识存在,也无法把它告诉别人。高尔吉亚论证说,认识存在要靠各种感觉,而告诉别人则要用语言。感觉不能互相替换。可见的东西不能为听觉所听,可闻的东西不能为视觉所见。既然连感觉之间尚且不能互相替换,语言怎么能把一个人所感觉到的东西传达给别人,使他也具有同样的感觉呢?语言既不是存在物，也不是感觉，因而语言不可能把存在的感觉传达给别人。

高尔吉亚的三个论证，从否定方面证明了存在和不在的不可分割性，从而消除了巴门尼德在存在与不在之间所设置的形而上学障碍，同时他也说明了思维矛盾的必然性，在论证过程中揭示了主观与客观、思维与存在、语言和感觉等矛盾，是对人们的思辨能力的一种训练和提高。

二、苏格拉底的德性论

苏格拉底（Sokrates，前 469—前 399 年）接受了智者哲学的积极方面，即反对传统观念、迷信和信仰，注重社会和人生问题。同时也批判了他们的消极方面。智者们高扬个性，推崇感觉以至于走向感觉主义、主观主义和怀疑主义。而苏格拉底则对此深恶痛绝。他否定个体，要求普遍，贬斥感性，在哲学史上树起了理性主义的大旗，因而比智者更精密、深刻，为柏拉图博大精深的体系开辟了道路。正因为如此，人们常常以苏格拉底为界线，把早期希腊哲学称为前苏格拉底哲学。

传说这位哲学家的父亲是一个石匠，母亲是一个助产婆。他不图富贵，不谋名利，无意仕进，只关心人们心灵的改善，探求德性的精确。他的学生柏拉图对他受审和临刑时举止的传神描写，无疑在苏格拉底的头顶上加了一个金色的光圈。他历来被奉为哲学家人格的典范。

苏格拉底留下了许多佚事和道德格言，但却没留下任何著作。关于他及他的思想都是靠别人记录下来的，主要是阿里斯托芬、克塞诺封、柏拉图、亚里士多德。其中阿里斯托芬的喜剧《云》中作为智者出现的苏格拉底只能当作一个舞台上的角色看。克塞诺封侧重于苏格拉底的日常言行。哲学方面主要的材料来源是柏拉图的著作,其中一些被认为是以寻求德性的普遍本质为中心内容的早期对话,俗称"苏格拉底对话",如《查米德斯篇》《吕西斯篇》、《拉刻斯篇》《克拉底鲁篇》等。可是,柏拉图的对话大多以苏格拉底为主角,怎样确定区分他们二人的观点一向是哲学史上的难题。不过,亚里士多德在柏拉图身边 20 年,当然应明白他老师与苏格拉底的思想分野。所以我们在这里根据克塞诺封和亚里士多德的记载,从柏拉图著作中检索有关材料来概括苏格拉底的哲学思想,也许是不会失之太远的。

（一）自然哲学的摒弃

苏格拉底以前的哲学是自然哲学。自然哲学探索自然的奥秘,追寻本性的精髓,以某种质料为宇宙万物存在和生成的本原,开创了西方哲学的纪元。但这种朴素的理论本身又具有不可避免的局限性。苏格拉底抓住了它们的一些缺陷并加以夸大,从而全面否定了自然哲学,否定了朴素唯物主义,把哲学引向了相反方向。

苏格拉底宣称,他在年轻的时候也曾经对自然哲学抱有极大的兴趣,但是经过多面考虑,他觉得这种劳作是无益的。

第一,自然哲学家们在最根本的问题上众说纷纭,自以为是,让人无所适从。"他们彼此的意见也互不一致,而是彼此如痴如狂地互相争执着。……有些人就以为一切的存在是一,而另一些人则以为有无数个世界;有的人以为万物是在永远运动着,另一些人则以为没有一样东西是运动的;有的以为万物是在生成着并灭亡着,另一些则以为没有什么东西在生成或灭亡。"①

第二,自然哲学家们所提出的水、气、火、骨肉等自然物体根本不是关于事物存在和生成的真正原因,而只是宇宙形成的条件。

① ［古希腊］色诺芬:《回忆苏格拉底》,吴永泉译,商务印书馆 1984 年版,第 4 页。

阿那克萨戈拉虽说提出了理智作为万物的原因,但他在解释事物原因时用的仍是气、水、以太这类东西。只有当它们说不通时才搬出理智。所以自然哲学家不明白原因是一回事,没有它们原因就不能成之为原因的条件又是另一回事。

第三,苏格拉底指出,自然哲学家们以感官见到的事物作为根本是不可靠的。他认为,必须用理性去思考对象。用眼睛来观察事物或想借助于其他感官来把握事物,只会把灵魂的眼睛变瞎。所以,我只好退入理性的领域,只在那里寻找存在的真理。

第四,自然哲学从不寻求那个把事物安排得像现在这样极其美好的力量。也不承认任何神圣的力量。他们以为能找到一个比阿特拉斯更强大、更持久、更加包容一切的新阿特拉斯。但真正包容万物并将它们连贯起来的善,他们却从未思考过。

苏格拉底认为,对世界原因的真正的探究,并不是要找出某一个物质本原,而是要发现那个把世界万物安排得如此合理,如此井然有序的力量。所谓万物的主宰和原因,无非就是把一切都做最佳安排并且把每一特殊事物都安排在最好的位置上的力量。这个力量就是善。所以寻求世界万物的原因,就是寻求这个善而不是其他。而自然哲学家恰恰忽略了这一点。

不过,尽管苏格拉底指出,追求万物的原因就是寻求世界之善,他自己却并没有去研究宇宙万物。他觉得研究天体,研究宇宙的人愚不可及。苏格拉底认为,要紧的是人自身的问题。克塞诺封在记载了苏格拉底对自然哲学家的批评以后说:"至于说到他本人,他时常就一些关于人类的问题进行辩论,考查什么是虔敬的,什么是不虔敬的;什么是适当的,什么是不适当的;什么是正义的,什么是不正义的;……"①。哲学的对象,在苏格拉底看来,不

---

① ［古希腊］色诺芬:《回忆苏格拉底》,吴永泉译,商务印书馆1984年版,第5页。

是自然,而是心灵,是自己,认识自身中的善,即人的德性。"认识你自己"本来是德尔斐庙门楣上所题的铭言,苏格拉底把他纳入了自己的哲学思想,认识从把自然当作对象,转而把自己当作对象。这是西方哲学进程中的一个重大转折。

贬斥感性,推崇理性,摒弃自然、专注德性;简单说来,这就是苏格拉底从对自然哲学的批判中得出来的结论。西塞罗认为,苏格拉底以前的古代哲学研究数和运动以及万物产生和复归的源泉。这些早期希腊哲学家拼命讨论天体运动的方位和轨道之奥秘,苏格拉底从阿那克萨戈拉的弟子小阿开劳斯学习,把哲学从天上召了回来,让它进入城邦,甚至打入家庭,让它考虑生活与道德、善与恶。

(二)"德性即知识"

既然哲学研究的是人的德性,那么,德性又是什么呢?

在苏格拉底看来,德性包括节制、正义、虔敬、勇敢,等等。他认为,正义和虔敬等品质是神平均分配给每个人的,这就是说,每个人都潜在地是有德性的。另外,德性又是自身中的善,自身中的善就是有益的东西,而勇敢、节制、正义等品质只有在理性的指导下实行,才是有益的,真正是善的,否则只能为恶。苏格拉底由此推出正义和其他一切德性都是智慧。德性即是知识,反过来说,知识也就是德性。他说,"知识即德性,无知即罪恶。"①每个人在他有知识的事情上是善的,在他没有知识的事情上是恶的。所以,"无人有意作恶。"他说,没有人自愿追求恶或他认为是恶的东西。避善趋恶并不是人的本性。如果一个人不得不在两者中择其一时,那么当他可以选择小的恶时,他决不会愿意选择大的恶。

同样面临战争的危险,人们只是由于对危险观念的不同就可

---

① Plato, *Laches*, 194D, *Plato* vol. II, Loeb Classical Library 165, Harvard University Press, 1924.

区分出懦夫与勇士。懦夫拒绝作战,是因为他们对善、荣誉、快乐做了错误的估计。勇士乐意作战,是因为他们对快乐和痛苦等做了正确的估价。勇敢就是知识,怯懦就是无知。

德性即是知识,那么,讨论德性就是要获得道德的一般定义和普遍本质。德性的知识也像几何一样,人们遵循几何学知识测地造房,同样,人们要遵从伦理学知识为人处世。学了几何学可变成几何学家,同样,学了伦理学可变成有德之士。

那么,这种知识是什么呢?知识必须从它的反面开始:"我自知我无知。"我们所知道一切关于个别事例的知识,都算不得知识。那些把知道许多个别事例的知识算作是智慧的人,实际上是无知之徒。只有普遍的知识,才是绝对、永恒的知识。

把道德与知识等同起来,从伦理学的角度说,是把道德放在知识的基础上,从而使道德成为科学的对象,奠定了理性主义伦理学的基础,对以后斯宾诺莎和康德的伦理学体系的形成有着重大影响。第欧根尼·拉尔修据此将苏格拉底称为:"伦理学的创始人。"

但是,苏格拉底把知识与道德即真与善绝对等同,忽视了它们之间的差别。知识和道德有联系不等于知识就是道德。伦理学是一门实践性学科,要使知识变成道德,还需要把它与人的意志相结合,需要一个现实化的环节。正如亚里士多德所指出的:"苏格拉底关于德性的观点优于普罗泰戈拉,但即使他也并不那么正确。他往往把德性看作知识,这是不可能的。因为一切知识都涉及理性,而理性只存在于灵魂的理性部分;所以,根据他的说法,一切德性都是在灵魂的理性部分被发现的。结果,他在把德性看作知识时取消了灵魂的非理性部分,因而也取消了激情和性格。"①

---

① [古希腊]亚里士多德:《大伦理学》1182a15—20,参见苗力田主编:《亚里士多德全集》第 8 卷,中国人民大学出版社 1992 年版,第 242 页。

（三）问答法

苏格拉底的问答法是通过比喻、启发等手段，用发问与回答的形式，使问题的讨论从具体事例出发，逐步深入，层层驳倒错误意见，最后走向正确的普遍知识。它一般被概括为四个环节：反讥、归纳、诱导、定义。

所谓反讥（eironeia），即通过反问揭露对方谈话中的矛盾，迫使他承认对原来自以为十分熟悉的事物实际上一无所知。辩证法也就缘此而生。据说有人到德尔斐神庙求谶，问有没有人比苏格拉底聪明，神谕说，苏格拉底是所有人中最聪明的。苏格拉底对此表示怀疑，他想找到一个比他更聪明的人以否定这条神谕。为此，他去找政治家、诗人、手艺工匠及各类人谈话，问他们各种问题。结果从他们的回答中发现，这些人皆以不知为知。而苏格拉底却是"自知我无知"，确实胜他们一筹。

所谓归纳，即是通过人们对片面意见的层层否证，走向普遍的、确定的、真实的知识。这是辩证法的进程。以《拉刻斯篇》为例。苏格拉底问自以为完全知道勇敢是什么的两个将军拉刻斯和尼西阿斯，什么是勇敢。拉刻斯答道，一个能坚守岗位与敌作战而不当逃兵的人即是勇敢的人。这个答案被苏格拉底否定。拉刻斯又答，勇敢是灵魂的忍耐。这答案再被推翻。拉刻斯只得承认自己对勇敢一无所知。尼西阿斯接着回答，他认为勇敢是对什么东西须避免，什么东西可追求的知识。这个命题又被驳倒。尽管如此，这三个定义却体现了逐步走向普遍的归纳过程。一个接着一个的失败，但留下了一串希望的足迹，越来越接近真理。实际上反讥、挑剔错误本身即是向真理前进。

所谓诱导，即通常所说的助产术。它通过启发、比喻等方式帮助对方说出蕴藏于自己意识中的思想，进而考察这些思想的真伪。这是辩证法得以逐步行进的手段。苏格拉底自称他母亲芬尼兰托是一个产婆,他是从他母亲的助产术中体验到这种方法的。不过他的实施对象是男人而不是女人,是他们分娩时的灵魂而不是身体。而且,这种技艺最伟大的地方在于它能够以各种方式考察年轻人的心灵所产生的是幻觉还是真知。

定义,就是对德性的共同性质作出概括性的说明,从而牢牢把握它。这是辩证法的目的。不过,苏格拉底自称是助产者,不会生出真理的婴儿,所以,无论是对于勇敢还是节制、友谊、虔敬、美等德性概念,他从来都没有下过一个绝对的定义。真理存在于寻求的过程之中。

亚里士多德指出:"有两样东西完全归功于苏格拉底,这就是归纳论证和一般定义。这两样东西都是科学的出发点。"①苏格拉底把普遍的东西,在认识中提到首要地位。通过反讯、归纳的反复辩证追求一种绝对的、永恒的共性,并把它看作比一切个别事物更真实,这无疑已是柏拉图理念论的雏形。列宁这样说过:"人的认识的二重化和唯心主义(=宗教)的可能性已经存在于最初的、最简单的抽象中"②。古希腊哲学从苏格拉底到柏拉图的发展就证明了这种可能性。

三、小苏格拉底学派

苏格拉底饮鸩以后,他的弟子形成了许多学派。尽管他们互相对立,各执一端,但都自称自己的学说乃至生活方式以苏格拉底为皈依。哲学史一般把除柏拉图以外的其他苏格拉底的学生所组成的派别称作"小苏格拉底学派"。其中重要的有麦加拉学派、犬

---

① [古希腊]亚里士多德:《形而上学》1078b27,参见苗力田主编:《亚里士多德全集》第 7 卷,中国人民大学出版社 1993 年版,第 297 页。
② 《列宁全集》第 55 卷,人民出版社 1990 年版,第 317 页。

儒学派和库兰尼学派。它们一致认为德性（善）是人生的目的。可究竟什么是善，却各有不同的主张。这些人的著作皆已佚失。我们只能根据极其零星的残篇，根据同时代和后人的一些有偏向并难于鉴别的材料，对他们作一个粗略的叙述。

（一）麦加拉学派

麦加拉学派因创建于西西里岛的麦加拉城而得名。其创始人为欧克里德（Eukleides，约前450—前380年），重要代表有欧布里德（Euboulides，前4世纪）。

麦加拉学派最重要的特点是把苏格拉底的"善"和爱利亚学派的"存在"相等同。善即是存在，一种道德方面的实在。它有许多名称，如理智、思维、神，等等。但其实只是一，而且是唯一存在的。在它之外没有别的实在。其他的一切都是"非存在"。善是不动的。只有思想才能认识"善"，感觉是骗人的。

为了说明可感事物的不真实性，他们还发展了芝诺的论辩方式。尤其是欧布里德，提出了许多有名的论辩，如"谷堆辩"、"秃头辩"、"隐藏者辩"、"有角者辩"、"说谎者辩"等。"谷堆辩"是说，一粒谷子并不造成谷堆，再加上两粒三粒也不行，那么什么时候开始才算成为一堆呢？并且，不管选择哪一个数目，又怎样从这个数目起再加上一粒谷子就开始成为一堆呢？"秃头辩"刚好与"谷堆辩"相反。拔去一根头发不成为秃头，再去两根三根也不行，拔到什么时候算是"秃头"？如此等等。这些论辩接触到现实世界的矛盾，如以上两个诡辩就涉及质和量的转化，揭露了事物相对性的一面。但这些概念玩弄不免使人陷于惶惑。正因为如此，麦加拉学派常被称为诡辩学派。

麦加拉学派对晚期希腊的怀疑主义有很大影响。

（二）库兰尼学派

库兰尼学派因创始人阿里斯底波（Aristippos，前435—前350

年)出生在地中海南岸非洲的库兰尼(Kurene)城而得名。

库兰尼学派的特点是把苏格拉底的"善"规定为快乐。他们的原则是,善即是快乐。寻求快乐和愉快是人的最高的本质,是人的本性。凡使人愉快的东西都是好的。一类快乐并不高于另一类快乐。快乐的价值是由强烈的程度和持久的时间决定的。每当快乐来到,就要尽量享受。至于享受的客观条件则是外在的与自身无关。对客观条件的独立,乃是哲学家的自由。

这种浮夸的快乐论的基础是感觉主义原则。库兰尼学派反对抽象思辨,注重实用。把逻辑学和物理学看成是达到伦理学的手段。他们深受普罗泰戈拉的相对主义的影响,认为我们只能认识快乐和痛苦这两种内心的感情。我们只知道事物对我们"显得"怎样,而并不能认识它"是"怎样。凡我知觉到的一切,我就变成了那一切。在我们的感受背后的唯一实体,就是那人们用来称呼感受的共同名称。列宁批评他们是"把作为认识论原则的感觉同作为伦理学原则的感觉混淆起来了"[1]。

库兰尼派的快乐论为晚期希腊伊壁鸠鲁的幸福主义所继承。

(三)犬儒学派

犬儒学派因其创始人安提斯泰(Antisthens,约前444—前360年)在一个名叫居诺萨格(Kunosarges)的体育场中讲学而得名。因为 Kuno 就是希腊语"狗"的意思。"犬儒"这名称也标志着他们的生活方式。

犬儒学派的特点是把苏格拉底的"善"规定为节制、禁欲。跟库兰尼派相反,他们认为,善即德性,其特性是:人应当按照自然而生活,摒弃名誉财富、婚姻、家庭乃至生命,对身外之物一无所求,对苦乐无动于衷。德性的本质是自制。德性是单一的,是可数的。

---

① 《列宁全集》第 55 卷,人民出版社 1990 年版,第 238 页。

一旦获得便不可能再失去。最愚蠢的莫过于寻求感官的享受,尤其是爱情。据说其代表之一西诺普的第欧根尼(Diogenes,前404—前323年)就自号为"犬",摹仿动物的生活,衣衫褴褛,肮脏不堪。他四处游荡,住在市场上,睡在一只木桶里。后世人们把这种举止怪僻、玩世不恭的作风称作"犬儒主义"。显然,这是以消极虚无的态度来表示对当时希腊"文明"的厌倦和反抗。

犬儒学派在理论上有唯名论的倾向。他认为,我们只能说出个别的事物、把一种属性系属于另一种事物或者作判断都是不可能的。不能说人是白的,只能说人是人、白是白。他还嘲笑柏拉图的理念论:我确实看见了一匹马,但我可没有看见"马"的理念。

犬儒学派的禁欲主义为晚期希腊的斯多亚派所发展。

四、柏拉图的理念论

苏格拉底的"辩证法"要寻求德性的普遍定义和绝对本质。柏拉图沿着这一思路前进一步,把这种绝对本质独立化、个体化,从而制造出自己唯心主义的理念论。亚里士多德在评论他们二人在理论上的联系时指出,苏格拉底无视那作为整体的自然界,专门研究伦理问题,在伦理问题中寻求普遍的东西。不过,他没有把这种普遍的东西和个别的东西分离开来,而柏拉图则把它们分离开来,把普遍的东西认作是独立存在的理念。

柏拉图(Platon,前427—前347年)生于雅典附近的埃癸那岛。父母双亲皆出身于雅典的名门望族,亲戚朋友多系政治显贵,如舅父克里底亚和表弟查米德斯都列位于"三十僭主"之中。柏拉图受过极其完备的教育。年轻时,他爱好文学,写过悲剧和诗歌,并且一心一意要献身于政治。20岁左右同苏格拉底交往后,才下决心从事哲学研究。在此之前,他随克拉底鲁钻研过赫拉克利特哲学,同时也接触了爱利亚学派、毕达哥拉斯学派,跟同时代有名智者广泛交往。苏格拉底被处死以后,柏拉图先是从雅典逃到麦加拉的欧克里德那里避难,随后又到非洲的库兰尼、埃及、南意大利、西西里等地游历。在西西里,他向国王狄俄尼索一世大谈僭主政体的弊端,以致触怒了这个僭主,被卖为奴隶。幸被库兰尼派的阿尼刻里出资赎回。不过,在那里他与狄奥尼索一世的内弟狄翁结下了深厚的友谊。柏拉图的游历生活长达 12 年之久。

后来,狄奥尼索一世去世,狄奥尼索二世当政,柏拉图应狄翁之邀于公元前 367 年第二次赴西西里,以图训练年轻的国王成为他心目中的哲学王,实现自己的理想,因卷入内讧又遭失败。

公元前 387 年,柏拉图回到雅典后,在雅典城外西北角一座为纪念希腊英雄阿卡德穆而设的花园和运动场里创立了自己的学校。这可以算是西方第一座哲学学院。学院的创立是为实现柏拉图的理想国服务的。围绕这个中心,学院积极介入当时的政治活动,为希腊各城邦培养执政者,提供政治咨询。与此同时,学院还开展了哲学、数学及其他正处在分化过程中的各门自然科学的研究和讲授,成为当时希腊的学术研究中心。尤其是对数学的研究,学园取得了很大的成就,据说学园建筑物上就题着:"不懂几何学者不准入内。"创立学园后,柏拉图除二次赴西西里岛而外,一直在学园里从事研究、著述、教学和领导工作。直到公元前 347 年夏天去世。享年 81 岁。

柏拉图是古代希腊哲学中,也是全部西方哲学中最大的哲学家之一。留传下来的著作有 40 多篇。经过学者们大量细致的考证和研究,已确定真实的有 24 篇。其主要的有:《申辩》、《普罗泰戈拉》、《曼诺》、《斐多》、《会饮》、《国家》、《斐德罗》、《泰阿泰德》、《巴门尼德》、《智者》、《政治家》、《蒂迈欧》、《斐利布》、《法篇》。此外还有几封信。柏拉图的著作大都用对话体裁写成,文体优美,情趣盎然,具有极高的文学价值。华美的形式下蕴藏着丰富的内容。

（一）理想的国家图案

柏拉图所处的时代是多事之秋，伯罗奔尼撒战争打乱了希腊城邦原有秩序，战后贫富分化加剧，社会斗争尖锐化，奴隶主贵族家庭纷纷破产，传统的社会道德伦理准则和信仰都濒于解体，整个社会动荡不安。雅典在公元前5世纪的最后10年间，政变频繁。"三十僭主"里虽有不少人是柏拉图的亲戚和朋友，但他对他们的所作所为深感厌恶。而在"三十僭主"垮台后得以恢复的民主政体又把他的老师苏格拉底判了死刑。这使柏拉图对一切政体都表示绝望。他写道："一切现存的国家都治理得不好，它们的政制，若不采取剧烈的措施和很好的机遇是不能改革的。"①他本着强烈的政治抱负，立志改造雅典社会，建立新的政体和道德准则。为此，他总结当时的社会政治情况，勾勒了一个所谓真与善相统一的理想国家的蓝图。

柏拉图认为，灵魂由理性、激情、欲望三个部分构成。一个正义的人必须让理性统治灵魂、借助于激情抑制欲望。国家就是放大了的个人。理想国也要由三个阶层构成；即统治者、军人和人民。这是神用金、银、铜和铁几种不同质的金属分别制造的。它们与灵魂的理性、激情、欲望这三部分相应。统治者的德性是智慧，军人的德性是勇敢。这两个等级要培养这样的品质，就必须用体操锻炼身体，用音乐与诗修养心灵。同时，为养成集体主义精神，这两个等级还要过军队般生活。他们没有私有财产、没有家庭、实行公妻。作为第三等级的人民则从事物质生产，它必须服从前两个等级的统治，这就叫作节制。如果三个等级各自具备了智慧、勇

---

① ［古希腊］柏拉图：《第七封信》，参见苗力田主编：《古希腊哲学》，中国人民大学出版社1989年版，第236页。

敢和节制的德性,统治者借助军人治理人民,那么国家就达到了正义,否则,就是不正义。柏拉图还详尽地考察了历史上已存在过的贵族政体、寡头政体、民主政体、僭主政体这四种政体形式,并认为贵族政体是理性占主导,最接近理想国家。柏拉图的这个国家图案显然是以当时还保存着大量氏族制残余的斯巴达为蓝本绘出的,并不是什么真正的"理想",妄图以此来挽救日益走向衰落的希腊城邦奴隶制。

那么,如何实现这个理想国家呢? 柏拉图写道:"除非是哲学家们做了王,或者是那些现今号称君主的人像真正的哲学家一样研究哲学,集权力和智慧于一身,让现在的那些只搞政治、不研究哲学或者只研究哲学不搞政治的庸才统统靠边站,否则,国家是永无宁日的,人类是永无宁日的。"①在第七封信中他强调说,为社会和个人找到正义的唯一希望是在真正的哲学中,否则人类的烦恼得不到缓解,直到或者是真正的哲学家们掌握政权,或者是由于某种奇迹,政治家们成为真正的哲学家。

柏拉图所谓的真正的哲学就是他的理念论,而真正的哲学家就是掌握了理念论,能维持城邦的最佳状况即至善的人。

(二)理念世界与可感世界

在柏拉图看来,我们人类感官所经验到的一切具体事物都变动不居,处在永恒的生生灭灭的过程中。这已为赫拉克利特的流变论所充分证明。生灭变动即是从"不存在"(无)到"存在"(有)、从"存在"(有)到"不存在"(无),所以,生灭变动的具体事物既不是"不存在"、"无",也不是"存在"、"有",而是既存在又不存在,介于有与无之间的东西,可以叫作现象。既如此,在相对的、

---

① Plato, *Republic*, 473D, *Plato* vol. V, Loeb Classical Library 237, Harvard University Press, 1930.

不稳定的、暂时的现象界背后就存在着作为现象世界变化目标的存在世界，它是绝对的、稳定的、永恒的。柏拉图说："我认为存在着一种事物叫作相等——我不是指一块木头等于另一块木头，一块石头等于另一块石头或者诸如此类的事物的等同，而是超越在它们之上的相等自身。"①相等是这样，其他如正义、虔敬、美等亦是这样。

　　柏拉图又从认识论的角度指出，知识是一种功能，意见也是一种功能，但它们互不相同。知识是绝对正确的，而意见虽然也有正确的，但大多则是错误的。不同的功能所产生的结果不同，知识可以获得真知，而意见则只能构成观念。不同的功能相关于不同的对象。在巴门尼德的存在论中，存在是真理的对象，"不存在"是意见的对象，柏拉图受巴门尼德的影响，说：存在是知识的对象，但另一方面，柏拉图又与他不同。意见总是对某物的意见，它的对象不是"不存在"。"不存在"是空无，是无知的对象。意见的对象既不是存在又不是"不存在"，而是居于存在与不存在之间的东西：我们似乎发现，多数人所据以形成关于美及其他许多事物的意见的东西是动荡于绝对的存在与绝对的不存在之间的。而这就是具体事物。前面说过，功能不同，所关涉的对象也不同。既然知识的对象是存在，意见的对象是具体事物，那就意味着存在不是具体事物，具体事物不是存在。

　　柏拉图凭借上述证明，将合本质与现象为一体的世界分割为二重，把认识上的两个层次外化、对象化为两个世界，把苏格拉底所寻求的那些普遍本质独立出来，在可感世界之外构造了另一个理念世界。他下结论说："有许多美丽的事物以及善的事物存在

① 　Plato, *Phaedo*, 74A, *Plato* vol. I, Loeb Classical Library 36, Harvard University Press, 1914.

着;……另方面,我们又说有一个美自身、善自身,相应于每一组我们认为是众多的事物都有一个单一的理念。它是一个统一体,我们把它称为真正的实在。"①

理念,希腊原文 idea 和 eidos,都出自动词 idein(观看),最根本的意义是"可见的东西",即形象。从这里引申到"灵魂"的"可见形象",从而获得了抽象的性质。柏拉图把它纳入哲学体系,再进一步规定为:"由一种特殊性质所表明的类。"一类事物有一个理念,许多类事物即有许多个理念。由这些理念所构成的总体即是理念世界。理念实际上就是概念,是对事物的一般抽象,柏拉图却把它变成了"单个的存在物"。诚如列宁指出的,"一般(概念、观念)是单个的存在物,这似乎是怪诞的、惊人(确切些说:幼稚)荒谬的。可是当代的唯心主义,康德、黑格尔以及上帝观念难道不正是这样的(完全是这样的)吗?"②从理论上说确是这样的。但在人类理论思维发展的历史上它却是不可避免的步骤。

理念和可感事物相比具有下列特征:首先,可感事物是众多的,而理念却是单一,它是一个自我完善的整体。它们每一个总是其自身,具有同一的自我存在和不变的性质。正因为这样,所以理念就不受其他事物的影响,理念之间也没有任何联系。理念永远不会转变成对方,大自身决不会变小,小自身也决不会变大。其次,可感事物总是相对的,美中有丑、善中有恶。而理念则是绝对的,美、善的理念丝毫不含丑、恶的成分或其他杂质。再次,可感的事物处于永恒的变动状态中,生灭不已。而理念则是不动的、永恒的。这种本性首先是永恒的、不生不灭、不盈不缺的。最后,可感

① Plato, *Republic*, 507B－C, *Plato* vol. V, Loeb Classical Library 237, Harvard University Press, 1930.

② 《列宁全集》第 55 卷,人民出版社 1990 年版,第 317 页。

事物是感觉对象,从中只能获得意见,即感性认识,而理念则是思想的对象,从中可以获得知识和真理。在理念论里概念和个体第一次被这样鲜明地对立起来,而且让人们信服概念是更深刻、更恒久、更本质的东西。

理念之所以是单一、是绝对的、不动的、永恒的,具体事物之所以是众多、是相对的、变动不定的,从根本上说,乃是因为理念是可感事物的根据,可感事物则是理念的派生物。柏拉图认为,理念派生万物的途径有两条:

1. 分有(metheksis)。具体事物之所以存在乃是由于它们分有理念的缘故。理念是根据,个别事物分有它而获得自己的存在。柏拉图说:"假如在美之外还有其他美的东西,那么这些东西之所以是美的,就只能是因为它们分有了美自身。对于所有其他事物来说也是这样。"①凡分有相似的成为相似;在什么方式上分有,在什么方式相似;分有至何种程度,就相似到那种程度;凡分有不相似的,就不相似;凡分有相似和不相似两个的,就既相似又不相似。

2. 摹仿(mimesis)。即通过一个造物主(demourgos)摹仿理念创造出具体事物。柏拉图在《国家篇》中提到:(1)有一个存在于天上作为模式的理想国家、地上国家的设计人如果要使国家幸福,那就必须以它为模式来制造。(2)木匠是根据理念来制造我们使用的床、桌子及其他事物的。有三张床存在,一是自然之床(即床的理念)、二是可感之床、三是画家的床。画家的床是画家摹仿可感的床制作出来的,而可感的床则是木匠摹仿床的理念制造出来的。

"分有"和"摹仿"二者之间其实只有一个"造物主"之差。换

①　Plato, *Phaedo*, 100A, *Plato* vol. I, Loeb Classical Library 36, Harvard University Press, 1914.

言之,摹仿是有造物者的分有,分有则是无造物者的摹仿。亚里士多德说,可感事物的存在是由于分有同名的理念。只有"分有"这个名称是新的,因为毕达哥拉斯派认为,事物的存在是由于"摹仿"数,而柏拉图说事物的存在是由于"分有"理念,改变了名称。

因此,在柏拉图的哲学中,理念世界与可感世界实际上是理念与"分有"、"摹仿"它们的事物这样两个层次。理念给个别事物以存在的根据,个别事物是理念的摹本。

留基伯、德谟克利特以物质性的原子作为终极元素。柏拉图却将思想性的理念作为终极元素,先引入与我们周围事物数量上相等的理念,然后再通过"分有"、"摹仿"这样的途径派生出万物。被列宁誉为"永远不会陈腐的唯物主义和唯心主义两条路线的斗争",至此虽然还没有摆脱直观朴素性,但已经在原则上对立起来了。

(三)学习就是回忆

把世界分割为两重,使得柏拉图不可避免地面临两个问题:(1)理念与可感世界如何联系? (2)我们如何认识理念? 他对第一个问题的解答就是"分有"说,"摹仿"说。他为了回答第二个问题,又提出了"回忆说"。

自从赫拉克利特提出认识问题以来。希腊哲人一直把知识看作是由对象在人的心灵中产生的,是通过抽象从对象中导出的。柏拉图把这种倾向概括为:只有脑髓才提供听觉、视觉、嗅觉,产生出记忆和观念,而知识则来自稳定性的记忆和观念。可是,理念是绝对的、普遍的、不可感觉的东西,显然不能从感觉中得到对它的知识。于是,柏拉图认为,知识不是由对象在心灵中产生的,而是心灵自身的产物。我们在出生前知道相等、大、小、美自身、善自身、正义、神圣及所有在我们辩证的问答进程中打上"自身"标志的事物。一句话,所有的理念都是在生前知道的,但灵魂在出生时,由于受肉体的污染,遗忘了一切。

　　既然灵魂原来就具有知识,那它当然可以回忆起来。回忆某一件事情的过程,也就是学习的过程。"由此可见,所有的研究,所有的学习都不过只是回忆而已。"①只要我们碰上适当的可感对象,作出一定的努力,就可以从灵魂中把知识抽引出来,也就是回忆起来。

　　虽然我们是在感觉活动之前获得关于理念的知识的,但要回忆起理念却必须依靠感觉;除非通过看、摸或其他感觉,否则,我们不会、也不可能得到它的知识。柏拉图还进一步说明,在所有的感觉中,最为适宜的是对美的欣赏。眼睛是我们最锐利的器官。正义、节制及其他理念的摹本都黯然无光,不易为眼睛所见。但美的理念在地上的摹本则可以用肉眼见到。美最可爱也最易为视力所见,这是她的特权。美为连接可感世界与理念世界提供了桥梁。这样,对于美的爱就成了灵魂的主要功能与灵魂回忆理念的途径和条件。它表现为两种形式:

　　第一种形式是癫狂。它是一种忘我的形态,是灵魂的一种直观,对实在的直接把握。哲学家的灵魂见到尘世的美,就能回忆起上界真正的美,因而就恢复羽翼,并置现世的一切于不顾,急欲展翅翱翔。这种人在一般世人眼中不免被看作是疯狂。柏拉图认为,这其实是一种爱的癫狂。

　　第二种形式是理智的进展。在《会饮篇》中,柏拉图把从对个体美的感觉到回忆起美的理念,勾勒为一个有序的过程。第一步,从一个美的形体开始,凭这一个美的形体孕育美妙的道理。第二步,要在许多个别美的形体中见到共同的形式美。第三步,认识到

① Plato, *Meno*, 81A, *Plato* vol. II, Loeb Classical Library 165, Harvard University Press, 1924.

心灵美高于形体美。第四步，见到人们行为和国家制度的美。第五步，认识到各种学问知识的美。最后，上升到了有它那一切美的事物才成其为美的、永恒的、绝对的、不生不灭的美本身，即美的理念。哲人通过对这种美的观照而获得不朽。它是一个人最值得过的生活境界，是爱的终极和更神秘的胜境。

总起来说，柏拉图的回忆说具有浓重的神秘色彩，与宗教神学难解难分，是以古希腊传统的灵魂不朽的观念为基础的。另外，它把知识的源泉从外部对象转移到心灵自身，可以被看作是关于普遍必然知识来源问题的一次虽幼稚却不失为具有重大意义的尝试性解答，是人类对自身认识结构的拓荒。回忆说所提出的问题及其"返身内求"的探索方式对西方理性主义的发展开辟了道路。

（四）世界的层次与理智的功能

具体事物可见不可知，理念可知不可见。柏拉图这种把本质与现象、理性与感性绝对割裂的理论在《国家篇》中进一步精密化了。

柏拉图认为，可感世界由太阳主宰着。万物之所以有可见性，眼睛之所以有视力，都是太阳给予的，并且太阳还使事物得以生成、生长和哺育。可知世界由"善"的理念主宰着。理念之所以有可知性，人的心灵之所以有认识理念的能力，都是"善"给予的。给认识的对象以真理，给认知者以认知能力的实在，即是善的理念。这个理念是知识和一切已知真理的源泉。理念不仅从"善"得到它们的可知性，并且还从"善"的理念中得到它们自己的存在和本质。但是，独立于个别事物的理念和独立于感觉的"善"究竟是什么，柏拉图除了歌颂的辞藻外并无实质性的规定。虽然它反映了人类对知识根据和思想整体最高理想的追求。但依然是一个涵包一切、熔铸万物的感性表象，带有浓厚的神秘色彩和诗的韵味。

　　柏拉图进一步指出,由善和太阳分别主宰的理念世界和可感世界还可以再划分。他把世界比作一条线,这条线分成两个部分。一部分相应于可感世界,一部分相应于理念世界。然后根据划分这两个世界的比例再把可感世界分为影像和具体事物。把理念世界分为数理学科的对象和辩证思维的理念。这样,世界就可划分为下面四个层次:(1)影像。这首先是指阴影。其次是指在水中、在平滑磨光的物体上反映出来的影子及诸如此类的东西。一切艺术品亦在此列。影像对具体事物的摹仿是"摹仿的摹仿"。最不具有实在性。(2)具体事物。它包括我们周围的动物、植物及一切人们制成的东西。它们是影像的原本。而它们自己又是理念的摹本。(3)数的理念。它指的是数理学科即几何、数学及其同类学科的研究对象。(4)伦理价值方面的理念。它是指人的理性凭着辩证法的力量认识到的那种东西,包括美、正义、勇敢等等,其终端是"善"的理念。

　　与世界的四个层次相适应,人们的理智也具有以下四种功能:(1)猜测。它的对象是影像,是理念的摹本的摹本。由此产生的是人们的偏见及别人通过语言和修辞而接受的成见。在著名的"洞穴"比喻中,柏拉图把人比作长期囚禁在洞穴中不能移动的囚徒。他们只能看火光反射到他们面前的洞壁上的事物的阴影,但却认为这就是真实。(2)信念。它的对象是具体的个别事物,由此产生的是感性认识。具体事物是变动不定的,所以信念所产生的感性认识也不具有可靠性和确实性。柏拉图指出:只注视许多美丽的事物却看不到美自身,也不能跟随引导他们到达美自身的人,他们所看到的只是正义的例证,而不是正义自身及诸如此类的事物。这些人对一切事物可以说只有意见,没有知识。(3)理解。它的对象即是数的理念。理解是信念和思想的中间物。它的活动特点是:A.不得不先设定一些假设,并把它们看成是自明的而不用加以解释。B.然后由假设开始,通过一系列的逻辑推论,最终达到开始时所寻求的答案。C.运用理智的人尽管使用了可见的图形,可他们思考的却是它们所摹仿的理念。他们实际上寻求的是存在自身,那只能用心灵才能窥见。理解活动的成果是正确的,但是由于它离不开假设,前提真假难以确定,上升不到第一原则,即"善"的理念,所以它没有真正理解对象,不能获得真正的知识。(4)思想。思想的对象是伦理价值方面的理念。它比理解更精确、更真实。它的活动特点是:A.不是将假设作为绝对的开端,而是把它作为阶梯,然后寻求它们赖以确立的根据,以达到全体的第一原则,即"善"的理念。B.在达到第一原则后,又回过头来把握以这个原则为依据的,从这个原则中引申出来的东西,从而进展到结论。C.在整个过程中,它不借助可感事物的帮助,而只是通过理念进行研究。从理念开始,从理念到理念,并归结到理念。理性活动的结果是获得真理性的一般认识,其终端是认识"善"理念。理性是哲学王心灵所独有的功能,而真理性的普遍认识,对最高善的认识,乃是哲学王的知识。

以上四种理智功能中,前面两类合之产生意见,后面两类合之产生智慧。它们的清晰程度与各自对象的实在程度完全一致。柏拉图说:"理念对可变事物的关系就像智慧对意见的关系一样。""而智慧对意见的关系就好像知识对信念、理智对猜测的关系一样。"①

柏拉图在论证其理念论的时候,详尽地分析了人类认识活动的各个层次。他指出了偏见产生的根源;他认识到感性认识的局限性;他提出了"理解"这一认识层次,基本上抓住了数理学科的

---

① Plato, *Republic*, 534A, *Plato* vol. V, Loeb Classical Library 237, Harvard University Press, 1930.

研究特征,拓宽了人类对自身能力认识的领域;他揭示了人类理性活动的特征。尽管他所说的"思辨理念的辩证法"还缺少具体内容,但已对认识的全过程、全阶段做了明确的规定。所有这些,都是他对当时的自然科学和哲学进行高度概括的结果,对后世产生了重大影响。

但是,理念论所固有的缺陷在此也更加明显地暴露出来了。他把理念作为独立存在的实体,并且是具体事物的模式,远比后者真实。与此相应,又把认识的各个阶段做了僵硬的割裂,把猜测、信念、理解、思想看作静止的四个等级,看不到它们的联系。

（五）对理念论的自我反思

理念论存在着许多矛盾之处。可是,在历史上,第一个意识到理念论的重重困难并对之做了反思省察的不是别人,正是柏拉图自己。在《巴门尼德篇》的前半部分,他以"巴门尼德"作为自己当时思想的代言人,讨论了以"少年苏格拉底"为代表的理念论的缺陷。

1.究竟哪些事物存在着理念?

在柏拉图的理念世界中,美、善、正义等价值的理念及单一、众多等数学方面的理念是确凿无疑的成员。但自然物,如树、火、人等是否存在着理念,他却犹疑不决。对头发、污泥、秽物等他更是矢口否认有它们的理念存在。可是,既然个别事物都通过分有理念而存在,如果头发、污泥、秽物不具有理念,它们又怎样所以是头发、污泥、秽物呢?

2.理念究竟怎样存在?

如果人们看到一类东西便断定它们有一个共同的理念,譬如,看到许多大东西便断定有一个"大"的理念,那么,把这个"大"的理念和大的事物放在一起看岂不又会有第二个"大"的理念?再把第二个理念跟它们放在一起看,不是会有第三个理念?这样

"无穷后退",将会出现无穷数的"大"的理念。

3.具体事物怎样分有理念?

分有的方式只能有两种,或者分有理念的整体,或者分有理念的部分。但是理念是单一而又完整的。如果一个理念整个地为许多事物所分有,那就是说,一个理念同时整个地在许多事物中,这样,理念就要自己同自己分裂,不再是单一的了。如果事物是分有理念的一个部分,那就是说,同一理念可以分割成许多部分,理念就不可能再有完整性。况且,因为分有大的一部分而成为大,这显然是荒谬的。大的一部分相比于大是小,事物怎能因分有小而变大?"苏格拉底"在这个问题上作了许多辩护,但都无济于事。

分有方式不能成立,意味着连接理念世界和可感世界的桥梁不复存在。理念世界与可感世界互不相关。这必然产生两个令人难以接受的后果:(1)"美自身、善自身及其他一切我们认为是理念的,对于我们都是不可知的。"①(2)居于理念世界中的神,虽然有最高的宰治能力和最精确的知识,但由于理念世界同我们无关,所以他既不能治理我们,也永远不能认识我们或我们世界里的任何事物。

理念论之所以不能自圆其说,在于柏拉图在寻求本质的过程中把它看成是与现象分离的独立的实在,从而割裂了个别与一般的统一。这是他的理论弊端所在。但柏拉图坚持不放弃自己的立场,在检讨了理念论的种种难点之后,他仍然写道:"如果一个人注意到这些及诸如此类的困难,便要取消事物的理念,不承认每个事物都有一个决定它的一又同一的理念,那么,他的思想便无停留

---

① Plato, *Parmenides*, 134C, *Plato* vol.IV, Loeb Classical Library 167, Harvard University Press, 1926.

之处,并且这样他就完全毁灭了推理的能力。"①在他看来,理念论的问题并不在于它与个别事物的分离,而是在于理念的单一完整的特性。他借"巴门尼德"之口对"少年苏格拉底"说:"我觉得这是由于你预先没有准备训练而力图定义美、正义及所有其他理念的缘故。"②这样,柏拉图就从事物和理念之间的关系转到了理念与理念之间的关系。

(六)理念之间的分有

柏拉图说,如某人抽象出单纯的观念,如相似、不相似;一、多;动、静等等,然后说这些是自身互相结合和分离的,那我必定大为奇怪。个别事物中相反性质的结合是不足为奇的,苏格拉底是单一的,可他有头、手、脚,前、后等等,所以又是众多。但如果要说理念自身中也具有这样相反的性质,那就令人奇怪了。柏拉图、亚里士多德多次说过,好奇(thaumazein)是哲学的起源。对理念之间的联系感到奇怪表明他要进一步探求它们的究竟。而这种探求的途径是:"不但要考虑到从一个既定前提得出的结果,也要考虑到从否定前提得出的结果。"③换言之,我们不但要考虑到理念是在互相孤立的前提下研究其结果,也要从反面,即理念之间不是互相孤立,而是互相联系的前提下来考察它们的结果。

理念之间的联系,柏拉图也称作"分有"。但是,这个"分有"与具体事物对理念的分有中的那个"分有",虽然字面相同,含义却有着实质性的差别。个别事物对理念的分有,其含义是指理念给个别事物以存在的根据,而理念之间的分有乃是指它们之间的互相联系。"理念之间的分有与联系是同义词,旨在陈述范畴联

---

① ② Plato, *Parmenides*, 135C, *Plato* vol.IV, Loeb Classical Library 167, Harvard University Press, 1926.

③ Plato, *Parmenides*, 135E–136A, *Plato* vol.IV, Loeb Classical Library 167, Harvard University Press, 1926.

结的思想。"①

《巴门尼德篇》后半部分共分八组假言推论,以"单一"和"存在"这两个范畴为代表讨论理念间的分有问题,概括而言,八组推论实际上可分为两列:(a)一、四、六、八组的前提和结论都相同,即如果"单一"不分有"存在",那么"单一"亦不能分有其他理念。(b)二、三、五、七组的前提也相同,即如果"单一"分有"存在",那么"单一"也分有其他理念。可是这两个理念究竟能否分有,柏拉图在《巴门尼德篇》里并没有明确的答案。

在《智者篇》里,柏拉图继续指出,理念之间的关系有三种可能的情况:全部都相互结合(即分有)、全部都不能互相结合;有的能相互结合,有的不能。论证表明,全部不结合是不可能的,"如果不存在事物间的互相结合,那么一切都是胡说。"②全部结合也是不可能的。柏拉图说,那样一来动会静、静也会动。剩下的可能是:有的能相互结合,有的不能。为简明起见,他选择了六个最普遍的理念来确定理念之间的关系。它们是:"存在"、"不存在"、"运动"、"静止"、"相同"、"相异"。它们也被叫作种(genos)。哲学史上通常把柏拉图对这六个最普遍的理念的关系的研究称为"通种论"。

柏拉图之所以选择这六个理念作为最普遍的理念并不是任意的。存在与不在、静止与运动,这是早期希腊哲学中两对最根本的矛盾,巴门尼德和赫拉克利特各执一端。相同与相异作为最普遍的理念,乃是因为相同不过是表现于关系中的存在,而相异则是表现于关系中的不在。任何一个事物都同于自身而异于其他。相

---

① 陈康:《巴门尼得斯篇》,商务印书馆 1985 年版,第 233 页。

② Plato, *Sophist*, 252B, *Plato* vol. VII, Loeb Classical Library 123, Harvard University Press, 1921.

同、相异同样是最普遍的关系范畴。

　　经过推论,通种论的结果是:存在、相同、相异可以互相分有;不在、相同、相异可以互相分有;它们都与运动、静止相分有;存在与不存在亦可互相分有;只有运动和静止不能互相分有。这证实了柏拉图所谓的理念间关系的第三种可能:有的可以结合,有的不行。

　　巴门尼德曾经断言,不再是不可想、不可说、无意义的。现在柏拉图却说存在和不在互相统一,互相联系。这是因为他把"存在"看作众多理念中的一个,有其自身的特殊规定性。因而,"不在"就可以与"存在"相结合,就不是不可言说的了。例如,运动不是静止,这并不否认运动和静止的存在,而只是意味着两者是不相同的存在,即运动异于静止。"运动不是静止",然而它却存在着并跟静止同样真实。故而,"不是什么"就是"是什么"。"不在"无非是异于这一类存在的另一种存在。这个结论否证了巴门尼德"存在者存在,不在者不可言说"的教条,把存在和不在这两个对立的概念结合起来,成为古代概念辩证的典型。黑格尔称赞说:"这乃是柏拉图哲学最内在的实质,和真正伟大的所在。"①

　　第欧根尼·拉尔修曾把芝诺推崇为是"辩证法的创始人"。实际上,芝诺的辩证法是一种否定形式的辩证法、消极的辩证法。可是:"真正的辩证法的概念在于揭示纯概念的必然运动,并不是那样一来好像把概念消解为虚无,而结果正好相反:它们(概念)就是这种运动,并且(这结果简单说来即:)普遍概念也就是这些相反的概念的统一。"②这种真正的辩证法的创始工作是柏拉图在其理念之间的分有论中完成的。

---

①② [德]黑格尔:《哲学史讲演录》第 2 卷,贺麟等译,三联书店 1957 年版,第204、200 页。

　　柏拉图提出理念之间的分有,其目的是要用它来解决个别事物对理念的分有中所碰到的困难。理念之间分有论的实质乃是要通过一般概念之间的联系来解决个别与一般的分离问题。不过,从个别中抽象出一般是容易的,要从抽象的一般推演个别就困难了。理念之间的分有论虽然打破了理念单一、孤立的特性,从形而上学进入了辩证法,但相互联系的理念又怎样派生出个别事物呢? 对于这一本体论的要害问题,柏拉图仍然是束手无策。

　　(七)摹仿创世说

　　无论如何,存在着两个世界是柏拉图的坚定不移的信念。在一般被认为是晚年著作的《蒂迈欧篇》中,他还是坚持:"如果理性和真观念是两个明确的类,那么我说确实存在着不被感知,而为理性所把握的自我存在的理念。"①

　　可是,这两个世界如何统一? 现象世界何以存在? 个别事物分有理念的理论不能成立,用理念之间的联系来拯救它们仍未奏效。柏拉图实出无奈,不得不求助于神学,他重提造物主的摹仿说,把《国家篇》中的哲学家、放大为世界的创始者——神,将木工照理念创造桌椅放大为照理念创造世界,从而提出了一个新的理念世界与可感世界的连接模式:"创造者根据永恒存在的理念作模式,通过摹仿这类模式创造出宇宙。"②这就是摹仿创始说。它典型地说明,唯心主义最终得陷于神秘主义而难以自拔。

　　在《蒂迈欧篇》柏拉图精心构筑了神创世界的宏大图景。善

①　Plato,*Timaeus*,51D,*Plato* vol.Ⅸ,Loeb Classical Library 234,Harvard University Press,1929.

②　Plato,*Timaeus*,28D,*Plato* vol.Ⅸ,Loeb Classical Library 234,Harvard University Press,1929.

良的造物主为了每一件事情都像他自己一样完美，便以永恒不变的理念作模式，创造出可感世界。在创造宇宙时，他首先造出世界灵魂，并把它分割成两个按相反方向旋转的圆，然后在其中用全部的水、火、土、气元素按相等的比例创造出天体，宇宙于是生成，它在数量上只是一个呈圆球形式。

当然，柏拉图毕竟是哲学家而不是神学家。他的神不是后来基督教意义上的人格神。神创世界并不是随意的，神不是全能的。首先，它要以理念作模式。其次，神创造世界所用的材料，即水、火、土、气是给定的，存在于创造之先的。再次，神按模式结合物质元素创造事物的过程，必须在万物的养育所——空间中进行。如果说，神是世界的父亲，那么，空间便是宇宙的母亲。万物的形状在其中形成，而空间是永恒的。

总而言之，理念论作为一个特殊历史形态的唯心主义理论，是注定要失败的。但由柏拉图所开拓的思辨精神却开辟了西方哲学所独具的面貌。他在创造理念论过程中所思考的各种问题，如个别和一般、感性和理性、现象与本质等等，成为以后西方哲学所不断探索的永恒的问题。

柏拉图逝世后，学园由他的外甥斯潘雪浦（Spensippos）所接管。斯潘雪浦撇开了柏拉图善的理念，认为一高于存在并否认善是第一原则。他对以后的新柏拉图主义有很大的影响。斯潘雪浦于公元前339年去世。柏拉图的另一学生克赛诺克拉底回到雅典作学园的首领，直到他于公元前315年逝世。他把理念与数相等同，并将灵魂定义为自我运动着的数。在伦理学上，他与柏拉图一样，把幸福与德性相结合。

但是，在柏拉图的学生中，真正批判地继承和发展了他的学说的是那位主张"吾爱吾师，吾更爱真理"的亚里士多德。

第三节　古典时期的希腊哲学(下)．
亚里士多德

　　希腊古典时期的后期是雅典在政治上、军事上逐渐走向衰落的时期,和极盛时期的伯里克利时代相比,整个希腊世界处于急剧的动乱之中。伯罗奔尼撒战争后,最为煊赫的城邦雅典和斯巴达两败俱伤。在这时,北方原本比较落后的马其顿却异军突起,成为直接威胁希腊各城邦安全的强大王国。公元前338年,马其顿王菲利普指挥他的军队,在凯罗尼亚一举击败了第二次海上同盟的盟主雅典,很快就取得了整个希腊的霸权。但是,这种政治上和经济上的失利,并没有立即导致雅典文明的衰落。当时的雅典,仍然是一切追求知识渴望真理的青年所神往的地方,雅典被称为"希腊的学校",全希腊的学者都汇集在这里,学术空气十分活跃。雅典不仅在文学艺术领域里拥有众多的杰出人物,而且在哲学领域里也是群星灿烂,人才辈出,涌现出像苏格拉底、柏拉图这样的哲学巨人。因此,这种新旧交替的动乱时代所提出来的多方面的问题,加上丰富深厚的希腊文化遗产,便培养和造就了像亚里士多德这样的百科全书式的天才人物。

　　在爱琴海北海岸的卡尔西迪西半岛,有个美丽的海滨城市斯塔吉拉。古希腊哲学的集大成者亚里士多德(Aristoteles,前384/3—前322年)就诞生在这里。虽然斯塔吉拉在马其顿统治下,但多数居民是大移民时代从希腊迁移过来的伊奥尼亚人。因此,这里一直有着希腊人的文化传统和民族精神。亚里士多德的父亲尼各马科斯为马其顿国王阿明塔斯二世的宫廷医师。还在童年的时候,亚里士多德的父母就双双亡故。他在其姐姐和姐夫的抚育关照下长大成人。公元前368/7年他17岁时,来到当时希腊的文化圣地和学术中心雅典，进入负有盛名的柏拉图学院，在这里度过了 20 年的学习、研究以及教学生涯，被称为阿加德米的"努斯"。柏拉图去世后，亚里士多德离开雅典前往亚索斯，这时的亚里士多德已经是一位满腹经纶的著名学者了。亚索斯有几位阿加德米的同学，其中阿它尔纳斯的邦主赫尔米亚斯是亚里士多德在阿加德米的同窗好友。后来亚里士多德娶了赫尔米亚斯的侄女皮茜娅为妻，生一女，亦名皮茜娅斯。公元前 343/2 年，亚里士多德接受马其顿王菲力普（前 382—前 336 年）的邀请，赴贝拉王廷，为 13 岁的王子亚历山大的教师。公元前 336 年，亚历山大登位，开始了他东征西战横扫天下的军事生涯。在此后一年，亚里士多德的妻子皮茜娅病逝，这时，亚里士多德感慨人世变幻如云，回归故里斯塔吉拉，与斯塔吉拉女子赫尔米卜斯同居，两人感情笃厚，后生一子，与其祖父同名。公元前 335/4 年，在马其顿力量巩固之后，亚里士多德重返雅典，并在雅典城东北隅的吕克昂体育场创建了自己的学校——吕克昂学园。据说他习于和弟子们在散步时讨论各种问题，所以人们又称他们为漫步学派（Peripatikoi）。公元前 323 年，亚历山大在巴比伦病逝，希腊世界立刻掀起一股反马其顿浪潮，雅典成为反马其顿运动的中心，亚里士多德因过去和马其顿宫廷的关系被控以不敬神之罪，因而受到中伤和威胁。为了避免苏格拉底的悲剧重演，他离开了雅典，渡海前往优卑亚岛的卡尔基斯他母亲遗下来的老屋避难。第二年便殁于卡尔基斯，享年 63 岁。

　　亚里士多德历来被认为是最博学多才的科学天才之一。他一生著述宏富，广泛论列了政治、经济、哲学、伦理学、美学、历史、数学以及当时所有的一切其他自然科学的内容。现通行的贝克尔所编亚里士多德文集（柏林，1831—1870 年）共收集亚里士多德著作 46 篇，以后，1890 年在埃及纸草中还发现了他的《雅典政制》。不过,这还只是他著作中的一小部分,据说他的著作多达 1000 多卷。同柏拉图的对话相比,两者风格殊异。虽然亚里士多德的著作缺乏柏拉图对话的那种绚烂色彩和华丽辞藻,但是,由于语言的洗练以及表述的明确,使他的作品更具有思辨的深度和逻辑的力量,而且,关于人生和社会的思考,亚里士多德更加具有时代的气息。

在方法上,亚里士多德对全部问题进行归纳、集结,逐一分析各个重要的哲学概念,指明每一个概念的每种意义。在他看来,一个词的语义总是与其表述的存在相关的,如果一个词有多层意义,就说明它能够表达事物的多个方面。因此,对每一个词的多种意义必须严格仔细地加以区分,从多种意义上说明一个概念。所以亚里士多德在说明每一个概念时,常常有一句口头禅"一词多义",也就是说每个词都要在多种意义上被述说。这种总汇式的方法成为亚里士多德总结古希腊哲学,形成哲学思想的根本手段。亚里上多德对一切以前哲学进行了全面认真的批判研究,兼收并蓄,对千差万别的宇宙现象作出多种方式,多种层次,多种侧面的阐明。这样,他的哲学便在内容上缺乏系统,显现出一种内在的矛盾与混乱。黑格尔在论及亚里士多德哲学时曾指出:"我们不必在亚里士多德那里去寻找一个哲学系统。亚里士多德详述了全部人类概念,把它们加以思考;他的哲学是包罗万象的。在整体的某些特殊部分中,亚里士多德很少以演绎和推论迈步前进;相反地他却显出是从经验着手,他论证,但却是关于经验的。他的方式常是习见的方式,但有一点却是他所独具的,就是当他在这样做的时候,他是始终极为深刻地思辨的。"① 列宁也指出:"亚里士多德……对于理性的力量,对于认识的力量、能力和客观真理性抱着

---

① [德]黑格尔:《哲学史讲演录》第 2 卷,贺麟等译,三联书店 1957 年版,第 282 页。

素朴的信仰。并且在一般和个别的辩证法——概念与感觉得到的个别对象、事物、现象的实在性的辩证法——上陷入幼稚的混乱状态,陷入毫无办法的困窘的混乱状态。"①

在《论题篇》中,亚里士多德提出了有名的科学分类法,他首先将知识分为理论的、实践的、创制的(poietike,或译诗学)三大类。理论知识是为着自身而被追求的知识,实践知识是为着行动而被追求的知识,创制知识是为了创作和制造而被追求的知识。在这里,划分三种知识的根据就在于知识所包含的目的,不同的知识有着不同的目的。在另外的一些著述中,他再次对理论知识和实践知识进行了划分,不过这次划分的根据则是它们所研究的对象:他将理论知识划分为第一哲学、数学和物理学三门科学,第一哲学(或形而上学)的研究对象不能运动并和质料分离,数学的研究对象既不能运动也不能分离存在,物理学的研究对象能运动但不能分离存在。② 他将实践知识分为伦理学和政治学。由此可见,亚里士多德的科学分类是不包括逻辑学的。在他看来,逻辑学只是一门工具,是帮助我们进入知识王国的一种工具,所以,后人把他的 6 篇逻辑学论文汇编在一起,冠之以《工具论》(*Organon*),是十分恰当的。这里,我们将不介绍他的逻辑学说。此外,在他的知识领域中,我们也将只择其与哲学有关的重要内容。

一、形而上学

"形而上学"这个词并不是来自于亚里士多德。关于这一方面的知识,他叫作"第一哲学",有时也称作神学。"形而上学"一

---

① 《列宁全集》第 55 卷,人民出版社 1990 年版,第 313 页。
② 参见[古希腊]亚里士多德:《形而上学》1064a31 等,参见苗力田主编:《亚里士多德全集》第 7 卷,中国人民大学出版社 1993 年版,第 254 页。

词来自罗得斯岛的安德罗尼科(Andronikus,约生于前60—前50年)。据说他在编纂亚里士多德著作时,先将有关自然哲学方面的论稿编成《物理学》(*Phusike*),而将后编的关于第一哲学方面的文稿,名为"在物理学后各篇"或"后物理学"(Ta Metaphusika),汉译"形而上学"一语,源出《易经》:"形而上者谓之道,形而下者谓之器"。从结构上看,《形而上学》显然不是一部完整的著作,各卷之间的内容缺乏内在的逻辑联系,而且有些内容相互重复,等等。因此,准确地说,《形而上学》只是一部哲学论文的汇编。

第一哲学或形而上学,是亚里士多德全部思想的理论基础。那么,第一哲学是一门什么样的知识呢? 在亚里士多德看来,追求知识是人的天性,[①]然而,知识是有不同等级的,即"经验"、"技术"和"科学"或"智慧"。唯有最高级的知识是非功利的,亦即不是为了其他事物或为了达到某一特定目的而被追求的知识,它本身是自在自为的,它自身就是目的,这就是"智慧"。在知识等级中,第一哲学就是关于智慧的学问,在一切学问中,唯有自在自为的学问才是最崇高的、自由的学问,第一哲学就是这样一种学问。"形而上学"或"第一哲学"的主要问题可归纳为四个方面:1.原因论,2.存在论,3.实体论,4.神道论(或神学)。

(一)原因论

亚里士多德认为,第一哲学研究的是"第一本原和根本原因"。[②] 亚里士多德以前的几乎所有哲学家,都对"本原是什么"的问题作出解释,所谓"本原",乃是万物所由以产生,并因之存在,最后又复归于它的东西。亚里士多德在自己哲学中,则更多地

---

① 参见[古希腊]亚里士多德:《形而上学》980a22,参见苗力田主编:《亚里士多德全集》第7卷,中国人民大学出版社1993年版,第27页。

② [古希腊]亚里士多德:《形而上学》982b10,参见苗力田主编:《亚里士多德全集》第7卷,中国人民大学出版社1993年版,第31页。

使用另一个词,以代替"本原"一词,这就是"原因"(aitia)。亚里士多德所指的"原因"和现代意义的"原因"是有所不同的。他所说的"原因",是指一切感性事物存在和生成的形而上学根据和条件,如果没有这种原因,一切感性事物就无法存在和生成。亚里士多德的原因论就是对以前哲学家们关于本原学说的概括和总结。在他看来,以前的哲学家们所争论不休、各执一端的"本原",可以归结为四种缺一不可,相互关联的原因:质料因,事物构成的根基;形式因,事物何以是的原因;动力因,运动自何处来;目的因,事物何所为的原因。

所谓"质料",是事物在运动变化中始终维持存在的因素。如相对于一尊大理石雕像来说大理石就是质料,无论是被雕琢前的大理石,还是被雕琢后的大理石像,大理石作为载体(hupo keimenon)始终保持着。所谓"形式",这里不是外观,而是指一切事物的本质定义,换言之"形式"乃是某种事物之所以是此种事物的根本条件,即事物的类本质。当一块大理石被雕刻家赋予一定的形象后,大理石就不再只是单纯的大理石了,而变成了让观众欣赏的工艺品,从而取得了雕像的类本质。动力因是一切事物运动变化的源泉,是一切生成的事物的生命原则。一块大理石只有在外力的作用下才会变成一尊雕像,这种外力,即雕刻家,就是使石头变成雕像的动力因。这样,在亚里士多德看来,事物所由以构成的质料自身缺乏一种内在的运动。但这种动力因并不总是外在的,他认为,最简单的四种元素——土、气、水、火——都具有内在的运动能力,火的本性是向上运动,土的本性是向下运动等等。目的因是事物生成变化所企求的目标和运动发展的终点,在人的行为中就是善。如散步是为了健康,床是为了睡眠,等等。由于亚里士多德认为事物的目的,乃是事物按其本性所期望充分达到的最高目标。因而,这种目的是一种内在目的。在亚里士多德看来,一事物的发展变化,一旦获得了自己的本质,同时也就实现了自己的目的。种子的目的,是生长为大树,种子一旦生长为大树,同时也就达到了自己的目的,完成了自己的本质。所以,亚里士多德将形式因看作是和目的因同一的,不仅如此,形式因、目的因和动力因也是同一的;事物的目的便是导致事物运动变化的源泉。同时,事物达到自己的目的,也就意味着它获得了自己的本质和形式。如在生物中,"灵魂"不仅是一切生物的形式因,而且也是一切生物的动力因和目的因。这样,在亚里士多德看来,四种原因实际上要归结为两种原因——形式因和质料因。

现在,全部希腊哲学的历史,无论自然哲学家的有形体的质料和南意大利学派的无形体的质料,还是柏拉图的"理念",都在亚里士多德哲学中被结合起来了。不论是形式,还是质料,都不能单独成为事物生成和存在的条件和原因。基于这种思想,亚里士多德对以前的古希腊哲学家,特别是对柏拉图,在理论上做了分析批判。他指出:德谟克利特把万物的本原归结为运动着的物质的原子,柏拉图则把万物的本原归结为单一的、自足的理念。两者都是片面的,无法解决所遇到的困难。一方面,我们所感知的变化着的客观存在,根本就不能用没有目的的质料来说明,而且,如果没有形式或目的,质料本身也就不可能存在。此外,如果把个别事物看作是在认识上最根本的因素,那也是错误的。因为个别事物在数量上是无穷无尽的,我们无法从无限的个别事物中获得关于事物的认识,我们只有通过事物的普遍性质,通过事物的类本质即形式,才能认识一事物。个别事物的本质是由其自身的形式决定的,所以,事物的最根本因素不是个别事物,而是形式。另一方面,柏拉图的理念论也是错误的。柏拉图认为只有理念才是最真实的实体,而感性事物不过是对理念的不完全的模仿而已。在亚里士多德看来,柏拉图正好颠倒了理念和感性事物的真实关系,因为最真实的第一的实体不是理念,而是个别的感性事物。而且,柏拉图理念论的根本错误,就在于把理念和质料、个别事物相分离。理念或形式离开了质料根本就无法自存,没有分离存在的理念。亚里士多德讥讽说,柏拉图的分有不过是一种"诗意的比喻"[1],根本就无助于我们说明现象世界的原因。在这里,亚里士多德对柏拉图将一般和个别对立起来并加以割裂的观点给予批判时,不仅动摇了柏拉图理念论的基础,而且表现出他已具有试图将一般和个别联系起来的辩证的思想因素。在他看来,一般和个别是不能割裂的,本质乃是某个东西的本质,一般不能脱离个别而独立存在,一般即存在于个别之中,而并非外在于个别事物。形式和质料的关系也是这样。他认为,形式和质料的分离只能在认识中发生,在认识中,形式先于质料,形式是现实(energeia),质料是潜能(dunamis)。

"潜能"和"现实"是亚里士多德哲学中一对重要范畴,亚里士多德特别用这一对范畴,来阐释形式和质料的关系。简单地说来,潜能和现实,是指事物存在的两种方式。现实是指存在着的事物自身或实现了自己本质或目的的事物;潜能是指事物还未实现自己的本质和目的,但具有能够实现其本质和目的的潜在力量。因此,现实是一种达到了"目的"的活动,而没有达到目的的活动则只是运动,运动是由潜能向现实转化的中间过程。潜在的事物一旦达到了自己的目的,便成为了现实的事物;达到了自己的目的,也就意味着获得了自己的形式或本质,因此,形式是现实,而那尚未获得自己的形式的质料则只是潜能。质料一旦获得了自己的形式,它就成了现实的存在,所以亚里士多德说:"质料以潜能状态存在,因为质料能够取得自己的形式,当它一旦现实地存在时,质

---

[1] [古希腊]亚里士多德:《形而上学》991a21,参见苗力田主编:《亚里士多德全集》第7卷,中国人民大学出版社1993年版,第53页。

料也就存在于它的形式之中了。"①因此,形式和质料的关系是一种相对的关系,即在较高级关系中作为潜能的质料,在较低一级的关系中则是作为现实的形式,形式和质料在不同的关系中可以相互转化。如相对于建筑物来说,砖块是质料,而相对于泥土来说,砖块是形式。

亚里士多德通过他的潜能和现实学说,勾画了一幅具有等级系列的宇宙模式,在这个等级体系的最底层是"原始质料",即自身没有任何形式,没有任何规定性的物质根基,它是"一切性质都剥除后还剩下来的东西"。②显然,现实生活中是不存在这样赤裸裸的"原始质料"的,因为任何动力因施加作用的对象总是某种有规定性的东西,所以,亚里士多德认为它只是一种潜在。在另一方面是人的积极理性,没有任何质料的纯形式乃至神的观念。没有质料的纯形式实际上就是思想,是概念和本质定义自身。唯有思想才是一种"完全现实性"——隐德来希(entelekheia),隐德来希是一种最高的存在,最完满的存在。

(二)存在论

"存在"(to on)概念来自希腊系词"是"的中性现在分词。自巴门尼德以来,它就是一个具有广泛意义的哲学范畴。亚里士多德在《形而上学》第5卷第7章解释"存在"概念时,将"存在"分为两类。其一是在偶然意义上的存在,另一是在本然意义上的存在。

在偶然意义上的存在,也就是事物的偶性,即属于某一事物、但并不必然属于该事物的性质。亚里士多德举例说,"这位正直的人是有教养的"、"这个人是有教养的"以及"这位有教养的是人",在这三个句子中,"是"有教养的,"是"人都是在偶然意义上的,"是"

---

①② [古希腊]亚里士多德:《形而上学》1050a15,1029a12,参见苗力田主编:《亚里士多德全集》第7卷,中国人民大学出版社1993年版,第214、155页。

即存在,即偶然性,这就像我们说"有教养的建筑者"一样,因为建筑者只是偶然地或碰巧是有教养的,或者,有教养的人只是偶然地有教养。我们知道,对于一位建筑者来说,关键在于他有没有建筑的技术,以及正确发挥这种技术的能力,而不在于他是否有教养,因此,"有教养"对于他来说,只是一种偶性,是一种在偶然意义上的存在。

在本然意义上的存在,其意义则要广泛得多。亚里士多德说,本然的存在的种类正好是各种范畴所表述的一样多。因为范畴的种类有多少,存在的意义就有多少。他在《范畴篇》中区分了十种范畴:实体、数量、性质、关系、地点、时间、姿势、所有、主动、被动。所以本然地存在也就有与之相应的十种。可见,本然上的存在有十种,这十种范畴囊括了事物的所有实质性的存在方式。

亚里士多德认为,特殊科学所研究的只是存在的某个方面,或者说存在的某个部分,如数学就是如此,因为数学研究的,只是事物的数量关系。而第一哲学则与任何特殊科学都不同,它研究的是存在自身,即"作为存在的存在",以及在本性上属于存在自身的属性。那么,什么是"作为存在的存在"呢?我们已经知道,存在有多种意义,有些事物被称作存在,是因为它们是实体,有些则因为是实体的变化,有些因为是完成实体的过程,或因为是实体的消失或短缺,或因为是质,或因为是实体的制造或产生,或因为是与实体相关的事物,或因为是对这些事物的否定或对实体自身的否定而被称为存在。亚里士多德指出:所有这些"存在"都与一个中心点有关,就像一切是健康的事物都与"健康"有关一样。如,在这个意义上,一事物是保持健康,另一事物是产生健康,其三是说健康的象征,其四是指健康的潜能,"作为存在的存在"就是指所有存在的中心点。相对于十范畴,相对于十种本然地存在方式来说,作为存在的存在就是实体,即那不依存于任何其他事物,相反,其他一切事物都依存于它的本质。亚里士多德明确地指出,在"存在"的各种意义中,"是什么"是最根本的存在,而"是什么"就是事物的实体。① 所以,实体是最根本的存在,而其他意义的存在只是实体的属性,其他的存在只是依存实体,才有其实在性。"存在是什么"的问题,也就是"实体是什么"的问题。为此,要进一步了解亚里士多德关于"作为存在的存在"的学说,必须进一步了解他的实体学说。

（三）实体论

"实体"（ousia）概念是亚里士多德哲学中的一个十分重要的哲学范畴。亚里士多德对实体的论述颇多,并从不同角度对实体进行了多种分类。在《范畴篇》中,他将实体分为第一实体和第二实体,即个别事物是第一实体,种属是第二实体②；在《形而上学》第5卷中,将实体分为四种:土、水、火、气等简单物体,及其由之构成的事物;事物存在的内部原因,如灵魂;事物构成的内在部分,如面中之线;以及本质。在《形而上学》第6卷中区分了有变化的实体和无变化的实体;在《形而上学》第12卷中将实体分作三类:非永恒的感性实体,永恒的感性实体,永恒的非感性实体。划分的标准虽不一样,但是归结起来,不外三种,其一是质料,其二是形式,其三是形式和质料结合而成的个别事物。事实上,个别事物是感性实体,而形式和质料归根到底是理性实体,只在思想中才存在,其中,又以形式为现实实体,质料为潜在实体。

关于感性实体,亚里士多德下过这样一个定义:"实体,从这个词的最真实、最原始、最确切的意义上说,是指既不能被表述于一个主体、也不依存于一个主体的事物。"所谓"不能被表述于一个主体",指实体在语句中不能用作宾语;所谓"不依存于一个主

① 参见［古希腊］亚里士多德:《形而上学》1028a13,参见苗力田主编:《亚里士多德全集》第7卷,中国人民大学出版社1993年版,第152页。

② 参见［古希腊］亚里士多德:《范畴篇》2a13,参见苗力田主编:《亚里士多德全集》第1卷,中国人民大学出版社1990年版,第6页。

体"，指实体自身即是主体，而不能作为属性，在语句中不能用作表语。而完全符合实体的这一定义的，只有个别事物，亚里士多德说"个别的人或马"是第一实体。显然，这种个别的具体事物是指感性实体。在这种意义上，种和属，即事物的普遍概念，由于也是主体，而非属性，但并不是个体，所以被亚里士多德称为第二实体。

关于理性实体，亚里士多德定义说：实体的含义有两点，其一，指不能被表述于任何其他事物的载体。其二，它是使某物是某物的"何以是"，具有可分离性的本质，这种本质就是一切事物的形式或类属。亚里士多德所说的"载体"，乃是指形式、质料和由两者结合而成的具体事物，他说，载体是实体，在第一种意义上是说质料（质料是潜在的"本质"）；在第二种意义上是说定义或形式（形式是让什么东西成为那东西的"本质"，它在定义中是能分离的）。他认为实体是"本质"，所谓"本质"，便是使某物是某物的根本属性和规定，而事物的根本属性是可以在认识中被抽象出来的，这就是在定义上、认识上或理性上的"可分离性"，这也就是指形式。形式可以在思维中和质料分开，所以亚里士多德说形式是在定义中"能分离"。形式是"本质"，是实体，而且，我们的知识是通过形式而获得的，因此形式是现实的实体。

第一哲学研究的实体是"纯形式"。然而，在现实生活中，既不存在单纯的质料，也没有单纯的形式，质料总是和形式结合在一起的，形式只是作为概念，存在于人的思维之中。亚里士多德把在思维中和质料完全分离的最基本的形式称为"纯形式"，认为第一哲学的任务就是研究这样一种现实的实体——纯形式，他说："确定分离的纯形式的存在方式及其本质，乃是第一哲学的任务。"①

---

① ［古希腊］亚里士多德：《物理学》194b15，参见苗力田主编：《亚里士多德全集》第2卷，中国人民大学出版社1991年版，第37页。

可见,形而上学的实体乃是理性的实体,是本原,是多中之一。这种实体包括两个方面,其一是潜在的实体——纯质料,其一是现实的实体——纯形式。这两者构成宇宙间一切可感事物的根本和形而上学基础,作为纯粹的潜能,纯质料是一混沌的无任何规定性的理性假设,是一个等同于"无"的"有";作为一种完全现实性即隐德来希,纯形式既是事物存在的根本本质,事物运动变化的第一动因和至善,又是思想自身。因此,主观和客观,思维和对象在亚里士多德哲学中达到了统一。亚里士多德就明确指出:"就没有质料的事物而言,思想和思想的对象没有什么两样,它们是同一的,即,思维和思想的对象是同一的"。①

对亚里士多德将实体和形式——普遍概念,在思维中统一起来的原则,黑格尔评价甚高,他指出:"真理的通常定义是:'真理是观念和对象的符合'。……只有在思维里面,才有客观和主观的真正的相符;……。这就是亚里士多德哲学中的最高点;人们不能希望认识比这更深刻的东西了。"②

(四)神道论(或神学)

"神(theos)"是亚里士多德哲学中的最高范畴。神是一种最高的实体——即永恒的、不动的、和感性事物分离的实体。亚里士多德对"神"的定义是:神是有生命的、永恒的、最美好的存在,生命和连绵不绝的永恒属于神。

亚里士多德的"神"并非人格化的神,而是一种理性神,"神"的本性正是思想的本性。亚里士多德认为,"神"这种实体,根本的性质是永恒不动,和感性事物分离;"神"没有量度,没有部分,

---

① [古希腊]亚里士多德:《形而上学》1095a3,参见苗力田主编:《亚里士多德全集》第7卷,中国人民大学出版社1993年版,第278页。

② [德]黑格尔:《哲学史讲演录》第2卷,贺麟等译,三联书店1957年版,第301页。

不可分割;神是无感觉、无变化的。所以,神就是思想。他说,思想自身所涉及的事物,乃是自身最美好的事物;在最充分意义上的思想,所涉及的事物,便是在最充分意义上最美好的事物;而神正是这样一种最美好的事物,神时时刻刻都处于一种最美好的状态,神就是思想的对象。而"思想由于分有了思想的对象,思想思维着它自身",所以,"思想和思想的对象同一"。① 因此,神就是思想。亚里士多德有时就把"神"叫作"努斯"(nous,理智),把"神"看作是"思想的思想"。在亚里士多德哲学中,思想和思想的对象,通过"神"的概念,达到了高度的统一。由于我们只能通过形而上学的静观(theo-rein),才能把握到神这个永恒的最美好的实在,人只有在静观的时候才是最美好的时候,所以亚里士多德认为,静观的活动乃是最愉悦、最美好的活动。② 不过,人并不能总进入这种形而上学的静观,人只能有时短暂地体会到最美好的东西,但神就不同了,神本身就是永恒的思想,是一种永恒地思维他自身的思想,所以,他永远处于这种最美好的状态中。

亚里士多德的"神",不过是根据"无限后退不可能"的原则推导出来的逻辑结论。根据"无限后退不可能"的原则,任何因果系列上,都存在着一个最后的原因,即一自身没有原因的原因,如在形式因果系列上的纯形式,在目的因果系列上的至善和最后目的,在动力因果系列上的第一动者,即不动的动者。而在"实体"的等级系列上,神就是一个至高无上的存在,它是一切实体的最后根据,而神自身不需要任何外在根据的。神自身是自足的、自在自为的,其他一切事物都必以神为条件才能获得有限的现实性。

---

① [古希腊]亚里士多德:《形而上学》1072b17—22,参见苗力田主编:《亚里士多德全集》第7卷,中国人民大学出版社1993年版,第278页。

② 参见[古希腊]亚里士多德:《尼各马可伦理学》1177a20,参见苗力田主编:《亚里士多德全集》第8卷,中国人民大学出版社1993年版,第227页。

作为纯形式,神是思想,作为至善,神是宇宙万物所追求的最后目的,作为不动的发动者,神是一切欲望所向往的对象。自身不动而引发万物运动。在亚里士多德的词汇里,第一哲学就和"神学"成为同义词,第一哲学的研究对象就是永恒不动的,和质料分离的神圣的实体。

亚里士多德的第一哲学可以说不仅是关于本原和原因的学说,而且是关于"作为存在的存在"、关于分离的实体,关于永恒不变的神圣实体——神的学说。从亚里士多德第一哲学的多个侧面,同时可以看到他如何融汇总结以往的哲学复杂学说。从近代体系角度看,这方向各异的侧面,相互间难免交错抵牾,然而它兼收并蓄,博采众长又显示了这位古希腊哲学的集大成者理论视野之广阔,思想气度之恢弘。

二、自然哲学

亚里士多德关于自然哲学的著作十分丰富,据统计要占他全部著述的1/3以上。主要有《物理学》、《论天》、《论生灭》、《论灵魂》、《动物志》以及《气象学》等等。其中《物理学》是他最重要的自然哲学著作,主要反映了他的自然观和运动观,也讨论了时间、空间等范畴。《论天》和《论生灭》反映了他的宇宙观。《论灵魂》反映了他对生命形式的分析,由于这一著作中讨论了各种心理(或精神)即灵魂 psukhe 的活动方式,所以人们又把灵魂论称作"心理学"(psychology)。关于他的自然哲学,我们可以归结为四个问题来论述:1.自然观,2.运动观,3.宇宙观,4.灵魂观。

(一)自然观

"自然"(Phusis),在亚里士多德哲学中,乃是指一切有质料能运动的事物,是一切能引起动变、并趋向于某一目的的事物,以及具有内在动变特征的事物的总称。亚里士多德把"存在着的事物"分作两大类,一类是"由于自然而存在"的事物;一类是作为其他原因的结果而存在的事物。前一类事物主要指动植物及其部分以及最简单的物体——火、气、水、土，等等。后一类事物主要是人工物品，如床、桌子，等等。"由于自然而存在的事物"有着自我作用和反作用的能力，有着生成变化并趋向某一目的的能力；而对于人工物品来说，虽然组成人工物品的简单物体，如组成床的物体——木头，有着这种能力，但人工物品本身是没有这种能力的。判定一事物是不是自然事物，就在于该事物是否具有内在的自我运动的能力。此外，人工事物的性质，带有明显的人为作用的痕迹。而自然事物的性质，则没有任何人的意识的参与，自然事物具有自身内在的本质特性，所以，自然也可以说是宇宙万物所固有的自我运动能力和内在的本质特性。

　　亚里士多德的自然哲学和他的目的论学说是紧密联系在一起的。一切自然事物，无论是无生物还是有生物，无论是动植物还是人，其自我运动都是有某种目的的。他认为，一切自然事物的目的，都是该事物存在的根本原因。如果某一事物不符合它自身的目的，那么它就会失去其存在。如有耳不能"听"，有眼不能"看"，那么这一动物就会成为一个畸形的怪物，它就无法生存下去。亚里士多德在《物理学》第 2 卷第 8 章中，引证恩培多克勒朴素的生物进化论观点："……门牙必然长得尖锐以便易于撕咬，臼牙必然长得宽阔以便易于磨碎食物……同样地，相对于动物的其他部分，似乎也存在着某种目的。所以，当某一事物产生出来，就仿佛是为了某一目的而产生出来，并作为一种自动的结果而适当地构成其自身时，它就会幸存下来，而那些不适应的则灭亡了，并且将继续灭亡，就像恩培多克勒所说的'人头牛'那样。"①

---

① ［古希腊］亚里士多德：《物理学》198b24，参见苗力田主编：《亚里士多德全集》第 2 卷，中国人民大学出版社 1991 年版，第 51 页。

在亚里士多德看来,符合目的的自然事物,就会在其运动过程中,表现为"永远如此"或"通常如此"。在自然里所发生的一切都不是偶然发生的,如冬天常常下雨(指地中海气候,下同),就是出于自然,但在仲夏季节常常下雨则是偶然的;盛夏的炎热也算不得偶然,而隆冬的炎热则是偶然。他说,我们所讨论的事物,或者是偶然的,或者是由于某种目的,二者必居其一,而这些事情不可能是偶然的,所以它们是有某种目的的。即符合某一目的的自然事物,就会"永远如此"或"通常如此"。显然,亚里士多德把目的性看作是与规律性相当的概念。

亚里士多德的目的论是内在目的论。其一,他所说的自然目的就是该事物自身。他说,"如果一事物是从某一内在的本原出发,经过一系列的变化过程,达到了某一目的,那么,就是由于自然"。① 其二,他所说的目的是和形式同一的。他说,对目的因的研究,也就是对形式因的研究。一事物其本质的实现,也就是它的目的的实现,而形式是内在于现实事物自身的,事物所追求的目的,也存在于现实的事物之中,目的只是一切自然事物运动变化的内在本质。

亚里士多德的内在目的论,经过宗教神学目的论和机械论的外在目的论,长期被曲解,后来在德国古典哲学中得到恢复。康德、黑格尔就直接继承了亚里士多德的这一思想。

(二)运动论

我们已经在潜能和现实的学说中接触到了运动(Kinesis)概念。在那里,亚里士多德把运动看作是一种尚未达到、而正在趋向目的的活动。在《物理学》中,他说:"运动乃是具有运动能力的事

---

① [古希腊]亚里士多德:《物理学》199b16,参见苗力田主编:《亚里士多德全集》第2卷,中国人民大学出版社1991年版,第53页。

物的潜能的实现。"①运动是从潜能到现实的过程,在这一过程中,
运动始终是连续的、不间断的。一旦达到了现实的事物,运动的过
程也就完成了,运动就是正在"变成现实的潜能"。由于运动正在
趋向现实,但并没有完成,所以,运动又是一种"尚未完成的现
实"。完成了的现实,也就是"隐德来希"了。

从形式上看,运动有广义和狭义两种,广义的运动指生成和消
灭;狭义的运动指质的运动,量的运动和位置的运动。②亦即他所
常说的三种变化:性质的变化、数量的增减,以及位置的移动。亚
里士多德认为,运动有高级和低级之分,较高级的运动包含着较低
级的运动,但不能将较高级的运动归结为低级运动。如位移是最
简单的运动,存在于一切其他形式的运动之中,但我们不能将其他
较高级的运动归结为位移。

在亚里士多德看来,运动是不能和自然事物分离的,运动总是
某物的运动。在任何运动中,运动着的必然是能运动的事物。如
质变必然是能质变的事物的质变,位移必然是能位移的事物的位
移,等等。他认为自然事物的运动总是在时间和空间中进行的,空
间、虚空和时间是运动的必要条件。

关于空间。亚里士多德说明了两个问题:其一,空间是否存
在? 其二,如果空间存在,空间是什么?

首先,空间是存在的。空间是物体存在的前提,谁都承认,任
何事物都有一定的位置,而且最简单的运动——位移,就是在空间
中的运动。亚里士多德说,如果没有外力的作用,每一种自然物体
都趋向自己特有的空间。如"上"是火和较轻的物体的位置,"下"
是土和较重的物体的位置。空间是一切物体所在的居所,是自然

---

① ②　[古希腊]亚里士多德:《物理学》201b5,225b8,参见苗力田主编:《亚里士多
德全集》第 2 卷,中国人民大学出版社 1991 年版,第 60、136 页。

事物运动的前提,这些都是显而易见的。

其次,亚里士多德所说的空间有两种:一种是包罗万象的宇宙空间,一种是我们所感知到的具体空间。在亚里士多德看来,具体空间是包容物体的内部界限,而且是个不能移动的界限。空间和物体最边缘的不动的界限同一,物体的空间正好和物体的体积同样大小,而和物体的容器或载体是不同的,因为空间不能移动,而物体的载体能够移动,如小河之舟,本身流动的小河并不是舟子的空间,而只是它的载体,因为小河运载着舟子并不断地流动。至于宇宙空间,他认为,世界上的一切事物都存在于某一有限的空间之中,而宇宙本身是不存在于任何空间之中的,否则,在宇宙之外就会还有空间存在。从而出现空间的空间等等,而这是不可能的。对于整个宇宙来说,宇宙便是整个空间,因而,它不能像其他具体的感性事物那样,可以前后上下地运动,它只能做旋转运动。

关于时间,亚里士多德认为,时间是和运动变化相联系的,我们由于感觉到运动从而感觉到时间,在连续性和有先后性上,时间也和运动相同。但是,时间并不就是运动。因为时间是单一的,而动变是多样的,时间只是使运动成为可以计量的东西。亚里士多德把时间定义为“是关于前和后的运动的数目,而且是连续的”。[①]同连续性的运动一样,时间也是连续的,而不是一些孤立的点。一切有动静变化的事物都存在于时间之中,只有永恒不动的事物才不需要时间。因为永恒的事物超出了时间,是不受时间限制的。运动虽然是永恒的,但由于它是变化着的,所以运动存在于时间之中。由此可见,时间是永恒的,没有开端,也没有终结。

亚里士多德认为,时间总是和人的意识联系的,没有人的意

---

① ［古希腊］亚里士多德:《物理学》220a28,参见苗力田主编:《亚里士多德全集》第 2 卷,中国人民大学出版社 1991 年版,第 120 页。

识,也就不存在时间,因为时间是对运动前后的计量,是被计数的数目作为被计数的数目,如果没有计数的人,也就不可能有任何事物的被计数。这样,也就没有时间,而只有作为时间存在的基础——运动的存在。因此,时间和运动不同,运动是客观的,时间则带有主观的成分。

时间和运动是相互计量的。一方面,人们用时间来计量运动,另一方面,又用运动来计量时间。因此,相对于时间来说,计量时间的尺度是事物的运动,但是,并非任何形式的运动都可以成为计量时间的尺度,只有那种整齐均匀的运动才适于计量时间。在运动中,只有圆周运动是一种自然发生的匀速运动,如天体的运动就是如此,所以,人们用天体的运动作为计量时间的尺度。

亚里士多德这种把时间看作是一种绝对均匀流逝的连续性以及把空间看作是一种不动的三维的绝对框架的观点,对西方哲学和科学影响深远。从本质上说,牛顿的绝对时空观完全是对亚里士多德时空观的重复。

（三）宇宙观

亚里士多德的宇宙观主要讨论的问题是:宇宙的基本构成元素、性质和宇宙模式。

亚里士多德的“元素”(stoikheion)在一般意义上,是指“在种类上不可再分为其他类的、存在于事物内部的基本组成部分”①。他总结了以往自然哲学学说,认为构成自然事物的简单物体——元素,有四种:火、气、水、土。由于四种元素各自的相对重量不同,它们所运动的方向和位置就有所不同。有些元素由于其本质为轻,所以脱离地球这个中心,而作向上运动,有的元素较重,则趋向

---

① ［古希腊］亚里士多德:《形而上学》1014a26,参见苗力田主编:《亚里士多德全集》第7卷,中国人民大学出版社1993年版,第113页。

中心,所以,轻的元素浮在较重的元素之上,较重的元素沉在较轻的元素之下。如,水比气重,所以水在气之下,气在水之上,而水和气都比土轻,因此,土在最下层,而这三种元素都比火重,所以火在最上层。这四种元素由于它们相对轻重的本性的差别,从而产生趋向于各自特定位置的自然运动,如火由于本性向上运动,土由于本性向下运动,这就是它们的自然运动。

四种元素可以相互转化和生成。亚里士多德把生成规定为:从对立中来,或到对立中去的变化。一切元素都包含着对立的因素。这样的对立因素有四种:冷、热、干、湿,即元素的四种性质。这四种性质可以构成两两相加的六对关系:湿和干,湿和热,热和冷,热和干,冷和湿,冷和干。但其中两对对立,即湿和干,热和冷是不可能的,因为同一元素不可能同时既是湿的,又是干的,或者既是热的,又是冷的。这样,就剩下和四种元素相联系的四对关系:火是热和干,气是湿和热,水是冷和湿,土是冷和干。由于热和冷、干和湿是对立的因素,通过对立的变化,四种元素就可以相互生成和转化。从气中可以产生出水,从水中可以产生出土,然后再从土中产生出火。如此周而复始,循环不已。

亚里士多德认为,除了以上四种物质元素以外,宇宙空间中,还存在着第五种元素——以太(aither)。因为除了自然界的事物能做向上或向下的直线运动以外,人们还可以看到圆周运动——天体的运动,那么显然,构成天体的元素一定不是具有直线运动能力的四元素,而是另外一种在本性上能做圆周运动的元素,这种元素就是"以太"。他认为,同直线运动相比,圆周运动更完善,因此,具有做圆周运动能力的以太,比只能做直线运动的四种运动要优越。

亚里士多德根据构成世界的基本元素的不同,将宇宙分为相互区分的两个世界:由以太构成的"天界"和由四种元素构成的

"地界"。天界是恒星的世界,恒星是永恒的,不生不灭的,其运动是一种匀速的圆周运动。

亚里士多德坚持地球中心说,认为圆球形的地球位于宇宙的中心,而且地球是静止不动的,其他天体则围绕地球做圆周运动。关于宇宙的结构模式,他认为地球的表面是水,水上面是气,气上面是火,在火之外存在着多层天。关于天的层数,他接受了当时的天文学家加里甫斯的观点,认为要解释天体星球的运动,就必须假设存在着33层天,而且,他自己还另外增加了22层天,穿插在33层天之间,这样,他实际上肯定了有55层天。

(四)灵魂观

亚里士多德的著作《论灵魂》讨论的主要问题是所有的生命活动的形式及生理功能。《论灵魂》共分3卷,第1卷主要批判性地介绍了先前哲学家的各种关于灵魂的观点;第2卷论述了灵魂的定义、灵魂和肉体的关系,以及灵魂的功能;第3卷主要讨论了一些其他的生理功能,如共同感觉、想象、思维以及欲望等等。以下,我们将从三个方面对亚里士多德的灵魂学说加以概述:1.灵魂是什么? 2.灵魂和肉体的关系怎样? 3.灵魂有些什么功能。

灵魂的本质是什么? 正如在处理其他问题时那样,亚里士多德首先所做的就是批判地考察了先前哲学家对这个问题的各种看法。在亚里士多德看来,灵魂,既不是如德谟克利特所说的精细原子,也不是毕达哥拉斯学派的数目的和谐,也不是柏拉图的独立于身体之外的不死的东西,"灵魂是一个潜在地具有生命的躯体的完全现实性"。① 这个定义一方面肯定了灵魂是非物质性的东西,另一方面也揭示了灵魂和躯体之间的相互关系。亚里士多德认

---

① [古希腊]亚里士多德:《论灵魂》412a27,参见苗力田主编:《亚里士多德全集》第3卷,中国人民大学出版社1992年版,第31页。

为,任何一个有生命的实体都是由作为质料的躯体和作为形式的灵魂结合而成。灵魂不可能随意地进入任何一个躯体,并且像幽灵一样地在躯体间游来荡去,任何躯体的灵魂都有其独特的性质。亚里士多德并不把躯体看作是灵魂的坟墓,相反,他认为灵魂只有和躯体结合才能发挥其作用。他把灵魂看作是形式,把躯体看作是质料。所以,他把灵魂看作是躯体的现实,是一切有生命的躯体运动的源泉和目的因,而躯体则是灵魂的潜能。作为一种现实的生命实体,灵魂根本就不能脱离躯体而独立存在。因此,在灵魂和躯体的关系问题上,他既强调生命实体的精神内容,又重视了生命实体的物质基础。

亚里士多德的灵魂包括了一切生物的生命原则。他所说的灵魂,是有高低等级差别的,不同的灵魂按其等级可依次分为三类:1.营养灵魂或植物灵魂;2.感觉灵魂或动物灵魂;3.理性灵魂或人类灵魂。他认为,不同等级的灵魂,其作用也不同,较高级的灵魂包含有较低级灵魂的作用,但较高级的灵魂的作用不能归结为低级灵魂的作用,低级灵魂则不具有高级灵魂的作用。

营养灵魂是最低级的灵魂形式,它具有吸收营养和繁殖的作用。我们可以从植物、动物到人等一切生物中看到这种营养灵魂的作用,因为一切生命要维持其存在,都必须具备这种功能,低级的植物只具有这种营养灵魂,因为植物只需要自动地从土壤中吸取养料就足够维持其存在。感觉灵魂是动物所具有的比较高级的灵魂形式,它具有三方面的能力:其一是感觉能力,其二是欲望能力,其三是运动能力。一切动物都必须要能够区分出什么是食物,而要区分什么是食物,就必须和食物发生接触。对于动物来说,触觉就是最重要和必需的感觉。理性灵魂是最高级的灵魂形式,这是人类的灵魂形式。人类灵魂自身同时还具有营养灵魂和感觉灵魂的作用。因此,在人类灵魂中,达到了营养灵魂、感觉灵魂和理性灵魂三者的统一，人类灵魂的作用是理性和思维能力，人类灵魂比其他灵魂要具有更大的优越性。

亚里士多德在讨论一般意义上的感觉时，把感觉看作是一种撇开感性对象的质料而只接受感性对象的形式的能力。感觉就像蜡块一样，它只接受图章戒指的印迹，而不接受戒指的材料，如金或铜本身。感觉与感性事物的质料无关，它只涉及感性事物的形式。他认为，感觉的发生依赖于外在对象的影响。感觉只是一种能力，它只有在感性对象的刺激下才能产生，没有感性对象的刺激，感觉就处于一种潜在的状态，这就像燃料一样，只有用某种东西将其点燃，燃料才会燃烧起来。感性对象是外在于感官的——即不依赖感觉而存在的个别事物。因此，现实的感觉都带有个别性。知识则不同，它属于一般性的东西。感觉是有一定的局限性的，如果感性对象对感官的刺激过分强烈，那么就会破坏感觉器官，从而失去感觉，例如，耳朵经过轰鸣的声音后就会立刻失去听觉，眼睛在过分炫目的光照下就会失去视觉，等等。

亚里士多德在谈到理智灵魂时，将理智（nous）分作积极理智和消极理智两个部分。积极理智是永恒的，在这一点上，其他一切灵魂能力都不是永恒的，都不能脱离躯体而单独存在，而是随着躯体的死亡而消失。消极理智就像质料一样，只是一种潜能，是一种接受理智对象的能力。亚里士多德认为理智也有和感觉相似之处。所以他又说，理智是指灵魂借以思维和理解的东西，在它尚未思维时，它并不是现实的。即它自身是没有任何形式的。亚里士多德把这种消极理智称为心灵"白板"，认为永恒的理智即积极理智，在进入躯体后，要求某种潜在的本质即"白板"，积极理智使这块白板具有了形式。

事实上，消极理智是指的思维能力，而积极理智则是指思想自身，作为思想，思想和思想的对象是同一的，理智能够思维它自身，而且,思想的对象就存在于理智之中。作为思想和事物的本质,或者思想的对象,积极灵魂是纯粹的,并能够和躯体分离。黑格尔说,亚里士多德在这里把"我们今天所谓的主观和客观的统一","最明确地说出来了",并说,"这就是亚里士多德的形而上学的顶点,就是在他那里所能找到的最富于思辨的东西"。①

三、实践科学

亚里士多德在进行科学分类时,对实践科学和创制科学做了区分,他主要地讨论了道德和艺术、善和美的关系。他认为,道德和艺术、善和美是相通的,艺术离不开道德,美离不开善,他说,"美是一种令人愉悦的善"。② 但是,两者是有区别的。在《形而上学》中,他说,"善和美是不同的,因为我们是在无运动的事物中看见美,而善,作为其主体,总是含有指导行动的意义"。③ 而且,艺术的目的在于创作,而道德的目的就在于行动,两者的目的也是不同的。他认为,美的主要形式是秩序,对称和鲜明,美是由大小和秩序构成。任何活东西或任何由若干部分组成的整体,要成为美的事物,其各部分的安排就必须有一定的秩序,而且具有一定限度的大小空间,要恰如其分。

亚里士多德的实践科学包括伦理学和政治学两方面的内容。实践科学和理论科学不同,在实践领域中,已不再是纯粹思想的自我认识,实践知识的目的不在于自身而在于行动:人们为了更好地

---

① [德]黑格尔:《哲学史讲演录》第2卷,贺麟等译,三联书店1957年版,第355、356页。

② [古希腊]亚里士多德:《修辞学》1366a33,参见苗力田主编:《亚里士多德全集》第9卷,中国人民大学出版社1994年版,第371页。

③ [古希腊]亚里士多德:《形而上学》1078a31,参见苗力田主编:《亚里士多德全集》第7卷,中国人民大学出版社1993年版,第295页。

行动而学习处世的经验,为了统治而了解治国的秘密。实践科学为的是修身、齐家、治国、平天下。亚里士多德将他的形而上学和心理学原理直接运用于实践科学之中,将处世的箴规和王道的奥秘用理性的分析揭示出来。

(一)伦理学

亚里士多德在其伦理学思想中贯彻了他的目的学说。他说,"一切技术,一切科学,同样,一切活动和研究都被认为是以某种善为目的的,善是一切事物所追求的目的"。① 不过,不同的事物所追求的目的不同,而人所追求的目的乃是善或"至善"。至善是指一切事物所追求的最高目的,至善自身是无目的的,它是自在自为的目的。他认为,善是人们在行为过程中可以实现的目标。由此,他指责柏拉图的"善"的理念不过是一种空洞的形式而已,因为这种"善"的理念本身是超验的,它和人的行为没有任何关系,因此,这种独立存在的"善本身"是人根本就无法达到的。

人和一切其他生命实体的根本差别就在于理智,人之所以为人,就在于他有理智,人的生活是有理智的生活。一个人的行为是否符合德性,关键在于他的欲望、情感等等非理性部分是否能服从理智的律令。只有当欲望、情感服从理性的律令时所发生的行为才是一种道德的行为。

在亚里士多德看来,人的理性部分也是二重性的,其中,一部分负责对没有变化的真理静观,其德性是理论智慧,或思辨智慧,另一部分则关涉有变化的真理和对象,其德性是实践智慧。正是这种实践智慧能够判断行为中什么是正当的。但是,人类更为关心的理性生活是具有积极意义的理性生活。人类的幸福和至善就

---

① [古希腊]亚里士多德:《尼各马可伦理学》1094a1,参见苗力田主编:《亚里士多德全集》第 8 卷,中国人民大学出版社 1993 年版,第 3 页。

在于符合德性的活动①,在这种积极理性的生活中,唯有哲学家是能持续不断地静观真理的。哲学能给人以最大的愉悦,所以,他认为只有追求哲学的智慧的人,即哲学家,才是最幸福的人。他说,"……那思辨的理性的活动,不仅在严肃性上具有较高的价值,不以它自身以外的目的为目的,并且有着它自身所独有的愉悦……,而且其自满自足、悠闲自在、永不倦怠……,一切其他被赋予最幸福的人的特性,都显然和这种理性的活动相联系。"②

亚里士多德认为,正确的行为,必须遵循恰当的理性原则,这是判断某一行为道德价值的最根本的标准,这种理性原则就是适度和中道。他认为,人的行为,无论是过度或不及,都足以败坏人的德性,唯有适度才能造就德性。适度是过度与不及的中道,适度到过度与不及的距离是相等的,但是,这种中道并不像数学中的等差中项那么严格,它只是一种相对的中道,在生活中,适度就是一种恰到好处的行为,即不过度,也不能不及。他举例说,无论是勇敢,还是节制等德性,只要过度或不及,都可能酿成恶果。如,一个人行为畏首畏尾,退缩不前,不能应付事情的变化,就会成为一个懦夫;同时,如果一个人无所畏惧,敢冒一切危险,就会成为一条莽汉。对于节制采说,如果一个人毫无节制,纵情恣乐,就会成为一个放浪形骸的人;但如果像一个乡巴佬一样,忌避一切快乐,就会变得麻木不仁。

但是,并不是一切行为都有适度可寻,那本身即是恶的行为就没有什么适度可言,对于像恶意、无耻、嫉妒等等感情,以及奸淫、偷盗谋杀等行为,我们就不能说它们其中还有适度存在。同样,本

①② [古希腊]亚里士多德:《尼各马可伦理学》1177a12、1177b18,参见苗力田主编:《亚里士多德全集》第8卷,中国人民大学出版社1993年版,第226、227页。

身即是德性的行为中也无所谓适度或不及，我们不能说在勇敢或节制的行为中还另行存在着过度或不及。

（二）政治学

现存的亚里士多德的《政治学》很可能是一部未完稿，亚里士多德在这一著作中，除了主要讨论了一般的政治学内容外，也讨论了一些家庭问题和经济学问题，虽然这一著作充分显示了希腊人的种族偏见以及亚里士多德作为一名奴隶主思想家的思想倾向，但其中所显示的许多天才见解则具有不可磨灭的价值，马克思在《资本论》中，对亚里士多德在历史上最早分析了价值形式做了高度评价，说："亚里士多德在商品的价值表现中发现了等同关系，正是在这里闪耀出他的天才的光辉。"①

亚里士多德最有名的格言是：人天生是一种政治动物。作为人，人的幸福就在于过一种团体的生活。由此出发，他论述了他的希腊奴隶主城邦制度的国家政治学说。他认为，国家或城邦的产生是出于合目的的自然，而不是出于某种外力或强制。城邦的目的是"自足"（autarkeia），自足并不是个人的孤独生活，一个公民是不可能脱离家庭和邦人的，所谓自足就是无待而有，使生活变得愉快，不感困乏。亚里士多德认为这是最佳的选择，就是幸福。他先论述了奴隶制家庭的起源，指出它是由两部分人在天性上的差别结合而成，这种差别就在于，一部分人天生有理智，能够发号施令；另一部分人只具有体力而少理智，因而只能听令于人，这两种人要得以生存就必须相互结合，这种结合构成家庭中的主奴关系；除此外，还有一种主要的关系，即由男女结合而成的夫妻关系，这两种关系的结合就构成一个家庭。他认为，若干家庭为了适应更大范围的生存需要，再组成村落，为了同样的目的，再由若干村落组成

---

① 《马克思恩格斯文集》第5卷，人民出版社2009年版，第75页。

城邦。所以,城邦存在的目的,完全是为了生活得美好,城邦的生成是完全合目的的自然过程。

亚里士多德生活的时代,是城邦制行将崩溃的时代,他的学生亚历山大已经建立起了地跨欧亚非的大帝国,并将希腊文化和东方文化糅杂在一起,开辟了一个历史新时代,习称"希腊化时代"。亚历山大把城邦化为市区或行省,但是这一历史进程并没有影响亚里士多德,他仍然坚持唯有城邦才是生活的中心。他认为,只有在城邦形式中,社会的本质才能得到真正的确定,所以,无论是村落、家庭,还是个人,所追求的最后目的就是城邦。任何一个人,都或者偶然地、或者在本性上从属于某一城邦,否则,他如果不是一只野兽,就是一尊神。

作为奴隶主的政治理论家,亚里士多德极力维护奴隶主国家制度,把奴隶看作是一种有生命的工具和家庭中不可缺少的财产,奴隶作为家庭的一个组成部分,隶属于他的主人。他认为,劳心者和劳力者的区分,不仅是必然的而且是有益的。从心理状态上讲,劳力者缺少理智而只能感应别人的理智,因而他们需要支配他们的主人,他们是由躯体统治着灵魂,除了他们能感应主人的理智这一点外,在供人役使这一点上,和牲畜没有什么两样。因此,有人支配他们,对于他们来说反倒是有益的。相反,劳心者或自由人则由于灵魂支配躯体,他们的灵魂和躯体处于一种最佳状态。从身体状态讲,自由人和奴隶也有天然的差别,奴隶的体格强壮有力,适于劳作,自由人体格匀称灵便,不太适于粗笨劳动,而适于政治生活和军事生活。从这两方面看,一部分人天生适于做主人,一部分人天生适于做奴隶。而且,只有当这两种人相互结合在一起时,才会发挥出更大的作用。

在政治上,亚里士多德也是积累了各派观点,评说各自的得失,处心积虑想寻求一个把动荡混乱的希腊政局稳定下来的药方。他反对在政治制度上的一切过激变革,对柏拉图所鼓吹的斯巴达式的绝对统一的理想国家制度做了详尽的批判。他认为柏拉图的共产共妻不仅不会削弱人的利己心,反而以小私为大公,引起一种更剧烈的财产纠纷。在他看来,一个正当的政体应当能够照顾到公共利益,以公共利益为原则,相反,只能照顾到统治阶级利益的政策则是一种蜕化的或错误的政体。① 如僭主政体是君主政体的蜕化,寡头政体是贵族政体的蜕化,民主政体是共和政体的蜕化,因为这三种政体都不是以公共利益为原则,而只是以当权者自身利益为重。

亚里士多德洞察到政体问题的实质乃是一个财产和利益的分配问题。寡头政体和平民政体的区别主要不在人数的多少,而在于贫富的区分。任何一个城邦的公民都可以分作三部分,富有阶级、贫穷阶级和两者之间的中产阶级。亚里士多德认为只有中产阶级是最能顺从理性的、而且少于野心,和其他两个阶级的力量比较起来,它又占有举足轻重的地位,它是三个阶级中最为稳定的一个阶级。所以,由他们所组成的政体就是一种最优秀的政体,只有这样的政体才能保持政治上的安定。

亚里士多德以他渊博的学识和明澈的思想,影响了西方无数代的思想家。由于亚里士多德哲学是由多侧面、多层次的概念积累起来的思想总汇,所以,这种影响是复杂多样的。列宁说:"经院哲学和僧侣主义抓住了亚里士多德学说中僵死的东西,而不是活生生的东西;探索、寻求、……。亚里士多德的逻辑学是探索、寻求,是向黑格尔逻辑学接近,——但是它,亚里士多德的逻辑学却被变成僵死的经院哲学,它的一切探求、动摇和提问题的方法都被抛弃。"② 在

---

① 参见[古希腊]亚里士多德:《政治学》1279a20,参见苗力田主编:《亚里士多德全集》第 9 卷,中国人民大学出版社 1994 年版,第 86 页。

② 《列宁全集》第 55 卷,人民出版社 1990 年版,第 313 页。

近代许多思想家和科学家发挥了他的富有生命力的学说,获得了科学的新发现。恩格斯说亚里士多德是古希腊哲学家中"最博学的人物",是"古代的黑格尔"。①

自亚里士多德以后,漫步学派的中心逐渐由雅典移至亚历山大城,最后在地中海内的罗得斯岛也形成了一个漫步学派的研究中心,其领袖人物从亚里士多德到最后的一位安德罗尼科,共11位。早期的著名漫步学派的成员虽然在逻辑学方面有所发展,但总的说来,他们基本上保持了亚里士多德的哲学传统,亚里士多德的学生和好友,吕克昂的第二任主持德奥弗拉斯托忠实地继承了亚里士多德形而上学的思想,并将其应用于植物学的研究,他还写过一些有关哲学史和宗教方面的著作,不过只有哲学史方面的部分文献被保存下来。亚里士多德的另一名忠实信徒欧德谟继承了亚里士多德的伦理学思想。塞奥弗拉斯托的学生德麦特里在约公元前317—前307年之间,曾任雅典执政,在这期间,他敦促埃及王托勒密一世,修建了亚历山大图书馆和亚历山大学校,这样,亚历山大城逐渐成了漫步学派的一个研究中心。与此同时,罗得斯岛的欧德谟回到故乡,致力于亚里士多德思想的研究和教学。因此,罗得斯岛也逐渐地成为漫步学派的一个基地。晚期的漫步派学者,如亚里斯托、波修斯、尼古拉等人,主要工作是致力于注释亚里士多德的著作。

第四节　晚期希腊各派哲学

从公元前322年亚里士多德逝世到公元529年雅典的学校被罗马下令封闭这一时期的哲学贯穿了两个历史时代:希腊化时代

---

① 《马克思恩格斯全集》第20卷,人民出版社1971年版,第22页及注①。

和罗马时代,横跨两种社会制度:奴隶社会和封建社会,长达850余年。它习惯被称作晚期希腊哲学,因为各学派虽然活动在雅典、罗马、亚历山大里亚等城市,但在思想上它是以前希腊哲学的直接继承,哲学著作主要是用当时的学术语言——希腊语写成的。

公元2世纪以后,一神论基督教神学流行开来,希腊哲学就以传统多神论的理论卫士的身份出现,直到被这在中世纪成为主导形态的世界观所代替。

希腊化时代一般是指从亚历山大去世(前323年)到埃及被罗马征服(前30年)这一段时间的历史。这一时代的文化称作希腊化的文化。当时的文化中心已经从雅典移到了埃及尼罗河口的亚历山大里亚城。托勒密王族在这里建了一座藏书50万卷的图书馆,又在王官中设立了类似今天的科学院般的学院,资助学者进行学术研究。埃及独有的纸草又使得书籍的制作较以前容易。在数学、物理学方面,亚历山大的欧几里得奠定了几何学的基础。叙利亚人阿基米德建立了静力学的基本原理。在天文学上,萨莫斯岛的亚里斯托克提出了太阳中心说,并认为地球每天在自己的轴线上运动。在地理学上,库涅尼人厄拉托斯梯尼测出了地球的圆周表。在科学文化繁荣的同时,建筑事业也兴旺发达。神庙、会堂、陵墓等蔚为壮观。法罗斯岛上的灯塔、罗得岛上的太阳神像皆列位于古代七大奇迹之中。不朽的米洛斯的维纳斯和拉奥孔等大理石雕像也作成于这一时期。

在意大利,第伯河岸的城邦小国罗马逐渐强盛。公元前196年,它征服了马其顿。公元前146年,希腊也落入其统治之下。公元前30年,罗马征服了埃及。罗马帝国取代了亚历山大帝国。在奥古斯都统治的帝国初年,生产力取得了相当的发展,科学技术有很大的进步,一度出现过"黄金时代"。罗马大圆形竞技场、圣索菲大教堂宏伟壮丽。在文学方面出现了诗人维吉尔、贺拉斯和奥维特。史学著作也卷帙浩繁、璀璨夺目。如李维的《罗马史》、塔西陀的《编年史》和《历史》、阿庇安的《罗马史》、普鲁塔克的《名人传》、第欧根尼·拉尔修的《名哲言行录》等。在科学方面,有老普林尼的《自然史》、加图的《农业论》、斯特拉渡的《地理学》等巨著问世。后来由查士丁尼大帝汇集编纂的罗马法典更是深刻地影响了近代法律体系。公元 395 年罗马分裂为东西罗马两个部分。公元 476 年西罗马帝国灭亡,标志着欧洲奴隶制的结束、封建制的开始。罗马时代也就结束了。

这两个历史阶段都是动荡岁月,纷乱局势。亚历山大死后,统治希腊本部的是马其顿。当时希腊城邦内部贫富分化严重,阶级斗争尖锐。中小奴隶主屡次结盟反对马其顿的统治,以取得自由和独立,但皆遭镇压。罗马帝国在经过帝国初年短期的和平繁荣之后,也随即陷入了社会危机。工商业萧条,人口稀少,城市荒凉,奴隶起义风起云涌,上层阶级争权夺利,互相残杀。士兵们以获得金钱的多少来推举皇帝。从公元 217—270 年,竟然换了 30 个皇帝。整个社会耽于享乐,道德沦丧,世风日下。同时,迷信盛行,为着把政权神圣化,罗马帝国豢养着庞大的祭司团体,进行着烦琐的宗教仪式,国家大事须求神问卜而后决定。人们普遍怀着恐惧、疑虑、不安,对现实世界极其厌恶又无可奈何。因此,这时的哲学发挥了希腊的理性思辨精神,关注人生目的问题的探索。在混乱、纷争之中以寻求生活安宁、心灵平静、不受干扰(ataraksia)为理想境界。

从理论形态上说,晚期希腊哲学是柏拉图、亚里士多德哲学高峰之后开始反思、消化、运用的时期。大多数哲学家通过注释前辈们的著作结合时代要求阐发自己的思想。这一时期的注释编纂工作,尤其是公元 1 世纪的德拉西卢编辑整理的《柏拉图全集》和安德罗尼科编辑整理的《亚里士多德全集》,对后世文化的发展作出了巨大的贡献。

晚期希腊哲学中影响较大的有四个流派。1.斯多亚派。它是犬儒派的伦理学与赫拉克利特的物理学的混合,主张人应依照理性和自然而生活。2.伊壁鸠鲁和卢克莱修。他们是德谟克利特的原子论在晚期希腊哲学中的代表。伊壁鸠鲁把库兰尼派的快乐主义与原子论相结合,主张幸福快乐是人生的目的。卢克莱修则是在与罗马宗教迷信的斗争中运用原子论。3.怀疑主义。它是麦加拉诡辩术的发展。与以上两派相反,它主张摒弃感觉和思维,从拖延判断中获得心灵的宁静。4.新柏拉图主义。它大量接受东方神秘主义,为捍卫传统多神论与新兴基督教神学作殊死的斗争,把柏拉图哲学带进宗教,注重对神圣事物的思索和领悟,因此成为基督教神学的一个重要理论来源。

一、斯多亚主义

斯多亚派的历史长达 500 多年,前后思想多有变化,但贯穿始终的主题则是寻求如何使人类生活与宇宙一样有秩序。他们都相信人最基本的规则应是按本性或遵循自然而生活。哲学史上通常把这个学派分做三个发展阶段,从公元前 308 年至公元前 2 世纪中叶是塞浦路斯的芝诺及其门徒组成的早期斯多亚派;从公元前 2 世纪中叶到公元 1 世纪末罗马帝国建立前是中期斯多亚派,主要代表是罗得岛的巴内修斯(Panaitios,前 185—前 110/9 年)及其学生波塞唐纽斯(Poseidonios,前 135—前 51 年),还有西塞罗(Ci-ceron,前 106—前 43 年);公元 1 至 2 世纪则是晚期斯多亚派,也叫罗马斯多亚派,主要代表是塞涅卡、爱比克泰德和马可·奥勒留·安东尼。由于中期斯多亚派的前两名代表几乎没有材料留存,西塞罗把希腊的专门术语译成拉丁文,对文化发展很有贡献,但其哲学被称为折中主义,所以,在这里仅讲述早期斯多亚派和罗马斯多亚派的哲学思想。

（一）早期斯多亚派

早期斯多亚派是由塞浦路斯岛的基提翁,即现在的拉纳卡港人芝诺(Zenon)于公元前 308 年创立的。芝诺的生卒年不详,大约在公元前 4 世纪中期至公元前 3 世纪中期。他父亲经商于雅典,他本人以后也到雅典做生意,因在路上船只沉没丧失了所有的货物,便留在雅典研究哲学。后来他在雅典一个装饰着希腊著名画家波立戈诺特的作品的画廊(stoa 译音斯多亚)中讲学,所以他所建立的学派被称作斯多亚派。他学识渊博、论证细密、道德严肃,因而深得雅典人的敬仰,享有极高的声誉。

芝诺的继承人是克里尼雪斯(Kleanthes,前 313—前 232 年)。他原是个拳击家,后信奉芝诺哲学。据说他晚上打水浇花,白天讨论哲学,生活清苦。虽然禀性迟钝,但学习十分刻苦。芝诺把他比作一块硬板,极难书写其上,可一旦写上却永不磨灭了。继之领导学派的是克吕西普(Khrnsippos,前 282—前 206 年),号称斯多亚派的第二个创立者。他对斯多亚主义的理论作了系统的阐述和发展,并同各个敌对学派作了持久的斗争。

早期斯多亚派的这些代表人物都撰有大量的著作,尤其是克吕西普。每天要写 500 行,共著书 705 卷。但是他们的作品无一留存。我们所依据的史料主要来自第欧根尼·拉尔修《名哲言行录》第 7 卷以及塞克斯都·恩披里柯、西塞罗等人的著作。

早期斯多亚派认为哲学家必须具备三种德性,即精确的逻辑训练,高尚的道德修养和渊博的自然知识,因此他们把哲学分成三个部分:逻辑学、伦理学和物理学。虽然他们声称这三个学科是并列的,但实际上伦理学是中心,逻辑学和物理学都是从属的。

1.逻辑学。

斯多亚派的逻辑学包括辩证法和修辞学。修辞学教授人们怎样连续地正确讲话,辩证法则教授人们怎样用问答式正确地论述和探讨。辩证法包括语言理论和认识理论。前者属于语言学研究的范围。在此只讲述其认识论。

亚里士多德以后,真理标准的问题占有越来越重要的地位。斯多亚派认识论最基本的问题即是:什么是真理的标准?

他们认为,只有个别事物是客观存在的。灵魂原来是一块白板。认识起源于由外物作用于我们而在心中所产生的表象。芝诺指出,表象(phantasia)就是灵魂中的影像。克里尼雪斯把它比作是印章在蜡上所打的印迹。克吕西普则认为,表象只是"灵魂的变化"①,是灵魂的一种状态。它借助于这种状态宣告了自己的存在和其对象的存在。通过我们对外物以及内在状态的感觉,原来空虚的灵魂就充满了影像,仿佛白板上写满了文字一样。

至于什么是真理的标准,斯多亚派的主张并不完全相同。芝诺认为从感觉开始的表象必须加以理解、把握才能成为真理。他形象地把感觉比喻为一只张开的手,把同意比作半握的手,把理解,也就是抓紧比作一只紧握着的拳头。而知识则是这只拳为另一只手握住。通过概念确实稳定地理解对象,把握对象即是知识。而科学则是这种理解的系统化。

克吕西普提出真理的标准是能理解的表象。所谓能理解的表象,并不是指灵魂所拥有的表象,而是灵魂通过它可以把握其对象的那个表象。它是外在事物打印在我们灵魂之上的,同时又与科学相一致,是能够理解那个事物的。与它相对的是我们幻想出来的幻象、虚假的表象。能理解的表象是清晰的,可以充作真理的标准,而虚假的表象则与对象无关、模糊不清,不能作为真理的标准。

---

① Sextus Empiricus, *Against Professors*, 7, 228, *Sextus Empiricus* Volume IV, Loeb Classical Library 382, Harvard University Press, 1949.

克吕西普进一步指出，一旦感觉到一个对象，那么在感觉对象离开后，便在我们心中留下了记忆、表象。相同的记忆或表象的结合便产生了经验。概念是通过概括经验而形成的。有的以自然的、无意识的方式，有的以有意识的、有条理的方式。从前者产生出"共同观念"或"预知"。从后者产生出人造的概念。

共同观念是从感觉经验中自然形成的，但一个人要正确形成概念、判断、推理则必须遵守某些辩证法所规定的规则。因此，斯多亚派对形式逻辑十分重视，也对逻辑学的发展作出了贡献。亚里士多德发展了谓词逻辑，而他们则发展了命题逻辑，在假言推理和选言推理方面亦有创新。

总起来说，虽然斯多亚派在认识问题上观点纷杂乃至自相矛盾，但他们承认外部世界的实在性，把感觉当作认识的起点，并且强调理性的作用，充满了客观务实的精神。他们还反对柏拉图的理念论，认为普遍的概念是以主观思想的形式存在于我们心中的，真实存在的只是个别事物，这给中世纪唯名论开了先河。

2.物理学。

斯多亚派的物理学不仅包括宇宙论，也包括神学。他们按照亚里士多德的形式质料学说，提出宇宙有主动和被动两种原则。它们二者不可分离地存在于所有的事物之中，被动的原则是无质的实体或者质料。它是无形状的、不动的，但能够接受所有运动、所有形式。实际上是指水、燃烧着的火、土、气四元素。主动的原则，他们叫作"普纽玛"（pneuma），也就是贯穿万物的气，是跟燃烧着的火不同的"具有匠心智慧的火"、"技术性（tekhnikon）的火"。这个普纽玛，斯多亚派也叫作"神"，质料中的逻各斯、自然命运、自然性、物质世界的推动力量等等。把普纽玛规定为气，这显然是受了阿那克西美尼的影响；把它规定为火，显然可溯源于赫拉克利特。而他们二人本来就是有联系的，阿那克西美尼热而湿的气干了就变成为火。再者,气是呼吸之气,与生命有关,因而也与灵魂相关。从灵魂又引申出它是理性,是主动原则,这又是从亚里士多德接受来的。可以看到,斯多亚派的普纽玛乃是以前许多始基的混合。总之,"它是永恒的,是整个质料范围中一切具体事物的制造者"。[①]

世界是由普纽玛产生的,是有限的、球形的。在世界之外存在着无限的虚空。时间是世上事物运动的延伸。它的过去和将来都是无限的。世界是统一的,但在某几个部分又具有最大的多样性。由于世界包含着自我意识的部分,也必然是有意识的。世界的存在是有阶段的,到一定宇宙阶段之末,万物都要在一场大火中变为气,然后又从此产生出新的世界,重新开始发展,如此循环往复,无穷无尽。"神是整个秩序和体系的制造者。它是不可摧毁的,不被产生的。它时常把整个实体吞没在它自身之内,然后又从它自身重新把它产生出来。"[②]新生的世界在所有方面都与前面的世界相类似。

人类灵魂是内在的气息,蕴含在最精细、最高级的质料之中。它是神的一部分或神的流射,它比身体生活得久些,但却是可毁灭的。最长的也只能延续到它所存在的那个世界阶段之末。

斯多亚的物理学是吸收以前各家学说,以赫拉克利特哲学为框架构筑而成的混合物。其内部矛盾重重,夹杂不清。他们把普纽玛与神等同,把个别事物看作是神的表现,这导致相信自然中有所谓预兆,人们须用祈祷和膜拜来对待这些预兆。这就为当时的宗教迷信活动提供了理论根据。

3.伦理学。

斯多亚派的逻辑学和物理学都是为其伦理学服务的。伦理学

---

①② [古罗马]拉尔修:《名哲言行录》第 7 卷第 134、136—137 节,参见苗力田主编:《古希腊哲学》,中国人民大学出版社 1989 年版,第 615、615—616 页。

也是最能体现斯多亚派之所以是斯多亚派的部分,是他们体系中的独立的东西。

斯多亚派认为,存在着三类事物:一类是德性,一类是邪恶,还有一类既不是德性,也不是邪恶。而是处在中间状态的事物。这些事物中有的对人有益,有的对人有害,还有一些则跟人绝对无关。

德性是生活的最高目的,至高无上的善。所谓德性,即是按照本性或自然而生活,是人类行为与主宰自然的法则相一致。这是因为世界是一个有理性有秩序的整体。人是宇宙的一个部分,所以应同世界的本性相一致。克吕西普说:"因为我们个人的本性都是宇宙本性的一部分,因此,人生的终极就可以定义作是顺从本性而生活,换句话说,是服从一个人自己的本性及宇宙的本性而生活,不做人类的共同法律惯常禁止的事情。贯穿万物的正确理性与作为万物的主宰和统治者的宙斯是同一的。"①

最基本的德性有四类:明智、勇敢、节制、正义。后三者是明智在不同的环境中的不同表现形式。他们采用柏拉图《国家篇》中对四主德的规定,认为明智是对善、恶及不相干的事物的知识。节制是对要选择的、要回避的及既不选择也不回避的事物的知识。而正义则是每个人各尽其职责。相反,激情的主要形式是恐惧、痛苦、欲望、快乐,它们是由于不能认识什么是善、什么是恶而产生的。没有什么激情既是自然的,又是有用的。在欲望的支配下,人们都是愚蠢的。快乐伴随行为而来,但它不能成为人类追求的目的,它是附属品,即使没有也无关紧要。依照本性生活就应该摒弃一切快乐、爱好、欲望和兴趣,永远与自己保持同一,享受内心的独

---

① [古罗马]拉尔修:《名哲言行录》第7卷第88节,参见苗力田主编:《古希腊哲学》,中国人民大学出版社1989年版,第602—603页。

立和性格的自由,这才是真正的快乐和幸福。

所有德性只有统一起来才成为真正的德性,而这只为哲人所具有。哲人没有激情,虽然并不是没有感情。他不为恐惧或情欲所左右,而是以"意志"代替欲望,以"审慎"代替恐惧。他不为法律所束缚,没有义务对任何人说明理由,所以即使在锁链中也是自由的。他的有限生命中的幸福和永恒的宙斯一样。他的内在价值不低于任何其他理性存在,甚至不低于宙斯自己。他是自己生活的主宰,能根据其自己的自由抉择把生活合规则地引到终极。摹仿哲人即是达到智慧的一条有效的途径。

斯多亚派的伦理学还包含"世界主义"的政治理想。人人都遵从同样的本性。即使是奴隶或外邦人,都天生具有创造之火的火星。所以应无视国家法律,无视财富、种族等级、门第,四海之内皆兄弟。整个世界就是一个具有完善德性的与宇宙秩序相一致的大家庭。

斯多亚派的伦理学实际上是企图避开现实,唯求精神解脱,在混乱与污浊的世风中,保持自身独立的、无可奈何的情绪。它在当时影响极大,是实际上的官方哲学。它宣扬对神的服从,发展了犬儒派的禁欲主义理论,后来成为基督教教义的一部分。

(二)晚期斯多亚派

罗马民族忽视思辨,注重实用。由塞涅卡、爱比克泰德、马可·奥勒留·安东尼为主要代表的晚期斯多亚派放弃了早期斯多亚派的逻辑学和物理学,专门从事伦理说教,在理论上几乎没有什么新鲜的内容。

1.塞涅卡(Senecas,约前4—65年),是一名修辞学家的儿子,他的哲学只是伦理学。而他的伦理学与其说是道德的研究毋宁说是关于道德的规劝。他是以残暴著名的罗马皇帝尼禄的老师,又是他的主要顾问。后来失宠,被尼禄杀死。

　　塞涅卡认为,哲学的目的就是把人引向德性。伦理学是哲学的真正目的,没有善就没有哲学。人们应当知道世界的本性以及它们在世界中的地位,以使他们能根据神的意志生活。具有这种知识的人会认识到所有现世的东西,如物质财富、名誉地位等都是暂时的无价值的。肉体上的快乐微不足道并且有害。所以必须去掉万恶之源的激情,抵制外界的种种诱惑,达到同神圣意志相一致的境界,从而选择正确的东西,抛弃错误的东西,产生真正的道德行为。只有达到这种状态的人才是真正的类似于神的生物。

　　塞涅卡是典型的伪君子。在口头上他摒弃物欲、提倡节制,可在实际生活中却拼命搜刮钱财,过着穷奢极欲的生活。当人们指责其生活与其学说不一致时,他辩解说:"我所讲的只是德性,而不是讲我自己。……要知道,如果我的生活完全符合我的学说,谁还会比我更幸福呢?"①恩格斯嘲笑他:"这位讲道德谈克制的斯多亚派,是尼禄宫廷中的头号阴谋家,不可能不阿谀奉承。他让尼禄赏赐金钱、田庄、花园、宫室。当他宣扬写进福音书中的贫困的拉撒路时,他实际上正是这个寓言里的富人。"②

　　2.爱比克泰德(Epiktetos,50—130 年)出生于小亚细亚弗里吉亚,本是个跛了脚的奴隶,后来他获得了自由,他的主人爱帕弗罗第坦把他送到有名的斯多亚哲学家莫索尼斯·雷福那里学习。爱比克泰德仿效苏格拉底,不发表任何东西。他的学生阿里安把他的谈话记录下来,辑成《爱比克泰德手册》。

　　爱比克泰德伦理学的主要信条可归结为两个词:忍让、忍让、再忍让,克制、克制、再克制。他认为,一切都是神的产物,都是神

---

① 　北京大学哲学系外国哲学史教研室编译:《西方哲学原著选读》上卷,商务印书馆 1981 年版,第 190 页。
② 　《马克思恩格斯文集》第 3 卷,人民出版社 2009 年版,第 597 页。

预先决定的。荣誉、财富、地位、健康、疾病、死亡等都非个人的能力所左右，我们唯有绝对服从。神的本质即是善，即是道德的本质。道德的本质是智慧、知识、理性。所以人应当努力去掉欲望、保持理性，听从自然，而自然即神的意志。他说："你要坚持这样的信心：服从神灵，向他们投降。在一切事变里心甘情愿地追随它们，因为一切事变是为最完满的智慧所统治着的。"①不去追逐自己能力以外的事物，必须节制，忍耐，这样心灵就可以获得安宁。另外，人自身有能力控制自己的意志，对周围事物作出判断，所以用正确的意志去战胜邪恶，是人能力范围以内的事，能做到这一点的就是有德性的人。

3.马可·奥勒留（Marcus Auselius，121—190 年）是罗马皇帝，著有《沉思录》12 卷。他与爱比克泰德的社会地位截然相反，思想却与他十分接近。他认为，宇宙中的万事万物都处于不断地运动变化之中。但在变化之中又有由神决定的内在的次序。人是宇宙的一部分，因此必须服从宇宙，满足神给予的命运安排。由于不论地位高低，人都只是自然所统治的整体的一个部分，所以人们都互相关联着，都是同胞兄弟。一个人必须经常做有利于他人的事，满足于周围的一切。爱人类、服从神，安分守己，清心寡欲。只有这样，他的生活才能愉快。人是沧海一粟，其生存时间极其短暂，生存空间非常狭小。功名利禄及尘世中的其他事物也和宇宙一样处于不断地变化之中，它们是卑污的，昙花一现，应对之持冷漠态度。

较之于早期斯多亚派，晚期斯多亚派的伦理学中宿命论和禁欲主义成分愈益浓厚，神秘主义因素也更加严重。这种哲学十分符合当时奴隶主阶级的需要，同时也反映了人们在经历了长期动

---

① Epictetus, *Discourses*, 31, *Epictetus* Volume ILoeb Classical Library 131, Harvard University Press, 1925.

荡生活后要求休养生息的愿望。

二、伊壁鸠鲁和卢克莱修

德谟克利特的原子论者在晚期希腊有两个杰出的继承者:伊壁鸠鲁和卢克莱修。伊壁鸠鲁把经过改造的阿里斯底波的快乐主义学说与德谟克利特的原子论相结合,把"快乐即是目的"这一原则放在自然哲学的基础之上,从而一方面建立了幸福主义伦理学,另一方面又发展了原子论。卢克莱修哲学是伊壁鸠鲁主义在罗马的继续。他运用原子唯物主义来反对那扰乱人们心灵宁静、破坏人们生活幸福的宗教迷信。

(一)伊壁鸠鲁

伊壁鸠鲁(Epikoupos,前342—前270年)出生于雅典地区的伽格特村。父亲奈奥克勒是一名乡村教师,母亲凯勒斯特拉特是一个女巫。后来他随父亲移居到雅典的殖民地萨莫斯,在那里度过了自己的童年和少年生活,并且跟随着德谟克利特学派的纽西芬尼熟悉了德谟克利特的著作。他18岁时返回雅典,当时阿加德米和吕克昂各立门户,自树旗帜,学术思想十分活跃。伊壁鸠鲁结交了克塞诺克拉底、泰奥弗拉斯特等著名哲学家。32岁时他做了哲学教师并于公元前306年在雅典建立了自己的学校,人称"花园"。此后他一直在学校里从事学术工作,直到72岁时死于肾结石症。

伊壁鸠鲁在世时撰写了大量的学术著作,据说达300多卷,但只有第欧根尼·拉尔修收录在其《名哲言行录》第10卷中的三封信和一个格言集保存下来,成为后人了解他的哲学的基本史料。

伊壁鸠鲁把整个哲学体系分成三个部分:准则学、物理学和伦理学。准则学研究真理的标准;物理学研究生成、灭亡及自然。伦理学则研究选择和避免,研究人生及其终极目的。前两部分是手段,后一部分才是目的。

1.准则学。

准则学是伊壁鸠鲁哲学体系的入门。它研究真理的标准及获得认识的途径,相当于我们所说的认识论。伊壁鸠鲁认为,判定真理的标准有三类:感觉、预知、情感。[①] 感觉是由外物所发出的影像刺激感官所引起的,它是真理的报道者。在他看来,感觉是绝对真实的,没有什么东西能驳倒感觉。一个感觉不能驳倒另一个同类的感觉,因为它们的有效性相等;一个感觉也不能驳倒另一个异类的感觉,因为二者所判别的对象不同。理性也不能驳倒感觉,因为它是完全来自感觉的。理性的真实性是感官知觉的功能。预知是贮藏于灵魂中的理解,真实的意见、观念或普遍思想,即对经常出现在我们面前的东西的回忆。实际上即是灵魂中已有的印象。表示有关对象的语词一经运用,它们就呈现于灵魂中。如有人提到"人",我马上会知道他说的是什么。人们从感觉和预知获得事物的理解和意义,具有某种意见或观念,把心中所具有的预知联结到一个感觉上去,由此构成的断定即是意见或观念。要认识尚未感觉到的事物,必须从简单明白的事实开始。一切观念都是在理性的微弱的帮助下,通过直接接触、类推、比拟、组合等途径从感觉中得来的。意见有正确的和虚假的两类。如果随后被感觉证实,那便是真实的;如果未被感觉证实,便是虚假的。

情感,即是内在的感觉,它可分为快乐和痛苦两类。快乐是积极的,与感觉者相适应。痛苦是消极的,与感觉者相违反。我们由此形成了对使我痛苦或者快乐的东西的普遍表象。然后根据这些表象决定自己应该选择什么,回避什么。

---

① 参见[古罗马]拉尔修:《名哲言行录》第 10 卷第 31 节,参见苗力田主编:《古希腊哲学》,中国人民大学出版社 1989 年版,第 621 页。

准则学粉碎了对超感觉事物的荒诞迷信,在当时具有积极意义。但它不适当地抬高感觉并由此贬抑理性,把一切理性活动斥之为"多余的",因而最终自身陷入荒谬的境地;"疯子和做梦者的幻象也是真实的,因为它们产生了心灵的运动,而不真实的东西是不会产生心灵的运动的。"①

2.物理学。

物理学是伊壁鸠鲁关于自然的理论。他反对神统治世界的迷信理论:我们必须坚持在天体的运行中,冬至和夏至,日食与月食,太阳的升起与降落等诸如此类现象的发生,无论是现在还是将来,都不受任何存在者的主宰和安排,这个存在者同时又享受完全的洪福和不朽。神存在于世界之外,跟它没有关系。

他接受了德谟克利特的原子论,认为万物都是由原子和虚空所组成的,并且进一步修正、丰富和发展了德谟克利特的原子学说。

他提出原子形状有限论,消除了原子论的一个矛盾。他指出:每种具有同一种形状的原子在数量上是绝对无限的,但是原子形状的差别却不是绝对无限的,只是数不清而已。否则,大得可以看见的原子就会进入我们的眼界之内,但我们从来没有看到过原子,也无法想象原子怎么能变成可见的。他给原子增加了重量这个性质,为原子运动提供了根据。他说:"我们还必须认定,原子除了形状、重量、大小以及必然伴随着形状的属性而外,实际上不具有可感事物所具有的性质。"②恩格斯在谈到这一点时指出:"伊壁鸠鲁早已认定原子不仅在大小上和形态上不相同,而且在重量上也

---

① 〔古罗马〕拉尔修:《名哲言行录》第 10 卷第 32 节,参见苗力田主编:《古希腊哲学》,中国人民大学出版社 1989 年版,第 622 页。

② 〔古罗马〕拉尔修:《名哲言行录》第 10 卷第 54 节,参见苗力田主编:《古希腊哲学》,中国人民大学出版社 1989 年版,第 628 页。

不相同,也就是说,他早就按照自己的方式认识了原子量和原子体积。"①

　　他提出了原子运动偏斜说,说明了原子互相结合的原因。伊壁鸠鲁认为有些原子可脱离直线做偏斜运动。正是因为偏斜才造成同其他原子相碰撞,使原子互相结合在一起,从而形成了各种各样的具体事物。偏斜运动的提出也纠正了德谟克利特过分强调必然性的错误,给了偶然性以应有的地位,为伊壁鸠鲁反对斯多亚派的宿命论提供了根据。马克思认为原子偏斜运动表述了原子的真实灵魂,抽象个体性的概念。他指出:"原子脱离直线的偏斜运动并不是什么特殊的,在伊壁鸠鲁物理学中偶然出现的规定性。反之,偏斜运动所表现的规律贯穿了整个伊壁鸠鲁哲学。"②

　　3.伦理学。

　　伊壁鸠鲁的伦理学是在感觉主义的准则学和原子论物理学的基础上改造和发展库兰尼派快乐主义的结果。

　　伊壁鸠鲁勇敢地面对现实批判了人们惧怕死亡的观念。他认为,死亡与我们全不相干。一切善恶皆在感觉之中,而死亡无非就是感觉的短缺而已。"当我们活着时,死亡尚未来临;死亡来临时,我们已经不在了。"③因而死亡对于生者和死者都没有关系。他也批判了厌世主义者:断言最好不要出生在世,一旦出生了最好尽快进入地府大门的人更是荒唐,如果他真相信这种道理,为什么不放弃生命呢? 要是他信念坚定的话,这是很容易做到的。有智慧的人既不应该厌恶生存,也不应该畏惧死亡。

　　他进而指出,我们生活的目的就是追求幸福或者快乐。快乐

---

① 《马克思恩格斯文集》第9卷,人民出版社2009年版,第437页。
② 马克思:《博士论文》,贺麟译,人民出版社1961年版,第21页。
③ ［古罗马］拉尔修:《名哲言行录》第10卷第125—126节,参见苗力田主编:《古希腊哲学》,中国人民大学出版社1989年版,第638页。

是幸福生活的始点和终点,是最高的和天生的善,而感觉是判定善恶的标准。什么是快乐呢? 跟库兰尼派只承认肉体的快乐不同,伊壁鸠鲁把快乐分为两类:一类是来自运动的,即肉体上的快乐;另一类来自静止,即精神上的快乐,所以,快乐就是身体的不受痛苦和心灵的不受干扰。他特意强调:当我们说快乐是终极的目标时,并不是指放荡的快乐和肉体的快乐,就像某些由于无知、偏见或蓄意曲解我们意见的人所认为的那样。精神上的快乐胜于肉体上的快乐。后者是一时的,而前者则通过记忆和希望能与过去和将来相连。明智的人应该为获得身体的健康和灵魂的宁静而决定自己选择什么,避免什么。快乐是我们最高的和天生的善,但我们并不选取所有的快乐。如果它会带来更大的痛苦,那就应当放弃。痛苦都是坏事,但如果忍受一时的痛苦将会使我们获得更大的快乐,那我们就不应当避免。我们所有行为的目的都是免除痛苦和恐惧。对于身体来说,素淡的饮食可以与珍馐佳肴产生同样的快乐。面包和水,当它们被放入饥饿的嘴唇时,就能带来最大可能的快乐。但他也不反对纵欲,如果那些纵欲者的快乐能够使他们满足,能够使他们解除了那烦扰灵魂的恐惧,如果他们纯粹没有那唯一的恶即痛苦,那么对他们有什么好谴责的呢? 对于心灵来说,要想获得宁静,就必须生活得高尚、正直,尤其是要谨慎。以审慎为主的德性跟愉快的生活结成一体,愉快的生活不能与之分离。而要想审慎,就必须有知识。如果一个人不知道整个宇宙的本性,但又惧怕传说告诉我们的东西,那么,他就不可能排除对最主要的事情的恐惧。因而没有自然哲学的研究,便不能享受纯净的快乐。伊壁鸠鲁据此劝导人们在年轻时和年老时都要学习哲学。

伊壁鸠鲁还提出了他所理想的人格形象:这样的人对神有虔诚的信仰,对死毫不畏惧;他勤奋思考自然的终极,嘲笑被有些人认为可以主宰一切的命运;他断定有的事是必然发生的,有些事情是偶然发生的,有些是由于我们自己的缘故而产生的;他看到必然性取消了责任,偶然性是不稳定的,而我们的行为是自由的,故能有所取舍,他相信有智者的不幸胜于愚昧者的幸运。……具备这样性质的人是人中之神,也就是精神恬淡宁静的哲学境界。从其伦理观出发,伊壁鸠鲁还明确提出了社会契约论的思想。国家、法律等都不是绝对的、永恒的,都不是由外力强加的,而是人们相互约定的结果。"自然的公正是防止人们彼此伤害的有利的约定。"①约定的原则是有利于互相交往,所有的法律只有在有利于公民们的相互交往时才是公正的,如不再有利就是不公正,这种思想渗透着强烈的反马其顿统治的情绪。

伊壁鸠鲁的伦理学长期遭人误解。人们常把懒惰、淫逸、放纵的生活称为伊壁鸠鲁主义。其实,虽然伊壁鸠鲁把感觉作为行为的根据是片面的,但是,他把幸福生活与知识相结合,并且指出,必然性虽然存在,但有一些事情取决于我们的意志自由。因此,人都具有道德责任。这些思想使他在伦理学说史上占有重要地位。

(二)卢克莱修

提图斯·卢克莱修·卡鲁斯(Titus Lucretius Carus,约前99—前55年),是罗马共和国末年人,生平不详。他用拉丁文写成的哲理长诗《物性论》激情充沛,气势磅礴,为我们保存了原子论的丰富材料。马克思称他是"真正罗马的史诗诗人"②。

卢克莱修在哲学上的主要贡献是以原子论为武器,批判了当时盛行的对社会产生重大危害的宗教迷信。他把自己哲学的任务规定为:"能用一些方法坚强不屈地抵制各种宗教和预言者

---

① [古罗马]拉尔修:《名哲言行录》第10卷第150节,参见苗力田主编:《古希腊哲学》,中国人民大学出版社1989年版,第644页。

② 《马克思恩格斯论艺术》,曹葆华译,人民文学出版社1963年版,第56页。

的威胁。"① 卢克莱修认为,宗教的起源有两个原因:一是对自然
规律的无知;二是由于灵魂不死的观念和对死后生活的恐惧。因
此,他的《物性论》就是要通过说明自然现象及心灵和灵魂的本性
来批判宗教迷信。

　　"能驱散这个恐怖,这心灵中的黑暗的,

　　不是初升太阳炫目的光芒,

　　也不是早晨闪亮的箭头,

　　而是自然的面貌和规律。"②

在《物性论》第 3 卷中,卢克莱修对灵魂不死提出了 28 个驳论,
主张灵魂存在于肉体之中,不能离开肉体而独立存在。灵魂像
其他东西一样,有它们一定的地点,离开了那地点,它们就不能
存在。

　　只有坚实者如原子,最忍让者如虚空,至大无外者如宇宙才是
永恒的存在。既然灵魂随身体的消灭而消灭,我们对死亡也就大
可不必恐惧。

　　"因此对于我们死不算一回事,

　　和我们也毫无半点关系,

　　既然心灵的本性是不免于死。"③

　　卢克莱修对宗教神学的批判,动摇了精神奴役的支柱和基础,
在解放人们思想方面起了一定作用。但是,他并不是个无神论者。
他把神赶出自然界却不否认神的存在,神只是无力主宰我们的世
界而已。他批判迷信,愚昧的目的也只是为了驱散人心中的恐惧
和黑暗,获得心灵的恬静、安宁,知足地过淡泊生活而已。

────────

①②③　［古罗马］卢克莱修:《物性论》,方书春译,商务印书馆 1981 年版,第 7、7、
　　173 页。

三、怀疑主义

如果说斯多亚派是想要通过与自然、与理性相一致获得灵魂的平静,伊壁鸠鲁派是要通过信念与感觉相一致以达到心境安宁,那么怀疑主义则是要从对一切客观事物的实在性和认识事物的可能性的否定中寻找自身的同一和不受干扰的境界。他们排斥斯多亚派和伊壁鸠鲁派,既不相信感觉,也不相信思维,对一切事物保持沉默,对所有都视而不见听而不闻,不为之分心。

希腊怀疑主义的奠基人是皮罗,但真正使它具有理论形态的是晚期怀疑派。除此而外,以阿尔克西劳(Arkesilaus,前351—前241年)为代表的中期学园派和以卡尔内亚德(Karneades,前214—前128年)为代表的新学园派也大大发展了柏拉图哲学中固有的怀疑主义因素,要求拖延判断,强调或然性是思想和行为的引导,并以斯多亚派为主要靶子批判独断论。但他们的材料比较缺乏,所以,下面只介绍皮罗和晚期怀疑论。

皮罗没有写下任何著作。他最杰出的学生费里斯(Phlius)的蒂孟(Timon,前325—前235年)写了3卷《讽刺诗》、《影像》等著作,贬抑其他哲学流派,颂扬皮罗。但留传至今的仅不到150行的诗句。不过,晚期怀疑派的塞克斯都·恩披里柯叙述整个怀疑派的《皮罗学说概略》、《反杂学》等却完整地留传下来,成为了解怀疑主义的基本史料。

(一)皮罗的怀疑主义

怀疑主义的奠基人是爱里斯的皮罗(Purron,约前360—前270年)。怀疑主义由于其探索和研究的活动,被称为"研究派"。由于研究之后,却不肯对事物作出判断,也被称作"存疑派"。由于他们对事物抱存疑态度而不置可否,所以还被称作"犹疑派"。

皮罗发挥了对"真理"和"意见"问题的讨论。他并不否认现象的存在。他承认感觉,把它看作是感官印象的必然结果。他反对的是现象的真实性,也就是说呈现出来的现象是不真实的。我们不能说它"是",只能说它"显得如何","看来如何"。他的学生蒂孟说:"我不认为一件东西是甜的,我只认为它显得是甜的。"①感性事物是不真实的。事物之间没有固定的差异,所有事物都是不稳定的。伦理事物同样没有实在性。没有什么事物自身是美丽的或丑恶的,正义的或不正义的,一件事物自身跟另一件事物有同样程度的正义和不正义。它们都依赖人的风俗习惯。由于事物缺少真实性,既不是不存在,也不是存在,所以我们的感觉和表象就既不是真的,也不是假的。最好保持沉默,毫不动摇地坚持不发表任何意见,不作任何判断。真理只有一个,在感觉范围内,除了心灵的平静而外,一切都无差别,一切都无实在性。他们还进一步认为,对于每个命题都可以提出一个相反的命题与之对立,二者都具有同样的价值和效力,所以一切独断论都是不能成立的。

不相信任何事物,不做任何判断,把外在环境看作与自己漠不相关,保持心灵的宁静,不受干扰,那么他就是哲人。据说有一次皮罗坐船航行遇到风浪,同船的人都惊慌失措,而一只猪却漠然不动,安安稳稳地仍旧在那里继续吃东西。风浪过后,他指着猪说,哲人就应该像猪一样保持心境平静,不受干扰。②

(二)晚期怀疑派

晚期怀疑派是由克里特岛上克诺索斯城的爱那西德谟(Aine-sidemos)开始的。他在西塞罗时代生活于亚历山大里亚。当时亚历山大里亚已取代雅典成为文化中心。其他代表有阿格利帕(Agrippa)和塞克斯都·恩披里柯(Sekstus Empiricus),塞克斯

---

① [古罗马]拉尔修:《名哲言行录》第9卷第105节,参见苗力田主编:《古希腊哲学》,中国人民大学出版社1989年版,第666页。

② 参见[古罗马]拉尔修:《名哲言行录》第9卷第68节,参见苗力田主编:《古希腊哲学》,中国人民大学出版社1989年版,第652页。

都·恩披里柯是一个医生,大约生活于公元 2 世纪中叶。他的生平我们几乎一无所知,却由于流传至今的《皮罗学说概略》、《反杂学》等著作而享有盛名。

晚期怀疑论为了说明事物决不是自在的、独立的,而只是处于一种与他物的关系中,事物的存在只是显现,提出了许多理由和论点。爱那西德谟在其著作中提出了十个论点,从各个角度来反对人们对事物的直接真理性的信念。1.不同的生物由于构造不同会对同一对象产生不同的表象和感觉,因而感觉决定了有关性质的表象。性质的表象因感觉的差异而不同,并不具有固定性。例如,在别人看来是白的东西,在黄疸病人看来却是黄的。2.人们的感觉和身体状况互有差异,同一事物对一个人可以这样,对另一个人则是那样。因而对象不是客观的。例如,有人在太阳下面发抖,在阴凉处却暖和了。3.各种感觉器官之间构造有差异,因此,它们是互相矛盾的,不同的感官以不同的方式感知同一事物。例如,在一幅画上有些东西眼睛看起来突出,摸起来却很平滑。4.主体因自身内部的不同状态变化会产生各种差异。这种差异说明事物现象并不表现存在,所以人们应该对之保持沉默。例如,人们在心情安定时对一个事物所做的判断与在心情烦恼时对同一个事物所做的判断是大不相同的。5.由于位置、距离和地点的不同,事物也会呈现出不同的面貌。例如,灯笼里的光在太阳光下很暗弱,在黑暗中却极为明亮。所以只有把事物当作现象来看待,当作感觉到的那个样子。6.没有一个事物能脱离其他事物单独地进入感官,而事物与别的东西一经混杂就会发生变化。例如,气味在阳光下面要比在冷空气中强烈得多。7.许多事物由于互相结合,又会呈现出不同的形状。例如,刮下来的羊角呈白色,可是在整个羊角上却是黑的。8.事物都是相对的。由于一切事物都是相对于某个确定的东西而言的,因而我们的知识也是相对的,最好保留意见,不作判断。9.事物的常见或罕见,也同样能改变对事物的判断。罕见的东西总是比常见的东西受到更大的珍视。10.伦理、风俗、习惯与法律也是多种多样的。这个地方认为是公正的事,别的地方会认为不公正。

阿格利帕更进一步提出了五条理由来否认理性认识的可靠性。1.意见分歧。各种哲学观点错综复杂、互相冲突足以证明理论是靠不住的。2.推论无穷。为了证明某个命题而提出的证据,本身又需要有根据,根据的根据又要有根据,以至无穷。3.一切相对。所有判断的对象都是一方面与判断的主体相关,另一方面与别的事物相关,而不是独立的存在。4.公设武断。独断论者为避免无穷后退,就设定某个东西作为体系的基本原则,但对这个原则的真实性却不加证明。而实际上,别人也有同样的权利来设定反面的是真实的。5.论证循环。证明别的事物的事物自身又要靠被证明者来证明,陷于恶性循环难于自圆其说。最后的结论是:在理性上也同样必须保留判断,对一切事物不置可否。

更晚的怀疑主义者用两条理由概括了他们之所以持怀疑态度的根据:1.没有事物自身是真实的,这可以为关于可知觉或可想象的事物的观念的差异所证明。2.没有事物可以通过证明获得真实性,因为证明自身并不真实。如果它自身建立在别的证明上,那么或者我们会导致无穷后退,或者会陷于循环论证。

为否定论证的可能性,塞克斯都·恩披里柯还提出三段论是循环的观点。他认为三段论的大前提是根据,而大前提本身又得靠三段论结论所断定的那个事实而成立,所以三段论无效。①

晚期怀疑论者还反驳了因果观念的有效性。原因是相对的,

---

① 参见[古罗马]恩披里柯:《皮罗学说概略》I,第15页,参见苗力田主编:《古希腊哲学》,中国人民大学出版社1989年版,第656—657页。

没有结果,就不能认定它是原因,但相对的东西只存在于思想之中。再者,原因和结果要么是同时出现的,要么是原因在前,结果在后。它们同时出现是不可能的。那样就分不出原因和结果了。每一个都有同样理由被认为是另一个的原因。原因先于结果也是不可能的,因为原因只有当结果出现时才成其为原因。由此可见,因果观念是无效的,不能成立。

晚期希腊的怀疑论揭示了可感现象的相对性和不确定性,认识到感性认识的局限,暴露了以往哲学在构筑体系时的逻辑上的缺点,促进了理论思维的提高,揭露了一切认识形式中的矛盾。这样,本来是为获得心灵宁静而提出的怀疑论,在历史上就具有了训练思维的作用。列宁曾借用黑格尔的话指出:"发达的晚期怀疑论不仅把辩证法推广于直接的所谓意识的事实和日常生活的准则,并且还把它推广于一切科学的概念。"[1]"古代怀疑论不辞辛苦地指出它在科学中所发现的一切概念中的这种矛盾或二律背反。"[2]

四、新柏拉图主义

怀疑主义走向早期希腊自然哲学的反面,否定了自然知识的可能。随之而起的哲学把世界分割成神圣的和现实的两半,并把注意力放在神圣的世界之上,蔑视感官世界,排斥自然知识。道德的主要形式则是自我摒弃、自我否定,摆脱感性的羁绊,超升天界。因此,哲学成了对超感性的神圣的东西的思辨,把对智慧的爱变成对神秘的爱。新柏拉图主义以柏拉图的理念论为基础,把柏拉图的作品看作真理的源泉。《巴门尼德篇》中的"单一"和"存在"那两个理念被认为是柏拉图的最高神学。他们在这里找到了对神物

---

[1][2] 《列宁全集》第 55 卷,人民出版社 1990 年版,第 193、98 页。

作不受羁绊的遐想的广阔领域。而柏拉图《蒂迈欧篇》中摹仿创世说则成了构造体系的范本。从此出发,新柏拉图主义研究了以前各派哲学,考订了他们的著作,然而把它们纳入自己的体系中。

(一)新柏拉图主义的先驱

亚历山大的犹太哲学家费洛、新毕达哥拉斯主义者以及折中的柏拉图主义者等哲学家对于神圣事物的思考为新柏拉图主义开了先路。

1.费洛(Philon,约前25—前45年)第一个建立了神学思辨的系统,留传至今的作品有《论世界的创造》、《上帝是永恒的》、《论牺牲献祭》等。他在晚年曾作过犹太人驻罗马的大使。他精通希腊各家哲学,同时又对犹太圣经做了发挥,对基督教教义的形成起了重大作用,恩格斯甚至把他称之为"基督教教义之父"。①

费洛的神学是柏拉图主义和犹太教义的混合物。他第一个把柏拉图的影响带进东方宗教。他认为神是无形的不可见的。它是唯一永恒的、单纯的、绝对存在的。世界是由它创造的。有限的事物都处于必然性的锁链之中,只有神才是自由的。神在本性上不可理解。我们只能通过灵魂的眼睛才能静观它,但也只能知道它存在,而不能表达它的本质。附加于神的各种属性仅具有象征的意义。神不是通过它的本质而是通过它的功德呈现于世的。逻各斯是神与世界的中介。它居住于神之中,作为它的智慧的所在地。这里,费洛把柏拉图的理念降低为神的思想。逻各斯是理念的总体,理念的理念,是除了神而外的万物中最普遍的东西。通过逻各斯这个中介,神创造了可感世界并向它启示了自己。可感世界是消极的,是不在。费洛还认为,思辨的生活高于实践的、政治职业的生活。各种科学都是为获得神的知识的预备性训练。在哲学

---

① 《马克思恩格斯全集》第21卷,人民出版社1965年版,第12页。

中,逻辑学和物理学毫无价值。哲学的最高层次是对神的静观,这只有通过自我否定才能获得。哲人对自我做了完全的摒弃,从而能毫无阻碍地接受神圣的影响。

2.新毕达哥拉斯派。这一派的主要代表是泰纳的阿波罗尼(Apollonios),生活于公元 1 世纪。他们认为有一个脱离万物存在的不需要一切祭品的神,还有需要一些无血祭品的较低级的神。前者只有通过理性才能把握。所有地上的事物,由于具有质料,都是不纯净的。毕达哥拉斯的数被贬降为上帝的思想,数在世界形成之先就存在于创造者的头脑里。它们是万物的原型,上帝按照它们来规定万物。数字"一"是神、理性、第一原则、善。数字"二"则是不平等的和变化的原则。人的伦理问题只有摆脱与不洁肉体的连接与神相融合才能解决。

3.折中的柏拉图主义者。他们发展了柏拉图哲学超感性的部分。其代表者是欧陀罗斯(Eudoros),希腊中部凯罗尼亚的普鲁塔克(Ploutarkos,约 55—125 年),小亚细亚阿巴米亚城的纽曼内斯(Numenios)等人。凯罗尼亚的普鲁塔克以解释柏拉图著作的方式提出了他自己的哲学观点。他认为,为了世界的构成,"单一"与"不定的二"相结合是必要的。神是创造世界的充足原因,是一切善的创作者。它是最高的,是绝对等同的存在。它没有生成,其本质也不为我们所知。理念是神与世界之间的居间者,是创造的模式。质料是混沌的基质,它自身并不恶,而是善与恶的共同所在地。恶的世界灵魂与善的世界灵魂并存,是世界上一切秩序运动的原因。

纽曼内斯大约生活于 2 世纪下半叶。他认为柏拉图和毕达哥拉斯的思想只有表面上不同,而实质上是一样的,他又把希腊哲学和犹太教融合起来,说柏拉图就是位说着希腊语的摩西。他的主要特点是提出了三位神的思想。第一位的神自身即善并通过自身而善。它是纯粹的思想和实体原则。造物主是第二位的神,来自最高的神。造物主通过分有第一位的神的本质而善,它静观着超感觉的模式,因而获得了知识,他对质料进行操作从而构成了世界。世界是造物主的产品,是第三位的神。他分别称这三位神是父亲、儿子、孙子。所有这些思想对柏罗丁都产生了极大的影响。

(二)柏罗丁的神秘主义

柏罗丁(Plotinos,204—269年)的故乡是中埃及尼罗河畔的利考波里,即现在的阿西尤特城。他28岁时来到亚历山大里亚随萨卡斯学习,长达11年。他精通希腊各派哲学,对柏拉图的作品抱有疯狂的热情。大约在40岁时他到了罗马,在那里受到皇帝伽里安和皇后的重视。柏罗丁计划在康帕尼亚建立一个名叫"柏拉图城"(Platonpolis)的哲学家之城,内中居民按柏拉图《法律篇》中所描绘的方式生活。皇帝想支持他,但是由于大臣们的劝阻却使哲学家的良好愿望落空。柏罗丁到50岁才开始写作,一共写了54篇论文。他的学生波尔费留在老师去世以后将它们整理出版。波尔费留按安德罗尼科编亚里士多德著作的方法把研究同类问题的作品放在一起,又把易懂的作品放在前面。这些篇论文被编成6集,每集9篇文章,因而得名为《九章集》(Enneades)。波尔费留自己还写了一部《柏罗丁传》。这两部作品成为我们了解柏罗丁思想的基本史料。

柏拉图把善的理念看作是凌驾于一切之上的,同时又说它是理念世界的一员。这种理论实在太过牵强。因此费洛、普鲁塔克、纽曼内斯等人都把神与创造分离开来。柏罗丁接受了他们的观点,他一方面同意柏拉图对可感世界与理念世界的划分,另一方面对理念的看法又与柏拉图有较大的差异。柏拉图把"一"或"善"看作是理念世界中最高的理念,柏罗丁却认为"一"是超越于理念世界、超越于所有理性对象的;柏拉图认为理念是独立存在的,柏罗丁却认为,理念是从"一"流溢出来的;柏拉图认为,理念是客观存在的,柏罗丁却认为理念在"努斯"之中、在心灵或理性之中。

柏罗丁把柏拉图的理念世界改造成三个等级的存在,因此,柏拉图的两个世界在他这里变成了四个层次。

1."一"(hen)或"善"(agathon)。"一"是最高的原则或原因。它既不是理性也不是理性认识的对象。它是绝对的同一体,没有任何规定。在"一"中一切都是透明的,没有丝毫的昏暗,没有丝毫的隔阂。它是万物的尺度、终极和道德的永恒泉源。其他事物都依赖于它,趋向于它,视其为源泉和必要,而它却是完满自足的。这个"一"不可言说,一般的宾词对它都不合适,所以是"语言句子所不能名状的"①。

2."努斯"或是理智。努斯是"一"所产生的影像(eidolon),这个影像回转来观照原本、反映原本,由于这个回转,就变成了"理智"。"努斯"与"一"的差别就在于"努斯"具有多样性、差别性。知与被知,能知与可知的差异内在于其中。理念内在于"努斯"之中,作为它的实体性的部分而存在,理念的统一就构成了"努斯"。理念也具有质料性,然而它在本性上是超感觉的。"努斯"既是真正的实在或知识的真正对象,又是知识的主体或理性。在这里,主体与对象合而为一。

"一"怎样产生具有多样性的"努斯"? 这个从单一到众多的古希腊哲学中的根本问题,柏拉图用"分有"、"摹仿"来解决遭到了失败,现在柏罗丁用"流溢"(huperreein)加以解释。"一"流溢出"努斯"正如太阳发射出光线一样。流溢之后的本体并未因此

①　Plotinus, *Ennead*, Vol. 6, 9, 1, Loeb Classical Library 468, Harvard University Press, 1988.

而有所损失。"一"用流溢方式生成具有差别的"努斯",那么,这种差别是否原来就在"一"之中呢? 如果是,那么"一"就不是严格的"一",如果不是,那么"一"又怎能产生它本来所没有的东西呢? 柏罗丁只能用比喻性的、形象性的话说:"'一'作为较高级的东西,能从其过多的完美性中产生出它所不包含的较低级的生物。"① 那么,"一"为什么一定要产生努斯呢? 那是因为它要表现自己,显示自己的财富。

3.灵魂。灵魂是努斯所流溢出的影像,正如努斯自身是"一"的影像一样。灵魂存在于努斯之中,就像努斯自身存在于"一"中一样。所有的灵魂都是不朽的,可以轮回。② 灵魂跟理念和可感事物都相接近,具有双重转向:转向它们的制造者——"努斯"以及转向自己的产品——可感世界。灵魂渗透在身体之中,就像火弥漫于气中一样。因此正确的说法不是灵魂在身体中而是身体在灵魂之中。灵魂是可分的,因为它在身体的各个部分,它又是不可分的,因为它完整地在一切部分。它先于肉体而存在,又在肉体消亡之后继续存在。

灵魂的作用相当于柏拉图的"造物主"。它从自身流溢出存在着的东西,形成可感世界。

4.可感世界。由灵魂流溢出的可感事物有形式和质料两个部分。它的形式只是理念形式的影像。它的质料也只是理念质料的影像。质料就其最一般的意义来说,是事物的混沌,是黑暗,正如逻各斯是光明一样。质料是不在,它自身不变,却又是多种形式变化的主体、基础。自然是无意识的。柏罗丁把它比作睡眠中的逻

---

① Plotinus, *Ennead*, Vol. 5, 2, 1, Loeb Classical Library 468, Harvard University Press, 1988.

② 参见 Plotinus, *Ennead*, Vol. 4, 8, 7, Loeb Classical Library 468, Harvard University Press, 1988。

各斯。它把形式给予质料,正如在一场辉煌的戏剧中,剧作家为自己的创作而感到愉悦一样,自然也为自己的作品所陶醉。可感世界与理念世界没有共同的范畴。亚里士多德的范畴只适用于可感世界。而理念世界的范畴则是柏拉图《智者篇》中的五个最普遍的种,即存在、运动、静止、相同、相异。他还指出,美的本质不仅仅是对称,而且是超越。高级超越低级,形式超越质料,灵魂超越肉体。艺术要摹仿的不仅仅是可感事物,而且要摹仿可感事物自身的模式——理念。

　　灵魂进入到肉体后,就遭到污染,堕落了。人的最崇高的事业就是要回到神。回归的途径是哲学静观。哲学应当转向发自上方的光芒,蔑视地上的一切。他们应从昏暗迷惘的现世飘然超升到澄清光明的世界,静观神本身甚至同神融为一体。人生的最高境界莫过于此。德性就是与神相似。当我们离开自身,静观着这生命的源泉、存在的原则、一切善的原因时,我们所有的焦躁不安都会消散,心灵就获得了安宁平静、享受天福,内心激起巨大的欢悦。柏罗丁认为,人生的最高境界就是离开自己的肉体大彻大悟、回到自身,处于一切他物之外,进入内心深处,获得一种奇妙的直观和一种神圣的生活。① 他称这种境界为“解脱”(ekstasis)。解脱本来的意思是站出来,从污浊的肉体里站出来,从黑暗的现实世界里站出来。殊途同归,新柏拉图主义通过神秘主义达到了与斯多亚、伊壁鸠鲁和怀疑主义的同样的目的。但并不是所有的人都能站出来有运气享受这种“解脱”的天福。只有那道德高洁、智慧超群、与神相似的人中俊杰方能有此殊荣。波尔费留告诉我们,在他与柏罗丁相处的 6 年中,柏罗丁曾四次达到“解脱”,而他自己在 68

---

① 　参见 Plotinus, *Ennead*, Vol. 4, 8, 1, Loeb Classical Library 468, Harvard University Press, 1988。

年中只有一次达到这种境界。

柏罗丁的神秘主义在晚期哲学中标志着古希腊的思辨精神的衰落。爱智慧就是爱奥秘,柏拉图把奥秘抽象化变成思辨;柏罗丁却把思辨形象化又返回到了神秘主义。

(三)扬布利柯和普罗克洛

新柏拉图主义者除了萨卡斯和柏罗丁的亚历山大里亚——罗马学派以外,还有以扬布利柯为主要代表的叙利亚学派及以普罗克洛为主要代表的雅典学派。

扬布利柯(Jamblikhos,约250—325年),叙利亚的卡尔基斯人,波尔费留的学生。他活动于基督教在罗马帝国得势之后,为了维护传统的多神教,他把新柏拉图主义当作证明神秘和迷信的工具,试图对宗教作思辨的阐释。他认为在柏罗丁的“一”之上,还有一个绝对的同一体,它超越一切相反对的东西,完全没有任何规定性,比善还要高。在它之下和之后,才是“一”。“一”与“善”等同。从“一”生可知世界。可知世界流溢出能知世界。可知世界包括思想对象(即理念),而能知世界则包括一切能思想的东西。可知世界的基本要素是:“有限”或“实存”、“无限”或实存的可能性以及有限无限的结合或给定的可能性的实现。能知世界包括三种存在,即努斯、潜能及造物主,然后是灵魂的领域,也分三个部分,即超世俗的灵魂与由此流溢出的其他两种灵魂。扬布利柯认为,众神的、天使的、神圣的英雄们的灵魂都存在于世界中。从灵魂流溢出可感世界,它是宇宙等级的末端。在他这个体系里,除基督教外,一切神祇都能找到自己的地位。

普罗克洛(Prokles,411—485年),出生于君士坦丁堡,他先在亚历山大里亚研究修辞学和哲学,后来又投师雅典人普鲁塔克(350—433年),学习和研究柏拉图哲学。他的哲学著作主要是对柏拉图作品的注释,其中以对《蒂迈欧篇》的注释最为有名。他留传至今的著作是《柏拉图神学》及《神学要旨》。

普罗克洛从"一"开始。他认为"一"是原始的本质,是杂多的基础。首要的善,万物存在的第一因,所有的善都依赖于它。它生成万物,万物又复归于它。黑格尔引证普罗克洛的话说:"一本身是不可言说的,不可认知的;但是我们可以从它的自身展现和自身回复的过程中去认识它。"①它超越一切可能的肯定和否定,只能通过类推加以说明。"一"、"善"、"原因"这些概念并不能完全表述它,它超越于"一"、"善"、"原因"。

他把扬布利柯的三联体纳入柏罗丁的流溢过程中,写出和神话神谱不同的思辨神谱。从不可言说的绝对同一体首先生成的是存在或无限、目的也就是形式,两者的结合就成为有限。三联体的这一层次显示了超理智第一因的、不可言说的统一性。其次是生命即潜在性,实存以及它们的结合即理智生活。这一层次显示了第一因的不可穷尽的富饶。第三是理智,即静态思想和动态思想,表象以及两者的统一反思。这一层次,显示不可言说的绝对完满。除此而外,普罗克洛还是一个各种迷信和巫术的热心实践家,驱邪、占卜、请神等等无所不为。

尽管如此,已被奉为罗马国教的基督教,对这种古希腊传统多神论和理性思辨的希腊精神也毫不宽容,它不但在思想上被迫害,而且它的代表者在肉体上也受到摧残。博学多才的新柏拉图派女学者希帕蒂亚在公元415年被基督教徒杀害于亚历山大里亚城。公元529年,查士丁尼大帝正式下令封闭普罗克洛执教过的雅典学校。人们把这一事件算作古希腊哲学的历史终结。雅典学校的学者们避难于波斯宫廷,其中包括西里西亚的

———————————

① ［德］黑格尔:《哲学史讲演录》第3卷,贺麟等译,商务印书馆1959年版,第211页。

辛普里丘,正是在流亡中他写出了关于爱比克泰德和亚里士多德的博学的评注。

本 章 小 结

古希腊哲学这一西方哲学的最初形态,是一座山岭,莽莽苍苍在精神王国中已耸立了两千余年。它和希腊神话、希腊悲剧和希腊雕刻一样,其诱人的魅力并不被岁月所没蚀。随着历史的前进,不断有爱好智慧之士来到这一精神胜境,探索着,思考着,以求得新的启发。这是因为它的内涵深沉,路径曲折,千姿百态,柳暗花明,实在使人流连忘返的缘故。

从最初的自然哲学家们对自然的确信开始,古希腊哲学对宇宙的本原,万物的生成提出种种方案,并未得到一致的结论。在对自然探索的过程中,理论思维发展了,爱利亚学派在不断运动变化着的对象之外,开辟了一个新的领域,不运动不变的对象的领域,存在的领域,思想的领域。爱利亚学派的那些似非而是的论证,引起智者派其中包括苏格拉底对自然哲学家们那些简单确信的反省和思考。这些思考的积累使柏拉图和亚里士多德这些集大成者达到境界更为幽远的高峰。在这里宇宙生成论以更新的形式保存下来,并增加了对存在、对理智的探讨。研究加深了,认识本身问题的矛盾也随着暴露。于是,和奴隶制的崩溃同时,精神王国也崩溃了。怀疑主义盛行起来,理智对自身丧失了信心,既对感性丧失了信心,也对理性丧失了信心,真理泯灭了,古希腊哲学否定了自身。所谓神秘主义不过是古典哲学的一抹返照的回光,或者可以说是另一种哲学形态,即信仰主义,即非思想的思想,或潜思想的思想的一种预兆。

古希腊哲学这座峻岭,千岩竞秀,万壑争鸣,总可归结为两大特色,一个是自然,一个是理智。即使是神秘主义也莫不围绕着这两个概念来铺陈。它导源出以后形形色色的哲学流派。它开辟了光前裕后的西方科学精神。它不但引起了黑格尔故园之思,就是现代兴替迭出的西方哲学,也往往视祖述希腊以为荣。

第 二 章
中 世 纪 哲 学

引　言

中世纪哲学,主要是指西欧 5—15 世纪的基督教哲学。但这个哲学形态的孕育、生长却一直要追溯到罗马帝国时代的教父哲学;它所波及的地区也远远地超出了西欧,包括了北非、小亚细亚等地中海沿岸地区。

公元 1 世纪初,罗马经过近三百年的争战,建立了横跨欧亚非三洲的大帝国。帝国的统一在客观上打破了各民族分离割据的局面,促进了东西方文化的交流和统一。但是,帝国是建立在对劳动人民和被征服民族的残酷压迫和沉重剥削之上的。广大奴隶、平民和被征服民族频繁举行起义,进行反抗,但都遭到了罗马统治者无情的镇压。为了维护自己的统治,帝国建立了庞大的军队和国家机器,而这又种下了帝国内部争权夺利、互相倾轧的祸根。社会长期动荡不安,不仅使下层劳动人民,甚至使一些社会上层分子也深有朝不保夕之感。现实生活的严酷和摆脱这种状况的希望的破灭使人们只能到来世寻求安慰,只能到宗教中去寻求精神寄托。各被征服民族旧有的保护神由于不能履行保护本民族的职责而遭到遗弃,而罗马的宗教也只能适合那些对现实生活的幸福感兴趣的人。社会在呼唤一个新的世界宗教,基督教应运而生了。

最早的基督教原是在西亚活动的犹太教诸多小宗派的一个分支，反映了被压迫群众的思想和愿望。它信仰唯一的神，即上帝，宣传平等博爱，鄙视富人权贵，宣称救世主不久将降临人世，举行末日审判。面对新的形势，它放弃了严格的清规戒律和烦琐的宗教仪式，宣扬仅仅信仰基督即可获救，打破民族界限，实行经济互助，因而获得了下层民众的支持，迅速流传到帝国各地。但是，早期基督教仅仅是被压迫群众的消极运动，它对罗马统治者和富人权贵的仇恨仅仅停留在语言上，行动上却是坐等救世主的降临。正因如此，罗马统治者一开始就对基督教采取了怀柔、限制和镇压相结合的政策。2—3世纪，大批精神空虚的上层人物纷纷皈依教会，凭借其文化素养和经济势力篡夺了教会领导权。至此，教会的性质发生了变化。对统治者和富人权贵的仇恨和诅咒变成了劝人驯服、爱仇如己，对今世末日审判的热望被来世获救的幻想取代。教会逐渐成了罗马统治阶级的驯服工具。323年，由君士坦丁大帝召集罗马全境三百多名主教举行的尼西亚宗教会议，制定了强制性的统一教条。392年，皇帝狄奥多西正式宣布基督教为国教，并大肆镇压异教和异端。基督教终于取得了罢黜百家，独尊基督的地位。

在早期基督教传播过程中，为了取得罗马上层人士和最高统治者的理解和支持，教会中一批或多或少具有哲学修养的信徒出来从理论上论证和捍卫基督教信仰。他们借用古希腊哲学，主要是新柏拉图主义和新斯多亚派哲学；并根据教会的需要加以改造、阐述、制定教义，制定教规。这些人或奔走传教，或著书立说。借着他们的活动，基督教第一次有了相对完整的教义，因而他们被教会称为"教父"。他们的哲学思想就被称作"教父哲学"。5世纪是它的发展高峰，产生了教父哲学的最主要代表奥古斯丁。教父哲学是基督教哲学的第一个历史形态，也是中世纪经院哲学的前身。

5 世纪末,西罗马帝国在奴隶起义和蛮族入侵的打击下分崩离析。蛮族国家中最强大的法兰克王国实现了统一,在西欧推行新兴的封建制度。欧洲封建社会"是从野蛮状态发展而来的。它把古代文明、古代哲学、政治和法学一扫而光,以便一切都从头做起。它从没落的古代世界接受的唯一事物就是基督教和一些残破不全而且丧失文明的城市"①。基督教在此后的历史发展中,聚敛了巨大的财富和权力,逐步发展成为西欧最大的政治、经济、文化的国际压迫中心,和世俗统治者一面互相勾结,一面争权夺利,演出了一幕幕丑剧。同时,由于野蛮人文化低下,基督教作为新世界文化的唯一代表,疯狂推行愚民政策,使神学成为唯一的学问,把一切知识都纳入神学的轨道。占正统地位的经院哲学就是在这样的基础上发展起来的。

经院哲学(Scholasticism)是因 8 世纪末查理大帝时期大教堂或大修道院内讲授神学的经院而得名的。11—12 世纪是它的形成时期,主要是依据新柏拉图主义阐发圣经、教义。13—14 世纪是它的繁荣时期,亚里士多德主义占据了经院哲学的主导地位,产生了托马斯·阿奎那这样的大神学家、哲学家。从整体上说,经院哲学家不再以创立教义、制定神学内容为己任,而是从理论上论证、阐述圣经教义,使神学进一步系统化理论化。因此,他们轻视经验,无视现实和自然,只是依赖一套死板的三段论进行烦琐的逻辑推理。但是这一意图又使它不得不从事思维的思考,必不可免地涉及本质上属于哲学的问题。于是,早在教父哲学初期就已存在的理性与信仰的矛盾进一步激化。围绕波尔费留提出的共相和殊相三个问题而出现的唯实论(实在论)和唯名论的争论,也就成为经院哲学发展中长期存在的争论。

---

① 《马克思恩格斯文集》第 2 卷,人民出版社 2009 年版,第 235 页。

唯实论认为共相（"种"和"属"）是真实存在的，是存在于事物之先或存在于事物之中的某种精神实体。唯名论则认为真实存在的只是单独的个别事物，一般概念只不过是称呼事物的名称，它或者只是空洞的声音，或者只是从个别事物中引申出来的抽象概念。两派都属于宗教神学的范畴。但是，两派争论的焦点在一定程度上也是思维与存在这个哲学的基本问题在神学范围内的曲折反映。因而列宁曾指出："中世纪唯名论者同实在论者的斗争和唯物主义者同唯心主义者的斗争具有相似之处"[1]。作为古代哲学和近代哲学的中继，这场争论成为近代唯理论和经验论争论的思想渊源之一。

11世纪以后，西欧生产力在缓慢的积累中有了明显的提高。一大批工商业城市发展起来，成为新生产方式的代表。城市居民争取从教会和世俗封建统治下解放出来的斗争、城市中手工业者行会与城市贵族的斗争、波澜壮阔的农民起义和教权与王权、皇帝、国王与封建贵族的斗争交织在一起，形成了复杂的社会斗争局面。此时，由阿拉伯人所保留和继承的古代文明回传入西欧，进一步加剧了西欧精神领域的斗争。唯名论和唯实论的争论也达到了极盛，同时又加进了新兴的代表亚里士多德哲学传统的多米尼克教派与坚守奥古斯丁哲学传统的弗兰西斯教派的争论。而人文文化的兴起，又构成了对经院哲学更强大的冲击。经院哲学最终与封建制度一起走上了没落的道路。

第一节　教父哲学

教父哲学约发端于2世纪，终结于6世纪。根据教父们活动

---

[1] 《列宁全集》第25卷，人民出版社1988年版，第38页。

的区域和使用的语言,后人把他们分为"希腊教父"和"拉丁教父"。在时间上,希腊教父早于拉丁教父。在理论上,以查士丁、塔提安、伊里奈乌等人为代表的早期希腊教父比较注重理性,注重形而上学,主要致力于上帝的"三位一体"、上帝与世界的关系等学说的建设。这种倾向被后来的亚历山大里亚基督教学派继承,形成了一个以柏拉图主义为依托的较为系统的宗教哲学理论。而以德尔图良等人为代表的早期拉丁教父则比较注重信仰和伦理,注重道德实践。325 年召开的尼西亚宗教会议,统一了基督教信条,结束了各个教派激烈竞争的局面,所谓的正统派占据了统治地位。于是,基督教自身的建设工作开始加紧进行。在此期间,出现了著名的"罗马教会三大博士",即安布洛斯(Ambrosius,约 340—397 年)、杰罗姆(Hieronymus,约 347—420 年)和奥古斯丁。但安布洛斯更多的是一个教会活动家,杰罗姆的功绩主要在于把圣经从希腊文翻译成拉丁文,真正代表这一时期基督教神学理论的则是奥古斯丁的哲学思想。奥古斯丁成功地运用柏拉图哲学,建立了一套完整的宗教哲学,把教父哲学推向顶峰。但是,还在奥古斯丁有生之年,罗马帝国已在蛮族的冲击下风雨飘摇,罗马教会疲于应付混乱局面,无暇顾及教会哲学的建设,以致奥古斯丁后继乏人。许多哲学史家亦把奥古斯丁看作教父哲学的终结。历史学家甚至认为 5 世纪后欧洲进入了文化凋零的"黑暗时期"。不过,在这夜空中毕竟还闪烁着一颗哲学之星,这就是波爱修。

一、早期基督教与古代希腊哲学

原始基督教从犹太教中分化出来,并没有自己的独特教义,而是袭用了犹太教义并加以对自己有利的解释。除了一套圣史和教义之外,有理论意义的部分少得可怜。其中最重要的思想是:(1)上帝创世说:认为世界万物包括人类是上帝在六天时间内从虚无中创造出来的;(2)罪过说:认为人类的始祖亚当和夏娃在天堂犯了罪,上帝罚他们的后代到世上受苦,后来这种说法演变成了原罪说;(3)末世说:认为上帝终将派弥赛亚降临凡世,进行末日审判,在地上建立神的千年王国,而且这个末日已经为期不远。只是因为这个末日在现实中迟迟不肯来临,才又演化出了来世报应说。后来,在这些思想的基础上,又演化出了三位一体说。

由于基督教是一种以宗教信仰为前提的意识形式,它就必然同崇尚理性的希腊哲学后裔发生矛盾。一方面,哲学对基督教进行了激烈的抨击。柏罗丁的学生波尔费留从新柏拉图主义立场出发,在神的全能、罪人的获救等问题上对基督教做了极为详尽的批判。波尔费留提出的问题就像揭开了潘多拉的盒子,给基督教经院哲学带来了长期无休无止的争论。此外,琉善、赛尔苏、朱利安等人也都从不同角度对基督教进行了批判。另一方面,在基督教早期文献中,也充满了对哲学和世俗文化的敌视和否弃。例如在《马太福音》中,就把是否遵从基督的教诲看作是聪明和愚蠢的标准。但是,为了自身的存在和发展,基督教必须改变对哲学的态度。这种新态度首先在圣保罗的思想中得到反映。他一方面讲:"就如经上所记:'我要灭绝智慧人的智慧,废弃聪明人的聪明。'哪里有智者?哪里有经师?哪里有这个世界的辩士?岂不是上帝让这世上的智慧变成愚拙了吗?世人凭自己的智慧,既不认识上帝,上帝就乐意用人所当作愚拙的道理拯救那些信仰的人,这就是上帝的智慧了。……上帝的愚拙总比人智慧。"[1]因此,保罗劝人"若自以为在这世上是有智慧的人,倒不如变作愚拙,好成为有智慧的,因这世上的智慧在上帝面前原是愚拙。"[2]但另一方面,保罗

---

[1] 《圣经·哥林多人前书》(中文版和合本),第 1 章第 19—25 节。
[2] 《圣经·哥林多人前书》,第 3 章第 18—19 节。

又认为:"上帝的事情,人所能知道的,原显明在人心里,因为上帝已经给他们显明。自从造天设地以来,上帝的永能和神性是明明可知的。虽是眼不能见,但借着所造之物,就可以晓得,叫人无可推诿。"①从而又肯定了人的自然理性。自保罗发端的信仰和理性的矛盾,历经了教父哲学、经院哲学,自始至终纠缠着每一位基督教哲学家,成为我们研究基督教哲学的一条主要线索。

但是,仅仅对哲学稍稍表示友善态度是远远不够的。庞大的教会需要一套系统的教义来维持,而征服哲学的最佳办法也莫过于借用哲学的词句和理论并加以改造。教会的这种新态度一方面刺激上层知识分子加速皈依,而后者又促进了教义的理论化。在成书较晚的《约翰福音》中,已经使用了"道"(即逻各斯)这个希腊哲学概念。它开篇伊始就是:"太初有道,道与上帝同在,道就是上帝。这道太初就与上帝同在,万物是由道而造成的,凡是被造的万物没有不是由道而造成的。"②又说:"道成了肉身,并住在我们中间,我们见过它的崇高,这是天父的独生子的崇高,充满了恩典和真理的崇高。"③这里,已经可以嗅到比较浓厚的哲学气息了。

二、早期希腊教父

真正将哲学引入基督教教义是由基督教的教父哲学开始的。

(一)查士丁

在希腊教父中,最著名的早期人物是殉教者查士丁(Justinus,约100—166年)。查士丁最初奉行斯多亚主义和新柏拉图主义,后改信基督教,终生以哲学家身份到处游说,为基督教信仰

---

① 《圣经·罗马人书》,第 1 章第 19—20 节。
② 《圣经·约翰福音》,第 1 章第 1—3 节。
③ 《圣经·约翰福音》,第 1 章第 14 节。

辩护。能够确定属于他的作品有两篇：分别写给罗马皇帝安东尼·庇乌和马可·奥勒留的《护教篇》以及与犹太人特累封的一篇对话。查士丁一生爱好哲学，承认自己"喜欢讲授柏拉图"，但又认为只有基督教才能认识真理。在他看来，基督教既是哲学又是神启。因为一方面基督教说明了一切时代的哲学问题，另一方面，为了把人类从魔鬼、多神论和不道德的威势下解放出来，基督教又是必要的启示。因此，真正的哲学是先知和使徒们的言论，即圣经。上帝的观念和普遍的道德观念一样是人们生而俱有的。但上帝自身是统一的、永恒的、非产生的、不可名状的。上帝以他的"道"（逻各斯）创造了圣子，圣子以"道成肉身"即耶稣；又以他的智慧（圣灵）创造了世界。查士丁对上帝的"道"进行了大量的阐述。他的基本观点可综合如下：

（1）"道和上帝同在"，"道太初就存在"，它先于创造物。

（2）"道来自上帝"，是由上帝内心发出来的，"道"就是上帝的"内在理智"，它本身就是上帝。

（3）"道"在上帝创造万物时表现出来，是上帝创造万物的工具。

（4）"道"永恒地普照着整个世界，向所有的人启示真理。因此优秀的异教徒，例如苏格拉底、柏拉图也能部分地分享到"道"的启示。但是，"道"本身又是超自然的，人们在世界上所能看到的只是一个模糊不清的"道"。完全的真理只有通过新苏格拉底，即"道成肉身"的基督耶稣来启示，只有坚信耶稣才能把握真正的"道"。

此外，查士丁还谈到了人的灵魂不死和自由意志问题。他的思想对教父哲学的形成和发展产生了深远的影响。

（二）塔提安

查士丁的学生塔提安（Tatianns，约130—180年）则认为基督教是唯一真正的哲学。在《斥希腊人》一书中,塔提安竭尽贬低希腊的科学、艺术、道德之能事。他发展了老师关于上帝、道和世界之间关系的学说。在他看来,上帝自身没有原因,但却是一切存在的原因。一切存在归功于上帝的存在。在创世之前,唯有上帝存在。上帝产生了道,但他自身并不因此而有所减少,就像一个火把点燃许多火把并不减少自己的火一样。因此,上帝与道实际上是同一的。上帝通过道创造了万物。此外,塔提安还认为,人由肉体、灵魂、精神组成,只有精神是不朽的。塔提安最后倒向了诺斯替教派①。

(三)伊里奈乌

继查士丁之后,比较著名的希腊教父是伊里奈乌(Irenaeus,约126—202年)。他出生在小亚细亚,后成为里昂主教,直至在那里殉职。他著有《揭露和批驳伪知识》,通称《反异端》。伊里奈乌之所以著名主要不是由于他同异教徒的论战,而是因为他同诺斯替教派的论战。他力图从理论上论证包括由主教继承的圣徒传统在内的教会学说。他反对诺斯替教派主张的大神产生小神、小神产生世界的流溢说,坚持认为神只有一个,这就是借着自己的道创造世界万物的上帝。他坚持《旧约》的上帝与《新约》的上帝、创世主与救世主的同一性。伊里奈乌直接采用了圣父、圣子、圣灵这些名称。上帝是圣父,上帝的道化为肉体则为圣子,圣灵则是上帝的智慧。圣子和圣灵产生自圣父,但三者并没有先后之分,他们具有同一性质,是同一个上帝。上帝是全部,是整体。在伊里奈乌这里,"三位一体说"已具雏形了。

---

① 诺斯替教派(Gnostikoi)是公元1—3世纪流行于地中海东部沿岸的神秘主义教派,他们认为物质和肉体都是罪恶的,只有领悟神秘的"诺斯"(gnosis,真知)才能使灵魂获救。一部分早期基督教徒亦倾向于该教派而被正统派斥为"异端"。

三、早期拉丁教父

公元 2 世纪末，在东方希腊教父们的影响下，西方教区也出现了一批护教士，与东方遥相呼应。德尔图良（Tertullianus，约 160—240 年）就是其中第一位重要人物。

德尔图良出生于北非行省，原是异教徒。他对历史、哲学、文学、法律乃至医学都有一定知识，尤其擅长诉讼。成年后皈依基督教，从此忠心耿耿，充分发挥善于辞令的特长为教会辩护。晚年由于坚持严格的禁欲主义，终于同正统教会决裂，归入摩泰教派。①德尔图良最著名的著作是他于 197 年上书罗马皇帝塞普提米乌·塞佛鲁的《护教篇》。

德尔图良是教父哲学中反异教、反理性、反哲学最起劲的一位。他认为，在雅典和耶路撒冷之间、学园与教会之间，不存在任何调和的余地。一切世俗知识在上帝面前都是愚蠢的。基督徒必须无条件地服从圣经即上帝的启示。人靠自己的力量完全无法认识真理、认识上帝的本质，因而就需要上帝的启示。启示不仅是超理性的，而且是反理性的。德尔图良写道："上帝的儿子也死了，正因为这是不合理的，所以才是可信的。他死而复活了，正因为这是不可能的，所以是完全肯定的。"②因此，尽管"正因为荒谬，所以我才相信"这句话在德尔图良的原著中找不到，却一直被人们用来概括德尔图良思想的本质。由于德尔图良确认宗教真理为最高真理，要求在思维结果与宗教真理发生矛盾时不肯定任何与宗教真理相矛盾的东西，从而为基督教哲学在信仰与理性的关系问题上定下了基调。另外，把世界划分为可知世界与不可知世界，不可

---

① 公元 2 世纪初由小亚细亚的基督徒摩泰（Montanus）创立，宣扬基督即将降临，主张严格的禁欲主义，3 世纪初被宣布为异端。

② Tertullianus, *De carne Christi*, 5.

知世界只能用信仰来把握,这种思想也深深地影响了西方的思维模式。最后,德尔图良把信仰与理性割裂开来,从而在客观上也削弱了宗教。在以后的发展中,我们将会看到这种割裂的严重后果。

四、亚历山大里亚宗教哲学

公元 2 世纪末,在东方亚历山大里亚城的教理学校形成了一个企图把哲学与宗教统一起来的流派,史称亚历山大里亚基督教学派,其中最著名的人物是克莱门和奥里根。

(一)克莱门

克莱门(Clemens,约 150—211 年)把知识和信仰的统一看作是真正的基督徒的任务。在他看来,上帝的"道"是最高的准绳。但是,为了从纯粹的权威信仰前进到知识的更高阶段,从孩童的智慧前进到成人的智慧,哲学是必要的。在希腊哲学家的心灵中,也分享有上帝的逻各斯的种子。在古代人类认识史上有两条河流,一条是犹太法律,一条是希腊哲学,这两条河流最后都汇总在基督教之中。基督教是关于显现在基督身上的逻各斯创造、教育、实现人类的学说。神是无名无形的,人们只能赋予神以否定的规定。圣子是上帝与人的中介。人的最高目的是借助于真正的知识上升到神。

(二)奥里根

克莱门的学生奥里根(Origeneos,约 185—254 年)是东方希腊教父中最著名的一位,也是基督教第一位系统的神学家和哲学家。在著名的教父中,唯有奥里根自幼就是基督徒。他出生于亚历山大里亚城,自幼受到严格的基督教思想教育。约 203—231 年就任亚历山大里亚教理学校校长,在此期间曾与柏罗丁共学于萨卡斯的哲学学校。由于触怒亚历山大里亚主教德麦特利欧,被以异端罪名革除校长职务,于 232 年在凯撒里亚另立教理学校,250 年被罗马当局逮捕入狱，出狱后不久就死去。奥里根一生著述卷帙浩繁，保存下来较完整的为《论原理》与《驳赛尔苏》。

　　奥里根的宗教哲学思想实际上就是用圣经的神学思想来改造柏拉图主义，换言之，就是用柏拉图主义论证基督教神学。他曾明确声称："如果俗界智人的儿子们说，几何学、音乐、文法、论辩术、天文学是哲学的婢女，那么，关于哲学和神学的关系，我们可以说同样的话。"①这可谓是"哲学是神学的婢女"的最早提法。

　　1.上帝和三位一体。

　　奥里根哲学的首要问题也就是基督教的最高问题——上帝。在奥里根看来，上帝不是人格化的耶和华，而是万物的永恒始基，是完满的"一"。作为整体，这个"一"包含着圣父、圣子、圣灵这三者。圣父不断地生出圣子（逻各斯），圣子在基督耶稣身上取得肉身。但圣父之产生圣子，并不是把圣子分离出去，而是像太阳不断地放射光芒一样，圣子永恒地与圣父同在。同时，逻各斯又是上帝所创造的一切灵魂的原型，在这些灵魂中，圣灵是最高者。圣子产生于圣父，已不像圣父那样纯粹，因而是减弱了的本性，圣灵就更低了。但由于圣子和圣灵都是直接产生于圣父，不能与圣父分离。圣父、圣子、圣灵在本性上是统一的，都属于上帝同一个神体。

　　2.上帝和世界。

　　奥里根认为，纯粹从字面上解释创世纪已经无法行通，因而他主张应该从"精神实质"上理解，也就是作"讽喻的解释"。奥里根认为，时间中的世界不是上帝的直接创造物。上帝直接创造的是无时间的、与永恒的、无形体的上帝相似的灵魂。世界的形成是灵魂具有自由意志的结果。由于诸灵魂运用了自己的自由意志，因而产生了惰性和过失，最终造成了堕落。由于堕落的程度不一，有

---

① Clementus de Alexandria, *Stromata*, I, 5.

的成为高级的神体如天使,有的成为低级的神体如魔鬼,有的成为天体如日月星辰,有的则成为人。世界和上帝同样永恒,因为上帝无时无刻不在创造。

3.灵魂的获救。

灵魂由于滥用自由意志而堕落为世界万物,但并未失去其本性,依然知道向往至善,依然可以运用自由摆脱罪恶的物质束缚,回到至善的上帝那里。上帝是万能的,一切事物在上帝面前终将得到神化,甚至魔鬼也和人一样都能获救。

奥里根的灵魂在先论和魔鬼获救论与基督教掌权者的思想发生了冲突并因此而受到压制,但由于他熟悉新柏拉图主义学说,首次在理论上系统地论证了基督教信仰,从而声誉鹊起,获得了大批的信徒。在他死后,围绕他的学说进行的斗争并未停止,在4世纪和6世纪曾达到过两次高潮。尽管基督教当局最终宣布奥里根主义是异端邪说,但他用柏拉图主义论证基督教的原则却为后世神学家继承,并在奥古斯丁那里达到了顶峰。

五、奥古斯丁

奥古斯丁(Aurelius Augustinus,354—430年)是教父哲学的集大成者。他出生于北非的塔加斯特,母亲是基督徒,父亲却是异教徒。按照当地的风俗,奥古斯丁未接受洗礼。从7岁起,他开始接受系统的教育。17岁赴迦太基城攻读修辞学和哲学,曾崇拜西塞罗。稍后加入了摩尼教,①曾悉心钻研柏拉图和亚里士多德哲学。最后于386年皈依基督教。奥古斯丁少年时代放荡不羁,皈依基

---

① 公元3世纪由波斯人摩尼(Muni)创立的宗教,宣扬善恶二元论,以光明与黑暗为善与恶的本原,恶的产生自有其客观原因,人不应对此负责。光明王国与黑暗王国对立,善人死后可获幸福,而恶人死后则须堕地狱。

督教后却闭门思过,清心寡欲,被基督教誉为浪子回头的典范。他曾做过教师、神父,后升任为北非希波主教。后半生忠心耿耿地致力于传教事业,为基督教立下了汗马功劳,被教会称为"伟大的教父"、"杰出的大师"、"上帝的圣者"等等。奥古斯丁一生著述甚多,《忏悔录》和《上帝之城》是他的代表作,此外重要的还有《驳学园派》、《独语录》、《论自由意志》、《论真宗教》和《论三位一体》等。

（一）自我意识

几乎和所有的神学家一样,奥古斯丁首先面临的问题是知识与信仰的关系问题。但独特的是为了反驳怀疑论,奥古斯丁首先肯定了人的知识的确定性。他是从人的自我意识出发的。在《独语录》中,他自问自答道:"你知道自己在思维吗? 我知道。所以,你在思维是千真万确的吗? 千真万确。"[1]他认为,人可以怀疑一切,唯独不能怀疑自己思维的确定性。"难道有人怀疑他自己在生活、在回忆、具有认识、在意欲、在认知、在判断吗? ……当他怀疑时,他就知道自己不晓得任何可靠的东西;当他怀疑时,他就知道自己不可以毫无根据地表示赞同;尽管一个人仍可以怀疑自己有所意欲,但他却不能怀疑这个怀疑本身。"[2]奥古斯丁进一步用人的思维可能产生错误来证明思维的确实性。他说:如果我错了,则我存在。人应该在自己内心深处寻求真理。"不要到外部去寻找,转入你自身。真理就居住在人的内心。"[3]但是,真理并不是人的认识或思维的结果。感性经验是不能认识真理的,因为人们所感觉到的是"变"、是"多"。但真理也不是理智的创造物,理性不

---

① Augustinus, *Soliloquia*, II, 1, 1.

② Augustinus, *De trinitate*, X, 10.

③ Augustinus, *De vera religione*, 39, 72.

是创造真理,而是发现真理。理性无论坚持什么真的东西,都不能归功它自己。人的理性只能借助于"超自然之光"的照明,认识早就存在于自己内心中的抽象概念。深入内心的结果不是导向思维着的精神,而是导向上帝。"我进入心灵后,我用我灵魂的眼睛……瞻望着在我灵魂的眼睛之上的、在我思想之上的永定之光。这光,不是肉眼可见的、普通的光,也不是同一类型而比较强烈的、发射更清晰的光芒普照四方的光。……这光在我思想上,也不似油浮于水,天覆于地;这光在我之上,因为它创造了我,我在其下,因为我是它创造的。谁认识真理,即认识这光;谁认识这光,也就认识永恒。"①这个永恒或真理不是别的,就是上帝。上帝是不可认识的,我们的思维和一切范畴都不适用上帝。上帝大而无量,善而无质,现存而无空间,永恒而无时间。一句话,上帝是超越任何范畴的。认识在此失去了效力。奥古斯丁最终提出了"信仰为了理解"的原则。信仰成为一切认识的先决条件、方法和途径。

(二)上帝和三位一体

我们虽然不能认识上帝,但却可以证明上帝的存在。为此,奥古斯丁曾运用了目的论、心理学、伦理学等方法。但真正反映他本人特色的、他最常用的方法则是形而上学的思辨方法。受新柏拉图主义的影响,奥古斯丁认为,物质世界尽管景象万千,奇妙无比,但都是些变化无常的东西,在这里是不可能找到上帝的。只能到物质世界之外去寻找上帝。在不完善中认识完善,在相对中认识绝对,在经验中认识超验。为此,奥古斯丁从自身之外的物质世界回到自身之内,从肉体回到灵魂,逐级上升,达到判断力,最后达到理性,"找寻到理性所以能毫不迟疑肯定不变优于可变,是受那一种光明的照耀……,最后在惊心动魄的一瞥中,得见'存在本体'。

① [古罗马]奥古斯丁:《忏悔录》,周士良译,商务印书馆1963年版,第126页。

这时我才懂得'你(指上帝——修订者注)形而上的神性,如何能凭所造之物而辨认洞见',但我无力凝目直视,不能不退回到原来的境界,仅仅保留着向往爱恋的心情。"①这种对上帝的认识只能是一种神秘的直觉,是靠"刹那间悟入于真慧","一转瞬接触到超越万有、永恒常在的智慧"。②这与柏罗丁的"解脱"如出一辙。

关于三位一体问题,奥古斯丁认为:"上帝是三位一体的——即'父',由父而生的'子',和从父出来的'圣灵',这圣灵就是父与子之灵。"③奥里根曾把圣父、圣子和圣灵按顺序排列成等级,奥古斯丁最后清除了这个不彻底的尾巴。他认为,上帝的实体存在于圣父、圣子、圣灵三个"位"中,但在每一"位"中上帝都是完整的存在,就像人的生命由存在、认识、意志三者构成一个完整的本质一样。奥古斯丁认为,人就是按照上帝的形象创造的,对人的思索将有助于领会"三位一体"。但他又认为:"即使有人在其中捉摸到一些,能表达出来,也决不可自以为捉摸到超越一切的不变本体。"④总之,上帝只能信仰,不可认识。

(三)上帝与世界

作为一个基督徒,奥古斯丁坚信世界万物是由上帝创造的。但面对异教徒的攻击和基督教内部的派系之争,他不得不在这个问题上花费大量的精力进行论证。在这里,他主要谈到了质料、形式、时间等问题,借助柏拉图学说,提出了基督教的所谓宇宙起源论。

在崇尚上帝的一神论基督教中,是无法像柏拉图或者亚里士多德那样,让一个纯粹的质料作为始基存在于理念世界或纯形式

①②④ [古罗马]奥古斯丁:《忏悔录》,周士良译,商务印书馆1963年版,第131、177—178、296页。

③ 北京大学哲学系外国哲学史教研室编译:《西方哲学原著选读》上卷,商务印书馆1981年版,第219页。

之外,从而留下二元论的尾巴。但也无法像柏罗丁那样用流溢说来解释创世,因为那会使创造物也具有上帝的本性,或者使有限和可变性也存在于上帝之中。奥古斯丁重复了圣经中上帝从无中创造万物的说法,但又糅和进了古典哲学的因素。"除了你(指上帝——修订者注)三位一体、一体三位的天主外,没有一物可供你创造天地。因此,你只能从空无所有之中创造天地。"①上帝创造万物也没有使用任何工具,因为不可能存在不由上帝创造而上帝借以创造万物的工具。"你一言而万物资始,你是用你的'道'——言语——创造万有。"②奥古斯丁认为:上帝从空虚中创造了近乎空虚的、未具形相的物质,又用这物质创造了世界,创造了我们人的子孙所赞叹的千奇万妙。物质是一切创造物的基础,但由于没有任何形式,因而是近乎虚无。

形式与物质一样,也是在万物之先的,是万物的原本,这就是理念。奥古斯丁认为:存在有理念。理念是万物的一定的基本形式,是万物的永恒的、不变的本质性,它们本身不是被构成的,因而永恒地处于同一状态,存在于神的精神之中。它们自己无生无灭,而有生有灭并且事实上生生灭灭的万物是按照它们构成的。

上帝也不是在空间中创造万物的。空间也是上帝的创造物,是上帝在创造万物的同时创造的。在上帝创世之前,没有空间存在。

圣经中关于上帝在六天之中创造了世界的说法因为过于荒谬,受到了异教徒更多的攻击,因而也成为奥古斯丁论述的中心。《忏悔录》第11卷就是他对此集中进行论战的一卷。罗素认为这一卷是奥古斯丁作品中最好的纯粹哲学作品。这里,奥古斯丁回

---

①② [古罗马]奥古斯丁:《忏悔录》,周士良译,商务印书馆1963年版,第263、236页。

答了假想中的提问者的问题:上帝在创世之前做些什么? 他认为,这种提问本身就是错误的。世界与时间同是上帝的创造物,上帝在创造万物的同时创造了时间。时间只是对创造物来说的。上帝"创造了这个变化不定的世界所赖以存在而又不真实存在的万物;在这个变化不定的世界中,表现出万物的可变性,我们便从而能觉察时间和度量时间,因为时间的形成是由于事物的变化,形相的迁转。"①而上帝是超越一切变化的,因而是超越时间和永恒的。上帝也不是在一个时间中超越时间,因此也不可能"先于"他自己创造的时间,倘若如此,上帝仍未超越时间。奥古斯丁认为,在上帝那里,没有过去和将来,只有永恒的现在。但时间究竟是什么呢? 奥古斯丁自己也无所适从了。他似乎把时间理解为事物的运动变化。但他很快又批驳了这种观点,认为各种物体有动有静,时动时静,运动亦有快有慢。我们不仅用时间来测量运动,而且也用时间来测量静止。因此,物体的运动并不是时间,相反,物体只能在时间中运动。时间只是一种延伸。奥古斯丁认为:"说时间分过去、现在和将来三类是不确当的。"②因为过去已不存在,将来尚未存在,而现在又仅仅是一瞬间,是正在过去,因而没有丝毫长度。所以,"或许说,时间分过去的现在、现在的现在和将来的现在三类,比较确当。这三类存在我们心中,别处找不到;过去事物的现在便是记忆,现在事物的现在便是直接感觉,将来事物的现在便是期望。"③这样,奥古斯丁就把时间主观化为人的思维的三种功能,"即:期望,注意与记忆。所期望的东西,通过注意,进入记忆。"④奥古斯丁首先把时间规定为上帝的创造物,继而规定为人的思维的功能,完成了他把时间主观化的论证。然而,这样的论证连他自

①②③④　[古罗马]奥古斯丁:《忏悔录》,周士良译,商务印书馆1963年版,第264、247、247、255页。

己也明白难以自圆其说,只好承认"我依旧不明了时间是什么",只有期待上帝的启示。奥古斯丁用哲学思辨的方法说明了时间,使之符合基督教的创世说,这在当时无疑是一个新颖的学说,显示了较高的思辨能力。但罗素认为,"比起希腊哲学中所见的任何有关理论,这个理论乃是一项巨大的进步。它比康德的主观时间论……包含着更为完善,更为明确的论述",①则未免失之偏颇。

(四)灵魂的不朽与获救

奥古斯丁曾经说过:"我渴望认识上帝和灵魂。除此之外别无他物吗? 没有,别无他物。"②在他看来,灵魂是上帝创造的,它是一个独立的实体;人是灵魂和肉体的统一,但这并不是由两个实体结合而成一个新的实体,也不像奥里根所说是灵魂被禁锢在肉体之中,而是灵魂占有、使用和统治肉体。"灵魂是某种具有理性的实体,它的存在就是为了统治肉体。"③因此只有灵魂才是真正的自我。记忆、思维、爱等等并不是灵魂本身,而是灵魂的各种功能。在这各种功能的活动中,灵魂自身始终保持不变。由于灵魂是与不变的、永恒的真理不可分割地连接在一起的,所以它也是不朽的。

奥古斯丁在皈依基督教之前,曾信奉过当时盛行的摩尼教。在《忏悔录》中,奥古斯丁对此进行了彻底的清算。而在他皈依基督教之后,又与强调人的自由意志,主张人无须借助外界力量就能达到自己的至乐生活的斐拉鸠斯展开了激烈的论战。奥古斯丁提出了"原罪说"和"前定说"。他认为,上帝是世界的创造者,上帝是至善。善是绝对的、是实体。在上帝那里,恶是不存在的。上帝

---

① ［英］罗素:《西方哲学史》上卷,何兆武、李约瑟译,商务印书馆 1963 年版,第 436 页。

② Augustinus, *Soliloquia*, Ⅰ, 2, 7.

③ Augustinus, *De quantitate animae*, 13, 22.

创造了万物,因而万物本身也必定是善的。但由于万物是被创造的,所以不可能同上帝一样是至善,而是或多或少有缺陷的,这缺陷就是恶。人的恶就是犯罪。奥古斯丁认为灵魂的本质并不在于理性,而在于意志。"因为意志寓于一切灵魂的活动,如无意志,根本就没有活动。"①亚当受到撒旦的诱惑犯了罪,这就使亚当的子孙通过遗传获得了"原罪"。这就是说,人的罪恶就是背离至善,背离上帝。因为只有当意志抛弃了比自己优越的事物而转向低下的事物时,才变成恶。这样一来,人的意志也就失去了自由。人犯罪的本性必然,也就是说,人只有行恶的自由,而没有行善的自由。"正因为人滥用自由意志,才能自己和自由意志一起毁坏了。"②不过,上帝是仁慈的,上帝必然通过神恩拯救人类。但并不是拯救所有的人,而只是一部分。而且神之所以选择这一部分选民也只不过是出于自己意志的喜好,也就是说是任意的。奥古斯丁的这种过于严格的"前定说"尽管突出了上帝意志的绝对权威,维护了上帝的至善,但如将其推行到底,必然会否定教会的作用,因而不能为教会完全采纳。

（五）历史神学

奥古斯丁的历史神学思想集中表现在他的《上帝之城》一书中。当时,罗马人和近东的异教徒,把罗马的陷落归咎于罗马人改信基督教,因而得罪了罗马旧神。奥古斯丁撰写此书予以驳斥。该书第一部分列举了罗马人的累累罪恶,指出罗马灭亡是罗马人罪有应得。在第二部分中,奥古斯丁展开了自己的历史神学原则,论述了善占统治地位的"上帝之城"和恶占统治地位的"人间之

---

①　周辅成编:《西方伦理学名著选辑》上卷,商务印书馆1987年版,第354页。

②　北京大学哲学系外国哲学史教研室编译:《西方哲学原著选读》上卷,商务印书馆1981年版,第220页。

城"的起源、发展和终结。从上帝创世开始,就形成了敌对的阵营。爱上帝、服从上帝的一方构成上帝之城,他们追求精神生活向往善;爱自己、对抗上帝的一方构成"人间之城",他们追求世俗生活,向往恶。两者的斗争就构成了人类的历史。值得注意的是,奥古斯丁把人类历史看作是直线的、按照神的意志和救世计划发展进步的过程,认为"上帝之城"必胜,"人间之城"必败。他抛弃了奥里根的天上地下终将合一,魔鬼也能获救的思想,认为上帝预先选定的得救者与厌弃者终将永远分离。他遵照圣经关于上帝六天创造世界、第七天安息的说法把历史划分为七个时期,指出他那个时代正处在第六个时期,正是善恶斗争的关键时刻。教会并不是"上帝之城",但它是"上帝之城"的摹本。它遵照上帝的意志,把上帝的选民聚集起来,为"上帝之城"做准备。奥古斯丁把教会与世俗国家分开、认为教会高于国家的思想为西方教会同世俗君主争夺统治权提供了理论根据。他的神学框架中所隐含的历史进步思想却也对后世历史研究,包括近代历史哲学的形成和发展产生了一定的影响。

奥古斯丁以其丰富的思想和聪颖的思辨能力为基督教建立了第一个百科全书式的完整体系,对西欧中世纪哲学的发展产生了深远的影响。在 13 世纪以前的经院哲学中,奥古斯丁主义一直占统治地位。13 世纪,托马斯改奉亚里士多德主义夺取统治地位,但奥古斯丁主义并未中断。它不仅体现在弗兰西斯教派的哲学中,而且在托马斯本人的哲学中也可以发现它的痕迹。文艺复兴时期的一些人文主义者和宗教改革者把"回到奥古斯丁"看作是改革教会的一个途径。甚至在近现代的许多哲学流派中,也无不见奥古斯丁哲学的影子。由此他被称为"西方的导师"。

六、波爱修

西罗马帝国被哥特人占领后,曾经在一个短暂的时期内出现了原来的社会秩序与哥特人的社会秩序共存的局面。最后一个罗马哲人——基督教哲学家波爱修,就是在这个时期开展他的哲学活动的。

波爱修(Anicius Manlius Severinus Boethius,约480—524 年)出生于罗马豪门望族,自幼受到良好的文化教育,青年时期就从事政治活动,30 岁时出任罗马执政官,523 年被以图谋不轨罪名逮捕入狱,次年被处死。在狱中写下了他的哲学代表作《哲学的慰藉》。此外,波爱修曾立下宏愿,要将亚里士多德的全部著作和柏拉图的《对话集》译成拉丁文,并设法使这两位思想家的观点协调一致,可惜壮志未酬。波爱修还编纂了一些为中世纪所采用的逻辑学等教本。

波爱修是否属于基督教哲学家,哲学史上历来存在着两种不同的意见。一方面,他被人看作是虔诚的基督徒,死后还被人谥为圣徒;另一方面,又有人认为贯穿他的著作的不是基督教精神,而是古典哲学精神。但总的来说,尽管波爱修不同意死守教条,反对宣扬蒙昧主义,主张现实主义和理想主义,但正是在他主张一个人格化的唯一的上帝这一点上,表现出他与柏拉图、柏罗丁等人的区别。

(一)上帝与世界

在波爱修看来,上帝就是存在本身,上帝是形式。"神的实体是无质料的形式,因此是一,是其所是,而所有别的东西都不是其所是。"①这就是说,上帝自身已包含了实在,万物是由上帝才获得其存在。上帝是善,是完美。除上帝外,不可能设想有更善更完美的东西存在。万物借上帝的善和完美而获得自己的善和完美,因而是不完全的善和不完美。由于世界的进程不可能从不完美开

① Boethius,De *trinitate*,2.

始,而是从完美开始的,所以不完美是完美的减弱,而完美对不完美来说必然在先。完美是不完美的前提,不完美是完美的摹本。由此出发,波爱修追随奥古斯丁,否定了恶的现实存在。恶是一种不完全,是由于人们将完全的善加以分离的结果。但是,波爱修抛弃了奥古斯丁蒙昧主义的前定说,在一定程度上肯定了人的理性与自由意志的地位。他认为,世界上的一切事物都是由永恒的形式决定的,事物的特性不是来自质料,而是来自形式,而形式无非就是上帝的理念,也就是神的预知。"预知是存在于世界之主那里的、安排一切的那个神性计划。"①不过,波爱修进一步把世界分作两个部分,即无理性的世界和理性世界。在无理性的世界中,形式以绝对的因果必然性起决定作用。而在理性世界中,永恒的形式只是一种人们应该追求,但也可以拒绝的理想。因而,人的意志自由是判断的理性的一种功能,人的精神能够发现众多的可能性并从中进行选择。精神越强,自由也就越多。因此,自由不在于意志,而在于意志的判断。

为了解决上帝的预知与人的自由意志的矛盾,波爱修进一步分析了上帝的永恒性。他认为,对于人来说,时间是过去、现在和将来的前后相继。但对于上帝来说,只存在永恒的现在。"永恒就是对无限的生命的整个的、同时的、完全的占有。"②因此,对上帝来说,不存在一种时间上在先的知晓,上帝在永恒的现在中俯瞰时间世界中发生的一切。上帝观察事物时,并不改变事物的进程。波爱修的这一思想对文艺复兴人文主义产生了一定的影响。

(二)共相与殊相

共相与殊相的关系问题最初是由 3 世纪著名的腓尼基学者波

---

① Boethius, *De consolatione philosophiae*, IV, 6.

② Boethius, *De consolatione philosophiae*, V, 6.

尔费留（Porphyrios，约 232—304 年）提出的。他说：我现在不谈"种"和"属"的问题，不谈它们是否独立存在，是否仅仅寓于单纯的理智之中；如果存在，它们究竟是有形体的还是无形体的；以及它们究竟是与感性事物分离，还是寓于感性事物之中，与感性事物一致。

波爱修就此问题从本体论上和认识论上发表了自己的见解。他首先是从一与多的关系出发的。他认为："种"和"属"不能是存在的。因为"种"和"属"是为许多事物所共有，而且是在同一时间完全地存在于许多事物之中，因而是多而不是一。但这样一来，又将有某个新的"种"或"属"。如此类推，以至无穷。但另一方面，如果"种"或"属"在数目上是一，那就不能为许多事物共有。因为一个单个的事物被共有，只能是它的部分被共有，或者像展览品那样被观赏者所共有，但"种"和"属"不能以这种方式被共有。因此之故，如果它既不是一个（因为它是共有的），也不是多个（因为还要为那个众多寻求另一个"种"），那就可以看出，那个"种"乃是绝对地不存在。这同一结论必将应用于其他的"种"。这样，波爱修就否定了"种"和"属"在本体论意义上的存在。但是，他把"种"和"属"在本体论意义上的存在与认识论意义上的存在区别开来。"种"和"属"不能脱离具体事物而独立存在，但我们的心灵有能力把它们从有形的东西或无形的东西区分、抽象出来。至于那些用区分、抽象、假设从存在的事物所得出的观念，不仅不是虚假的，而且只有这种观念才能发现事物的真正特性。"'种'和'属'都是思想，因此它们的相似性是从它们存在于其中的诸个体中收集起来的，……这个相似性被心灵思索并真正地知觉到，从而就造成了'属'；进而当思索这些不同的'属'的相似性（它不能在这些'属'之外或者在这些个别的'属'之外存在）时，就形成了'种'。所以，'种'和'属'是在个体之中，但它们都被思考为共相，并且，'属'

必须被看作不外是把个体中的众多的实质上相似性集合起来的思想,而'种'则是集合'属'的相似性的思想。"①波爱修说,这种相似性,当它是在个别事物中时,它是可感觉的,当它是在共相中时,它是可以认知的;同样的,当它被感知时,它是留在个体中,当它被理解时,它就成为共相。波爱修从存在和认识、感性和理性的角度出发,分析了一般与个别的关系。他的思想无疑受到了亚里士多德的深刻影响,包含着唯物主义和辩证法的合理因素,成为中世纪唯名论的直接先驱。

第二节　早期经院哲学

公元 8 世纪,查理大帝为了封建统治的需要,兴办学校,促进教育,史称"加罗林朝文艺复兴"。从这些学校中,逐渐发展出基督教的经院哲学。

从时间上说,经院哲学的第一位重要哲学家是爱留根纳。他在新柏拉图主义的影响下,建立了中世纪第一个完整的哲学体系,该体系的泛神论色彩使他受到了正统神学的谴责。11 世纪,安瑟尔谟提出上帝存在的本体论证明,在信仰支配理性的前提下,肯定了理性对神学的作用,从而确立了经院哲学的"基本"立场。在唯实论和唯名论的争论方面,出现了以安瑟尔谟为代表的极端唯实论和以洛色林为代表的极端唯名论。洛色林的学生阿伯拉尔继承了老师的唯名论传统,同时纠正了老师的极端倾向,发展成为一种温和的唯名论——概念论。

---

① 　北京大学哲学系外国哲学史教研室编译:《西方哲学原著选读》上卷,商务印书馆 1981 年版,第 229—233 页。

一、爱留根纳

爱留根纳(Johannes Scotus Eriugena,约 800—877 年)生于爱尔兰,约于 843 年应法兰克皇帝秃头查理的邀请到巴黎讲学,后被查理任命为宫廷学校的校长。爱留根纳通晓希腊文,曾将一部署名为"狄奥尼修斯"的论文集译成拉丁文,定名为《大法官书》。此书对西欧中世纪和文艺复兴时期的哲学思想发展影响颇深。爱留根纳的代表作是《论自然的区分》,此外还有《论神的预定》等。他建立了中世纪第一个完整的唯心主义体系,成为这一时期独具一格的哲学家,因而被称为"中世纪哲学之父"。黑格尔认为这时期的真正哲学是从他开始的。

(一)理性与信仰

在教父们使理性服从于信仰之后,爱留根纳第一个在基督教内部明确地提出信仰应该服从于理性。他写道:"为了达到真正的、完善的知识,最勤奋、最可靠地探求万物的终极原因的途径就在于希腊人称为哲学的科学之中。"①爱留根纳并不否认圣经和教父们的权威,但他认为只能对圣经做讽喻的解释,例如我们只有把圣父理解为创造的实体,理解为一切事物的本质性,把圣子理解为上帝创造万物所遵从的神智,把圣灵理解为创造的生命或生命力,才能把上帝理解为三位一体。他认为,理性和启示都是真理的来源,具有同等的权威,因而是不能互相矛盾的。真的哲学就是真的宗教,真的宗教就是真的哲学。但倘若二者之间出现了矛盾,我们就应该服从理性。"即使权威产生自真正的理性,但反过来说,真正的理性也从不产生自权威。因此,一切权威,只要它没有被理性确证,就是相当软弱的,真正的理性依靠

---

① Eriugena, *De divisione natuae*, I, 69, 71.

其内在的威力不需要任何权威的支持。"①当然,爱留根纳的目的不在于否定信仰,而在于使信仰具有理性,与理性取得一致。但他推崇理性、推崇思维的精神,在整个基督教哲学中却是难能可贵的。

（二）上帝与自然

在《论自然的区分》一书中,爱留根纳系统地阐述了他的"自然"观。在他看来,"自然乃是一般名称,指的是全体存在的与不存在的",是"心灵所能了解的或者超越心灵力量所能及的全部事物。"②显然,这里的自然是一个包罗万象的最广泛的概念。爱留根纳进一步把自然区分为四类形式:(1)创造而非被创造的自然,它包括存在和不存在的一切的原因,指的是上帝;(2)被创造又能创造的自然,它是众多的创造的原因,指的是存在于上帝之中的诸理念,其统一就是逻各斯;(3)被创造而不能创造,它是由于在时间和空间中产生出来而被认识到的,指的是世界的万事万物,是上帝理念的表现;(4)不创造又不被创造,作为一切事物的终极目的,指的仍是上帝。这里明显可以看出柏拉图的理念论、亚里士多德的运动说和狄奥尼修斯一切复归于上帝的思想的影响。万物产生自上帝,又复归于上帝。"倘若我们了解到上帝创造了万物,我们不外是把这理解为上帝现存于外物之中,也就是说,上帝是一切存在的本质。"③上帝是万物,万物皆是上帝。整个自然在上帝这里达到了统一。这种思想无疑为泛神论洞开了门户。此外,爱留根纳认为理念是具体事物的本质,是先于具体事物的,这又成为唯实论的一个思想渊源。

---

①③　Eriugena, *De divisione natuae*, I, 71, 517.

②　北京大学哲学系外国哲学史教研室编译:《西方哲学原著选读》上卷,商务印书馆1981年版,第234页。

（三）存在与不存在

自然是存在与不存在的全体。为了理解自然，爱留根纳又从存在与不存在的角度对自然进行区分。在这里，他一共谈到了区分的五种方式。

第一种方式：理性以它为根据，要求一切可以清晰辨认的或超越感觉的，都可以隶属于存在的范围，而与此相反，那存在由于本性卓绝，不仅超于物质、即感性之外，而且超于纯思维以及理性之外，却又表现为不存在。所以，一方面，上帝是包罗万象的存在；另一方面，就他超越理性来说，他又是不存在。就我们可以认识事物的属性，例如质、量、形式、质料、地点和时间来说，它是存在；但对于它是什么或它为什么存在，我们仍然毫无所知，因而它又是不存在。因此，只有通过上帝，通过物质，还通过一切以上帝为根据的东西的基础和存在方式，才能正确地意识到这个道理。显然，爱留根纳是从本质与现象的角度来谈论问题的，并作出了一些辩证的思考。

第二种方式：作为物质世界和每一区分的界限的每一个层次，连同它的紧接的较低层次，都可以通过令人惊奇的理解方式，视为存在和非存在。这是从事物之间的差别以及肯定与否定的关系来区分的。对某一层次的肯定，就是对另一层次的否定，反过来也是一样。肯定人是理性的、有死的、可以看见的创造物，就是否定天使是这样的创造物；肯定天使是在上帝和事物的原因范围里边的真实的思维运动，就是否定人是这样的思维运动。

第三种方式：凡是根据在时间和空间里产生出来被形成了的物质原因本身而被认识的，习惯上称之为存在；反之，凡是仍然内含于自然深处，尚未成为被形成的物质，或者还不在时间和空间里，并且还没有由于某种机会成为可见的，正是这样，习惯上才称之为不存在。这是从原因与结果、可能与现实的角度来区分的。

实现了的原因作为可见的现实就是存在,隐蔽的、尚未实现的原因则是不存在。但原因总是要表现为结果的,因而不存在总是要向存在转化的。正是由这种原因和结果构成了这整个世界的系列。

第四种方式:"只有凭纯思维认识的,才是真正的存在。相反,那些通过产生、通过物质在时间和空间中的运动而延伸或收缩从而变化着、凝聚着或分解着的东西,只能说实际是不存在,这种看法适用于能够发生、也能够消灭的一切形体。"①这是从事物的运动变化的角度来区分的。常住不变的就是存在,变化的就是不存在。而只有常相才是纯思维的对象,因此纯思维认识的才是真正的存在。

第五种方式:人是上帝按照自己的形象创造出来的。人犯了罪,从而背弃了上帝,丧失了自己的存在,就成为不存在。但当人被引导恢复了先前的存在状态,就又恢复了存在。从这里可以引申出,符合理念的就是存在,不符合理念的就不存在。

通观爱留根纳区分的五种方式,渗透着古希腊哲学的精神。尤其是巴门尼德、柏拉图和亚里士多德等人的思想,显然对他有着巨大的影响。同时,他的存在学说又是为他的上帝——自然观服务的。上帝及其理念是万物的本质、原因和范型,只有上帝才是真正的存在。但另一方面,人们又只能通过上帝的创造物来认识上帝,因而上帝又是不存在。上帝是绝对不可理解的,甚至上帝也不理解自己。"上帝自身也不知道他是什么,因为他不是一个什么;在某种意义上来讲他对于他自己和对于每一个智者都是不可理解的。"②尽管如此,爱留根纳把存在与不存在视为辩证的统一,视为

① 北京大学哲学系外国哲学史教研室编译:《西方哲学原著选读》上卷,商务印书馆1981年版,第239页。
② [英]罗素:《西方哲学史》上卷,何兆武、李约瑟译,商务印书馆1963年版,第495页。

一个运动、互相转化的过程,显示了较高的思辨能力,其中包含着不少合理的思想。

（四）人与获救

爱留根纳关于人的见解也是值得重视的。他认为,人是一个特殊的存在。人是上帝按照自己的形象创造的,上帝把一切事物的观念也安放在人心中。人自身就是一个小世界,他包含了整个世界的本质和全部丰富性。这样,人自身就是一个小宇宙。人由于犯罪失去了自己的存在,但人也可以通过恢复先前的状态而重获存在。天堂和地狱并不是具体的地点,而是人的心灵状态。地狱是因犯罪而感到的痛苦,天堂则是因德行而感到的幸福。万物皆是不死的,最终都将回归到创造者上帝那里去,甚至魔鬼也可以得救,只不过时间上稍迟一些而已。恩格斯在谈到爱留根纳的哲学思想时说道:"他的学说在当时来说是特别大胆的;他否定'永恒的诅咒',甚至对于魔鬼也如此主张,因而十分接近于泛神论"[1]。

在基督教占统治地位的年代里,爱留根纳哲学中的自由思想无疑洋溢着一股清新的气息,这也使它不容于正统派神学家。他的著作曾受到公元 855 年和 859 年两次宗教会议的谴责。865年,教皇尼古拉一世要求秃头查理或者将爱留根纳交付罗马接受审判,或者将他逐出宫廷学校。只是由于查理的庇护,爱留根纳才幸免于难,教皇霍诺留斯下令焚毁《论自然的区分》的全部抄本,幸而这个命令执行得并不彻底,使我们在今日仍可一睹欧洲中世纪哲学史的这一珍贵资料。

二、安瑟尔谟

安瑟尔谟(Anselmus,1033—1109 年)生于意大利,于 1060 年

---

[1] 《马克思恩格斯全集》第 16 卷,人民出版社 1965 年版,第 563 页。

到诺曼底贝克修道院为僧,1078年升任该院主持,1093年任坎特伯雷大主教,直至去世。任大主教期间,极力鼓吹教权高于王权。其论著有《独语》、《宣讲》、《上帝为什么化身为人》等。

(一)信仰与理性

作为一个基督教哲学家,安瑟尔谟极力主张理性服从信仰。上帝在我们身上创造了他的形象,但由于罪恶和恶习的蒙蔽,除了由上帝来复兴、改革外,我们再也不能仰望上帝了。因此,没有上帝的指示和启示,我们就不能找到上帝。安瑟尔谟的著名格言是:"我决不是理解了才能信仰,而是信仰了才能理解。"[1]他强调指出:基督徒应该由信仰进展到理性,并不是从理性出发达到信仰;当他不能够理解的时候,更不应该离开信仰。不过,安瑟尔谟并不简单地否弃理性的作用。相反,他认为:"当我们有了坚决的信仰时,对于我们所信仰的东西,不力求加以理解,乃是一种很大的懒惰。""我们必须用理性去维护我们的信仰,以反对不信上帝的人。"[2]这样,信仰成为理解的前提,理解的范围,理解的目的。信仰对理性的优先地位一目了然。正是在安瑟尔谟这里,确立了经院哲学的基本原则,因而他被称为"最后一个教父和第一个经院哲学家"。不过,在安瑟尔谟的思想中,却蕴含了认识是有目的的、主动的活动以及理解属于一个更高的层次这样的隐胚。

(二)上帝存在的本体论证明

安瑟尔谟是历史上第一个采用从思维到存在的本体论方法证明上帝存在的经院哲学家,这也是他成名的一个重要原因。这个证明是用空洞的三段论为基督教教条做论证的一个典型,可以归

---

[1] 北京大学哲学系外国哲学史教研室编译:《西方哲学原著选读》上卷,商务印书馆1981年版,第240页。

[2] [意]安瑟尔谟:《神人论》,转引自[德]黑格尔:《哲学史讲演录》第3卷,贺麟等译,商务印书馆1959年版,第290页。

纳如下：

"甚至愚人也不得不承认，有某一个可设想的无与伦比的伟大的东西，是在他的心中存在着。"[①]

"某一个不可设想的无与伦比伟大的东西，是既存在于心中，也存在于现实中。"[②]因为，如果它仅仅存在于心中，那就不可能是至高无上的了，那就将有一种既存在于心中、又存在于现实中的东西比它更伟大。

"有一个不可设想的无与伦比的伟大东西，是真实存在，这个东西，甚至不能被设想为不存在。而这个东西就是……我的上帝。"[③]如果有人能设想一个比上帝更好的存在者，"那就是被创造者上升到创造主之上并要裁判创造者了，这是极端荒谬的。"[④]所以，上帝"是确确实实存在着的，决不能被设想为不存在。"[⑤]其他一切都可以被设想为不存在，唯独上帝不可以，上帝是最真实的存在。

安瑟尔谟首先断定人心中有至高无上的观念，继而宣布至高无上的东西不可能只作为观念存在于人心中，它必然也是现实的存在。上帝就是这样的至高无上者，因此，上帝是真实的存在。安瑟尔谟这种从观念、从思维推出存在的本体论证明方法当时就遭到了法国僧侣高尼罗的激烈批驳。不过，这种从观念推出存在的证明，实际上涉及思维与存在的区分和结合问题，因而具有哲学的意味。

安瑟尔谟关于上帝存在的证明表明他是极端唯实论者。他认为，事物之所以真或善，就在于它们分有了最高的真或善（上帝）。因此，感官所认识的具体事物并不是真正的存在，只有精神所认识

---

①②③④⑤ 北京大学哲学系外国哲学史教研室编译：《西方哲学原著选读》上卷，商务印书馆1981年版，第241、241—242、242、242、242页。

的共相才有真正的存在,共相是先于和离开个别事物而独立存在的实体。安瑟尔谟甚至认为有一种纯粹的共相存在,这种共相并不体现为任何单一的事物。相反,个别的事物只是作为共相的结果才具有存在。

三、洛色林和阿伯拉尔

(一)洛色林

洛色林(Roscelinus,约 1050—1123 年)生于法国的克比因,曾讲过学,做过牧师。1092 年他的学说被宗教会议指控为异端,于是开始了逃亡生涯,他的生命是如何结束的,现不得而知。除了他给阿拉伯尔的一封论三位一体的信外,其他著作全部散失。我们只能从安瑟尔谟、阿伯拉尔和索尔滋伯利的约翰的著作中了解他的思想。

洛色林否认一般的真实性,认为只有个别的事物才具有客观真实性。共相只不过是"声息"(flatus vocis)或"名词",它们是人类思维的抽象创造物。例如,存在着的只是可以感觉得到的个别的人,而作为一般概念的人类则不是实体,而只是记号、词、名称。洛色林还进一步认为,只有部分是真实的存在,由部分组成的整体是没有真实性的。整体实质上是许多独立实体的总和,因而整体的名称是空洞的词。从唯名论的原则出发,洛色林否定了基督教的一神论。他认为"三位一体"也不过是个名字,是不真实的,只有三位即圣父、圣子、圣灵的个别存在才是真正实在的。这种观点被称为"三神说"。此外,洛色林还认为,"原罪"只是一个虚名,只有个别人、个别行为的具体罪恶才是真实的。罗马"圣教会"也是一个虚名,只有各个地方的教会才是真实的存在。洛色林的唯名论直接摇撼了罗马教会的根基,这也是他以及后来的唯名论难容于教会的重要原因。

（二）阿伯拉尔

洛色林的学生阿伯拉尔（Peterus Abaelardus，1079—1142 年）把老师的思想发展成为一种温和的唯名论——概念论。阿伯拉尔早年就学于洛色林，后来又就学于洛色林的另一个著名学生查姆伯的威廉，并同威廉展开辩论，迫使威廉改变了自己的极端唯实论观点。离开威廉后，阿伯拉尔在一所教会学校里担任教员。由于爱情上的不幸而遁入修道院，曾担任过修道院长。其主要著作有《是与否》、《论神圣的统一性和三位一体》、《基督教神学》、《神学引论》、《对波尔费留的注解》、《认识你自己——或伦理学》，等等。

1.从怀疑到真理。

阿伯拉尔是 12 世纪反对迷信权威的勇士。他认为，在教会的教父们的无数著作中有不少表面上的矛盾甚至难解之处。我们崇拜他们的权威不应该使自己追求真理的努力停滞不前。他明确指出："教父们会有错误是毫无疑问的。"因此，"读所有这一类著作都要有充分的自由进行批判，而没有不加怀疑地接受的义务，否则一切研究的道路都要被阻塞，后人用以讨论语法和叙述中难题的优秀的智慧就要被剥夺。"所以，阿伯拉尔的结论是："在学问上最好的解决问题的方法就是坚持的和经常的怀疑。……由于怀疑，我们就验证，由于验证，我们就获得真理。"[①]从怀疑权威出发，依据理性进行研究、最后达到真理。这开创了后来以笛卡尔等人为代表的近代法国怀疑精神的先河。恩格斯高度评价了阿伯拉尔的反权威思想，指出：阿伯拉尔的"主要东西——不是理论本身，而是对教会权威的抵抗。不是像坎特伯利的安瑟尔谟那样'信仰而后理解'，而是'理解而后信仰'；对盲目的信仰进行永不松

---

① 郭守田主编：《世界通史资料选辑》中古部分，商务印书馆 1974 年版，第 215—217 页。

懈的斗争"。①

2.辩证法。

阿伯拉尔的怀疑思想并没有发展到否定圣经权威的程度。他明确宣称:"必须把《新约》和《旧约》当作显然的例外。当我们感到《圣经》上有什么荒谬时,我们不可以说著者错了,而是抄写人在誊录手稿时弄错,或是解释上有错误,或是没领会好一节文字。"②因此,他把通过"合理的论证"来巩固信仰看作是自己的任务。由此出发,他认为除圣经之外辩证法是通向真理的唯一道路。这是中世纪所理解的辩证法,实际上就是进行争论和论证的一种纯形式的方法,即逻辑学。阿伯拉尔认为,逻辑学是哲学中最重要的部分。做基督徒与做逻辑学家是一回事。阿伯拉尔的名作《是与否》就是用这种体裁写成的。在书中,他让一些教会的权威就一些重要的问题进行争论,暴露矛盾,而把矛盾的解决留给了读者自己。阿伯拉尔的方法论从方法或形式上规定了经院哲学,所以许多哲学史家把他与安瑟尔谟看作经院哲学的共同创始人。

3.概念论。

阿伯拉尔具体地分析了波尔费留提出的问题。他认为,关于第一个问题,"种"和"属"是用命名来指出真实存在的事物。就其确有所指来说,它们是真实的;就其只是命名来说,又不是真实的存在。关于第二个问题,就其是"给个别的事物命名"来说,"种"和"属"是有形体的,但就其"都不是个别的和限定的命名"来说,又是无形体的。关于第三个问题,就共相与事物的关系来说,它是可感觉的,就其表现的方式来说,又是不可感觉的,因为它们并非

① 《马克思恩格斯论艺术》,曹葆华译,人民文学出版社 1963 年版,第 75 页。
② 郭守田主编:《世界通史资料选辑》中古部分,商务印书馆 1974 年版,第 216 页。

表示个别的事物。所以,"它们既指可感觉的事物,同时又指……特别归之于神的心灵的那个共同概念。"①阿伯拉尔继承洛色林的唯名论传统,坚持个别事物的真实存在,否认共相的客观实在性。共相只是名词,但共相与单数名词不同。单数名词指的是一个单个的事物,因而其表示方式与事物的状态很一致。而共相是共名词,它们似乎也不是把事物当作和它们相一致来表示。

但是,他不同意洛色林把共相仅看作一种声息,而认为共相是有所指谓的,是人们理智中的概念。"当从意义方面来考察词的性质时,就有一个有时是字,有时是事物的问题,并且通常事物的名字和词的名字是相互转换的。"②共相本身不是实体,它所指的实际存在也不是一种实体的事物。"凡共通的词,它本身在本质上似乎是一个单个事物,但是通过命名却使它在多数事物的名称下成为共有的;显然它是依据这种名称,而不是依据它的本质,表述多种东西。不过,这一群事物本身是名词的普遍性的原因,因为……只有那包含着多数的东西才是共相,而事物给予词的这种普遍性,这些事物自身是没有的。"③共相所指是"无形的事物",即个别事物之间的某种相似性。每个实物都具有一个或若干个形式,人的理智根据知觉和想象进行抽象活动,使这些形式脱离开实物从而形成概念即共相。阿伯拉尔从本体论、认识论、逻辑学等方面具体地分析了共相问题,具有一定的辩证思想,把唯名论推进到了一个新的阶段。

4.伦理思想。

从唯名论原则出发,阿伯拉尔把善恶归诸于个人的意向和良知。他认为,一个行动的是非,不在其后果,而在其行动者的动机。

即使同一个人在不同的时候做同样的事情,由于意向不同,其行动的好坏也是不同的。一切从善的意向出发的行动都是善的,一切从恶的意向出发的行动都是恶的。恶没有实体,而是善的缺乏,是不当为而为之,或者当为而不为。阿伯拉尔又给道德的善恶加上了一个神学前提:"犯罪,就是藐视造物主,那就是,不为他的缘故而去做那为我们所相信应该为他而做的事情,或者是不为他的缘故而去舍弃那为我们所相信应该舍弃的事情。"①意向之为善,其标准不在于行动者自以为善,而在它的确被人们尊崇为善的,在于它所倾注的事物本身是使上帝喜欢的。阿伯拉尔强调道德的评判在于个人的主观动机,预示着一种个体主义的倾向。除了上帝的好恶之外,他也把公众的舆论看作评判善恶的标准,在一定程度上有利于遏制教会的胡作非为。

第三节　经院哲学的繁荣

12—13 世纪,罗马教廷与皇帝、国王的冲突愈演愈烈,最终教廷取得了决定性的胜利。教会的统一有利于神学学说的进一步系统化。面对这一时期各种异端的盛行,教廷强化内部的控制,弗兰西斯教团和多米尼克教团②应运而生,并成为教会镇压异端的别动队。它们主持的宗教裁判所更是镇压异端的血腥工具。但在客观上,这两个教团也促进了教会内部对经院哲学的研究,中世纪晚

---

① 周辅成编:《西方伦理学名著选辑》上卷,商务印书馆 1987 年版,第 364 页。
② 弗兰西斯教团由意大利修道僧弗兰西斯(Franciscus,1181—1226 年)于 13 世纪初创立。该教团自我标榜以基督为榜样,以爱为结合,在行乞生活中进行传道,教团内实行严格的等级制度。多米尼克教团由西班牙神甫多米尼克(Do-minicus,1170—1221 年)于 1216 年创立,该教团采取行乞修道制度,宗旨为"铲除异端,消灭邪恶,宣讲信仰,培养道德。"这两个教团在当时的西欧社会内形成了一股巨大的宗教势力。

期著名的经院哲学家大多都出自这两个教团。此外，自 12 世纪始，在欧洲还先后出现了一批大学，这里也很快成为经院哲学家进行研究、讲学、争论的场所。这些都为经院哲学的繁荣提供了外部条件。在哲学内部，重要的契机则是阿拉伯哲学的传入。在这之前，西欧人则只知道亚里士多德的《范畴篇》和《解释篇》。12 世纪初，阿拉伯哲学开始传入西欧，西欧人由此而认识到了亚里士多德的其他著作，尤其是他的《形而上学》、《物理学》、《论灵魂》、《尼可马可伦理学》、《分析篇》等。亚里士多德哲学的传入，触动了以柏拉图哲学为基础的奥古斯丁主义经院哲学传统，引起了教会的恐慌。在 1209 年的宗教会议上，作出了一个决定：任何人不得转录、阅读或以某种形式保存亚里士多德的著作，违者革除教籍。但这并不能遏止亚里士多德哲学的传播和发展。短短几十年后，亚里士多德被认作哲学和科学的最伟大的权威。从 1366 年起，罗马教皇的两个使节、红衣主教以命令规定必须研究亚里士多德的《逻辑学》，后来又规定必须研究他的《形而上学》和《物理学》，否则就不能得到优等学位。在这个过程中，几乎所有的哲学家都或多或少地受到了亚里士多德的影响。弗兰西斯教派坚持奥古斯丁主义传统，但也在形式上采用了一些亚里士多德主义的内容。多米尼克教派则力主研究和利用亚里士多德，改革神学体系，用亚里士多德取代柏拉图，最终成为经院哲学的正统。阿拉伯哲学在西欧的支派——拉丁阿威洛依主义，作为正统神学的反对派也加入了论争。这三股思潮之间的激烈斗争，把经院哲学推向了繁荣。

一、阿拉伯的亚里士多德主义

阿拉伯哲学是一个相对独立的文化系统。但这个时期的西欧哲学受到了阿拉伯文化的重大影响，尤其是阿拉伯的亚里士多德主义的影响。

阿拉伯人最初是从叙利亚人那里获得希腊哲学知识的,因而叙利亚人对亚里士多德的偏好也同样影响了阿拉伯人。和西欧一样,亚里士多德哲学最初受到重视的是逻辑学。后来,他的《形而上学》和《论灵魂》逐渐受到重视,在漫长的发展中,逐步形成了阿拉伯的亚里士多德主义。当时阿拉伯人具有较高的文明,科学技术都比较发达,与此相适应,阿拉伯哲学家也较多地注意吸取亚里士多德的自然哲学和唯物主义倾向。在阿拉伯哲学史上,对西欧中世纪哲学史影响最大的两个亚里士多德主义者是伊本·西纳和伊本·路西德。

（一）伊本·西纳

伊本·西纳(Ibn Sina,约 980—1037 年),拉丁文名字为阿维森纳(Avicenna),出生于布哈拉。他是一位医生,自然科学家,同时又是东方阿拉伯最伟大的哲学家,曾被称为"阿拉伯哲学之王"。其主要著作为《医疗之书》,此外,他还著有《知识之书》和《训导之书》。

伊本·西纳追随亚里士多德,承认物质的永恒性。但他同时也吸取了新柏拉图主义的泛神论思想,承认真主的永恒,真主是第一原因,第一发动者,从真主那里流溢出"原初理性",从"原初理性"依次产生出各种形式,形式与物质结合而产生具体的万物。真主并不是在时间上先于世界的原因,他是外在于时间的,他的创造是一个永恒的过程。因而,世界并不是根据真主的随心所欲产生的,而是决定于真主本性的必然性。真主并不参与各别事物的运动和发展,而是只关心普遍的东西。

在对共相的理解方面,伊本·西纳甚至先于阿伯拉尔提出了共相的不同存在方式。他认为:(1)共相"在物之先",存在于真主的智慧之中;(2)共相"在物之中",物化于现实之中;(3)共相"在物之后",作为概念存在于人的理智之中。

伊本·西纳还以他的"二重真理观"极大地影响了西欧中世纪哲学。他认为,宗教和哲学是可以各自独立存在的。他承认真主的直接启示,认为它高于认识的真理。但他又认为,宗教是为国家利益服务的,因此有助于发现真理和获得幸福的哲学,归根结底是高于宗教的。

（二）伊本·路西德

伊本·路西德(Ibn Roschd,1126—1198年),拉丁文名字为阿威洛依(Averroes),出生于西班牙,是对西方影响最大、同时在哲学上也最接近于亚里士多德的哲学家,在这方面甚至超过了他的前辈伊本·西纳。伊本·路西德也同时是一位医生和自然科学家。他极其崇拜亚里士多德,认为亚里士多德的学说是最高的真理,因为他的理解力是人类理解力的极限。因此,伊本·路西德一生的著述活动主要是对亚里士多德著作进行注释。

伊本·路西德从唯物主义方面发展了亚里士多德关于质料与形式、可能与现实的思想。他坚持物质的永恒性,认为物质是既不能创造也不能消灭的。形式并不是从外部加给物质的,永恒的物质根据其潜能已经包含了所有的形式在自身,并在发展过程中实现形式。他坚决反对所谓的"创造说",而主张一种"发展的理论"。真主的使命决不是"从无中创造",而是给予物质以推动,使物质由可能成为现实。而且由于运动本身是永恒的、不间断的,所以真主的作用也就仅仅在于"第一次推动",之后的发展,就是物质世界自身的事情了。在这里,自然神论思想已初具形式了。

伊本·路西德否认不死的个体灵魂,只承认超个人的精神不死,这就是统一的、普遍的理性。因此他认为,并非苏格拉底和柏拉图是不死的,但哲学是不死的。

伊本·路西德认为,教育人们为善而行善的观点要比用来世的赏罚规定人们的学说具有更高的道德。人的真正幸福就是达到认识的最高阶段,达到这一点只能靠现实的科学知识,而不是靠摈绝欲念或沉于神秘的入神状态。

伊本·路西德继承和发展了伊本·西纳的"双重真理说"。他认为哲学与宗教是两个相对独立的领域,哲学与宗教不仅可能一致,也可能不一致。在哲学看来是真理的东西,在宗教看来就可能是谬误,反之亦然。但他又认为,哲学家可以在哲学中认识到更高的、纯粹的真理。但由于哲学的纯粹思辨只能为少数人理解,所以它应该以形象的外衣在宗教中出现,以便使芸芸众生能够理解。伊本·路西德的"双重真理论"为西欧哲学和科学争取独立的地位提供了理论武器。

阿拉伯哲学在西欧的传播,尤其是阿威洛依全集在约 1250 年间的出版,在西欧激起了强烈的反响。

二、早期弗兰西斯教派

早期弗兰西斯教派是 13 世纪奥古斯丁主义的代表,他们尽管也接受了一些亚里士多德主义,但在根本上却是把亚里士多德柏拉图主义化,哈勒斯的亚历山大就是这样一个代表人物。

(一)哈勒斯的亚历山大

亚历山大(Alexander Halensis,约 1170—1245 年)出生在英国,在巴黎接受了神学、哲学教育,以后就在巴黎任教,号称"不可辩驳的博士"。他的名著《神学大全》进一步促进了经院哲学的系统化。该书用典型的经院哲学方法编成,首先从神学著作中引出一个问题,然后罗列出所有可能的答案,包括肯定的和否定的,权威的或理性的,最后作出是与否的裁定。全书共分四编,包含了400 多个问题,每个问题又分若干章节,可谓洋洋大观。这种方法以后在托马斯那里得到了完满的应用。

亚历山大是第一个对亚里士多德具有全面知识的经院哲学家,但他对亚里士多德的解释却具有浓厚的奥古斯丁主义色彩,他采用了亚里士多德的形式与质料学说,但认为形式是共相,是存在于上帝之中的理念,上帝以理念做原型从无中创造了世界。上帝是至善,万物的存在是由于分有了上帝的善。

（二）波纳文图拉

亚历山大的学生波纳文图拉(Bonaventura,1221—1274年)是弗兰西斯派的领袖人物,也是这一时期的重要哲学家。他曾任巴黎大学教授,1257年成为弗兰西斯教团首领,1273年成为红衣大主教,曾被世人誉为"六翼天使式的博士"。

波纳文图拉哲学的特点是经院哲学与神秘主义的结合。他虽然承认亚里士多德和奥古斯丁是并驾齐驱的权威,但只是吸取了亚里士多德哲学中的唯心主义成分,更多的是向奥古斯丁和神秘主义靠拢。波纳文图拉认为,世界是上帝按照理念从无中创造的。他指责亚里士多德在形而上学中抛弃了柏拉图的理念,认为理念就是上帝的思想,是万物的范型,万物是理念的摹本。理念不仅仅是某种纯逻辑的东西,而且是能动的、某种创造性的东西。波纳文图拉否认创造是永恒的、必然的流溢,认为这种说法在自身包含有矛盾。他认为,创造是形式与质料的结合,一切创造物都包括形式与质料。光是一切物体的共同形式,一切物体按其本性说来都与光有关,其存在的程度和等级取决于这种关系的程度。质料仅仅意味着可能性,但并非是纯粹的无规定性,在原初质料中就包含着作为某种内在因果性的胚芽。因此,并非一切由质料构成的东西都归因于形式。波纳文图拉反对灵肉一体说,认为灵魂也是质料与形式的结合,也具有自己的质料,因此也就存在有一种精神性的质料。而肉体也具有自己的形式。所以,灵魂是独立于肉体的,是不死的。

波纳文图拉认为,万物是上帝的摹本,上帝是借着万物表现出来的,所以人们可以在万物中认识上帝。在这里,波纳文图拉进一步发挥了他的神秘主义思想。他区分了认识真理的三种方式,即象征的、本义的和神秘的方式。象征的方式是通过感觉和想象认识世界万物,本义的方式是通过理性和心智认识万物。波纳文图拉承认知识是由对感官经验抽象得来的,但他追随柏拉图主义,认为这样的知识只是一个开端,真实的知识是永恒的范型,即理念的世界或上帝的世界。这样的认识只能通过智慧和心灵的豁然开朗来实现,这就是神秘的直观,是一种神人结合的入神状态。但这种直观并非任何人随时都能实现的。它依靠的是上帝的恩赐。而这种恩赐又只能通过圣洁的生活和虔信上帝才可能得到。可见,波纳文图拉的神秘主义仍是为基督教信仰服务的。

三、多米尼克教派。托马斯·阿奎那

阿尔伯特与托马斯·阿奎那是多米尼克教派的主要代表。这一教派利用亚里士多德哲学探讨神学,成为 13 世纪经院哲学的主流。

(一)阿尔伯特

阿尔伯特(Albertus Magnus,1193—1280 年)生于施瓦本的劳英恩,在帕多瓦大学学习了哲学、医学、自然科学,又在博罗克纳大学学习了神学,1223 年加入多米尼克教团,1254 年成为该团在德国的大主持。受教团的派遣,阿尔伯特到科隆的教团学校讲授哲学和神学,也曾到巴黎等地作短期讲学,与拉丁阿威洛依主义者进行过激烈的斗争。据说大学找不到一间宽敞的讲堂来容纳他的学生,以致他不得不常常在广场上讲课。1260 年,他被任命为雷根斯堡主教,不久又辞去该职务,在修道院的孤寂生活中从事科学研究和写作。阿尔伯特知识渊博,酷爱直接观察和描述自然,在动物

学、植物学、化学领域均有一定的造诣。同时,他精通古典的、教父的、阿拉伯的文献,因而获得了"伟人"、"全能博士"的称号。阿尔伯特著作的大部分是对亚里士多德形而上学和自然哲学著作的注释,此外还有一些自然科学方面的著述。

阿尔伯特在哲学史上的主要地位在于他第一个全面地向西欧人介绍了亚里士多德及其注释者的思想。但阿尔伯特未能有效地利用资料建立起自己的体系。他的思想在某种程度上是混乱的,而且掺和了一些柏拉图主义的成分。建立体系的工作是由他的学生托马斯·阿奎那完成的。由于师生两人的思想在许多方面是一致的,我们在这里就仅仅择其要者对阿尔伯特做一简略的介绍。

在上帝与万物的问题上,阿尔伯特吸取新柏拉图主义和伊本·西纳的一些思想,对亚里士多德哲学进行了改造。他认为,上帝是最高的无限实体,是不被创造的光。从上帝流溢出"原初理智",它是"暗化的光"。从"原初理智"中又流溢出一切存在,包括从世界灵魂直到有形体的存在的各个等级。一切被创造的实体都是由本质性和存在结合而成的。

在共相与殊相的问题上,阿尔伯特接受了伊本·西纳的思想,并把它进一步具体化。他认为,共相作为事物的特殊本质不依赖于它在时空世界中的实现。因而是在物之先;特殊的本质具体化为万事万物,因而是在物之中;我们的普遍概念以其普遍性是一种思想产物,因而是在物之后。

关于哲学与神学的关系,阿尔伯特认为,哲学的问题只能以哲学的方式来处理。而神学问题,例如三位一体,道成肉身、创世、复活等,是自然的理智所无法理解的,因而只能以神学方式处理。阿尔伯特的这种观点在托马斯那里得到了进一步的发挥,并被引导到神学高于哲学的方向上。

(二)托马斯·阿奎那

托马斯·阿奎那(Thomas Aquinus,1224—1274 年)出生于意大利那不勒斯的阿奎诺,他的父亲是当地一位颇有势力的贵族。托马斯 5 岁时被父母送进蒙特·卡西诺修道院接受教育,14 岁进入那不勒斯大学,在此期间加入多米尼克教团。1244 年受该教团派遣到巴黎大学深造,在那里拜阿尔伯特为师,不久又被阿尔伯特带到科隆继续学习。1252 年,阿尔伯特推荐托马斯到巴黎大学任教,与阿威洛依派和经院哲学内部的保守派进行了坚决的斗争,后被反对派排挤出校。1259 年,托马斯奉命到教廷供职,在那里结识了精通希腊文的曼培克的威廉。威廉直接从希腊文译成拉丁文的大量亚里士多德著作使托马斯掌握了丰富的第一手资料,为他以后的学术活动打下了坚实的基础。1269 年,托马斯重返巴黎大学,三年之内与拉丁阿威洛依主义展开激战,争论达到顶峰。1274 年,托马斯应教皇召谕参加里昂宗教会议,不幸于中途故世。

托马斯续承老师阿尔伯特的思想路线,不顾教会保守势力的反对,适应时代的新思潮,极力主张用亚里士多德代替作为教会支柱的奥古斯丁,在激烈的争论中建立起较完善的哲学体系,成为经院哲学的主要代表。托马斯一生著述卷帙浩繁,除了为亚里士多德著作做了大量注疏外,他的《反异教大全》、《神学大全》、《论真理》无论在哲学上还是在神学上都是中世纪欧洲最重要的著作。

1.知识与信仰。

托马斯从阿尔伯特出发,进一步论证了知识与信仰的区分与统一。托马斯坚持真实的、客观的知识的可能性,反对那种把知识仅仅看作是人类精神产物的哲学。他认为,这种哲学受到两方面的反驳:一是由此而抽去了知识的现实基础。因为倘若我们的思维只能认识主观的、存在于我们灵魂之中的观念,那么知识就不能与任何处于我们思维之外的客体发生联系。二是由此将产生如下结论,即一切被认识到的东西都是真的,甚至两个互相对立的命题也可以同真,从而否定了任何真假的区别。这两种结果迫使我们、并给我们以权力坚持我们的认识与思维的客观性。因此,托马斯认为,真理的标准不是我们的思维,它是客观的,"理智中的真理就在于理智和所了解的事物一致。"[1]

在肯定人的认识的客观性的同时,托马斯也指出了认识的不足。他认为,在现实世界之上,还有一个超现实的世界。而这个世界单凭人的自然理智是无法认识的,例如神的三位一体,道成肉身等等。不过,虽然超出人类理智的事物,用理智不能求得,但若有上帝启示,凭信仰就可取得。此外,"对事物,从不同的方面去认识,就可得出不同的学问,……我们也不应该禁止用上帝启示的学问去讨论哲学家用理智去认识的理论。"[2]基于知识和信仰的特性,信仰高于知识,神学高于哲学以及一切科学就是必然的结论了。"神学所探究的,主要是超于人类理性的优美至上的东西,而其他科学则是注意人的理性所能把握的东西。至于一般实践科学,它的高贵系于它是否引向一个更高的目的。……而神学的目的,就其实践方面说,则在于永恒的幸福,而这种永恒的幸福则是一切实践科学作为最后的目的而趋向的目的。所以说:神学高于其他科学。"[3]神学和哲学之间永不会产生矛盾。神学的真理尽管是超理性的,但并非是反理性的。哲学真理和神学真理只是真理进程的两个不同环节,真理只有一个,那就是上帝。倘若有人因为上帝的启示在某些地方显得与人的自然理智有矛盾而拒绝它,则其愚蠢决不亚于一个农夫因不懂哲学家的理论而认为它是假的。信仰可以帮助理性开阔视野,补充和完善哲学真理,理性尽管不可

---

[1][2][3]　北京大学哲学系外国哲学史教研室编译:《西方哲学原著选读》上卷,商务印书馆1981年版,第275、260、260—261页。

能认识和证明所有的神学真理,但至少可以认识和证明其中的一部分,例如上帝的存在,上帝的唯一性等等。更重要的是,理性可以通过驳斥反对者的指责来维护信仰。但是,这决不意味着神学依赖于理性。"神学可能凭借哲学来发挥,但不是非要它不可,而是借它把自己的义理讲得更清楚些。因为神学的原理不是从其他科学来的,而是凭启示直接从上帝来的,所以,它不是把其他科学作为它的上级长官而依赖,而是把它们看成它的下级和奴仆来使用。"①这就是托马斯的著名结论:"哲学是神学的婢女"。托马斯从肯定人的知识的客观性出发,为了维护神学的独尊地位,最终使哲学附属于神学,暴露了基督教哲学不可克服的蒙昧主义本质。

2.存在论。

托马斯认为,一切都是存在,存在是一切的最基本的规定,因而是最基本的形而上学范畴。由此出发,他又从存在与本质、潜能与现实、质料与形式等角度把存在区分为自在的存在和非自在的存在,前者就是上帝,后者则是上帝创造的世界万物。

托马斯认为,在被创造的事物那里,必须区分开存在与本质。存在是发生的过程,是现实的过程。而本质则是我们表象一个事物所必需的东西,是使事物成其为事物的东西。例如一个三角形,无论它是在现实中还是在我们的表象中,它的本质就是三条直线围成一个平面,与此相反,上帝的存在与本质是同一个东西,因为上帝的本质就在于它是一切事物存在的原因,本质自身就包含了存在。

被创造的事物同时是能动的又是被动的。它自己行动,又是行动的对象,它拥有属性又可失掉属性并获得新属性,这种接受外

---

① 北京大学哲学系外国哲学史教研室编译:《西方哲学原著选读》上卷,商务印书馆1981年版,第261页。

部作用或内部变化的能力就是潜能。因而事物都是潜能与现实的统一。唯独上帝没有潜能,它既不接受外部作用,自身也不发生变化,是纯粹的作用因,纯粹的现实,上帝已是它能是的一切。万物通过分有从上帝取得现实。在上帝之下,一切存在都根据其潜能的程度适应外部的影响或规定。在这个序列中,潜能越高,地位就越低下。

一切被创造的事物都处在变化中,但一切变化都有一个不变的基础或曰主体,这就是事物的实体。"实体就是一个不应寓于基质中的东西","具有一种不应在他物之中的本质性的东西。"①因此,实体是独立的存在,是个体,例如一个人,一块石头等。而偶性则是依附于他物取得存在的东西,例如白、密度等。世间万物都需要借助于上帝而存在,因而是非自在的实体,唯有上帝是由自己而存在,因而是纯粹的实体。

以上三种规定适应于一切存在,唯有质料与形式仅适用于有形物体。由此也就否定了精神性的存在具有质料的说法。一切有形物体都是质料与形式的结合。形式是事物的内在作用因,是构成其性质的原则,而不是事物的外部形象。形式在同一个类的所有个体中都是同一的。质料是万物的个体化原则,是同一类的个体互相区别的本质。托马斯认为,理性灵魂就是人的形式,而上帝是整个世界的形式,是形式的形式。

托马斯发展了亚里士多德形而上学中的唯心主义成分,并使之符合神学的需要,用心可谓良苦。但他关于存在就是活动,就是潜能到现实的变化,关于质料就是事物的个体性原则的思想,还是具有一定的参考价值的。

---

① 北京大学哲学系外国哲学史教研室编译:《西方哲学原著选读》上卷,商务印书馆 1981 年版,第 268 页。

3.上帝存在的证明。

托马斯主张上帝的本质已包含了存在,但他又认为,这对于理性来说并不是直接自明的真理,对此必须加以证明。而像安瑟尔谟那样从纯粹概念推出存在是不符合逻辑的。上帝存在是确凿无疑的事实,但上帝本身是我们无法认识的,因而只能采取后天的证明方法,即从上帝的造物证明上帝的存在。在《神学大全》中,托马斯提出了五种证明方式:

(1)"从事物的运动或变化方面论证":"凡事物运动,总是受其他事物的推动",因而任何运动都是由在它之前的另一个运动引起的。一直推论下去,"最后追到有一个不受其他事物推动的第一推动者,这是必然的。"①这就是上帝。

(2)"从动力因的性质来讨论上帝的存在":任何事物都是以另一事物为动力因,这样推论下去,"有一个最初的动力因,乃是必然的。"②这就是上帝。

(3)"从可能和必然性来论证上帝的存在":世界万物都是存在,又是不存在,是可能性,又是必然性。而任何事物都是从其他事物获得其存在和必然性。照此推论下去,"我们不能不承认有某一东西:它自身就具有自己的必然性……不但如此,它还使其他事物得到它们的必然性。"③这就是上帝。

(4)"从事物中发现的真实性的等级论证上帝的存在"④:事物都在不同的程度上是好的、真实的、高贵的,其标准就在于它们与最好、最真实、最高贵的东西接近的程度。因此,必然有一种最完美的存在作为一切不完美的存在的起源和标准。这就是上帝。

(5)"从世界的秩序(或目的因)来论证上帝的存在"。⑤一切

---

①②③④⑤ 北京大学哲学系外国哲学史教研室编译:《西方哲学原著选读》上卷,商务印书馆1981年版,第261—262、262、262—263、263、263页。

事物都遵循同一途径有计划地向着一定的目标迈进,所以如此,是由于受到"某一个有知识和智慧的存在者的指挥"。① 这个存在者就是上帝。

从以上证明可以看出,前三个主要援引和改造了亚里士多德关于运动与变化、原因与结果、潜能与现实的学说,实际上是根据"无限后退不可能"得出的逻辑结论。最后一个依据的是亚里士多德的自然目的论学说。而第四个,显然是吸收了柏拉图和奥古斯丁的哲学成分。

4.灵魂与认识。

托马斯首先确定了灵魂的存在。他认为,一些物体与另一些物体区分开来,能够自己运动、营养、繁殖、感知、追求等,我们就称它们为生物。这种特性只能从其自身的原则产生,但又不可能从物体的存在本身得到解释,否则一切物体都将拥有生命。因此,必然是生物比其他物体具有更多的东西,这就是灵魂。灵魂是纯精神的、独立于肉体的实体。托马斯反对那种认为灵魂被禁锢在肉体之中的学说,而认为人是肉体和灵魂的统一体。灵魂与肉体的结合形成个体的生命,而分离则造成个体的死亡。因此,灵魂具有两个作用:一是赋予肉体以形式,二是控制和推动肉体。

托马斯追随亚里士多德,区分了灵魂的五种基本形式。(1)营养能力,属于单纯的生命,如植物;(2)感觉能力,它又分为五种外感觉(听、视、嗅、味、触)和四种内感觉(共同感觉、想象、判别、记忆),属于较高的生命,如动物;(3)追求能力,指的是动物的本能的追求;(4)运动能力,指的是动物的任意的空间移动;(5)理性能力,指的是仅仅为人所具有的思维和自由意欲的纯精神能力。

---

① 北京大学哲学系外国哲学史教研室编译:《西方哲学原著选读》上卷,商务印书馆1981年版,第264页。

托马斯认为,从植物到动物到人是一个完美性不断上升的序列,高级的形式包含了低级的形式。"一个形式越高贵,就越能统治有形的质料,就越不会沉沦在质料之中。"①人是唯一同时具有这五种能力的生物。托马斯尤其推崇理性,认为理性是最完善的灵魂力量,优于意志。"在各个人的身上,控制着身体的是灵魂,而在灵魂本身以内,则是理性控制着情欲和欲望的能力。"②

托马斯着重分析了人的认识能力和认识发展的过程。他区分了认识的四个阶段。首先,知识来源于感觉,或者说,感觉是认识的开端。认识的对象是外在于灵魂的客观世界,但灵魂只能认识非感性的东西。因此,感觉活动必须有肉体感官的参与。灵魂通过感官接触客体并把它传递给内感觉进行加工,形成"感形影像"。作为理性加工的资料,感性影像把灵魂与外部世界沟通起来。在认识的第二阶段,感性影像受到能动的理智的照耀,从而产生了同一类的各别影像的普遍内容,即共相,也就是"理智影像"。托马斯称灵魂的这种活动为抽象。"我们是以我们称为'主动的理智'的更高贵的主动力,采用抽象的方法,把从各种感觉所接受的幻象变成现实上可以理解的。"③认识的第三阶段是被动的理智接受了理智影像,即"印入影像"。托马斯认为,被动理智就像一块白板,其特性就是接受。但是,被动理智也具有某种能动性,它有目的地把印入影像与其客体联系起来,利用它作为表达方式复现外部世界,这就是认识的第四阶段,即"陈述影像"。

托马斯视外部事物为认识对象,视认识过程为从感性到理性个别到一般的升华,视真理为认识与客体的一致,仅就此来说,显

---

① Thomas Aquinas, *Summa theologiae*, I, 76, 1.

② 《阿奎那政治著作选》,马清怀译,商务印书馆1982年版,第45页。

③ 北京大学哲学系外国哲学史教研室编译:《西方哲学原著选读》上卷,商务印书馆1981年版,第270—271页。

然具有客观主义和经验论的性质，甚至在一定程度上具有唯物主义和辩证法的因素。但是，托马斯的认识论是为神学服务的，他最终还是投向信仰，投向启示。他说："不错，人必须依靠身体的器官从那可以感觉到的世界汲取知识。但是，除非得到较高神灵的帮助和启发，人就永远不能全面了解有关人类的一切事情，这就是人的知识状态的缺点"①。

在共相与殊相的关系问题上，托马斯采取了一种相对主义的立场。他认为，一方面以殊相为对象的感性认识是以共相为对象的理智认识的起源，故共相在后；另一方面认识又是从潜能到现实，从"种"到"属差"的发展过程。例如我们先确认一个对象是"动物"，然后才确认它是"理性的动物"或"非理性动物"，所以共相又在殊相之先。"因此，我们得出结论：单独的、个体的知识，就我们来讲，它是先于普遍的知识，正如感性知识是先于理智知识一样，但就感性和理智二者而言，对较普遍的东西的认识则先于对较不普遍的东西的认识。"②这就是说，从认识发生史来说，共相在后；就一个具体的认识过程来说，共相在先。此外，共相是普遍性，是对已有知识进行抽象的结果，故共相在后；但共相是潜存的东西，殊相是由于分有了共相而存在，故共相在先。从认识论上看，共相在后，从本体论上来看，共相在先。最后，从共相存在于个体中的性质本身看，不完善的、有潜能的、较普遍的东西在时间次序上在先，例如动物先于人，但从完善或自然意向的次序来看，完善的、较不普遍的东西在先，例如人比动物在先。从现实发展来说，共相在先，从目的来说，共相在后。托马斯从认识和事物的发展过

---

① 《阿奎那政治著作选》，马清怀译，商务印书馆 1982 年版，第 97 页。
② 北京大学哲学系外国哲学史教研室编译：《西方哲学原著选读》上卷，商务印书馆 1981 年版，第 272 页。

程来考察共相与殊相的关系,显然比早期经院哲学大大进步了,在哲学史上具有重要的意义。但由于他坚持认为理念是事物的本质,理念决定具体事物的存在,哲学史上称托马斯的这种唯实论为"温和的唯实论"。

5.社会政治伦理学说。

托马斯从亚里士多德出发,认为人天然是社会的和政治的动物。但是,社会作为统一体,必须有某种治理的原则和控制力量才能免于解体,这就有了统治者与被统治者的划分。托马斯汲取了亚里士多德《政治学》中的思想,认为"才智杰出的人自然享有支配权,而智力较差但体力较强的人则看来是天使其当奴仆"。① 统治者的任务就在于"谋求他所治理的区域的幸福",而"一个社会的幸福和繁荣在于保全它的团结一致"②,君主制是最适宜于促进这个目的的政体,因而是最好的政体。"但是,人在尘世的生活之后还另有命运;这就是他在死后所等待的上帝的最后幸福和快乐。"③ 对于这一点,世俗统治者是无能为力的。只有神的统治才能帮助我们导向这个目的,这样的统治只能属于神人合一的耶稣基督,而耶稣又把它交托给教会。因此,基督教世界的一切君王都应受教皇的支配。至此,托马斯完成了他对封建等级制度和教权至上论的辩护。

在法的问题上,托马斯继承了斯多亚主义的自然法学说,但却站在神学立场上,在自然法之上又添加了神的永恒法。他认为,永恒法是神创造世界、统治世界的范本。一切法律都必须从永恒法产生。但是,人作为有理性的动物,还以上帝所赋予的理性支配着自己的行动,"所以他们在某种程度上分享神的智慧,并由此产生

---

① ② ③ 《阿奎那政治著作选》,马清怀译,商务印书馆1982年版,第98、48、83页。

一种自然的倾向以从事适当的行动和目的。这种理性动物之参与永恒法，就叫做自然法。""自然法不外乎是永恒法对理性动物的关系。"①但人的这种自然倾向必须经过"某种锻炼"才能臻于完善。对于秉性善良、有教养的人，只要有父辈的指导和劝告就够了；而对于性情乖戾、易于作恶的人，则必须用压力和恐吓手段使其不再做恶事，并逐渐习惯行善。这就需要制定法律，即人法。人法必须出自自然法。"一切由人所制定的法律只要来自自然法，就都和理性相一致。如果一种人法在任何一点与自然法相矛盾，它就不再是合法的，而宁可说是法律的一种污损了。"②

至于伦理学问题，托马斯认为伦理学的任务就是研究人生的理想和目的，即如何追求最高的幸福。"人类的幸福，决不在于身体上的快乐。"③因为这种快乐是感性的、动物性的，而人的本质在于理性的灵魂。因此，"人类最高的完善决不在于和低于自身的事物相结合，而在于和高于自身的某种事物相结合"④。人生的最高目的在于认识真善美，即上帝的本性。所以，我们必须把那些特别使人接近上帝的东西作为人的最后目的。由此出发，托马斯认为，道德行为之受人称赞，是由于它导向幸福。传统的四枢德（智慧、勇敢、节制、正义）是值得称赞的，但它们只能导向自然的、世俗的幸福。因此他又补充了"信、望、爱"三种德性，认为只有这三种德性才能使人达到超本性的幸福。总之，道德的评价也是以信仰为轴心的。

托马斯以其大胆革新的精神和渊博的学识，为基督教建立了一个百科全书式的神学体系，确立了亚里士多德主义在教会神学

---

① ②　《阿奎那政治著作选》，马清怀译，商务印书馆1982年版，第107、116页。
③ ④　北京大学哲学系外国哲学史教研室编译：《西方哲学原著选读》上卷，商务印书馆1981年版，第276、277页。

中的地位,对后世的神学、哲学的发展产生了深远的影响。不过,
托马斯主义即被托马斯改造了的亚里士多德主义的真正胜利却是
托马斯死后半个世纪的事情了。随着教会日趋没落,托马斯的地
位也日甚一日。1323 年,他被封为圣徒,1567 年又被封为圣师。
1879 年,教皇利奥十三世正式规定托马斯学说为罗马公教会的神
学哲学原理。对于这样一个人物是应引起我们足够的重视的。

四、拉丁阿威洛依主义

13 世纪,德国皇帝兼领西西里国王弗利德利希二世与教皇展
开了激烈的政治斗争。与此同时,在思想领域里他也利用阿拉伯
的阿威洛依主义反对基督教正统神学。弗利德利希本人具有一定
的哲学和科学造诣,熟悉希腊文和阿拉伯文,经常与东方的学者讨
论哲学问题。他所提的问题明显地表现了阿威洛依主义的影响,
例如:物质世界是永恒的吗? 哲学方法与神学方法之间的关系怎
样? 灵魂的本性怎样? 在弗利德利希的西西里宫廷里,聚集了一
批著名的阿拉伯学者,据说其中就有阿威洛依本人的孙子。弗利
德利希利用自己的政权保护了这些不容于正统神学的学者,使西
西里宫廷成为传播阿拉伯的自由思想和自然主义思想的中心。

13 世纪中期,在号称"哲学家之城"的巴黎大学掀起了研究亚
里士多德哲学的热潮,形成了拉丁阿威洛依主义的中心。尤其是
约 1250 年阿威洛依全集的出版,更进一步推进了这一浪潮。巴黎
大学的许多学者都成了阿威洛依主义者。他们提出的观点往往比
阿威洛依本人更加激进,例如否定上帝的全知全能,否定个人的灵
魂不死,坚持世界本身的永恒性等等。他们还凭借"二重真理论"
为自己辩护,与阿尔伯特、托马斯等人展开了激烈的论争。阿尔伯
特的著作《斥阿威洛依学派论理智统一性》就是为此而作的。托
马斯更是为此不遗余力,他的代表作《神学大全》就与这场著名的

巴黎大论战有着密切的关系。而在阿威洛依主义这边，布拉班特的西格尔（Siger?—1282年）则以他的《论理智的灵魂》成为一员主将。

西格尔是巴黎大学艺术系教授，由于他的激进观点，曾两次受到宗教会议的谴责，并被革除教籍，最后在教会的迫害下死去。

西格尔坚持认为，阿尔伯特和托马斯错误地解释了亚里士多德，而只有阿威洛依的解释是正确的。他继承亚里士多德的唯物主义成分，拒不承认上帝创世说，认为上帝是万物的目的因，而不是作用因，是创世的目的，而不是创世的原因。他坚决主张世界是永恒存在的。在具体说明中，西格尔特别强调了天然物种的永恒性。他指出，某类生物所以能产生是由于该类物种孕育着这种生物的许多个体，这一代个体由前一代个体产生，由此连绵不断，因而不存在有创世主。世界是必然的，自然规律是不可改变的。上帝只能认识一般的和必然的东西，而不能干预个别的事物和个人。西格尔追随阿威洛依，区分了个体灵魂和人类的统一灵魂。个体灵魂与人的肉体不可分，它使个人的肉体获得生命力，并随它一起死亡。而人类理性是统一的、唯一的灵魂，它同个体相结合以完成意识的活动。个人死了，人类的精神实体却不灭，因此只有类的灵魂是不死的。据说，西格尔并没有明确地接受"二重真理说"，他只是讲授了一些在他自己看来是从亚里士多德学说中和理性中推出的结论。一旦这些结论与基督教信仰发生矛盾，他就立即强调自己信仰教会的信条。他称这些信条为真理，却没有这样称谓哲学。① 这说明，西格尔远远没有发展到与教会决裂的程度，因而许多哲学史家仍把他列入经院学者。

---

① 参见 William James Durant, *Kulturgeschichte der Menschheit*, Band7, München, 1978, s. 130。

第四节　经院哲学的解体

阿拉伯文明的传入,导致了经院哲学内部的一场大论战。尽管托马斯主义很快取代奥古斯丁主义占据了统治地位,但要恢复到当年奥古斯丁主义的统治水平却是不可能了。还在托马斯时代,罗吉尔·培根就以他的卓越的实验科学思想和哲学思想预示了新时代的曙光。后起的司各脱主义和奥康的威廉主义则一方面企图恢复奥古斯丁时代宗教的纯洁,把理性从宗教中排斥出去,从而在客观上却导致了理性的独立;另一方面又发扬了唯名论思想,成为近代唯物主义哲学的先驱。而在德国,艾克哈特的神秘主义思想则以泛神论的形式给予正统经院哲学以沉重打击。所有这些因素的共同作用,再加上14世纪由意大利发端的文艺复兴人文主义运动,导致了经院哲学的解体。

一、罗吉尔·培根

实验科学的先驱罗吉尔·培根(Roger Bacon,1214—1294年)是英国人,出生于一个富有的家庭。起初在牛津,然后在巴黎学习了当时科学的所有科目:哲学、神学、医学、数学、法学,等等。大约在巴黎他参加了弗兰西斯教团。1252年他回到牛津任教,并从事各种科学试验。1257年被逐出学校,开始受到教团的迫害。1278年,培根以60多岁的高龄被关进监狱,在14年的囹圄生活中受尽折磨,释放后不久即去世。培根一生酷爱自然科学,积极从事科学实验。他的主要著作是写给教皇克莱门的,有《大著作》、《小著作》、《第三著作》和未完成的《哲学研究纲要》。

(一)认识的四种障碍

罗吉尔·培根是托马斯时代的人,也是他的激烈反对者。培根的矛头直指经院哲学无视科学和经验,一味强调烦琐空洞推理的思想方法。首先他指责托马斯就亚里士多德写了许多大部头著作,却不懂亚里士多德写作用的希腊文。他认为,过去的翻译,包括圣经的翻译,都是错误百出,无法运用,应该立即统统烧掉。因此,当务之急不是讨论逻辑学和拉丁文法,而是抓紧学习希伯来文、希腊文和阿拉伯文。其次,培根指责托马斯等人对数学知识不够重视,他认为数学是一切科学的基础,是极其重要而且有用的。最后,培根指责托马斯等人把一切问题诉诸权威,通过死板的逻辑演绎来解决,而完全忽视了作为一切科学的源泉的经验。

最使培根著名的是他提出了掌握真理方面的四种障碍,即"屈从于谬误甚多、毫无价值的权威;习惯的影响;流行的偏见;以及由于我们认识的骄妄虚夸而来的我们自己的潜在的无知。"培根认为:"从这些致命的流毒造成了人类的一切罪恶。"[①]人们丝毫没有意识到自己的无知,反而千方百计地进行掩饰。"最坏的是:虽然他们在错误的最浓密的阴影里,他们却以为自己是在真理的充分照耀下。"[②]他们把真理看作是谬误,却反过来宣扬那虚假的东西,在那些毫无价值的东西上花费自己的精力。因此,为了消除愚昧,认识真理,"首先必须认清这四个原因的暴行和毒害的一切罪恶,谴责它们,并将它们远远地排斥在科学考察之外。"[③]培根认为,这是他那个时代的头等大事,"危险莫大于愚昧,……最有价值的事莫过于研究消除愚昧黑暗的学问,全世界的幸福都取决于此。"[④]

---

①②③ 北京大学哲学系外国哲学史教研室编译:《西方哲学原著选读》上卷,商务印书馆 1981 年版,第 285、286、286 页。

④ 郭守田主编:《世界通史资料选辑》中古部分,商务印书馆 1974 年版,第 220 页。

(二)知识的三个来源

培根认为,"知识有三个来源:权威、理性和经验。但是,如无理性作基础,权威是不完全的,没有这个基础,它会引起误解,而只是根据信仰接受[真理],——我们相信权威,但不是通过权威来了解事物。而理性[或抽象的推论]不能单独区别辩论与真正的论证,如果它不能以经验证明自己结论是正确的话。"①这段话可以看作是培根对自己关于认识起源的观点的集中概括。

培根曾把盲目崇拜权威列为真理四障碍之首。但是,他并不是简单地否定权威,他否定的是专横跋扈、沽名钓誉的权威,是没有理性的人的诡辩的权威,总之,是有名无实的权威。对于教会和圣经的权威,培根强调了他的信仰。他承认"有一个完善的智慧,这个智慧就包含在圣经中"。② 但他认为圣经的翻译错误百出,主张通过学习希伯来语,运用数学、地理学、历法进行研究。此外,培根还承认那些源于某些圣者们的、完善的哲学家们的和另一些科学家的个人的优越和尊严权威。例如在哲学家中他列举了亚里士多德、阿维森纳、阿威洛依等。饶有兴趣的是,培根认为对待权威只能信仰,但并不能通过它们来了解事物。这实际上是对权威作为知识来源,尤其是对经院学者们所宣称的圣经已经穷尽了真理的否定。因此接下去,培根就抛开了权威,明确指出"获得认识有两种方法,即通过推理和通过经验"。可以看出,培根是把理性等同于推理等逻辑论证了。至于经验,他认为有两种:第一种是外部经验,它是经由我们的外部感官获得的,包括直接的经验,借助人有目的地制造工具而获得的经验和来自他人的经验。但培根认

---

① 郭守田主编:《世界通史资料选辑》中古部分,商务印书馆1974年版,第221页。

② Roger Bacon, *Opus majus*, 2, 12.

为，单有这种经验仍不能对于事物的有形的方面给予充分的证明，而且又根本没有触及事物的精神方面。因此还需要内部经验，它来自内在的启发，共分七个阶段，来自"纯粹和科学有关的启发"、"德行"、"圣灵的七种礼物"、"至福"、"精神的感官"、"效益"、"极乐"。培根把科学、伦理学、宗教信仰混为一谈，显示了他思想的混乱。但值得注意的是他关于理性和经验的关系的阐述。他认为，一方面，认识"只有推理是不够的，还要有经验才充分"，"没有经验，任何东西都不可能充分被认识"[1]；另一方面，"谁在探求真理时认为没有证据也行，那就最好请其抛弃经验。""自然的经验……是不完善的经验，这种经验……运用它的只是工匠，而不是科学家。善于进行实验的本领则高于它，高于一切思辨知识和艺术，这种科学就是科学之王。"[2]显然，培根在这里所说的实验，指的是以特定的目的和手段进行的科学实验。他认为，"凡是希望对于在现象背后的真理得到无怀疑的欢乐的人，就必须知道如何使自己献身于实验。"[3]培根自己正是这样做的。他一生进行过许多次物理学、化学，尤其是光学试验，提出了许多有价值的、给人以启发的科学设想，例如望远镜、轮船、潜水艇、机车、飞机等，成为近代实验科学的一位先驱。总的来说，培根在认识起源问题上的思想是混乱的，包含有不少的糟粕，但他重视对自然本身的考察、重视科学实验在认识中的地位，从而以粗糙的形式体现了认识论的辩证法，这在一切知识以启示和信仰为准绳的中世纪是难能可贵的。

培根不同意"二重真理"的提法。他不仅认为神学不妨碍和

---

①③　北京大学哲学系外国哲学史教研室编译：《西方哲学原著选读》上卷，商务印书馆 1981 年版，第 287、288 页。

②　Roger Bacon, *Opus majus*, 2, 12, 转引自［苏］特拉赫坦贝尔：《西欧中世纪哲学史纲》，于汤山译，上海人民出版社 1985 年版，第 149 页。

限制科学的认识,而且坚持哲学为神学服务,为神学作论证。所以哲学的意义就在于经过认识创造物而认识造物主。因此,没有哲学的根据,神学就无能为力了。值得一提的是,培根虽然主张科学为基督教信仰服务,认为基督教高于其他的信仰,但他又认为基督教并不排除其他宗教,基督教只是各种宗派中的一个。这种思想是无法与当时的正统神学共处的。

在共相问题上,尽管培根所述不多,但态度是非常明确的。他认为,共相无非是不同殊相的共性,仅仅一个实体就比全部共相加起来具有更多的实在性。这种坚持个体实在性的唯名论思想是与他的从感性出发的认识论思想一致的。

(三)对封建社会的批判

在《哲学研究纲要》的《普遍的腐败性》一文中,培根激烈地抨击了教会和封建王公的腐败。他写道:"在我们这个时代,充满了比以往任何一个时代都严重的罪孽。圣位成为不义的人们欺骗和虚伪的牺牲,……傲慢成风,贪欲泛滥,妒忌吞噬着一切。放纵玷辱了整个教廷,奢侈统治了一切。……上层如此,下边又如何呢?看看那些高级教士们吧。看他们怎样搜刮财物,不关心人们的灵魂,提拔自己的亲族和其他俗界朋友以及那些出主意毁灭一切的狡诈的律士。……新僧团也完全丧失了原来的尊严,整个教界都只热衷于纵欲、傲慢和贪婪。"[①]俗界的状况也是如此。"诸侯、男爵和骑士们互相压榨,使其臣民们背上了无休无止的战争和赋税的沉重负担。人民痛恨折磨他们的诸侯,只是被迫才向他们表示忠诚。上行下效,他们也互相压榨、欺瞒,这些我们到处都可以亲眼看到。他们完全沉湎于纵欲和奢侈,堕落得难以名状。至于商

---

① William James Durant, *Kulturgeschichte der Menschheit*, Band7, München, 1978, s. 187.

人和手工业者则根本无法说,因为他们的言行中充满了虚伪、欺骗和奸诈。"①培根充满感情地谈到了古典时代:"古代哲学家们尽管没有鼓励人们追求永恒生活的礼仪,但无论就其可敬的生活方式来说,还是就其对世俗以及一切情趣、财富和荣誉的蔑视来说,都无可比拟地优于我们。任何人都可以在亚里士多德、塞涅卡、图利乌斯、阿维森纳、阿尔·法拉比、柏拉图、苏格拉底等人的著作中看到这一点。"②培根把教会的堕落看作是普遍堕落的原因。他的结论是:"必须纯洁教会,没有一个聪明人会对此有极小的怀疑。"③但是,他把一个廉洁教会的希望寄托于统治阶级上层,认为需要公正的教皇和公正的国王在一起,物质的剑和精神的剑在一起来纯洁教会。

在培根的思想中,我们看到了新旧思想的奇特结合,一些似乎无法相容的观点被强行综合在一起。这一点吸引了后世史家的注意。究竟是培根本人思想混乱,还是他有意用假象掩盖自己新思想的锋芒?看来,这二者兼而有之。但无论如何,培根的思想极大地动摇了基督教神学的原则,并且成为随之而来的文艺复兴时代的旗帜。三个半世纪之后,罗吉尔·培根的思想在他的同姓人弗兰西斯·培根的著作中得到了再现和进一步完善。

二、邓斯·司各脱

随着托马斯主义日渐取得正统地位,坚持奥古斯丁主义的弗兰西斯教派曾一度受到了严重的挫折。这就导致在该教派中普遍产生了排斥理性以纯洁信仰的情绪。这种情绪在邓斯·司各脱的哲学中取得了理论形式。后世史家称以邓斯·司各脱为代表的晚

---

① ② ③　William James Durant, *Kulturgeschichte der Menschheit*, Band7, München, 1978, ss. 187-188,187,188.

期弗兰西斯教派为司各脱主义。

邓斯·司各脱(Johannes Duns Scotus,约 1270—1308 年)生于苏格兰,在牛津大学受到高等教育,年仅 23 岁就成为牛津大学教师,后来又到巴黎和科隆等地执教。由于他博闻强记,思维敏捷,论证有力,因而获得了"精明博士"的称号。司各脱的重要著作《牛津论著》、《巴黎论著》是其学生根据讲课笔记整理发表的。

关于神学和哲学的关系。司各脱认为:"上帝不是形而上学的主题"。① 他从数学出发,对证明提出了更高的要求。认为人们不能把适用于创造物的概念通过组合或类比加在上帝身上。我们通过理性只能知道上帝是一切原因的原因,一切本质的本质。上帝是永恒的。至于上帝在时间中创造世界,上帝以其预知鉴临一切。三位一体等等只能是信条,只能根据圣经和教会的权威信仰它们。如果我们要用理性思考上帝,就会陷入不可解决的矛盾。一个定理在哲学看来是真的,但在神学看来就可能是假的,反之亦然。但哲学和神学不应该存在对立。神学并不是一门思辨的科学,而是实践的学科,它的使命是帮助拯救人的灵魂。我们虽然不能认识上帝,但可以信仰上帝,爱上帝,信仰和爱高于认识。司各脱是一个忠诚的基督徒,他意识到了理性对信仰的威胁,因此认为放弃通过理性证明信仰的企图更为明智,力图限制认识为信仰保留地盘,但在客观上却为哲学摆脱神学的束缚创造了条件。

关于意志问题。与托马斯把理性看作是灵魂的本质相对立,司各脱认为意志是灵魂的本质。固然,司各脱也承认意志是"盲目的能力",承认只有当理性指明了目标时,灵魂才能有所意欲。但他认为最初的思维是通过灵魂与外界事物的共同作用,也就是

---

① 北京大学哲学系外国哲学史教研室编译:《西方哲学原著选读》上卷,商务印书馆 1981 年版,第 280 页。

通过外界事物的影像实现的，因而是混乱的、不定的。只是当意志注意到这些混乱的影像，使其变得清晰，它们才能成为一定的表象。因此，最终决定权属于意志。意志是自由的，是一切行动的唯一原因。思维仅是意欲的偶因，是意欲的仆人。在上帝那里也是如此，上帝的意志高于上帝的理性，上帝的活动全凭其意志决定，上帝愿怎么干就可以怎么干，否则他就不是全能的了。上帝可以创造一个世界，也可以不创造一个世界，也可以创造一个完全不同的世界。世界的善完全在于上帝的意愿，只要符合上帝的意愿，什么事情都可以成为好事。正因为如此，上帝的本质是不可认识的，最高的善也不在于认识上帝，而在于信仰上帝，爱上帝。

论物质与思维。司各脱认为，上帝是最高的本质，而质料（物质）是最低的本质。原初质料意味着一种最初存在于一切事物中的取得更高形式的可能性，形式则是事物的个体性原则，是使一事物成为该事物的原则。除了上帝之外，一切被创造的实体，包括精神实体，都是形式与质料的结合。因此，灵魂不是什么纯粹的形式，在灵魂中包含有作为基质的物质。在此基础上，司各脱进一步提出了"假如上帝是万能的，他能否赋予物质以思维的能力"这样的问题，这使司各脱大大接近了唯物主义。马克思给予这一思想以很大重视。他写道："唯物主义是大不列颠本土的产儿。大不列颠的经院哲学家邓斯·司各脱就曾经问过自己：'物质是否不能思维'？"但他马上又指出司各脱并没有跳出神学藩篱，"为了使这种奇迹能够实现，他求助于上帝的万能，即迫使神学本身来宣讲唯物主义。"①

事物的个性原则。在司各脱看来，质料是普遍的基础，而形式是事物的个性原则。他区分了一般的形式——"什么"（quiditas）

---

① 《马克思恩格斯文集》第 1 卷，人民出版社 2009 年版，第 330—331 页。

和使个体互相区别的特殊形式——"这个"（haecceitas）。司各脱赋予个性以更重要的地位。个体是完善的存在，是自然的目的，是直接的、独立的实在。因此，完善的知识就不是一般的知识，而是个别的知识。知识起源于个别的感知，普遍的概念来自人类能动理智的抽象活动。司各脱也承认共相的客观存在，共相存在的基础就在于精神从类似的对象那里抽象得到的共同的本质，这种本质必定存在于个体之中，否则我们就不能通过感知和抽象得到它们。一些哲学史家据此认为司各脱是一个唯实论者，显然是混淆了唯实论与唯名论的本质区别。其实，司各脱是唯名论的复兴者。

司各脱英年早逝，但他从经院哲学内部给予经院哲学的打击却是致命的。在他死后，由他的学生、信徒形成的司各脱主义同托马斯主义进行了长期的斗争。司各脱的思想路线在奥康的威廉那里形成了新的高潮。

三、奥康的威廉

奥康的威廉（William of Ockham，约 1300—1349 年）生于英国，曾在牛津大学和巴黎大学学习和做教师。由于他在辩论中的机智敏捷了，因而获得"不可战胜的博士"的光荣称号。1324 年，他因受指控讲授异端哲学而被囚禁了 4 年。1328 年他逃往比萨，投奔德皇巴伐利亚的路德维希。据说他曾对路德维希说过这样的话："你用剑来保护我，我用笔来保护你。"事实也的确如此，在德皇的庇护下，威廉写了许多为王权辩护的文章。他的重要哲学著作是《逻辑大全》、《箴言注疏》等。

（一）唯名论思想

威廉批判了唯实论者从共相出发推论出个体存在的思想方法。在他看来，个体是，而且只有个体是真实的存在。共相没有单独的存在，甚至在上帝的精神中也不存在"在物之先"的共相，否则上帝从无中创造了世界的教条就难以维持了。共相也不能"在物之中"。因为倘若共相是现实存在于个体之中，又不同于个体，那么共相本身就应是单一的物。但是一种单一的物又怎能同时存在于许多物之中呢？因此，"共相并不是一种实在的东西，并非是既不在灵魂中，亦不在事物中，而单独有其主观的存在的东西。共相是一个设想出来的东西，但它却在灵魂中有其客观的存在。"①共相在物之后，是存在于理智中的一般概念，是符号，现实中没有任何与这种符号相应的实在的对象。现实中没有独立存在的联系，只有相互联系的事物，联系仅存在于人的意识之中；也不存在一个单独的多，而只有多的事物。他认为，在相互联系的事物之外设定一个联系，在多的事物之外设定一个多，只能使科学毫无意义地复杂化。这是违背逻辑和一切科学的基本原理的。在此基础上，威廉提出了他的著名论断："能以较少者去完成的事，若以较多者去做，便是徒劳。"后人把它概括为"如无必要，勿增实体。"从这个原则出发，他认为像"实体形式"、"隐蔽的质"、"影像"等等都是多余的东西，都应该加以抛弃。哲学史上把威廉这一思想形象地称为"奥康剃刀"。

威廉由此出发，展开了他的认识论思想。他主张，一切知识的基础是从个体出发的经验。"在我们谈到认识的起源时，个别事物是感官的第一个对象；所以就知识的起源来说，个别事物才是首先被认识到的东西。"为了避免混乱，他指出，个别事物"用数来表示不是一，而且也不是为许多东西所共有的某种自然的或约定的

---

① ［英］奥康：《思维第一书注》，转引自［德］黑格尔：《哲学史讲演录》第3卷，贺麟等译，商务印书馆1959年版，第312页。关于这段话，德国学者 K．福兰德认为："'客观'和'主观'这两个术语在哲学史中引起了如此多的混乱，它们最初的运用与今天具有正好相反的意义。"（Karl Vorländer：*Geschichte der Philosophie*，Band 1，Leipzig，1919，s. 278.）

符号。"其次,"我们的问题只涉及一件个别事物真正的单纯的认识。"这就是"直观的认识"。威廉指出:"这种认识是第一位的,……因为关于个别事物的抽象认识是以同一对象的直观认识为前提的"。①抽象认识是关于一般的知识,是对许多东西的共同认识。因为一个"种"概念决不能仅仅从一个个体中抽象出来。概念的产生在于重复的经验和记忆,例如我们多次看到石头,我们的理性根据重复了的感受,才作出了"石头"这个符号。同时,单纯的抽象认识只是对事物的一个方面的认识。例如"苏格拉底"是有一定形象、高度、宽度的苏格拉底,"如果你忽略了其中之一以外的所有单纯概念,你就不能借此记忆联系到苏格拉底"。"所以一个单纯的抽象认识并不是关于个别事物的真正的认识,而合成的认识才是对于一个个体事物的真正的认识。"②威廉认为认识的对象先于认识存在于心灵之外,认识起源于对个别事物的直观认识,表现了唯物主义的倾向。他意识到抽象认识是对大量感性材料的扬弃,这里也有合理之处。但他不懂得真正抽象是对事物本质的把握,不知道"一切科学的(正确的、郑重的、不是荒唐的)抽象,都更深刻、更正确、更完全地反映自然"③。

(二)神学与哲学,教权与王权

威廉在宗教领域内运用唯名论原则的直接后果就是神学与哲学的截然分离。既然我们的一切知识起源于对个体事物的感知,既然上帝是无法感知的,那么我们对上帝的任何自然知识都是不可能的。对上帝的存在不可能有任何直接的证据,因而神学也不可能是严格论证的科学。威廉把整个神学都排除在理性之外,甚

---

①② 北京大学哲学系外国哲学史教研室编译:《西方哲学原著选读》上卷,商务印书馆 1981 年版,第 293、295 页。

③ 《列宁全集》第 55 卷,人民出版社 1990 年版,第 142 页。

至认为三位一体、道成肉身等信条不仅是超理性的、而且是反理性的。在神学看来是正确的原理，在哲学看来就可能是错误的。所以理性对于信仰问题不仅无能为力，而且有可能动摇神学信条，因而必须放弃证明不能证明的东西。神学的基础不是理性，而是信仰，而信仰应该向启示寻求支持，圣经就是启示的真理。圣经决不会有错误。和司各脱一样，威廉从维护信仰的主观动机出发，却造成了削弱信仰的后果，这也许是他们始料未及的。

神学和世俗知识的分离在实践上必然影响到教会与国家的关系。威廉激烈攻击了教会的世俗化和追求世界霸权的野心，认为人间的、世俗的一切事务的权力属于国家，教会的权力在于宗教事务。一般地说，教会不应干涉世俗事务，国家也不应干预教会。只有在特殊的情况下，教皇的全权才可以表现出来；另一方面，若有充分根据，教皇就不仅应受到宗教的审判，也应受到世俗的审判。

饶有兴趣的是，14世纪初的威廉是一个君主立宪主义者，其理论基础就在于他的"自然人"和"自然法"学说。他认为，最初的自然人是完全平等的，他们的一切财产都是公有的，政权还没有出现，国家必须借助于"人类社会共同契约"来建立。国家的目的是扶植一切国家法律所许可的"共同福利"。这是国家的最高原则，它来自自然法。自然法包括有：(1)合乎自然理性的东西；(2)由于自然正义性必须遵守的、不依赖人类法律的东西。参与国家立法是每个公社成员的权力，当权者仅仅是人民的一个代表，人民能够自己确立法规，选举自己的领袖。皇帝权力只能在不违背共同福利的范围内起作用，皇帝只有为了共同福利才能管理自由的人们。如果他违背自己的义务，越出自己的权限，人民有权废黜他，甚至用宝剑杀死他。威廉进一步把这个原则扩展到教会内部，认为教徒的公社本身及其所召集的宗教会议高于教皇，是最高的宗教机构。

与司各脱一样,威廉的思想也主要是否定型的。他否定了宗教信仰的理性基础,为哲学和科学的独立洞开了门户;他否定了教权至上性,为近代独立的民族国家的形成提供了理论基础;他否定了王权的至上性,可谓是近代资产阶级民主革命的先声;他的唯名论不仅打击了唯实论,而且动摇了整个经院哲学的基础。

四、约翰·艾克哈特

在基督教哲学中,11—14世纪也是神秘主义大量出现的年代。其中影响最大、最富有哲学思辨的是被誉为"德国思辨之父"的艾克哈特大师。

约翰·艾克哈特(Johannes Eckhart,1260—1327年)出生于图林根的一个骑士家庭。青年时期加入多米尼克僧团,曾担任过副主教等职。最后在巴黎和科隆担任神学教授。由于他的神秘主义异端思想,晚年曾受到教会的迫害。他的主要著作是《德语讲道集》。

艾克哈特的学术活动是在经院哲学繁荣阶段的影响下开始的。阿尔伯特、托马斯师徒建立了神学和哲学的亲密联盟,不仅使哲学由于附属于神学而套上了枷锁,而且也把神学束缚在本质上是世俗学问的亚里士多德哲学上。如何把信仰和理性二者分离开来,就成为晚期经院哲学家的主旨。在这方面,艾克哈特的神秘主义和司各脱、奥康的威廉等人的思想有着异曲同工的妙用。

(一)上帝和三位一体

艾克哈特继承了新柏拉图主义的否定神学,认为我们只能说上帝不是什么,而不能说他是什么。上帝超越一切理解之上。我们加给上帝的一切宾语都是不适宜的。上帝是绝对者、是一、是彼岸。艾克哈特称这个彼岸的上帝为"神性"(Gottheit)或"非产生的自然",以区别于一般所说的"上帝"(Gott)——"被产生的自然"。这个"原初神性"是超越的存在和超本质的无,是虚无的深渊。为了启示自己,"神性"必须"承认自己"、"倾诉出永恒之言"(道)。这样,从原始的神性中产生了三位神。神本身就是认识,神性分出了主客体。圣父是主体,他用来倾诉出自己的永恒之言则是客体,即圣子。连接圣父与圣子的爱就是圣灵。这样,艾克哈特在基督教三位一体的上帝之上又增加了一个本身是无的"原初神性",三位一体的上帝成为神性的第一次流溢。和产生圣子一样,上帝还借永恒之言"倾诉"出一切创造物。上帝认识到在自身预备的一切创造物的理念,从而创造了万物,上帝的认识就是创造。一切都从上帝那里获得自己的本质。因此,上帝在一切之中,一切在上帝之中。一切都来自上帝,又都回归于上帝。上帝无处不在,又不在任何地方。和爱留根纳的泛神论相比,艾克哈特显然又前进了一步。

(二)灵魂的三位一体

在上帝的造物中,最好的、最完善的是人的灵魂。这不仅因为人的灵魂是上帝按照自己的形象创造的,而且还因为所有创造物只有通过人才能回归上帝。如同上帝是三位一体一样,灵魂也是由三种力量构成的,这就是记忆、理性、意志。记忆是一种保存的能力,它把其他能力交付给它的东西保存起来;理性是理解的能力,当理性的对象是上帝时,其他能力都必须协助它;意志则根据其意愿来提供和禁止一切,艾克哈特继承托马斯的思想,强调了理性的优先地位。理性的高贵在于把握我们当下不能触及的事物,而意志的高贵则在于自为地把握所有事物,特别是在理性束手无策的地方。但意志的力量需要其他力量尤其是信仰的扶助。而信仰又归根结底来源于认识。认识指的就是对意志的认识。看来,艾克哈特在强调理性优越地位的同时,对意志也做了一定的肯定。

如同三位一体的上帝来源于"神性"一样,三位一体的灵魂也来源于一种高于它的三种力量的东西,艾克哈特称之为"神的火花"。因而上帝是灵魂的生命,灵魂的存在就在于分有了上帝的光。灵魂的火花使人永远朝向上帝。

(三)神人合一

艾克哈特哲学的最高理想就是灵魂返回到上帝,与上帝合一。他认为,这是不能通过认识上帝的创造物来实现,也不能通过启示或教会的帮助,甚至也不用诵读圣经。上帝就在人的灵魂之中。只要灵魂弃绝了罪恶,弃绝了世俗的东西,弃绝了自我,就能在最纯净的出神状态中,在灵魂的闪光中直接认识到上帝,达到对上帝的无限的信仰和爱。"上帝使灵魂从他自身恬美愉悦地流溢而出,于是,灵魂对所有叫得出名的事物就再也不感兴趣了。确实,灵魂甚至对它自身也不感到满足了。神灵般的爱的泉流荡涤着灵魂,使灵魂从自身中超拔出来,进入它最初的本源——上帝之中。在上帝之中,灵魂就达到了最高的完满。"①灵魂一旦直观到永恒之光,就获得了永生。人就成为上帝,和上帝永恒同在。所有的创造物也都在人的本质中放弃自己的本质,改换自己的名称,由人的本质而获得荣耀和高贵,从而返回到本原——上帝。

艾克哈特的神秘主义泛神论否定了人格化的上帝的至高无上。他所主张的"上帝在万物之中,万物在上帝之中"的思想深深地影响了库萨的尼古拉和布鲁诺。他的神秘主义认识论——用文德尔班的话说——的最后结论则是:"存在和认识是一回事。世界上的一切发生依照其最深刻的本质就是认识。认识的一个过程,即自我启示,就是世界从上帝之中产生,认识的另一个过程,即

---

① [德]艾克哈特:《论自我认识》,刘小枫译,载《德国哲学》第2辑,北京大学出版社1986年版,第187页。

越来越高的直观就是万物复归到上帝之中。"①这种思想成为黑格尔建立自己体系的基本原则。他把对上帝的认识寄托于个人的神秘直观、寄托于今世,则是对教会正统神学的大胆否定。所有这些,都使他成为哲学史上的重要人物。

本 章 小 结

从教父哲学的兴起,到经院哲学的解体,基督教哲学经历了十多个世纪的历程。早期基督教贬斥理性,但为了建立神学体系、争取信徒又不得不利用哲学的词句、形式乃至内容。理性的引入破坏了信仰的"纯洁",威胁着信仰的生存。由于企图用理性来保证信仰,从而在根本上承认了理性的优势。晚期经院学者主张理性不能保证信仰,企图纯洁信仰,但信仰和理性的分离又削弱了信仰,动摇了经院哲学的立身之本,最终造成了信仰的崩溃和理性的解放。作为一种哲学形态,基督教哲学已经丧失了自己存在的价值。在中世纪晚期已经孕育着对人、对自然的强烈兴趣,终于形成一个新的哲学形态,这就是文艺复兴时期的哲学。

尽管基督教哲学在本质上是为信仰服务的,但它毕竟是理性的活动。它"从科学的兴趣出发,鼓励和赞许自由的研究精神。它把信仰的对象变为思维的对象,把人从绝对信仰的领域引到怀疑、研究和认识的领域。它力图证明仅仅立足于权威之上的信仰的对象,从而证明了——虽然大部分违背它自己的理解和意志——理性的权威,给世界引入一种与旧教会的原则不同的原则——独立思考的精神的原则,理性的自我意识的原则,或者至少

---

① Wilhelm Winderband, *Lehrbuch der Geschichte der Philisophie*. revidiert von Heinz Heimsoeth, Tübingen. 1976, s.287.

是为这一原则做了准备。……在当时旧教会精神的令人窒息的统治下,研究精神只能以这种的方式表现出来。"①基督教哲学以曲折的、艰难的方式延续了人类理性思维的传统,在神学的框架下研究了无限与有限、绝对与相对、一般与个别等一系列哲学问题,深化了人们的认识,填补了西方哲学发展史的一段空白。

包括经院哲学在内的中世纪基督教文化是西方文化的一个组成部分。它把欧洲各野蛮民族相继纳入西方文明的轨道,扩展了文明世界的领域,为近代西方的兴盛打下了基础。奥古斯丁、托马斯两大哲学体系至今在西方社会仍有很大的影响。从一开始就存在于基督教内部的泛神论倾向为近代哲学、科学摆脱神学的束缚提供了深刻的启迪。唯实论和唯名论的长期争辩是近代唯理论和经验论的思想来源之一。而经院哲学晚期出现的重视自然、重视实验的思想更是近代哲学、科学的直接先驱。无论这些哲学家们的主观本意如何,人类智慧的宝库无疑包含了他们的贡献。

---

① 《费尔巴哈哲学史著作选》第 1 卷,涂纪亮译,商务印书馆 1978 年版,第 12 页。

第 三 章
文艺复兴时期哲学

引 言

自 13 世纪以来,在西欧各国,随着生产和动力工具的改进,纺织、采矿、冶金、造船、军工等工业部门和商业都获得了长足的进展。封建行会和封建庄园经济逐步解体,新兴的生产关系开始出现。15 世纪末—16 世纪初,新航路的开辟和地理大发现,引起了西欧商业的革命性变化,极其有力地刺激了欧洲各国生产的发展和资本主义关系的形成。马克思说:"资本主义时代是从 16 世纪才开始的。"[①]

随着资本主义关系的产生,新兴市民资产阶级和早期无产者出现了。这使本来就相当复杂的社会矛盾进一步多元化。教权、皇权、王权、封建割据势力、自由城市、市民资产阶级等社会势力时而结盟,时而对立,使这个过渡性的历史阶段充满了各种政治经济力量的激烈争斗。至于被压迫被剥削的农民、贫民、帮工阶级、阶层,则以此起彼伏的起义进行反抗斗争。正像新型的生产关系萌发、产生在旧制度内一样,一个体现新时代的哲学——文艺复兴时期的哲学也在旧制度、旧意识形态内孕育、形成和发展。它发端于

---

① 《马克思恩格斯文集》第 5 卷,人民出版社 2009 年版,第 823 页。

14 世纪的意大利,昌盛于 15—16 世纪的西欧各国。

　　基督教及经院哲学仍是这一时期占统治地位的意识形态。然而,正是经院哲学自身的发展(力图用理性论证神学),从思想上培育了新时代哲学的理性种子。宗教艺术(绘画、雕刻)技艺的提高。使其不可避免地具有人性的世俗的因素。人性、理性曲折地展现、展开自身,延续着自由精神的传统。"现在,人重新在对自己精神的宏伟创造的观察中感觉到自身的存在,意识到自己的独立自主性,意识到自己在精神上的高尚优雅,意识到自己具有一种内在的、天生的、与上帝相似的东西,产生了对自然界的兴趣和研究自然界的兴趣,获得了观察的才能和对现实的正确观点,⋯⋯艺术和科学的精神只是表面上为否定性的宗教精神服务,它从宗教精神中创立了一个相反的原则,即纯粹人性的、自由的、自我意识的、博爱的、无所不包的、无处不在的、普遍的、有独立思考能力的科学精神。这种科学精神使否定性的宗教精神遭到贬谪,把它从世界统治的宝座上推下来,把它拘禁在处于历史急流彼岸的那个狭窄领域之内,而自己则成为世界的原则和本质,成为新时代的原则。"①

　　这一新精神最早的突出表现就是人文主义运动。"人文主义"一词起源于拉丁文"studia humanitatis"(人文学科)。人们使用这个名词主要是为了同教会的神学学科区别开来。到了 19 世纪,人们开始用"人文主义"一词来概括文艺复兴时期在科学、哲学、文学、艺术、教育等领域表现出来的以人为中心的思想内容。人文主义反对中世纪神学抬高神、贬低人的观点,肯定人的价值、尊严和高贵;反对中世纪神学主张的禁欲主义和来世观念,要求人

---

① 《费尔巴哈哲学史著作选》第 1 卷,涂纪亮译,商务印书馆 1978 年版,第 13—15 页。

生的享乐和个性的解放,肯定现世生活的意义;反对封建等级观念,主张人的自然平等。人文主义思潮极大地推动了西欧各国文化的发展和思想的解放。

随着人文主义运动的逐步深入,在哲学理论领域内开始出现脱离正统神学、背弃被正统神学曲解、利用和神化的亚里士多德主义的新哲学倾向。这种新倾向或者表现为"异教的"、希腊古典哲学流派的复活,或者表现为利用古代哲学的形式对新兴自然科学知识的初步哲学概括。它们是从中世纪哲学向近代哲学过渡的形态,是新兴市民阶级世界观的最初形态。

16 世纪初开展起来的宗教改革运动,是市民资产阶级发动的一次大规模的反对封建天主教势力的社会政治运动。恩格斯称它是资产阶级反封建制度的第一次大决战。这一运动的首倡者马丁·路德所提出的"因信称义"教旨,宗教改革另一宗派的首领加尔文所提出的"先定学说"以及民主共和的教会组织原则等,恰恰反映了资产阶级的需要。这一运动尽管是在基督教范围之内进行的,但它在摧毁罗马教会的无上权威,解放人们思想方面仍然起了巨大的作用。

在宗教改革运动开展起来之后不久,在自然科学方面也向教会的权威提出了挑战。哥白尼在 1543 年出版了他的名著《天体运行论》,提出了太阳中心说。这是"自然科学借以宣布其独立并且好像是重演路德焚烧教谕的革命行为"①,从此自然科学便开始从神学桎梏下解放出来大踏步前进。

正是在宗教改革的背景之下,在科学的革命行动和新的实验科学的精神的影响之下,形成了"自然哲学"的思潮,其主要代表人物是意大利哲学家特勒肖和布鲁诺。他们的自然哲学乃是文艺

---

① 《马克思恩格斯全集》第 20 卷,人民出版社 1971 年版,第 362 页。

复兴时期市民资产阶级哲学思想发展的最高成就。

第一节　人文主义思潮和社会政治学说

一、人文主义思潮

　　人文主义运动在 13 世纪末 14 世纪初发端于意大利。这固然因为临靠地中海,地处交通商业要道,使意大利成为"第一个资本主义民族"①,也由于意大利在整个中世纪一直有着一定的人文主义传统。而与阿拉伯人的广泛接触(通过十字军东征、阿拉伯人西征等),使意大利人较多地接触到了由阿拉伯人保存下来的古典文化。特别是 15 世纪君士坦丁堡的陷落,大批研究希腊文化的学者和希腊典籍进入意大利,极大地促进了人文主义的蓬勃发展。无论是日益世俗化的教皇,还是积极争权夺利的诸侯王公,也在不同的程度上意识到不可缺少世俗文化。人文主义正是在这样的基础上形成和发展起来的。到了 15 世纪,人文主义运动开始越出意大利国界,在西欧诸国获得了迅速的传播和发展。各个人文学科,尤其是文学和艺术达到了空前的繁荣,涌现出但丁、彼特拉克、薄伽丘、达·芬奇、米开朗基罗、拉斐尔、拉伯雷、塞万提斯、莎士比亚等文化巨匠。此外,布鲁尼的史学、马基雅维利的政治学、莫尔和康帕内拉的空想共产主义也都是这一时期人文主义运动的杰出成果。

　　(一)人文主义思潮的一般特征

　　人文主义思潮不是一个统一的思想运动,其表现形式和思想内容复杂多样,但它也有一些共同的特性。

　　人文主义运动,首先是一个文化运动。主要从事人文学科文

---

① 《马克思恩格斯文集》第 2 卷,人民出版社 2009 年版,第 26 页。

化,尤其是古典文化的发掘、研究和传播。为了克服语言障碍,14
至15世纪,在意大利兴起了学习古希腊文的热潮。许多拜占庭学
者在意大利讲授希腊文,到16世纪,希腊文甚至成为大学和许多
文科中学的必修课。与此同时,人文主义者还恢复了西塞罗时代
的古典拉丁语,在一定程度上学习和研究了古犹太语,从而为直接
利用古典文化成果奠定了基础。

在这期间,搜集古代典籍蔚然成风,意大利学者、作家、商人,
甚至贵族、君主、教皇也加入了这个行列,他们到各国搜集、购买、
转抄古代作品。教皇尼古拉五世的藏书量达数千册,一些神职人
员、贵族、巨富亦以藏书众多而著名。15—16世纪,西欧其他国家
亦竞相仿效意大利,巴黎、慕尼黑、维也纳也相继成为当时的藏书
中心。据考证,这些收集已几乎拥有现代所拥有的全部希腊文献。
在此基础上,人文主义者进行了紧张的翻译出版工作。大批的古
希腊文学、历史、哲学、自然科学作品被译为或重译为拉丁文,许多
希腊罗马作者、作品第一次为人所知。柏拉图和亚里士多德的希
腊文、拉丁文全集相继出版,卢克莱修的《物性论》也在这时被发
现。古典文化借人文主义者之手再次得以繁荣,这就是后世史家
把这一历史时期称之为“文艺复兴”的一个根本原因。

这种复兴古典文化的现象之所以产生,一方面是出于对基督
教扼杀人性、禁锢思想的沉闷局面的厌恶,而学术相对自由、文风
轻快、重视人、重视世俗生活的古希腊罗马文化在很大程度上可以
表达新兴市民阶级的要求;另一方面,这也是中世纪崇拜古典权威
的遗迹和新思想尚不成熟的表现。需要指出的是,人文主义者利
用古典文化绝非简单的重复,而是对中世纪所歪曲,所阉割了的古
典文化进行矫正和恢复,并按照自己的观点重新加以解释。一旦
新的思想形式在这个母腹中孕育成熟,突破旧的形式就是水到渠
成的事情了。

从思想内容上说，人文主义的实质就是强调人、人的尊严和人生价值。中世纪的宗教学说也曾对人有所研究。它认为人是上帝按照自己的形象创造的最高造物，是尘世的最高目的，尘世的一切都是以人为中心创造的。但是神学研究的重心是上帝，研究人是为了论证神，面对神圣的上帝，人的地位是卑贱的。文艺复兴时期的人文主义者们并没有发展到否定上帝至尊地位的程度，他们的一个突出特征就是避开上帝，把研究的重心从人神关系转移到人兽关系。这样一来，人的优越地位立刻就表现出来了。人和万物都是上帝的造物，因而人的本质不在于它与上帝的区别，而在于它与万物的区别，这种本质不是表现为原罪，而是表现为人类特有的理性，它是人类真正的尊严。

肯定了人生的价值，也就必然肯定人的现世生活。中世纪的伦理思想强调人的真正幸福在于达到上帝的真善美的本性，也就是说，只有来世或彼岸的幸福才是真正的幸福。因此人们在现世必须克制自己对财富和荣誉的追求，限制欲望的满足。人文主义者并不否定来世的幸福，但他们把这看作是遥远的事情。人生在世，重要的是现世的幸福。人应该是全面发展的人，应该按照自然本性生活，应该在追求精神享受的同时也追求感官的享受。

天命和自由意志的关系问题历来是基督教内部争论较多的一个问题。人文主义者大多承认天命，但要求给人的自由意志留下活动的余地。天命不是铁的必然性，不是产生一切的原因，人可以凭借自己的自由意志决定自己的命运，决定自己是成为兽，还是成为神。

从市民资产阶级的立场出发，人文主义者还曾为人的自然平等而大声疾呼。他们认为，人类是天生一律平等的，人的贵贱不是以血统的高贵与否，而是以个人的才能与品德为标准。因此，人们应该积极地发挥个人的才能，建功立业，追逐名利，实现自我。

　　人文主义者的活动在人们面前展示了一个广大的、被人遗忘了的精神世界,动摇了基督教思想的一家独尊局面。对人本身、对理性、对现世生活的肯定使人们不再甘心屈服于教会的淫威,促进了人的自我意识的觉醒。人文主义的一些研究成果,例如瓦拉和库萨的尼古拉证明的"君士坦丁赠与"之伪,则直接否定了教皇对西欧世俗政权的要求的理论依据。这些活动都起到了瓦解中世纪教会神权统治的作用。

　　但是,人文主义还没有发展到成为天主教教会竞争对手的程度。他们对教会的批判大多仅限于指出教会的腐败和虚伪,并没有触及基督教的基本理论及其赖以存在的根基。而精神、文化的世俗化,对于一个在政治、经济、组织上已经世俗化了的教会,固然会妨碍它继续愚弄人民群众,但也可以为其穷奢极侈的生活提供借口和条件。人文主义活动要求必须有闲暇和财富,这就决定了它必然局限于上层知识界,依附于权贵阶层,因而也就不可能与封建势力彻底决裂。许多人文主义者和旧势力有着千丝万缕的联系;他们大多数至少在形式上保持了对天主教会的忠诚;他们和贵族、高级神职人员、国王、教皇来往密切,彼特拉克、瓦拉等人甚至成为教皇的宠信。爱拉斯谟曾多次向教会表白自己的忠诚,莫尔甚至为维护天主教的统一不惜献出头颅。而另一方面,封建统治阶级出于自身的利益,也能够容忍人文主义者的嬉笑怒骂,甚至成为他们的保护人。教皇尼古拉五世、庇护二世、列奥十世以及一些世俗统治者当时都是著名的人文主义积极赞助者。人文主义运动自身的这些局限在它进一步的发展中日益明显暴露出来,有些人文主义者成为咬文嚼字的学究,有些人沦为权贵们装潢门面的饰物。

　　(二)意大利的人文主义者

　　1.但丁。

　　恩格斯在评述但丁在欧洲文化史上的重要地位时指出:"封

建的中世纪的终结和现代资本主义纪元的开端,是以一位大人物为标志的。这位人物就是意大利人但丁,他是中世纪的最后一位诗人,同时又是新时代的最初一位诗人。"①

但丁(Alighieri Dante,1265—1321 年)出生于佛罗伦萨城的一个没落贵族家庭,早年热心于政治活动,卷入了当时佛罗伦萨倾向于教皇和法国的"黑党"与倾向于日耳曼皇帝的"白党"之争,是"白党"的重要人物。他曾于 1300 年通过行会当选为佛罗伦萨最高政权机关的六执行委员之一,但好景不长,次年,黑党在教皇支持下得势。但丁在 1302 年被判处终生放逐,从此过着流亡生活。他拒绝了他的政敌提出的允许他返国的屈辱条件,最终客死在拉维纳。其主要著作有《新生》、《神曲》、《飨宴篇》、《帝制论》等。

但丁的作品,无论其形式、结构、内容,都还没有彻底摆脱中世纪宗教神学的巨大影响。但是,他在这里所表达的新思想却宣告了神学思想一统地位的终结,使他成为人文主义运动的直接先驱。

但丁人文主义思想的突出表现就是他对人、对人的现世生活的肯定。他认为:"永恒的上帝用其天的力量命令全人类存在,以达其最后目的。所谓最后之目的,就是人类之幸福,即是吾人所寻求的第一个原理,这原理是我们作研究的指南。"②作为一个虔诚的教徒,但丁相信上帝为我们安排的命运。但命运并不是不可动摇的必然性,否则劝善惩恶就不正当了。命运本身就包含了人所具有的自由意志的活动。但丁认为,人具有种种劣根性,诸如贪欲、野心、逸乐等,稍不小心就会走上邪路,跌入罪恶的深渊,而其原因就在于人的自由意志。但是,如果人能够善用自由意志,就能

---

① 《马克思恩格斯文集》第 2 卷,人民出版社 2009 年版,第 26 页。

② 周辅成编:《从文艺复兴到十九世纪资产阶级哲学家、政治思想家有关人道主义、人性论言论选辑》,商务印书馆 1966 年版,第 18 页。

达到良好的归宿。这就需要理性的指导。天赋的理性是人与禽兽的根本区别，是辨别善恶的光，只有遵从理性的指导，人才能达到至善之境，获得真正的幸福。但丁热情地歌颂了人的伟大。他写道："人的高贵，就其许许多多的成果而言，超过了天使的高贵，虽然天使的高贵，就其统一性而言，是更神圣的。"①因而，但丁强调每个人都应该努力奋斗，追求知识、美德和功名，这是人的使命。个人的高贵不在于他的家族，恰恰相反，是个人使家族高贵。但丁自己就曾明确地表示他希望借《神曲》这部作品永垂不朽。这种对荣誉的强烈欲望，虽然具有资产阶级个人主义的色彩，却是对中世纪禁欲主义的否定，是新生资产阶级世界观的真实反映，具有进步的意义。

　　但丁人文主义的另一个突出表现是他的政教分立思想。这里，他仍然是以人类的幸福作为出发点的。他认为，为了人类的幸福，就必须有自由、秩序与和平。自由就是意志的自由判断。一个人只有当他是为了自己的目的、而不是为了别人的目的生存时，才是自由的。秩序就是协调，就是众多意志的一致、统一。而为了达到自由和秩序，即达到幸福，必须实行君主制。只有君主才能保护人民的自由，只有以君主的意志为其余一切人的意志的主宰和节制力量，人类才能达到协调。这样的君主必然能得到神的认可，而不需要通过教皇或教会取得存在权。但是，但丁并不是无条件地赞美君权的。在《神曲》中，他把那些祸国殃民的国王、贪官污吏放入地狱的深层，而把贤明的君主放到九重天之上，表明了他好恶的标准。但丁认为，在一个好的国家里，公民不是为了执政官的幸福而存在的，国家也不是为了国王的幸福而存在的。恰恰相反，执

①　北京大学西语系资料组编：《从文艺复兴到十九世纪资产阶级文学家艺术家有关人道主义、人性论言论选辑》，商务印书馆1973年版，第3页。

政官、国王是为了公民和国家的幸福而存在的。国王和执政官是一切公民的公仆。但丁的这一思想是近代资产阶级民主政治的先声。

在肯定王权的同时,但丁还揭露了教会的腐败和黑暗。上自教皇、下至教士都成为他抨击的对象。他不仅把贪得无厌、作恶多端的教皇、主教扔进地狱的火窟之中,而且大胆地在那里为当时尚未死去的教皇卜尼法斯预留了一个位置。对于教会干涉世俗事务,但丁深恶痛绝。他鞭挞了这种干涉所造成的种种恶果,坚决主张政教分立。但是,但丁的批判是一个虔诚的教徒对一个腐败的教会的批判。上帝、基督在他的心目中仍然是至高无上的。在《神曲》中,但丁用"爱"作为上帝的代名词,认为"爱"是统治整个宇宙的动力。当然,当但丁把这个作为神的本体的"爱"同人世间现实的爱联系起来时,他实际上表述了人文主义的一个重要原则,即把人的爱上升为世界的本质,用人性与神性的同一使人性取代神性。

2.彼特拉克。

彼特拉克(Francesco Petrarca,1304—1374年)生于阿累佐的一个公证人家庭,早年曾在蒙彼利埃和波隆那攻读法律,以后一直以学者身份在意大利各地活动。其主要著作有《阿非利加》和《秘密》等。

彼特拉克是古典文化运动的倡导者。他积极地搜集古代的抄本和文献。他自己并不能读希腊文,却以虔诚的态度保存着一部希腊文的荷马诗集,并请人把它译成拉丁文。彼特拉克最为推崇罗马共和国末期和罗马帝国初期的拉丁文作品,尤其是维吉尔的诗和西塞罗的散文。他称这两个人是他写作时的两只眼睛。他的长诗《阿非利加》就是模仿维吉尔的《伊尼德》写成的。彼特拉克收集和模仿古典作品的狂热态度影响和开启了整整一代新的文风。他强调古典文化和中世纪文化是在质上不同的东西。后者是神学，前者则是人学，或人文学。彼特拉克自称"人文学者"。所以，西方学者一般把彼特拉克看作是第一个人文主义者，公认他是"人文主义之父"。

彼特拉克研究古典文化的目的不是单纯的复古，而是试图从中寻找和汲取符合他的时代的精神内容，使之与中世纪的神学思想对抗。新旧两种思想的激烈抗争，决定了彼特拉克思想的深刻矛盾性。

彼特拉克在为他的情人劳拉所做的诗中，热情地歌颂了这个现实的人间妇女，充分抒发了他真诚的爱情。在《秘密》中，他不顾中世纪禁欲主义的道德说教，承认既爱她的灵魂又爱她的形体。他多次非常明确地表达了对幸福和荣誉的渴望和追求。但他又崇尚晚期斯多亚主义的道德理想。他对在公众中的声名深感不安，声称他宁愿名传后世而不愿声闻当时。这种深刻的矛盾在《秘密》中通过奥古斯丁和他自己的对话得到了充分的体现。诗人最后的解脱方式无疑是放弃了基督教的道德理想。他公开宣布："我不想变成上帝，或者居住在永恒中，或者把天地抱在怀抱里。属于人的那种光荣对我就够了。这是我祈求的一切，我自己是凡人，我只要求凡人的幸福。"①这句话后来成为人文主义的一句名言。彼特拉克在现实生活中也确实是这样做的。他为声名四处奔走，出入贵族、国王、皇帝的宫廷。他虽然把教廷称作"恶毒的寺院"、"谬误的学校"、"谎言的熔炉"、"阴谋的牢狱"，却又久居教皇宫廷，成为教皇的宠信。他为拜占庭君主能知道他而兴高采烈，为家乡的城市出于纪念而保护他出生的房子激动不已。他声誉的

---

① 北京大学西语系资料组编：《从文艺复兴到十九世纪资产阶级文学家艺术家有关人道主义、人性论言论选辑》，商务印书馆 1973 年版，第 11 页。

顶峰则是在罗马元老院贵族议员的簇拥下接受诗人的桂冠。这一切说明,彼特拉克已冲破了中世纪基督教所鼓吹的禁欲和谦卑的说教,体现了新兴市民阶级的积极进取精神。

3.薄伽丘。

薄伽丘(Giovanni Boccacio,1313—1375 年)出生在佛罗伦萨的一个商人家庭。青年时代经商,后潜心研究古典文学并从事文学创作。他是文艺复兴时期第一个懂希腊文的人文主义者。是彼特拉克的挚友,与但丁、彼特拉克并称佛罗伦萨早期文艺复兴的文学三杰。主要著作有《十日谈》、《菲洛哥罗》、《菲拉斯特洛》、《菲亚美达》等。

薄伽丘是早期人文主义者中最激烈地抨击封建教会的著名代表。他毫不留情地揭露了教会的腐败和虚伪。上自教皇、红衣主教,下至修士修女都成了他冷嘲热讽的对象。他指出,这些人虽然满口仁义道德,自称是上帝的代言人,是清心寡欲的大圣人,是人们进入天堂的引路人。但骨子里却是最无耻、最荒淫。他们过着糜烂的生活,满脑子考虑的是如何满足自己的钱欲和情欲,无恶不作,坏到了不能再坏的地步,根本不配去管别人。薄伽丘笔锋犀利、谈吐风趣,故事内容真实贴切、通俗易懂,这更增加了他的作品的战斗力。

然而,薄伽丘攻击的不是教职人员对现世生活享受的追求,而是他们的虚伪,这种虚伪的根源就是中世纪教会所推行的禁欲主义。因此,冲破这种禁欲主义的束缚,狂热追求现世幸福,就成为薄伽丘思想的主要倾向。薄伽丘认为,人应该是全面发展的人,应该聪明、强壮、有感情、有教养。人应该有追求现世生活幸福的权利。这种追求是人的天性,是自然的力量,任何企图压抑这种权利的人都是妄自尊大,愚不可及。

从人的自然本性出发,薄伽丘批判了封建特权。他指出,我们人类的骨肉都是用同样的物质造成的,我们的灵魂都是上天赐给的,具备着同等的机能和一样的效用。我们人类是天生一律平等的。他认为不应以血统,而应以才能和道德为标准来衡量个人的贵贱。只有发挥大才大德的才当得起一个"贵",否则就只能算是"贱"。他关于人的自然平等的思想对近代资产阶级平等学说产生了极大的影响。

4.瓦拉。

瓦拉(Lorenzo Valla,1406—1457 年)出生于皮亚琴查的一个律师家庭。早年在罗马和佛罗伦萨城接受了古典教育,后曾任教皇尼古拉五世的秘书和帕维亚大学的教授,是著名的历史学家、语言学家。主要著作有《论自由意志》、《论快乐和真正的善》、《对亚里士多德派的辩证驳义》等。

瓦拉在古典语言的研究上颇有造诣。他曾根据语言的形式及其发展对许多古籍进行了考证。最著名的是他证明了狄奥尼修斯著作和"君士坦丁赠与"文件之伪。前者系一新柏拉图主义者在公元 5 世纪假托狄奥尼修斯之名发表的一个文集。文集作者试图用新柏拉图主义精神把基督教理论同异教哲学联结起来。公元 9世纪爱留根纳把它译为拉丁文后,对中世纪以及文艺复兴时期的神学和哲学产生了很大的影响。后者则是教会伪造的一个文件。它声称公元 4 世纪时罗马皇帝君士坦丁大帝曾把帝国西部政权赠与教皇。历代教皇都利用这个伪件要求在政治上统治意大利和西欧。瓦拉的考证撕毁了教会的伪善面具,对教会的教权至上论是一个沉重的打击。

在《论快乐和真正的善》一书中,瓦拉用对话体的方式,阐述了斯多亚主义、伊壁鸠鲁主义以及基督教的伦理思想,表明了自己的态度。瓦拉指出,人应该按照其本性的自然需要,尽情享受现世生活,在现世生活中取得快乐,这就是真正的幸福。他说:"和整个宇宙的生命相比较,我的生命,对于我来说,是更大的幸福。"①
在自由意志问题上,瓦拉认为,上帝的预知与人的自由意志并不矛
盾。上帝虽然能预见到人的某些将来的行为,但上帝的预知并非
是事物发生的原因。就像我们预言8小时后将是黑夜但它并不是
黑夜来临的原因一样。事物的发生具有内在的必然性,所以上帝
能预知它们。在人类事物中,决定的因素是人的本性,是意志。上
帝规定了各种可能性,但究竟哪种可能性将得到实现,则是自由意
志决定的。上帝的预知是建立在他对人的意志的了解之上的。这
样,瓦拉实际上否定了斯多亚派的禁欲主义和宿命论,利用伊壁鸠
鲁主义的偶然性学说把自由意志引入基督教神学,在神学的形式
下讨论了自由和必然的关系问题。

瓦拉还对方法论问题发表了他的见解。在《对亚里士多德派
的辩证驳义》一书中,他批判了经院哲学所惯用的三段论法,指出
这种方法只是一种概念游戏,只是用空洞的名词、定义来进行烦琐
的推论,而不研究事物本身。这种方法对认识和实践都不能提供
任何教益。瓦拉主张,必须对传统的亚里士多德逻辑作出某些改
变,使其适应科学的研究。这在一定程度上冲击了经院哲学和亚
里士多德的权威。

(三)其他国家的人文主义者

15世纪以后,人文主义思潮蓬勃地推向欧洲其他国家,产生
一批杰出的人文主义者。

1.爱拉斯谟。

爱拉斯谟(Erasmus,1469—1536年)是一位生于尼德兰、后来
定居在德国的著名人文主义作家,曾被狄尔泰誉为"16世纪的伏

---

① L.Valla,*De voluptate sive de vero bono*,转引自[苏]索柯洛夫:《文艺复兴时期哲
学概论》,汤侠生译,北京大学出版社1983年版,第24页。

尔泰"。他在《愚神颂》中,借用愚神的口吻,辛辣地嘲弄了教皇、神父、国王、贵族这些愚不可及的人物。他指出,教皇和主教们只知道热衷于权势和财富,钻营宗教的买卖,甚至不惜为此发动战争。神父僧侣们标榜的是安贫乐道,其实是为了沽名钓誉,他们在酒色面前决不会退让。他们用烦琐空洞的三段论去论证神学教条,却不知道基督唯一的戒律就是要从事仁爱的工作。国王和贵族热衷于卖官鬻爵,搜刮民脂民膏,寻欢作乐,争权夺利。爱拉斯谟指出,这些人如果想一下他们所处地位的责任,如果他们是聪明人的话,就会良心不安,但愚蠢却使他们心安理得地做这一切。

爱拉斯谟还针对基督教所宣扬的禁欲主义,提出人应该按照其自然本性生活,应该纵情欢乐,生活中如果没有欢乐,就不配称作生活。

2.斐微斯。

斐微斯(Vives,1492—1540年)是西班牙著名人文主义思想家。他在《论心灵和生命》中,提出人们不应该去研究心灵是什么,而应该去研究它有什么特性,它是怎样发挥作用的。他尝试用经验方法研究心理活动。因此,他被称为"近代经验心理学之父"。

斐微斯的人文主义思想突出地表现在《关于人的寓言》一文对人的歌颂上。人作为天帝的儿子,分有了天帝不朽的性格、智慧、精明和记忆力。就像天帝的权力及于一切一样,人也可以成为一切。整个世界就像一场戏,人可以扮演不同的角色,包括无感觉能力的简单生命、无理性的野兽、长于政治、善于社交的人,甚至可以扮演人神之王天帝。这就意味着,在人身上具有成为一切的可能性。人可以凭自己的自由意志决定自己的生命形式,做自己命运的主人。斐微斯热情地歌颂了人的理性和创造,在他看来,人有一个充满了智慧、精明、知识和理性的心灵。人足智多谋,单靠自身就创造出许多了不起的东西。在人的许多发明之中,最为出色的、特别使聪明之士赞叹不已的是:房屋建筑、农作物栽培、石器制造和金属冶炼、万物名称的制定。人用很少几个字母就可以拼成极其复杂的语言,用以记录知识,记忆力是人们储存知识的宝库。人几乎可以获得先见之明,具有预见将来的能力。在斐微斯这里,文明不再是神的恩赐,而是人自己的创造,人由此而摆脱了在基督教神学中的卑微地位,一跃成为众天神尊敬、羡慕的对象。

3.拉伯雷。

拉伯雷(Rabelaes,1494/5—1553 年)是法国人文主义著名作家,以长篇小说《巨人传》闻名于世。他批判了封建教会扼杀人性、毒害人民,伪善、腐烂的本性,痛斥封建制度下,诸侯、贵族穷兵黩武,劫掠百姓的残酷。揭露了封建法律制度就像蜘蛛网一样,只会捉小苍蝇,不会捉大牛蝇。《巨人传》塑造了一个特来美修道院作为他心目中的理想社会形式。在这里,不存在高大的围墙,男女老幼都可以自由出入。修士修女不必单独分开,他们可以相敬相爱,甚至可以光明正大地结婚。修道院内没有任何清规戒律,也没有烦琐的宗教仪式,唯一的院规就是"想做什么便做什么"。因为人都有一种趋善避恶的天然本性。如果压抑这种本性,只能激起人们的反抗。相反,如果顺应这种本性,人们就会得到全面的发展。拉伯雷所主张的人是博学的、全知全能的人,是勇武知礼的骑士和窈窕灵巧的淑女。拉伯雷很重视知识的作用,他相信,人类可以用知识来武装自己,成为征服世界、征服自然的巨人。这正是处于上升时期的资产阶级理想个人肖像。

4.莎士比亚。

莎士比亚(William Shakespeare,1564—1616 年)是英国人文主义者,一位伟大的剧作家和诗人。他一生写了 37 部悲剧、喜剧和历史剧。他的剧本虽然大多取材于古代和外国故事,但通过有血有肉的人物形象,深刻地揭示了当代社会的种种矛盾和斗争,显明地表现了作者的人文主义立场。莎士比亚的历史剧无情地谴责了封建集团的血腥混战和封建割据,披露了作者对一个强大的中央集权国家的期望。他的悲喜剧大多歌颂了青年男女真挚的爱情以及为争取爱情和婚姻自由而进行的坚决斗争;抨击了封建势力和封建社会道德对人性的束缚;揭露了刚出世的资产阶级贪婪无度、金钱主义的本质。

莎士比亚笔下的许多人物形象是现实人物的典型化。这些艺术形象广为流传,甚至渗入到人们的日常交谈中。至于他借《哈姆雷特》主人公之口对人的热情赞美,更是脍炙人口的名言:"人是多么了不起的一件作品!理想是多么高贵、力量是多么无穷!仪表和举止是多么端正,多么出色;论行动,多么像天使,论了解,多么像天神!宇宙的精华,万物的灵长。"

二、马基雅维利

15 世纪人文主义思潮也深入到社会科学的其他领域。在社会政治方面,马基雅维利的学说开创了用人的眼光看待社会国家的先河,是政治学说摆脱神学桎梏的开端,对以后的资产阶级社会政治哲学发生了深刻的影响。

尼科洛·马基雅维利(Nicolo Machiavelli, 1469—1527 年)出生于佛罗伦萨的一个律师家庭,自幼接受了人文学科的良好教养,成年后进入仕途,曾一度飞黄腾达,担负国家要职。后来官场失意,从事著述。他的著作有《君主论》、《论提图斯·李维的前十书》、《论战争的艺术》、《佛罗伦萨史》。

在马基雅维利的著作中,始终如一地贯穿着一个鲜明的主题,即研究历史和当代政治斗争的经验教训,为统治者进行统治提供借鉴。这样做之所以可能,其基础就在于人类永恒的共同本性,以及由此决定的历史事件的相似性。关于人性,马基雅维利曾做过一个具有代表性的描述。他说道:"关于人类,一般地可以这样说,他们是忘恩负义、容易变心的,是伪装者、冒牌货,是逃避危难、追逐利益的。"①换言之,人的本性是自私,人性恶。基于这种共同人性的理解,他认为可以在历史中发现某种规律性的东西。"谁打算预见未来,就必须研究过去,因为人类的历史事件总是和过去时代的事件相似。情况之所以如此,那是人的所作所为,一直是,而且将来也是由于人类相同的种种冲动的刺激,所以必然产生相同的结果。"②基于这种理解,马基雅维利向统治者提供了治理国家的权术和个人应该具有的品德。也就是说,在他看来,治理国家不是依靠教会、神的力量,而是凭借统治者的才智、能力。

那么,什么样的统治形式是马基雅维利心目中的最佳形式呢?他认为,人类历史上依次出现了君主政体、贵族政体、共和政体,而暴君政体、寡头政体、无政府状态则分别是这三种政体的变态。如果说有所倾向的话,马基雅维利更偏爱共和制。在他看来,共和制最符合平等和自由的要求,最能保证公共福利的增进,促进公民财富安全的增长。但是,实现共和制要求公民必须具有某种个人美德,必须在一个有秩序的社会中才能实行。而这种美德和秩序在当时的意大利已不复存在。这就有必要建立一个王权的绝对统治。正是基于这一点,马基雅维利愤怒地指斥教皇和贵族是意大利四分五裂的根源,撰写了《君主论》,并把它献给美第奇家族,希望在他们身上实现统一意大利的最高愿望。

注重统治权术、注重发挥人的主观能动作用,这是《君主论》

---

① [意]马基雅维里:《君主论》,潘汉典译,商务印书馆1985年版,第80页。

② N. Machiavelli, *Discorsi. Gedanken über Politik und Staatsführung*. Rudolf Zorn (Übers., Hrsg.), 2.Auflage.Kroener-Verlag, Stuttgart 1977, s.303.

一书的指导思想。为此,马基雅维利不得不回答一个古老的哲学问题,即命运和自由意志的关系问题。他写道:命运女神的力量是相当强大的,它"是我们半个行动的主宰",但是这并不能取消我们的自由意志。"其余一半或者几乎一半归我们支配。"①命运就像一条泛滥的河流,只是在人们没有做好准备防范它的地方显示威力,而人们只要采取积极的措施,就可以制服它、驾驭它。人们只有成为命运的盟友,学会与命运密切地合作,安抚它、制服它,才能取得成功。《君主论》一书就是奉劝君主们,如何发挥自己的主观能动性,成为命运的盟友。他通过这一问题的回答,实质上否定了神在治理国家中的作用。

马基雅维利认为,统治一个国家最主要的基础,就是良好的法律和军队。只有法律才能够约束国民,人们只有在法律的强迫下才行善事。但是,"没有良好的军队,那里就不可能有良好的法律,同时如果那里有良好的军队,那里就一定会有良好的法律。"②因此,马基雅维利非常重视军队在国家中的地位,认为军事是君主们的唯一专业。他主张不应把希望寄托在那些贪生怕死、不讲信义的雇佣军或外国援军身上,而应该依靠由市民自己组织起来的国民军。

统治国家的另一个重要因素就是统治者本人的政治素质或者权术。马基雅维利认为,对一个统治者来说,最重要的不是具有各种美德,而是保持自己的地位和国家的安全。一个君主由于各种美德被人赞扬固然是好事,但在必要的时候,他完全可以不择手段地去实现自己的目的。另一方面,一个君主义又有必要显得具有各种美德,而且可能的话,最好不要背离善良之道。但一旦有必

---

①②　[意]马基雅维里:《君主论》,潘汉典译,商务印书馆1985年版,第117、57页。

要,他必须懂得怎样走上为非作恶之途。①君主必须考虑不能招致人们的轻蔑和憎恨。这就要求他必须保护臣民的私有财产和体面不受侵犯,使他们能够安居乐业。因为财产是人们最关心的事情。

马基雅维利并不是一个绝对非道德主义者。在个人生活上,他是无可指责的。在他的著作中,不时显现着对美德的赞誉。但是,马基雅维利是一个现实主义者,他清楚地知道:"人们实际上怎样生活同人们应当怎样生活,其距离是如此之大,以至于一个人要是为了应该怎么办而把实际上是怎么回事置诸脑后,那么他不但不能保存自己,反而会导致自我毁灭"。②对统一祖国这个最高目标的强烈渴望压倒了他心目中的任何道德准则。另一方面,他的非道德政治学说也是对他那个时代传统道德准则失去作用的一种反映,可谓是以毒攻毒。它的客观效果不是教唆,而是揭露。正是在这种意义上,卢梭说:"马基雅维利自称是在给国王讲课,其实他是在给人民讲大课。马基雅维利的《君主论》乃是共和党人的教科书。"③马基雅维利奉劝君主们伪善,但却亲手撕下了君主们的伪善面具,这也许就是他不能取悦于统治者的原因之一。

马基雅维利在社会政治领域中排斥了传统的神学观点,首先从人的观点来观察社会历史和政治斗争,并企图从中总结出带规律性的东西,从而奠定了近代资产阶级社会政治理论的开端。他的学说的缺陷也正在于,他把人性看成是一成不变的,并且用这样的人性来解释社会历史,因而把某些也许适用于他那个时代他那个国家的作法普遍化、永恒化了。

---

① ② 参见[意]马基雅维里:《君主论》,潘汉典译,商务印书馆1985年版,第85、73页。

③ [法]卢梭:《社会契约论》,何兆武译,商务印书馆2005年版,第91页。

第二节　哲学的"复兴"

15—16 世纪,欧洲相继出现了古代哲学"复兴"的局面。这是人文主义思潮向形而上学领域的拓展。这些古代哲学的复兴者并不是简单地重述古代哲学,而是从哲学上对人文主义思想作理论的阐述。主要代表人物有库萨的尼古拉、费奇诺、庞波那齐、蒙台涅等。

一、柏拉图主义的复兴。库萨的尼古拉

哲学的复兴肇始于库萨的尼古拉和佛罗伦萨的费奇诺等人复兴柏拉图主义。

（一）库萨的尼古拉

库萨的尼古拉(Nicolaus Cusanus,1401—1464 年)是中世纪哲学向近代哲学过渡的一位重要代表人物。他出生在德国特利尔附近的库萨,故称库萨的尼古拉。少年时代被送到荷兰"共同生活兄弟会"办的学校读书,后来在海德堡大学,帕多瓦大学和科隆大学接受了法学、数学、哲学、神学的教育。之后成为神职人员,先后担任过教皇特使、主教、红衣主教乃至于相当于副教皇的角色。他曾为东西方教会的合并积极活动,主张天主教内部的协调和统一,主张宗教宽容。他除了进行神学和哲学的研究外,还极为关注数学和自然科学问题,在数学和物理学领域都有一定的造诣。他第一个绘制了中欧和东欧地图,还提出改革历法的方案。他的主要哲学著作是:《论有学问的无知》、《论假设》、《为有学问的无知作辩》、《论智慧》等。

库萨的尼古拉继承新柏拉图主义以及中世纪神秘主义和古希腊毕达哥拉斯学派的思想,发挥人文主义精神,概括当时数学和自

然科学成果,制定出一种具有独创性和过渡性特色的哲学学说。他的哲学还保留有基督教神学思想,但是,已开始摆脱正统神学的束缚,基本上按照泛神论观点解决上帝和宇宙及认识问题,不仅体现了古典哲学的"复兴",而且开辟了文艺复兴时期泛神论自然哲学思潮的先河。

1.论上帝和宇宙。

在《有学问的无知》中,尼古拉区分了三种极大:

第一种是绝对的极大。它摆脱了一切关系和限制,没有任何东西能够与它对立,因而它又是绝对的无限。"极大是绝对的一,因为它是一切。一切在它之中,因为它是极大。由于没有任何东西能够与它对立,因而极小也就与它相契合。因此,它也在一切之中。"①这个绝对的极大就是上帝。尼古拉追随新柏拉图主义者,认为上帝作为绝对的无限是否定神学的对象。"根据这种否定神学,上帝既不是圣父,也不是圣子,也不是圣灵,而仅仅是无限。实际上,无限性由于是无限性,既不是能生的,也不是被生的,也不是生成的。"②因此,我们不能使用任何肯定的、有限的谓语来规定上帝,因为我们的理智是有限的,把有限的理智概念用于无限的上帝,就会使上帝也成为有限。

第二种是相对的极大,即宇宙。宇宙是由上帝产生的、万物构成的。不过,"尽管这个极大把一切都包含在它的包罗万象的统一之中,以至从绝对者产生的一切都在这个极大之中,而它也在一切之中,但是,它却不能在它存在于其中的众多之外有自己的存在。没有这个它无法摆脱的限制,它就不能存在。"③因而只能是相对的极大,有限的极大。由此出发,尼古拉深刻地阐明了世界无

---

①②③ Nicolaus Cusanus, *Cusanus-Texte*, lateinisch, Band 1, Berlin, 1967, ss. 3 – 4, 35, 4.

限性的道理。他指出,虽然宇宙不能像上帝那样是绝对的无限,但也不能认为它是有限的,因为没有任何能将它包入其中的界限。尼古拉由此得出了重要的结论:"地球不是世界的中心",地球既不是中心,也就不能没有任何运动;所谓不动的恒星天层也不是世界的圆周或边界。尼古拉这些有价值的猜测,打击了当时占统治的亚里士多德、托勒密的地心说,对新的天文学的发展起了积极作用。

此外还有第三种极大。"由于宇宙是以浓缩的方式存在于众多之中,所以我们就在众多的事物本身中探索一,探索极大。在这种极大中,宇宙就像在它的完成中那样,以最高、最完善的方式存在着"。[①]这里讲的极大实际上就是世间的万物。

把上帝、宇宙、万物都看作极大,表现了尼古拉哲学的泛神论倾向。不可否认,这种泛神论还是很不彻底的。它表现在作为上帝的极大是绝对的,而作为宇宙的极大是相对的,上帝是宇宙的创造者,二者并没有完全等同起来。但是,在他这里,上帝的创造已经不再是从无中创造出有。"由于造物只有通过极大的存在才能被创造,而在极大中,存在、制作、创造都是一回事,因此,说创造无非是说上帝就是万物。"[②]上帝是宇宙的本质,展开而为万物。

尼古拉认为,人就是万物之灵。人是一个小宇宙或者小世界。他在自己的生命中结合了尘世的东西和神的东西,结合了物质、有机的生命、动物的生命和有灵魂的理性,像镜子一样反映了整个宇宙。这种关于人在宇宙中的地位的思想和文艺复兴时期人文主义的观点有着深刻的一致性,是这一时期人的观念的普遍形式。

2.对立一致的原理。

在论述泛神论宇宙观的同时,尼古拉提出了"对立面的一致"

---

①②　Nicolaus Cusanus, *Cusanus-Texte*, lateinisch, Band 1, Berlin, 1967, ss.4, 40.

这一辩证思想。他把上帝和宇宙看作是极大与极小、绝对与相对、一与多的统一,上帝所创造的宇宙是一个不同部分的和谐整体,万事万物都是由对立面组成的。尼古拉进一步从数学、几何学论证了"对立面的一致"。例如,"极大与极小都同样是最高级,因此,绝对的量是极大的量和它是极小的量是在同等程度上的,因为在它之中极小与极大是重合的。"①同样,无限的曲线和直线也是统一的。直线、三角形、圆形、球形在无限中也是统一的。尼古拉认为,矛盾仅仅存在于具体事物之中,一切对立最终在上帝那里达到调和,达到和谐的统一。"因此,对立面的规定性仅仅属于具有多或少这些特性的对象,也就是说,在这里,这些规定性以不同的方式表现出来。但它们决不属于绝对的最大,因为它超越了一切对立。所以,由于绝对的最大在其绝对的现实性中是它可能是的一切,也就是说它摆脱了任何形式的对立,以致极小重合在极大中,因此绝对的极大以同样的方式超越了一切肯定的和否定的表述。"②尼古拉以神学思辨方式表达的"对立一致"思想,显然包含有合理内容。它是近代西方辩证法思想的重要源泉之一。

3.认识能力的区分。

为了认识世界和接近神性,需要运用和发挥人的认识能力。尼古拉把人的认识能力大致分为三种,即感性、理智、心智(包括直观)。感性(sensus)和想象只能提供混乱的图像。理智(ratio)分析事物,确定时间和空间,用数字进行运算,给事物以名称,并按照矛盾律区别开对立面。心智(intellectus)则把对立面调和起来。最高的认识是心智的直观。在直观中,对立面互相融合在无限的统一之中,灵魂与上帝达到一致,主客体的对立也消失了。尼古拉把三位一体的神性公式应用于说明认识能力,企图说明三种认识

---

①② Nicolaus Cusanus, *Cusanus-Texte*, lateinisch, Band 1, Berlin, 1967, s.6.

的相互关系。他认为心智是头,理智是手,感性是足,较高的认识阶段包含了较低的阶段,并在较低的认识能力中发挥作用。较低的认识阶段又是较高的阶段活动的基础。例如,理智只有当感觉为它提供了感性形象时才能区分,心智也只有当理智为它提供区分开来并需要加以结合的材料时才会结合。另一方面,理智作为意识或注意在感官之中活动。心智的统一指导了理智的区分工作。不同的认识阶段不是各自孤立的认识功能,而是一个共同活动、互相依赖、互相促进的体系。

　　4.论"有学问的无知"。

　　尼古拉认为,人类认识所采取的方式就是把未确定的对象与确定的对象进行比较。"一切认识都产生自比较"。[1]如果两者相近,这种比较就容易一些,如果相距较远,这种比较就困难一些。因而认识总是具有某种相对性,它不能认识无限的东西。"无限者作为无限者是不可认识的,因为它排除了一切可比较性。"[2]认识无限只能凭借神秘的直观,但由于它无法排除感性的干扰,所以很难达到。希望完全认识无限的东西,就像是猫头鹰试图看太阳一样。尼古拉指出,我们的认识只能是一种假设,但如果我们停留在这种假设之上,认为这就是最终的答案,那只会导致谬误。显然,尼古拉的结论并不是否定性的。他认为,假设既非全真亦非全假,我们可以通过越来越真的假设尽可能地接近真理。

　　尼古拉用苏格拉底的一句话"我自知我无知"来说明认识到自己一无所知,正是一种知识。尼古拉还提出"有学问的无知",是指人们通过知识的探求,达到对自己无知的认识;而对这门"无知课"学得越深刻,就越接近于真理。尼古拉用有学问的无知,间接地否定了经院哲学。

---

[1][2]　Nicolaus Cusanus, *Cusanus-Texte*, lateinisch, Band 1, Berlin, 1967, ss.2, 3.

尼古拉把认识看作是一个过程,在这个过程中相对真理和绝对真理是相联系的。他举出一个多角形同外接圆的关系作为例子,说明人的心智与真理的关系:"心智并不是真理,它从来不能如此精确地把握真理,以至它不能无限更精确地把握真理了。心智与真理的关系就像多角形和圆。所画的角越多,多角形就越像圆。但是,即使无限增加角的数目,多角形也永远不会等同于圆。"①

这说明在尼古拉看来,人能够不断接近真理的认识,但是却不能达到绝对的终极的真理。所谓有学问的无知,意谓着"有学问"和"无知"这两个方面是联系在一起的。这里包含有认识过程中有知和无知、相对和绝对、有限和无限辩证联系的思想,这对于批判经院哲学的独断主义,推进哲学和科学的进展具有积极的意义。不过,他片面强调不能达到绝对真理的本来面目,最后只得求助于神秘的直观以至神的启示。这是他的哲学中神秘主义思想的表现。

作为一个承先启后的人物,作为一个近代哲学思想的最早的开拓者,尼古拉的哲学对后来布鲁诺、莱布尼茨以至谢林和黑格尔思想的形成,都产生了深远的影响。

(二)佛罗伦萨柏拉图主义者

柏拉图主义的真正复兴是和拜占庭学者普勒托(Georgios Gemistos Plethos,1355—1450 年)分不开的。普勒托于 1438 年来到意大利,在佛罗伦萨进行东西方教会磋商和学术活动。他是一个亚里士多德主义的坚决反对者和柏拉图主义的狂热鼓吹者。在《论柏拉图与亚里士多德的区别》一书中,他竭力证明,教会的柱石不应该是亚里士多德,而应该是柏拉图。因为亚里士多德主张

---

① Nicolaus Cusanus,*Cusanus-Texte*,lateinisch,Band 1,Berlin,1967,s.5.

世界的永恒性,拒绝灵魂不死和神的天命;而柏拉图则承认一个彼岸世界的存在,尤其是一个造物主神的存在。在普勒托的影响下,佛罗伦萨于1440年建立了柏拉图学园,形成了当时研究和传播柏拉图主义的中心。而这个学园的两个中心人物就是费奇诺和皮科。

1.马尔西略·费奇诺。

马尔西略·费奇诺(Marsilio Ficino,1433—1499年)是佛罗伦萨一个医生的儿子。青少年时代受到过良好的人文科学教育,在佛罗伦萨大学学习亚里士多德的物理学和医学。费奇诺精通希腊文,1462年,佛罗伦萨僭主柯西莫·美第奇给他一所房子,让他翻译柏拉图及其他柏拉图主义者的著作,后来任命他为柏拉图学园的领导人。他一生翻译和注释了柏拉图、柏罗丁、波尔费留、扬布利柯、普罗克洛、伪狄奥尼修斯等人的大量著作。1482年发表了他的主要著作《柏拉图神学》,1495年出版了他的书信集,其中包含着许多重要的哲学论文。费奇诺的积极活动使他成为这个学园的核心人物和文艺复兴时期影响最大的柏拉图主义者。他为柏拉图主义的复兴和传播作出了重要贡献。

在哲学思想上,费奇诺也主张抛弃亚里士多德哲学,把柏拉图哲学与基督教神学结合起来。费奇诺还很熟悉奥古斯丁以及阿威洛依主义、早期人文主义、神秘主义思想家的著作,在术语、行文风格、论证方法、思想内容上都或多或少地受到他们的影响。费奇诺的思想绝非新柏拉图主义的简单再现,而是在时代发展的情况下对它的改造。

费奇诺哲学的一个基本概念是“沉思”。它是一种直接的精神体验。在沉思中,灵魂与肉体,与外界的一切事物脱离开来回到自身,深入到自己的内在本质。在那里灵魂不仅发现了自己的神性,而且发现了理智世界、超验的理念以及构成这些东西的共同源泉和本质的上帝。基督教的上帝在这里代替了柏罗丁的一。费奇诺不仅把这种沉思的体验看作形而上学思辨的基础,而且看作是真正道德生活的唯一源泉。当我们回到内在的精神生活之中时,我们就避开了罪恶,避开了命运的干扰,仅仅服从于纯粹的认识和良知。因而沉思的生活应该是一切人追求的目标,是达到真善美统一的唯一道路。

从沉思中灵肉分离的思想出发,费奇诺继承了柏拉图主义的灵魂不死学说,他认为这是柏拉图哲学的中心命题。他的《柏拉图神学》的副标题就是"论灵魂不死"。他认为,生活的最高目的是通过沉思逐步上升到对上帝的认识,但只有一些智者的灵魂可以在今世达到这一目的。为了使它成为一个对所有人都适用的目的,就必须假设一个来世的生活。1513年的拉特兰宗教会议,就正式地把灵魂不死规定为基督教的教条。

费奇诺继承了新柏拉图主义和中世纪神学的宇宙等级观念并加以发展,提出了他的世界统一性思想。这种统一的基础就是灵魂。费奇诺认为,宇宙是一个自上而下的体系,即是由上帝、天使、灵魂、性质、物质构成的等级结构。在这个结构中,任何事物都有其固定的位置和级别,但它们并不是简单地排列起来,而是互相联系的。整个结构是一个连续性的整体,在等级之间,都有中间物存在。在这个等级世界中,灵魂以其认识和爱的能力具有特殊的作用。据考证,费奇诺是第一个使用"柏拉图之爱"这个概念的人,他把这种爱同基督教徒对上帝神圣的爱和友谊联系起来,看作是人们之间的精神联系,并进一步把它规定为世界统一的原则。当灵魂思考并爱一个对象时,就和这个对象统一起来,对它发生作用,改造它。由于这种作用,灵魂成为连接理智世界和物的世界、联结整个宇宙的纽带,成为整个宇宙的中心。这种理性灵魂在费奇诺那里指的就是人,人的崇高和价值就是建立在这种认识和爱的作用之上的。"人的力量差不多和神的性质相似。"费奇诺用思辨的方式表达了人文主义前辈的思想。

费奇诺的哲学思想在皮科那里得到了进一步的发挥。

2.皮科。

米朗多拉的乔万尼·皮科（Giovanni Pico della Mirandola，1463—1494年）是米朗多拉伯爵的儿子。曾就学于波伦亚大学、费拉拉大学和帕多瓦大学。毕业后周游各地，并参加了佛罗伦萨柏拉图学园，成为费奇诺之外的又一个中坚人物。皮科精通希腊文、拉丁文、多种欧洲语言和东方语言。他企图调和柏拉图主义和亚里士多德主义的对立，建立一个全人类的世界宗教，把希腊文化、犹太文化和基督教文化统一起来。1486年，他出资邀请各地著名学者齐赴罗马讨论哲学，并拟就了900个论题，但因其中多数具有明显的异端性质，遭教皇反对，讨论会最终搁浅。皮科本人亦因此受到教会迫害，被迫逃亡法国。他的名著《论人的尊严》就是为这次讨论会撰写的开幕式讲演稿，在他去世后发表。

在《论人的尊严》中，皮科进一步发展了费奇诺的宇宙等级论和关于人的地位的思想。皮科也提出了一个宇宙等级结构，但在这个结构中，人已不再占有一个固定的地位，宁可说他是在这个体系之外的。他按照自己的意志选择自己在宇宙体系中的地位，人的本质和伟大就在于无限变化的能力，人在一个无限的过程中不断创造新的东西，从而实现自身，超出自身和世界，人感到自己是造物主，是地上的神。皮科说，上帝在依其神秘智慧的法则建立起宇宙家庭之后，希望有某物来细细揣摩他的伟大工作的计划，爱它的美，惊异它的广大。这样上帝就想到了创造人。但是上帝已把一切列入最高等级、中间等级、最低等级了，他已经没有一件原型、一样遗产以及世界中的一个席位给他的新儿子了。于是，上帝决定使这一未能从它那里得到他本应得到东西的生物，具有每种不同生物所特有的一切。上帝把人暂时放在世界中心,但没有决定他在世界事物等级系列中的地位,为的是让人可以按照自己的愿望、按自己的判断取得自己所渴望的位置、形象和功能。上帝赋予人自由意志,使人不为任何限制所约束,可凭自己的自由意志决定本性的界限。人既不属于天堂,也不属于地上,既非可朽,亦非不朽;作为自己的塑造者,作为一个自由的、光荣的匠师,人可以把自己造成任何模样,可以沦为低级的生命形式,即沦为畜生,也可以凭灵魂的判断再转生为高级的形式,即神圣的形式。

根据人在宇宙体系中的特殊地位,皮科进一步提出了他的伦理思想。他认为,构成一事物本质的,不是其外部形式,而是其内在本性。造成树木的,不是树皮,而是它无知无觉的本性;造成负重畜生的,不是兽皮,而是它不合理的感性灵魂;造成天空的,不是圆球形状,而是它不偏不倚的秩序;造成天使的,不是脱离肉体,而是他的精神的智慧。因而放纵食欲者无异于草木;为幻象所蒙蔽、为感性世界的诱惑所束缚者则无异于走兽;能运用正确的理性推断的哲学家是天上的人;而不感觉到肉体,幽居心灵深处的纯冥想者则是穿着人类血肉外衣的更可敬的神灵。因此,皮科认为人们应该不辜负自己的特殊地位,用道德哲学驯服情欲的冲动,用辩证法驱除理性的黑暗。这样,自然哲学的光辉就会照进我们平静纯洁的灵魂,使灵魂通过认识神圣的事物而达到完美。显然,皮科在这里继承了费奇诺的沉思说,把灵魂摆脱肉体的束缚、摆脱情欲的影响,进入自我的反思看作是达到至善的唯一途径。他在维护人的价值和尊严的同时,也强调了人的道德的责任感。

二、庞波那齐的亚里士多德主义

与柏拉图主义复兴的同时,一些学者们也开始对真正的、未被中世纪教会歪曲的亚里士多德哲学进行研究。这种研究当时主要分做两派,一派追随阿拉伯哲学家阿威洛依的观点,否定个人的灵魂不死,但却承认为所有人共同具有的理性灵魂是不死的;一派追随阿弗罗底的亚历山大(Alexander,2—3世纪)的观点,否定人的任何灵魂不死。两派的争论又同强调人的灵魂不死的新柏拉图主义的争论交织在一起。一时之间,灵魂问题成为人们讨论的中心。这一时期最杰出的亚里士多德主义者是亚历山大派的主将庞波那齐。

皮埃特洛·庞波那齐(Pietro Pomponazzi,1462—1524年)出生于意大利的芒托瓦城,就读于帕多瓦大学,其后在帕多瓦、费拉拉、波伦亚大学教授哲学和医学。他的名著《论灵魂不死》发表在1516年。在拉特兰宗教会议把灵魂不死规定为基督教教条之后仅仅3年,庞波那齐就公开地全面否定了灵魂不死,这种无畏精神是难能可贵的。

庞波那齐认为,世界上的一切事物,都有它自身的目的,这个目的与它的本性相符合。我们不应超出事物的本性提出更高的要求。对于人亦复如是。属于死亡的人不应当指望不死的幸福,因为不死的东西是不适宜于会死的人的。人的灵魂依存于人的肉体。不死的灵魂只是人们为了促进道德生活而提出的假设。不死的灵魂甚至包括阿威洛依所说的为所有人共有的理性灵魂,是无法用理性证明的,也是和亚里士多德的原则相抵触的。

庞波那齐从人文主义思想出发,也肯定了人在世界体系中的中心位置。在这里他显然汲取了一些柏拉图主义的思想成分。他认为人是动物界的最高完满,在物质界占据首位,因而是物质界和非物质界的中介。人是小宇宙或小世界。在世界上不存在任何其本性不能与人自己一致的事物。"人是一个伟大的奇迹,因为他是整个的世界,并且能变成每一种自然状态,因为他已被赋予追随无论任何为他所喜好的东西之性质的能力。"①但是,同新柏拉图主义不同的是,在庞波那齐这里,人的本质不在于理性的沉思生活,不在于灵与肉的分离,不在于彼岸世界,而在于现实的道德生活,在于灵与肉的结合,在于此岸世界。

庞波那齐认为,人类都分享有三种智力,即理论智力、实践(或行动)智力和生产智力。理论智力是人们从事思辨和科学活动的能力。这种智力是神赠予人类的。虽然人人都具有理论智力,但并非人人都能正确地、完善地运用它。所以只有一小部分人能成为哲学家、数学家、物理学家。生产智力是人们从事生产借以维持生命的智力,它不仅为人类所普遍具有,而且也为一部分动物所具有。唯有实践智力,即关于品行和公私事务的智力,才真正地和正当地叫做人的智力。根据理论智力和生产智力,一个人可能被称为好的形而上学家或好的建筑者,而只有根据实践智力才能被绝对地称作好人或坏人。所以人类普遍的目的,是相对地分享思辨智力和生产智力,完全地分享实践智力。人只有在实践生活中才能体现出人之为人的本质。

在基督教的伦理思想中,建立在灵魂不死说之上的来世赏善罚恶思想占有重要的地位。但庞波那齐彻底地否定了这一说教。庞波那齐认为,赏罚是存在的,但由于灵魂是要死的,所以它不存在于虚无的来世,而是存在于今世。庞波那齐区分了两种不同的赏罚。一种是偶然的赏罚,它们和德行或恶行之间的关系不是必然的,而是可以分离的;另一种是本质的赏罚,对德行或恶行本质的赏罚就是德行或恶行本身,它们是必然的,不可分离的。德行使人稳定,使人摆脱一切骚乱,因此德行是最大的幸福。而恶行则使

---

① 周辅成编:《从文艺复兴到十九世纪资产阶级哲学家、政治思想家有关人道主义、人性论论言论选辑》,商务印书馆 1966 年版,第 61—62 页。

人不安、使人痛苦、不幸。所以有时即使偶然的赏罚没有出现,本质的赏罚也是不会缺乏的。同时,偶然的赏罚也会淡化德行或恶行本身的性质,得到偶然的赏报,本质的善就会减低,不能保持其圆满了。同样,受到刑罚的恶行也没有本质的恶行那样恶劣了。所以"与一个希图在德行自身之外得到一些报偿的人相比,一个按照良心的指示做事,除了德行自身之外不再希冀任何报偿的人,他的行为似乎要远为高尚、远为纯洁得多。而一个出于憎恶恶行的丑恶,并非因为惧怕对恶行的正当惩罚而拒斥恶行的人,似乎要比一个出于惧怕惩罚而避开恶行的人要更为值得赞扬"。①

庞波那齐进一步指出,否定灵魂不死和来世的赏罚,并不是主张纵欲弃德。因为德行是最大的幸福,恶行是最大的不幸,从而德行比生命更可贵,犯罪比死亡更可怕,所以弃恶从善就是人们自愿追求的目标。那种认为宁可犯罪也比忍受死亡的痛苦好的观点,只是因为他们不知道德行之优越和恶行的卑鄙。因此,对灵魂死否的看法,与人们关于德行的主张并没有必然的联系。相反,由于主张灵魂有死的人是从德行本身出发的,所以似乎比主张灵魂不死的人更为有益于拯救德行的根基。在庞波那齐的思想中,我们已经可以看到康德"善良意志"的一些萌芽。

三、蒙台涅的怀疑主义

人文主义哲学在法国采取了完全不同的形式。由蒙台涅恢复的怀疑主义不仅试图推翻亚里士多德的哲学权威,而且试图否定包括经院哲学在内的一切哲学学说的价值。

米歇尔·德·蒙台涅(Michel de Montaigne,1533—1592 年)

---

① 周辅成编:《从文艺复兴到十九世纪资产阶级哲学家、政治思想家有关人道主义、人性论言论选辑》,商务印书馆 1966 年版,第 60 页。

出生于法国波尔多市的一个大富商家庭,自幼受到良好的人文主义教育,曾在波尔多、图卢兹大学学习法律,精通古典语言,熟悉许多古希腊罗马学者的作品。蒙台涅曾先后担任波尔多市议员和市长,游历德国、瑞士、意大利等国,是文艺复兴后期人文主义的最重要代表。有的学者认为,人文主义在彼特拉克那里达到了第一次高潮,而其最后一次高潮是以蒙台涅为代表的。蒙台涅的影响贯穿了整个法国文学和哲学,甚至在 20 世纪柏格森的生命哲学中也可以找到这种痕迹。蒙台涅的主要著作《随笔集》于 1580—1588 年分 3 卷在巴黎先后出版。

蒙台涅的怀疑主义激烈地批判了经院哲学的独断主义,同时,在某种程度上也是对意大利人文主义的普遍乐观主义的一种纠正。这种倾向突出表现在他对人的认识能力的分析上。

蒙台涅的一句格言就是"我知道什么"。他认为,人是渺小的,没有什么可夸耀的东西。日月星辰运行不息,主宰着我们的命运和祸福,德行和罪恶,才能和学问。甚至我们的理性也是上天赐予的。但是我们人类却由于一种灵魂的盲目性,自以为是,认为宇宙万物都是为自己设立的,自称是宇宙的主人。认为世界上唯有自己才具有理性,唯有自己才能够认识宇宙大厦的美及其组成部分,唯有自己才有权对宇宙大厦的建筑者表示感谢。人们把自己不知道的就看作是不存在的,把月亮看作是天上的一块土地,凭空臆测月亮上也有山脉河谷,梦想在那里建造人类的家园等等。"其实,人连宇宙的分毫也不能认识,更谈不上指挥和控制宇宙了。"①相信存在有真正的知识,是人类最大的不幸。企图用我们有限的知性认识上帝和宇宙的一切努力都是徒劳的。人类应该抛

---

① 北京大学西语系资料组编:《从文艺复兴到十九世纪资产阶级文学家艺术家有关人道主义、人性论言论选辑》,商务印书馆 1973 年版,第 44 页。

弃这种自以为是的盲目性,回过头来认识一下自己。人类千百年来探索的结果并不是获得了某种新的力量和某种颠扑不破的真理,而无非是学会了认识自己的低能,肯定和证实了我们身上存在着与生俱来的愚昧无知。就像臻于成熟的麦穗一样,"人类经过了一切的尝试和探索,在这纷纭复杂的知识和各种各类的事物之中,除了空虚之外,找不到任何坚实可靠的东西,因此就抛弃了自命不凡的心理,承认了自己本来的地位"。①

蒙台涅是从认识的相对性来说明我们人类的无知的。这种相对性首先表现在我们人类的认识能力上。他认为,我们的知识建立在一个不可靠的基础之上。一切认识都起源于感觉,而感觉则可能是虚假的,是会欺骗我们的。感觉无法证实自身是否与现实相符合。这样,建立在感觉之上的理性也是不可靠的了。他还认为,每个人的感觉各不相同,但每个人又都确信自己的认识,这样就造成了无休止的争论。人们之间无论何时也不会就一个问题达成一致的意见。甚至同一个人的看法也在经常的变动,今天的看法可能否定了昨天的看法,同时又可能被明天的看法所否定。其次事物本身也处在不断地变化之中,因此我们对事物的认识就只能是相对的。所以,不存在任何绝对的知识和真理;固执己见,固守一种看法都是愚蠢的。

蒙台涅认为,认识到我们的无知并不妨碍我们的实践生活。知识的可靠性只涉及什么是真的,并不涉及我们应该做什么。关键性的东西不在于知识,而在于道德行动。生活的标准有两个,即自然本性或者建立在自我认识之上的合乎自然本性的生活和超自然的启示,即福音。从这里可以看出,蒙台涅的伦理思想显然受到

---

① 北京大学西语系资料组编:《从文艺复兴到十九世纪资产阶级文学家艺术家有关人道主义、人性论言论选辑》,商务印书馆1973年版,第47页。

了斯多亚主义的影响。他主张,人应该有妻儿、财产、健康,但我们的幸福不应该依赖于这些东西,人应该保留一个一切属于自己、完全自由的退避场所,这就是返回自我。世界上最伟大的事情莫过于学会如何归依自己。蒙台涅写道:"多年以来,我的思想只以我自己为唯一的目标,我只研究和考察我自己;即使我研究任何别的东西,那也是为了将他们直接应用于自己,或者宁可说,直接在自身之内应用。"①蒙台涅据此嘲笑了基督教的伦理思想,"人们企图超出自身,力图避免作一个人,那是愚蠢:他们没有把自己变成天使,却使自己变成禽兽。"②他认为,所以发生这种情况,是因为人们缺乏自知之明,追求虚妄的、不属于自己的东西。"一个能够真正地、正当地享受他的生存的人,是绝对地、而且几乎是神圣完善的。"③

蒙台涅在原始人的"自然生活"中看到了自己的社会理想,那里"没有买卖,不懂文学,没有数学,没有长官或政治家这种名称,用不着奴隶,没有贫富现象,没有契约,没有继承,没有分割,除坐食以外无所事事,只有对于父母的一般偏爱,不穿衣服,不从事农业,没有金属,不用酒类或五谷。表示虚伪、奸诈、蒙骗、贪婪、忌妒、诽谤、饶恕等等的字眼是从来没有听到过的"④。他认为人的价值标准不在一个人的出身门第、权势、财富,而在他自身的价值。国王、贵族、富人和农夫、平民、穷人之间的差别不过在衣服而已。

蒙台涅的哲学为近代哲学深入细致地研究人的认识能力的倾向开了先河,他的怀疑主义思想以理论的形式反映了哥白尼日心说等一系列科学发现以及一系列地理大发现对中世纪教会旧观念

---

① ② ③ ④ 　周辅成编:《从文艺复兴到十九世纪资产阶级哲学家、政治思想家有关人道主义、人性论言论选辑》,商务印书馆 1966 年版,第 164、165、165、140 页。

的猛烈冲击,对促使人们从宗教神学和死背教条的注释哲学中解放出来具有积极的意义。但是,蒙台涅无疑夸大了认识的相对性,使他的思想带上了相对主义和虚无主义的色彩。

第三节　宗教改革者的哲学思想

16世纪,最初在德国,接着在瑞士、英法等国,掀起了一场声势浩大、震撼教廷的宗教改革运动。恩格斯称它为"第一号资产阶级革命"。① 在遍及西欧许多国家的宗教改革浪潮中,以路德和加尔文的宗教改革最具代表性。他们的宗教哲学思想是宗教改革的理论旗帜。

一、路德的"因信称义"说

马丁·路德(Martin Luther,1483—1546年)出生于德国的一个农民家庭。1501年入当时著名的爱尔福特大学,1505年获硕士学位后,突然遁入修道院,开始了僧侣生涯。1517年,他反对教皇以修建圣彼得大教堂为名在德国推销赎罪券,发表了著名的《九十五条论纲》,揭开了宗教改革的序幕。在德国各阶层民众以及世俗诸侯的支持下,路德与教廷决裂,继续发表了《致德意志基督教贵族公开书》、《教会的巴比伦之囚》、《论基督徒的自由》三大论著;此外,路德还把《圣经》翻译成德文,打击了天主教会的宗教垄断。但在德国农民战争爆发后,路德却积极支持封建主镇压农民起义。晚年的路德完全背叛了他所发动的宗教改革运动的精神实质。

路德宗教改革的核心问题是灵魂如何获救的问题,这个问题

---

① 《马克思恩格斯全集》第21卷,人民出版社1965年版,第459页。

也是基督教的中心教义之一。《圣经》中曾说道："义人必因信而得生。"①中世纪天主教会亦承认此说，但认为善功、教士的中介作用也是不可缺少的条件，并以此为基础，建立了教会在政治、经济、思想文化等领域的统治地位。路德认为，与获救相关的只有信仰。在《基督徒的自由》一文中，路德全面、系统地阐述了他的"因信称义"学说。

路德认为："人有一个双重的本性，一个心灵的本性和一个肉体的本性。"②就前者来说，人被叫作属于灵魂的、内心的、新的人，是自由的；就后者来说，人被叫作属于肉体的、外在的、旧的人，是受束缚的。因此，无论什么外在的东西，对于灵魂的义或不义、自由或受束缚，都毫无影响。"内心的人，靠着无论什么外在的'事功'，或苦修，都不能获得释罪、自由和拯救。"③"对于生命，对于释罪，对于基督徒的自由，有一样东西，并且只有一样东西是必需的，那就是上帝的最神圣的话，基督的福音。"④有了它，灵魂就有了一切。而上帝的话是不能通过事功来接受和承取的，只能通过信仰。信仰是获救的充分必要条件。非但如此，信仰和事功甚至根本不能并存。如果一个人"愚蠢到想凭借某些'善行'而获得释罪，获得自由、拯救，并成为一个基督徒，他便会立刻失去信仰，以及信仰所带来的一切裨益。"⑤

不过，路德并非绝对否认事功。他指出："我们凭信仰基督所要除去的，并非是'事功'，而是对于'事功'的迷信。是那种想凭'事功'获得释罪的愚蠢想法。"⑥因为人也是外在的人，"肉体的意欲，努力要侍奉并追求它自己的满足。这是有信仰的灵魂所不

---

① 《圣经·罗马人书》，第1章第17节。
②③④⑤⑥ 周辅成编：《西方伦理学名著选辑》上卷，商务印书馆1987年版，第440、443、441、454—455、475页。

能、也不愿容忍的。"①人必须通过事功来控制自己的行为,扬善避恶。但这只是信仰的结果罢了。就像好树结好果一样。因此,事功只需做到足以抑制情欲的程度。童身、守贫等戒律都是不必要的。他甚至说,谁若不爱美酒、女人和歌,他就终生是个傻瓜。路德本人的行为也证实了他的思想。

中世纪教会控制了人们的信仰。它提出上帝不与有罪之人交往,人要获救必须借助教士的中介作用,教皇是上帝在人间的代理人,掌管着拯救灵魂的大权。教会甚至禁止一般基督徒阅读圣经,唯有教皇才有解释圣经的权力。它把以教皇为首的教界人士称为"属灵等级",高于一般信徒组成的"世俗等级"。路德针锋相对地指出,人与人之间的区别只在于信仰。只要受洗入教,心存信仰,人人都可以成为祭司,都属于"属灵等级",都可享有与教皇、主教同等的权利。只有体现在基督身上的上帝的权威才是真正的权威,因此,只有记载基督言行的圣经才是永无谬误的。人人都有权阅读和解释圣经,并在其中与上帝交流。只是因为我们不能够都来做执事并当众宣教,才有了专职的人来主持圣礼和传道。他们只是提供一种服务,是"执事、仆人和管家",没有高于其他教徒的特权。路德的这一思想动摇了教皇至上的根基。

二、加尔文的"先定"说

让·加尔文(Jean Carvin, 1509—1564 年)出生于法国的一个律师家庭。早年就学于巴黎,受马丁·路德影响。1541 年以后,长期定居日内瓦,并在那里建立新教教会,取消主教制,代之以资产阶级共和式的长老制,并与日内瓦城市政权结成政教合一的体制。与路德一样,加尔文也宣称教徒"因信得救"。但他主要是重

---

① 周辅成编:《西方伦理学名著选辑》上卷,商务印书馆 1987 年版,第 458 页。

新推出奥古斯丁的"先定"说,发挥了路德思想的宿命论方面。他的主要著作是《基督教原理》。

加尔文把宇宙中的一切都归之于上帝的永不更改的"先定"。上帝也预先安排好了对人的拯救。谁将得到拯救,谁将被遗弃,取决于上帝预先的拣选。这是上帝的恩典,是无条件的,不以个人的善恶功罪为转移的。况且"除非人受到神的恩典的帮助,而且是受到那赐给那在再生中的选民的特殊的神的恩典的帮助,否则,人就没有做善功的自由意志。"①由此出发,加尔文也像路德那样,否定了罗马教会的救赎理论,认为善功对人的来世生活没有什么影响,并不能使灵魂得到拯救,它只不过是教会用以牟利、勒索钱财的手段罢了。教皇、主教们并不能代表上帝,圣经才是信仰的唯一权威,人人都可以通过阅读和信仰圣经直接与神相通。总之,个人的功德和教会的存在都不能改变上帝的先定。但是,人们不应放弃现世的努力,而应该积极求取事业上的成功。个人只要在事业上取得成功,就是实现了上帝所赋予的先定使命,也就是死后可以得救的可靠证明。"加尔文的信条正适合当时资产阶级中最勇敢大胆的分子的要求,他的宿命论的学说,从宗教的角度反映了这样一件事实:在竞争的商业世界,成功或失败并不取决于一个人的活动或才智,而取决于他不能控制的各种情况。决定成败的并不是一个人的意志或行动,而是全凭未知的至高的经济力量的恩赐"②。

三、宗教改革精神的意义及其局限性

无论是路德的"因信称义"学说,还是加尔文的"先定"学说,都是从原始基督教和奥古斯丁的宗教理论出发,在"复兴"古代神

---

① 周辅成编:《西方伦理学名著选辑》上卷,商务印书馆1987年版,第499页。
② 《马克思恩格斯文集》第3卷,人民出版社2009年版,第511页。

学的形式下,注入了时代的新内容。在理论上,他们否定了教皇和罗马教会的至上权威,甚至否定了教会存在的必要;在实践上,他们永久地摧毁了天主教内部的统一,结束了罗马教廷至高无上的统治。他们启迪人们思考,肯定人的世俗生活,肯定个人的权利、地位以及争取个人的解放。可见宗教改革与人文主义思潮是同一个时代精神在不同领域内的表现,但它对天主教统治的瓦解和摧毁作用却是人文主义无法比拟的。这一点,从罗马教廷的态度就可以看出。宗教改革的矛头直接指向教会,因而从一开始它就遭到以罗马教皇为首的天主教势力的反对、迫害、镇压。宗教改革的精神是新时代世俗精神的折光。它对后世的社会发展和哲学发展产生了不可低估的影响,许多史家甚至把路德、加尔文所代表的新教精神视为近代资产阶级进取精神的渊源。

但是,他们的改革毕竟只是在信仰的牢笼之内进行的改革,他们的宗教哲学思想依然有着神学的深刻印记,是新教神学的理论基础。路德、加尔文的宗教改革是反理性、反科学的,甚至连他们所标榜的宗教信仰自由最终也被对异端的残酷镇压所淹没。哥白尼的日心说遭到了路德的恶毒咒骂,而著名的西班牙人文主义者塞尔维特,在正要发现血液循环的时候,虽然逃离了罗马天主教会的监狱,却最终惨死在加尔文教的火刑架上。马克思曾经深刻地揭露了路德宗教改革的本质。"路德战胜了虔信造成的奴役制,是因为他用信念造成的奴役制代替了它。他破除了对权威的信仰,是因为他恢复了信仰的权威。他把僧侣变成了世俗人,是因为他把世俗人变成了僧侣。他把人从外在的宗教笃诚解放出来,是因为他把宗教笃诚变成了人的内在世界。他把肉体从锁链中解放出来,是因为他给人的心灵套上了锁链。"①精辟的分析同样适用于加尔文。

---

① 《马克思恩格斯文集》第 1 卷,人民出版社 2009 年版,第 12 页。

第四节　科学革命和自然哲学

15—16世纪,是对自然的考察、研究摆脱神学束缚而形成近代新兴科学的世纪。新兴的自然科学不仅要同封建神学进行顽强的斗争,而且必须为自身解决认识自然的方法论问题。文艺复兴时期欧洲自然科学在这些方面的最杰出的代表人物,就是达·芬奇和哥白尼。他们的卓越的科学和技术贡献以及关于科学方法论的论述,不仅开创了新兴的自然科学,而且对于文艺复兴晚期"自然哲学"思潮的出现以至整个近代新哲学思想的形成,具有重要的意义。

在宗教改革运动和自然科学革命的巨大刺激和影响之下,文艺复兴时期的市民资产阶级哲学,在16世纪中期和下半期发展到了一个新的阶段,涌现出了"自然哲学"思潮。这一思潮的代表们继15世纪的新柏拉图主义和亚里士多德主义之后讨论神和宇宙、自然的问题,但是他们已把讨论的重点移到"自然"、宇宙方面,开始明显地甚至公开地同天主教会和正统神学对立起来,加强了与新兴自然科学的联系,并具有越来越鲜明的唯物主义思想内容了。不过,这一思潮仍然保留有它所"复兴"的古代哲学的某些朴素性以及基督教神学的成分。因此,总的来说,它还具有过渡性、不成熟性、不彻底性。当时自然哲学思潮的中心是意大利,主要代表人物是特勒肖、布鲁诺等。

一、达·芬奇

列奥那多·达·芬奇(Leonavdo da Vinci, 1452—1519年)出生于意大利佛罗伦萨附近的芬奇镇。父亲是一个富有的公证人。他在一个艺术作坊中接受了绘画、数学、解剖学等知识的教育,以后又进行了独立的研究工作,成为文艺复兴时期多才多艺的"巨人"之一。他在绘画、数学、力学、物理、建筑工程、机械制造、哲学等各个领域都作出了杰出的贡献,他的艺术名作《最后的晚餐》、《蒙娜丽莎》,至今仍是人们交口称赞的不朽画卷。他把占星术、魔法、炼金术看作是对人类毫无用处的伪科学,反对经院学者的空论和诡辩,也不赞成人文主义者那样醉心于搜集和诠释古籍。他认为,科学活动的意义就在于通过实验研究和创造发明给人们的生活带来实际的利益。达·芬奇的一生正是遵循这个目标努力的。在实验研究的基础上,他作出了大量的创造发明,提出了许多新的科学思想。他首先提出杠杆原理和液压概念,预示了惯性定律、加速定律、斜面落体定律等等。他进行尸体解剖,绘制了心脏瓣膜图,制作了眼睛视觉模型。他针对托勒密的地心说提出了不同看法,特别反对那种认为天界和地界截然不同的神学观念。他认为地球跟其他行星一样是一个普通的星球,也像月球那样反射阳光,并提出了地动的思想。达·芬奇不仅进行了这些卓有成效的科学艺术活动,而且还把自己的研究成果和实践经验加以总结和提高,阐述了有关世界观和科学方法论的重要思想。

达·芬奇表现出一种泛神论形式的唯物主义思想。他仍然保持了神的观念,承认神创造了世界,认为自然事物具有灵魂,体现神性。但是,在具体地解释自然的运动、变化、发展时,他主要根据的是自然界自身的客观规律性和必然性。他认为,自然界不违反它自身的规律,它是被自身固有的规律的必然性制约的,自然事物的产生有它们自身的客观因果性。

基于这种唯物主义的世界观,达·芬奇强调认识必须从感觉、经验出发。他说:"我们的一切知识,全都来自我们的感觉能力。"[1]

---

[1]　北京大学哲学系外国哲学史教研室编译:《西方哲学原著选读》上卷,商务印书馆1981年版,第308页。

"经验是一切可靠知识的母亲,那些不是从经验里产生,也不受经验检定的学问,那些无论在开头、中间或末尾都不通过任何感官的学问,是虚妄无实、充满荒谬的。"①他认为,自己所从事的工作要比那些只知道引经据典的人所从事的工作价值大得多,因为他认为自己依据的是经验。经验是不会犯错误的。犯错误的只是我们的判断,因为它让经验去办超出能力范围的事情。如果我们怀疑感觉,那就应该加倍怀疑那些背离感觉的东西,例如上帝和灵魂的本质之类。只要我们从感觉出发,始终根据那些真实不虚的、人所共知的根本原理循序而进,我们就能达到真正的知识,而这一点是那些纯思辨哲学无论如何办不到的。在这里,达·芬奇提出了实验科学的一个重要原则,即理论与实践相结合。在强调经验的同时,达·芬奇也承认理性认识的作用,反对狭隘的经验主义。他指出:"热衷于实践而不要理论的人好像一个水手上了一只没有舵和罗盘的船,拿不稳该往哪里航行。实践永远应当建立在正确的理论上。"②他用形象的语言说明了理论与实践的关系:"科学是统帅、实践是士兵。"③达·芬奇还主张人类不能局限于消极地感知自然,还要通过实验去主动地认识自然。他认为,必须从实验开始并借助实验以寻求原因。在这种情况下,正确的理论指导尤其重要。达·芬奇非常重视数学方法在科学研究中的重要性,他指出:"人类的任何探讨,如果不是通过数学的证明进行的,就不能说是真正的科学。"④对自然的认识不能仅仅局限在质的确认之上,自然界和各种具体事物自身都具有一种量的比例,因此必须进行定量的分析。只有这样,才能真正地认识事物,消弭无休无止的争端。

---

①②③④　北京大学哲学系外国哲学史教研室编译:《西方哲学原著选读》上卷,商务印书馆 1981 年版,第 309、311、311、310—311 页。

达·芬奇的哲学思想和科学方法论思想是近代自然科学和近代自然哲学的当之无愧的先驱人物。但是，由于种种原因，他的笔记一直埋没了几个世纪，只是到18世纪末和19世纪初，才逐渐地被人们认识到并整理出版。只是到这时，人们才知道，在这位科学大师和艺术大师的大量创作之外，还有这份宝贵的理论财富。

二、哥白尼

文艺复兴时期最杰出的天文学家、数学家、思想家尼古拉·哥白尼（Nicolaus Copernicus，1473—1543年）出生在波兰的托伦城。1491年他进入雅盖隆大学学习，开始对天文学产生浓厚兴趣。从1496年起，他两次去意大利，先后在波伦亚大学、巴都民大学和费拉拉大学学习教会法、医学等，继续研究天文学和数学。他在意大利结识了达·芬奇、实践天文学家多米尼科·玛利亚·诺瓦拉、天文学教授弗拉卡斯多罗等人。1503年回波兰后，他先后担任医生和教会职务，但坚持天文观测，记录了大量数据，进行系统的天文学研究。大约在1530年他最后完成了《天体运行论》手稿，由于估计到会遭受教会迫害，直到他临终前才发表。

在哥白尼以前，地心说占着统治地位。这一学说最初为亚里士多德所倡导。公元2世纪托勒密把地心说加以系统化。13世纪托马斯·阿奎那遵照教皇的旨意，把地心说溶入基督教神学之中，宣称上帝创造世界时把人所居住的地球摆在宇宙的中心，万物都是神为人而造，日月星辰也都围绕地球旋转。从此地心说成为基督教的重要理论支柱，不准违犯的神圣教条。同时，由于地心说符合人们日常直观印象，因此千百年来也就被人们看作不容置疑的真理知识了。

哥白尼在天文学研究中，面对着这样一个神圣不可侵犯的宗教权威和根深蒂固的传统观念，表现出一个伟大的科学的创建者

的开拓精神和革命勇气,向教会权威和传统提出了挑战。他在
《天体运行论》序言中明确声称,那些"对数字一窍不通的无聊的
空谈家会摘引圣经的章句加以曲解来对我的著作进行非难和攻
击。对这种意见,我决不予以理睬,我鄙视他们"。①他表现出"胆
敢反对数学家公认的见解和直观的印象,敢于相信地球会运
动。"②他指出:"哲学家的深思同一般人的看法是相去很远的。"③

　　哥白尼在这一真正的革命行动中所依据的是确凿的事实,反
复观测的资料。他声称要"睁开眼睛,正视事实","从事更准确的
观测"。

　　哥白尼所以反对托勒密的地心体系,就是因为"他的原理很
多地方还不符合事实"。④ 例如,如果地球居于宇宙中心静止不
动,而其他星球循圆形轨道绕地旋转,那么,在地球上居住的人看
来,其他星球就应该是均衡地向前运行的,并且应同地球保持不变
的距离。但是观测的情况恰恰相反,它表明行星的视运动很不规
则,有顺行,有逆行和留滞,行星和地球的距离也经常变化。于是
哥白尼得出结论说:"行星视运动的不均匀性和行星到地球距离
有变化的事实,证明了地球并非是所有行星旋转的中心。"⑤

　　哥白尼在处理资料、得出结论的过程中应用了新的科学研究
方法,这就是把经验观察同理论分析、推理、概括结合起来的方法。
首先从对资料的分析中提出问题,然后对传统数学在研究各个天
体运动中的可疑之处进行思索,参考文献资料,从而提出假说,经
过反复研究查证,最后采取由资料所证实了的假说。"于是,从地

①②③⑤　[波]哥白尼:《天体运行论》,叶式辉译,武汉出版社 1992 年版,第 6、3、
　　　1、25—26 页。

④　[波]哥白尼:《天体运行论》(选译),辛可译,载辛可:《哥白尼和日心说》,上
　　　海人民出版社 1973 年版,第 71 页。

球运动的假定出发,经过长期的、反复的观测,"他终于建立了日心说。①这个假说的基本内容是:我们所处的这个星球体系的中心是太阳而不是地球,地球在围绕自己的轴心旋转的同时,和其他行星一起围绕太阳运行;月球是地球的卫星。行星以太阳为中心由近及远的排列顺序是:水星、金星、地球、火星、木星、土星,最外层是"恒星天层"。

哥白尼太阳中心说的提出,是整个科学中的伟大革命,是向教会权威的挑战。自然科学从此摆脱神学的束缚,争得了独立存在和发展的权利。

哥白尼学说的提出,是世界观中的一次伟大革命。它彻底驳斥了"天界"和"地界"截然不同的神学观念,明确指出地球并不是神意安排的宇宙中心,而是一个普通的行星;天体同地球一样都是"物体",具有同样的"重力"和运动,②从而有力地论证了世界物质和运动规律的统一性。因此,哥白尼学说的创立,是对神学唯心主义的沉重打击,是唯物主义世界观的辉煌胜利。

由于时代条件的限制,哥白尼学说也难免有其局限和缺点。例如,在宇宙是有限还是无限的问题上,他是摇摆不定的。虽然他曾慎重地声明把宇宙是否有限的问题留给物理学家去解决,但是按他的体系,宇宙实际上被看作是有限的,太阳被称为"宇宙之灯,宇宙之心,宇宙的主宰"。此外,他还保留了亚里士多德的某些旧观念,如认为行星及其运行轨道是理想的圆形,恒星天体"本身是不动的"等。当时,这些局限并无损于哥白尼学说的科学价值和革命意义。在它被进一步证实和发展中,这些局限、缺点也将得到克服和解决。

自从哥白尼的不朽的著作《天体运行论》出版问世后,科学的

①② 　参见[波]哥白尼:《天体运行论》,叶式辉译,武汉出版社1992年版,第5、26页。

发展从此便大踏步地前进。与此同时,哥白尼所肇端的科学革命,
新兴自然科学的形成和发展,对于当时市民资产阶级哲学进一步
摆脱神学束缚、发挥出新的、唯物主义的思想内容方面,也产生着
巨大的影响作用。

三、特勒肖

倍尔那狄诺·特勒肖(Bernadino Telesio,1508—1588年)生于
南意大利的科森萨。青年时期就读于帕多瓦大学,1535年获哲学
博士学位。后定居那不勒斯。在那里创办了欧洲第一个科学协
会——"特勒肖科学院"或"科森萨科学院",研究自然科学,后被
教廷查封。特勒肖的主要哲学著作是《按事物自身的本原论事物
的本性》(简称《物性论》)。

特勒肖主要哲学著作的书名就表明了他的自然哲学纲领。就
是说,他认为哲学研究的对象不是上帝、天使等"神圣东西",而是
自然事物;哲学用以解释自然事物的依据,不是神学权威、古人的
言论,而是自然事物本身的原则或本原。由此出发,他首先明确地
表示反对当时教会所奉为神圣权威的亚里士多德主义。他说:
"许多世纪以来,全人类都把亚里士多德当作偶像崇拜,都把他看
作好像是上帝自身的门徒和解释者,怀着极大的敬佩和景仰心情
听他的话,可是我们并不满足于他的学说。""我们只崇拜真理,不
能满足于古人的言论。"[①]我们"只遵循感觉和自然",[②]而不遵循
任何别的东西。

(一)论自然万物的本原

特勒肖自然哲学的核心、基石是关于自然万物的本原或原则

---

①② B.Telesio, *De rerum natura juxta propria principia*,转引自 А.Х.Горфункелъ:
Философия Эпохи Возрождения, Москва, *Вblсшая Школа*, 1980, стр. 236,
235.

的学说。他认为，这样的本原或原则可分为：一类是物质，另一类是热和冷。"热和冷是无形体的，其中任何一个为了存在都必须借助有形体的物质实现自身。一切存在完全是由物质构成的。因而一切事物的本原共有三个：两个推动的本原是无形体的，而接受它们的则是一个有形体的本原。"①

在他看来，物质是可以直接感知的、有形体的质量，是永远存在的。但是他又认为物质是一种消极被动的东西。这样的本原不能说明自然事物的运动变化和多样性。为此就需要有积极能动的力量。特勒肖认为热和冷就是这样的力量，他称之为第二本原。热产生光，使物质稀薄，引起运动。冷产生暗，使物质紧密并归于静止。热和冷本身没有形体，不能独立存在；只有同物质结合在一起才能存在和发生作用。因此，它们之间不断进行斗争，以便把更多的物质争夺到自己方面来。

（二）论宇宙天体

特勒肖从自然本原学说出发，反对神学家关于"天界"和"地界"截然不同的说法，明确指出，天体和地球都是由物质构成的，只是热和冷的分布情况有所不同：各个天体都受热支配，因此质料较为精细和纯粹，并进行自由的圆周运动，永远不会停止。他由此排斥亚里士多德所谓无形体的、不动的推动者。按特勒肖的说法，在天和地的交接处，即在地球的表层上面，由于热和冷的相互作用，于是产生自然万物。但是，冷的本原支配着地球，因此地球是不动的。这表明他还没有接受哥白尼刚提出不久的日心说。

特勒肖虽然抛弃了"第一推动"，但是仍然承认上帝创世说。

---

① ［意］特勒肖：《按事物自身的本原论事物的本性》第 1 卷，转引自 Bacon Francis, *The Philosophical Works of Francis Bacon*. Edited with an introduction by John M. Robertson. London：George Routledge and Sons Limited, New York：E. P. Dutton&Co. 1905, p.656。

不过他认为上帝在把万物安排就绪之后就不再干预世界事务,而让万物按自身本性进行活动。他说:"上帝创造世界,并不是使得事物的每一次运动都需要上帝发出一个新的意志来推动它;而是使得万物具有它们自己的本性和运动能力,从而每一事物都按照它自己的本性进行活动。"①特勒肖的这种说法,预示了17—18世纪流行的自然神论的思想端倪。

(三)元精说和感觉论

特勒肖发挥自然本原论,提出元精说,用以解释生命和意识现象。元精说渊源于古希腊斯多亚派的"普纽玛"和中世纪医学。特勒肖所谓"元精"(spirtus)是指一种由热的本原所支配的生动的流质。它构成一切动物的感性灵魂的实体。人的元精是一种更热、更精细的流质,它构成人的理性灵魂,实现着人的生命、感觉和认识功能。

特勒肖认为,人的元精和理性灵魂的第一个机能就是感觉,此外它还有记忆、推理等能力。他偏重感性知识,认为感觉是一切确实知识的源泉,一切理智知识都可以归结为感觉知识,思维远不及感觉那么完善。这样,在特勒肖那里,开始表现出感觉论的倾向。

特勒肖断言,在人的身上除了理性灵魂之外,还有不朽的"神圣的灵魂"。与此相应,他认为除了感觉之外,《圣经》也是真理认识的一大源泉。

(四)"自保"的人性论和伦理原则

特勒肖从他的自然本原学说出发,肯定自然物质具有不可入性和抗力,热和冷为了自身的存在而争夺物质。他由此推论,"自我保存"是万物本性,也是人的本性,因此也就应当成为社会伦理

---

① 　B.Telesio, *De rerum natura juxta propria principia*, 转引自 A. X. Горфункелъ, Философия Эпохи Возрождения, Москва, *Вblсшая Школа*, 1980, стр. 240。

的基本原则。他说:"毫无疑问,精神所向往和追求的幸福在于保存自身。不仅是精神,而且一切存在物除了保存自身的本性之外,就不向往和追求任何别的幸福了;除了自身的灭亡之外,它们也不会感受到别的恶事了。"①

特勒肖还指出,自保并不排斥人们共同生活的必要。为了共同防御野兽的伤害和敌人的侵袭,人们必须互相帮助,团结一致地行动。但是特勒肖的这一思想也是不彻底的。他一方面断定自保人性论,另一方面又认为人性可以不顾自保而奉侍上帝,向往天国幸福。

特勒肖依据实验科学和人文主义精神所提出的一些新的思想观点,表明他的自然哲学虽然还有不彻底性和朴素性,但总的说来是近代资产阶级唯物主义自然观、感觉主义认识论和功利主义伦理学的思想先声。他所开创的自然哲学新思潮,启发了文艺复兴晚期的先进思想家康帕内拉和布鲁诺。近代英国唯物主义的创始者弗·培根说特勒肖是"一位有助益于科学事业的真理爱好者",是"第一个现代人"。② 这一评语恰当地揭示了特勒肖作为近代唯物主义哲学先驱者的历史作用。

四、布鲁诺

乔尔丹诺·布鲁诺(Giordano Bruno, 1548—1600 年)是文艺复兴晚期意大利自然哲学最卓越的代表,反封建教会统治的坚强

---

① B.Telesio, *De rerum natura juxta propria principia*, 转引自 A. X. Горфункелъ, Философия Эпохи Возрождения, Москва, *Вblсшая Школа*, 1980, стр. 242 - 243。

② Bacon Francis, *The Philosophical Works of Francis Bacon*. Edited with an introduction by John M.Robertson.London.George Routledge and Sons Limited, New York.E.P.Dutton&Co. 1905, p.666.

战士。他出生在意大利那不勒斯附近诺拉镇一个没落的小贵族家庭。在当地拉丁语学校毕业后,于1565年进入那不勒斯多米尼克派的修道院。在该院进修期间,布鲁诺广泛阅读哲学和科学著作,对教规禁锢不满,受到院方的监视。临结业前,他因为跟一个神学家在辩论时发生冲突,并公然对教条表示怀疑,面临被宗教裁判所拘捕的危险,于1576年逃到罗马,继而转移到意大利北部,1578年离开祖国。他先后到过瑞士、法、英、德意志等国,到处受到教会当局的迫害;在极其艰难的条件下从事讲学和著述活动。1591年8月应威尼斯贵族乔凡尼·莫森尼戈的邀请回国,次年5月被此人控为异端,落入宗教裁判所。布鲁诺在狱中8年,受尽折磨,始终坚贞不屈。1600年2月17日在罗马花卉广场被活活烧死。布鲁诺的主要哲学著作有《论原因、本原与太一》、《论无限、宇宙和众世界》、《论单子、数和形式》、《灰堆上的华宴》、《论英雄热情》等。

布鲁诺在反对神学唯心主义的斗争中,继承了古希腊朴素唯物主义思想和新柏拉图主义的泛神论思想,概括并推进哥白尼的天文学新发现,继承和发展库萨的尼古拉和特勒肖的自然哲学,以泛神论的形式阐述了唯物主义的自然观和认识论思想。

布鲁诺继特勒肖之后,把哲学研究的对象转移到了自然。布鲁诺认为最好的哲学派别,就是那种"最符合自然的真理,它尽可能地与自然合作",以便揭示规律,改造风尚,促进人类生活幸福的哲学派别。他声称,他之所以反对亚里士多德主义,就是因为这位被教会奉为权威的哲学家"倚赖于空洞的幻想和更加远离自然"。① 与此相对立,布鲁诺把关于自然事物的原因、本原和统一

---

① [意]布鲁诺:《论原因、本原与太一》,汤侠生译,商务印书馆1984年版,第80页。

性问题,作为自己哲学研究的主要课题,正是围绕这个问题而展开他的自然哲学的论述。

（一）论原因、本原和太一

布鲁诺所谓原因,是指从事物的外部促成事物的产生,并且自身留存在事物之外的东西,这主要是指动力因和目的因。在论述自然事物原因问题时,布鲁诺主要企图探索自然事物的动力因。为了这个目的,他从新柏拉图派那里汲取了"世界灵魂"和"普遍理智"的概念,用以说明自然事物的动力因或作用因。他说,世界理智"是自然万物的真正的作用因,这作用因不仅具有外部的、而且具有内部的性质。"①就它的存在(不同于它的产物的实体和实质)而言,它是外因;就它活动的方式方法(它也在事物之中起作用)来说,它是内因。

布鲁诺所谓本原,是指从内部促使事物形成,并且作为该事物的基本原素,留存于该事物之中。他认为自然事物有两个本原即质料(物质)和形式。他对于质料(物质)和形式的关系问题的解决,包括以下两层意思:

第一,认为物质、质料是被动本原,而形式是能动本原。这是接着上面关于原因的论述来讲的。就是说,他认为世界理智作为自然事物的内因,也是事物的本原;世界理智既是作用因,也是形式因、目的因。"作用者为自己规定的目的和终极原因,是宇宙的完善;……对于这个目的,理智非常欣赏、非常感兴趣,以致它从不知疲倦地从物质中引出一切种类的形式"。②

第二,在说明质料(物质)和形式的关系问题时,布鲁诺还认

---

①② ［意］布鲁诺:《论原因、本原与太一》,汤侠生译,商务印书馆1984年版,第45—46、47页。

为,可以把物质理解为"有形的宇宙整体",[①]它包括形式在自身之内。在这个意义上,布鲁诺肯定物质是"自然万物以及全部实体自然界的生育者和母亲","物质包含形式、囊括形式于自身之中",[②]明确地表达了唯物主义的观点。

在论述自然万物的统一性问题时,布鲁诺继承赫拉克利特和库萨的尼古拉关于一切是一的思想,批判地利用新柏拉图派的"太一"概念,提出宇宙是"太一"(Uno)这一基本原理。他认为,宇宙是囊括一切的统一体,它是不能被包含的,因而是不可计量的,无限的;而且没有在它之外可容它移动的地方。在这个意义上,它是不动的;正因为它是包括一切存在的无限,所以它也是不生不灭,永恒存在的。这一永恒无限的宇宙即是自然。他说:"宇宙……是个独一无二的自然"。[③]

布鲁诺通过对宇宙的这样的规定,否定了神学的创世说,排斥了一切超自然的东西。不过,他仍然保留了神(上帝,宙斯)的称号,即把宇宙、自然称作神,认为神即在宇宙万物之中,"宙斯充满万物"。[④]这就是他所提出的自然主义的泛神论的哲学学说。布鲁诺的原因、本原、太一说的基本倾向是唯物主义的,但是,显然也包含有一些新柏拉图派唯心主义的思想残余。

(二)世界无数,世界的物质构造

布鲁诺贯彻宇宙即太一的原理批判基督教所宣扬的地心说,从哲学方面论证并发展哥白尼的日心说,指出:宇宙只有一个,它是"能生的自然",而世界的数目则无限多,它是"被生的自然"。无限的宇宙不可能有任何边界和中心,太阳只是诸天体中的普通一员,太阳系属于一个更广大的系统,在无限的空间中有无数个这样的系

---

①②③④　[意]布鲁诺:《论原因、本原与太一》,汤侠生译,商务印书馆1984年版,第69、109、84、118页。

统。他写道:"宇宙的范围会是无限的,诸世界会是无数多的。"①
"存在着无数的太阳;也存在着无数的地球,这些地球都围绕自己
的太阳旋转,如同我们的七个行星围绕自己的太阳旋转一样。"②

　　布鲁诺认为,包括太阳、地球、行星、恒星在内的所有天体,都
是由同样的元素构成的,具有同样的形式、运动和变化。

　　它们的运动是由于自身的灵魂的作用,而不需要一个第一推
动者。布鲁诺进一步从物质结构出发论证了宇宙世界的统一性和
自动原则。他认为,宇宙万物是由不可分割的微粒,即"最小"构
成的,这种"最小"在物理学上就是原子,在数学上就是点,在哲学
上就是单子。原子的不同结合,排列和搭配,造成了实际事物的千
差万别。由于"最小"在自身中包含了成为一切的可能性,是它所
能是的一切,它决定着万物的统一,因此,它就和"最大"、和太一
统一,重合起来了。原子在自身具有运动的能力,这种能力是整个
物质世界所具有的同一种运动能力。这样,布鲁诺以自己的独特
方式论证了世界的物质统一性,及其自动原则。但是,由于科学的
发展还不能正确地解释万物的运动源泉,布鲁诺为了从物质世界
中排除第一推动者,论证物质世界的自动原则,而最终作出了万物
有灵的结论。他认为,世界万物都是有灵魂的,至少是有生命的。
这是它们运动变化的原因。"一个东西,不管怎样纤小、怎样微不
足道,其中总有精神实体的部分,这种精神实体,只要找到合适的
主体,便力图成为植物,成为动物,并受理任何一个物体的肢体,这
就是通常所说的有了生机。因为精神处于万有之中,任何一个最
最微小的物体,都不能不包含着成为有生机之物的可能性。"③

---

①② 　Д. Бруно: *Диалоги* , переводМ. А. Дынника, Москва, Госполитиздат, 1949,
　　 стр. 310,363.

③ 　[意]布鲁诺:《论原因、本原与太一》,汤侠生译,商务印书馆1984年版,第
　　 52页。

(三)自然万物的运动变化和对立统一

布鲁诺阐发他关于物质世界的自动原则时指出,在无限宇宙中发生着"无限的运动和变化",各个天体在宇宙空间中运行着,经常分出去一部分物质,又吸收进来一部分物质。地球在运行着,地球表面陆地变海洋,海洋变陆地。人和动物的躯体也在不断发生变化。

无限宇宙中普遍运动变化的事物,形成一个统一体,"对立面吻合于一",一切事物都由对立面组成。因此,"谁要认识自然的最大秘密,那就请他去研究和观察矛盾和对立面的最大和最小吧。深奥的魔法就在于:能够先找出结合点,再引出对立。"①布鲁诺本人正是这样做的。他指出,不仅最大和最小吻合于一,而且在最大和最小自身中对立面也是归于一。在太一的无限中,最大与最小没有差别。在本原和极小中,直线和曲线、直线和圆周也统一起来。最小的弧和最小的弦,无限的直线和无限的圆周都是无差别的。布鲁诺不仅在几何学中论证了对立的统一,而且将它放到实际生活中去验证。他指出:"医生在最好的情况下担心有坏的结局,有远见的人在最幸福的时刻感到特别畏缩,这并不是没有原因的。谁看不见产生与消灭的本原是统一的呢? 难道消灭的最后界限不就是产生的本原么? 难道我们不是同时说:此去,彼立,过去是彼,现在是此么? ……消灭无非是产生,产生也无非是消灭;爱就是恨;恨就是爱;归根到底,对反面的恨也就是对正面的爱,对前者的爱也就是对后者的恨。因此,就实体、就根源而论,爱和恨、友谊和敌对是同一个东西。对于医生说,有什么东西比毒药更适于攻毒呢? 有什么东西能比蝮蛇提供更好的消毒剂呢? 在最强烈的

---

① [意]布鲁诺:《论原因、本原与太一》,汤侠生译,商务印书馆 1984 年版,第133 页。

毒品中有着最好的、最能治病的药剂。……球形物具有均等的边限，凹停驻于凸之中，急躁者和稳健者生活得来，最傲慢者最喜欢谦虚者，吝啬者最喜欢慷慨者。"①布鲁诺批判亚里士多德只看到对立面一致的可能性，而看不到它的现实性。把考察现实世界的矛盾和对立看作是认识宇宙世界奥秘的途径，这是布鲁诺辩证思想的重大理论成果。

（四）揭示自然真理与认识发展阶段

在认识论问题上，布鲁诺同样坚持了唯物主义的路线。他从怀疑的原则出发，主张知识的根据不在于信仰、权威。他坚决反对"二重真理论"，只承认人类理智所揭示的"自然的真理"。自然下降而生育万物与理智上升而认识自然真理所遵循的是同一条道路。前者是由统一性展开成为无限多的个体，后者则是从无限多的个体上升到统一。这也就是说，认识是从具体事物开始的。

布鲁诺把认识划分为四个阶段，即感性、理智、心智、心灵。感性（senus）是认识的开端，感觉只认识杂多的表面现象，不能认识事物的本质。而且感觉时常给我们提供错误的印象，它只是一个软弱无力的源泉，真理不存在于感觉之中。理智（ratio）的任务是运用抽象概括和推论的能力，从特殊中抽引出一般。心智（intellectus）的任务是主动地、积极地整理理性活动的成果，把理智得出的一般论断提高到原理原则，从而认识到事物的实体的统一性。心灵（mens）是人类认识的最高能力，是对普遍实体即神的直观。在心灵中，神即自然的本质生动地表现在认识面前，认识达到了对一切存在的本质、对统一的、无限的宇宙的最高认识。上述的各个阶段形成一个统一的认识过程。这个过程是不会完结的，因为智

①　[意]布鲁诺：《论原因、本原与太一》，汤侠生译，商务印书馆1984年版，第132—133页。

慧的力量永远不会停留在已被认识的真理上面,而总是向着尚未被认识的真理前进。

布鲁诺的哲学是文艺复兴时期新哲学思潮发展的最高成果。宗教裁判所可以用火刑架夺走哲学家的生命,但却阻挡不了哲学家的思想广泛流传。笛卡尔、斯宾诺莎的泛神论和唯理论,莱布尼茨的单子说,德国古典哲学的辩证法思想都在不同程度上受到布鲁诺哲学的影响。

本 章 小 结

欧洲的文艺复兴"是人类以往从来没有经历过的一次最伟大的、进步的变革,是一个需要巨人而且产生了巨人的时代,那是一些在思维能力、激情和性格方面,在多才多艺和学识渊博方面的巨人"①。这些体现时代精神的伟人与封建神学和经院哲学进行了斗争,提出了近代哲学关于自然和人的某些基本看法、原则,并取得了初步的成果,把西方文化—哲学发展到新的阶段。

文艺复兴哲学的功绩首先在于打破了封建神学的一统地位,动摇了天主教教会对文化思想的垄断。那些"复兴"古典哲学的代表们一开始就越出正统神学的范围,力图摆脱教会教条的羁绊;自然哲学家的立场也是明显地同教会、神学家相冲突。至于宗教改革后产生的新教,则在基督教内部结束了旧教一统天下的局面。

第二,重视和研究古代灿烂的文化和丰富的思想遗产,恢复了古典哲学的真面目,为欧洲公众重新打开了这一伟大的思想宝库。这对近代西方哲学的形成和发展是具有重要意义的。

第三,恢复了人的价值和尊严,重新确立了人在哲学体系中的

---

① 《马克思恩格斯文集》第9卷,人民出版社2009年版,第409页。

中心地位,为近代哲学中人的主体性原则以及启蒙运动、人道主义等思潮铺平了道路。

第四,开始建立了新哲学思想和新兴自然科学的密切联系。先进的思想家们不顾教会残酷的迫害和顽固的阻挠,发展了实验自然科学,揭开了宇宙世界一个个的秘密,开拓了人类知识的新领域。有远见的哲学家开始在自然科学基础上构思自己的哲学体系,在科学刚刚开始独立、分化的年代就确立哲学和科学的结盟。这开创了近代唯物主义哲学的传统。

第五,人文主义者着重表述了市民资产阶级的社会伦理观点。同时,资产阶级政治学说也摆脱了宗教和道德的干扰,开始建立在权力的基础之上。

但是,这一时期新的哲学还没有完全成熟,还保留有不少旧的思想成分。新的哲学思想是在旧的神学体系中挣扎、反抗、脱胎而出的,它还保留有旧的神学思想成分,也还保留有古代哲学思想成分及其朴素性特征等等。文艺复兴哲学提出的新问题、新任务还有待进一步深化和解决。

总之,西方哲学史上的这个时期是从中世纪神学和经院哲学到近代哲学的过渡时期。这一时期的新哲学也有其过渡性的特点。它的历史意义在于:开始打破封建教会的禁锢,而给17—18世纪新的哲学体系的产生和发展做好了准备。

第 四 章

16 世纪末—18 世纪上半期
西欧各国哲学

引　言

从西方哲学发展的整个历史来看,16 世纪末—18 世纪上半期是继古希腊之后,又一个辉煌灿烂的哲学发展时代。可以说,这是一个天才涌现的时代。如同在科学领域出现了伽利略、开普勒、牛顿这些伟大的天才一样,在哲学领域也出现了培根、笛卡尔、霍布斯、斯宾诺莎、洛克、莱布尼茨等思想巨人。他们摧毁了千百年来封建神学、经院哲学的统治,创立和发展了近代资产阶级的新的哲学世界观。继古代朴素唯物主义之后,出现了哲学史上唯物主义的第二种形态——机械唯物主义。西方哲学的这一新的、巨大的变革和繁荣,是与当时社会历史条件和自然科学的发展密切相联系的。

一、新哲学产生、发展的社会历史条件和自然科学前提

16 世纪末到 17 世纪,是西欧国家早期资产阶级革命的时代。在这个时代,西欧先进国家的社会经济、政治和科学领域都发生了巨大而深刻的变化。

自从 15 世纪末 16 世纪初发现新大陆、新航道以来,欧洲航运贸易枢纽由地中海转移到了大西洋沿岸国家;意大利走向衰落,丧

失了作为欧洲经济文化中心的地位,而尼德兰和英国以及法国则代之而起。特别在尼德兰和英国,资本主义工商、航海事业迅速地发展起来;到16世纪末17世纪初,资本主义关系在国民经济中已经占有了重要的地位。

随着资本主义势力的发展壮大、封建制度的腐朽解体以及社会阶级矛盾的激化,16世纪末叶,在尼德兰最先爆发了资产阶级革命,推翻了西班牙在北方各省的封建专制统治,建立了第一个资产阶级共和国——荷兰共和国。1640年爆发的英国资产阶级革命,具有全欧的以至世界历史的意义,它标志着封建中世纪结束、世界近代史的开端。尼德兰和英国的革命都是在新教——加尔文教的旗帜下进行的,是反对罗马天主教会的。这些革命继16世纪德国宗教改革和农民战争之后,给予整个封建社会制度和意识形态以前所未有的沉重打击,给资产阶级新文化、新哲学的形成、发展,开辟了广阔道路。

与早期资产阶级政治革命同时,发生了近代史上第一次科学革命。

自从16世纪中叶哥白尼发表日心说以来,自然科学就摆脱了神学的羁绊,而在实验研究的基础上大踏步地前进。到了16世纪末和17世纪,欧洲自然科学和技术方面呈现空前繁荣兴盛的景象。由于工场手工业和航海业发展的需要,在当时的科学发展中,力学和天文学,也就是关于地球物体和天体的力学,占有最重要的地位。而这一时期力学科学的巨大发展,是同伽利略、开普勒和牛顿这三位伟大科学家的名字分不开的。

意大利天文学家、物理学家伽利略(1564—1642年)用他自己创制的望远镜观测天象,在人类历史上第一次把宇宙太空的秘密直接展现在人们的眼前。他发现了月球上的山和谷,太阳上的黑子,木星的四个卫星,金星和水星的盈亏现象,银河由无数恒星组成,等等,从而以确凿的实际材料证实了哥白尼的太阳中心说,推翻了教会所宣扬的地球中心说。伽利略在实验观察的基础上发现了地上物体的力学运动规律,如惯性定律、自由落体定律、抛物体定律、摆振动的等时性,并确定了伽利略相对性原理等等,开创了动力学部门,给经典力学和实验物理学奠定了基础。

伽利略阐述了科学方法论的思想。他号召人们去阅读"自然"这本大书。他指出,寻求真理必须通过科学实验,而不能凭借对古籍的注释。自然之书是用数学的语言写成的,首先是用三角形、圆形、正方形等等几何图形写成的。因此他主张把观察、实验同数学分析结合起来,去发现自然的奥秘。

伽利略贯彻运用机械力学和数学的观点解释一切自然现象,形成了机械唯物论的思想。他继承发展古代原子论,开始把物体特性区分为两类:一类是机械力学的、数量的特性,如大小、形状、运动或静止、物体相互之间的接触或分离以及物体的单个、少数或多数等;另一类是色、声、味等性质。他认为第一类特性是物体本身所固有的,第二类特性则是由物体的第一类特性作用于人的感官而引起的,如果没有人及其感官,那么这一类特性也就不存在了;他甚至得出了色、声、味等性质只存在于感觉者主体中的结论。伽利略写道:"关于白或红,苦或甜,有声或无声,香或臭,我却不觉得我的心被迫承认这些情况是与物体一定有关系的;如果感官不传达,也许推理与想象始终不会达到这些。所以我想物体方面的这些味、臭、色等,好像真的存在在物体中,其实只不过是名称而已,仅仅存在于有感觉的肉体中;因此,如果把动物拿走,一切这样的质也就消除了,或消灭了。"①

---

① [英]丹皮尔:《科学史及其与哲学和宗教的关系》,李珩译,商务印书馆1975年版,第201页。

伽利略的这些思想,在17世纪西欧各国哲学家和科学家中间发生了广泛的、巨大的影响。

德国天文学家开普勒(1571—1630年)在分析、概括丹麦天文学家第谷·布拉赫的天文观测资料的基础上发现了行星沿椭圆(不是正圆)轨道运行,提出了行星运动的三大定律,用精确的计算和科学规律性证实和发展了哥白尼学说,给万有引力的发现打下了基础。

英国物理学家、天文学家、数学家牛顿(1642—1727年)综合并发展了伽利略和开普勒的研究成果,建立了经典力学的基本规律即牛顿三定律和万有引力定律。这样,牛顿就把天体力学和地上物体的力学统一起来,使经典力学的科学体系臻于完成。

牛顿贯彻应用力学规律观察世界,形成了一个完整的经典力学的世界图景和机械唯物主义的自然观。他承认世界物体及其规律的客观存在,但是他把物质和运动割裂,提出"惰性的""质量"概念,把运动归结为外力推动下的位移。他把时间、空间同运动着的物质割裂开来,并且把时间和空间二者也割裂开来,从而提出了"绝对时间"和"绝对空间"的形而上学观点。他按照形而上学外因论观点解释行星运动的起源时,提出了关于行星在"第一推动力"作用下开始运动的说法,对神学做了让步。

牛顿阐发了唯物主义经验论的思想,认为自然哲学只能从经验事实出发去解释世界事物,从而把经验归纳法看作是"最好的论证方法"。他说:"虽然用归纳法来从实验和观察中进行论证不能算是普遍的结论,但它是事物的本性所许可的最好的论证方法,并且随着归纳的愈为普遍,这种论证看来也愈为有力。"[1]他把经

---

① ［美］H.S.塞耶编:《牛顿自然哲学著作选》,上海外国自然科学哲学著作编译组译,上海人民出版社1974年版,第212页。

验归纳作为科学的一般方法论原理,认为"实验科学只能从现象出发,并且只能用归纳来从这些现象中推演出一般的命题"①。在这个基础上他提出先分析而后综合,建议把实验观察方法推广于道德哲学领域,还提出"力戒去考虑假说,正如应当力戒不恰当的论辩一样"。②他这些论点是具有一定合理内容的,在当时是有一定的历史根据的。但是牛顿在其有关方法论的理论论述中,偏重经验归纳,排斥一切假说,表现出经验论的倾向性。

与力学发展的同时,为力学直接服务的数学也取得了巨大的成果。最重要的数学方法基本上确立了。英国数学家耐普尔提出了对数,笛卡尔创立了解析几何,牛顿和莱布尼茨开创了微积分。

关于物体力学以外的力学部门,化学、光学、生理学、生物学等科学部门,在这一时期也开始发展起来并取得了初步的成果。意大利物理学家托里拆利结合水利工程首先研究了液体的运动,发现了水流定律,奠定了水动力学的基础。他还发现玻璃管内水银柱随气压大小而升降的现象,创制了水银气压计。法国科学家帕斯卡尔在托里拆利研究基础上发现在高山上气压减少水银柱下降的现象,还提出了密闭流体能传递压强的定律,给液压机的制造提供了理论基础。英国化学家、物理学家波义耳发现了气体体积与所受压强成反比的定律;批判了点金术的"元素"说,将元素定义为不能分解的物质,把化学确立为科学。在光学方面,牛顿用三棱镜分析日光,发现白光是由不同颜色的光合成的,奠立了光谱分析的基础。关于光的本性,牛顿提出的微粒说同荷兰物理学家惠更斯提出的波动说相对立。

英国医生、生理学家哈维根据实验研究,发现了动物和人体的

①② 　[美]H.S.塞耶编:《牛顿自然哲学著作选》,上海外国自然科学哲学著作编译组译,上海人民出版社1974年版,第8、7页。

血液循环,并说明心脏的搏动作用,从而把生理学确立为科学。英国物理学家胡克用自制的显微镜观察木栓,发现了细胞壁,首次提出细胞的概念。意大利解剖学家马尔比基依据显微镜观察,最先描述了蛙肺的毛细血管,并在植物、解剖、胚胎学方面进行显微研究。荷兰生物学家列文虎克用显微镜观察了血球、精子和细菌,揭开了微生物的新领域,等等。

16世纪末到18世纪初自然科学的发展表明:建立在实验基础上的、以精密数学为重要工具的、系统的自然科学已经确立并取得了重要的成果,其中尤以力学的成果最为显著,它首先达到了相当完善的形态。

这一时期科学事业蓬勃发展的一个重要标志,是西欧许多国家科学院的建立。其中最早的一个是1560年在意大利那不勒斯成立的"自然奥秘学院"。继后,1603年罗马科学院成立。著名的英国"皇家学会"和法国"皇家科学院"分别于1662年和1666年正式成立。1700年柏林科学院成立。国家科学院的纷纷建立,表明科学事业得到了学术界、政府和社会公众的高度重视和广泛支持。这些情况以及上述自然科学的丰硕成果,不能不对整个文化包括哲学的发展,产生巨大的影响。

二、早期资产阶级的哲学革命;新哲学的基本内容和一般特点

正是在早期资产阶级政治革命和科学革命的整个时代背景之下,发生了17世纪的哲学革命。先进的哲学思想家在反对封建神学和经院哲学的斗争中,依据新科学的精神和成果,制订出了资产阶级的新的哲学体系。

这一哲学革命的一个重要表现,在于哲学的地位、哲学的方向包括哲学研究的对象、任务、功能和目的都发生了根本性的转变。

哲学不再是神学的婢女：只能去为神学教条做论证；自然界不再被看作"简单的创造物"而"被人遗忘"①；不再用神学教条和《圣经》词句来代替对人类社会本身的认识。17世纪先进的哲学家进一步发挥文艺复兴时期人文主义和自然哲学的精神并克服其新旧混杂的过渡性，明确提出了认识自然、认识人的任务，并明确提出了哲学的基本问题。如果说文艺复兴时期哲学的主题还是神和宇宙、自然以及人的问题，那么，到了17世纪先进的哲学家则力图从哲学领域排斥神，而以精神和物质的关系以及科学知识的来源问题作为哲学的主题了。这就是说，只是在这个时代，哲学基本问题才被十分清楚地提了出来，才获得了它的完全的意义。

在当时先进的哲学家看来，哲学研究的根本目的在于促进生产的发展，促进新的社会制度的建立，使人们摆脱封建神学的统治，过着自由和幸福的生活。就是说，人的问题成为哲学研究的核心和归宿。推崇人的理性，争取人的自由，逐渐成为时代的最强音。这样，随着反封建斗争的发展，先进思想家明确提出了理性和自由的原则。斯宾诺莎说，"自由人"是"纯依理性的指导而生活的人"②。洛克公开声称："我们是生而自由的，也是生而具有理性的"。③　显然，这些思想乃是18世纪启蒙思想的先声。

17世纪哲学革命的实质和历史成果，在于摧毁封建神学和经院哲学的统治，创立了新的资产阶级的哲学意识形态。这一哲学意识形态包括了本体论、认识论以及社会政治、伦理等多方面的内容，具有其阶级基础和时代条件所规定的特点和局限性。

---

① 《费尔巴哈哲学史著作选》第1卷，涂纪亮译，商务印书馆1978年版，第12页。
② ［荷兰］斯宾诺莎：《伦理学》，贺麟译，商务印书馆1983年版，第222页。
③ ［英］洛克：《政府论》下篇，叶启芳、瞿菊农译，商务印书馆1996年版，第38页。

（一）唯物论和唯心论

16世纪末和17世纪的英国和荷兰是早期资产阶级革命的中心，也是当时资本主义关系最发达的国家。正是在这里产生了近代唯物主义哲学。这种唯物主义哲学反映着早期资产阶级政治革命和科学革命的时代精神，依据着新兴实验科学的基础，因而能够突破封建神学、经院哲学的禁锢，克服古代唯物主义的朴素性，而把唯物主义推进到一个新的、较高的阶段。

但是，由于这种唯物主义是以当时科学中占主导地位的机械力学和片面的分析方法为依据而建立起来的，因而具有机械性和形而上学性。

17世纪的唯物主义把它所依据的力学的观点普遍化、扩大化了，以致把物质归结为物体广延，把运动归结为位置移动，把世界上一切事物和现象都归结为力学运动这种低级运动形态，例如它认为，动物是机器，人体有如钟表，等等，表现出了机械论的片面性。与机械论观点的形成过程相联系，当时科学界流行着静止地孤立地分析事物的习惯和方法，"这种考察方式被培根和洛克从自然科学中移到哲学中以后，就造成了最近几个世纪所特有的局限性，即形而上学的思维方式。"[1]

这种思维方式在当时科学和哲学中起过一定的作用。因为当时自然科学处于最初发展时期，其主要任务在于搜集材料，对事物进行解剖和分析；至于全面的综合和概括的任务，除力学外，在各个科学部门中都还没有提到日程上来。因此，那种被用来代替经院哲学方法的、与科学中的分析法相联系的形而上学思维方式，在当时条件下大体上是与科学发展相一致的。至于在哲学领域中，培根对事物的规律和本质（"形式"）的分析，洛克对知识和观念的

---

① 《马克思恩格斯文集》第9卷，人民出版社2009年版，第24页。

分析,也都是具有合理内容和积极意义的。

　　但是,这种思维方式毕竟是同客观世界的普遍联系和发展过程相违背的。它在对世界的总的观点方面有落后于古代辩证法的一面。"如果说,形而上学同希腊人相比在细节上是正确的,那么,希腊人同形而上学相比则总体上是正确的。"①

　　一般说来,在17世纪哲学家那里,形而上学思维方式还没有占完全支配的地位。在这种思维方式的创始者培根的哲学中,辩证法思想还是很丰富的。至于笛卡尔和斯宾诺莎,以至莱布尼茨,都可以说是近代辩证法思想的卓越代表,尽管在他们的哲学中也有机械论和形而上学的思想。

　　17世纪的唯物主义还具有神学的不彻底性。这是因为早期资产阶级革命仍然是在宗教旗帜下进行的。因此当时的唯物主义者也对神学做了一定让步。他们一般都承认上帝存在,即使是其中的无神论者,也还承认作为第一因的神,或者以泛神论的形式出现。

　　在这一时期产生的新哲学中,除了上述唯物主义(作为主流)之外,还有二元论和唯心主义流派。尽管这些流派在解决哲学基本问题方面同唯物主义有分歧,在某些方面对神学做了较多让步;但是这些流派(例如莱布尼茨的唯心主义哲学)也是崇尚理性,反对封建神学的,都同自然科学有联系,而且包含有认识论和辩证法的合理思想内容。

　　18世纪上半期的英国哲学,已处于革命以后资产阶级巩固其统治、推进资本主义经济蓬勃发展的时期,其社会历史条件较之17世纪已有很大差别。此时英国产生的贝克莱唯心主义和休谟不可知论哲学,其主要矛头已不完全针对封建神学,但是仍然同经

---

① 《马克思恩格斯文集》第9卷,人民出版社2009年版,第439页。

院哲学有根本的区别,也同当时科学有一定联系,并包含有认识论方面的新的内容。

(二)经验论和唯理论

这时期哲学的一个重要特点,在于它把认识论和方法论问题提到了首位,并且明显地区分为经验论和唯理论两大流派。英国的培根和洛克是经验论的代表人物,欧洲大陆的笛卡尔、斯宾诺莎和莱布尼茨都是唯理论的典型代表。当然,这种国别的划分不是很严格的。例如在法国就出现了像伽森狄这样的经验论者。

在当时哲学家们中间之所以产生经验派和唯理派这样的区别,其原因是很复杂的。首先,这与各国的历史—文化传统是有关系的。在英国,唯名论的传统根深蒂固,人们普遍重视个别的、感性经验的东西。在法国,正统神学的实在论一向占支配地位,因此学者们重视普遍的、理性的东西。这种观点也影响到欧洲大陆其他国家。再者,各国科学发展的情况有某些特点,各国哲学家所侧重的学科也有某些差别。比如说,当时英国实验科学蓬勃兴起,英国哲学家也着重实验科学,着重经验归纳法。当时巴黎是欧洲数学研究的中心,笛卡尔也就侧重数学以及理性演绎法。荷兰的斯宾诺莎和德国的莱布尼茨则继承了笛卡尔的这一倾向。最后,经验论和唯理论的对立,跟那种感性和理性、归纳和演绎、个别和一般等对立起来、割裂开来的形而上学思维方式的流行,也是有联系的。

(三)新的社会政治和伦理理论

在早期资产阶级革命的中心英国和荷兰,霍布斯、斯宾诺莎、洛克等资产阶级哲学家,发展文艺复兴时期人文主义和伦理政治思想,制订出系统的社会政治和伦理道德理论。他们阐发抽象人性论,提出自然法和社会契约学说,用以解释国家的起源和本质,制定了新的伦理道德规范。他们都认为国家的根本任务在于维护私有财产。斯宾诺莎和洛克公开反对封建专制,提出民主、自由和幸福生活的理想。显然,他们的理论是适应于资产阶级革命的需要的。

三、本章的阶段划分

16 世纪末到 18 世纪上半期西欧资产阶级哲学经历了一个发生、发展和演变的过程。在这一过程中,西欧各个国家哲学的发展,一方面基于各国不同的具体条件而各有其特点,另一方面这些国家哲学的相互联系是十分密切的,其相互间的影响是很大的。

一般说来,这一时期资产阶级哲学家是在解决哲学基本问题(当时主要表现为关于实体、物体的问题)的基础上着重探讨和论述认识论的问题。基于对哲学基本问题的不同解决,哲学也区分为唯物主义和唯心主义,而唯物主义是主流。在认识论方面,主要的问题是关于知识特别是普遍必然知识的来源问题(这一问题当时是与关于感性经验和理性知识的意义和作用问题结合在一起的)。围绕着这些问题,当时唯物主义和唯心主义各自内部都区分为经验论和唯理论两派。这两派之间也进行了长期的热烈的论争。

17 世纪西欧各国哲学的发展过程大体上可以划分为前后两个段落,再加上 18 世纪上半期的英国哲学,这样,本章的论述可以划分为三个段落:

(一)16 世纪末到 17 世纪上半期英国、法国和荷兰哲学

弗·培根开创了近代唯物主义和经验论学派,规定自然界是按规律运动的诸多物体,奠立了一切观念和知识来源于感觉经验的基本原理。霍布斯依据伽利略的力学原理把培根的唯物主义系统化,提出实体即物体,制定了近代第一个典型的机械唯物主义

体系。

比培根稍后,法国的笛卡尔作为近代哲学开创者之一,通过"实体"范畴明确提出物质和精神、存在和思维这一哲学基本问题,建立了二元论和唯理论哲学。荷兰的斯宾诺莎克服了笛卡尔二元论,制订了自然实体一元论唯物主义体系,阐发了笛卡尔的唯理论思想。

(二)17世纪下半期英国和德国哲学

洛克依据牛顿力学,发展了培根和霍布斯关于观念和知识起源于感性经验的基本原理,对天赋观念论做了详细地有力地批判,制订了第一个经验论的认识论体系。与此相联系,洛克继承了培根和霍布斯关于自然是物体总和的基本原理,但提出实体不可知的思想。

与洛克同时,德国产生了莱布尼茨的唯心主义哲学。他提出实体是精神性单子,但认为实体有能动性。在此基础上,他对洛克的经验论进行了深入细致的反驳,进一步发展了笛卡尔和斯宾诺莎的唯理论并加以系统化。克·沃尔夫把莱布尼茨的唯心主义唯理论的片面推到极端,走到了形而上学独断论和肤浅的目的论的结局。

(三)18世纪上半期英国哲学

18世纪上半叶,英国经验论明显地分为唯物主义和唯心主义两派。托兰德等人以自然神论形式继承和发展洛克的唯物主义经验论。与此相对立,贝克莱竭力消灭物质实体,但他却保留精神实体,以便否定感觉经验的客观来源,从而实现了英国经验论向唯心主义的转变。继贝克莱之后,休谟沿着主观主义方向把经验论贯彻到底,断言人只知道自己的知觉,一切实体皆不可知,陷入不可知论。他的哲学标志着英国古典经验论的终结。

第一节　16世纪末—17世纪中期英国哲学

16世纪末—17世纪中叶是英国资本主义生产迅速发展、资产阶级革命从酝酿到爆发继而走向高潮的时期。1640年英国发生了资产阶级革命。革命是在宗教外衣下进行的,清教成为反对国教和封建王权的有力武器。它在动员群众参加反封建的斗争中起了很大的作用。经过两次内战,在1649年把国王查理一世送上了断头台,成立了资产阶级共和国,和新贵族结成联盟的资产阶级取得了初步胜利。

在资本主义和资产阶级革命迅速发展的条件下,这个时期英国的科学与文化也随着整个欧洲的科学、文化一起得到了发展与繁荣。特别是哥白尼、开普勒、伽利略等人的科学思想及其成果在英国科学界产生了极大的影响。威廉·吉尔伯特就是按照列奥纳多·达·芬奇、哥白尼、开普勒的新兴实验科学精神进行磁学研究,发现并确证了电磁的两极磁倾以及地磁等现象。他主张以实验为依据,在科学中采用归纳法。如前指出,英国医生威廉·哈维通过实验发现了动物和人体的血液循环,等等。

这个时期的英国文坛上出现了莎士比亚和本·琼生等卓越的剧作家和诗人。他们的文艺创作中所体现的人文主义精神,对英国近代文化和哲学都产生了深远影响。

此外,英国还有着悠久的唯物主义的历史传统。中世纪唯名论的著名代表罗吉尔·培根、邓斯·司各脱、奥康的威廉等人的哲学思想,成为近代英国唯物主义的重要思想来源。

在这样的时代和文化历史背景之下,在17世纪上半期的英国,产生了培根和霍布斯的唯物主义哲学。

一、培　根

弗兰西斯·培根(Francis Bacon,1561—1626 年)出生在伦敦一个新贵族家庭。父亲尼古拉·培根是伊丽莎白女王的掌玺大臣。弗·培根 12 岁时被送进剑桥大学三一学院学习。毕业后于 1576 年到英国驻法使馆工作。1579 年回国,住在葛莱法学院,研究法律。1582 年通过考试获准为正式律师。培根于 1584 年被选为国会议员,1604 年被委任为国王詹姆士的顾问。后接连晋升为副检察长、检察长、掌玺大臣。1618 年任英格兰大法官并被封为维鲁拉姆男爵,1620 年加封为圣奥本子爵。次年被指控受贿,旋即被判徒刑并被处以巨额罚金。虽经国王干与,免于刑罚,但培根官宦生涯从此结束。此后,培根即专心从事哲学和科学研究。1626 年春,由于他在风雪中用鸡做冷冻防腐实验时得重感冒,一病不起,于同年 4 月 9 日逝世。

培根原来计划写一部百科全书式的巨著《科学的大复兴》(又名《伟大的复兴》),包括六个部分,但只完成了头两部分。他把这两部分分册出版,这就是他的两部主要哲学著作:《论学术的进展》(又名《论科学的价值和进展》,中译名《崇学论》)和《新工具》。培根的重要哲学著作还有《论原则和本原》、《论古代人的智慧》等。此外,培根有代表性的著作有《政治和伦理论说文集》(中译名《培根论说文集》),科学幻想作品《新大西岛》。

培根哲学的根本目的,就是要实现科学的伟大复兴,推进科学的发展,使人们能够按照自然本来的面目去认识自然,支配自然,以"达到人生的福利和效用"[①],为发展资本主义生产服务。

培根提出了一个著名的口号:"知识就是力量。"这一纲领性

① 参见[英]倍根:《大复兴论叙言》,载[英]倍根:《新工具》,关琪桐译,商务印书馆 1936 年版,第 15 页。

的口号,精辟地概括了当时的时代精神,表明人们世界观的一种深刻的转变:不是去祈求天国神恩,而是依靠科学知识的伟大力量,去认识和利用自然,以便创造人们现实的幸福生活。

因此,培根十分重视科学知识和科学实验。在他的著作中概括了当时一些科学知识,包含着许多当时的实验科学材料。虽然他在科学知识方面有很大的缺陷,例如他没有接受哥白尼的太阳中心说,对他同时代的科学家吉尔伯特的科学成果也不甚理解,但是总的来说,他在哲学理论活动中是以实验的精神、原则和资料为依据的。这种科学精神和新的哲学方针是同封建神学、经院哲学直接对立的。

(一)对经院哲学的批判

培根深刻揭露了宗教神学和经院哲学给科学研究活动所造成的严重危害,并进而从世界观和认识论的高度对经院哲学进行了原则性的批判,给神学唯心主义以沉重的打击。

1.经院哲学堵塞了科学发展的道路。

培根指出,影响科学发展的"第一个原因可以适当地归之于有利于科学发展的时间极其有限"[①],而这又是因为在基督教流行起来之后,绝大多数有才智的人都去从事神学研究,而经院哲学的无数争辩和空论则摧毁了科学。第二,在宗教神学和经院哲学支配之下,科学本身的目标没有摆正,科学研究的道路和方法不对头。过去的"科学"不是给人类生活提供新的发现和力量,而是为了猎取虚名,维护教条;不是联系实际,而是玩弄概念,进行无谓的争论;不注重实验,而沉溺于思辨玄想之中,这些都是经院哲学所造成的恶果。第三,"人们之所以在科学上不能进步,乃是由于像

---

① 北京大学哲学系外国哲学史教研室编译:《十六——十八世纪西欧各国哲学》,商务印书馆1975年版,第28页。

着了魔一样崇拜古代、崇拜哲学中所谓伟大人物的权威。"①第四，阻碍科学发展的一个重要原因就是，"在每一个时代，自然哲学都曾经有一个很难对付的麻烦的敌人，这就是迷信和对宗教的盲目狂热"②。由于某些人头脑简单和过分狂热，而把宗教这种对于人的心灵有最大支配力量的东西拉来反对自然哲学，因而阻碍了自然哲学的发展，等等。

2.四假相说。

培根从理论上对经院哲学进行了深刻的批判。这也明显表现在他提出的"四假相说"上。所谓假相（idols，"幻相"、"偶像"），即一些错误的观念，它们盘踞着人们的头脑，使人们不能正确地认识到真理，严重地妨碍了科学的复兴。培根根据这些错误观念的不同来源，把这些"假相"分为四类，即"族类的假相"、"洞穴的假相"、"市场的假相"、"剧场的假相"，并分别对它们进行了深刻地分析和批判。

"族类的假相"，是全人类所共有的、植根于人的本性之中的一种假相。它起源于人类的虚构、成见、狭隘性、理解力无休止的运动、情感的注入、感觉的无能和欺骗性，等等。培根说："人的理智就好像一面不平的镜子，由于不规则地接受光线，因而把事物的性质和自己的性质搅混在一起，使事物的性质受到了歪曲，改变了颜色"。③这就是说，人类在认识事物时，是以自己的主观感觉和成见为尺度而不是以宇宙事物本身为尺度，因而在对自然的认识中掺杂着许多主观的成分。

"洞穴的假相"是由于各个人的特性而产生的假相。因为各人的心理和体质有其特点，所受的教育和所处的环境、阅读的书

---

①②③　北京大学哲学系外国哲学史教研室编译：《十六——十八世纪西欧各国哲学》，商务印书馆1975年版，第32、36、13页。

籍、崇拜的权威都不同,难免使自然之光曲折和变色,从而产生一些成见和偏见。

"市场的假相",是由于人们相互交往过程中语词使用不当而产生的假相,人们互相往来,如同市场上交际一样,必须要谈话,要使用语言。如果使用的语词的意义是根据俗人的理解来确定的,就会惊人地妨碍我们的理智。语词加于理智的假相有两种:有些是实际上并不存在的事物的名称,即有其名而无其实;有些虽是存在着事物的名称,但却是含义混乱、定义不当、演绎概括不当。这些都会造成错误观念,形成假相。

"剧场的假相",是从各式各样的哲学体系以及一些错误的论证法则移植到人们心中的。培根说:"因为照我的判断,一切流行的体系都不过是许多舞台上的戏剧,根据一种不真实的布景方式来表现它们所创造的世界罢了。"①

培根认为,以上这四类假相,"我们必须以坚定的严肃的决心把所有这些东西都弃尽摒绝,使理解力得到彻底的解放和涤洗"。②

培根的四假相说,清算了经院哲学所散播和灌输给人们的种种迷信谬说、偏见和怪僻、空论和诡辩,所编造的各种神学唯心主义体系。不仅如此,四假相说还深刻地揭示和批判了导致人们认识中产生主观主义片面性缺陷的种种认识根源,对于科学认识和唯物主义哲学思想的发展具有重要意义和深远影响。

(二)唯物主义自然观和关于形式的学说

培根在批判经院哲学的同时,提出了唯物主义的世界观。培

---

① 北京大学哲学系外国哲学史教研室编译:《十六——十八世纪西欧各国哲学》,商务印书馆 1975 年版,第 14 页。
② [英]培根:《新工具》,许宝骙译,商务印书馆 1984 年版,第 44 页。

根指出,世界在本质上是物质的,物质是万物的本原。他把万物的物质基础叫作"原初物质",又把原初物质比喻为古罗马神话中的丘比特神,它是众神之中最古老的,是没有父母的。这意味着物质是不为任何其他本原所产生、所决定,而它自身却是"一切原因的原因",一切事物的本原①。培根借用古代神话对物质所做的这些说明,固然还保留有朴素性的色彩。但是他所提出关于自然的基本观点,却是依据新兴科学(主要是力学)的成果和精神,具有鲜明的近代唯物主义的含义,即把自然规定为合规律地运动的物体的总和。他写道:"在自然中真正存在的东西,虽然除掉个别物体按照一定的规律进行纯粹个体的活动之外,没有什么别的"。②

培根肯定物质是永恒存在的;"无物生于无","无物化为无",这是自然界的两条基本原则。"物质的绝对量或总数是保持不变,无增无减的。"③"任何火,任何重量即压力,任何强暴,以至任何长时间,都不能把物质的哪怕是极小极小的任何部分化为无,它永远总有在那里,永远总占着某些空间。"④

培根赞许德谟克利特的原子论唯物主义,说"这个学派比其余的学派更能够深入到自然里面去"⑤。但是他不同意德谟克利特的物质、原子不变说和纯粹虚空说,认为这两种说法都是虚妄的。首先,培根认为并没有什么绝对不可分的、永恒不变的原子存

① Bacon Francis, *The Philosophical Works of Francis Bacon*. Edited with an introduction by John M.Robertson.London.George Routledge and Sons Limited.New York.E.P.Dutton&Co. 1905,pp.647—649.

②⑤ 北京大学哲学系外国哲学史教研室编译:《十六——十八世纪西欧各国哲学》,商务印书馆1975年版,第46、18页。

③④ 〔英〕培根:《新工具》,许宝騤译,商务印书馆1984年版,第224—225、249页。

在。他说:"我们只能采取实际存在的真正分子。"①其次,他认为也没有纯粹虚空。因为,在他看来,物质固然是存在于空间中的,但是空间并不能脱离物质而单独存在;任何空间总包含有一定的物质,只不过有稀薄或浓密的程度不同罢了。"相同空间或相同容积所含的物质是依物体之不同而有多有少的,例如在水之中就多些,在空气之中就少些。……浓密与稀薄这两个抽象的概念,尽管使用得很分歧混乱,实在说来就是从物质有多有少这种情况抽引出来的"。②因此,完全没有物质的虚空是不存在的。

培根发挥古代唯物主义者的思想,指出运动是物质本身所固有的特性,物质处于经常的运动中。"物体无论就整体或就部分说来是没有真实的静止而只有表面的静止的。"③

培根承认运动形态是多种多样的,并不只是单一的机械运动。他在《新工具》第 2 卷中列举了 19 种运动形态,其中有的形态如"配置或自位运动"大体上相当于机械位移,其余多数形态都是生动活泼的,显然超出了机械运动范围。如他所讲的"同化运动"就是说一物体能够强迫被同化的物体来就范于自己;在"逃避运动"中,物体由于其"反感性"而自行逃走,或把异己的物体排挤掉,等等。这些论述虽然具有明显的朴素性和想象性,但却包含着关于物质能动性和运动形态的多样性的可贵思想。

运动形式的多样性和物质性质的多样性是密切联系的。培根不仅承认物质的广延、形状、位移等机械特性,而且也承认感觉、自发运动、生长、颜色、冷热等等"以及所有其他的本性和质"④。

在论述了物质、运动、性质等与质料因、动力因有关的问题之

---

① 北京大学哲学系外国哲学史教研室编译:《十六——十八世纪西欧各国哲学》,商务印书馆 1975 年版,第 52 页。
②③ [英]培根:《新工具》,许宝騤译,商务印书馆 1984 年版,第 225、271 页。
④ 参见[英]倍根:《崇学论》,关琪桐译,商务印书馆 1938 年版,第 131 页。

后,培根接着指出,在对自然的研究中,假如一个人的知识只局限在动力因和质料因上,他固然可能在预定的、相互有几分类似的某些实体方面作出一些新的发现,但他还没有接触到事物的更深层次。必须进一步深入到与物质分子有关的"潜伏结构"和"潜伏过程"以及由这一过程必然导致的"形式因"。如果认识到了形式,那么就把握了事物的本质和真理。这样,培根提出了他关于形式的学说。

"形式"是培根哲学的中心范畴之一。亚里士多德哲学和中世纪哲学曾经广泛使用它。培根虽然沿用这个范畴,但他赋予这个范畴以新的含义。培根所谓形式不是"抽象形式和理念",是指决定物体的简单性质的规律和规定性。他写道,"当我讲到形式的时候,我所指的不是别的,而是绝对现实的法则和规定性,即支配和构成各种物质中的简单性质(如热、光、重量)以及能够接受这些性质的主体的简单性质的规律和规定性。因此,热的形式或光的形式和热的规律或光的规律乃是同一的东西"①。有时,培根也把形式规定为运动或活动的规律,但这与上面的定义是一致的。

培根的形式有着许多重要的特征,这就表现在:1.形式和物质不可分离。他批判了柏拉图把形式同物质割裂开来,把形式加以观念化的唯心主义观点,肯定了形式不是抽象的,而是具体的,是和物质不可分的。2.形式是事物的内在本质规定性。"因为既然一物的形式就是此物本身,而事物与形式的区别不过是表面的与实在的,外在的与内在的之间的区别"②。3.形式的普遍性。一个人如果熟悉了形式,"就能够在极不相同的实体中抓住了自然的

①② 参见北京大学哲学系外国哲学史教研室编译:《十六——十八世纪西欧各国哲学》,商务印书馆 1975 年版,第 56、54 页。

统一性"①。4.形式是为数不多的,永恒的和不变的。5.形式的效用性。"由于形式的发现,我们就可以在思想上得到真理而在行动中得到自由"②。

培根以探求黄金的"形式"为例,说明了他的形式学说的内容实质及其效用。尽管培根关于形式的学说具有朴素性和幻想性,但其中包含有关于事物的质的多样性和运动的规律性的合理思想。

培根在他关于自然观的论述中,肯定了物质的质的多样性,肯定物质和运动不可分和运动形式的多样性,并且认为发现了事物的"形式"就能在思想中得到真理从而在行动中获得自由,这些都体现出朴素的辩证法的思想,从而使他的哲学跟以后的极端机械论者的观点有一定的差别。因此,马克思说:"唯物主义在它的第一个创始人培根那里,还包含着全面发展的萌芽。一方面,物质带着诗意的感性光辉对整个人发出微笑。"③

（三）唯物主义认识论和科学归纳法

为了给解释自然的科学知识提供工具和帮助,培根着重探讨了科学认识的对象、任务、过程和方法等问题,提出了唯物主义的认识论原则和科学归纳法。

1.认识起源于感官知觉。

培根认为,科学认识的对象是自然,认识的目的在于发现自然事物的"形式",即规律。而人们对于自然事物及其规律的认识在实质上是对客观存在的"世界模型"的"模仿",是具有客观真理的内容的。"知识就是存在的表象"④,"存在的真理同知识的真理

①② 北京大学哲学系外国哲学史教研室编译:《十六——十八世纪西欧各国哲学》,商务印书馆1975年版,第47页。

③ 《马克思恩格斯文集》第3卷,人民出版社2009年版,第503页。

④ ［英］培根:《新工具》,许宝骙译,商务印书馆1984年版,第93页。

是一个东西,两者的差异亦不过如同实在的光线同反射的光线的差异罢了。"①培根的这一论述可以说是近代唯物主义反映论思想的一个初步表述。同时,在认识来源、对象问题上也表现出培根唯物主义思想的不彻底性。他既承认科学真理,也赞同神学的原理。他说,人的知识像水一样,有的是从天上落下来的,有的是从地上涌出来的,前者是由神的启示所感悟的,后者是由自然之光所照耀的。培根的这种"二重真理论"的主旨在于把科学和神学分开,以便限制神学、为科学争取地盘,使科学在神学的束缚下解放出来。

培根着重阐发了唯物主义的认识论思想。他指出科学知识来源于对自然事物的感觉经验。感觉表象是认识过程的起点。"既然全部解释自然的工作是从感官开端,是从感官的认知经由一条径直的、有规则的和防护好的途径以达于理解力的认知,也即达到真确的概念和原理,那么,势必是感官的表象越丰富和越精确,一切事情就能够愈容易地和愈顺利地来进行。"②

培根指出,感觉是有局限性的。这表现在感觉的领域是很狭窄的,而且带有主观性,因此它的有些报道是虚妄的,甚至是骗人的,它不能达到事物内部的本质。不过,培根也指出,感觉的这些缺陷是可以弥补的。补救的办法是给感官提供工具和帮助,但主要是依靠科学实验。培根说:"一切比较真实的对于自然的解释,乃是由适当的例证和实验得到的。感觉所决定的只接触到实验,而实验所决定的则接触到自然和事物本身。"③

培根把科学实验引入认识论,不仅给唯物主义的经验概念增添了新的内容,而且提出实践是真理标准的思想萌芽。这表明他

①　参见[英]倍根:《崇学论》,关琪桐译,商务印书馆 1938 年版,第 26 页。

②　[英]培根:《新工具》,许宝骙译,商务印书馆 1984 年版,第 216—217 页。

③　北京大学哲学系外国哲学史教研室编译:《十六——十八世纪西欧各国哲学》,商务印书馆 1975 年版,第 17—18 页。

的哲学力图以实验科学为依据的新的特色。

2.经验和理性联姻。

按培根的看法,在掌握了实验的资料之后,还必须运用理智的能力对这些资料进行加工、分析,形成概念和公理,以求揭示自然事物的"形式"、规律性。这一整个认识过程,就是"严肃地直接从感觉出发,通过循序渐进和很好地建立起来的实验进程,努力为人的理智开辟和建筑一条道路"。①

由此出发,培根反对把这整个认识过程加以割裂,因此他既反对理性派哲学家,也反对狭隘经验派哲学家。

理性派哲学家从自身的理智玄想之中推出种种教条或学说体系,他们或则完全抛开经验,或则利用少数经验材料作为例证,以适合于他们自己的先验的结论。"理性派哲学家只是从经验中抓到一些既没有经过适当审定也没有经过仔细考察和衡量的普通例证,而把其余的事情都交给了玄想和个人的机智活动。"②

培根在批判狭隘的经验派哲学时指出,他们只忙于收集材料,并不对材料进行加工、提炼;只是拘泥于少数狭隘暧昧的实验,而拒绝共同概念的光辉的照耀,因而"迷失在经验里,来回在迷宫中兜圈子"。他们的哲学看起来似乎确实可靠,实际上却是不可置信的。炼金术士的一套就是明显的例子。

培根指出,由于经验能力和理性能力这两方面"离异"、"不和",给科学知识的发展造成了严重的障碍。为了克服这些弊端,推进科学知识,培根提出了感性和理性联姻的重要原则。他说:"我以为我已经在经验能力和理性能力之间永远建立了一个真正

①② 北京大学哲学系外国哲学史教研室编译:《十六——十八世纪西欧各国哲学》,商务印书馆1975年版,第31、23页。

合法的婚姻,二者的不和睦与不幸的离异,曾经使人类家庭的一切事务陷于混乱。"①

　　培根举出了一个"蜘蛛、蚂蚁、蜜蜂"的著名比喻,生动而深刻地概括了他对理性派和经验派的批判以及关于感性和理性联姻的重要主张。他写道:"历来处理科学的人,不是实验家,就是教条者。实验家像蚂蚁,只会采集和使用;推论家像蜘蛛,只凭自己的材料来织成丝纲(原文为此。似乎应是网。——修订者注)。而蜜蜂却是采取中道的,它在庭园里和田野里从花朵中采集材料,而用自己的能力加以变化和消化。哲学的真正任务就正是这样,它既非完全或主要依靠心的能力,也非只把从自然历史和机械实验收来的材料原封不动,囫囵吞枣地累置在记忆当中,而是把它们变化过和消化过放置在理解力之中。这样看来,要把这两种机能、即实验的和理性的这两种机能,更紧密地和更精纯地结合起来(这是迄今还未做到的),我们就可以有很多的希望。"②

　　3.科学归纳法。

　　培根创立的科学归纳法具体地体现了他的经验和理性相结合的思想。

　　培根的归纳法是在批判经院哲学的论证方法的基础上提出来的。他认为,经院哲学的旧逻辑脱离经验和自然,专门玩弄抽象概念,而不能帮助人们发现真理。他说:"现在所使用的逻辑,与其说是帮助着追求真理,毋宁说是帮助着把建筑在流行概念上面的许多错误固定下来并巩固起来。"③经院哲学家所广泛利用的三段论,不能帮助我们发现自然的原因,它"只能强人同意命题,而不

---

① 北京大学哲学系外国哲学史教研室编译:《十六——十八世纪西欧各国哲学》,商务印书馆1975年版,第8页。

②③ 〔英〕培根:《新工具》,许宝骙译,商务印书馆1984年版,第75、10页。

能把握事物"①。三段论是由命题组成，命题由语词所组成，而语词则是概念的符号，如果概念本身是混乱的或是过于草率地从事实中抽出来，那么其上层的建筑物就不可能是巩固的。这样，培根在批判经院哲学及其方法的时候，对亚里士多德的逻辑学、中世纪逻辑学和经院哲学本身这三者未加区分，一概予以排斥，认为它们都已经陈旧了，必须代之以新的逻辑、方法论。培根认为他自己所创立的逻辑学、方法论正就是这样的新的逻辑学、方法论。因此他把自己的主要哲学著作称作"新工具"，借以和亚里士多德的《工具篇》相对立。

在批判经院哲学家所曲解利用的三段论式、演绎法的同时，培根对简单枚举的归纳法也予以批判。他指出，这种方法"是很幼稚的；它的结论是不稳固的，只要碰到一个与之相矛盾的例证便会发生危险；它一般地只是根据少数的、并且只是根据那些手边的事实来作决定"。②与这种方法根本相区别，培根提出了以大量实验材料为依据的、比较全面、深刻得多的、科学的归纳法，这是"对于科学与技术的发现和证明有用的归纳法"。培根说："我们的希望也就主要寄托在这种归纳法上面。"③

培根的归纳法由三大步骤组成：

第一步，收集材料。准备一部充足、完善的自然和实验的历史。这是全部工作的基础。

第二步，运用"三表法"来整理材料。培根提出的三种例证表是：(1)"具有表"，把具有所要考察的某种性质的一些例证列在一起。(2)"接近中的缺乏表"，在这里列举出与上表中的例证情形近似可是却没有出现所要考察的某种性质的一些例证。(3)"程

---

①②③　北京大学哲学系外国哲学史教研室编译：《十六——十八世纪西欧各国哲学》，商务印书馆 1975 年版，第 9、44、45 页。

度表"或称"比较表",在这里列举出按不同程度出现所要考察的某种性质的一些例证。

培根认为,列出了三个表,这只是做好了归纳的准备工作,"这项列示事例的工作一经做过,就必须使归纳法自身动作起来了"①。

第三步,进行真正的归纳。培根的这种真正的归纳又分三个小步骤:第一步工作(就发现"形式"而言)在于拒绝或排斥这样一些性质:这些性质是在有给定性质存在的例证中不存在的;或者在给定性质不存在的例证中存在的;或者在这些例证中给定性质减少而它却增加,或给定性质增加而它却减少的。这就是"排除法"。培根认为"在进行排除的过程中已经为真正的归纳法打下了基础,但真正的归纳法不到取得一个正面的东西时是还不算完成的"②。第二个小步骤就是根据三表所列示的事例,作一次正面地解释自然的尝试,培根把这叫作"解释的开端"或"初步的收获",就是通过排斥之后得出正面的结论。第三个小步骤是:"对于理解力在解释自然也即掌握真正的和完整的归纳法方面"提出其他一些帮助。③在这一部分,培根列举了九类帮助,如"具有优先权的例证"、"归纳法的改正"、"按题目的性质改变研究方法"等等。这九种"助力"旨在校正以上程序中的失误,以求得尽可能准确的结论。但这个部分他没有写成,只是详细地论述了其中的第一项即"具有优先权的例证"。

培根通过对科学归纳法的具体运用,得出了热的本质在于分子运动这一具有深刻科学内涵和科学预见的重要结论,生动地表明了他的方法论和认识论的价值和力量。

---

①②③　[英]培根:《新工具》,许宝骙译,商务印书馆 1984 年版,第 144、149、159 页。

培根在概括当时实验科学方法的基础上,探讨了对自然事物的认识从个别上升到一般的思维过程,创立了科学归纳法,在哲学和逻辑史上作出了重要贡献。

然而培根只是提出了归纳推理的基本原则,还没有明确制订归纳推理的形式和规则。他偏重机械的列表例证和片面分析,不懂得归纳和演绎的辩证关系。虽然他也曾提到演绎的作用,但是,总的来说,他趋向于贬低演绎法、三段论法的作用,而片面夸大归纳的作用。

培根所创立的唯物主义哲学,还包含有它所由以发源的古代哲学的朴素性和自发性因素,表现出某些文艺复兴时期的过渡性的特色,充满着神学的不彻底性。但是,从基本上说来,它已经是一种以新兴实验科学(首先是力学)为依据的、新的、近代的唯物主义哲学了。在认识论和方法论中,培根鲜明地提出了科学知识起源于感性经验的基本原理,表述了一些具有全面性发展萌芽的思想。但是他着力于强调经验归纳法,而贬抑理性演绎的作用,从而开创了近代英国经验论的先河。与此相联系,在培根哲学中一方面包含有生动活泼的、朴素的辩证法思想,但另一方面那种片面分析的形而上学思维方式毕竟是占上风了。

二、霍布斯

托马斯·霍布斯(Thomas Hobbes, 1588—1679 年)出生在英国南部威尔特郡的马尔麦斯堡一位乡村牧师的家庭。因父亲离家出走,托·霍布斯从小由叔父抚养。据说他 4 岁时即入教会学校学习,15 岁考入牛津大学,攻读古希腊罗马哲学和经院哲学。1608 年,霍布斯大学毕业后,留校讲授了一年的逻辑学就受聘给卡文迪什男爵的儿子当家庭教师,从此他和这个贵族之家建立了终身的联系。

　　1610年,霍布斯陪同学生出游欧洲大陆,先后到过法国、德国和意大利,了解到开普勒和伽利略的新的科学成果。1621—1625年间霍布斯曾经给培根当过秘书,受到了这位唯物主义开创者思想的直接熏陶。1629年霍布斯受聘于克林顿家族当家庭教师,第二次陪伴学生旅游欧洲大陆,开始对几何学发生浓厚兴趣。1631年他又回到卡文迪什家族,并于1634—1637年间第三次陪学生旅游,在法国结识了伽森狄、麦尔赛纳等著名学者;1636年曾专程赴意大利拜访伽利略,同这位伟大科学家讨论了有关普遍的机械力学运动观点的问题,这对霍布斯哲学思想的形成发生了巨大影响。1640年英国内战爆发前夕,霍布斯跟随卡文迪什家族逃到法国避难。1646—1647年霍布斯曾经给当时流亡在巴黎的英国威尔士亲王(即后来的查理二世)当数学教师。1648年霍布斯曾在巴黎会见笛卡尔。1651年底,霍布斯经过11年的流亡生活之后,回到了克伦威尔统治下的英国。同年,他在伦敦发表了他的名著《利维坦》。1660年斯图亚特王朝复辟之后,尽管霍布斯曾当过查理二世的数学老师并在此时宣布效忠于国王,但由于他的思想倾向于资产阶级而受到了王党的迫害,同时由于他主张无神论而遭到教会的攻击。晚年兴趣重新转向文学和历史,以87岁高龄把荷马史诗译成英文。他的主要哲学著作是《论公民》、《利维坦》、《论物体》和《论人性》。

　　霍布斯依据并概括伽利略的机械力学成果,汲取几何学的方法,把培根的唯物主义思想加以贯彻和系统化,建立了一个典型的机械唯物主义体系。

　　他认为,哲学是关于物体的科学。物体可以分为两大类:一类是自然物体,它是自然的作品;一类是人工物体,即国家,它是由人们的意志和契约造成的。由此区分出哲学的两个部分,即自然哲学和公民哲学。自然哲学是关于从自然物体的性质推理而得的知识;公民哲学是关于由人们的意志与契约造成的物体即国家的性质推理而得的知识。实际上,在自然物体和人工物体之间还有第三种特殊的物体,这就是人。人既是自然的物体(作为自然的产物),又是人工物体(人是国家的组成部分)。所以《论物体》、《论人性》、《论公民》组成了霍布斯完整的哲学体系。而在他具体考察物体、考察人和国家之前,首先论述了关于认识"方法"、"逻辑学"的问题,即论述了关于认识论和方法论的学说。

(一)认识论和方法论

1.一切知识来自感觉。

霍布斯指出:"知识的开端乃是感觉和想象中的影像"[①]。他所谓想象是指感觉对象离开之后逐渐衰退着的感觉。因此可以说一切知识都是从感觉开始的。"感觉的原因就是对每一专司感觉的器官施加压力的外界物体或对象。"这种压力通过人身的神经,最后传到"大脑和心脏",并在这里引起抗力、反压力或心脏自我表达的倾向,这种倾向由于是外向的,所以看来便好像是外在之物。"这一假象或幻象就是人们所谓的感觉。"[②]"我们通过种种感官,对于对象的种种性质得到种种观念。"[③]

霍布斯继承了培根关于一切知识和观念起源于感性世界的原理,明确地表述了经验论的基本思想,写道:"人类心里的概念没有一种不是首先全部或部分地对感觉器官发生作用时产生的"。"其余部分则都是从这根源中派生出来的。"[④]

霍布斯根据唯物主义认识论的基本原则,批判了笛卡尔的

① 北京大学哲学系外国哲学史教研室编译:《十六——十八世纪西欧各国哲学》,商务印书馆 1975 年版,第 66 页。
②④ [英]霍布斯:《利维坦》,黎思复、黎廷弼译,商务印书馆 1985 年版,第 5、4 页。
③ Hobbes Thomas, *The Collected Works of Thomas Hobbes*. Vol. 4. collected and edited by Sir. William Molesworth. Routledge/Thoemms Press. 1992, p.3.

"天赋观念说"，他认为，观念只是有形物体的反映，它只能通过感觉来自外界，"没有什么观念是从我们心里产生并且居住在我们心里的"①。上帝、灵魂、天使等观念是由人们的抽象思维对那些可见事物的观念进行推理得来的。

2.理性认识和语词。

霍布斯认为，在人的认识的发展过程中，继感觉经验之后，就是理性认识的阶段。感觉是人生而具有的能力，理性认识则是要通过辛勤努力得来的能力。他把理性认识划分为三个步骤：第一步，给概念所表示的事物命名并恰当地使用名称；第二步，把一个名称和另一个名称连接起来组成断言或命题；第三步，把一个命题和另一个命题连接起来，进行推论，直到得出有关问题所属名词的全部结论，这就是科学知识。②

霍布斯所谓理性认识的第一步，涉及语言、名称的问题。他认为语言的使用是一项最高贵和最有益处的发明，它使得人类得以同禽兽区别开来，组成国家，过社会生活。语言是由名词或名称及其连结所构成的。人类用语词给观念所表示的事物命名，用以作为帮助记忆的"标记"（Markes or Notes），也用以作为人们之间交流思想经验的"符号"（Signes）。还可以用来获得知识、传授知识，等等。语言也可能被滥用，借以达到骗人、害人的目的。霍布斯的这些论述表明，他发挥了培根关于"市场假相"的思想，明确提出了语言的认识意义和社会功能问题。

霍布斯进一步对名词进行分类：名词中有些是专名，如约翰、彼得等；有些是许多东西所共有的名称，如人、马、树等；此外还可

---

① ［法］笛卡尔：《第一哲学沉思集》，庞景仁译，商务印书馆1986年版，第189页。

② 参见［英］霍布斯：《利维坦》，黎思复、黎廷弼译，商务印书馆1985年版，第32页。

以有"名称的名称",如一般、普遍、特殊等。他继承和发挥了奥康的威廉的唯名论观点,认为客观存在的只是各个个别的物体,"普遍"、"共相"只不过是一些单纯的名称,它们只是代表一些物体之间的相似性罢了,作为普遍的普遍在客观现实中并不存在。他写道:"世界上除了名词以外便没有普遍,因为被命名的对象每一个都是一个个体和单一体。"①

霍布斯强调要给名词正确地下定义。他说:"人类的心灵之光就是清晰的语词,但首先要用严格的定义去检验,清除它的含混意义"。②

3.命题和推理。

理性认识的第二步是把两个名称结合成为一个命题。例如把"人"和"生物"这两个名称结合成为一个命题:"人是一种生物。"他指出,只有当一个命题中的两个名词被正确地关联起来时,这命题才能是真实的。具体说,只有当命题中的后一名词(谓语)包含前一名词(主语)的意义时,这命题才能是真实的。如上面引出的例句中"生物"包含着"人",因此它是真实的。但在"人是石头"这一命题中谓语不包含主语,因此它是虚假的。霍布斯由此断言:"真实与虚假只是语言属性,而不是事物的属性"。③他这一论断,看来包含有把语言同事物对立起来的倾向,而且他进一步推论说:"最初的真理是那些首先给事物命名的人们所任意地创造出来的。"④这种带有主观随意性的论断,可以被唯心主义者所利用。不过,霍布斯的基本思想还是承认客观真理的,因为他在强调真理是语词的属性的同时,指出了语词的意义在于表达一定的概念,而一

---

① ② ③ 参见[英]霍布斯:《利维坦》,黎思复、黎廷弼译,商务印书馆1985年版,第20、34、22页。

④ Hobbes Thomas, *The Collected Works of Thomas Hobbes*. Vol. 1. collected and edited by Sir. William Molesworth. Routledge/Thoemms Press. 1992, p.36.

切概念归根结底来自对客观对象的感觉。他说,明证(evidence)是真理的一个重要规定,"明证对于真理,如同树液对于树干一样",它是真理的生命。"一个命题的真理只有在下述条件下才能是具有明证的:即当我们意识到由以构成命题的那些语词和名称的意义,而这些语词和名称经常就是心灵的概念,同时,当通过我们的感官产生概念的那个事物不在场时,我们仍然能够回想起那些概念来。"①

　　理性活动的第三步,即是把一个命题和另一个命题连接成为三段论式的推理活动。他说,希腊人"把推理的活动称为三段论法,其意义就是言语之间的序列的总结"。② 他把求得言语之间的序列的总结的活动,看作是单纯数量加减的计算活动。他说:"我所谓'推理'是指计算。计算或者是把要加到一起的许多东西聚成总数,或者是求知从一件事物中取去另一件事物还剩下什么。所以推理是与加减相同的。"③不仅算术家用数字加减,几何学家用线、面、体等图形加减,而且政治学家把契约加起来以便找出人们的义务,法律学家则把法律和事实加起来以便找出私人行为中的是和非,等等。总之,他认为只有运用这种加减的计算活动,就能够揭示事物的因果联系,求得科学的知识。

　　4.哲学的方法是分析和综合。

　　霍布斯从他关于推理是加减这一基本思想出发,断定哲学的方法是分析和综合。他说:"推理就在于组合,分开或分解。所以我们用来发现事物的原因的方法,除了组合法和分解法,或者部分

---

① Hobbes Thomas,*The Collected Works of Thomas Hobbes*.Vol.4.collected and edited by Sir.William Molesworth.Routledge/Thoemms Press.1992,p.28.

② [英]霍布斯:《利维坦》,黎思复、黎廷弼译,商务印书馆1985年版,第24页。

③ 北京大学哲学系外国哲学史教研室编译:《十六——十八世纪西欧各国哲学》,商务印书馆1975年版,第61页。

组合法与部分分解法以外,没有什么别的方法。而分解法一般又称为分析方法、组合法又称为综合方法。"①

按霍布斯的论述,分析法就是对个别东西进行分解,以便求得一般的、普遍的要素的方法。他说:"获得关于事物的普遍知识的方法,纯粹是分析的"。②例如把一个"正方形"分析为直线、直角、相等、界限等一般的、合乎一切事物的东西。反之,综合法则是把一些一般的、普遍性的要素组合成为一个特殊的、个别的东西。比如,他说:"整个证明方法是综合的,包含着从自明的基本命题或最普遍的命题开始的那个语言次序,通过不断地把命题组合成三段论式而向前推进,一直到最后学习者理解了所要寻找的结论的真理性为止。"③把直线、直角、相等、界限等一般要素组合成一个正方形时就是运用了综合法。

霍布斯认为哲学的方法就是分析和综合。他说:"哲学的方法,对于单纯研究科学、而并不要求解决任何特殊问题的人们来说,一部分是分析的,一部分是综合的;就是说,从感觉出发进而发明原则的方法是分析的,其余的是综合的"。④

由上述霍布斯关于认识论和方法论的思想,可以看到,他在继承培根关于一切知识和观念起源于感性经验的原理的同时,也重视理性认识的作用,还承认了为培根所排斥的三段论法的作用;在他的方法论中包括了分析和综合、归纳和演绎。可见霍布斯的认识论和方法论并不像后来一些英国经验论者那样片面,还包含有把认识论中一些对立方面结合起来的合理企图。但是霍布斯并不能真正做到这一点。他在论述知识来源问题时继承了培根的经验论思想;而在论述理性认识时,却又把人的感性经验同动物的感觉

①②③④ 北京大学哲学系外国哲学史教研室编译:《十六——十八世纪西欧各国哲学》,商务印书馆1975年版,第66、68、76、71—72页。

混为一谈,并简单地断言理性认识的绝对性,表现出贬低感性而抬高理性的唯理论倾向。这样一来,就在他的认识中形成了唯理论与经验论的矛盾。他并不能把感性和理性真正地结合起来。

(二)"自然哲学"

霍布斯依据伽利略的机械力学原理,发展培根的唯物主义,系统地论述了机械唯物主义的自然观。这就是他所制订的以物体概念为核心的"自然哲学"。

1.物体和偶性。

霍布斯所谓物体,就是客观存在的、具有广延的东西。他给"物体"下定义说道:"物体是不依赖于我们思想的东西,与空间的某个部分相合或具有同样的广袤"。①物体是有广延的东西即是有形体的东西。它是一切性质、一切变化的主体,"根据这种意义说来,实体一词和物体一词所指的就是同一种东西",②物体即是物质实体。物质是永恒存在的,"物质不能因我们的任何企图而被创造或消灭,被增加或减少"。③这就是霍布斯在欧洲近代哲学史上第一个明确提出的机械唯物主义的物质概念。

霍布斯从这一唯物主义基本原理出发,批判了一切同物质相脱离的心灵实体独立存在的唯心主义观点。他论证说,既然宇宙的全体和各个部分都是物体,而"宇宙包括了一切",所以任何不是物体的东西都不存在;既然"有形体的东西"与"物体"、"物质实体"都是同一回事,那么,断言有所谓"无形体的实体"、"非物质的实体",那就是根本自相矛盾、毫无意义的空言了。这样,霍布斯既驳斥了经院哲学家所谓同物体相脱离的"抽象本质"、"实体形

①③　北京大学哲学系外国哲学史教研室编译:《十六——十八世纪西欧各国哲学》,商务印书馆1975年版,第83、72页。

②　[英]霍布斯:《利维坦》,黎思复、黎廷弼译,商务印书馆1985年版,第308页。

式"之类的虚构,也批判了笛卡尔所谓与人相脱离的、无形体的"思想实体"。霍布斯说,不能想象没有思想者的思想,"一个在思维的东西是某种物体性的东西;因为一切行为的主体似乎只有在物体性的理由上,或在物质的理由上才能被理解……我们不能把思维跟一个在思维的物质分开"。①

霍布斯对物质特性的了解,表现在他关于"偶性"的学说中,他给偶性下的定义是:"某个物体借以在我们心里造成它自身的概念的那种能力"。②当我们说偶性存在于物体之中时,不要把它们的关系理解为整体和部分的关系,好像某种东西包含在那个物体里,因为物体的部分仍然是物体,是某种东西,偶性不是物体,不是一种东西,它只是物体的一种能力。而物体跟作为物体能力的偶性是有区别的。物体是不依赖我们的思想而独立存在的东西,偶性则是就物体之作用于我们的感官、引起表象的能力而言的。相对于认识者来说,偶性是"我们认识物体的方式"。③在这个意义上,霍布斯的"偶性"概念可以说是一个关系范畴,它标明认识者和认识对象之间的关系。但是,归根结底,"物体的偶性是存在于心灵之外的。"④

霍布斯把偶性分成两大类:一类是一切物体普遍具有的性质,这就是广延和形状,只要是物体就一定有广延,没有广延不能成其为物体。广延性即长、宽、高的量度乃是物体的根本特性。但是,他不同意笛卡尔把广延等同于物体的观点。因为在他看来,广延只是物体的一种特性。除广延外,物体还有另一类特性,这就是"不为一切物体所共有、只为某些物体所特有的偶性,像静、动、颜

---

① ［法］笛卡尔:《第一哲学沉思集》,庞景仁译,商务印书馆1986年版,第174—175页。

②③④　北京大学哲学系外国哲学史教研室编译:《十六——十八世纪西欧各国哲学》,商务印书馆1975年版,第83、84、85页。

色、硬之类",①一个偶性可以被另一个偶性所取代而物体并不消灭。

运动,在霍布斯看来,不同于广延,它不是一切物体所共有的性质,而是为某些物体所特有的偶性。但是霍布斯并没有把它和其他特有的偶性同等看待,而认为运动是事物的一般原因,即一切事物的偶性所以产生和变化的一般原因。他写道:一般的事物"总共只有一个一般的原因,就是运动。一切形状的不同,都是由于造成这些形状的运动不同。……一切变化都在于运动"。②既然运动是事物的一般原因,而科学的任务在于求因,那么,各门科学的任务也就在于考察事物的运动了。正是按照这种观点,霍布斯认为,几何学考察物体的简单运动,力学考察一物体对另一物体的推动,物理学考察物体的最小部分的运动,道德哲学则要考察心灵的运动,等等。

霍布斯把事物运动的形式仅仅理解为位置的移动,认为"'运动'是不断地放弃一个位置,又取得另一个位置",③或是一个物体对另一个物体的推动以及物体内部粒子的机械运动;运动的原因不是在事物的内部而是在事物的外部,是外力的推动。

霍布斯运用机械唯物主义的运动观来解释色、声、味等所谓"特殊的偶性"或"感觉性质"。他说:"我们通过感觉而觉察到的东西,像颜色、声音、滋味等的不同,除了运动以外,也没有别的原因。这种运动一部分在对我们感官起作用的对象里,一部分在我们自身里面,这种情况显然表明它是某种运动"。④例如,钟锤敲钟,我们听到钟声,这种声音感觉是怎样产生的呢?霍布斯分析钟声感觉产生的情况,说道:"钟锤没有声音,只有运动,它在钟的内

①②③④ 北京大学哲学系外国哲学史教研室编译:《十六——十八世纪西欧各国哲学》,商务印书馆1975年版,第84、68、85、68页。

部产生运动。钟有运动,而无声音,它使空气振动。空气有运动而无声音。它的运动通过耳和神经传到大脑。大脑有运动而无声音。这运动从大脑折回,沿着神经向外走,成为在外部的显现。我们称这显现为声音。"①霍布斯在这里断言钟锤、钟、空气以至运动刚传入时的大脑都只有运动而没有声音,把声音最后归于大脑向外的显现。

由上述可见,霍布斯对色、声、味等性质,是从客体的作用和主体接收器的活动两方面来解释的。这是以当时的物理学、生理学等科学成果为依据的唯物主义的解释。这有力地驳斥了经院哲学家用以曲解这些性质的所谓"可见素"、"可闻素"等唯心主义虚构,是具有积极的科学和哲学意义的。但是,由于当时科学水平的限制,霍布斯把一切运动归为机械运动,因而不能正确解释事物性质多样性,最后否认了色、声、味等性质的客观性;由于机械论的限制,在这个问题上表现出向主观主义转化的端倪。霍布斯对色、声、味等性质的这种解释,来源于伽利略,与当时笛卡尔对同一问题的解决是一致的,对后来洛克关于两种性质学说的提出发生了重要影响。

在霍布斯看来,空间既不是物体,也不是物体的偶性,但它却是为了理解物体所必须首先知道的。因为物体要借助空间去下界说。霍布斯所讲的"空间"具有两个特征,第一,它只是心灵对某个东西的影像,心灵并不设想它是这样那样,只设想它存在于自身以外;第二,它是想象的"空的空间",并不从属于物体的。总之,霍布斯所讲的空间是"想象的空间";他把空间看作是一种"影像"即是一种观念性的东西。他对空间的规定,显然具有主观化

---

① Hobbes Thomas, *The Collected Works of Thomas Hobbes*. Vol. 4. collected and edited by Sir. William Molesworth. Routledge/Thoemms Press. 1992, p.8.

的倾向,忽视了空间作为物质一种存在形式的客观性,因而是不正确的。不过在他看来,空间这一影像并不是主观随意的想象,而是有其客观内容的,就是说,空间影像是基于物体的广延或形状这一偶性而产生的。他认为人们所讲的"真实空间"实际上只是物体的广延;而他所说的"想象空间"则是以物体的广延为依据的。

霍布斯把时间也看作是一种影像,认为"时间并不在我们以外的事物里,而只是在心灵的思想里"。[1]他是联系物体的运动来理解时间的,认为时间是运动的影像,时间是通过运动来度量的,要知道时间的流逝就要借助于这种或那种运动,像太阳的运动、钟的指针的运动、滴漏中沙土的运动,等等。时间具有先后的顺序,包含一个物体的运动的连续的概念。"'时间'是运动中的先与后的影像。"[2]

2.原因与结果。

霍布斯认为哲学就是探求因果性的科学。在自然哲学中,他不仅继培根之后排斥了目的因,而且也排斥了形式因,只保留下来质料因和动力因。当一个物体在另一个物体中产生或消灭某种偶性时,就是说当一个物体作用于另一个物体时,"动作者"的能力就是动力因,"被动者"的能力就是质料因。在被动者里所产生的偶性,就叫作结果,"一切结果的原因,都在于动作者与被动者双方面之中的某些偶性。这些偶性全部出现了的时候,就产生结果;但是如果其中缺少了任何一个,结果就不产生。"[3]

霍布斯还揭示了因果关系的一些重要特征:第一,原因和结果是相互依赖的,"没有结果,就不能有原因;没有东西叫作结果,也

①②③　北京大学哲学系外国哲学史教研室编译:《十六——十八世纪西欧各国哲学》,商务印书馆1975年版,第81、82、87页。

就没有东西叫作原因"。①第二,"因果关系和结果的产生就在于某种连续的进程;因此当某个或某些动作者里面,由于受到别的动作者的作用而发生连续的变化时,那些受到它们的作用的被动者,也就连续地发生改变和变化"。②第三,因果的接近性。运动的原因只是在相接近的运动着的物体中,如果两个物体相隔很远,而且它们之间的空间是空的,那么前一个物体就不可能成为后一物体运动的原因。同样,如果在这两个物体中间插上一个静止的物体,仍然不能使一物体运动。第四,因果的恒常性。同样的一些动作者和被动者,即使在不同的时候出现,只要它们以同样的方式结合起来,总是会产生相同的结果的。霍布斯在近代哲学史上首先对因果关系做了比较详细、比较深入的分析,对后来的哲学家包括休谟的因果学说都有着很大的影响。

霍布斯在肯定事物的客观因果联系的同时,也肯定了事物的客观必然性。他说:"一切已经产生或将要产生的结果,都在先行的事物中有其必然性"。③但是霍布斯在肯定事物的客观必然性的同时,却把必然性同因果性混为一谈。在他看来,世界上任何一件事物都有其原因,因此也都是必然的;有些事物之所以称作偶然的,那只是因为人们还不知道它们的原因。他写道:"一般说来,一切偶然的东西都有其必然的原因……;但是,它们相对于它们所不依赖的那些事件而称为偶然的原因。比如说,明天要下的雨,将是必然下的,就是说,将是由于必然的原因下的;但是我认为它是偶然下的,并且也说它是偶然下的,这是因为我们还不了解它的那些原因,虽然它们现在存在着,人们通常称它是偶然的,那是因为

---

①②③　Hobbes Thomas, *The Collected Works of Thomas Hobbes*. Vol. 1. collected and edited by Sir. William Molesworth. Routledge/Thoemms Press. 1992, pp. 122, 123, 123.

他们没有感知到它的必然原因"。① 这样霍布斯就混淆了因果性和必然性、必然性和偶然性,事实上否认了偶然性的客观存在,陷入了机械的决定论。

霍布斯以这种机械的决定论的观点为基础,批判了神学家所宣扬的"天意说"和唯心主义的"自由意志论"。他认为人的意志作出的任何选择都是有原因的,都是人们权衡利害得失的结果,根本不存在任何超脱因果必然性制约的所谓自由意志。不过霍布斯并不否认自由的存在,他把"自由"理解为不受外部障碍地自由活动或行动。他所谓"自由人"是指在其力量和智慧所能及的范围内不受阻碍地做他所愿意做的事情的人。这样,一个人的行为活动,就其不受阻碍地进行来说是自由的;而就其出于一定原因来说是必然的。

霍布斯对必然和自由概念的解释难免受到机械论的局限,但是他把必然和自由结合起来、统一起来的企图,还是包含有一定合理内容的。

(三)"公民哲学"

霍布斯遵循着从"自然物体"到"人"、再到"公民"的顺序,在其"自然哲学"之后,接着就论述"人性",然后才进入对社会、国家问题的考察。

1.论人性。

人首先是一种"自然物体",人的"自然本性"支配人的思想和行动,决定社会生活。"人的本性是他的各种自然能力和力量的总和,像营养、运动、生育、感觉、理性等能力。这些能力,我们都一致地称之为'自然的',它们在'动物的'和'理性的'这些语词之

---

① Hobbes Thomas, *The Collected Works of Thomas Hobbes*. Vol. 1. collected and edited by Sir. William Molesworth. Routledge/Thoemms Press. 1992, p. 130.

下包含在人的定义中。"①人的这种共同的"自然本性"意味着人的自然平等,"自然使人在身心两方面的能力都十分相等",②并没有什么天生的贵贱等级之分。他不同意亚里士多德所谓奴隶与奴隶主之分基于天生素质差别的说法,也反对封建身份等级血统论的观点。他曾经分析批判一种"虚荣心"即是"愚蠢地过高估计自己的身价,好像身价的区别是智慧、财富、出身或某种其他天赋品质所产生的结果"。③

在霍布斯看来,人的自然本性不仅指自然能力,还包括"自然情欲",如自我保存、自私自利等。他继承文艺复兴时期特勒肖等人所论述的"自保"既是物之本性也是人之本性的观点,认为一切福利中最大的福利是自我保存,因为自然就是这样安排的,人们都希望自己得到福利。人们为了追逐私利,不惜否认真理,甚至连最简明的数学真理也敢于公然排斥。④因此,在他看来,在人的天性中就包含有造成互相争斗的根源:人们为求利而竞争,为安全而猜疑,为求名而侵犯别人。⑤

这种抽象人性论、利己主义人性论的提出,在当时意味着拨开封建宗法和宗教神学的迷雾,反映了私有制社会中,特别是资本主义原始积累中一些事实真相。这是社会历史观发展中一个重要的进展。当然,霍布斯所谓人的自然本性实质上不过是资产阶级的阶级本性。正是这种利己主义的人性论,构成了整个资产阶级社会政治、伦理学说的理论基础。

2.社会契约和国家。

霍布斯认为,人们在订立契约之前,是处于自然状态中。所谓

---

① Hobbes Thomas, *The Collected Works of Thomas Hobbes*.Vol. 4.collected and edited by Sir.William Molesworth.Routledge/Thoemms Press.1992,p.2.

②③④⑤ 〔英〕霍布斯:《利维坦》,黎思复、黎廷弼译,商务印书馆1985年版,第92、230、77、94页。

"自然状态"就是在国家产生之前或国家之外的状态。在这种状态下，由于没有公共权力约束大家，人们完全按照自己的本性而生活和活动。各个人具有对一切东西的权利，甚至对彼此的身体也是这样。因此人们肆无忌惮地去占有一切，不惜残害别人的生命。"人对人就像狼一样"——古罗马的这一条谚语成了当时的生动写照。因此，自然状态就是"一切人对一切人的战争"，这是一种普遍的、持续不断的战争状态。在这种状态下，任何人不论如何强悍和聪明，都不能完全活到大自然通常允许人们生活的时间。

那么，摆脱这种危险境地的出路何在呢？按霍布斯的说法，这个出路仍然要在人的本性中去寻找："这一方面要靠人们的激情，另一方面则要靠人们的理性。"①人们的激情或情感使得人们倾向于和平，畏惧死亡，向往舒适的生活；而理性则给人们提示"自然律"。"自然律是理性所发现的戒条或一般法则。"②第一条是"寻求和平，信守和平"，第二条是要求人们为了和平和安全，"会想到有必要自愿放弃这种对一切事物的权利；他应该满足于他对别人所拥有的自由和他允许别人对于他自己所拥有的自由一样多"。③"一个人放弃对任何事物的权利，就是放弃自己妨碍他人对同一事物享有权益的自由"。④一个人放弃了自己的权利，并不是给了别人比原来更多的自由，而是退让开来，让这个人不受妨碍而享受其原有的权利。"权利的互相转让就是人们所谓的契约"，⑤因此上述遵照自然律而实行的权利的互相转让，实际上是第一次契约行为。但是通过这次契约行为，还没有建立起公共权利，因此和平仍然没有保障，人们还没有真正摆脱自然状态。于是人们又在理

①②④⑤　[英]霍布斯：《利维坦》，黎思复、黎廷弼译，商务印书馆1985年版，第96、97、98—99、100页。

③　Hobbes Thomas, *The Collected Works of Thomas Hobbes*. Vol. 3.collected and edited by Sir.William Molesworth.Routledge/Thoemms Press.1992, p.118.

性指导下,实行第二次权力的转让,即第二次订约:人们彼此相约,把他们所有的权力与力量交付给一个人或者由一些人组成的会议,并且服从它的意志,认可它的一切行动。这样做了之后,如此联合在一个人格里的人群就叫作"国家"。

霍布斯的"国家"定义表明:国家的产生是通过人们相互之间订立契约,把全部权力交付给一个人或一些人组成的会议而实现的。国家的实质在于:它是担当起大家的人格的一个人格、集中了大家意志的一个意志,掌握了大家所交付的所有的权力和力量的一个公共权力;它可以使用大家的力量和工具来谋求他们的和平和公共防御。这样的国家的"主权"是至高无上、不可分割、不可转让的,因此霍布斯借用基督教《圣经》中提到的强有力的巨大海兽"利维坦"来称呼"国家"。

按国家主权的代表者的不同,霍布斯区分三种政体形式:君主制、贵族制和民主制。他主张君主制,认为权力集中于一人,有利于维护国家的统一和强大,防止内乱和混乱状态。"没有这种独断的政府,这种战争就会永远持续下去"。①按霍布斯的说法,既然契约是由人们相互之间订立的,统治者没有参加订约,他不是契约的一方,因此也不存在违约的问题。而且人民一经把权力交付出去,就不能违背诺言加以收回,"主权者所做的任何事情对任何臣民都不可能构成侵害,而臣民中任何人也没有理由控告他不义"。②

霍布斯所制订的以人性论、契约说为基础的国家学说,同那些主张"君权神授"的封建神学国家观相对立,具有着新的、资产阶级理论的特色。它旨在建立资产阶级和新贵族上层的强有力的专

①② ［英］霍布斯:《利维坦》,黎思复、黎廷弼译,商务印书馆1985年版,第553、136页。

制国家政权,以保障英国资本主义的发展。

（四）无神论和宗教观

霍布斯的以"物体"为核心的唯物主义哲学理论,实质上就蕴含着无神论思想,因为他关于"宇宙是物体的总和"、"运动只能以运动为原因"等原理,不仅如他所公开申言的"哲学排斥神学",而且实际上也排斥了神的存在。

霍布斯按照"自然"人性论观点解释人们的神的观念的产生和宗教的起源。他说:"宗教的种子也只存在于人类身上。"[①]人们的上帝观念来源于探究原因的人类本性。好奇心或对于原因的知识的爱好,引导人们从考察效果而去探索原因,接着又去探求这原因的原因,一直到最后就必然会得到一个想法:有某一个原因前面再没有其他原因,它是永恒的因,也就是人们所谓的上帝。这就是"上帝"观念产生的根源。他认为,对于自然宗教中的诸神的观念的产生,我们可以用人对于不可见的力量的"恐惧"心理来解释,但是对于永恒、无限和全能的上帝,最好是从人想要知道自然物体的原因及其各种性质的欲望来解释。至于宗教得以存在和传播的原因,则在于传教士和神父们的传教;上帝观念,不是天赋的,而是由父母或牧师从小灌输而来的。统治者利用人们心中宗教的自然种子制成法律,作为统治群众的工具。

霍布斯对教会、僧侣腐化堕落,胡作非为、欺骗人民等罪恶勾当进行了严厉的批判。在教权和王权的关系问题上,霍布斯主张教权必须服从王权,教徒必须服从法律。他反对罗马天主教会对世俗政权的干涉,高度评价了亨利八世和伊丽莎白女王摆脱罗马教会的行动。

但是,霍布斯的无神论思想是不彻底的。在他看来,宗教是植

---

① ［英］霍布斯:《利维坦》,黎思复、黎廷弼译,商务印书馆 1985 年版,第 79 页。

根于人的本性之中的,是不可根除的;而且他还认为保留宗教对于加强国家的统治来说是完全必要的。因此他主张把"宗教的奥义"这颗苦味的药丸吞下去,"整丸地吞下去倒有疗效,但是要嚼碎的话,大多数都会被吐出来,一点效力也没有"。① 与此相联系,他还承认上帝存在,虽然认为上帝的性质作为无限是不可思议的。他说:"我们对于上帝是什么完全不能理解,而只知道上帝存在。"②

霍布斯是继培根、笛卡尔之后一个富有开拓性的伟大的思想家。他在近代西方哲学史上制定了第一个典型的机械唯物主义哲学体系,首先提出了鲜明的无神论思想;同时,他也是近代资产阶级社会国家理论的创立者之一。他的哲学思想不仅直接影响了斯宾诺莎和洛克,而且是 18 世纪启蒙思想家和唯物主义者的思想来源之一。

第二节　17 世纪法国哲学

17 世纪法国是一个典型的中央集权的封建专制国家。但是在法国社会经济条件发展的基础上,随着整个西欧科学文化的发展,也产生出了以笛卡尔、伽森狄等人为代表的新兴资产阶级哲学。

自从 16 世纪末国王亨利四世当政以来,法国长期的内战基本结束,中央集权的君主专制制度最终确立。封建制度占统治地位,特别是在广大农村,封建关系还没有变动。但是,随着资本主义的发展,资产阶级力量得到一定的增长,资产阶级同封建制度的矛盾

①② ［英］霍布斯:《利维坦》,黎思复、黎廷弼译,商务印书馆 1985 年版,第 291、310 页。

也开始表现出来。资产阶级不仅反对封建等级特权、行会束缚以及不断加重的国税负担，也反对天主教会压迫和神学思想统治，要求发展科学技术，发展资本主义生产。

在当时法国尽管天主教定为国教，但新教即"胡格诺教派"仍占一定地位。而且法国天主教本身也不是完全统一的。除了维护正统势力的耶稣会派之外，还有不满意于正统教条而表现出一些改革倾向的"詹森派"。该派同中上层资产者和"穿袍贵族"有一定联系。

随着资本主义手工工场和贸易航海事业的发展，法国科学和文化迅速发展起来。特别是数学得到巨大发展，当时巴黎成了欧洲数学研究的中心。涌现出一批卓越的数学家和科学家如笛卡尔、费尔马、德扎尔格、帕斯卡尔等。这些数学家、科学家经常聚会讨论科学问题，还吸引了其他国家学者如霍布斯、惠更斯等人参加。正是在这些科学家聚会联系的基础上，于1666年成立了著名的法兰西科学院。

随着整个科学和文化发展而产生的、以笛卡尔为主要开创者的17世纪法国新哲学，尽管一般不具有英国（比如霍布斯）哲学那样鲜明的唯物主义形式，但也是同新兴自然科学相联系，而同经院哲学相对立的新兴资产阶级哲学。其主要流派就是笛卡尔的唯理论和二元论哲学，企图把唯物主义原子论和天主教神学相适应的伽森狄哲学，以及笛卡尔派马勒伯朗士的唯心主义偶因论哲学。

一、笛卡尔

勒内·笛卡尔（René Descartes，1596—1650年）出生在法国西北部都兰附近拉埃镇一个贵族家庭里，父亲任不勒丹省法院法官。母亲在生产他后数月即死去。笛卡尔10岁（一说8岁）时被送入耶稣会士主办的、著名的拉弗来施公学学习。他在这里接受传统

的典籍教育,但他逐渐对数学和自然科学发生浓厚兴趣。1614 年
(一说 1612 年)离开拉弗来施,转到普瓦捷大学,学习法学和医
学,于 1616 年获得法学就业证书。接着在巴黎,笛卡尔结识著名
学者麦尔赛纳神父,在麦尔赛纳的影响下他坚决地踏上了科学研
究的途程。1618 年笛卡尔去荷兰参加雇佣军,随军到过德国许多
地方;他任文职,没有参加过作战,挤时间从事科学研究。1622 年
离开军队回国。此后数年间,他除了在巴黎寄寓外,曾去荷兰、德
国、瑞士、意大利等国旅游,用他自己的话说,去研究"世界这本大
书",结识了许多著名的学者。1628 年他卖掉了祖传的采地,移居
当时先进的资本主义国家和文化中心荷兰。他在荷兰的 20 年间
撰写了他的主要哲学和科学著作。1649 年笛卡尔应瑞典女王克
里斯蒂娜的邀请,赴斯德哥尔摩宫廷讲学。次年在瑞典逝世。

　　笛卡尔在荷兰期间写的第一部著作是《论世界》,此书按哥白
尼日心说观点讨论天文学和物理学问题。在 1633 年,正当此书接
近完成的时候,传来伽利略因坚持日心说被罗马教廷审讯的消息,
于是笛卡尔就放弃了出版该书的计划。他在 1637 年公开发表的
第一部哲学著作是《方法谈》,包括三篇附录:《屈光学》、《气象
学》和《几何学》。此书收入了《论世界》的一部分内容,其中《几
何学》论述解析几何原理,是科学史上的开创性著作。

　　1641 年笛卡尔发表了他的主要哲学著作《第一哲学沉思集》
(原书用拉丁文撰写,后来译成法文,题为《形而上学的沉思》)。
笛卡尔在此书公开出版之前,托人把几份样本分送给各派著名学
者:唯物主义哲学家霍布斯和伽森狄,维护科学发展的宗教界人士
麦尔赛纳和阿尔诺,以及天主教神学家伽泰鲁和布尔登等人,请他
们提出批评意见。笛卡尔收到他们的批评意见后,分别做出答辩,
然后将驳论和答复作为附录收入在《第一哲学沉思集》中一同发
表,从而留下了一份反映当时哲学论争,特别是经验论和唯理论论

争的珍贵资料。

在1644年出版的《哲学原理》中,笛卡尔阐述了自己的哲学体系。笛卡尔的最后一部著作《论灵魂的激情》发表于1649年,论述心灵、心理问题,特别是身心关系问题。《指导心智的规则》是笛卡尔在1628年离开法国去荷兰定居前夕撰写的,没有完成,在他死后才发表。

作为法国新兴市民资产阶级的思想代表,笛卡尔对专制王权和天主教会严酷的精神统治及其对科学家的迫害,是不满的;但是,面对当时正处于极盛的王权和教会势力,他持妥协态度。他在给自己订立的行为守则中表示:服从王法,笃守教条,遵循中道,远离极端,"始终只求克服自己,不求克服命运,只求改变自己的欲望,不求改变世界的秩序"。①

尽管如此,笛卡尔在思想、学术方面还是明确表示反对当时在法国仍占统治的经院哲学,提出并担负起创立一个新的世界观和方法论的任务。他要求创立一种具有确实可靠的基础,有实际效用的新哲学,以便帮助人们获得"事物的真理",达到认识自然、支配自然、造福人生的目的。

在新哲学的创建中,笛卡尔着重概括了数学、逻辑及一般科学中理性思维的方法;他继承了柏拉图派依据理性"原理"解释事物的思想,批判继承了亚里士多德关于"第一哲学"、关于"实体"的学说;此外,还批判继承了德谟克利特的原子论。在文艺复兴时期哲学家中,笛卡尔继承了蒙台涅的自我原则和怀疑论思想,库萨的尼古拉和布鲁诺的自然哲学和注重理性认识的思想,哥白尼和伽利略的天文学、力学及其科学方法论思想。这样,笛卡尔在他自己

---

① 北京大学哲学系外国哲学史教研室编译:《十六——十八世纪西欧各国哲学》,商务印书馆1975年版,第146页。

进行科学研究实践并概括新兴科学精神及其成果的基础上，在批判继承以往哲学的条件下，创立了以二元论和唯理论为特征的新的哲学学说。

笛卡尔在说明他的哲学体系时把它比作一棵大树，树根是"形而上学"（即关于上帝存在、灵魂不朽以及灵魂和肉体的关系等抽象哲学理论），树干是"物理学"（即机械唯物主义的自然哲学）。树枝是各门具体科学，主要是医学、力学和伦理学。他进一步指出："我们不是从树根树干，而是从其枝梢采集果实的，因此，哲学的主要功用乃是在于其各部分的分别功用，而这种功用，我们是最后才能学到的"。① 这里鲜明地揭示笛卡尔的新哲学是以推进科学知识发展、求得实际效益为根本宗旨的。

（一）唯理论的方法论

笛卡尔的哲学学说以新的逻辑方法论（认识论与此相联系）作为前导。只有在掌握了新的逻辑，"已经培养出某种发现真理的技巧以后，就可以真诚地专心研究真正的哲学"。② 笛卡尔在《方法谈》中列举了四条逻辑规则。这可说是他的逻辑方法的精华，全文如下：

"第一条是：决不把任何我没有明确地认识其为真的东西当作真的加以接受，也就是说，小心避免仓猝的判断和偏见，只把那些十分清楚明白地呈现在我的心智之前，使我根本无法怀疑的东西放进我的判断之中。

"第二条是：把我所考察的每一个难题，都尽可能地分成细小的部分，直到可以而且适于加以圆满解决的程度为止。

"第三条是：按照次序引导我的思想，以便从最简单、最容易认识的对象开始，一点一点逐步上升到对复杂的对象的认识，即便

---

①② ［法］笛卡尔：《哲学原理》，关文运译，商务印书馆 1959 年版，第 XVII 页。

是那些彼此之间并没有自然的先后次序的对象,我也给它们设定一个次序。

"最后一条是:把一切情形尽量完全地列举出来,尽量普遍地加以审视,使我确信毫无遗漏。"①

这四条规则概括了笛卡尔逻辑方法论和认识论的基本原理。第一条包括了他的方法论的怀疑、理性主义的真理标准以及理性直观方法。第二条论述了寻求简单自明原理的分析方法。第三条是按照从简单到复杂的上升的程序进行的演绎推论方法。第四条是全面列举和普遍审视即他所谓的"归纳"的方法。

显然,这里包括了笛卡尔逻辑方法论的基本原理,也涉及他的认识论的基本原理。

1.方法论的怀疑和理性主义的真理标准。

笛卡尔的方法是以"怀疑"开路。他的怀疑是普遍的、彻底的、无所不包的。但是,他并不是一个怀疑论者,因为他并不是以怀疑为目的,而只是把怀疑作为一种手段,用它来给科学知识清除障碍、找到确实可靠的基础,以利于科学知识的顺利发展。因此,笛卡尔的方法论的怀疑与怀疑论是有原则区别的。他申言他的怀疑"并不是模仿那些为怀疑而怀疑并且装作永远犹疑不决的怀疑派,因为正好相反,我的整个计划只是要为自己寻求确信的理由,把浮土和沙子排除,以便找出岩石或黏土来"。②

笛卡尔通过怀疑为真理知识开辟道路,从而提出真理标准问题。他认为,只有那些十分明白清晰地呈现在心智之前、使我无法怀疑的东西才是真的。所谓明白,就是明显地呈现在心智之前,如同一个对象呈现在眼前,以充分的力量刺激眼睛,而眼睛也处在适

---

①② 北京大学哲学系外国哲学史教研室编译:《十六——十八世纪西欧各国哲学》,商务印书馆1975年版,第144、146页。

当位置,能够明白地看到它。所谓清晰,就是"界限分明与其他一切对象厘然各别"①。这样在理智看来的明白清晰,就是理智所观照到的确定无疑的必然性的认识。这种真理标准的观点来自对数学和逻辑方法的概括,在一定意义上反映了某些客观必然性和规律性的内容,同神学权威、教条主义是对立的。但是,以理性心灵的明白清晰作为真理标准,毕竟是从主体意识出发的,脱离社会实践的。

笛卡尔把理性的机能区分为两种,即理性的直观和演绎。他讲的直观是理性对真的原理和事实的直接认识。所谓演绎,是从直观的事实或基本原理出发必然得出结论的推理方法。就是说,先由直观提出第一原理,然后由演绎推出结论。在笛卡尔看来,正因为直观是直接的、简单的明白清晰的认识,所以它具有最大的确实性。笛卡尔认为直观和演绎是获得知识的最可靠的途径,人们正是凭借理性直观和演绎推论的方法才建立起哲学和科学知识的大厦的。

笛卡尔还论述了分析和归纳。他所制定的第二条逻辑规则,要求把复杂的困难的对象分析为简单的成分,以便予以圆满解决。笛卡尔的分析,是通过理性思维的分析,寻找出简单的自明的直观的原理,以此作为演绎推理的前提;而在他往后从简单到复杂的逐步上升的、必然联系的推论过程中则显然包含有综合的机制。

至于笛卡尔所说的完全列举或全面审视(他也称之为"归纳"),这显然汲取了逻辑学中的归纳方法。不过笛卡尔所讲的归纳同经验论者的归纳也有一定区别。经验论者从许多个别经验事实中归纳出一般原理。而笛卡尔的归纳则是为其理性演绎推论服

---

① [法]笛卡尔:《哲学原理》,关文运译,商务印书馆1959年版,第17页。

务的。就是说,它是为了帮助审查从前提(出自理性的一般原理)出发达到结论的推理过程中各个环节是否完备而无遗漏。

2.论感觉和天赋观念。

笛卡尔关于理性演绎方法的论述,直接涉及感性和理性的关系问题、认识的来源问题。

笛卡尔按认识的来源和性质把观念区分为三类:"有一些是我天赋的,有一些是从外面来的,有一些是我自己制造出来的。"①

笛卡尔不仅承认有一类观念是从感觉即"从外面来的",而且他一般地承认感性认识的作用,他还批评过那些拒绝感性经验的哲学家,说:"有些哲学家忽视经验,想象着真理会从他们的头脑中涌现出来,如同智慧之神从宙斯的头脑中涌现出来一样。"②笛卡尔作为一个科学家是重视科学实验的。他说:"一个人的知识愈进步,他愈需要实验。"③

笛卡尔虽然对经验和实验的作用有所肯定,但是在他论述感觉与理性的关系时,却把二者机械地对立起来,片面地夸大感觉的相对性、变动性,从而贬低了感觉在真理认识中的作用。他举例说,塔远看像是圆的,近看却是方的,竖立在这些塔顶上的巨像在底下看却像是些小雕像。他由此断言感官的判断错误,"感官是骗人的"。④他还根据对蜡块的颜色、形状、气味等的感觉的变动性,断言凭借感觉和想象力不能了解蜡,"只有我的心灵才

---

①④　北京大学哲学系外国哲学史教研室编译:《十六——十八世纪西欧各国哲学》,商务印书馆1975年版,第167、157页。

②　Descartes René, *The Philosophical works of Descartes*. Volume Ⅱ. Rendered into English by Elizabeth S.Haldane and G.R.Ross.Cambridge University Press.1973, p.15.

③　Descartes René, *Oeuvres de Descartes*. Tome Ⅴ. Paris. Léopold cerf, Imprimeur-Éditeur. 1903, p.63.参见[法]笛卡尔:《谈谈方法》,王太庆译,商务印书馆2011年版,第50页。

了解它"。①

笛卡尔认为只有凭借心灵所产生的天赋观念才能真实地认识一切事物。他在解释"天赋观念"的含义时说,这种观念"既不是来自外部对象,也不是来自我们的意志的规定,而完全是来自我内部的思想能力"。② 当天赋观念直接呈现的说法受到诘难后,笛卡尔辩解说,这种观念是潜存在我们内心中的,因为任何在能力中的存在,都不是现实的存在,而只是潜在的存在,因为"能力"一词恰好是指谓一种潜在性的。笛卡尔还指出,这种潜在的观念,在外部感觉经验的"机缘"的影响下,就由潜在的转变成为现实的观念了。

虽然笛卡尔提出过感觉经验在一般观念现实出现时起"机缘"或诱导的作用,但是他不承认感觉经验在一般观念产生中有什么实质性的作用,因为在他看来,既然感性认识是个别的、变动不居的,那么它就是有欺骗性的,普遍必然的知识不可能从感性经验中得来,因此就必须把感觉经验从确实性知识中排除出去。

如果按照笛卡尔的看法,普遍必然的观念是由人的理智能力产生的,那么这种观念又怎样能够适用于外部对象,怎么能同外部对象相一致呢? 笛卡尔既然否认了真理认识的外部感觉来源,只得在上帝那里寻求解答,即求助于上帝的力量来保证理性观念和客观对象的一致。他说:"上帝一方面把这些规律建立在自然之中,一方面又把它们的概念印入我们的心灵之中,所以我们对此充分反省之后,便决不会怀疑这些规律之为世界上所存在、所发生的

---

① 北京大学哲学系外国哲学史教研室编译:《十六——十八世纪西欧各国哲学》,商务印书馆1975年版,第165页。

② Descartes René, *The Philosophical works of Descartes.* volume Ⅰ. Rendered into English by Elizabeth S.Haldane and G.R.Ross.Cambridge University Press.1973,p. 442.

一切事物所遵守"。①

如果按照笛卡尔的说法真理的观念是天赋在人心中的,由此出发就可以推演出真理知识。那么,为什么人们还经常犯错误呢?笛卡尔解释道,人不仅有理智,还有意志,意志较理解的范围为大,这就是我们错误的来源。"由于意志比理智广阔得多,我没有把意志纳入同样的限度之内,而把它扩张到我所不了解的东西上去了";②它所以超出了理智的界限,也是由于人们没有遵循达到真理的正当秩序和层次,仓促同意了他们所不明白知晓的事情,包括同意错误的意见,因此就犯了错误。从这里也说明方法论的重要。

由上所述可见,笛卡尔着重阐述了理性主义的原则,强调普遍必然性的知识原理,从而给科学知识找到了重要依据,为新哲学的发展开辟道路。他的方法是理性的直观和演绎的方法。他关于方法和认识的论述,奠立了近代唯理派哲学的开端。

(二)"形而上学"

笛卡尔按照他自己的方法建构他的哲学体系。他的理性演绎法要求从普遍的真实的原理出发进行推论。因此,作为他的整个哲学之树的树根的"形而上学",其宗旨和任务即在于奠立关于"最重要、最普遍的人类知识原理",其中包括关于上帝、不朽灵魂,以及有关物质和心灵实体的知识原理等等。

1."我思故我在"。

笛卡尔的方法是以"怀疑"开路的。他的形而上学的沉思的"第一个沉思"就是普遍的怀疑。

笛卡尔首先对以往的一切被信以为真的东西都加以怀疑,对一切可疑的东西都予以排斥。他怀疑一切旧哲学,怀疑感觉和所

---

①② 北京大学哲学系外国哲学史教研室编译:《十六——十八世纪西欧各国哲学》,商务印书馆1975年版,第152、172页。

感知的天地万物的存在,怀疑自己身体四肢的存在等等。甚至对他自己所热爱的数学几何学,对于当时被崇拜为至高无上的上帝,他认为也都可以怀疑。

但是,他接着说,当我怀疑一切的时候,有一件事却是不可怀疑的,就是:我在怀疑;这也就是说,我在思想。既然肯定我在思想,那么就必须也肯定思想着的我必然应当是某种东西;这就意味着肯定我存在;因为如果肯定一个思想的东西在思想着,可是却否定他的存在,这显然是自相矛盾的,是荒谬的。笛卡尔由此断定:我思想,所以我存在。

接着,笛卡尔论述自我的本质。他根据对以上论述的分析指出:一方面,在否定了物体世界和肉体感官之后,自我依然存在。另一方面,如果我停止思想,我就不存在了。他由此得出结论:我不是物质性的东西,而是一个思想性的东西。"我只是一个在思想的东西,也就是说,我只是一个心灵,一个理智或一个理性"。①他进一步申述道:"我究竟是什么东西呢? 一个在思想的东西。什么是一个在思想的东西呢? 就是一个在怀疑、理解〔理会〕、肯定、否定、愿意、不愿意、想象和感觉的东西。"②

笛卡尔曾经声明,他的关于我思故我在的原理不是一个逻辑的推论,不是三段论式,而是一个直观的真理知识,他写道:"当有人说:我思维,所以我存在时,他从他的思维得出他的存在这个结论并不是从什么三段论式得出来的,而是作为一个自明的事情;他是用精神的一种单纯的灵感看出它来的。从以下的事实看,事情是很明显的,如果他是从一种三段论式推论出来的,他就要事先认识这个大前提:凡是在思维的东西都存在。然而,相反,这是由于

---

① ② 北京大学哲学系外国哲学史教研室编译:《十六——十八世纪西欧各国哲学》,商务印书馆 1975 年版,第 162、163 页。

他自己感觉到如果他不存在他就不能思维这件事告诉他的。因为,由个别的认识做成一般的命题,这是我们精神的本性。"①因此笛卡尔断言"我思故我在"是在单纯直观中被给予的,因而是绝对第一的,是最确实、最明显的,连极端的怀疑论者也不能不承认的。笛卡尔企图通过这样的论证来确定"我思故我在"原理作为不证自明的公理并从而作为他全部哲学"第一原理"的地位。

笛卡尔在他关于"我思故我在"原理的论述中,把自我、理性的原则提到哲学高度并摆在他的哲学的首位,从而同中世纪神学权威直接对立起来。显然,笛卡尔这一原则在反对封建神学,启示新兴资产阶级的理性主义、启蒙思潮和一般哲学主体性原则等方面都是具有重要意义的。正如黑格尔所说,它是"转移近代哲学兴趣的枢纽"。②

2.灵魂不朽和上帝存在。

按笛卡尔的说法,在排除了物质世界、身体感官等等之后,心灵依然存在。这就是说,心灵与物质世界、与肉体是完全分离的,心灵离开肉体也是能够存在的,是不与肉体同时死亡的。同时,笛卡尔又断言,他看不到有别的什么原因会毁灭心灵。他由此得出结论:心灵、灵魂是不朽的。

笛卡尔还从他的第一原理出发推论上帝存在。他说,我在怀疑。但是,"怀疑"不如"认识"那样完满,"认识"比较"怀疑"来说是一个更大的完满性。由此提出一个问题,我是从哪里得到这个"比我更完满的东西"的观念来的呢?他断言:"是由一个真正比我更完满的本性把这个观念放进我心里来的,而且这个本性具有

---

① ［法］笛卡尔:《第一哲学沉思集》,庞景仁译,商务印书馆1986年版,第144页。

② ［德］黑格尔:《小逻辑》,贺麟译,商务印书馆1980年版,第150页。

我所能想到的一切完满性，就是说，简单一句话，它就是上帝"。①

这种由上帝概念出发推论上帝存在的论证，来源于中世纪神学本体论证明。此外，笛卡尔还从不够完满的人自身必然是由无限完满者所创造，以及由它保持人的存在等等，推论上帝存在。

尽管笛卡尔基本上搬用了神学关于上帝存在的证明，但是他的上帝观念跟正统神学的上帝观念相比，还是有很大区别的。笛卡尔所说的上帝不是一个严密统治世界和人们生活的天上专制君主。按他的说法，上帝在创造世界物质之后就不再干预世界事务，而"让自然依照他所建立的规律活动"②，即让世界事物按照它自身的规律产生、形成、变化、发展。他这种上帝观念不仅接近于后来流行的自然神论，而且还给他自己关于天体演化的观念开辟了地盘。

笛卡尔虽然接受了上帝创世说，但是他力图通过这个观念来肯定物质世界及其规律的客观存在。他论证说道，我们心中有关于物质世界的观念，那么这一观念是否真实呢？心灵之外是否确有物质世界存在呢？如果没有物质世界存在，那就会是上帝凭空把一个物质世界观念放置在我心中，或者是上帝通过别的精神实体把这个观念凭空塞进我心中，这样一来，上帝就会是一个骗子了。但是，上帝既是最完满的，他不可能有骗人的缺点。由此得出结论：与我们的物质事物的观念相应，必定有物质世界客观存在。

3.实体、心身关系。

根据以上推论，笛卡尔得出了三个实体的概念，即心灵实体、物质实体和上帝实体。

---

①② 北京大学哲学系外国哲学史教研室编译：《十六——十八世纪西欧各国哲学》，商务印书馆1975年版，第149、153页。

他给实体下定义说："所谓实体,我们只能看作是能自己存在,而其存在并不需要别的事物的一种事物。"①就是说,实体是独立存在而不依赖别的事物的东西。

笛卡尔通过"实体"范畴在近代哲学史上首先明确表述了心灵和物质的关系这一哲学基本问题。在这个问题上,他断言心灵和物质形体二者都是实体,因此二者都独立存在,彼此互不依赖;而且,二者是根本不同的:心灵的属性是思维,物质的属性是广延。总之,二者互不决定,互不派生,是永远并列存在的两个实体、两个本原。这就是笛卡尔所提出的典型的二元论观点。

二元论的最大困难,在于它不能说明在人身上心灵和肉体统一这个最明显的事实。笛卡尔为了摆脱困境,于是提出"松果腺"说。按笛卡尔的设想,人的灵魂或心灵虽与全身结合着,可是它的主要位置在脑部,具体说,"心灵在处于大脑中心的小腺体中有其主要的所在地。"②这里说的"小腺体"就是指"松果腺"。笛卡尔在说明心灵和松果腺的关系时写道:"心灵并不是从形体的一切部分直接接受印象,而只是从大脑接受,也许甚至是从大脑的一个最小的部分,亦即那个称为'共同感觉'的能力在活动的部分(按即指松果腺——修订者注)接受的,每当这一部分以同样的方式受到刺激时,就使心灵感觉到同样的东西"。③ 笛卡尔推论说道,人们用感知一个对象的眼、耳、手等感官和器官,通过神经及其中的精气传送到松果腺时,就被心灵的意识作用所汇集、统一起来,形成"共同感觉"和单一的观念。就是这样,一方面,松果腺中所

① ［法］笛卡尔:《哲学原理》,关文运译,商务印书馆 1959 年版,第 20 页。

② Descartes René, *Oeuvres de Descartes*. Tome XI. Pari. Léopold cerf, Imprimeur-Éditeur. 1903, p.354.

③ 北京大学哲学系外国哲学史教研室编译:《十六——十八世纪西欧各国哲学》,商务印书馆 1975 年版,第 181—182 页。

发生的不同方式的运动引起了心灵的各种知觉；另一方面，心灵自身又以不同的方式驱动松果腺，然后由它牵动神经、精气，从而驱动整个身体、四肢。

可以看到，笛卡尔关于松果腺的论述，实际上承认了心灵和肉体的相互联系和相互作用，从而提出了身心"交感论"的思想，这无论在哲学史或科学史中都是具有重要意义的。这一包含有一定科学内容的思想，显然同他的二元论基本观点发生尖锐冲突，从而使他陷入自相矛盾的境地。

笛卡尔企图在坚持二元论观点的前提下来说明身心的联系，于是提出所谓"神助说"。他认为上帝是心灵和身体相互一致性的最高维持者和担保者，二者的统一归根结底是上帝安排的，是由上帝帮助实现的。上帝是"无限实体"，是绝对完满的造物主，而心灵和形体则只是被创造的有限实体。正是上帝决定被创造物的存在及其相互关系，维持相互一致性。这样，笛卡尔为了维护、坚持二元论观点，终于陷入唯心主义，只得乞灵于造物主的万能了。

(三)"物理学"

笛卡尔的"物理学"，即他的机械唯物主义的自然观，论述关于物质事物的基本原理，以及关于天体和地上物体、关于植物和动物、关于人的本性等原理。

笛卡尔承认自然界、物质世界的客观存在，以及物质作为一个"实体"的地位，认为物质的唯一的根本特性或主要属性是广延，即具有长、宽、高三量向的性质，物体即是广延实体。他实际上把物质性和广延性等同起来，认为自然界各种各样的事物只不过是广延性的具体表现而已。

笛卡尔从物体广延性出发论述物质的结构说道，既然物质的根本特性是广延，而广延是一种量的特性，那么，物质微粒不论怎样小，总是可以分为两个或较多的部分，因此必须承认它的可分割性。由此出发,他不同意德谟克利特原子论关于不可分割的物质微粒的学说,而另提出物质"分子说",认为"最小的有广袤的分子永远是可分的,因为它的本性原来就是如此。"①

笛卡尔从物体广延性出发论述空间的特性,认为广延性不仅构成物体,而且也构成空间,空间的广延和物体的广延是一回事。他由此推断,任何空间都包含有物质存在,无实体的虚空即所谓"绝对虚空"是不存在的。如果借口所谓虚空的那个空间中不包含我们能感知的对象就断言其中根本就不含任何对象,那就错了。"这种错误正如我们因为一个水瓶里只有空气,就说它是空的,并因而判断说,其中所含的空气不是实体一样。"②

如果宇宙中只有同一的物质,那么,是怎样由同一物质产生出多种多样的事物来的呢？笛卡尔回答说道:"物质的全部花样,或其形式的多样性,都依靠于运动。"③

笛卡尔虽然将运动视为机械运动,但既然没有虚空,这种机械运动就成为一种整体的、普遍的、互相联系着的运动,运动成为绝对的。他说:"全宇宙中并没有真正静止的点……,我们就会因此断言,任何事物,除了在我们思想中使之固定不变外,都没有恒常的位置。"④

笛卡尔进一步发挥运动绝对性的思想,把自然事物看作是处于运动、变化之中的。他说,自然界的事物并不是一开始就完全是现在这个样子,而是"随着时间的推移逐渐变成我现在所看到的这个样子的";按这样的观点观察事物,将会使我们"更易于了解自然事物的本性"⑤,笛卡尔正是用这样的观点考察天体起源问

---

①②③④　[法]笛卡尔:《哲学原理》,关文运译,商务印书馆1959年版,第44、42、45、40页。

⑤　Descartes René, *Oeuvres de Descartes*. Tome V. Paris.: Léopold cerf, Imprimeur-Éditeur. 1903, p.45.参见[法]笛卡尔:《谈谈方法》,王太庆译,商务印书馆2011年版,第37页。

题,提出了著名的"旋涡说"。

关于天体起源的旋涡说是笛卡尔依据其哲学原理创造性地提出的一个新假说。原来哥白尼的日心说和开普勒关于行星运行规律的发现,都只是描述太阳系现有结构及其运行规律,还没有说明太阳系是怎样产生和形成的。笛卡尔试图对这个问题作出有科学根据的回答。笛卡尔假定上帝创造了物质并将物质的各部分"搅和起来",使之成为"一团混沌",然后就让物质自然依照他所建立的规律活动。① 由于按笛卡尔的观点不存在"绝对虚空",物质各个部分的运动不是在这样虚空中互不相干地各自单独活动,而只能是互相挤压、前后衔接推移的圆周运动,这就是一种旋涡状的运动。在这种运动中,原始物质各部分相互摩擦、挤碎、磨光,逐渐分化成为三种元素:最精细的、运动速度最快的物质构成火状元素;最粗糙、最大的、运动最慢的构成土状元素;那些最稀薄的、透明的以太则构成气状元素。在旋涡运动中,火状元素被卷在大旋涡中心,形成太阳和一些恒星;土状元素被抛离中心,形成地球及其他行星和彗星等;气状元素则弥漫各处,形成天宇、太空。宇宙天体的大旋涡中包含许多小旋涡,每个行星作为一个小旋涡中心是静止不动的,但却随着其他行星一起围绕太阳这个大中心旋转。

笛卡尔的旋涡说虽然有很大的猜测性,但是在近代宇宙天体学说中第一次引进发展概念,企图用以说明宇宙天体的形成过程,包含有辩证法思想因素。他这一学说是后来康德、拉普拉斯星云假说的先驱。

在数学方面,笛卡尔创造性地把代数同几何学结合起来,创立了解析几何。按笛卡尔所提出的解析几何思想,几何平面上的任

---

① 参见北京大学哲学系外国哲学史教研室编译:《十六——十八世纪西欧各国哲学》,商务印书馆1975年版,第153页。

何一个点,都可以用一对数值(x,y)来表示,任何一条曲线都可以看作是一个点在平面上运动的轨迹,因此就可以用含有两个未知数(x,y)的代数方程来表示。在这里代数方程的两个未知数成了变量(变数),而这两个数之间的关系则成了函数关系。这样,笛卡尔就把变数引入了数学。这对于数学及其方法论的发展都具有重要的意义。正如恩格斯所指出的:"数学中的转折点是笛卡儿的变数。有了变数,运动进入了数学,有了变数,辩证法进入了数学,有了变数,微分和积分也就立刻成为必要的了"①。

笛卡尔按机械论观点说明动物机体以至人体的机能和作用。他认为,动物机体内部的活动不过就是"动物精气"和各种器官的一些机械运动,如同一架钟表的钟摆、齿轮、发条等构件的机械运动一样。他由此得出了"动物是机器"的结论。他认为人体也是一架机器,不过比动物机器更精致、更灵活一些罢了。但是,他认为由于人有不朽的"理性灵魂",从而根本区别于动物,因此他不同意一般地把人称作机器。

笛卡尔所开创的新哲学思潮,在近代西方哲学和科学发展中,产生了极其深远的、多方面的影响。

尽管天主教会在 1663 年把笛卡尔的全部著作列为"禁书",笛卡尔学说在他生前即开始传播,在他死后更加广泛地传播开来,拥有许多追随者,形成了"笛卡尔学派"。后来,他的追随者分为两派。一派是以阿·格林克斯和尼·马勒伯朗士为代表的"偶因论者"。他们继承、发展了笛卡尔的"形而上学"的唯心主义,把上帝奉为绝对的唯一的实体,认为物质和心灵都只是上帝的创造物。另一派的代表者是荷兰医生昂利·勒卢阿。他把笛卡尔的"物理学"的机械唯物论贯彻到底,宣称灵魂是肉体的样态,思想是机械

---

① 《马克思恩格斯全集》第 20 卷,人民出版社 1971 年版,第 602 页。

运动。他这种观点后来导致拉美特里为代表的法国唯物主义。

笛卡尔所开创的唯理论和"形而上学"在 17 世纪西欧大陆国家得到广泛传播,形成西欧大陆哲学的主流。其主要代表是荷兰唯物主义者斯宾诺莎和德国唯心主义者莱布尼茨。笛卡尔的"形而上学"和唯理论思想经过这两位伟大哲学家的发展,对后来德国古典哲学发生了巨大的影响。

二、伽森狄

皮埃尔·伽森狄(Pierre Gassendi, 1592—1655 年)出生在法国普罗旺斯省桑泰尔西耶一个农民家庭里。在该省的迪尼和埃克斯大学上学,毕业后在迪尼任修辞学教师。1610 年进阿维尼翁神学院深造,于 1614 年得神学博士学位。1617 年担任埃克斯大学哲学教授。由于他在自己的著作中批判了经院哲学,耶稣会教士们就对他进行排斥和打击;1623 年他被迫去职。此后他继续从事天文学、数学和哲学的研究。1634 年他担任迪尼大教堂主监。1645 年迁居巴黎,被聘为皇家学院数学教授。1647 年返回故乡迪尼养病。在这期间他深入、系统地研究伊壁鸠鲁哲学。他关于伊壁鸠鲁的著作大部分是在这一期间写的。1653 年又去巴黎,两年后在巴黎病逝。

伽森狄的第一部哲学著作《奇谈怪论的反对亚里士多德派的习作》于 1624 年匿名出版。他的主要哲学著作《哲学大全》和《伊壁鸠鲁哲学大全》都在 1658 年,即他死后才出版。他写的《对笛卡尔〈沉思〉的诘难》(被收在笛卡尔的《第一哲学沉思集》中作为附录于 1641 年出版)和《形而上学的探讨,或为反对笛卡尔的形而上学而提出的怀疑和异议》(1644 年出版)是研究经验论和唯理论论争的重要历史文献。

伽森狄不仅是著名的哲学家,也是有造诣、有成果的科学家。

他曾经观测过水星凌日的现象,测算过声波的速度,据说还发现了木星的五个卫星等等。

伽森狄哲学的特点在于它以恢复伊壁鸠鲁的唯物主义原子论和感觉论的哲学形态而出现的。不过他力图结合新兴自然科学精神把伊壁鸠鲁哲学加以修订和发挥。他的自然观跟笛卡尔的"物理学"的唯物主义基本观点是一致的。但是,他的原子论唯物主义和经验论则与笛卡尔的"形而上学"和唯理论相分歧或相对立。在伦理学方面,他恢复捍卫伊壁鸠鲁的幸福论。

（一）恢复伊壁鸠鲁的原子论

伽森狄继承伊壁鸠鲁的唯物主义原子论,认为世界万物的本原是原子和虚空。原子是有形体的、充实的、单纯的实体。它有形体即有广延,因此就不是一个抽象的数学的点。它充实,没有缝隙,因此是不可分割的。它不是由许多部分所构成,因此是一个单纯的本质。此外,原子的特性还在于它有重量,因此它本身具有运动的倾向和能力。原子的运动有两种基本形式,一种是下降的运动,另一种是反射的运动,即各个原子相互碰撞时向后弹回的运动。虚空是把各个原子分隔开来并供原子在其中运动的场所。

伽森狄抛弃了伊壁鸠鲁的原子自动偏离说。他把原子的运动归结为机械的位移,完全按机械运动的方式说明原子的分合以及世界一切事物的形成。他援引伽利略的落体实验来证明伊壁鸠鲁关于一切原子以同样速度运动的原理。这些情况表明伽森狄按照新兴自然科学特别是机械力学的精神来修订和发挥伊壁鸠鲁原子论的企图。

伽森狄承认上帝存在,认为原子是上帝创造的。他虽然不同意从上帝概念出发推论上帝存在的证明方法,但是他却同意由自然事物的"美好秩序、功用和节约"等等得出来关于上帝存在的论据,并从而断言上帝是宇宙的"第一因"。①尽管如此,伽森狄认为在解释自然事物时不能满足于上帝这一普遍的第一因,而必须努力去探求自然事物本身运动、变化的特殊的自然的原因。

伽森狄发挥伊壁鸠鲁原子论和天体演化思想,提出他自己关于天体形成的学说。按他的说法,由于不同重量和体积的原子在不同方向上运动,因此大量原子时而结合成原子团,时而又分裂成零散的原子;结果,重的原子下降,形成大地和海洋,轻的原子上升,形成了日月星辰和空气。由于大量的原子不断分合,天体星球也不断生灭。整个宇宙天体就是处在这样的不断的运动、变化的过程中。

伽森狄还应用原子论来说明灵魂的性质及其与肉体的关系。他批判笛卡尔关于与肉体相脱离的"纯粹心灵"的观点,认为自我的本质并不是什么"纯粹心灵";心灵、灵魂不是独立存在的实体,而是由最精细的原子构成的。伽森狄认为灵魂是同肉体密切联系而不可分离的。当身体生长时,灵魂不是也生长吗?当身体衰弱时,灵魂不是也衰弱吗?

(二)批判天赋观念论,论述唯物主义经验论

伽森狄着重论述了唯物主义经验论、感觉论的基本观点。他认为一切表象、一切观念都来自外物对感官的作用。他说:"我们的全部知识似乎都来源于感官"。②如果某个感官损坏了,那么也就不能得到相应的表象和观念了。例如天生的盲人就没有颜色和光的观念,天生的聋子就没有声音的观念。人们先有感性表象和观念,而后才有理智的认识;一切理智的知识归根结底都来自感官。因此,在理智里的东西没有什么不是首先提供给感官,不是由

---

①② [法]伽森狄:《对笛卡尔〈沉思〉的诘难》,庞景仁译,商务印书馆1963年版,第54、13页。

于同感官接触而来的。

由此出发，伽森狄批判笛卡尔的天赋观念论。伽森狄指出，笛卡尔所谓天赋观念，如数学公理、逻辑规律和道德规范之类的一般观念和一般命题，都是从个别事物之中抽象得来的，也就是说，都是发源于感觉经验，而不是天赋的。例如"一切人都有理性"这个一般命题，就是从许多个人的特性中抽象出来，然后才被用作演绎推理的前提的。

甚至笛卡尔所谓"第一个主要的"天赋观念，即上帝观念，实际上也不是天赋的，而是从我们用来称赞个别人的那些有限性的一般观念中进一步抽象概括得来的。伽森狄写道："我们习惯于加到上帝身上的所有这些高尚的完满性似乎都是从我们平常用以称赞我们自己的一些东西里抽出来的，比如持续、能力、知识、善、幸福等等，我们把这些都尽可能地加以扩大之后，说上帝是永恒的、全能的、全知的、至善的、完全幸福的，等等。"①伽森狄在这里讲的是人们通常形成的上帝观念。他认为这并不是关于上帝的真实的观念，因为在他看来人的有限的理智不能认识无限的上帝，因此根本不能形成关于上帝的真实的观念。他按照知识与信仰分离的二重真理观点，认为关于上帝的观念是信仰的事情。

伽森狄认为理智的作用在于把由感官得来的观念加以区分、结合、增大、缩小、类比等等，从而形成概念，作出判断，进行推理。伽森狄认为，感性的观念和理智的观念都是真实的。但是理智要有一个清楚明白的观念还得借助于感官。他说："我们的心灵必须满足于我们的感官给它提供的那个观念，那个观念是怎么样，我

---

① ［法］伽森狄：《对笛卡尔〈沉思〉的诘难》，庞景仁译，商务印书馆1963年版，第32页。

们的心灵就必须把它看成是怎么样"。[1]

伽森狄认为人的认识中错误的产生,责任不在感官,感官并不主动,它只是接受影像,按照影像在当时环境情况下所必然应该对它表现的那样把它们提供出来。"错误或虚假是在判断里,或是在心灵里;判断或心灵没有给予应有的周密细致对待,没有注意到离得远的东西只是由于离得远或由于别的原因,而应该比它们离我们较近时显得小和模糊"。[2]他认为动物也有理智,人的理智和动物的理智"只存在程度上的不同"。[3]伽森狄的这些论述表明,他在强调人的认识的感性来源时,把感性和理性机械地对立起来,贬低了人的理性认识的作用。

伽森狄在近代法国首先举起唯物主义的旗帜,批判天赋观念论,在开创近代新哲学方面作出了自己的贡献。他所恢复和阐发的原子论学说不仅对法国自然科学家和哲学家发生了巨大影响,而且对英国伟大科学家牛顿和波义耳也有一定影响。他的感觉论、经验论虽然在 17 世纪法国没有得到广泛响应,但是在英国却为洛克等人所汲取,到 18 世纪法国为法国唯物论者所继承和发展。

三、马勒伯朗士

尼古拉·马勒伯朗士(Nicole Malebranche,1638—1715 年)出生在巴黎。他父亲是法国首相黎世留大庄园的总司库,后来升任国王的秘书。马勒伯朗士 16 岁时进了拉马士公学的哲学班,两年后得了文科学士学位。1656 年升入巴黎大学,攻读神学。1660 年初,入巴黎奥拉托里会办的修道院进修。1664 年马勒伯朗士被授予

---

[1][2][3] [法]伽森狄:《对笛卡尔〈沉思〉的诘难》,庞景仁译,商务印书馆 1963 年版,第 30、75、17 页。

神甫职位。就在这一年,马勒伯朗士接触到了笛卡尔的著作,立即被笛卡尔的思想所吸引,他抱着极大的兴趣研读了笛卡尔的主要哲学著作。自1668年起,马勒伯朗士开始写他的第一本哲学著作《真理的探求》。此书第一部于1674年匿名出版,第二部于1675年出版。此后他继续不断地从事写作,进行哲学的论争,直到他逝世。马勒伯朗士的主要哲学著作除《真理的探求》外,还有《基督教和形而上学沉思录》、《关于形而上学和宗教的对话录》等。

马勒伯朗士作为一个笛卡尔派哲学家,着重发挥笛卡尔形而上学的神的实体概念。他亟力调和理性和信仰,调和科学和宗教,用奥古斯丁神学和柏拉图主义来修改、补充笛卡尔哲学。他以上帝作为哲学的最高原则,以偶因论作为他的哲学的独特的理论,企图用以克服笛卡尔的二元论,从而制定出他自己的宗教唯心主义一元论的哲学。

马勒伯朗士哲学的目标,是探求获得真理的方法和道路。他像笛卡尔一样认为,我思故我在是一切认识的出发点。而自我、心灵借以获得观念和知识的能力共有三种,即感官、想象力和纯心灵(或纯理智)。人的心灵凭借感官和想象力,只能判定外物与我们身体的关系,不能使我们发现真理。只有运用心灵的纯观念才能揭示真理。

马勒伯朗士按照柏拉图主义观点,把"心灵的纯观念"解释为在上帝中的理念,是上帝借以创造世界万物的原型。因此要认识真理,必须摆脱感性、肉体的影响,才能实现与上帝合一。马勒伯朗士由此提出了他的哲学的主要命题:人是在上帝中看到一切。"如果不是上帝启发和照耀它们(指最高贵的精神即人——修订者注),它们什么也不认识。"[1]

---

[1]　[法]马勒布朗士:《真理的探求》,转引自钟宇人、余丽嫦编:《西方著名哲学家评传》第4卷,山东人民出版社1984年版,第251页。

关于上帝的学说是马勒伯朗士哲学的顶峰,也是他的哲学中贯彻始终的根本原则。他认为,世界万物是由上帝创造和不断创造的,万物的存在和运动都是由上帝的意志决定的。因此上帝是唯一的实体。但是他说他的上帝不是拟人观的上帝,而是"自有的"、无上完满的存在体。上帝这实体或真正的存在体即是精神的光明或普遍理性。[1] 可见他的上帝观念和正统神学是有分歧的。

马勒伯朗士认为,上帝是世界万物产生、运动和变化的总的原因,即是真正的、实在的原因。至于人们日常观察到的事物的"自然原因",那只不过是一些"偶因"(occasio,机缘,诱因,导因),即是一些偶然的或碰巧发生的机缘,其实,这并不是真正的原因。"只有一个真正原因,因为只有一个真正的上帝。每个事物的性质或力量都不过是上帝的意愿,一切自然的力量都不是真正的原因,而仅仅是一些机缘原因。"[2]

马勒伯朗士按照偶因论观点解释物体和物体之间的推动和影响作用的因果关系,从而断言自然原因不是实在的和真正的原因,而只是偶有的原因。

马勒伯朗士之所以提出偶因论,主要是为了解决身心关系问题。他不同意笛卡尔的身心交感说,认为身心双方都没有能力影响作用于对方,因此都不能成为彼此相互作用的真正的原因。在他看来,身和心各自的动作或作用只是一些偶因,上帝利用它们在对方引起相应的变化,因此只有上帝才是身心相互作用和二者统一的真正原因。他举出一个人想挪动自身的胳臂的意志和胳臂的

---

[1] 参见《费尔巴哈哲学史著作选》第 1 卷,涂纪亮译,商务印书馆 1978 年版,第254 页。

[2] [法]马勒布朗士:《真理的探求》,转引自钟宇人、余丽嫦编:《西方著名哲学家评传》第 4 卷,山东人民出版社 1984 年版,第 250 页。

动作之间的因果关系的例子说道,人的"精神连世界上最小的物体都动不了;因为,显然在我们所有的意志——比如说动一下我们的胳臂——与我们的胳臂的运动之间没有必要的联系。不错,胳臂是在我们想要它动的时候它才动;因此,我们是我们的胳臂的运动的自然原因。然而自然原因并不是真正原因,它们不过是一些机缘原因,它们是由于上帝的意志的力量和有效性而起作用的。"①

马勒伯朗士突出笛卡尔的上帝实体观念,形成笛卡尔学派中具有神学色彩的彻底唯心主义的一翼。他所阐发的偶因论表明他把理性和信仰相调和的企图。但是他的哲学和正统神学是有分歧的,因此 1690 年以后他的著作曾三次被罗马教会列入禁书目录。他这种把理性同神学相调和的唯心主义哲学,不仅在法国,而且对英国贝克莱和德国康德有一定影响。

第三节　17 世纪荷兰哲学。斯宾诺莎

自 15 世纪末 16 世纪初以来,尼德兰②资本主义工商业、海外航运业迅速地增长。但当时尼德兰不是独立国家,而是西班牙国王的领地。西班牙王室、贵族和天主教会对尼德兰人民残酷的剥削、搜刮和压迫,激起了尼德兰人民的强烈反抗。在 1566 年尼德兰爆发了资产阶级革命,经过四十多年的英勇斗争,终于在 1609 年取得胜利,成立了欧洲历史上第一个资产阶级共和国——荷兰共和国。

---

① 　[法]马勒布朗士:《真理的探求》,转引自钟宇人、余丽嫦编:《西方著名哲学家评传》第 4 卷,山东人民出版社 1984 年版,第 252 页。
② 　"尼德兰"原意为"低地",包括今荷兰、比利时、卢森堡及法国东北的一部分地区。

资产阶级革命的胜利,给荷兰资本主义经济的发展开辟了广阔的地盘。因此,17世纪荷兰的商业、航运业、工场手工业和海外殖民活动非常迅速地发展起来,达到空前的高涨。荷兰商船吨数占当时欧洲总吨数的3/4。它在东印度、东南欧、东北欧的航海贸易中拥有几乎是垄断的地位。由于工商业的高度发展,它成了当时欧洲唯一的城市人口超过农村人口的国家。正如马克思所指出的,荷兰"是17世纪标准的资本主义国家"①。

年轻的荷兰共和国仍然面临着外敌入侵和封建势力复辟的危险,以及尖锐的社会阶级矛盾。在资产阶级新贵族内部,君主派和共和派的斗争也十分尖锐。加尔文教以及犹太教会的精神控制和宗教压迫仍然是严酷的。

但是在这个新兴的资产阶级共和国里,比当时其他国家有较多的自由,因此随着资本主义经济的发展,荷兰的科学、文化、艺术和教育事业迅速发展起来,呈现出空前繁荣的景象。荷兰成了当时欧洲科学、艺术、文化中心。涌现出了科学家惠更斯、斯瓦默丹、雷汶胡克等,画家鲁本斯、伦勃朗,社会科学家胡果·格劳修斯,笛卡尔也来到荷兰从事他的研究和著述,等等。

斯宾诺莎的唯物主义哲学和社会伦理学说,就是在尼德兰资产阶级反封建斗争的基础上,在尖锐的社会矛盾条件下,随着尼德兰以及整个西欧文化科学的繁荣而产生出来的。

别涅狄克特(巴鲁赫)·斯宾诺莎(Benetict de〔Baruch〕②Spinoza,1632—1677年)出生在一个犹太商人家庭,祖先原居西班牙,因逃避宗教迫害而迁居葡萄牙,后来迁到了荷兰。斯宾诺莎7

---

① 《马克思恩格斯文集》第5卷,人民出版社2009年版,第861页。
② 别涅狄克特是拉丁语名,巴鲁赫是希伯来语名。斯宾诺莎原来用希伯来语名,后来用拉丁语名。

岁时被送入专门培养拉比(犹太教士)的学校,在该校学习了希伯来文,犹太哲学和犹太经典。他14岁在该校毕业后,在家庭教师教导下学习拉丁文。在他17岁时,他的哥哥去世,他接替哥哥的工作,在阿姆斯特丹从事进出口贸易业务。但他的志趣不在经商,而在哲学和科学研究。因此,在他20岁时,他从师于进步学者范·登·恩德①进修拉丁文,同时广泛阅读卢克莱修、布鲁诺、笛卡尔、培根、霍布斯等哲学家的著作。这时他已经形成唯物主义思想,对神学教条和教会束缚越来越反感,不参加犹太教的宗教仪式。教会当局使尽种种威胁利诱手段,企图使他就范,但都没有成功,于是在1656年对他施以最严厉的惩罚,即将他作为"异端"永远"逐出教门","予以谴责和诅咒",不许任何人和他交往,并报请市政当局把他驱逐出城。

斯宾诺莎被迫离城村居,以磨制镜片为生。在极其艰难困苦的条件下,坚持科学研究,并积极进行哲学著述活动。他以深邃的哲理和高洁的情操赢得正直好学之士的同情和支持。他的哲学思想当时就有了一些追随者。他以通讯方式指导一个学习哲学的小组。著名科学家、哲学家如惠更斯、波义耳、莱布尼茨等都同他建立了通信联系。当时在共和国政府中操实权的民主政治家约翰·德·维特也与他有联系。正是在约翰·德·维特的邀请下,斯宾诺莎于1669年迁入海牙(当时荷兰首都)市区居住。1673年,普鲁士选帝侯曾邀请他担任海德堡大学哲学教授,他拒绝了。1677年,45岁的斯宾诺莎因患肺结核病逝。

斯宾诺莎生前发表的著作只有两部,一部是1663年出版的

---

① 弗兰西斯·范·登·恩德(Francis Van den Ende,1600—1674年)职业是医生,他是意大利泛神论者瓦尼尼的追随者,瓦尼尼被教会以无神论"罪"名施火刑处死。

《笛卡尔哲学原理》，另一部是 1670 年匿名出版的《神学政治论》。斯宾诺莎精心撰著近 14 年的主要哲学著作《伦理学》本来在 1675 年已经完稿，但因教会多方阻挠，在他生前未得出版。在他死后由他的友人和学生收集出版的《遗著集》，包括他的主要哲学著作《伦理学》、《知性改进论》（未完稿）、《政治论》（未完稿）以及一部分哲学书信等。《遗著集》出版后不久就被荷兰当局查禁，直到 19 世纪初才重版问世。

斯宾诺莎哲学的根本出发点在于求得人生的幸福。他认为哲学的真正目的在于培养高尚的道德品格，使人心臻于至善，达到最高圆满的境界。而为了达到这个目的，又必须"充分了解自然"，并"建立一种适当的社会秩序"。他写道：我们必须致力于道德哲学、医学、机械学的研究，"使一切科学皆集中于一个最终目的。这就是要达到……人的最高的完善境界。"①斯宾诺莎哲学的特点在于强调伦理道德的意义，以德性、至善作为全部哲学的起点和终点，以至把全部哲学体系理解并规定为伦理学体系。

由此出发，他认为哲学的任务在于认识自然，探求人生的幸福和自由以及人的认识能力。因此他的哲学体系包括三个部分：（1）论自然，即他的实体学说；（2）论心灵，首先是他的认识学说；（3）论人的幸福和自由，即他的社会伦理和政治学说。

斯宾诺莎用以论述他的哲学体系的主要著作是《伦理学》。这部著作鲜明地表现出：他把几何学方法当作基本的哲学方法。他对自然、心灵、情感等问题的考察都是按几何学方法进行的，就是说都是从定义、公则开始，然后由之推论和论证一系列命题，并得出结论。

---

① 北京大学哲学系外国哲学史教研室编译：《十六——十八世纪西欧各国哲学》，商务印书馆 1975 年版，第 232 页。

一、论自然——实体学说

斯宾诺莎的实体论或关于实体、属性和样式的学说，即是他的唯物主义的本体论或自然观，是他全部哲学的理论基础。

（一）关于实体

"实体"范畴是斯宾诺莎哲学的基本范畴。在斯宾诺莎哲学中，实体就是神，也就是自然。他给实体下定义说："实体，我理解为在自身内并通过自身而被认识的东西。换言之，形成实体的概念，可以无须借助于他物的概念。"①

这就是说，他继承和发挥笛卡尔的思想，认为实体不依赖于他物而独立存在，也不用借助于他物而得到说明。从实体的这个定义出发，斯宾诺莎进一步阐述了实体的本性和基本特性。

实体是"自因"，"换言之，它的本质必然包含存在，或者存在即属于它的本性"。②这就是说，实体必然存在，而且永恒存在，它不是任何别的东西所产生，也不受他物的限制或决定。

实体是无限的，更确切说，是绝对无限的。因为当我们说一物是有限的，这就是说，除这物外，还可以设想存在着另一个更大的物体来限制它，而这显然是不符合实体不依赖他物而独立存在的定义的，因此实体是无限的。而按照斯宾诺莎的规定，"无限"又分为两种情况：一是自类无限，一是绝对无限。对于仅仅是自类无限的东西，我们可以否认其无限多的属性。"但每一个属性都各自表示这实体的实在性或存在"。③因此如否认其无限多的属性，就是否认其无限多的实在性或存在，而这是跟实体永恒必然独立存在的定义不相符合的。其实，实体本性中就具备了一切足以表示本质的东西，却并不包含否定，这就是说实体是绝对无限的。

①②③　[荷兰]斯宾诺莎：《伦理学》，贺麟译，商务印书馆 1983 年版，第 3、6、10 页。

实体、神、自然是唯一的。既然神是绝对无限的,凡是表示实体本质的属性都必须归于神,并且既然神必然存在,那么,如果神以外还有别的实体,而为了说明这个实体又必须凭借神的某种属性,这样一来就会有两个具有相同属性的实体了,而断言本质同一的实体竟然有两个,这是不通的。因此,除神之外,不能有任何实体,也不能设想任何实体。斯宾诺莎认为由此可以明白推出:"神是唯一的,这就是说,宇宙间只有一个实体,而且这个实体是绝对无限的"①。

斯宾诺莎按照他所论述的关于实体的本性和基本特性的观点,驳斥人格神、上帝创世说等神学基本教条。他指出:"有许多人妄自揣想,以为神与人一样,具有形体与心灵,也受情欲的支配"。②他们这种看法离开神的真观念是很远的,因为说绝对无限的神有一定体积形状,具有心灵和情欲,真是不通之至。谈到世界是神所创造的那种说法,斯宾诺莎指出,既然神或自然之外没有任何实体,神或自然是自因,那么,断言神或自然是由它之外的某种东西所创造出来的,更是荒谬。总之,"实体不是别的东西所能产生或创造的"。③

(二)关于属性

斯宾诺莎定义说:"属性,我理解为由知性看来是构成实体的本质的东西。"④属性由于是实体的本质,因此也是无限的,但属性的无限与实体的无限不一样。实体的无限是绝对的无限,而属性则是所谓"自类无限",斯宾诺莎认为,绝对无限的实体有无数的属性,但人的有限的知性只知道其中的两个,这就是思想和广延。

这样,斯宾诺莎就把笛卡尔哲学中的思想实体和广延实体都

---

①②③④　[荷兰]斯宾诺莎:《伦理学》,贺麟译,商务印书馆1983年版,第14、15、15、3页。

作为属性而归属于同一个唯一的自然实体，"因此思想的实体与广延的实体就是那唯一的同一的实体，不过时而通过这个属性，时而通过那个属性去了解罢了"。①这表明，斯宾诺莎用自然实体的一元论代替了笛卡尔的心物二元论。

但是，斯宾诺莎又认为，不同性质的东西之间不能互相作用，同性质的东西才可互相限制。思想和广延不同类，因此互相之间不能发生直接关系，二者互不产生，互不限制。一个属性不能产生另一个属性，"物体不能限制思想，思想也不能限制物体"。②诚然，他承认"观念的次序和联系与事物的次序和联系是相同的"。③斯宾诺莎这种认为心物不能相互制约而又相互一致的平行论，显然包含有笛卡尔二元论的残余。

与此同时，斯宾诺莎认为思想是自然实体的永恒无限的属性之一。因此，世界万物在他看来都有思想，或至少所谓"分有"思想。他说："一切个体事物都是有心灵的，不过有着程度的差异罢了"。④这表明斯宾诺莎实体学说中包含有"物活论"或"万物有灵论"的思想。

（三）关于样式

斯宾诺莎下定义说："样式，我理解为实体的分殊，亦即在他物内通过他物而被认知的东西。"⑤一切具体事物，无论是思想范围内的或广延范围内的，都是样式。样式的数目是无限的。

斯宾诺莎在说明实体和样式的关系问题时，采用了布鲁诺所曾用过的"能动的自然"和"被动的自然"的概念，用前者表示实体及其属性，用后者表示全部样式。他认为样式统一于神并在神之中，但无限数的样式的总合并不就构成实体。他强调二者的区别，

---

①②③④⑤　［荷兰］斯宾诺莎：《伦理学》，贺麟译，商务印书馆1983年版，第49、3、49、56、3页。

认为样式的本质与存在是分离的,就是说,样式存在的根据和本质不在它自身而在他物之中。对具体事物的认识,是通过它与其他事物的联系,尤其是通过它身处其中的总体来完成的。它的存在,也取决于这种联系,尤其是取决于总体。他进而指出,样式中是包含否定的,就是说,样式是根据"规定即是否定"的法则来理解的。对某一事物的规定,即是指出此物不是别物,指出"此物的非存在",因而即是对它的否定。例如,我们确定一图形为三角形,即是否定其为圆形、方形或其他形状。他说:"因为形状不外是规定,规定即是否定,所以形状……不外是否定。"①

与此相区别,斯宾诺莎认为实体内虽然包含着无限的样式,但实体本身是"一",是不可分的,不包含任何否定或限制的。他进而断言实体是不包含矛盾的,不动不变的,绝对圆满的。这样一来,他就把实体绝对化、抽象化,并弄得僵化,因而也就不能合理说明从实体到样式的转化了。

斯宾诺莎把样式分成两大类:一类是"无限的样式",一类是"有限的样式"。前者是由实体的属性直接派生的,后者则是实体属性通过无限样式派生的。运动和静止是广延属性的无限样式。他把运动了解为外力推动的机械运动。由此而产生的各种各样有形体的具体事物是广延属性的有限样式。无限理智是思想属性的无限样式。人的心智属于无限理智的一部分。由此产生的各种观念是思想属性的有限样式。

（四）关于自然规律性、必然性、因果性

斯宾诺莎从自然实体是唯一的、无限的基本特性出发,肯定自然是永远和到处同一的,自然规律性、必然性也是永远和到处同一

---

① Б. Спиноза, *Избранные произведения*, том Ⅱ, переводВ. К. Брушлинский, Москва, Госполитиздат, 1957, стр. 568.

的。而神学目的论者的观点恰恰相反，他们否认自然本身的规律性、必然性，而"相信神作育万物皆导向一定的目的。他们说神造万物是为了人，而神之造人又为了要人崇奉神"。①斯宾诺莎指出，这种观点完全是主观的揣想，人心的幻象；实际上，"神的存在既然不依据擘画或目的，所以神的动作也不依据擘画或目的。因此所谓目的因不是别的，乃即是人的意欲，就意欲被认为是支配事物的原则或原因而言。"②与此相联系，斯宾诺莎还驳斥了"天意说"、"超自然的心"、"奇迹"等神学教条和宗教迷信。

斯宾诺莎对规律性、必然性的进一步阐述表明，他把必然性等同于因果性，从而否认偶然性的客观存在，认为所谓偶然性不过是对原因的无知；而且他把因果性又了解为直线式的、单向的因果决定链条，断言"一切事物都依必然的法则出于神之永恒的命令"。③"万物都预先为神所决定。"④这样就导致机械决定论的观点。

由上可见，按斯宾诺莎的观点，世界万物的唯一本原和始因是实体或神，即是自然。他肯定"神是一个有广延的东西"，⑤是按照自然的必然性而存在和活动的。他提出实体"自因"，按自然本身解释自然，否定一切超自然东西。他否定超自然的人格神以及创世说、神学目的论、天意、奇迹等神学基本教条和宗教迷信。可见，他的实体论是唯物主义的自然主义，实质上是无神论，不过还披着泛神论的外衣罢了。

斯宾诺莎纯粹按照几何学方法推证出来的，所谓绝对圆满的、不包含否定的实体，终归同感性具体事物脱节，同人的实践活动脱离，具有抽象的思辨性质，是"形而上学地改了装的、同人

---

① ② ③ ④ ⑤　[荷兰]斯宾诺莎:《伦理学》，贺麟译，商务印书馆1983年版，第37、167、95、36、46页。

分离的自然"。① 他对物质和运动以及必然性、因果性的看法具有明显的机械性。但同时,他深刻的、触及许多方面的哲学思考包含着精湛的辩证法思想(如关于实体即自因、规定即否定等等)。

二、论心灵——认识学说

在《伦理学》"心灵论"部分,斯宾诺莎从人的心灵和身体的关系入手,论述了有关认识论的问题。

(一)心灵及其和身体的关系

在身心关系问题上,斯宾诺莎在实体统一的基础上提出身心平行论,企图以此来代替笛卡尔的二元论和身心交感论。斯宾诺莎认为人的心灵和身体既然分属神的两种不同的属性,它们之间就不存在直接的联系或交往,也不能互相限制。"因此,身体的力量绝不能为心灵的力量所决定。并且我们也找不到松果腺在脑髓中心,处在那么一个位置,可以极容易地在种种不同的方式下受到激动"。② 但斯宾诺莎认为它们仍然是统一或一致的。这种统一或一致的直接原因是神。它们的一致或统一是一种平行的关系。斯宾诺莎从实体论出发说明心灵及其认识功能。他认为,人的心灵是思想属性的一种样式,是"无限理智"的一部分。心灵的本质、机能在于知识、认识;它具有思想的力量、构成正确观念的力量。心灵的认识对象是身体、世界万物。其认识任务在于理解事物的性质和规律。"心灵的绝对德性就是理解。……心灵所能理解的最高的东西是神,所以心灵的最高的德性就是理解

---

① 《马克思恩格斯文集》第 1 卷,人民出版社 2009 年版,第 342 页。
② [荷兰]斯宾诺莎:《伦理学》,贺麟译,商务印书馆 1983 年版,第 239 页。

神或认识神。"①

斯宾诺莎坚信心灵的认识能力,认为心灵能够认知许多物体的性质以及它自己的身体的性质。"我们的心灵可以尽量完全地反映自然。因此心灵可以客观地包含自然的本质、性质和联系。"②

斯宾诺莎把人的心灵的能力分为两大类:一类是理智,一类是想象力、情感等。他认为前者是心灵中永恒的部分,它与神相联系,因而能认识事物的本质;后者是感性机能,是"心灵中〔随身体之消灭而〕消灭的部分"。③

（二）知识的种类

斯宾诺莎根据对心灵机能的这种划分而区分知识的种类。他在《知性改进论》中区分四类知识,即由传闻或者符号得来的知识、由泛泛经验得来的知识、推论知识和直观知识。在《伦理学》中,他把第一、第二两类知识合并为一种,从而区分三种知识。第一种知识即意见或想象,包括对个体事物的感觉观念以及通过语词符号得来的观念。第二种知识是"理性"即推理知识,是从对于事物的特质具有共同概念和正确观念而得来的观念。第三种知识是直观知识,即是从对于神的某一属性的正确观念而达到对于事物本质的正确知识。

斯宾诺莎认为第一种知识不仅不是正确知识的来源,而且是错误的原因,因此应予以"排斥";第二种和第三种知识包含着正确的观念,必然是真知识。特别是第三种知识,更强而有力。心灵的最高努力和最高德性,"都在于依据第三种知识来理解事物"。④

---

① ③ ④　［荷兰］斯宾诺莎:《伦理学》,贺麟译,商务印书馆1983年版,第189、264、255页。

②　［荷兰］斯宾诺莎:《知性改进论》,贺麟译,商务印书馆1962年版,第54页。

关于错误所以产生的原因,斯宾诺莎认为,错误并不像笛卡尔想象的是由于意志超出了理智,因为在斯宾诺莎看来,"意志与理智是同一的。"①错误的原因不在于意志,"错误是由于知识的缺陷,而不正确的、片断的和混淆的观念,必定包含知识的缺陷。"②这就是说,泛泛的感性经验的知识是产生错误的原因,因此应予以排斥。

(三)真观念和真理标准

斯宾诺莎认为,由理性认识所得到的真观念是具有客观真理的内容的,"因为具有真观念并没有别的意思,即是最完满、最确定地认识一个对象。"③但是它在论述真观念的"标志"问题时,却又认为"观念与对象的符合"只不过是真观念的"外在的标志"。除此之外,真观念还有它本身所以高出于错误观念的自身的真实性或圆满性,作为它的"内在的标志",这种标志即在于观念本身的明白清晰。他说:"真思想与错误思想的区别不仅在于外表的标志,而主要的乃在于内在的标志。"④

斯宾诺莎强调真观念主要标志在它自身的明白性确定性,而在他看来没有什么东西比真观念本身更明白更确定的了。由此出发,他进一步断言,真理性的标准即在于真观念自身。"正如光明之显示其自身并显示黑暗,所以真理既是真理自身的标准,又是错误的标准。"⑤

按斯宾诺莎的看法,既然真观念是一切真理性认识的最后基础,它自身就是自身真理性的尺度;因此,达到真知的途径,从根本上说只在于将真观念从别的观念或表象中区别出来,指导心灵依

---

①②③⑤　[荷兰]斯宾诺莎:《伦理学》,贺麟译,商务印书馆1983年版,第89、74、82、82页。

④　[荷兰]斯宾诺莎:《知性改进论》,贺麟译,商务印书馆1962年版,第43页。

照正确的秩序进行认识。他认为,"观念之客观地在思想世界与它的对象之在实在世界的关系是一样的"。① 因此,人只要遵循真观念指示的道路前进,也就自然地能认识现实的世界。对真观念自明性和它与对象的自然一致这两个武断的肯定,是几何学式的唯理论认识论必须首先肯定的前提。斯宾诺莎并不像笛卡尔那样直接肯定天赋观念。但既然真观念不来源于感性经验,而是心灵自明地发现的,因此归根结底他只得认为它在心灵中是与生俱来的、天赋的。他说,"真观念存在于我们心中,作为天赋的工具"。② 而且他把真观念同神的"无限理智"联系起来。他说,"我们的心灵,就其能真知事物而言,乃是神的无限理智的一部分"。③

　　从以上对斯宾诺莎认识论学说的概述,可以看到,他贯彻自然实体一元论的唯物主义观点,来论述认识的对象、内容、世界可知性以及认识真理性等问题,因而他的认识论实质上具有唯物主义性质。他继承和发展笛卡尔所开创的唯理论原则,把几何学方法作为哲学方法论,并加以贯彻应用,从而给他的认识论和全部哲学论述,带来严密的逻辑联系性和理论论证性。但是,他把唯理论推到了极端,完全排斥了感性经验;这样就使他的认识论具有抽象思辨性。

三、论幸福——伦理政治学说

　　斯宾诺莎从人的"自然"本性和心灵特征出发,考察伦理和政治问题,论述他关于德性、幸福、民主和自由的理想、原则。

　　(一)关于"人性"和至善

　　斯宾诺莎认为,人在自然界不是国中之国,而是整个自然的一

―――――――――

① [荷兰]斯宾诺莎:《知识改进论》,贺麟译,商务印书馆1962年版,第31—32页。
② 北京大学哲学系外国哲学史教研室编译:《十六——十八世纪西欧各国哲学》,商务印书馆1975年版,第239页。
③ [荷兰]斯宾诺莎:《伦理学》,贺麟译,商务印书馆1983年版,第83页。

部分。人作为自然中的一种样式,其本质和存在必然依赖于自然,必须遵守自然的共同秩序。他认为"自保"是物的本性,也是人的本性。在人的身上,它也表现为自利,而"利己"是"人类所有的行动的力量与生命"。① "保存自我的努力乃是德性的首先的唯一的基础。"②

斯宾诺莎认为,情感和理性是人的心灵的两个基本要素。情感主要在于痛苦、快乐和欲望。每个人都是依据他的情感来判断或估量善恶,如善指快乐,恶指痛苦。但是,情感是动物也具有的;如果完全受情感支配,那也就是受命运摆布,没有自主权,而处于受奴役状态。而人的理性的本质在于它能够清楚明白地理解,因而它能知道最大利益之所在,给人带来主动性。因此,"只依照理性的指导的人是自由的"。③

理性之所以能使人得到自由,从根本上说,是因为理性,特别是前述第三种认识能力,能够使人认识神、理解神,产生对神的理智的爱;也就是能够使人"理解自神的本性之必然性而出的神的属性与行为"。④自由是对必然的认识——这是贯穿在斯宾诺莎全部哲学中的一个基本思想。

斯宾诺莎所谓认识必然、得到自由的具体的社会伦理的含义和内容,在于"根据寻求自己利益的原则去行动、去生活",能以物为己用,善自欣赏;人们彼此团结、忍让,促进协调和友谊;遵从国家法令等等。可以看到,斯宾诺莎的伦理学理论反映了新兴的知识界民主阶层的人生理想,适应于新兴资产阶级建立新的社会伦理秩序的需要。

---

① [荷兰]斯宾诺莎:《神学政治论》,温锡增译,商务印书馆1982年版,第244页。
②③④ [荷兰]斯宾诺莎:《伦理学》,贺麟译,商务印书馆1983年版,第186、222、228页。

（二）国家学说和民主自由理想

斯宾诺莎继霍布斯之后用自然法理论和契约说来论述社会国家问题，但其内容有些区别。按照斯宾诺莎的说法，在"自然状态"中，人人都根据"自我保存"这个自然权利行事，那时人们都自由，平等。但在这种情况下，支配着人的行为的是情欲而不是理性，因此，出现各种冲突是不可避免的，人人都可能受到别人的伤害。为了保护自己的安全和利益，人们就订立契约，把自己的一部分天赋权利转交给一种统治权力。由它制定法律，以维持社会秩序，并使用刑罚以保证法律的有效施行。"像这样的坚实的建筑在法律上和自我保存的力量上面的社会就叫作国家"。① 由于契约完全是为了保护人们的利益订立的，所以，专制君主以武力压制人民，以死刑威胁人民，人民必定起来反抗他。斯宾诺莎反对专制君主制而赞成民主政体。他指出："在所有政体中，民主政治是最自然，与个人自由最相合的政体。在民主政治中，没人把他的天赋之权绝对地转付于人，以致对于事物他再不能表示意见。他只是把天赋之权交付给一个社会的大多数。他是那个社会的一分子。这样，所有的人仍然是平等的，与他们的自然状态之中无异。"②

斯宾诺莎继笛卡尔和霍布斯之后，推进了反封建神学的新哲学，制订了一元论的唯物主义和无神论的学说，发展了笛卡尔所开创的唯理论。他的著作被教会当局列为"禁书"，他的名字与霍布斯的名字一样被作为"无神论者"的别名。他本人受到神学家们的恶毒诬蔑。但是，先进思想家都重视和尊敬他。17 世纪末 18 世纪初德国卓越哲学家和科学家莱布尼茨继承和发展了他的唯理

① ［荷兰］斯宾诺莎：《伦理学》，贺麟译，商务印书馆 1983 年版，第 200 页。
② ［荷兰］斯宾诺莎：《神学政治论》，温锡增译，商务印书馆 1982 年版，第 219 页。

论和"形而上学"。18世纪末19世纪初德国古典哲学家谢林和黑格尔从唯心主义观点汲取他的实体范畴,同时发展了他的辩证法思想。18世纪法国唯物主义者和19世纪德国的费尔巴哈发展了他的实体一元论的唯物主义和无神论思想。

第四节 17世纪下半期英国哲学。洛克

1653年,英国资产阶级和新贵族拥立独立派的克伦威尔为"护国主",开始了克伦威尔的军事独裁统治时期。克伦威尔死后的第二年,即1659年5月护国政府垮台,政权落入高级军官集团手中。1660年斯图亚特王朝复辟。资产阶级和封建势力之间的矛盾又重新激化,在国会中形成了代表工商业资产阶级和新贵族利益的辉格党(即后来的自由党)和代表地主贵族利益的托利党(即后来的保守党),它们之间形成尖锐的对立。1685年詹姆士二世(查理二世的弟弟)继位,他大力推行恢复天主教的计划。资产阶级和新贵族为了维护自身的利益,坚决反对斯图亚特王朝的反动政策,但他们又害怕人民革命运动再起,于是辉格党人在1688年联合一部分托利党封建贵族发动了宫廷政变,把詹姆士的信奉新教的女儿玛丽及女婿威廉亲王从荷兰接来,拥立威廉为英国国王,这就是英国历史上的所谓"光荣革命"。从此在英国建立起了议会制的君主立宪政权,资产阶级成了英国统治阶级的一部分。这标志着英国资产阶级革命的结束。

在这一时期,随着英国工商航海业的发展,英国的新兴实验科学也蓬勃地发展起来。1662年,英国"皇家学会"正式成立。物理学家罗伯特·虎克任该学会第一届干事。这个团体为英国造就了一大批卓越的科学人才,如波义耳、牛顿等人都是该会的会员。在这一时期英国科学家获得了许多重要的科学成果。

在哲学上,17世纪中叶英国有一个唯心主义的哲学派别相当活跃,它是由剑桥大学出身的一批学者所组成。由于他们在宗教和哲学观点方面带有柏拉图和新柏拉图主义的倾向,所以人们称之为"剑桥柏拉图学派"。这个学派早期的代表是本杰明·惠茨科特(Benjamin Whichcote,1609—1683年)和约翰·史密斯(John Smith,约1616—1652年)。它的主要代表或理论上的集大成者是亨利·摩尔(Henry Moore,1614—1687年)和拉尔夫·卡德沃思(Ralph Cudworth,1617—1688年)。他们极力反对霍布斯的唯物主义经验论和无神论学说,宣扬天赋观念论。不过他们也确实看到了机械唯物主义的某些矛盾,而力图从唯心主义的方面来克服这些矛盾。摩尔和卡德沃思提出的"自然精神"和"有塑造力的自然"的思想对莱布尼茨提出"能动的、精神性的单子"有着很大的启发。他们提出的认识的能动性、天赋的认识能力的思想对莱布尼茨和康德也有一定影响。

洛克是英国革命结束时期最杰出的哲学家。他驳斥封建神学唯心主义理论,捍卫和发展培根和霍布斯的唯物主义哲学,反对天赋观念和君权神授论,把培根提出的唯物主义经验论系统化,按政治自由和分权原则制订了资产阶级的国家学说,为1688年的"光荣革命"做了理论的论证。

约翰·洛克(John Locke,1632—1704年)出生在英格兰南部的林格通城的一个小地主兼律师的家庭。1652年中学毕业后进牛津大学基督教会学院学习,大学毕业后,留校讲授希腊文和修辞学。他对传统的经院哲学和亚里士多德哲学感到厌恶,而对实验科学有着强烈的兴趣,在医学方面造诣很深。他和当时的一些著名科学家如波义耳、牛顿等人有着很深的交往,并在波义耳所进行的科学实验中充当助手。1668年他被选为英国皇家学会会员。

1667年,洛克被聘为阿希莱爵士的家庭医生兼家庭教师和秘书,从此他和这个贵族之家结下了不解之缘。阿希莱不仅赏识洛克的医术,而且赏识他具有多方面的才能,不久把洛克当成自己的政治顾问。1672年阿希莱被封为舍夫茨伯利伯爵,担任了上院议长和大法官。阿希莱在政治倾向上代表资产阶级和新贵族的利益,是辉格党的主要领导人。洛克跟随阿希莱参加政治活动,但他仍然坚持哲学和医学等科学研究,经常参加各种学术讨论,并于1671年开始了《人类理解论》的写作。17世纪70年代下半期,洛克曾在法国居留。在那里结识了笛卡尔主义者,研究了笛卡尔的著作,特别是同伽森狄哲学的追随者贝尼埃交往较多,深受他的影响。

舍夫茨伯利伯爵后来采取了同复辟王朝坚决对抗的立场,1682年,他因进行反王室的密谋失败而逃往荷兰。次年,洛克也追随前往,经过了5年的流亡生活,直到"光荣革命"胜利之后的1689年初才随当时的皇后返回英国。洛克回国后担任了上诉法院院长,贸易与殖民部部长等要职,并成了当时辉格党的重要理论家。他的重要著作《论宗教宽容的书信》、《政府论》和《人类理解论》都是这个时期发表的。

一、对天赋观念论的批判

洛克的唯物主义经验论的体系的建立是从批判天赋观念论开始的。天赋观念论在西方哲学史上由来已久。最早的要算柏拉图的"回忆说"。中世纪经院哲学继承和发展了柏拉图的这种天赋理论为基督教的教义和信条作论证。在近代,笛卡尔首先提出了天赋观念论。在英国的封建王朝复辟时期,剑桥柏拉图学派大肆鼓吹天赋观念论,认为上帝观念、道德原则、逻辑原则等都是天赋的。洛克继伽森狄、霍布斯之后,对天赋观念论进行了比较全面的深入的批判,捍卫了唯物主义的认识路线。天赋观念论者的主要论据是所谓"普遍同意说"。他们断言,宗教、道德、数学和逻辑中的一般观念和原则是人们所普遍同意的,这就证明它们是人们心中天赋的。洛克指出,根本不存在什么全人类普遍同意的天赋原则,如逻辑中的"同一律"和"矛盾律"以及数学中的公理、定理等等,儿童和白痴并不知道。不仅"思辨原则"不是普遍同意的,也不存在普遍同意的"实践原则",因为道德的规范和宗教的信条在不同的时代、不同的民族、不同的地区大相径庭,甚至完全相反。

天赋观念论者面对没有普遍同意的原则的事实,辩解说:天赋观念是潜存在人们心中的,尽管儿童开始并不知道这些天赋原则,但当他学会运用理性时,就会把这些潜在的原则发现出来。洛克针对这种"潜存说"指出,如果说人的心灵具有天赋观念而不理解它,这是荒诞的。因为我们说心灵具有某些观念,就是说它们为心灵所理解,或是说这个观念"在理解中"。如果说在理解中的观念而不被理解,这就是说这个观念既在理解中又不在理解中,"人们同时知道而又不知道它们"①,这是自相矛盾。实际上,当儿童长大了,开始运用理性了,也并不知道那些思辨和实践的原则;许多没有文化的成年人也不知道那些原则;因为要知道、要理解那些原则,是必须经过一个学习的过程的。

洛克还进一步驳斥天赋观念论者的理论前提——上帝观念天赋说。洛克指出:上帝观念也不是人人都有的,比如历来就有一些无神论者;还有新近发现的许多民族,他们就没有上帝观念。即使信仰上帝的人,他们对上帝的观念也各有不同,也不是普遍同意的,这都说明上帝观念也不是天赋的。

洛克揭露了天赋观念论的危害。他指出,天赋观念论会使人变成思想懒汉,放弃自己独立的理性和判断,盲目信仰权威,受宗教和一些坏的学说支配,被一些别有用心的人所利用。"因为他

---

① ［英］洛克:《人类理解论》,关文运译,商务印书馆1959年版,第10页。

们既然确立了有天赋原则这样一个教条,他们底门徒们一定不能不把一些原则当做天赋的,而加以接受。这样一来,就使他们底门徒们废弃了自己底理性和判断,并且不经考察就来轻易信仰那些原则了。在这种盲目信仰的情形下,他们底门徒们就更易于受他们底支配,更易于受他们底利用"①。

这样,洛克以无可辩驳的事实材料和明确而清晰的推理,驳斥了天赋观念论者的种种"论据",并且比较深刻地揭露了这种理论的危害。这可说是对当时流行的天赋观念论的一个总的清算。

二、论观念

洛克在批判了天赋观念论之后,就来解决观念和知识起源的问题。"观念"(idea)是洛克哲学中的一个基本范畴,被用来代表人的心灵所知觉、所思想的直接对象、材料、基本元素。他借鉴了笛卡尔对"观念"一词的运用,把它的含义了解得很广泛。用这个词"来表达幻想、概念、类等等所指的任何东西,或心灵在思维时所能够当作对象的任何东西"②。

洛克认为,人们心中不存在天赋观念或天赋原则,心灵原来像一块"白板"(tabula rasa)或一张"白纸",上面没有任何记号,没有任何观念,但实际上人们的心中无疑是有一些观念,每一个人都意识到自己心中有这种观念,而人们的语言和行动又足以使每个人都相信在别人心中也有这种观念存在。既然心灵原来是一张白纸,上面没有任何记号、任何观念,那么心灵中现有的这些观念是从哪里来的呢?心灵是从哪里得到理性和知识的全部材料呢?作

① [英]洛克:《人类理解论》,关文运译,商务印书馆1959年版,第65—66页。
② 北京大学哲学系外国哲学史教研室编译:《十六——十八世纪西欧各国哲学》,商务印书馆1975年版,第360页。

为对这个问题的回答,洛克提出了经验论的基本原理:一切观念和知识都是从经验得来。"我们的全部知识是建立在经验上面的;知识归根到底都是导源于经验的。"①

（一）"经验"包括感觉和反省

洛克所谓"经验"（experience）是指人对外物的观察或者对自身心灵活动的观察;这是供给人们的理智以全部思维材料的东西,是一切观念和知识的源泉。洛克在这里把对外物的感觉和对内心活动的反省作为观念的两个来源,分别加以考察。

"首先,我们的感官熟识了个别的、可以感觉的对象,就按照那些对象影响感官的那些不同方式,把对事物的一些清晰的知觉传达到心灵里面。这样,我们就获得了我们对于黄、白、热、冷、软、硬、苦、甜以及一切我们称为可感性质者的观念"②。依靠感官得来的观念是我们心中的大部分观念的来源。其次,对心灵活动的观察是观念的另一个来源,当心灵反省自身的活动时,就给我们的理智提供了另一套观念,这就是我们对于知觉、思维、怀疑、信仰、推理、认识、意愿等各种心灵活动的观念。这些观念是不能从外面取得的,完全是自身所有的,与外物毫无关系,是心灵的反观自照,我们可以把它称为"内部感官"。因此,"这两种东西,就是作为感觉对象的外界的、物质的东西,和作为反省对象的我们自己的心灵的内部活动,在我看来乃是产生我们全部观念的仅有的来源"。③

这样,承认一切观念来自经验,归根结底来自对外物的感觉,外界事物是客观存在的。这就是洛克所明确表述的唯物主义经验论的基本观点。

但是,洛克的唯物主义是不彻底的。他不仅把"反省"和"感

---

①②③　北京大学哲学系外国哲学史教研室编译:《十六——十八世纪西欧各国哲学》,商务印书馆1975年版,第366、367、367页。

觉"并列作为知识的另一个独立的来源,而且断言反省"和外物毫无关系",以至于相信有独立的"精神实体"。洛克说:"感觉使我们相信有凝固的、扩延的实体,反省使我们相信有能思想的实体。"①甚至于相信有纯精神实体即上帝存在。他说:"至于上帝底存在,则是理性明白昭示我们的。"②这就表明了洛克在对反省、对经验的理解上的唯心主义倾向,尽管这种倾向在洛克哲学中不占主导地位。

(二)简单观念及第一性的质、第二性的质的观念

洛克认为,通过感觉和反省提供给心灵的都是简单观念,它们是由对象的性质和某一单纯现象所引起的,是不可再分的,是我们一切知识的原始材料。心灵在接受简单观念时是被动的,当这些简单观念提供给心灵时,理智既不能拒绝接受,也不能改变它们。

简单观念从其得来的途径上讲,不外乎四种:(1)有一些观念是只通过一个感官而进入我们心中的;某种感官专门适合于接受某种观念,如光和颜色的观念是由眼睛进入心中的,声音是通过耳朵得来的,滋味和气味的观念是通过舌头和鼻子得来的,冷、热、硬、软等观念是通过触觉得来的。(2)有些观念是通过几个感官进入我们心中的,如空间或广延、形相、静止、运动等观念就是通过眼睛和触觉得来的。(3)有些观念是通过反省得来的,如知觉观念和意欲观念。(4)有些观念是通过感觉和反省两种途径提供给心灵的,如快乐或愉快,痛苦或不快,力量、存在、统一等。

在这四种简单观念中,洛克着重考察了前两种由感觉得来的简单观念。从而提出了他关于第一性的质的观念和第二性的质的观念的著名学说。

---

① ② 〔英〕洛克:《人类理解论》,关文运译,商务印书馆1959年版,第284、626页。

在欧洲近代，从伽利略开始，继后又有笛卡尔、霍布斯、波义耳等科学家和哲学家都区分物体的两类性质。即广延、形状、运动等一类性质和色、声、味等一类性质，提出了关于这两类性质的学说。洛克继承他们的思想，把这两种性质命名为第一性的质和第二性的质，并依据当时的科学材料，结合他自己关于"观念"的学说加以考察和发挥，从而制订了关于两种性质及其观念的学说。

在洛克关于这一学说的论述中，首先把问题分成两个方面：一方面是物体中的性质；另一方面是心中的观念。"心灵在自身中知觉到的东西，或知觉、思想、理智的直接对象，我称之为观念；那种在我们心中产生任何观念的能力，我称之为具有这种能力的主体的性质。"[1]

首先，洛克论述了物体中的两种性质。"第一种是这样一种性质，不论物体处于何种状态，它都绝对不能与物体分开；不论物体遭受什么改变或变化，受到什么力量压迫，它都仍然为物体所保持；在每一个大到足以被知觉到的物质粒子中，感官经常可以发现它；心灵也发现它与每一个虽然小到不足以单独被知觉到的物质粒子不可分"。[2]第一性的质就是物体的体积的部分的大小、形相、数目、位置、运动和静止。这是物体的根本性质，任何物体、哪怕它小到人不能感觉到它，它仍然具有体积、形相、数目、运动、静止等性质。但洛克不同意笛卡尔以及霍布斯等人把物质归结为广延的做法；他发挥牛顿力学观点，把物质的抗力、不可入性概括为凝固性（solidity，亦译坚实性），认为凝固性是物质最根本的属性。凝固的物体占有空间，因而具有广延性，也有形状、体积等性质。

第二性的质不外就是对象本身中的"一种能力，可以借物体

① ② 北京大学哲学系外国哲学史教研室编译：《十六——十八世纪西欧各国哲学》，商务印书馆1975年版，第373页。

的第一性性质,亦即借助物体的个个不可见的部分的大小、形相、组织、运动等,在我们心中产生各种不同的感觉,例如颜色、声音、滋味等等。这些我叫做第二性的质"①。

关于两种性质的观念。洛克说,和客观中的两种性质相对应,在我们的主观中也存在着两种性质的观念。物体的第一性的质在我们心中产生体积、广延、形相、运动或静止,数目等简单观念,物体的第二性的质在我们心中产生颜色、声音、气味、滋味等简单观念。这两种观念都是借助同样的途径和方式从物体中的性质得来的。物体"显然是借助一种冲击"作用于人的感官,"那显然一定因为有某种来自那些东西的运动,通过我们的神经或'动物精神',通过我们身体的某些部分,把它传到我们的大脑或感觉中枢,在那里使我们的心灵中产生我们关于那些东西的特殊观念"。②

最后,洛克考察了两种性质和两种性质的观念之间的关系,从而指出两种性质的观念的区别。"物体的第一性的质的观念是和第一性的质相似的,它们的原型确实存在于物体里面,第二性的质在我们心中产生的观念则根本不与第二性的质相似。并没有什么与我们的观念相似的东西存在于物体本身之中。这些性质,在我们用来称呼的物体里面,只不过是一种在我们心中产生这种感觉的能力;观念中的甜,蓝或温暖,只不过是我们称为甜,蓝或温暖的物体本身里面的不可见部分的某种大小、形相和运动而已。"③

洛克指出,第二性的质的观念像一切简单观念一样,不是任意的虚构,因为那些知觉是由刺激我们感官的一些外界原因

①②③　北京大学哲学系外国哲学史教研室编译:《十六——十八世纪西欧各国哲学》,商务印书馆1975年版,第373—374、374、375页。

给我们产生的。这外界原因就是物体本身的能力，这能力的基础则在于物质微粒的各种不同的运动、形状、大小、数目等等。由于它们作用于我们的感觉器官，从而就产生第二性的质的观念。

总的说来，洛克关于第二性的质及其观念的论述，也像他关于第一性的质及其观念的论述一样是唯物主义的。他依据当时的科学材料，力图深入探索感觉观念的客观基础，并且从主客两个方面说明这些观念的起源，从而推进了唯物主义关于物体性质及其认识的理解。当然，由于洛克不承认机械性质之外的其他的、多样的性质，最后终于否认第二性的质的客观性，他说：如果没有我们的感官和心灵"从火或太阳来的印象，接受到光和热的观念，则世界上便不会有光或热"①，出现主观主义的端倪。

（三）复杂观念及实体、因果、一般观念

洛克认为，心灵虽然在获得它的简单观念（包括上述的第一性的质的观念和第二性的质的观念）时完全是被动的，但是它也能够起到它自己的一些作用：它能够以简单观念为材料和基础来构成其他的观念。心灵运用简单观念来构成其他观念的能力和作用主要有三种：

（1）把若干个简单观念结合成为一个复合的观念，即复杂观念，其中包括样式观念、实体观念和关系观念。样式观念表示事物的性质、状态、数量等等，尽管是复合的，但并不看作是独立存在的，而是被看成是实体的附属物或属性。简单的样式是同一简单观念的变化或不同的组合，如："一打"或"十二个"。混合的样式，它是由若干种不同类别的简单观念复合而成的，如"美"就是由引

---

① 北京大学哲学系外国哲学史教研室编译：《十六——十八世纪西欧各国哲学》，商务印书馆1975年版，第389页。

起观看者的快感的颜色和形相的某种组合所构成的。洛克把关系观念算作是复杂观念的一种,但是他也把关系观念同复合的观念并列起来作为单独的一种。

（2）关系观念是把两个观念（无论是简单观念或复杂观念）并列在一起加以考虑和比较而形成的。洛克对几种关系观念如因果观念,同一性和差异性的观念,比例关系、道德的关系等做了具体的分析。最后,洛克得出结论:关系是无限的,只要我们能够把各种事物相互比较,就会产生关系观念,但是,一切关系观念都可归结为而且最终都是建立在简单观念之上的。

（3）把一些观念与其他一切同时存在的观念分开来,这叫作抽象,由此形成了一般观念。

在洛克对上述三种观念的考察中,他关于实体观念、因果观念和一般观念的论述,具有特别重要的哲学认识论意义。

实体观念是由一些简单观念结合而成的复杂观念。洛克写道:"实体观念也是简单观念的某种组合,这种组合被用以代表独立存在的个别的特殊事物,在这种组合中,那个假定的或含混的实体观念,总是居首要的地位。"①例如,某种形相的观念同运动、思想、推理等能力的简单观念组合起来,加到一个假定的实体上面,就造成了"人"的观念。这种的实体观念有两种:一种是单一的实体观念,如"一个人"、"一只羊";一种是集合的实体观念,如"一军人"、"一群羊"。这都是一些特殊的实体观念。它们是由一些简单观念的集合再加上一个假定的实体观念构成,用以代表个别的特殊事物的。

洛克进一步对这个假定的实体观念本身即"一般的纯粹的

① 北京大学哲学系外国哲学史教研室编译:《十六——十八世纪西欧各国哲学》,商务印书馆1975年版,第383页。

实体观念"进行考察。他认为这样的实体观念只不过是"一种假定的、并不认识的支撑物,支撑着那些我们发现存在着的性质"。①

洛克认为,"物质实体"的观念和"精神实体"的观念都属于这样的一般的、概括的实体的观念;这些实体本身都是远非我们所能了解和认识的,不过我们相信它们都是存在的。他所说的精神实体包括有限的精神实体和无限的精神实体,后者即是上帝。他由此断言:"我们的实体观念只有三种:一为'上帝',二为有限的灵物,三为物体。"②洛克的这一断言表明:他受到笛卡尔二元论的影响,在他的哲学中包含有一定的唯心主义思想成分。不过他对实体概念的了解,是与笛卡尔不同的、典型的经验论的实体观。

洛克认为,因果观念属于关系观念,因果关系是一种最广泛的关系。所谓原因是能产生任何简单观念或复杂观念的那样东西,所谓结果是被产生出来的东西。例如加热能使蜡块融化,产生流动性,那么加热就是原因,所产生的流动性就是结果。用洛克的词汇来说,这是由于"加热"的观念的作用,产生了"流动性"这一简单观念,于是我们就得到了一个因果观念。他据此证明:因果观念都是由感觉和反省所传来的那些观念来的,即是由经验得来的。就是说,人们通过多次观察发现某一因之后有某一个果,于是据此预言某因之后将有某果出现。"这些或然性非常接近可靠性"③,但是因果之间的内在的联系,我们毕竟是完全不知道的。"它们底联系和关系并不能在我们底观念中发现出来,因此我们对它们

---

①③ 北京大学哲学系外国哲学史教研室编译:《十六——十八世纪西欧各国哲学》,商务印书馆1975年版,第384、467页。

② 〔英〕洛克:《人类理解论》,关文运译,商务印书馆1959年版,第302页。

只能有实验的知识。由此我们就容易看到,我们完全处于黑暗中"。①

这样,洛克继霍布斯之后,贯彻经验论观点,进一步剖析了因果关系的观念,同时也暴露出经验论的片面性、表面性,开始出现了不可知论的苗头。洛克这些关于因果关系的论述,对后来休谟的著名的"习惯联想"的因果观有影响。

洛克认为,一般观念是人们通过抽象作用而形成的,就是说通过省略掉个体事物的复杂观念中的特殊成分,而保留其中的共同成分而形成的。例如,把"人"和"马"这两个复杂观念中差异的特殊的成分去掉,把它们共同的地方留下来就形成"动物"这个一般观念。

但是,洛克认为,一般只是主观的东西,客观中不存在一般而只存在着个别。"总相和共相不属于事物底实在存在,而只是理解所做的一些发明和产物"②,词语所以成为一般的,只是因为它们是一般观念的标记,可以无分别地用到许多特殊事物上,观念之所以成为一般的,只是因为它们代表着许多特殊的事物,"各种事物自身并没有普遍性"。③这样,洛克就把一般观念,共相说成是主观的产物,但是他承认,事物之间有一种相似关系,它是理智借以形成"一般观念"的基础。

洛克在讲到一般性词语时,提出了"两种本质",即"实在的本质"和"名义的本质"的学说。他指出,"事物的真正的、内在的、而一般说来(在实体方面)我们并不知道的、为事物的种种可发现的性质所依赖的那种构造,就可以称为事物的本质"④。也就是说实

----

① ② ③　[英]洛克:《人类理解论》,关文运译,商务印书馆 1959 年版,第 551、395、395 页。

④　北京大学哲学系外国哲学史教研室编译:《十六——十八世纪西欧各国哲学》,商务印书馆 1975 年版,第 411 页。

在的本质是指物质的不可感部分的内在构造,这是一种"假设",但是"我们亦分明知道,一定有一种实在的组织,然后共存的简单观念底集合体才有所依托"。① 所谓"名义本质",即事物的"种"和"类"的本质,是"种名"和"类名"所表示的那些抽象观念,它是人们为了便于传达知识而制造出来的名称。

洛克关于一般观念和两种本质的学说,是同经院哲学唯实论相对立的(当然与唯理论也存在分歧),尽管它表现出了唯名论和经验论的局限性,但是他对"抽象作用"的有益的探索和分析,以及他依据当时自然科学材料解释事物"本质"的努力,在认识论发展史上还是具有积极意义的。

总之,洛克在关于观念的全部论述中确立的一个基本思想是:我们心中的一切观念都是从经验,即感觉和反省得来的。人心尽管具有将简单观念制造成复合观念、关系观念、抽象观念的能力,从而构成了多种多样的、无数的复杂观念,但是这些复杂观念最终都能被归结为简单观念即感觉和反省这两大来源。这也是洛克唯物主义经验论的基本思想。

三、论知识

洛克在考察了有关观念的问题之后,进一步对"知识"进行分析。既然心灵在全部思维和推理中,除了它自己的观念之外,并没有别的直接对象,因此,我们的知识是与我们的观念有关。

(一)"知识"的含义和知识的等级

"知识不外是对于我们的任何两个观念之间的联系与符合、或不符合与冲突的知觉。知识只是在于这种知觉。有这种知觉的地方就有知识;没有这种知觉的地方,我们虽然可以幻想、猜测或

---

① ［英］洛克:《人类理解论》,关文运译,商务印书馆1959年版,第399页。

相信,却永久得不到知识"。①一切知识都是表明两个观念之间是否契合,一致的关系。

洛克将观念的这种符合或不符合的关系归纳为四类:(1)同或异;(2)关系;(3)并存或必然联系;(4)实在的存在。例如"蓝不是黄"是同异方面的;"两条平行线之间两个底边相等的三角形相等"是关系方面的;"铁能感受磁石的引力"是并存方面的;"上帝存在"是实在存在方面的。在这四类符合或不符合的关系里面,包含了我们所具有或所能有的全部知识。

在知识的可靠性问题上,洛克按照我们知识的明白程度、清楚程度的不同,按照心灵知觉观念的符合与不符合的途径的不同,把知识分为三个等级:

一是直觉知识。"心灵直接从两个观念本身,不必插入任何别的观念,就觉察到这两个观念的符合不符合;这种知识,我想我们可以称为直觉的知识"②。在这里,我们单凭直觉,不用插入其他观念就可以知觉到白不是黑,圆形不是三角形等,这是人类所能得到的最清楚最可靠的知识。直觉的可靠性是最大的,我们全部知识的可靠性和明确性都依靠这种直觉;每个人都发现这种可靠性非常之大,简直无法设想,因而也无法要求更大的可靠性。

二是证明的知识。当心灵不能直接把两个观念放在一起加以比较、对照时,"心灵就不得不凭着插入另一些观念(一个或多个,随情况而定)来发现它所寻求的那种符合或不符合;这就是我们所谓推理"。③这种证明的知识就是依靠中间观念来指明任何两个个别观念间的符合或不符合,它从某种程度上仍然依赖于直觉的知识,证明的每一步都必须有直觉来知觉到这两个观念是否符合,

---

① ② ③　北京大学哲学系外国哲学史教研室编译:《十六——十八世纪西欧各国哲学》,商务印书馆 1975 年版,第 416、422、423 页。

否则就需要论证。"这种靠插入论证而得到的知识,虽然也是确实可靠的,可是并不像直觉的知识那样十分清楚、十分鲜明地一目了然,也不是像它那样容易得到同意的"。①

　　三是对特殊存在物的感性知识。洛克说:"确乎还有另外一种心灵的知觉,用在外界有限事物的特殊存在上面,这种知觉超出了单纯或然性的范围,却并没有完全达到上述两等确实性之一,也称为知识"②。这种关于特殊存在物的感性知识的可靠性不如直觉的知识和证明的知识。这是因为,我们确切地知道从一个外物获得的观念存在于我们心中;但是,是否在那个仅仅在我们心中的观念之外确有某种东西存在,与这个观念相应呢?这一点有一些人认为是有问题的,因为在很多情形下,人们可以在心中有这样的观念而其实并没有这样的东西来影响人们的感官。不过,洛克指出,我们还是可以提出证据使我们不发生那种怀疑,因为实际的感觉和想象的感觉毕竟是不同的。根据我们知觉到确有来自外物的观念进入我们心中,我们还是可以断定对外物的感觉是一种知识。

　　在这里,洛克认为关于特殊存在物的感性知识没有直觉知识和证明的知识可靠,知识的可靠性在于主观上的清楚明白。看来,在对知识的可靠性程度、等级划分问题上,他汲取了笛卡尔唯理论一些思想。

　　(二)人类知识的范围

　　在人类知识的范围或界限的问题上,洛克坚持了经验论的原则。他认为,既然知识仅在于对我们任何两个观念是否符合的知觉,那么知识一方面不能越出我们具有的观念的范围,另一方面不能越出我们能够知觉到观念是否符合的范围。

---

①② 北京大学哲学系外国哲学史教研室编译:《十六——十八世纪西欧各国哲学》,商务印书馆1975年版,第423—424、426页。

知识不仅不能越出观念的范围,而且它的范围还不能和观念相等,甚至比观念的范围更狭窄。从三个等级的知识来看,直觉知识不可能扩展到一切观念的关系上,也就是说我们不能凭直觉对一切观念进行比较,有时需要借助于证明或理性知识。而证明的知识也不能扩展到一切观念上,"因为在我们要考察的两个不同观念之间我们并不是总能找到这样一些中间观念,在推理过程的每一步中都能借直觉的知识把它们相互连接起来。在缺乏这种中间观念的地方,我们就不能有知识和证明"。①就感性知识而言,它的范围更狭窄,它不能超出实际呈现于我们感官事物的存在。比起广阔的宇宙中的事物,我们观念的范围要小得多,但是知识的范围更小,它"不论在范围方面或完善程度方面都不能超过我们的观念"。②我们对我们心中的许多观念仍然没有知识,因为有很多简单观念的联系是我们所不知道并且是不可知道的,有许多东西对我们来说是不可知的。

洛克把人类的全部知识限制在观念的范围内,而观念归根到底不外是感觉和反省两种简单观念,没有观念就没有知识,超出了这两种观念之外的东西,例如事物的内在组织和真正本质,我们是无法知道的。不仅如此,即使我们具有其观念的东西,由于我们无法知觉到这些观念之间是否符合,因而对它们也没有知识。可见,洛克在知识界限问题上,开始表现出从经验论转向不可知论的苗头。

(三)知识的实在性和真理

洛克看到,如果知识仅仅限于观念或对于观念间是否契合的知觉,那么,知识和幻想就会没有什么区别。要使我们的知识

---

①② 北京大学哲学系外国哲学史教研室编译:《十六——十八世纪西欧各国哲学》,商务印书馆1975年版,第428—429、429页。

不成为单纯的幻想。这不仅要知觉到观念间是否契合，而且要求各种观念与事物相契合。"我们的知识所以为真，只是因为在我们观念和事物的真相之间有一种契合。"①观念必须与事物相契合，由这种观念组成的知识才能是真的，这就是知识的实在性。

但是，洛克所说的知识的实在性并不完全意味着观念和外部事物相契合，他实际上是指观念和"原型"之间有一种相应的关系，而这个"原型"或是外界事物、或是观念自身。这从他对知识的实在性的具体说明中就可以看出。他认为，有两种观念确实是与"原型"相契合：第一，这里的"原型"是客观事物。一切简单观念都是与事物相契合的；因为心灵完全不能自己制造简单观念，它们一定是各种事物由自然途径在心灵上起了作用以后所产生的结果，因此，"在我们的简单观念和事物的存在之间，所有的这种契合这就足以成为实在知识的基础"。②第二，"除了实体观念以外，我们的一切复杂的观念都是心灵自己所造的原型。它们并不被认为是任何事物的摹本，亦不以任何事物存在为原本，而与之参照。"在这里观念自身就是原型，观念自身有一种相应的关系。"因为任何观念如果原来就不表象任何事物，而只表象自身，则它便不会有错误的表象，……因此，在这方面，我们便不能失掉一种确定无误的实在性"。③

根据洛克所说的后一种契合，数学知识是实在的。因为数学知识只是关于我们的观念的。"就如在数学方面，虽有所谓求圆法和圆锥曲线法或其他部分，可是数学家在这方面所有的一切推论，并不与那些形相的实在存在相关，不论世界上有无圆形或方形

---

① ② ③　北京大学哲学系外国哲学史教研室编译：《十六——十八世纪西欧各国哲学》，商务印书馆 1975 年版，第 437、438、438 页。

存在,他们的证明都是不变的,因为那些证明只是依靠于它们的观念"。①同样,道德观念自身也是原型,是确切完全的观念;"道德推论中的真理和确实性,是可以脱离生活和我们所讨论的那些德行的实在存在的。"②

洛克从知识的实在性中引出他的两种真理观。他认为,真理就是各种符号(观念或语词)的正确分合,也就是按照实在事物的契合与否来进行各种符号的分合。真理是由命题组成的,"命题之成立,是成立于符号的或分或合,而真理之成立,则是在于这些符号的分合合于事物本身的契合或违背"。③这是洛克对"真理"的一般的规定。他在进一步论述关于特殊事物知识和抽象观念的普遍命题知识的真理性时,则提出了两种真理的说法:一种是关于自然界具体事物的知识的真理;它是由关于存在的特殊命题组成的,它的真理性在于我们的观念与客观事物相符合。另一种是关于抽象观念的一般知识的真理,如数学和道德知识等,它是由表示抽象观念的契合与违背及其相互关系的一般命题所组成,它与外部事物无关,它的真理性只在于观念自身的符合。这样,洛克在关于自然界具体事物的知识上坚持了唯物主义的认识路线,而在关于抽象观念的一般知识上则脱离了知识和客观外界的联系。由于他把一切知识都限制在经验的范围以内,因而无法说明和解释像数学这样高度抽象的科学,就从一个极端跳到另一个极端,认为数学、道德等命题、公理是永恒的真理,是头脑中纯粹思维的产物,这样就走向了唯心论。

(四)理性和信仰

洛克对观念和知识的系统论述,其目的就是要确立人类理性

---

①②③　北京大学哲学系外国哲学史教研室编译:《十六——十八世纪西欧各国哲学》,商务印书馆1975年版,第439、439、444页。

的地位和权威,认为人类只要凭借自己的自然官能就能获得知识,认识世界。这就必然要涉及知识、理性与信仰的关系问题。洛克认为,要发展知识,首先就要划清理性和信仰的界线。洛克说:"理性底作用是在于发现出人心由各观念所演绎出的各种命题或真理底确实性或概然性"①,而"信仰则是根据说教者底信用,而对任何命题所给予的同意;这里的命题不是由理性演绎出的,而是以特殊的传达方式由上帝来的。这种向人暴露真理的途径,就叫启示"。②

洛克认为,尽管信仰和理性各有各的范围,但是信仰决不能违背理性,否则就不会有人相信它。"任何命题只要和我们底明白的直觉的知识相冲突,则我们便不能把它作为神圣的启示"。③信仰的范围比理性的范围小得多,只是在理性无能为力、与理性无关、超越于理性的地方才有它活动的余地。反之,理性则可以不受信仰的限制。凡是理性能够发生作用的地方理性就可以任意翱翔,只要是与理性有关系的地方,我们就可以凭借理性而不依赖于信仰。可见,洛克划分理性和信仰的范围和界限的目的,在于抬高理性,限制信仰,反对宗教狂热。

洛克承认上帝存在,把它看作是世界和人的创造者。但洛克力图按理性的原则来说明上帝观念。他说:"至于上帝存在,则是通过理性明白昭示我们的。"④但是我们的"上帝"观念并不是天赋的。

洛克在宗教信仰问题上发挥理性的原则,反对宗教狂热和宗教迫害,主张宗教容忍、宽容政策,认为"对于那些在宗教问题上

---

① ② ③　［英］洛克:《人类理解论》,关文运译,商务印书馆1959年版,第688、689、691页。

④　北京大学哲学系外国哲学史教研室编译:《十六——十八世纪西欧各国哲学》,商务印书馆1975年版,第454页。

持有异见的人实行宽容,这与耶稣基督的福音和人类的理智本来
完全一致"。① 但是他又认为宗教宽容、容忍的政策不适用于无神
论者和天主教徒。他的宗教学说显然同正统神学相对立,而为着
向自然神论的过渡做了准备。

（五）论方法

洛克在《人类理解论》第四卷关于"知识的改造"和"理性"等
章中专门论述了方法问题。他着重批判了经院哲学家从所谓神圣
的"预知的""公理"出发进行纯形式推演的方法,即经院哲学家所
滥用的三段论法,他认为这种"三段论式顶多亦不过是用我们所
有的少量知识进行诡辩的一种艺术,它并不能丝毫增加我们的知
识"。②

与此相对立,洛克推重经验归纳的方法,即是从个别、特殊中
归纳出一般的方法;因为在他看来,一切知识和推论的直接对象是
一些个别、特殊的事物;我们的知识的正确途径只能是从个别、特
殊进展到一般。他说:"我们底知识是由特殊方面开始,逐渐才扩
展到概括方面的。只是在后来,人心就采取了另一条相反的途径,
它要尽力把它底知识形成概括的命题"。③

洛克并不排斥理性演绎法,而是给它作出自己的解释。他认
为演绎法不能局限于三段论式即从一个普遍的大前提出发进行推
演,而应当是寻找观念之间的联系的"直观"和"推理"的方法。当
两个观念之间的联系较疏远而不明显时,就另外寻找一个"中介
观念"插入其间,从而把它们联系起来。例如用一个"动物"观念
把"人"和"生物"观念联系起来。他说:"我们底知识量所以能增

_____

① ［英］洛克:《论宗教宽容》,吴云贵译,商务印书馆1982年版,第4页。
②③ ［英］洛克:《人类理解论》,关文运译,商务印书馆1959年版,第678、
　　598页。

加,有用的艺术和科学所以能进步,主要是因为我们找寻出各个中间观念来,以指示出远隔观念间的联系。"①找到了两个远隔观念间的联系,也就是说,发现了它们之间的契合或相违的关系,也就是获得新的知识了。

洛克认为,研究自然物,主要运用经验观察、比较、归纳的方法;在数学、伦理学中则要运用理性演绎推论的方法。

洛克继培根之后把当时科学界形成的静止地孤立地分析事物的方法和习惯搬到哲学之中,在认识论上加以贯彻应用和论证,从而就把培根所开创的形而上学方法论,进一步发展和确立起来了。

四、社会国家学说

洛克反对保皇派理论家罗伯特·菲尔麦的"君权神授说",继格劳秀斯、霍布斯等人之后依据资产阶级人性论,运用"自然法"理论,来论述国家的起源、本质和政府形式等问题,系统地制订了社会国家学说。

(一)论自然状态

洛克所说的自然状态,不像霍布斯所说的那种互相残杀、一切人对一切人的战争状态,而是一种和平、自由状态,人人平等地享有各种"自然权利"。他认为,私有财产是从来就存在的,在自然状态下人人都可以自由地享受和处理自己的财产。在这里,自然法起着支配作用,"理性,也就是自然法,教导着有意遵从理性的全人类:人们既然都是平等和独立的,任何人就不得侵害他人的生命、健康、自由或财产"。②

虽然如此,在自然状态中人们对自由、平等权利的享有是没有

① ［英］洛克:《人类理解论》,关文运译,商务印书馆 1959 年版,第 678 页。
② ［英］洛克:《政府论》下篇,叶启芳、瞿菊农译,商务印书馆 1996 年版,第 6 页。

保证的。由于缺乏明确的、公认的法律，也没有公共权力充当裁判者并保证正确判决的执行，而有些人出于偏私或无知，侵犯别人的权利，这样，在自然状态中存在着恐惧和经常危险。因此人们愿意放弃这种状态，而同别人联合起来进入社会状态。

（二）关于国家的起源、目的和分权思想

人们脱离自然状态而进入公民社会的唯一途径是同其他人订立契约即达成协议，联合为一个共同体，各自放弃他们单独行使的惩罚权力，交由他们中间被指定的人行使；而且要按照社会所一致同意的或他们的代表所一致同意的规定来行使。"这就是立法和行政权力的原始权利和这两者之所以产生的缘由，政府和社会本身的起源也在于此。"①人们自愿放弃一些权利，是为了更好地保护自身的安全、财产和自由。"人们联合成为国家和置身于政府之下的重大的和主要的目的，是保护他们的财产"。②

洛克的社会契约论与霍布斯的说法有所不同，霍布斯认为订约时人们把所有的权利都交给了统治者；而洛克则认为人们只让出一部分权利，还保留着生命、财产和自由等不可转让的权利。另外，霍布斯认为，统治者不是缔约的一方，而是被授予权力的人，因此不发生违约的问题，人民永远不能解除对他的服从；而在洛克这里，统治者是参加契约的一方，是从订约的人们中推选出来的，因此也受契约的限制，如果他们不履行契约，不能保障大家的权益时，人民就有权反抗，甚至推翻他们，另立新的统治者。但是，对于一个没有违背人民委托的"合法"政府，是不能反对的，否则就是"叛乱"行为。

洛克是近代政治思想史上分权学说的主要代表者。他提出了

---

①② ［英］洛克：《政府论》下篇，叶启芳、瞿菊农译，商务印书馆1996年版，第78、77页。

三权分立学说,即国家的权力分为立法权、行政权和联邦权(外交权)。立法权是最高权力,他根据立法权的归属,区分三种政体形式,即民主制、寡头制和君主制。他反对君主专制政体,认为专制君主统治下的臣民就是奴隶,随时有遭受灾难和不幸的危险,因此这种制度和公民社会是不相调和的,它根本就不是公民政府的一种形式。至于上述的三种政体形式,洛克也都不满意。他主张一种复合的政体形式,在这种政体形式下,立法权归议会,行政权和对外权则交给君主。这就是君主立宪制度,是通过1688年政变所建立起来的政体的真实写照。

洛克不仅是近代英国第一个经验论体系的制订者、英国唯物主义经验论学派的最终奠立者,而且在一定意义上,他概括和总结了整个西方17世纪哲学认识论的发展,把近代西方的哲学认识论推向一个时代的高峰。洛克的哲学认识论对整个18世纪英法等国不同流派哲学都有着重要的影响。正如列宁所说:"贝克莱和狄德罗都渊源于洛克。"①同时,他也概括了17世纪欧洲的,特别是英国革命时期的,新兴资产阶级政治思想的发展,制订了第一个最具代表性的资产阶级社会国家学说体系。洛克鲜明地倡导和论证了"理性"、"自由"和"天赋人权"的基本原则,不愧是近代欧洲启蒙思想的伟大先驱。马克思、恩格斯指出,法国革命时期的"自由思想正是从英国输入法国的。洛克是这种自由思想的始祖"②。

第五节　17世纪末—18世纪初德国哲学

自从15世纪末16世纪初开辟了新航路、欧洲海运贸易枢纽

---

① 《列宁选集》第2卷,人民出版社1995年版,第85页。
② 《马克思恩格斯全集》第7卷,人民出版社1959年版,第249页。

转移到大西洋沿岸以来,一度得到发展的德国经济转入衰落。而宗教改革以及继后农民战争失败,又导致诸侯割据的加强;信奉新教的诸侯和信奉天主教的诸侯之间的矛盾日益尖锐。17世纪初,"新教同盟"和"天主教同盟"先后成立,这两大对立阵营内部又派系林立。欧洲其他国家统治者乘机加以利用和干涉,终于在1618年爆发了有名的"三十年战争",直到1648年订立"威斯特发里亚和约"才告结束。这个欧洲历史上第一次的大规模国际战争主要是在德国领土上进行的,它给德国经济带来极大的破坏。战后德国的封建割据局面进一步加深,农奴制恢复过程急剧加强,工商业普遍凋敝。直到17世纪末叶,德国的手工业和商业才有些恢复和发展。当时德国正在萌芽发生的市民资产阶级势力是极其薄弱、分散的,在经济上对王公贵族有很大的依附性,在政治上完全屈从于封建统治者。他们只能在封建势力的卵翼之下谋求自己的利益和发展。但是,由于德国与英法等先进国家在地理及文化上非常接近,贸易上有着比较密切的往来,因此当时先进的思想文化和科学技术,仍能对德国发生较大的影响。

就是在这个时期,德国出现了像莱布尼茨这样的大哲学家。他的思想水平和他的博学,在当时整个欧洲来说都是第一流的。如果不把他放到当时整个西欧的社会和文化背景中,就无法解释他的出现。德国当时虽然处在非常可悲的境地,但德国毕竟是宗教改革的发祥地,也就是说新教精神的发源地之一。德国的教育,包括高等教育,原来就有较好的基础。而当时德国自身的可悲状况,反而促使德国的有识之士鼓吹向外国,当时主要是向法国学习。这不仅表现在哲学上,而且在文学、艺术上都呈现出这种趋势。莱布尼茨继承、汲取法国笛卡尔哲学,他的主要著作是用法文(以及拉丁文)写的。当然,他的哲学毕竟是德国进步阶级思想的反映,反映着当时要求生存发展的德国市民阶级的要求。

一、莱布尼茨

哥特弗利德·威廉·莱布尼茨(Gottfried Wilhelm Leibniz, 1646—1716 年)出生于莱比锡,父亲是莱比锡大学的道德哲学教授。不过,在他 6 岁时,他的父亲就去世了。莱布尼茨 15 岁时进莱比锡大学法律系学习,17 岁获哲学硕士学位,20 岁时学业完成,莱比锡大学嫌他太年轻,不肯授予他博士学位,于是他就转入阿尔特道夫大学并于次年 2 月在该校得到法学博士学位。同年秋,他去荷兰,结识了美因茨选帝侯府宰相博伊内堡男爵约翰·克里斯蒂安。经过这位男爵推荐,21 岁的莱布尼茨开始在美因茨选帝侯府任职,26 岁时得到了随同出使法国的机会。他在法国居留四年,中间曾去过英国,结识了惠更斯、费尔玛、马勒伯朗士、牛顿、波义耳及英国皇家学会秘书奥尔登堡等著名学者,同他们讨论学术问题;在公务之余进行科学特别是数学研究,不仅掌握了科学新成果,并且他自己在 1675—1676 年间发明了微积分。1676 年离开巴黎回国途中,他曾去荷兰拜访列文虎克和斯宾诺莎。回国后,他应汉诺威公爵的聘请,赴公爵府担任法律顾问兼图书馆长,任此职一直到去世。在任职期间,他一面从事政治社交活动,一面从事科学和哲学研究。他热心于科学事业,经他多方努力,终于在 1700 年促成了柏林科学院的创立,并被任命为第一任院长。

莱布尼茨是近代史上最博学的学者之一。他的建树是多方面的,而且是非常卓越的。除了微积分的发明外,他还改进了帕斯卡尔的加法器,创制了一种手摇的演算机,提出了二进位制计算法。对现代电子计算机来说,他不愧被称作一个思想先驱。他的"普遍符号"的想法成为现代数理逻辑的先驱。他提出的"充足理由律"促进了传统形式逻辑的丰富和发展。在物理学方面,他修改笛卡尔提出的运动量守恒公式而提出能量守恒公式,写过地质学著作等等。此外,他在历史、法学、语言学等方面的许多论述是颇有造诣的。

莱布尼茨的主要哲学著作有:《形而上学论》、《新系统》、《神正论》、《论自然与神恩的原则》、《单子论》等。他的另一主要哲学著作《人类理智新论》,大约在 1704 年左右写成,是与洛克论战的著作,因考虑到洛克已去世而未发表,在莱布尼茨死后半个世纪即 1765 年才初版问世。

莱布尼茨的哲学是客观唯心主义,表现出对神学的妥协。但是,就哲学思想的主导倾向来说,他跟当时英、法、荷兰等国先进思想家们是一致的,他的哲学同经院哲学是相对立的。他声言反对"狂信哲学"、"野蛮哲学"以及经院哲学家们所捏造的"一些隐秘性质或功能"。① 与此相反,莱布尼茨主张建立"合乎理性的哲学"。用这样的哲学来维护和促进科学知识的发展,是他的哲学活动的根本目的。莱布尼茨的唯心主义哲学体系中包含有关自然及其规律性的深刻探讨,有丰富的辩证法思想,有鲜明的理性主义的特色。

莱布尼茨哲学的基本问题是什么呢? 他自己在《神正论》中是这样说的:"我们的理性常常陷入两个著名的迷宫:一个是关于自由和必然的大问题,特别是关于恶的产生和起源的问题;另一个问题在于有关连续性和看来是它的要素的不可分的点的争论,而这问题牵涉到对于无限性的考虑。前一个问题烦扰着几乎整个人类,而后一个问题则受到哲学家们的重视。"②

莱布尼茨在这里所说的第一个"迷宫"涉及对必然性的认识和意志自由以及关于善恶的伦理道德的问题。第二个"迷宫"则

---

① [德]莱布尼茨:《人类理智新论》上册,陈修斋译,商务印书馆 1982 年版,第 27 页。

② G.W.Leibniz, *Die Philosophischen Schriften*. Band 6. Georg Olms verlag. Hildesheim. New York. 1978, s.29.

涉及世界的实体,本原以及世界事物的发展规律问题,具体地就他的哲学理论来说,就是如何通过"不可分的点"即单子来说明无限宇宙及其中种种事物的相互联系和普遍和谐的问题。

正是围绕着这两个基本问题,莱布尼茨建立了他的哲学体系。他的哲学体系通常被称为"单子论",他自己也常称之为"前定和谐系统"。在一定意义上可以说,他的整个形而上学哲学体系是从后一个迷宫出发而以前一个迷宫为归宿的。

(一)单子论

莱布尼茨继笛卡尔、斯宾诺莎之后着重研讨关于世界万物的实体问题。莱布尼茨关于不可分的点和连续性的问题,就是关于世界万物的实体及其联系的问题。在这个问题上,莱布尼茨论辩的矛头主要是针对机械唯物主义的原子论的。首先,这种机械论观点虽然承认"不可分的点"即原子的存在,但是它所谓绝对虚空却把原子及一切事物都隔离开来,从而否认了连续性。其次,原子论者所讲的原子本身缺乏能动性,不能说明事物的自身运动,而在莱布尼茨看来消极被动的质量是不符合实体概念的。最后,更重要的是,机械唯物主义者所讲的不可分的点即原子的本质属性是广延;但是,如有广延性就是可以无限分割的,那么它就不是真正不可分的点了;因此机械唯物主义者所讲的"物质的原子"这个概念本身就是自相矛盾的,不能成立的。

在莱布尼茨看来,笛卡尔和斯宾诺莎对不可分的点和连续性问题的解答也是不能令人满意的。对于笛卡尔所讲的不可分的心灵实体,莱布尼茨基本上是同意的,但是认为它不够确切,因为心灵或理智只是人类才具有的较高级的灵魂。至于一般单纯实体只能说有知觉,不能说都有这样高级的理性灵魂。再者,笛卡尔承认物质实体,认为一切物体由可以无限分割的"分子"构成,而没有绝对虚空。这样的观点在莱布尼茨看来就是承认了连续性但是却否认了不可分的点,因此他也不能完全同意。至于斯宾诺莎的实体概念,即只承认作为一个绝对无限的整体的唯一的实体,而这个不变动的整体怎样与多种样式联系起来的问题又没有得到合理的解决。因此,在莱布尼茨看来,斯宾诺莎的实体论既不承认不可分的点,也不能很好地说明连续性问题,因此也是不可取的。

就是这样,与机械唯物主义的原子论观点相对立,又与笛卡尔、斯宾诺莎的实体观点相区别,莱布尼茨论述了他的单子论关于世界万物的实体及其连续性的问题。

1.单子的实质和特性。

莱布尼茨认为,世界万物都是复合的,一切复合物必定由单纯的实体所构成,因此世界万物的实体是单子。他说:"我们在这里所要讲的单子,不是别的东西,只是一种组成复合物的单纯实体,单纯,就是没有部分的意思。"①这就是说,单子作为世界万物即一切复合物的单纯实体,是实在存在的、单纯的即没有部分的"点"。它不同于数学的点,因为数学的点虽是不可分的,但它只是抽象的产物,并不是实在的东西。它也不同于物理学的点,因为物理学的点虽然是实在存在的,但它有广延,因而并不是真正不可分的。只有单子才是既实在存在,又是真正不可分的。而所谓不可分的,就是没有广延的,非物质的,而是精神性的东西。总之,单子就是实在存在的精神性的东西。莱布尼茨把它称作"形而上学的点",也称作"实在的、生动的点"、"实体的原子",与通常所说的"灵魂"相似的东西,等等。莱布尼茨认为,既然世界是无限的,那么作为世界上一切复合物的单纯实体的单子,就不是两三个(如笛卡尔所说),更不是一个(如斯宾诺莎所说),而是无数多。这些单子是

———————

① 北京大学哲学系外国哲学史教研室编译:《十六——十八世纪西欧各国哲学》,商务印书馆1975年版,第483页。

事物的真正原素,而物质形体则是附属于单子的。莱布尼茨在论述物质概念时,区分"初级物质"和"次级物质"。前者是抽象地就物质本身来看的纯粹被动性、广延和不可入性;后者指自然事物的聚集体,它是"有良好根据的"感性现象。这样的消极被动性和感性现象的物质,都不是真正实在的东西,不是真正的实体。这就是莱布尼茨的客观唯心主义的单子论的基本观点。

莱布尼茨从精神性的单纯实体"没有部分"这个基本规定出发,推论出单子的各种特性:

第一,由于单子没有部分,因此它不能以自然的方式通过组合而产生,也不能通过分解而消灭。它只能以超自然的方式即"奇迹"的方式由上帝创造而产生,由上帝摧毁而消灭。这就是说,单子及由它派生和构成的万物是永远存在的。由此也肯定了灵魂的不死。

第二,由于单子没有部分,因此它没有可供事物出入的窗子,"不论实体或偶性,都不能从外面进入一个单子"。① 这就是说,各个单子是独立存在的,各自孤立的。

第三,由于单子没有部分,因此没有量的规定和差别,只有质的规定和差别。他由此推论一切单子间、一切事物间具有内在的质的差别,在自然中没有两个完全相似的事物,"在可感觉的事物中,人们决找不到两件无法分辨的东西,并且(例如)人们在一个花园中找不到两片树叶、也找不到两滴水是完全一样的"。② 这就是他所提出的普遍的"差异律"。

第四,由于单子没有部分,没有窗口,因此单子的变化和差异

① 北京大学哲学系外国哲学史教研室编译:《十六——十八世纪西欧各国哲学》,商务印书馆1975年版,第484页。

② 《莱布尼茨与克拉克论战书信集》,陈修斋译,商务印书馆1996年版,第60页。

不能由外部的原因引起,而只能从内在的原则而来。这内在的原则即是单子自身的能动性。"能动性是一般实体的本质。"①单子的能动性具体表现在它自身的欲求和知觉上。正是由于在自身欲求推动之下单子知觉的变化及其清晰程度的不同,从而形成了各个单子在质上的种种差别。

2.单子的等级。

单子按清晰程度和性质的不同,区分为不同的等级,从而形成由低级到高级发展的诸等级的单子序列:

(1)最低级是构成无生物和植物的单子。它也有欲望和知觉,但它的知觉是极其模糊的,被称为"细微的知觉"。

(2)较高一级的是构成动物的单子。它是"感性灵魂",具有比较清晰的知觉和记忆。

(3)更高一级的是构成人的单子。人除了有感觉、记忆外,还有理性灵魂、心灵或精神,从而也就有了反省的活动和自我意识。莱布尼茨在说明人的精神与动物之类的普通灵魂的区别时,强调了人的崇高地位,他写道:"一般的灵魂是反映创造物的宇宙的活的镜子,而精神则又是神本身或自然创造主本身的形相,能够认识宇宙的体系,并能凭借建筑模型而模仿宇宙体系的若干点;每一个精神在它自己的范围内颇像一个小小的神。"②此外,莱布尼茨还承认有天使存在,认为天使是比人类更高级的一种心灵或精神。

(4)最高级的单子是上帝。"上帝是原始的统一或最初的单纯实体,一切创造出来的或派生的单子都是它的产物。"③上帝是一切单子所追求的目的,是唯一、普遍和必然的最高实体。由此出

---

①②③ 北京大学哲学系外国哲学史教研室编译:《十六——十八世纪西欧各国哲学》,商务印书馆1975年版,第519、498、491页。

发,莱布尼茨依据推理的两大逻辑原则给上帝存在提出种种证明。首先是依据矛盾律提出先天的证明:既然上帝是必然的最高实体,它就是不包含任何矛盾的,因而它是可能的,也是一定存在的。其次,莱布尼茨依据充足理由律提出后天的证明:既然偶然的事物是存在的,而这些偶然事物的充足理由或最后理由在上帝这一必然实体中,因此上帝必然存在,而且它的理由在它自身。莱布尼茨虽然给上帝存在提出种种证明,但是他的上帝观念具有不同于正统神学上帝观念的新的特色。他企图用上帝创世这一次奇迹来代替上帝不断干预世界事务的多次奇迹。他反对随意引用奇迹来解释自然事物。他认为:"说上帝平常也老是施行奇迹,这是荒唐无稽的。因此,这种怠惰的假设既摧毁了我们追求理由的哲学,也摧毁了那供给理由的神圣智慧。"①莱布尼茨对上帝作用的这种解释,接近于当时在英国先进思想家中间流行的自然神论观点。

3.单子连续律和普遍联系。

在进一步阐明单子由低级到高级这一连续序列的性质时,莱布尼茨认为,在单子各个等级间、各个物种间并不存在截然分明的、严格的界限,而总可以找到许多把前后等级或物种连接起来的中间阶段。例如在植物和动物之间就有植虫这样的中间形态,它兼有植物和动物的特性,从而表明这两个物种之间的连续。就是这样,从人到动物、从动物到植物、从植物到人,形成一个不间断的连续体。莱布尼茨由此提出了"自然界从来不飞跃"这一准则,把它称作"连续律"。莱布尼茨认为通过单子连续律的提出,他既承认了不可分的点,又阐明了由无限的单子构成的世界事物的连续性,从而就从原则上解决了上述他讲的第二个"迷宫"的难题。

---

① 北京大学哲学系外国哲学史教研室编译:《十六——十八世纪西欧各国哲学》,商务印书馆1975年版,第520页。

在评价莱布尼茨关于"自然界从来不飞跃"这一准则时,应当考虑到他的思想探索中的复杂性、矛盾性。一方面,就这一准则解释为否认质的飞跃来说,是片面的;另一方面,如把他的连续律和不可分的点以及差异律联系起来加以考虑,则可以看到他反对把物种截然割裂,而探求世界事物间、物种间内在差别和内在联系的合理企图。

4.预定的和谐。

莱布尼茨由单子序列的连续性,进一步论述单子间、事物间普遍的联系和相互作用、普遍的和谐一致,以及灵魂和肉体间、自然和社会之间的预定的和谐等。

首先是一切单子间、事物间普遍的联系和作用、普遍的和谐一致。

由于单子无窗户,各自孤立,因此单子之间没有物理的影响,但是却有"理想的影响"。单子之间的这种影响是通过上帝的中介实现的,就是说,当上帝创造世界时就预先规定好了世界上一切单子间、事物间的相互关系。"这种一切事物对每一事物的联系或适应,以及每一事物对一切事物的联系或适应,使每一个单纯实体具有表现其他一切事物的关系,并且使它因而成为宇宙的一面永恒的活的镜子。"[1]单子间、事物间这种联系和相互作用由近及远地扩展开来,一直到整个世界及其发展过程。

其次是关于灵魂和肉体的预定的和谐。莱布尼茨说,虽然每个被创造的单子都表象全宇宙,但是它特别清晰地表象那个与它密切相联系的形体或肉体。因此就提出了灵魂和肉体的关系问题。莱布尼茨认为,肉体附属于灵魂,灵魂是永远存在的,

---

① 北京大学哲学系外国哲学史教研室编译:《十六——十八世纪西欧各国哲学》,商务印书馆1975年版,第492页。

它逐渐地更换其形体。因此就没有严格意义下的绝对的生或死存在于与灵魂的分离中。生不过是发展与增大，死不过是缩减和隐藏。

在论述灵魂和肉体的和谐一致的关系时，莱布尼茨不同意笛卡尔的交感说，认为心灵和广延物质作为两个实体不能相互过渡和相互感应，因此主张抛弃这种见解。至于马勒伯朗士所提出的"偶因论"，莱布尼茨认为这种说法好比是要求一个钟表匠老守着两台走得不准的钟表，不停地用力去调整、拨正这两台钟表，以便使它们走得一致。莱布尼茨认为"这是在一件自然的、通常的事情上请来……[救急神]"①的拙劣做法，也是不可取的。于是莱布尼茨提出了他自己的"预定和谐的办法"。按照他的说法，形体是以全部物质的联系来表现全宇宙的，灵魂也通过表现这一附属于它的形体的形式来表象全宇宙。由于全宇宙是被上帝规范在一个完满的秩序中，而灵魂知觉中的秩序与形体中的秩序归根结底都是依据上帝所安排的同一宇宙秩序，因此灵魂和肉体的秩序是和谐一致的。莱布尼茨说："灵魂遵守它自身的规律，形体也遵守它自身的规律，它们的会合一致，是由于一切实体之间的预定的和谐，因为一切实体都是同一宇宙的表象。"②

最后，在"自然的物理界"与"神恩的道德界"之间也存在着预定的和谐。神恩通过自然现象如地震等表现出来，使善有善报，恶有恶报。莱布尼茨断言，"贤明有德的人"在上帝的国度中生活而毫无不满，在观照上帝的完满性中而怡然自得，只要一心一意归附那创造一切的造物主，"那么，这个宇宙秩序就是不可能比现在更

---

① 北京大学哲学系外国哲学史教研室编译：《西方哲学原著选读》上卷，商务印书馆1981年版，第501页。
② 北京大学哲学系外国哲学史教研室编译：《十六——十八世纪西欧各国哲学》，商务印书馆1975年版，第497页。

好的了"①。

莱布尼茨单子论提出并论述了精神性的单纯实体及其能动性、连续律、预定和谐等重要原理。他的基本观点是客观唯心主义。他在关于预定和谐体系的论述中,感戴天道神恩,美化现存秩序,表现出德国市民阶级的软弱性。不过他在这里用一次最大的奇迹代替了其他一切奇迹。这与正统神学的说法并不一致,倒是与自然神论有共同之处,具有给合理的自然解释开路的积极含义。

与此同时,在莱布尼茨的单子论的唯心主义体系中,包含有对于自然及其规律性的深刻探讨,有着较丰富的辩证法思想因素。首先,他不主张用单纯的"广延质量"的机械论观点解释自然规律性,而提出并论述了内在的"力"、实体(物质的或非物质的)能动性等重要论点。正如列宁所指出的:"莱布尼茨通过神学而接近于物质和运动的不可分割的(并且是普遍的、绝对的)联系的原则。"②再者,莱布尼茨不主张把世界看作是孤立、割裂的事物的杂乱无章的堆积的观点,而主张把无限宇宙看作一个整体、一个系统,其中的事物形成由低级到高级的连续序列、相互联系、普遍和谐一致等等。最后,莱布尼茨关于不可分的点和连续性(以及自由和必然)的问题提法本身,以及他为了解决这问题而提出和论述的单子及其连续律、普遍联系与和谐等原理,显然包含有部分与整体、一与多、间断与连续等对立统一的辩证法思想因素。

(二)系统化的唯理论

莱布尼茨着重考察了单子诸等级中理性灵魂和感性灵魂的认识功能,并涉及必然和自由这一"迷宫"的问题。在这些论述中,

---

① 北京大学哲学系外国哲学史教研室编译:《十六——十八世纪西欧各国哲学》,商务印书馆 1975 年版,第 499 页。

② 《列宁全集》第 55 卷,人民出版社 1990 年版,第 60 页。

莱布尼茨继承柏拉图唯心主义先验论路线，发展笛卡尔、斯宾诺莎的唯理论，用以反驳洛克的唯物主义经验论。

莱布尼茨从心灵、灵魂作为实体不依赖于肉体这一唯心主义基本观点出发，把心灵同肉体、观念同外部感觉、理性同感性割裂开来，片面夸大甚至只承认理性在普遍必然性的认识中的作用。贬低甚至否认感性经验在这方面的作用。他指出感性认识只涉及个别现象，不同一般规律，并进一步断言感性经验不能作为普遍必然知识的来源。

1.批判经验论，发挥天赋观念论。

莱布尼茨认为"人类的认识与禽兽的认识的区别"在于："禽兽纯粹凭经验，只是靠例子来指导自己，因为就我们所能判断的来说，禽兽决达不到提出必然命题的地步，而人类则能有经验证明的科学知识。也是因为这一点，禽兽所具有的那种联想的功能，是某种低于人所具有的理性的东西。"①莱布尼茨指出，经验主义者不懂得感觉经验的个别性，偶然性和条件性，不知道普遍必然规律，当情况已经改变了的时候，仍然固守老的经验。这样就容易犯错误，如同禽兽容易上圈套落入陷阱中一样。他写道："禽兽的联想纯粹和单纯的经验主义者的联想一样；他们以为凡是以前发生过的事，以后在一种使他们觉得相似的场合也还会发生，而不能判断同样的理由是否依然存在。人之所以如此容易捕获禽兽，单纯的经验主义者之所以如此容易犯错误，便是这个缘故。"②莱布尼茨从科学知识的普遍必然性与个别偶然的感觉经验的区分的角度对经验主义的这一批判，是深刻的、击中要害的。

可是莱布尼茨自己却走上另一极端，按照笛卡尔的唯理论观

①② ［德］莱布尼茨:《人类理智新论》上册，陈修斋译，商务印书馆1982年版，第5页。

点贬低感性认识,认为普遍必然的知识不是来自感性经验,而是天赋的。他甚至比笛卡尔走得更远,认为一切思想、观念都是天赋的。他说:"我一向是并且现在仍然是赞成由笛卡尔先生所曾主张的对于上帝的天赋观念,并且因此也认为有其他一些不能来自感觉的天赋观念的。现在我按着这个新的体系走得更远了;我甚至认为我们灵魂的一切思想和行为都是来自它自己内部,而不能是由感觉给予它的"。①

但是,笛卡尔的天赋观念已经受到洛克根据大量事实材料所作出的有力驳斥。鉴于洛克的批判,莱布尼茨着重发挥了天赋观念的潜存说。按这种说法,观念和真理并不是现成地存在每个人心中,或现实地呈现于每个人的心智之前;"我们不能想象,在灵魂中,我们可以像读一本打开的书那样读到理性的永恒法则,就像在布告牌上读到审判官的法令那样毫无困难,毫不用探求"。②观念和真理是"作为倾向、禀赋、习性或自然的潜能天赋在我们心中,而不是作为现实天赋在我们心中的"③。必须经过心灵的"加工"作用才能使这些潜存在心中的原理、原则显现出来。在这方面,感觉经验能起到"诱因"、"导因"的作用,即"凭感觉所提供的机缘,集中注意力,就能在我们心中发现这些法则"。④莱布尼茨甚至还认为,即使最抽象的数学,也离不开感觉的帮助,例如它至少要借助符号。

他提出这种看法是为了反对洛克的"白板说"。他认为,心灵既然是能动的,就不会是白板。他把心灵比作有花纹的大理石,在未经琢磨时并没有现成的人物形象。但这块大理石的特定的花纹却是它适合于雕成什么雕像的内在根据。莱布尼茨提出的大理石

---

①②③④　[德]莱布尼茨:《人类理智新论》上册,陈修斋译,商务印书馆1982年版,第36、4、7、4页。

说以及他对白板说的批判,固然是唯心主义的,但是它涉及认识的能动性问题,在一定程度上揭露了感觉论的消极被动性,是有其合理含义的。

2.真理标准和两种真理说。

莱布尼茨承认真理在于主观与客观的相符和一致。他说:"让我们满足于在心中的命题和所涉及的事物之间的符合中来寻找真理性吧!"①但一般说来,这并不意味着莱布尼茨放弃了唯理论那种以理性为认识真理标准的看法。他把真理标准看成主观与客观相符,只是基于他的前定和谐学说:"两方面都是真的。事物的本性和心灵的本性是彼此一致的。"②在他看来这种一致相符合是真理的外在标准,作为真理内在标准的,仍是理性自身。

莱布尼茨像笛卡尔一样认为,观念真理性的标志是"清楚明白"。他提出了检验真理的两个理性推理原则:矛盾原则和充足理由原则;与之相应的,他认为有两种真理:必然真理和偶然真理。

"矛盾原则"就是逻辑的矛盾律或同一律。据此,莱布尼茨认为:"推理的真理是必然的,它们的反面是不可能的;……当一个真理是必然的时候,我们可以用分析法找出它的理由来,把它归结为更单纯的观念和真理,一直到原始的真理。……总之有一些原始的原则,是不能够证明的,也不需要证明。这就是'同一陈述',其反面包含着显然的矛盾。"③这种说法可以说是唯理论真理观的一个理论总结。这种真理是完全依赖理智的:"必然真理的原始

---

① [德]莱布尼茨:《人类理智新论》下册,陈修斋译,商务印书馆 1982 年版,第 460 页。

② [德]莱布尼茨:《人类理智新论》上册,陈修斋译,商务印书馆 1982 年版,第 40 页。

③ 北京大学哲学系外国哲学史教研室编译:《十六——十八世纪西欧各国哲学》,商务印书馆 1975 年版,第 488—489 页。

证明只来自理智,而别的真理则来自经验或感觉的观察。我们的心灵能够认识两种真理,但它是前一种真理的源泉;而对于一个普遍的真理,不论我们能有关于它的多少特殊经验,如果不靠理性认识了它的必然性,靠归纳是永远也不会得到对它的确实保证的。"①换言之,这种真理的依据,完全不在于对象。但它也并非就与对象无关。他说:"对公理作冥思苦想而没有什么来应用这些公理,这是毫无用处的。公理常常可用来把几个观念联系起来"。② 例如,用几何学的必然真理可以对光学的各种经验观察作出理论说明。莱布尼茨的必然真理包括数学、逻辑学、形而上学、伦理学、神学及法学等学科中的原理、原则。事实上,莱布尼茨所指的必然真理,就是指各种普遍必然的关系判断。一般对存在的判断均不属必然真理之列,只除了一类,即关于上帝存在的判断,莱布尼茨认为这是必然真理。

莱布尼茨的"偶然真理"说也包含有丰富的内容。他也把这种真理称为"事实真理"。他说:"事实的真理是偶然的,它们的反面是可能的。"③判断事实命题的真理性的理性原则是"充足理由原则"。凭着这个原则,"任何一件事如果是真实的或实在的,任何一个陈述如果是真的,就必须有一个为什么这样而不那样的充足理由,虽然这些理由常常总是不能为我们所知道的。"④

尽管莱布尼茨将对事实的判断称为"偶然"真理,但既然以理性原则给它找到了根据,它作为真理,就总是有某种必然性的。因

① [德]莱布尼茨:《人类理智新论》上册,陈修斋译,商务印书馆 1982 年版,第49 页。

② [德]莱布尼茨:《人类理智新论》下册,陈修斋译,商务印书馆 1982 年版,第539—540 页。

③④ 北京大学哲学系外国哲学史教研室编译:《十六——十八世纪西欧各国哲学》,商务印书馆 1975 年版,第 488 页。

此,莱布尼茨认为有两种必然性:"也必须区别这样两种必然性;一种必然性之所以成为必然的,是因为其对立面蕴含着矛盾,它被叫作逻辑的、形而上学的或数学的必然性;另一种是道德的必然性,它使贤明者选择那最好的,并使一切心灵遵循那最大的倾向。"[1]"道德的必然性"不是绝对必然的,只是一种"倾向"。这种不绝对的必然性正是莱布尼茨称事实真理为偶然真理的原因。莱布尼茨否认将现实等同于必然。他认为,在上帝创造世界时,他面前有许多个"可能的世界"供他选择。但由于他的至善,他选择了"一切可能的世界中最好的世界",这就是现实世界。这个世界虽然确定地存在,但却只是选择的结果,因此仍然是偶然地存在的。

3.必然和自由。

莱布尼茨所关心的不仅是认识论问题,伦理问题在他的哲学中也占有重要的地位。他关于"单子"的设想与其说是对自然界本质的设想,还不如说是人的理想化的自由状态的写照,人各自独立地存在,人人自己决定自己,而不被外部事物所决定。当然,前定和谐的法则肯定了人的总体活动特性,普遍理性的原则决定着个体的活动。这里显然存在着必然性。那么,这种必然性是否排斥自由呢?莱布尼茨回答说,上帝的"这种预知或这种预先安排都无损于自由。……他借此已一劳永逸地使一切事物都确定了,而并不因此损害这些创造物的自由"[2]。这样,在莱布尼茨看来,自由和必然不是彼此排斥的(如当时流行的机械决定的观点所认为的那样),而是相互联系的,二者可以结合起来的。

莱布尼茨认为,单子有自发性,其自由的程度相应于它的知觉的明晰程度,而人的自由则是和人的理性的明显性相应的。这种

_____

①② 《莱布尼茨与克拉克论战书信集》,陈修斋译,商务印书馆1996年版,第54页。

自由主要在于依据理性认识而作出的自由的抉择。上帝是必然与自由统一的高度体现。上帝既是绝对必然性或形而上学必然性的主体,同时也是最自由的存在者;它凭借无限理智作出最好可能的抉择。他选择了"一切可能的世界中最好的世界",这就是这个现实的世界。既然现实的世界是"对最佳者的选择"的结果,那么,为什么在现实世界中还存在着恶呢,并且恶还不少呢?莱布尼茨辩解说道,这些恶是为了衬托善而存在的,而且存在着的恶在可能的范围内是最少的。莱布尼茨这种说法,反映当时德国市民软弱屈从的可悲处境。

莱布尼茨关于恶的起源的迷宫,即他关于必然和自由问题的讨论,如同他关于不可分的点和连续性的迷宫的探索一样,都归结到他的预定和谐的法则。他把他的整个单子论的哲学体系称作预定和谐体系,不是偶然的。

莱布尼茨发展了笛卡尔、斯宾诺莎的唯理论并加以系统化。他深刻地揭露批判了经验论的缺陷,同时又对经验论原则采取了较为开放的态度。他在一定意义上承认感性经验的认识作用和真理性,从而在感性与理性相结合的方向上把整个认识论向前推进了。

莱布尼茨在哲学中关于不可分的点和连续性、必然和自由两大"迷宫"问题的提出,以及他在预定和谐体系中对这些问题的解决和论述,特别是他首先对机械论的批判、关于实体能动性原则的提出和论述等,尽管是彻底唯心主义的,但的确包含有非常深刻的辩证法。

莱布尼茨是近代德国哲学的重要开创者。莱布尼茨的哲学是德国近代启蒙思潮和18世纪末19世纪初德国古典哲学的伟大先驱。他的哲学思想对18世纪法国百科全书派的狄德罗等人也发生了很大影响。

由于莱布尼茨把逻辑、数学、自然科学的方法论同哲学紧密结合起来,以及他思想的深刻、奇特、富于创见,因此无论是现代逻辑实证主义哲学、数理逻辑、计算机科学，乃至精神分析学和系统论等，都不同程度上受到莱布尼茨思想的影响。

莱布尼茨哲学是通过克利斯提安·沃尔夫而开始在德国广泛传播的。

二、沃尔夫

克利斯提安·沃尔夫（Christian Wolff, 1679—1754年）生于布累斯劳，早年学习神学，后来专攻哲学。1706年开始，他在哈勒大学担任数学和哲学教授。1723年任马堡大学哲学教授。1740年回到哈勒，后来被任命为柏林大学副校长。

沃尔夫的哲学是改造莱布尼茨哲学而成的。他的贡献在于将莱布尼茨的哲学系统化并搬上大学讲坛。在沃尔夫以前，德国大学哲学课堂只讲授经院哲学。同时，沃尔夫是最早用德语写作哲学著作的德国哲学家之一，这对德意志民族哲学和文化的形成发展也起过相当重大的作用。

沃尔夫完全忠于莱布尼茨的《单子论》和《神正论》。在他的努力之下，德国民族哲学开始兴起，逐渐取代了经院哲学所诠释的亚里士多德主义。但沃尔夫的哲学却是极端枯燥、极端空洞的。他按斯宾诺莎《伦理学》的方式，用定义、公则、命题等，把一些相对立的哲学范畴如：一和多、简单和复合、有限和无限、原因和结果等放在一起，作出确定的规定，他的哲学包括对经院逻辑学的批判，讨论最抽象的"有"的"本体论"（其中包含唯一者、偶性、实体、因果、现象等范畴）；作为关于物质世界的普遍学说的"宇宙论"（主要是讨论世界的连续性、自然界无飞跃等等）；讨论灵魂单纯性、不死性、非物质性的"心灵学"；为神作论证的"自然神学"，等等。他还有讨论自然法、道德学、政治学、经济学的"实践哲学"。

沃尔夫把斯宾诺莎在哲学中所应用的几何学方法推到极端，

有着严重的学究气。而且,沃尔夫把莱布尼茨思想中许多生动的,有着丰富、具体的辩证法内容的思想,窒息在一个僵死的形而上学框架中,使之成为一堆抽象呆板的教条,一种真正怪诞的东西。例如,前定和谐学说,在沃尔夫那里变成了外在的、神学的目的论概念。按他的说法,前定和谐的意思就是:猫被创造出来是为了吃老鼠,而老鼠被创造出来是为了给猫吃。整个世界被创造出来是为了证明上帝的智慧。这样,沃尔夫就用外在的、来自上帝的"目的"代替了莱布尼茨所论述的单子、事物自身运动、相互联系的"内在原则"。一种包含有深刻、生动内容的哲学探索,就被变成为浅薄的死板图式了。

与此相联系,沃尔夫把形式逻辑的矛盾法则加以绝对化。他把这个法则不是看作一种逻辑思维规律,而看作是宇宙间的唯一根本法则,用以否定客观存在的对立物的统一。例如,他割裂必然和偶然,只承认前者,而否认后者;他把量变和质量割裂开来,明确地只承认量变,而否认质变和飞跃,如此等等。就是这样,在沃尔夫的哲学中,正如黑格尔所指出的,一种"理智形而上学的独断主义"就成为"普遍的基调"[1]了。经过这样处理后的莱布尼茨—沃尔夫哲学在很长一段时间里统治着德国大学的讲坛。后来,康德在接受了休谟的影响建立他的批判哲学时,直接所要批判的,就是这种"独断主义"的哲学。

第六节　18 世纪上半期英国哲学

1688 年的"光荣革命"后,英国资本主义经济开始了新的起

---

[1] ［德］黑格尔:《哲学史讲演录》第 4 卷,贺麟、王太庆译,商务印书馆 1978 年版,第 188 页。

飞。在18世纪上半期资本原始积累迅速扩大,"圈地运动"以"合法"形式加紧推行,英国从殖民地掠夺了大批财物。英国的工业革命就是在这个基础上于18世纪的60—70年代开始的。

在这一时期,掌握了政权的新贵族和大资产阶级面临着巩固自己的统治,迅速发展社会生产力,创造一个稳定的社会局面的迫切任务。新的统治者在挫败复辟势力的阴谋、瓦解中小资产阶级的反对势力、弥缝内部派系争斗的同时,需要强化对失去土地的农民和日益贫困的工人群众的统治。而宗教也就成了新统治者的重要工具。"光荣革命"之后的第二年即1689年,新政权曾颁布《容忍法令》,表示对教派信仰持宽容态度,实际上只是讲国教会与清教徒之间的宽容。1698年,国会通过《渎神法案》,公然取消了不干涉宗教信仰的规定,明令禁止一切攻击基督教教义和违反《圣经》的言行,旨在压制自由思想,加强政治统治。

18世纪英国各哲学流派的分歧和斗争,跟当时各宗教派别的斗争有着密切的联系。与此同时,由于牛顿力学、天文学、光学、数学等科学成果的传播和应用,由于洛克哲学的巨大影响,各哲学流派都不能不对牛顿科学成果有所反映,而且它们一般都是以洛克经验论为出发点的。

18世纪英国出现了一大批"自由思想家",他们反对传统的基督教,抨击国教会的独裁统治,主张宗教宽容。他们在哲学上以"自然神论"的形式出现,其代表人物有考尔德、托兰德、科林斯、哈特莱、多德威尔、普利斯特列等。自然神论(Deism,也译作"理神论"),并不否认上帝存在和上帝创世说,但是否认人格神,而且认为上帝在创造了世界之后就让世界按照自身的自然规律去运动而不再干预世界事务了。自然神论者主张以理性为基础的"自然宗教",而反对以神的启示为基础的传统基督教。他们认为"神的启示"、"奇迹"等说法以及宗教仪式是违反理性的,必须摒弃。自然神论在当时不仅反对封建传统宗教,而且反对一切官方教会压迫。马克思说:"自然神论至少对唯物主义者来说不过是一种摆脱宗教的简便易行、凑合使用的方法罢了"。[①] 在哲学思想方面,自然神论的最卓越的代表是约翰·托兰德。

一、托兰德

约翰·托兰德(John Toland,1670—1722 年)出生在爱尔兰一个天主教徒的家庭。但他在学校老师的影响下,16 岁时就成了一名新教徒。17 岁时前往苏格兰格拉斯哥大学求学,后转入爱丁堡大学,1690 年获爱丁堡大学文学硕士学位。后又到荷兰莱顿大学继续深造,在那里结识了一大批知名学者,并通过友人介绍和洛克建立了联系。1694 年托兰德前往牛津在博德莱图书馆工作。1696 年发表了《基督教并不神秘》一书,因此书公开宣传自然神论,爱丁兰议会下令焚书并要逮捕作者追究责任,1697 年托兰德逃到伦敦,并写了《答辩》一文。1701 年因支持王位继承法而受到英国王位继承人索菲亚公主的赏识,他作为大臣出使汉诺威宫廷,在那里结识了索菲亚公主的女儿、普鲁士国王腓特烈的王后索菲亚·夏洛特,并为她写了《给塞琳娜的信》一书。在此书中,他探讨了宗教产生的历史起因,描绘了唯物主义的世界图景。后来,托兰德在政治上失势,就专心从事写作。在他死前两年即 1720 年出版了《泛神论者的神像》一书,对现存的宗教进行了彻底的否定,从自然神论走向了无神论。

(一)信仰以理性为基础

托兰德的自然神论发展了洛克关于理性高于信仰的观点,认为真正的宗教应是合乎理性的。他的《基督教并不神秘》一书的

---

① 《马克思恩格斯文集》第 1 卷,人民出版社 2009 年版,第 332 页。

副标题表明了它的目的就是要："证明在福音书中没有任何违背理性并超越理性的东西：以及恰当地说来任何基督教的教义都不能叫作某种神秘。"①

托兰德给理性下的定义是："心灵借助将其与某种明显已知的事物相比较的方法来发现任何可疑或不明的事物的确定性的那种能力"。②托兰德对理性的这一规定，来源于洛克所说的借助中间观念来进行推理的那种证明的知识。托兰德认为，应该把信仰建立在推理的基础上。"除了把信仰看作是建筑在可靠推理基础之上的一种最坚定信念以外，任何人都不能向我指明对信仰有另外的看法"。③我们只有对可相信的东西进行彻底的考查和检验，才更有益于培养和建立我们对它的信念，反过来，信仰的脆弱和动摇则由于对它缺乏充分的理解。人们信仰的程度取决于人们对信仰对象的认识和了解的程度。因此如果把认识当作是对于所相信的东西的了解，信仰也就是认识。但是"理性"和"启示"一样都是来自上帝的，"理性就是上帝安放在每一个进入人间世界的人中的灯塔，向导和法官"。④

托兰德提高理性的地位，反对盲目崇拜、盲目信仰。他认为，对上帝的启示的信仰也应建立在理性证明的基础上，对于一切"不可了解的关系，我们不能根据上帝的启示就相信它们"。⑤对上帝启示的信仰应根据有力的证明，而不是盲从，人们的宗教信仰应依据理性而不是权威。他主张要用理性来检验《圣经》，理性是确证一切的唯一基础，也是证明《圣经》神圣性的唯一基础。托兰德说："我认为，《圣经》自身中就存在着神圣性的最鲜明的品格；但是，却是靠理性来发现它们、检验它们，并且根据理性的原则来

---

①②③④⑤　［英］托兰德：《基督教并不神秘》，张继安译，商务印书馆 1989 年版，第 1、9、76、81、25 页。

赞成它们和宣布它们是有根据的;这样做,就会合乎规则地在我们心中引起一种对信仰或信服的默认"。①我们对《圣经》的理解要看它的真实意思而不要看它的个别词句,从真实意思上讲,"《圣经》与理性是完全一致的。"如果拘泥于个别词句,则很可能推出极大的荒唐和亵渎神明的说法来。

托兰德认为,在基督诞生后的最初一个世纪里,神秘并不怎么流行。但是在第二、第三世纪,随着各种礼仪,如洗礼、圣餐礼等等的制定,神秘也就开始确立了。人们竭力把世界上最清楚的事物表现为神秘,因而歪曲和破坏了这些事物固有的本性和用途。教士们出于私心而宣扬神秘,并借助神秘建立起独立的政治团体。在最初两个世纪里,尚未确立等级制度,但是此后不久就借助神秘建立起这种制度,从而为种种的巧取豪夺开辟了道路。教会的"各种礼仪和戒律的法令或典制,为这种新状态增加了光彩,大大地影响了或麻痹了无知者的头脑;……靠这种方法,教士们能够做到任何事情;他们最终垄断了解释《圣经》的唯一权利,并且以此要求承认他们自身的绝对无误性"。②

托兰德在概括说明他反对盲目信仰而坚持理性原则的坚决立场时,申言他"宁走理性的平坦大道而不蹈教父们不可超越的迷宫,以及宁要真正基督教的自由而不要反基督教的专横独裁"。③

这样,托兰德在论述基督教和一切宗教问题时,明确建立"理性"和"自由"的原则,彻底排斥"神秘"以及宗教礼仪和盲目信仰,实质上是在摧毁着基督教和教会的基础。这表明他的自然神论的确是以宗教形式出现而又"摆脱宗教"的方便形式。

(二)理性依据经验

托兰德是从洛克的经验论出发,来确立理性的原则的。他认

---

①②③　[英]托兰德:《基督教并不神秘》,张继安译,商务印书馆1989年版,第20、93、8页。

为理性、推理活动都以观念为依据和材料："这些以这种方式贮存在巨大的知性仓库中的简单的和清楚的观念，就是我们一切推理活动的唯一根据和基础"。①一切观念都来源于外部感觉以及以外部感觉为基础的反省活动。他说："这种接受观念进入人心的单纯活动，不论是借助感官的作用，诸如颜色、形状、声音、气味等，还是借助心灵思考它自己对于它从外界接受来的东西的活动，诸如认识、怀疑、肯定、否定等，我认为，严格地说来，这种接受这些观念进入人心的单纯活动并非理性，因为心灵在这里是纯粹被动的。"②理性的活动在于能动地处理这些观念，把它们加以比较、结合或分离；而"所有我们的全部认识，实际上，只不过是对我们的观念的或多或少的一致或不一致的知觉。"③推理的能力在判断观念的一致或不一致时有着重大的作用。他要求在认识中坚持正确的准则，"这种正确无误的准则，或叫作正确信服的证据，即是证据；所谓证据，就在于我们的观念或思想与其对象或我们思想着的事物完全符合"。④这些证据是我们推理的依据，我们只要以这些证据作指导就不会犯错误。他举例说明观念或思想与其对象完全符合时写道："我之所以相信一朵玫瑰花的观念是明显的，其理由就在它给我们以那朵花真实地反映。……这朵玫瑰花的性质并非我的幻想的产物，而属于原本因即对象。"⑤在这里，托兰德发展了洛克的经验论，提出了唯物主义反映论的基本思想。

（三）运动是物质的根本属性

在托兰德之前，笛卡尔、霍布斯以至牛顿、洛克等哲学家和科学家都把物质运动的形式归结为简单的机械运动、位置移动，认为事物运动的动力是在其外部，是靠外力的推动，牛顿还提出上帝是

①②③④⑤　[英]托兰德：《基督教并不神秘》，张继安译，商务印书馆 1989 年版，第 8、7、8、11、12 页。

第一推动力。机械唯物主义者最大的局限性就是不能解决事物运动的源泉问题。托兰德首先提出了运动是物质的不可分割的、自然的、本质属性的重要原理。他说："运动是物质的本质属性,就是说它不能从物质的本性中分开,犹如不可入性或广延性那样,而且运动应当成为物质定义的一部分"。[①]自然物体的任何部分都是运动的,运动的形式是多样的,它们以不同的方式相互作用。许多东西表面上看去是静止的,但其内部却是运动着的。物质是无限的,运动也是无限的。整个宇宙是一个生生不息、变化发展的长河。"宇宙的所有部分都处于永恒的毁灭与生长、生长与毁灭的运动之中,较大的系统和较小的微粒一样都在无休止地运动。……我们的身体……昨天和今天不一样,今天和明天又不一样,就像在一条永恒流动的河中生活"。[②]托兰德的这些论述在当时流行的机械唯物主义的世界观上打开了缺口,这是对唯物主义的一大发展。

托兰德所开创的自然神论的新思潮,铲除了洛克经验论哲学的最后的神学藩篱,闪烁着辩证法的思想光辉,不仅对英国整个18世纪进步哲学和宗教思想发生了深远影响,而且也影响了法国的启蒙运动(伏尔泰、卢梭等都是自然神论者),并且成为法国战斗无神论的先声。托兰德的自然神论有力地打击了官方教会以及它所宣扬的盲目信仰主义,因而遭到当局的迫害,并受到宗教辩护士们的围攻。他的家乡爱尔兰的克洛因主教贝克莱就是这些宗教卫道士中最突出的一个。

二、贝克莱

乔治·贝克莱(George Berkeley,1685—1753年)出生于爱尔

---

①② 《托兰德给塞琳娜的信》,转引自钟宇人、余丽嫦编:《西方著名哲学家评传》第4卷,山东人民出版社1984年版,第33、36页。

兰基尔肯尼一个乡村小贵族家庭。1700年入都柏林三一学院学习。在这之前四年，即1696年托兰德发表了《基督教并不神秘》，引起了一场激烈的思想斗争。爱尔兰议会、教会当局以及学院院长亲自领导对托兰德自由思想的围攻。贝克莱就是在这一激烈思想斗争背景下进入三一学院的。1704年贝克莱毕业后留校任教，获得文学硕士学位，1707年当选为该学院的初级研究员。这时贝克莱坚决地站在官方教会一边，亟力寻求一种一劳永逸地了结无神论和唯物论的哲学理论。

　1709年，贝克莱经国教会任命为"执事"，同年出版了他的第一部著作《视觉新论》。该书企图利用当时自然科学的一些材料来论证视觉的对象不是在观察者之外，而是在观察者心中，这是他的非物质主义思想的一个引言。1710年贝克莱被授以国教会"牧师"的圣职，同年出版了他最重要的哲学著作《人类知识原理》，该书系统地阐述了他的非物质主义的思想，这些思想在他另一本书《希勒斯和菲洛诺斯的三篇对话》中又重新得到了通俗的表述。

　贝克莱在1713—1720年间曾多次伴随别人去法国、意大利等地游历，曾经拜访过与他的哲学思想有许多共同点的法国哲学家马勒伯朗士。1721年回到都柏林三一学院，被授予神学博士学位。1724年被任命为德利教区的教长。从1724年秋开始，贝克莱着手实施他到美洲的百慕大创办殖民教会学校的计划，于1728年9月启程，翌年初到达了北美罗德岛。由于政府拨款落空，他的计划成了泡影，1731年不得不返回英国。1735年贝克莱被任命为爱尔兰克罗因教区主教，1752年秋离任，移居牛津，次年去世。

　贝克莱把洛克唯物主义的经验论转变成唯心主义的经验论，创立了西方近代哲学史上第一个主观唯心主义和客观唯心主义相糅合的哲学体系。

（一）存在就是被感知和感知

贝克莱批判和改造了洛克的"两种性质"的学说，将事物的一切感性性质都变成我们心中的观念。他认为，我们所能直接接触到的，只是我们通过感觉器官得到的色、声、味等观念。除观念外，我不能感知任何东西。不仅第二性的质是观念，而且第一性的质也是观念。因为两种性质是不可分的，"广袤、形相和运动，离开了所有别的性质，都是不可想象的"。①既然第二性的质只是心中的观念，那么第一性的质也只是心中的观念。"总之，任何一个人只要考究一下那些被认为显然足以证明颜色和滋味只能在心中存在的论据，他就会发现，这些论据都可以同样有力地来证明广袤、形相和运动也是只能在心中存在的。"②这样，贝克莱就把事物的一切性质都变成心中的观念了。

贝克莱进一步推论说，既然我们所看到、听到、尝到、闻到、触到的一切东西都是观念，"由于这些观念中有一些是一同出现的，我们就用一个名称来标记它们，并且因而就把它们认为是一个东西。因此，例如某种颜色、滋味、气味、形相和硬度，如果常在一块儿出现，我们便会把这些观念当作一个单独的事物来看待，并用苹果的名称来表示它。另外一些观念的集合，则构成一块石头、一棵树、一本书和其他类似的可以感觉的东西。"③贝克莱由此断言：物就是"观念的集合体"，即感觉的集合体。这就是贝克莱所得出的主观唯心主义的基本论断。

贝克莱认为，人类知识的对象或认识的客体是观念，认识者，或认识的主体是心灵、精神、灵魂或自我。他说，除了所有这些无数的观念或知识对象以外，同样还有"某种东西"知道或感知它

①②③　北京大学哲学系外国哲学史教研室编译：《十六——十八世纪西欧各国哲学》，商务印书馆 1975 年版，第 543、545、539 页。

们,并对它们进行各种活动,如意志、想象、记忆等;这样一个能感知的主动实体,就是他所谓的心灵、精神、灵魂或自我。

"观念"的存在是不能离开人心的,它是被动的,依赖于人心而存在,靠人心去感知它。认识的对象、认识的客体、观念的存在(esse)就在于被感知(percipi),"它们离开能知觉它们的心灵或能思想的东西,便不能有任何存在。"[①]并且,认识的对象不仅依赖于认识者而存在,而且就是由认识者构成的。"只有人心才可以构成可见世界中所有的复杂而变化多端的物体"。[②]

心灵、精神、灵魂、自我,是一个主动的实体,它的任务就在于感知观念。观念"只能存在于无广延的、不可分的实体中或精神中,因为只有精神是可以能动、可以思想、可以感知它们的"。[③]"至于灵魂或精神则是一个能动体,它的存在不在于被感知,而在于感知观念和思想"。[④] 所以,认识者、认识的主体,即心灵、精神的存在就在于感知(percipere)。这就是贝克莱的"存在就是被感知和感知"。

贝克莱的"存在就是被感知和感知"这一命题,着重提出并探讨了认识的主体和客体及其相互关系,明确表达了主体能动性思想(自我是"能动的实体"),这在认识史上是有积极意义的。但是,贝克莱夸大了认识的主观性、相对性,否认了认识对象的客观物质性,因而陷入了主观唯心主义。

(二)物质是"虚无"

贝克莱从他的主观唯心主义的感觉论出发,排斥唯物主义的"物质"概念,攻击唯物主义关于物质第一性、物质世界客观存在

---

①②③　[英]贝克莱:《人类知识原理》,关文运译,商务印书馆1973年版,第21、40—41、62页。

④　北京大学哲学系外国哲学史教研室编译:《十六——十八世纪西欧各国哲学》,商务印书馆1975年版,第569页。

这一基本原理。

贝克莱区分了日常的事物概念和哲学的物质概念。他说："我并不否认我们借感官或反省所能理解的任何一个事物的存在。我用眼睛看到的事物和用手摸到的事物都是存在的,真实地存在的,对于这一点,我丝毫也不怀疑。唯一我们所否认为存在的,乃是哲学家们所谓的'物质'或有形的实体。"①贝克莱看到了"关于'物质'或'有形实体'的学说,是'怀疑主义'的主要支柱;同样,一切'无神论'和'不信宗教'的渎神的企图,也是建立在这个基础之上的。……物质的实体从来就是'无神论者'的挚友,这一点是无需多说的。他们的一切古怪系统,都明显地、必然地依靠它,所以一旦把这块基石去掉,整个建筑物就不能不垮台"。②这样,贝克莱把唯物论哲学的物质概念看作是宗教的大敌,因此他给自己的哲学提出的基本任务是攻击、排斥物质概念。

贝克莱不仅在论述认识的对象和来源时一开头就否定了外界事物、物质的存在,而且在他的哲学的整个论述过程中提出种种"论据"来驳斥物质概念。

首先,他通过否定人的心灵的抽象作用,否定普遍的、抽象的观念来排斥物质概念。贝克莱认为,所谓"抽象作用的本来意义"是指"离开特殊的事物来构成一个普遍的观念"③,此外,把相互联系的各种性质"分别开来加以设想",也是一种"抽象作用"。④可以说,贝克莱按照他关于"存在是被感知"的唯心主义基本观点,把一切脱离了被感知而对于对象存在的肯定,都称之为"抽象观念的学说"。

①② 北京大学哲学系外国哲学史教研室编译:《十六——十八世纪西欧各国哲学》,商务印书馆1975年版,第554、567页。
③④ 〔英〕贝克莱:《人类知识原理》,关文运译,商务印书馆1973年版,第7页。

　　贝克莱不仅采取极端唯名论(加以唯心论的解释)观点,完全否认从特殊中抽象出的普遍概念;而且按照他自己的唯心主义基本原则,根本排斥一切不依赖感知而独立存在的物质对象,从而也就根本排斥物质概念,否认物质实体存在。

　　贝克莱认为,哲学家们所谓"物质的实体"有两层意思:即"一般的存在"加上"它支持诸偶性"。但是"一般的存在"是一个抽象观念,它是"最抽象、最不可思议的"。① 既然一切可感的性质或偶性都是存于心中的观念。那么,你要假设一个外部物质实体支撑它们,这岂不是明显的矛盾、完全不可想象的吗? 因此,物质的实体是不存在的。

　　其次,贝克莱通过曲解、利用洛克关于第一性的质和第二性的质的学说,来排斥物质概念,否认物质存在。

　　再次,贝克莱通过断定实体必具有能感知的特性,从而否定物质实体。贝克莱认为,偶性、性质(即观念)是被动的,只能被能动的实体即精神实体所感知,只能存在于能感知的实体中,而不可能被一个被动的实体即物质实体所感知,不能存在于物质实体中。因此,"要说那些性质可以存在于一种不能感知的实体中,或为它所支撑,那是一个明显的矛盾"。②

　　最后,根据以上所说,贝克莱认为他已经证明了物质既不是实体,也不是偶性;既不是精神,也不是观念。在这种情形下,如果还要坚持说物质存在,那就是等于断言物质是某个无活力、无思想、无广延、不能动、不可分的东西,……不过,这样一来物质一词跟"虚无"(nothing)一词就是完全同一的了。

---

① 北京大学哲学系外国哲学史教研室编译:《十六——十八世纪西欧各国哲学》,商务印书馆1975年版,第546页。

② [英]贝克莱:《人类知识原理》,关文运译,商务印书馆1973年版,第54页。

(三)上帝存在

贝克莱否定物质实体的存在,但他不否认"精神实体"的存在,而且还作了进一步的论证,并由此而论证了上帝的存在。他说,存在在于被感知,这并不是说,我一合眼睛一切东西都化为乌有,我一睁眼睛它们又重新创造出来,我认为这一切是存在的,不仅是因为我还记得我曾经感知到它们,而且还因为,虽然我不感知它们还有别的精神感知它们。说各种物体在心外并不存在,并不是指这个特殊的心或那个特殊的心,而是指任何所有的心。即使各种事物没有被我感知到,没有别的心甚至任何所有的心感知到,它们还会被某种"永恒的精神"、"宇宙的大心灵"感知到。各种事物的存在是因为有上帝感知它们,它们存在于上帝这个"宇宙的大心灵"之中。因此,首先从事物的存在就可以证明上帝的存在。

其次,从我们得到的感觉观念也可以证明上帝的存在。观念的产生是有原因的。我虽然可以随意在我心中引起一些观念,但是借"感官"实际上感知的观念并不同样地依存于我的意志。如我在白天一张开眼睛就有一个特殊的事物呈现在我面前,这样由感官得来的观念,不是我的意志的产物,因此,一定有某种别的"意志"或"精神"来产生它们,这就是"上帝"。"'感官'的观念要比'想象'的观念更为强烈,活泼和清晰,而且它们是稳定的、有秩序的和互相融合的,它们不像那些产生于人类意志的观念那样可以随意地被引起来,而是在一个有规则的系列中出现的,——它们相互间的奇妙的联系,足以证明造物主的睿智和仁慈。"①

---

① 北京大学哲学系外国哲学史教研室编译:《十六——十八世纪西欧各国哲学》,商务印书馆1975年版,第552页。

最后,从自然法则的存在也可以证明上帝的存在。上帝在我们心中激起的感觉观念不是杂乱无章的、而是有某种秩序的。"我们如果仔细考察自然事物的恒常的秩序、规律和连贯"等等,那么,就可分明看到这些性质只能属于上帝,而且"上帝的存在较人的存在还为明显"。①

总之,割断感觉经验的客观来源,断言只有观念和精神存在,否定物质存在,从而肯定上帝存在及其全知全能,使人们坚决"与知识、安谧以及宗教为友"。②笃信圣教,永奉福音。这就是贝克莱唯心主义体系的根本出发点和最终归宿。

贝克莱论证上帝的存在,在认识论上的目的是要克服主观主义的经验论带来的唯我论的后果,借助上帝来说明真理问题、自然事物的存在和自然规律等问题。

在贝克莱看来,不仅是感官的观念比心灵的产物有更多的真实性,而且除我个人的感觉观念之外,还有别人的感觉观念。他提出众人的共同的感觉作为真实性的标准。例如,《圣经》上讲的耶稣在加拿的婚筵上把水变成酒的"神迹"故事,究竟是骗局、幻觉,还是真有其事呢?贝克莱回答说:"如果在座的人都看到、嗅到、尝到、喝到了酒,并且感到了酒的效果,那么我也就对于它的真实性没有什么怀疑了"。③众人的感觉的一致性固然是扩大了个人感觉的范围,但并没有越出主观性的范围,贝克莱以此证明的神迹的"真实性"毕竟不是客观实际的真实性。

在真实性及其标准的问题上,像在其他重要哲学问题上一样,贝克莱最后还是求助于上帝。他写道:"造物主在我们'感官'上

---

① ［英］贝克莱:《人类知识原理》,关文运译,商务印书馆1973年版,第88页。
②③ 北京大学哲学系外国哲学史教研室编译:《十六——十八世纪西欧各国哲学》,商务印书馆1975年版,第568、564页。

所印下的观念,叫作真实的事物。在想象中被引起的那些观念,则是比较不规则、不活跃和不恒常的,可以称为狭义的观念或事物的图像,它们摹拟并表象事物。"①不过,这两种东西都只是心中的观念。可见,在这里贝克莱仍然恪守着主观唯心论和神学唯心论的原则。

贝克莱认为,真实的知识就是比较规则的、比较经常性的观念联系的知识,而自然科学正是这样的知识。他由此出发,对自然科学采取了一种区别于传统神学的"新的"态度:不是简单排斥自然科学,而是接受、利用自然科学。"自然这本大书"是应当读的,但是终究要服从神学目的:"赞美上帝"。②

为了使科学知识从属于唯心论基础,贝克莱着重论述了自然规律和因果性问题。他认为自然规律不过是感觉观念的合规则的联系,当上帝"在我们心中刺激起感觉观念来时,要依据一定的规则或确定的方法,那些规则就是所谓自然规律"。③这些自然规律对于我们处理日常事物是非常有用的。根据它我们可以得到一种预见来规范我们的行为以利于人生。

但是,贝克莱说的这些自然法则,不是独立于人的思想的客观规律,而只是观念间具有的稳定的秩序,一定的观念总是恒常地伴随着另外的一定观念而出现;同时,它也不是观念间的某种必然的因果关系,只不过是一些符号或标记。"观念间的联系,并不表示因果关系,它只是表示一个记号或符号同用符号标志的事物的关系。我所看见的火,并非在我接近它时所感受的痛苦的原因,而只是警告我的标志。同样,我所听见的喧杂,亦非周围物体的这种、

---

① 北京大学哲学系外国哲学史教研室编译:《十六——十八世纪西欧各国哲学》,商务印书馆1975年版,第553页。

②③ [英]贝克莱:《人类知识原理》,关文运译,商务印书馆1973年版,第69—70、33页。

那种运动或撞击的结果,而只是其符号".①

贝克莱认为,原因产生结果的概念,我们只有把它当作给我们消息的符号或标记,它才是可以解释的和有用的。"自然哲学家的职务,正是要研究并力求了解造物主的这种语言……而不是借有形体的原因来妄图解释事物。"②贝克莱的这种"自然符号论"否定了客观的因果规律,把事物的因果联系说成是表现上帝旨意的自然符号,企图使科学适合于宗教的需要。

贝克莱的唯心主义经验论哲学,遵奉和论证神学教条如上帝存在、灵魂不死等等。但是他的哲学论述也的确有一些不同于旧神学的新的特点:从感觉经验出发,从认识论角度立论,抓住了机械唯物主义的一些困难和缺陷,提出了一些重要的哲学问题,如认识中主观与客观、能动和被动、绝对和相对关系问题,真理标准问题,第一性的质和第二性的质的不可分离的联系的问题等,在特定的历史条件下可以起到发人深思的积极作用。

贝克莱哲学是英国经验论发展的转折点。唯物主义的经验论经贝克莱改造变成了唯心主义的经验论。贝克莱哲学在现代西方哲学中对于实证主义、实用主义以致分析哲学诸流派产生着深远的影响。

三、休 谟

大卫·休谟(David Hume,1711—1776年)出生在苏格兰爱丁堡郡的奈因威尔斯一个没落贵族家庭。12岁进爱丁堡大学学习法律,由于家庭原因,学了两年就中途辍学,以后在家自修文学并对哲学产生了浓烈的兴趣。1732年休谟刚满21岁就开始撰写他

---

①② 北京大学哲学系外国哲学史教研室编译:《十六——十八世纪西欧各国哲学》,商务印书馆1975年版,第560页。

的主要哲学著作《人性论》。1734年,休谟东渡法国,继续进行哲学研究和著述。在法国的3年间,休谟完成了他的哲学巨著《人性论》,该书于1739—1740年在英国分卷出版。他分别在1748年和1751年将《人性论》第1卷"论知性"改写成《人类理解研究》,将第3卷"论道德"改写成《道德原则研究》出版。从法国回到英国以后,休谟曾经当过家庭教师,并随圣·克莱尔将军远征法国,出使欧洲大陆的维也纳、米兰和都灵。1749年他回到家乡,专心从事著述活动。1752年休谟被选为爱丁堡苏格兰律师协会图书馆馆长,他利用那里的丰富藏书,开始写作多卷本《英国史》。1757年他出版的《宗教的自然史》一书引起了轩然大波,受到教会的严厉指责,1761年罗马教会把他的著作列为禁书。

1763年,休谟应英国驻法公使海尔特福德伯爵的邀请到使馆当秘书,曾在1765年新旧公使交接之际担任了四个月的代理公使。在此期间他结识了许多著名的法国进步思想家,如卢梭、霍尔巴赫、爱尔维修、狄德罗等人。1766年初休谟从巴黎返回英国,1767年任国务大臣助理约八个月。1769年回到爱丁堡,于1776年8月逝世。

休谟从洛克经验论出发,深受贝克莱主观唯心主义的影响,同时又受到了古希腊的怀疑论、中世纪唯名论和比埃尔·贝尔的怀疑论以及牛顿的科学方法论的影响,制订出了一个基于怀疑论和抽象人性论的哲学体系。

休谟在概述自己的哲学体系时指出,全部哲学可以划分为自然哲学和精神哲学这样两大部分,而科学的哲学研究法是实验和观察的方法。从弗·培根开始直到牛顿,哲学家和科学家们已经运用这种方法建立起了自然哲学体系。但是在精神哲学方面,尽管洛克、舍夫茨伯利等哲学家开始在新的基础上做了一些努力,但由于没有抓住"人性"这个根本,仍然没有建立起一个新的体系。

因此,休谟给自己提出任务:运用实验推理的方法来剖析人性,以便建立起一个精神哲学体系。他认为构成这个体系的基础的"人性"应包括"理智"(understanding 又译知性)和"情感"(passions)这两个主要部分。他关于这两个部分的考察大体上包括怀疑论的认识论、宗教观和伦理学三个方面的内容。

(一)怀疑论

休谟贯彻洛克的经验论观点,对人的认识能力("理智")以及他所谓的认识的基本构成成分("知觉")进行详细的剖析,但却撇开认识的客观实在的对象来考察认识,从而制订了怀疑论的认识论学说。

1.认识的来源和怀疑论。

休谟像洛克一样,从感觉经验出发,但是在对经验的分析和解释上和洛克不同。洛克认为"观念"是知识的基本要素,把一切观念归于感觉和反省这两个源泉。而休谟则把"知觉"(perceptions)作为知识的基本要素,然后将知觉分成两类,即印象(impressions)和观念(ideas)。"两者的差别在于:当他们刺激心灵,进入我们的思想或意识中时,它们的强烈程度和生动程度各不相同。进入心灵时最强最猛的那些知觉,我们可以称之为印象;在印象这个名词中间,我包括了所有初出现于灵魂中的我们的一切感觉、情感和情绪。至于观念这个名词,我用来指我们的感觉、情感和情绪在思维和推理中的微弱的意象"。①　可以说,印象和观念的这种差别是感觉和思维的差别。他在论述印象(即感觉)与观念(或思想)的关系时说:"我们的一切观念或较微弱的知觉都是印象或是较活跃的知觉的摹本","我们所考察的各个观念是由相似的印象

_____

① [英]休谟:《人性论》,关文运译,商务印书馆 1980 年版,第 13 页。

来的。"①

这样,休谟把一切观念归结为印象;而在他看来,"一切印象,也就是一切感觉,不论内部外部,都是强烈的、活跃的"。②就是说,印象是外部和内部感觉,也就是感觉印象和反省印象。而反省印象则是由感觉印象所派生出来的。休谟说:"反省印象只是在它们相应的观念之前产生,但却出现在感觉印象之后,而且是由感觉印象得来的。"③可见,休谟克服了洛克把反省和感觉并列起来作为认识的两个来源的做法,而认为一切观念、全部认识最终都来源于感觉,从而进一步贯彻了洛克的感觉论、经验论。在这一点上,休谟和贝克莱是一致的。

但是在关于"心灵"、"自我"、"精神实体"的问题上,休谟就走上了和贝克莱不同的道路。贝克莱认为除了"被感知"的感觉观念之外,还有作为"感知者"的"心灵"、"自我"、"精神实体"(包括无限的精神实体即上帝存在);感觉观念的集合即物存在于心灵、自我之中,物与心灵、自我都是上帝所创造,都依存于上帝。休谟则不做这样的区分,而把心灵、自我、精神实体等全都归结为"知觉"。他说,人们的自我"都只是那些以不能想象的速度互相接续着、并处于永远流动和运动之中的知觉的集合体,或一束知觉"。④"因此,形成自我的就是这些知觉的组合。"⑤至于上帝,休谟则认为它在知觉范围之外,是不可认识的。这样,休谟就把洛克的感觉论、经验论贯彻到底,并从而抛弃了贝克莱的客观唯心主义的神学思想。

总之,在休谟看来,呈现于人心的只有知觉,知觉分为印象和

---

①② 〔英〕休谟:《人类理解研究》,关文运译,商务印书馆1981年版,第21、23页。

③④⑤ 〔英〕休谟:《人性论》,关文运译,商务印书馆1980年版,第19—20、282—283、672页。

观念两类。派生观念来自原始观念,"但原始观念既经假设为由印象得来;所以我们的一切简单观念或是间接地或是直接地从它们相应的印象得来的这个说法仍然是正确的。"接着休谟宣称,这就是他在"人性科学中建立的第一条原则"。①

休谟把一切观念都归结为印象,而印象最基础的又是感觉印象。那么印象又是从哪里得来的呢? 对于认识论的这一根本问题,休谟持"存疑的"态度。他说:"至于由感官所发生的那些印象,据我看来,它们的最终原因是人类理性所完全不能解释的,我们永远不可能确实地断定,那些印象还是直接由对象发生的,还是被心灵的创造能力所产生,还是由我们的造物主那里得来的。"②因为要知道感官知觉的来源问题,只有凭借经验,但是经验在这里,"事实上,理论上,都是完全默不作声的"③,它无能为力。自我心灵只是知觉到感觉印象,我们没有关于知觉起源的印象,所以知觉是怎么得来的是不可经验的。一切不能诉诸印象的东西是不可知的,印象的来源是不可知的。像这样既不用物质对象的作用来说明感觉印象,也不用自我心灵或上帝的作用来说明感觉印象,这就是休谟的怀疑论即不可知论的基本观点。

2.实体是否存在不可知。

休谟怀疑论即不可知论的基本内容和主要表现就在于他断言,人的认识的唯一对象只是感性知觉,至于实体的存在,即不依赖于感性知觉的、独立的存在体,无论是物质的或精神的存在体,都是不可知的。

休谟从怀疑论基本观点出发,根本否认我们可能有实体观念。至于许多哲学家所谈论的实体,他认为那实际上是一种不可知的

---

①② ［英］休谟:《人性论》,关文运译,商务印书馆 1980 年版,第 18、101 页。

③　［英］休谟:《人类理解研究》,关文运译,商务印书馆 1981 年版,第 135 页。

东西。休谟说："构成一个实体的一些特殊性质,通常被指为这些性质被假设为寓存其中的一种不可认识的东西"。[①]

休谟认为,我们所能认识的只能是我们自己的知觉,不能超出知觉、在自身之外去寻找什么实体或自然物体的存在。"我们纵然尽可能把注意力转移到我们的身外,把我们的想象推移到天际,或是一直到宇宙的尽头,我们实际上也一步超不出自我之外,而且我们除了出现在狭窄范围以内的那些知觉之外,也不能想象任何一种的存在。"[②]知觉范围之外一概不可知,我们既不能断言物质实体或物体是否存在,也不能断言精神实体是否存在。

看来,休谟力图超越于唯物主义和唯心主义之上,极力回避哲学的基本问题。但是,要完全回避开这个问题,是不可能的。事实上,休谟对这个问题也不能不作出这样或那样的回答,只是他自己很不一致、摇摆不定罢了。在一些场合,他承认"我们的全部知觉都依靠于我们的器官,依靠于我的神经和元气的配置";[③]承认感觉印象"依靠于自然的和物理的原因,所以要对它们进行考察",就要"进入解剖学和自然哲学中"。[④]在这里表现出了一定的唯物主义的倾向。可是,在另一些场合,休谟又把感性知觉同物质世界割裂,断言"我们所确实知道的唯一存在就是知觉","我们永远不能由知觉的存在或其任何性质,形成关于对象的存在的任何结论。"[⑤]在这里,他显然陷入主观唯心主义观点了。

可见,休谟的怀疑论实际上是在唯物主义和唯心主义之间的摇摆。不过在这一摇摆中,他的哲学归结为主观唯心主义,而且这一唯心主义倾向是基本的。休谟在论述自己的怀疑论观点时,最

---

①③④⑤ ［英］休谟：《人性论》,关文运译,商务印书馆 1980 年版,第 28、238、309、239—240 页。

② 北京大学哲学系外国哲学史教研室编译：《十六——十八世纪西欧各国哲学》,商务印书馆 1975 年版,第 594 页。

后完全承袭了贝克莱排斥物质存在的基本"论证",即断言第一性的质和第二性的质一样都是在人们心中的,从而在实体上抹杀了物质的客观存在。他说:"如果你将物质的一切可以了解的性质,无论是第一性的或第二性的,都一齐剥去了;那么你也就可以说是将物质消灭了,只留下一种不知道的、无法说明的东西作为我们的知觉的原因。这一种看法是很有毛病的,所以没有一个怀疑者会认为它值得一驳。"①

休谟把他自己的哲学称作"温和的怀疑论"(mitigated scepticism),借以区别于古希腊皮罗所代表的"过分的怀疑论"或"绝对怀疑论"。休谟认为这种极端的怀疑论把一切观察和行动全部否定了,从而会使人处于昏然无知的状态,而且它事实上也行不通,因为"日常生活中的行动、业务和工作"②最能推翻它。与此相区别,休谟认为他自己的"温和的怀疑论"则有它的好处,它能够去掉"专断的信仰",使人们"较为谦和、较为含蓄"。③他说:"我们对自己研究所加的这种狭窄限制,在各方面是很合理的"。④

(二)知识论

休谟的怀疑论固然是限制了认识,但是他并不否定认识。反之他肯定人的理智赋有一些认识能力,认为对心理能力的研究、对精神哲学可能的成就"并没有失望的理由",⑤从而提出了研究理智能力的任务。

1.知识的对象和分类。

按照怀疑论的观点,休谟认为,人的心灵、理智所面对的只是感觉观念,人的"思想和推理的共同题材"是由简单观念结合而成

---

① 北京大学哲学系外国哲学史教研室编译:《十六——十八世纪西欧各国哲学》,商务印书馆1975年版,第667页。

②③④⑤ ［英］休谟:《人类理解研究》,关文运译,商务印书馆1981年版,第140、142、143、17页。

的许多复合观念。①休谟把认识对象间的关系归结为观念之间的关系,而具有哲学意义的关系则分为两大类:一类关系完全决定于我们所比较的各个观念,例如我们从三角形的观念本身,就可以推论出它的三个角等于两个直角的这样一种关系;另一类关系则是可以不经过观念的变化而变化的,这主要是指因果关系,因为"原因和结果显然是我们从经验中得来的关系,而不是由任何抽象的推理或思考得来的关系。"②

基于对"关系"的这种理解,休谟认为人类理智的对象可以自然地分为两种,这就是"观念的关系"和"实际的事情"。③

与此相应,休谟把人类的知识也分为两大类:一类是关于"实际的事情"的知识,包括自然科学、自然哲学、历史学等。在这些知识部门中,观念之间的关系决定于事实的情况;而各种事实的反面总是可能的,因为它不含有任何矛盾。这是建立在经验基础上的因果性知识。另一类知识是抽象科学和证明的知识,包括几何、代数、三角等。在这些数学知识中,各个观念之间的关系决定于观念本身。因此,数学知识的命题,在休谟看来,只凭思想的作用就可以从一个概念把它们推导出来,而不需要依据宇宙中任何地方存在的任何东西。自然中纵然没有一个圆形或三角形,欧几里得几何学所证明的真理仍然能保持其确定性和明白性。显然,在对于普遍必然的数量知识的解释中,休谟实际上按自己的方式汲取了莱布尼茨的唯理论和先验论的思想。

2.习惯联想说的因果论。

休谟认为,"一切关于事实的推理,似乎都建立在因果关系上面。只要依照这种关系来推理,我们便能超出我们的记忆和感觉

①② [英]休谟:《人性论》,关文运译,商务印书馆1980年版,第25、85页。
③ [英]休谟:《人类理解研究》,关文运译,商务印书馆1981年版,第26页。

的见证以外"，①根据因果关系，我们就可以从已知推到未知，从过去而预见未来，从个别推到全体，因而因果关系成为科学和全部人类生活建立于其上的一块基石，它是哲学中最高深的问题之一。所以因果学说自然就成了休谟哲学中一个非常重要的部分。

休谟对因果问题的解决是以他的经验论的第一原则为前提的。他探讨的因果关系不是作为客观世界普遍联系中的一个环节，而是主观范围内的印象和观念之间的关系。因此，休谟给自己提出的任务是，首先考察因果关系的观念本身及其构成条件，然后着力追溯它的根源。

休谟认为，不可能在对象的特定性质中去寻求因果关系观念的印象，而必然是从对象间的某种关系中发现因果联系的观念。第一，我们可以把空间中的接近关系看作是因果的必要条件，因为我们发现，凡被认为是原因或结果的对象总是接近的；第二，被认为是原因或结果的对象在时间上有一种因先于果的接续关系；但是，第三，"一个对象可以和另一个对象接近、并且先于它而存在的，而仍不被认为是另一个对象的原因。这里有一种必然的联系应当考虑。这种关系比上述两种关系的任何一种都重要得多。"②因果关系观念似乎就是说对象之间有一种必然的联系。那么，我们如何得到这种必然联系的因果性知识呢？必然的因果关系观念的源泉在哪里呢？

休谟认为，因果联系观念是不能从理性的推论得来的，从观念的比较中得不出"原因和结果之间有一种必然联系"的论断，"原

①　[英]休谟：《人类理解研究》，关文运译，商务印书馆1981年版，第27页。
②　[英]休谟：《人性论》，关文运译，商务印书馆1980年版，第93页。

因与结果的发现,是不能通过理性,只能通过经验"。①经验是我们关于因果关系的一切推论和结论的基础。

这里又产生了新的难题:为什么可以把过去的经验扩展到将来? 从过去的经验扩展到未来的这种推理的过程和联系究竟是怎样的? 这样依据过去经验而进行的推理,实际上是一个归纳推理。这个归纳推理由两个命题所组成,一个命题是"我曾经见到这样一个事物经常有这样一个结果跟随着";另一个命题是:"我预见到别的表面上相似的事物也含有相似的结果跟随着"。一个是前提,一个是结论。休谟说:"我承认一个命题可以从另一个命题里正确地推论出来,而且我知道事实上它经常是这样推论出来的。"②但是,这个归纳推理是怎样从前提过渡到结论,从过去推断到未来,从个别转化到一般的呢? 它们的中间步骤、中间过程是什么呢?

休谟认为,这两个命题之间的联系不是直观的,同时也是不能被任何推理来证明的。首先它不能由解证的推理即必然的推理来证明,因为自然的发展途径和一切可感性质是经常变化的,相反的事实总是经常发生的,在这里没有逻辑的必然性。其次,它也不能由或然的推理来证明,因为休谟在前面论述知识分类时已经说过:关于实际存在的论证是建立在因果关系上的。那么,如果现在用或然推理来证明因果关系,那就是意谓着要断定因果关系是建立在因果关系实际存在的论证上。这样的论证就是循环论证。

或然的归纳推理是建立在"未来和过去相似","相似的性质可以产生相似的结果"、"自然的齐一性"这一假设之上的,而它在

---

① ② 北京大学哲学系外国哲学史教研室编译:《十六——十八世纪西欧各国哲学》,商务印书馆 1975 年版,第 634、638 页。

逻辑上是得不到证明的。也就是说归纳推理如何从前提过渡到结论，从个别过渡到一般即归纳的合理性问题，在逻辑上是得不到证明的。这就是休谟百思不得其解、不得不向公众提出来的著名的"归纳问题"，现代西方哲学家称之为"休谟问题"。

这样，休谟把因果关系问题的证明归结为"归纳问题"的解决，既然"归纳问题"不能解决，因果关系也就无法证明。所以他得出结论说："由此看来，不但我们的理性不能帮助我们发现原因和结果的最终联系，而且即在经验给我们指出它们的恒常结合以后，我们也不能凭自己的理性使自己相信，我们为什么把那种经验扩大到我们所曾观察过的那些特殊事例之外。我们只是假设，却永远不能证明，我们所经验过的那些对象必然类似于我们所未曾发现的那些对象。"①

在休谟那里，既然经验和一切推理都不能证明必然的联系，那么"因果关系的观念"究竟是从哪里得来的呢？休谟别出心裁地认为，那就只有到"想象"中去寻找来源，也就是说到"习惯性联想中去寻找"。我们观察到一些对象的恒常集合，这种集合屡次重复之后，使心灵养成了一种习惯：当一个对象的出现，思想就自然地转移到它通常的伴随物上。从这种习惯性的联想中，就产生了我们的"必然联系"、"因果关系"这一观念。休谟写道："在身体或心灵活动的一切个别实例中，并没有什么东西产生出任何印象，因而也不能指点出任何能力的观念或必然联系的观念。但是，当有许多一致的实例出现，而且同样的对象经常有同样的事件随之而来时，我们就开始得到'原因'和'联系'的概念了。于是我们就感到了一种新的感觉印象，就是说，感到在思想或想象中，有一种习惯上的联系，存在于一个对象与它的经常伴随者之间。这种感觉

---

① ［英］休谟：《人性论》，关文运译，商务印书馆 1980 年版，第 109 页。

就是我们所追求的那种观念的起源。"①

被休谟看作是全部人类生活基石的"因果关系"观念的来源及其本性不过是习惯性的联想。因此,"习惯是人类最大的指导","如果没有习惯的影响,我们将完全不知道超出直接呈现于记忆和感官的事实,我们决不会知道怎样运用我们的手段达到目的,或运用我们的自然能力产生任何结果。一切行为将会停止,大部分思维也会停止"。②

这样,休谟认为因果联系的观念不可能凭理性的力量去发现,而只能在"思想的习惯联系"的感觉中去寻找。他把这一论述看作是对"一切简单观念来自感觉印象"这条第一原理的贯彻,也是对他的怀疑观点的一个论证。他在论述了习惯联想的因果观之后写道:"最投合怀疑主义的结论的,无过于揭发人的理性和能力的弱点和狭隘范围了。"③

休谟否认了自然界的规律性,否认了因果关系的客观性,断言人们的因果观念不是来自客观的因果联系,而是来自对心中的一种联系的感觉,把因果观念归结为主体思想中的一种习惯性的联想,因而从对因果关系的心理解释走向了主观唯心主义。

休谟用习惯联想说对因果问题的解决,并不全是"新创",④也难说有什么了不起的科学价值。但是,他关于因果问题的提法是深刻的,他对因果观念条件的一些分析,他所提出的归纳问题的困难、不能单凭理性证明因果等,是具有合理内容甚至重要意义的。

---

①③ 北京大学哲学系外国哲学史教研室编译:《十六——十八世纪西欧各国哲学》,商务印书馆 1975 年版,第 655、654 页。

② 参见[英]休谟:《人类理解研究》,关文运译,商务印书馆 1981 年版,第 43 页。

④ 洛克专门讨论过习惯对观念联系的影响问题,指出"两个互异的观念"由于"人心中的习惯性的联络,实际上结合为一"([英]洛克:《人类理解论》,关文运译,商务印书馆 1959 年版,第 382 页)。

休谟因果论的提出,可以说是对百年来经验论和唯理论的独断论的一次挑战,它给康德批判哲学的兴起点燃了一颗火星。现代实证论者和分析学家,对休谟因果论特别是"归纳问题"十分重视,围绕它进行着热烈的讨论。

休谟在总结他的知识论和因果论的论述时,只承认数量知识和因果联系的知识这两类知识,从而把宗教神学、经院哲学排斥于知识范围之外。他在论述科学知识分类原理之后写道:"如果我们相信这些基本原则,则我们巡行图书馆时,就必须对它起怎样大的破坏作用呢? 我们如果拿起一本书,例如神学的或经院哲学的书,我们就可以问,其中包含着量或数方面的任何抽象论证么? 其中包含着有关事实与存在的任何经验论证么? 没有,那我们就可以将它投到烈火中去,因为它所包含的,没有别的东西,只有诡辩和幻想。"①休谟的这一段著名论述,就是他关于"理智"能力的考察的最后结语,它表明休谟怀疑论的鲜明反神学倾向。

(三)怀疑论的宗教观

休谟把怀疑论原则贯彻到宗教领域,得出了上帝的存在和本质不可知的宗教怀疑论结论。他认为不可超越感性知觉的范围去认识上帝的存在及其属性。对于"上帝是什么?"这一问题,只能回答"我不知道",因为作为怀疑主义者"感觉到这个论题超出我的能力范围太远"。②

那么,人们所具有的"上帝观念"又是怎样形成,从哪里得来的呢? 在这个问题上,休谟继承伽森狄和洛克的经验论观点,认为"上帝观念虽是指着全智全善的一个神明而言,实则这个观念之

---

① 北京大学哲学系外国哲学史教研室编译:《十六——十八世纪西欧各国哲学》,商务印书馆1975年版,第670页。

② [英]休谟:《自然宗教对话录》,陈修斋、曹棉之译,商务印书馆1962年版,第23页。

生起,也是由于我们反省自己的心理作用,并且毫无止境地继续增加那些善意和智慧的性质",①是人的一切优点的无限扩大。所以,上帝观念是起源于反省印象。

休谟按照宗教怀疑论的基本观点,否定对于上帝存在及其属性的证明。他说:"我们如果怀疑外在的世界,我们就更茫然地找不出证据来,以证明那个神明的存在或他的任何属性的存在。因此在这个论题方面,那个较深奥较富于哲学意味的怀疑家,是永获胜利的"。②

首先,"上帝存在"的观念是不能通过经验的推论得来的,也就是说,不能后天地证明上帝的存在。宇宙设计论者认为,自然作品的奇妙程度和精巧程度是人类的设计、智慧及知识的产物(人工作品)所无法相比的,这就证明有一个与人的理智相似,但拥有比人的智慧和力量大得多的上帝存在,它来进行这种更伟大的工作。

休谟认为,宇宙设计论者是犯了不当类比的错误,是将在部分上得出的结论推而用于全体。我们看见一所房子,可以极有把握地推断它有一个建筑师或营建者,但怎么能把从房屋、船舶、家具、机器这些部分中得出的结论推到宇宙这个全体上,认为宇宙也有一个设计者和制造者呢? 说存在着一个上帝设计着全宇宙,除非我们亲自感觉到、看到、经验到它设计的全过程,否则我是无从得到"上帝存在"的印象的。经验既不能做到这一点,也不能通过习惯联想证明作为第一因的上帝存在。

至于说到上帝作为"一切事物的最后的原始的原因"的存在,那么,我们是没有这样的感觉印象的;这是不可能作为多次重复的

---

① ②　参见[英]休谟:《人类理解研究》,关文运译,商务印书馆1981年版,第21、136页。

前后相继的现象而被观察到的。因为上帝作为"对象是单一的,个别的",没有并行或重复现象的,因此是不可能用因果推理来证明的,也就是上帝的存在的观念是不能从经验中得来的。

其次,上帝的存在也是不能由理性来证明的。因为关于存在或不存在,是一个事实问题,事实的反面总是可能的,"存在"也可以不存在。所以,不能以理性来先天地证明一个事实问题,上帝存在的观念是不可能从理论的推论得来,上帝的存在也是不能先天地证明的。

上帝存在的道德证明更是荒谬的,难道可以用人类的不幸和痛苦证明上帝的全智、全能和慈悲吗?

休谟贯彻怀疑论观点,在批驳关于上帝存在的证明的同时,也否定关于上帝不存在的论断。他攻击"无神论者的原则"是"可憎的假设"①,污蔑斯宾诺莎的无神论思想是"恶名远扬的意见"。②他认为无神论思想涣散了人们的道德维系,有害于社会安宁,因此应当予以排斥。

休谟探索了宗教的起源问题及其从多神教到一神教的发展过程。他指出,由于原始人对自然现象无知,把它们作为希望和恐惧的对象,而人们的想象力又把它们加以拟人化,用祈祷和供奉来求福免灾。这就是偶像崇拜和多神教的起源。此后,在人们对生活幸福的追求中,把这些简单的神祇观念逐步扩大,最后就形成了统一的无限完善的神即上帝观念。

休谟揭露了宗教的危害,指出通俗宗教的基本特征是迷信、狂热、野蛮、怪异。那些犯极大罪行、干最危险勾当的人通常都是最狂热迷信的人。僧侣们对狂热暴行不但不加制止,反而加以利用。因此基督教成了分裂和宗教战争的舞台,给人们带来无穷的灾难。

---

①② ［英］休谟:《人性论》,关文运译,商务印书馆1980年版,第270、269页。

尽管休谟批判了宗教,他并不完全否定宗教。他认为,虽然不能证明上帝的存在或不存在,但是却可以信仰上帝,而且这种信仰是必要的,宗教还是应当保留的。他申明,他要反对的是具有"迷信"和"狂热"两大特征的通俗宗教,而主张真正的宗教,并认为真正的宗教是和怀疑论一致的。因为在他看来,普通老百姓需要通过宗教加以约束。而"在学术人士之中,做一个哲学上的怀疑主义者是做一个健全的、虔信的基督教徒的第一步和最重要的一步"。①

（四）感觉论的道德观

休谟认为,理智（知性）和情感是人性的两个主要组成部分。他对理智的研究就是上面所考察的怀疑论的哲学认识论。他对情感的研究,则包括他的道德学、批判学（即审美观）等。他的道德学是奠立在感觉论的基础上,是以快乐或痛苦、愉快或不快的情感为实质内容的。

休谟继承了 17 世纪末 18 世纪初英国著名伦理学家安·埃·库·舍夫茨伯利的感觉论、幸福论伦理学基本观点,认为道德的区别不是从理性得来的,而是从道德感得来的,"道德宁可说是被人感觉到的,而不是被人判断出来的"。②"情感"的主要内容即在于苦乐的感觉,一切道德都是建立在这些特殊的感觉的基础上的。"德的本质就在于产生快乐,而恶的本质在于给人痛苦"。③我们对于某人的品格和善良的赞许,包摄于它们所传来的直接的快乐之中。

休谟反对宗教伦理学家"排斥了一切情感",揭露批判基督教

---

① ［英］休谟:《自然宗教对话录》,陈修斋、曹棉之译,商务印书馆 1962 年版,第 97 页。

②③ ［英］休谟:《人性论》,关文运译,商务印书馆 1980 年版,第 510、330—331 页。

把禁欲、谦卑列在诸德之中,而把享乐、骄傲或自尊看作是恶事。与此相反,休谟认为快乐是德性的基础,有节制的骄傲或自尊能鼓励人们去经营事业,并带来愉快,而那些谦卑或恨的性质才是恶的。

休谟提出了功利主义的伦理思想,认为快乐、幸福和利益是一致的。凡能够带来效用、利益和财富的就是善。趋乐避苦、趋利避害、自私自利,都是人的天性。

休谟还提出"人性"的两大原则,即同情原则和比较原则,认为这也是伦理道德的重要原则。

同情是人类灵魂的交感,是情绪和情感的传达,是观念到印象的转化。同情作为"人性"的一个强有力的原则,能够使人们超出自我的圈子,对他人的利益和公共福利产生关切的情感,这是德性的重要来源,是社会生活的基础。

休谟把"比较"也看作是人性的一条重要原则,认为人们的判断很少依据对象的内在价值来判断它们,而是根据它们和其他对象的比较来形成它们的观念。[①]

休谟关于伦理道德的论述,鲜明地表现出他的政治立场:他维护1688年政变的成果,反对保皇派残余的复辟活动。他说:"假如那个国王由于非义的行为,或是因为企图求得暴君的和专制的权力,以至正当地丧失了他的合法权利,那么废去他不但在道德上是合法的,而且也符合于政治社会的本性"。[②]他把1688年的变革称作是一次"对我们的宪制有良好的影响、并产生了那样巨大的后果的著名的革命"。[③]他批判复辟派"坚持不变地忠心于某些特定的人和家族……那样一些的德,并不是发生于理性,而是发生于顽

---

① ② ③　[英]休谟:《人性论》,关文运译,商务印书馆1980年版,第636、606、604页。

固和迷信"。①他要求英国人民服从大资产阶级和新贵族的统治，认为"服从政府也确实是一种道德的义务,因为每个人都是这样想的"。②他主张发挥人们的同情心,以便补救偏私,消除乱源,在社会中确立秩序和安宁。可见休谟的社会道德哲学理论,恰恰适合当时英国大资产阶级和新贵族巩固统治和资本主义繁荣发展的需要。

休谟的哲学是近代西方哲学史上第一个不可知论的哲学体系,它在近现代西方哲学发展中起了很重要的作用。它不仅标志着英国古典经验论推到极点从而走向终结,而且也标志着17世纪以来西方哲学史上经验派和唯理派对立阶段之基本结束及其向德国古典哲学的过渡。休谟的宗教批判和宗教怀疑论思想与当时法国的启蒙运动有一定差别,但大体方向是一致的。休谟的怀疑论成为19世纪英国一切非宗教的哲学思想的形式。它是19世纪在英国和其他西方国家广泛传播的实证主义思潮的直接先驱。休谟的不可知论是现代西方逻辑实证论、实用主义、分析哲学等许多流派的重要思想来源。

本 章 小 结

16世纪末到17世纪资产阶级哲学的产生和发展,是西方古典哲学的一次革命。它依据新兴的科学,克服文艺复兴时期自然哲学的过渡性,排斥经院哲学,制订出新形态的世界观和哲学体系(包括近代唯物主义以及近代唯心主义),并取得了极其丰硕的成果。

近代唯物主义哲学以机械力学为依据解决哲学基本问题,提

---

①② ［英］休谟:《人性论》,关文运译,商务印书馆1980年版,第603、588页。

出实体是物质(笛卡尔物理学)、实体是自然(斯宾诺莎)、世界是物体的总和(培根、霍布斯、洛克),要求从自然事物本身的运动及其因果性、必然性来说明自然事物。

近代唯心主义固然与宗教神学有联系,但是它具有不同于以往唯心主义的新的特点。它与科学有一定联系,在认识论方法论方面提出了一些值得注意的问题,包含有某些合理的思想内容。

这一时期的唯物主义具有神学的不彻底性以及机械性和形而上学的局限性。在某些问题上,其机械性和形而上学局限性还比较突出。但在世界事物及其运动规律问题上,当时有些哲学家也提出了一些新颖的、闪烁着辩证法光辉的思想原理。

此外,哲学家们还就实体性质问题、心和物、灵魂和肉体的关系问题、世界事物的必然与偶然、必然与自由等问题,进行了多方面的探索和热烈的讨论,提出了各种可能的看法。尽管还没有达到圆满的、科学的解决,但是给哲学思维的进一步发展以极大的启发和推动,并给它提供了丰富的思想材料。

经验论者和唯理论者(包括唯物主义者和唯心主义者)通过长期的学术论争,深入探讨了认识的来源、发展阶段、认识的方法、知识的确实性、真理性等问题。起初,培根以朴素的形式提出过经验和理性联姻的思想;后来,伽森狄和斯宾诺莎从不同的观点出发把感性和理性完全对立起来;到17世纪末洛克和莱布尼茨分别把经验论和唯理论加以系统化,同时也表现出二者相互渗透的迹象,但始终没有把二者结合起来。这一时期经验论和唯理论的学术论争,概括了科学认识的种种方法,有力地促进了哲学和科学认识的发展,在哲学思想史上产生了深远的影响。

这一时期,哲学家在人性论的基础上,创立了新的社会国家学说和伦理道德学说,考察了国家的起源和本质问题,制订了新的伦理道德规范。他们提出了自然状态说和社会契约说(霍布斯),公民权利和民主自由、个人利益与社会利益结合的思想、幸福论的思想(斯宾诺莎),人民主权、政府职责和分权(洛克)等思想,其中特别重要的是斯宾诺莎和洛克所精辟概括的理性和自由的思想,是早期资产阶级革命的理论反映和成果,是18世纪启蒙运动和革命理论的先声。

总的说来,17世纪新兴资产阶级哲学是近代西方哲学的一个光辉灿烂的、重要的开端。近代西方哲学的开创者培根和笛卡尔以及其他卓越的哲学家,对近代欧洲以至世界各国的哲学和科学曾经产生了并且现在依然在产生着巨大的影响。

至于18世纪上半期的英国经验论的发展,它产生了第一个主观唯心主义哲学体系和第一个不可知论哲学体系。它们在近代哲学发展中起了重要作用,对近现代西方各种哲学流派的影响是很大的。

第 五 章
18 世纪法国启蒙哲学

引　言

　　18 世纪法国资产阶级担负了时代——由封建制度向资本主义过渡的时代——所赋予的反封建反宗教两大历史使命,使 18 世纪成为法国历史上有着重大意义的世纪。1789 年开始的法国大革命"是完全抛开了宗教外衣,在毫不掩饰的政治战线上作战的首次起义;这也是真正把斗争进行到底,直到交战的一方即贵族被彻底消灭而另一方即资产阶级完全胜利的首次起义"①。法国大革命继 17 世纪英国革命之后,在世界范围内宣告了资本主义制度对封建制度的胜利。

　　作为这次政治大革命的领导阶级,资产阶级在准备革命的过程中,在意识形态领域掀起了一场体现时代要求的思想文化运动,即伟大的启蒙运动。它高举理性的旗帜,把批判的锋芒直接指向封建专制制度和天主教神学这两个当时最神圣的权威,并在斗争中建立起适应自己需要的社会—政治哲学,建立起以本体论为中心的完整的机械唯物主义体系和战斗无神论。恩格斯曾经指出,18 世纪法国唯物主义者都是真正的资产阶级哲学家,甚至是资产

---

① 《马克思恩格斯文集》第 3 卷,人民出版社 2009 年版,第 514 页。

阶级革命的哲学家。他们的辉煌成就和革命精神,"使18世纪成为一个以法国为主角的世纪"。[①]

18世纪法国启蒙哲学所以能够取得这样杰出的成就,是由法国当时的社会—文化环境决定的,也是由于接受了当时欧洲文化(特别是英国哲学和牛顿力学)的影响而产生的。

法国在历史上曾是统一的等级君主制的典型封建国家。到17世纪下半叶,路易十四(1643—1715年在位)时代是法国封建专制制度的极盛时代。然而,早在16世纪初,资本主义的原始积累已经在封建社会内部出现。进入18世纪,资产阶级随着资本主义生产力的发展正在成为强大的富有的阶级,资本主义和封建主义的矛盾日益成为社会的主要矛盾。当时法国社会的阶级矛盾和阶级斗争,主要表现为封建势力和反封建势力两大阵营的对立和斗争。封建势力是指天主教僧侣(主要是高级僧侣)和封建贵族,即所谓第一、第二等级。国王是他们的总代表。反封建势力是指第三等级。它包括资产者、手工业者、城市贫民、无产者和广大农民等等不同的阶级、阶层和集团。这个等级只有纳税义务而无任何政治权利。尤其是占法国人口绝大多数的农民,是最受压迫最贫困的阶级。有压迫必有反抗。自18世纪30年代以后,贫苦大众的革命暴动和起义,风起云涌,不断高涨,震撼着封建统治的根基,最有力地推动着革命形势的发展。

面对日益高涨的革命形势,自称"朕即国家"的路易十四,1661年亲政后,在镇压劳动人民起义的同时,也采取一系列措施,打击资产阶级,强化中央专制集权,抬高贵族地位,巩固天主教的国教地位。为了解决财政危机,路易十五(1715—1774年在位)在增加税收的同时,又滥发纸币,货币流通额竟为银行实际财产的四

---

① 《马克思恩格斯文集》第3卷,人民出版社2009年版,第504页。

倍多。这既使广大劳动人民更加贫困,也使资产阶级蒙受不小的损失。在思想领域,封建王朝同天主教教会勾结在一起,实行封建文化专制主义。凡是有害于现存制度和宗教,传播新思想的一切著作都被当作"异端邪说"而被查禁。它们的作者或是被法庭传讯,或是流亡国外,或是被关进监狱。专制国王和教会对资产阶级的反动措施,使资产阶级走上了只能以暴力推翻封建统治的革命道路。面对封建制度这一共同敌人,强大的革命性较为彻底的资产阶级,同反封建的主力军农民结成了同盟,保证了革命的彻底胜利。

僧侣是革命前法国社会的一大毒瘤。反对封建专制必然要反对天主教及神学。这一方面固然由于教会本身就是专制统治的社会基础。天主教教会本身就是巨大的封建势力。这股强大的势力,不仅使南特敕令①的颁布者国王亨利四世死于天主教僧侣的刀箭之下,而且通过反宗教改革的耶稣会士——一批"非常狠毒非常好战的修道士"②——残酷迫害胡格诺教徒。1685 年南特敕令的废除,标志着新教在法国是不合法的。天主教教会、耶稣会更是掀起宗教狂热,肆无忌惮地迫害新教徒。反对天主教的统治地位,争取信教自由,无疑也就成了社会各阶层热切关注的问题,成了吸引广大深受宗教影响的群众,投身到现实政治斗争的有效手段。另一方面,神学在思想领域的长期统治,使人民成了愚昧盲从的俘虏。要打倒君王,首先要砸碎"君权神授"这个虚幻的神学光环。这就须要揭露宗教神学的荒谬,对人民进行启蒙教育,使他们从神学长期的禁锢下解脱出来。

---

① 1598 年 4 月,国王颁布南特敕令,宣布天主教为国教,同时允许新教徒——胡格诺教徒有信仰的自由。

② [法]霍尔巴赫:《袖珍神学》,单志澄、周以宁译,商务印书馆 1996 年版,第 105 页。

时代需要并造就了一批伟大的启蒙思想家,时代使经济上比英国落后的法国在哲学上演奏第一提琴。

还在 17 世纪,新兴资产阶级的愿望就在文学—戏剧等领域得到明显反映。在人文主义文化和笛卡尔理性主义影响下,法国产生了古典主义文艺理论的奠基人高乃依以及杰出的戏剧文学家拉辛、莫里哀等人。他们是 17 世纪法国文学—戏剧繁荣的体现者,是 18 世纪启蒙运动的先导。到了 18 世纪,资产阶级在意识形态各个领域展开了反封建的全面斗争。

18 世纪法国的资产阶级思想家们,在这场反封建的思想斗争中,表现出"非常革命"的批判性和崇尚理性的特色。"他们不承认任何外界的权威,不管这种权威是什么样的。宗教、自然观、社会、国家制度,一切都受到了最无情的批判;一切都必须在理性的法庭面前为自己的存在作辩护或者放弃存在的权利。思维着的知性成了衡量一切的唯一尺度。"①资产阶级在意识形态领域内公开地毫不掩饰地向封建意识形态宣战。不仅如此,法国启蒙运动,特别是法国唯物主义,依据当时社会生活趋向世俗享乐和利益的实践需要,高举感性、经验的旗帜,对本阶级不成熟时期的哲学——17 世纪的形而上学以及 17 世纪大陆其他国家先辈哲学的神学不彻底性和非经验的唯理倾向,对同时代的英国唯心主义经验论哲学,进行了公开鲜明的斗争。

启蒙运动的一批代表人物孟德斯鸠、伏尔泰和卢梭等人,以对专制制度和宗教的批判,拉开了启蒙运动的序幕。他们继承文艺复兴以来人文主义的思想传统,继 17 世纪的资产阶级思想家之后,进一步论述人性和人道主义,并在人性论和理性原则的基础上,阐述了"自然状态"和"社会契约"论的内容,提出了自由、平

---

① 《马克思恩格斯文集》第 9 卷,人民出版社 2009 年版,第 19—20 页。

等、博爱的口号,制订了资产阶级民主共和国的理论,从而阐发了资本主义制度的优越性以及资产阶级专政的必要性和合理性,把资产阶级的社会国家学说发展成为完备的理论体系。这些理论和口号如同《马赛曲》那样,成为激励人们向专制制度作战的号角,在革命中起了巨大的作用,并对以后其他国家的资产阶级革命产生深刻影响。但是,"这个理性的王国不过是资产阶级的理想化的王国"。①就哲学思想而论,这些思想家的观点是自然神论。他们主张非人格的神是世界的创造者,神也不干涉自然和社会的事务乃至人的日常生活。正如马克思所指出的:"自然神论至少对唯物主义者来说不过是一种摆脱宗教的简便易行、凑合使用的方法罢了。"②

18世纪法国唯物主义是启蒙运动的重要阶段。以拉美特里、狄德罗、爱尔维修、霍尔巴赫等人为主要代表的唯物主义者,适应资产阶级反神学、反经院哲学的需要,提出了唯物主义哲学学说,给行将到来的革命提供了一面理论旗帜。

如果说17世纪的哲学家们,无论是所谓经验论或唯理论,面对近代自然科学的兴起,着重探讨了认识论问题;那么,法国唯物主义者则主要是以现实政治和宗教斗争为依托,继承英国唯物主义和笛卡尔物理学,借助自然科学的成就,着重研究了本体论问题,建立起以自然观为中心的机械唯物主义的哲学体系——18世纪"第一个自然哲学体系"③,从而为无神论提供了理论基础。从拉美特里的人是机器,经狄德罗的异质元素而到霍尔巴赫的自然体系,就是这一体系的发展线索,这是近代唯物主义发展中的一个圆圈。认识论当然是这一哲学体系的组成部分。如同洛克经验论

① 《马克思恩格斯文集》第3卷,人民出版社2009年版,第524页。
②③ 《马克思恩格斯文集》第1卷,人民出版社2009年版,第332、88页。

受到法国人热烈欢迎的原因一样,他们的认识论也是为着"能够把当时的生活实践归结为一个体系并从理论上加以论证"。[①]

　　法国唯物主义者围绕物质和意识的关系这一哲学中心问题,进一步完善了近代形而上学唯物主义。他们在肯定物质第一性的同时,还从物质元素和物质结构来说明世界的物质性。狄德罗用异质元素解释自然的多样性。霍尔巴赫作出了物质是不依赖于我们感觉而客观独立存在的定义。这无疑比 17 世纪唯物主义的物质即物体、物体即广延的观点深刻得多。法国唯物主义者主张运动是物质的属性,物质和运动不可分离。这就纠正了 17 世纪唯物主义者割裂物质和运动,把物质看成是僵化的被动的错误观点,清除了后者主张神是世界第一推动者的神学杂质。他们认为无机物和有机物之间没有一条不可跨越的鸿沟,灵魂和肉体不可分离,思维是大脑的属性。这就在说明物质和意识关系的问题上迈出了新的一步,克服了笛卡尔的二元论和斯宾诺莎的心物平行论,摧毁了神学唯心主义关于灵魂不死的谬论。在认识论上,他们把唯物主义彻底地予以贯彻,克服了洛克经验论的唯心主义不彻底性,摒弃了培根的两重真理说。特别是他们的以唯物主义自然观为基础的战斗无神论,更是 17 世纪哲学家所不及的。法国唯物主义的光辉成就,使它成为唯物主义发展史上的重要阶段。

　　18 世纪法国启蒙哲学的产生,特别是唯物主义研究重点的形成及其成就,也得益于近代尤其是 17 世纪以来自然科学的成果。牛顿在前人研究的基础上提出的力学三大定律,使古典力学形成完整的体系,当时唯一精确的科学。它不仅影响了唯物主义者,而且也影响了以伏尔泰为代表的自然神论者。只是后者也像牛顿一样承认神的存在和第一推动力,而前者则依靠它建立起唯物主义

---

① 《马克思恩格斯全集》第 2 卷,人民出版社 1957 年版,第 162 页。

的自然观。为力学服务并与之同时兴起的数学,由于对数、解析几何以及微积分的出现,因而早在17世纪70年代以前就确立了最重要的数学方法。物理、化学、生物学等学科都有一些重要发现。特别是波义耳对元素的解释以及对古老的四元素说的批评,化学其他元素的发现,表明人们对物质结构的认识,由物体进入到更深的层次。显微镜的使用,使人们对有机物的观察进一步深入和精确。瑞典人林耐制定的动植物分类系统,对科学的分类学的发展起了很大的作用。当然,他所主张的"物种不变"的形而上学观点,也禁锢着人们的头脑。法国人布丰提出的地球形成假说和生物"种变"的思想,对后人用发展观点看待地球和生物的进化,也是一个很有意义的启发,并且直接促进了狄德罗自然观的辩证法思想的形成。17—18世纪自然科学的成就,为18世纪法国唯物主义哲学准备了科学前提,使它克服了古代唯物主义的自发朴素性质,纠正了17世纪唯物主义先辈的某些错误。

自然科学在以牛顿和林耐为标志的这一时期,数学、力学和天文学是占主要地位并取得突出成就的学科。"牛顿所完成的力学在18世纪的法国和英国都是最普及的科学"。[①] 经典力学的统治地位,机械论的盛行,不能不对法国唯物主义者产生深刻的影响。他们用力学解释一切,把一切运动形态都归结为机械运动,乃至把人说成是机器。同时,直到18世纪,自然科学主要还是搜集材料的科学,是把研究对象当作现成事实而不是看作处在不断的历史发展中的物质的科学。这就使得法国唯物主义"不能把世界理解为一种过程,理解为一种处在不断的历史发展中的物质",使它具有机械性和形而上学的局限。这是"在当时不可避免的局限

---

① 《马克思恩格斯文集》第1卷,人民出版社2009年版,第565页。

性"。①

18世纪法国唯物主义者的社会历史观的理论基础是人性论。他们认为"自爱"、"自保"、自由是人的本性、天赋权利。爱尔维修、霍尔巴赫把唯物主义感觉论运用到伦理学研究，从而使功利主义成了较为完整的理论体系。为了说明人的正义、美德，解决个人利益和公共利益结合的问题，他们提出了"人是环境的产物"和意见是"支配世界的皇后"的著名论断。但他们又错误地认为环境的好坏取决于法律和政府。而法律是否明智和政府是否开明，又取决于天才人物的才智。这就陷入唯心主义的英雄史观。

在资产阶级掀起启蒙运动的同时，法国也出现了反映贫苦农民和帮工、手工工场工人利益的空想社会主义——共产主义的学说。两者组成了旨在反对旧制度的大合唱，资产阶级的启蒙哲学无疑是这首大合唱的主旋律。18世纪法国启蒙运动，同德国的狂飙运动、英国的自然神论等思潮汇合在一起，形成了欧洲范围内的反封建反宗教神学的洪流，使18世纪被称为西方文化思想史上的"启蒙时代"。

18世纪法国启蒙哲学包括从孟德斯鸠到霍尔巴赫的一批重要人物。不过人们习惯于把孟德斯鸠、伏尔泰、卢梭等人说成是启蒙主义者，而把狄德罗等人称之为唯物主义者。本书也就沿用这一说法，分"启蒙主义者"和"唯物主义者"两节讲述18世纪的法国启蒙哲学。

第一节　启蒙主义者

在18世纪法国启蒙哲学中，人们习惯地把那些以怀疑论或自

---

① 《马克思恩格斯文集》第4卷，人民出版社2009年版，第282页。

然神论为武器深入批判宗教神学,从自然法权论出发批判封建专
制制度,着重阐述社会政治理论的思想家称为"启蒙主义者"。他
们自觉地担负起了提倡理性,破除愚昧迷信,解放思想的历史使
命。其中比埃尔·贝尔的怀疑论把理性和信仰对立起来,以貌似
维护正统神学的方式维护了理性的地位;孟德斯鸠全面详尽地阐
述了资产阶级政治改革理论,为法国及欧洲资产阶级革命奠定了
理论基础;作为启蒙运动的领袖,伏尔泰不仅猛烈抨击了宗教神学
和封建专制制度,以自然神论的形式阐述了唯物主义思想,而且把
洛克经验论介绍给法国人,使之成为法国哲学的重要理论来源;而
卢梭则代表了启蒙运动中要求自由和平等的激进的民主势力,探
讨了社会不平等的原因和基础,提出了民主共和国的理想,而且开
始了启蒙运动的自我反思。

一、比埃尔·贝尔

比埃尔·贝尔(Pierre Bayle,1647—1706年)出生于法国西南
部弗克森省一个新教家庭。他的父亲是新教牧师,母亲出身贵族。
贝尔幼年随父学习拉丁文和希腊文,后就学于柏克昂的新教学院。
1669年他到图卢兹学习詹森派哲学,在那里皈依了天主教,但是
第二年又重新信仰新教。宗教信仰上的转变给贝尔引来了很大麻
烦,他不得不出走日内瓦,在那里完成了学业。回到法国后,他在
色当担任新教学院哲学教授。1681年学院被路易十四取消了,贝
尔只好离开法国,侨居荷兰,在鹿特丹大学教授哲学和历史。

贝尔的大部分学术活动是在荷兰进行的。他参与了当时的宗
教争论,在1684年至1687年独自一人编辑出版了一份日报《文学
共和国新闻报》。1693年,由于贝尔倡导新教神学派,被荷兰当局
解除教授职位。从此,他专心编写《历史的和批判的辞典》,直到
1696年才完成这部著作。这部著作是贝尔的代表作,最初名为

《著名人物小词典》，其中包括家谱，364条历史、神话、地理和文学史条目。他编写此书的原意是指出前人的错误，但是随着当时宗教和政治斗争形势的发展，这部书日益充满了与天主教守旧派论战的内容，这使它变成了批判现实的手段，以致最终成为当时对欧洲思想界和18世纪法国思想家影响最大的著作之一。到1760年，《辞典》已再版了10次。1706年，贝尔于荷兰逝世，享年59岁。

《历史的和批判的辞典》是一部有关历史和圣经人物条目的汇编，一部修正错误的注释集。每一条目都分为两部分：一部分是简短、明确、客观的史实叙述，即"历史的"；另一部分是一大段评论，即"批判的"，这部分反映了作者的思想。贝尔以其怀疑论思想"使17世纪的形而上学和一切形而上学在理论上威信扫地"，[①]他的宗教宽容思想和批判精神启迪了法国思想界，这使他成为法国启蒙运动的前驱。

（一）宗教思想

以笛卡尔为开端的西方近代理性哲学，其主要特点是提倡理性主义，力图摆脱宗教神学的束缚，18世纪法国无神论正是这一努力的结果。从这个发展过程看，贝尔的哲学思想是承上启下的中间环节。17世纪法国思想家们如笛卡尔，大都试图把信仰建立在理性基础上，而贝尔作为笛卡尔的继承者则坚持理性和信仰的根本对立。

在贝尔看来，理性与信仰是两回事，我们决不可能通过理性证明信仰，或通过信仰证明理性。理性主义神学家们企图从理性出发证明宗教教义。与此相反，贝尔则不时地指出"自然之光"与"启示之光"的区别。他以维护正统神学的方式把理性与信仰分开，充分说明了信仰的荒谬性，从而维护了理性。为了说明理性与

---

① 《马克思恩格斯文集》第1卷，人民出版社2009年版，第329页。

信仰的矛盾,贝尔把各种有争议的观点集中起来,7个论题构成了神学学说的内容,与此相对立的是19条哲学格言。如果理性与信仰是一致的,那么这两方面就应当是一致的,但是这是不可能的。[①]所以,"我们必须承认,对于为上帝作辩护,我们还找不到一个能使人类精神无可辩驳的答案。理性的全部虚假的智慧都奋起反对宗教的奥秘(如三位一体,投胎转世,赎罪)。这种虚假的智慧具有这样的特征,以致人们只有通过信仰的光才能把它与真正的智慧截然区别开来"。[②]所有那些企图论证教义的神学家都是狂妄的。

因此,信仰与理性的最本质的原则是相互矛盾的。当贝尔说明把信仰建立在理性上是多么荒谬的时候,事实上他证明的是宗教的荒谬性。人们既不能逻辑地证明宗教教义,也不能历史地证明它们,如果我们用理性来检验信仰的东西,就只会看到荒谬绝伦的东西,例如圣经。所以,贝尔说:"人们必须在哲学和福音之间作出抉择;如果你们愿意仅仅相信那些清楚明白的、与普遍概念相一致的事物,那么你们就选中了哲学而放弃基督教;可是,如果你们相信宗教的那些不可理解的神迹,那么你们就选中了基督教而放弃哲学。因为,正如不可能把方桌的优点和圆桌的优点结合在一起一样,也不能把清楚明白性与不可理解性结合在一起"。[③] 两者只能取其一。在这两者之间,人们将会选择哪一方,这是显而易见的。

与此相应,贝尔主张宗教与科学应当分开。他并不否定上帝的存在,只是认为这是无法通过理性来证明的。在贝尔看来,笛卡

---

①② [法]培尔:《对乡下佬所提问题的答复》,参见《费尔巴哈哲学史著作选》第3卷,涂纪亮译,商务印书馆1984年版,第91—97、16页。

③ [法]培尔:《历史批判辞典》,转引自《费尔巴哈哲学史著作选》第3卷,涂纪亮译,商务印书馆1984年版,第137—138页。

尔哲学倒是调和信仰与理性、宗教与科学的成功尝试。他说:"在所有的错误中,我认为最小的错误是:认为如果上帝根本不是物质的存在原因,他至少是物质的第一推动者,并因此是各种基本性质的原因,是我们在自然中所见到的排列与形式的原因。"①这实际上是自然神论的观点。我们只要承认上帝是世界的创造者和运动的源泉就够了,至于个别具体的事物则要靠物理学规律加以解释。

理性与信仰、科学与宗教的分离和对立,是贝尔宗教思想的核心。尽管他不是无神论者,但是他的思想揭示了宗教信仰的荒谬性,在一定程度上维护了理性的地位,为后来的启蒙运动做了准备。

(二)怀疑论

贝尔是笛卡尔的继承者。不过,与笛卡尔坚信理性能够认识世界的理性主义不同,贝尔更坚定地信奉皮罗派的怀疑主义,他认为人们不可能达到对事物的综合的和确定的认识。他以怀疑为武器来批判那些为宗教作论证的形而上学或思辨哲学,从而使17世纪的形而上学和一切形而上学在理论上威信扫地。

贝尔像17世纪大多数思想家一样,既维护理性,又不放弃神学,这种矛盾的冲突必然化为怀疑主义。在贝尔那里,怀疑论不仅是批判的工具,也是理性与信仰冲突的必然结果。正如费尔巴哈所指出的,怀疑论是贝尔对信仰所做的一种让步,"它必然把理性的美德当作错误归诸于理性。"②即是说,以理性去证明宗教教义,不仅说明教义本身是荒谬的,也说明了理性自身的缺陷,因而使人感到需要一个与理性不同的天启。

---

① [法]培尔:《历史批判辞典》,转引自钟宇人、余丽嫦编:《西方著名哲学家评传》第4卷,山东人民出版社1984年版,第282页。
② 《费尔巴哈哲学史著作选》第3卷,涂纪亮译,商务印书馆1984年版,第192页。

在贝尔看来,多少世纪以来就存在着同独断主义传统相敌对的怀疑主义传统。这种怀疑主义无论对国家还是对科学都是无害的,唯有宗教才把它视为大敌。"本世纪(指 17 世纪——修订者注)的优秀科学家们几乎没有什么人不相信自然是一个深不可测的无底洞,它的源泉只有创造它们、支配它们的上帝才知道,所以,在这一方面,所有的哲学家全都是学园派和皮罗派。"① 如果有人说人的心灵太有限了,不能在自然真理面前发现任何东西,那并没有多大关系,我们努力寻求或然的假设,收集收集资料就够了,解释自然现象的最好办法莫过于承认偶然性。因此,怀疑论在自然科学中不失为一种最好的方法。同样,怀疑主义对于社会也是无害的,因为怀疑论者们并不拒绝遵守本国的习惯,履行一个人的道德职责。他们可以对某种义务是否自由合法或绝对合法悬而不决,但是并不对这一义务是否应该在某某场合履行的问题悬而不决。因此社会也没有理由害怕怀疑主义。真正说来,怀疑主义唯有对宗教神学才有危险,因为"宗教是应当以确实性为基础的。只要人们心里对它的真理一失去坚定的信心,它的目的、效果、用途就立刻完蛋了。"② 显然,贝尔的怀疑论的主要对象是宗教信仰。

贝尔的怀疑论以宗教为批判对象,也以 17 世纪形而上学为批判对象。他批判了斯宾诺莎和莱布尼茨的哲学观点。

贝尔称斯宾诺莎的实体为"最荒诞不经的假设"。他认为广延是由部分组成的,如果广延是实体,那么它的部分就也是实体,因而不可能只有一个实体。他还嘲笑斯宾诺莎关于样式是实体的分殊的思想,认为由此可以推论出,土耳其人是神的变相,奥地利人打内战也是神的变相。可见是上帝自己迫害自己,自己杀自己,

---

① ②　北京大学哲学系外国哲学史教研室编译:《西方哲学原著选读》下卷,商务印书馆 1982 年版,第 3、4 页。

自己吃自己,自己诽谤自己,自己把自己送上断头台。贝尔反对斯宾诺莎把上帝等同于自然的观点,他说:"异教徒诗人至少没有把世间的罪恶和缺陷归之于上帝,而斯宾诺莎则认为,就世间一切恶来说,犯罪、道德败坏、肉体堕落等只有一个主动的因素和被动的承受体,那就是上帝。"①

贝尔批判了莱布尼茨关于灵魂和肉体"预定和谐"的学说。针对笛卡尔派偶因论的矛盾,莱布尼茨认为,上帝最初就安排好了灵魂和肉体的关系,使它们自始就协调一致。贝尔认为,这一理论虽有排除一切奇迹的好处,但它本身却是一个最大的奇迹。"你可以想象一条船,既没有感觉,也没有知识,又没有任何被创造的或非创造的实体驾驶它,但却有力量把自己推动得非常之好,总是赶上顺风,避开海潮和暗礁,需要抛锚的时候就抛锚,应当进港的时候就进港。假定这只船像这样连续航行若干年,总是适应着气象的变化和海陆的形势,该怎么办就怎么办,你会同意吗?……然而,莱布尼茨在人体机械作用方面所假定的要比这一切更奇妙、更惊人。"②莱布尼茨把一切事物都归属于一种绝对的预定必然之中,因而同笛卡尔派或其他哲学家一样,"要想保护自己不受宿命机械论这种毁尽人的自由的学说反驳,是十分困难的。"③

贝尔就是这样以怀疑论为武器使形而上学威信扫地。他明确说,哲学应该认识到自己的长处,也认识到自己的弱点,"哲学可能由此知道,即使它具有一些制造迷雾的能力,但若要驱散迷雾却是太软弱了。因此,我们只好牢牢地把哲学紧拴在鼻勒上,以便使它老实一点,并使它从所受到的这种屈辱或惩罚中学会使自己服

---

① ［法］培尔:《历史批判辞典》,转引自钟宇人、余丽嫦编:《西方著名哲学家评传》第4卷,山东人民出版社1984年版,第291页。

②③ 北京大学哲学系外国哲学史教研室编译:《西方哲学原著选读》下卷,商务印书馆1982年版,第12—13、12页。

服帖帖地顺从信仰。……也就是说,哲学必须放弃它爱好争论的癖好,而只是倾听天启的神谕。"①因此,贝尔的怀疑论是不彻底的,它的起点是宗教信仰,终点也是宗教信仰。由于理性与信仰的冲突,怀疑论就成了走向天启的途径。人的心灵是有限的,人类精神后面有一个不可理解的自然,前面有一个不可理解的信仰,它惊恐不安地处于这两者之间,这两者在它看来都是深渊。

(三)社会伦理思想

贝尔在他的社会伦理学说中,从理性与信仰对立的立场出发,致力于把神学和伦理学区别开。

贝尔在《历史的和批判的辞典》中猛烈地抨击了宗教对社会生活的危害。他指出,所有人都知道,宗教精神要人宽容、忍让、仁爱,但是世界上几乎没有比基督教徒更好战的人了。社会的骚动和灾祸往往是由宗教引起的,它是历史上最猛烈的风暴。为了表述基督教所犯下的残酷罪行,语言太软弱无力了。然而与此相反,异教徒或无神论者却并非就是不道德的恶魔,甚至对于那些直言不讳的无神论者,也不能在他们的道德品行方面提出任何指责,他们也清楚地认识到善与恶、正确与错误之间的区别。因此,人们并不是以宗教教义为行动的准绳,社会和国家的幸福决不是与无神论不相容的。

在贝尔时代,教会宣扬这样的思想,即只有信仰上帝的人才是道德的,对上帝的信仰使人洗去尘世的罪恶,而异教徒和无神论者则是不道德的,是一切罪恶的根源。贝尔却大胆直言:无神论者可以是有道德的,而宗教却往往是罪恶的原因。因此,信仰不是道德的源泉。基督教把恶归之于人,把善留给了自己。实际上,善也是

---

① [法]培尔:《对乡下佬所提问题的答复》,转引自《费尔巴哈哲学史著作选》第3卷,涂纪亮译,商务印书馆1984年版,第132—133页。

属于人的。人的行为并不是由是否信仰宗教支配的,支配世界的只是一些世俗的原则。使人行善或作恶的源泉乃是人心中的激情。所以,首先,某些极其不道德的人可能同时完全确信某种宗教的真理性,甚至基督教的真理性;其次,心灵的认识不是我们的行动的原因,决定我的行动的,不是头脑中的那些一般的观念和见解,而是当时心中的激情;最后,一般说来,对宗教的信仰并不支配和决定人的品行。①

因此,人的行动不是由认识或信仰所支配的,而是由趋乐避苦的激情统治的。至于道德则是“自然之光”即“铭刻在一切人的心灵之中的道德观念,简言之,就是普遍的理性。”②只要人们认真听取理性的忠告,它就会使所有人头脑清醒,而不至于陷入迷途。因此,“对同情、适度、宽容等等的喜爱,不是来自我们知道有一个上帝,而是来自某种气质结构,这种气质结构通过教育、个人利益、荣誉感、理智本能以及其他一些与此类似的、在无神论者和其他人身上都有的动机而愈益增强”。③

于是,贝尔得出了一个著名的结论:无神论者可以是有道德的,由无神论者组成的社会是可能的。这一思想“宣告了注定要立即开始存在的无神论社会的来临”。④

贝尔是17世纪最后一个形而上学者,18世纪第一个哲学家。他正处在理性与信仰、科学与宗教的十字路口。尽管贝尔不是无神论者,他对理性与信仰的怀疑使他重归信仰,但是,他关于理性与信仰对立的思想、怀疑论思想以及社会伦理学说,为无神论者声

---

①③　参见[法]培尔:《杂感》,转引自《费尔巴哈哲学史著作选》第3卷,涂纪亮译,商务印书馆1984年版,第47、48页。

②　[法]培尔:《对耶稣·基督的“强迫他们入教”这句话的哲学评论》,转引自《费尔巴哈哲学史著作选》第3卷,涂纪亮译,商务印书馆1984年版,第77页。

④　《马克思恩格斯全集》第2卷,人民出版社1957年版,第162页。

誉的申辩,都以其批判精神发挥了解放思想、启蒙理性的作用,启迪了18世纪的思想家们。贝尔不愧是法国启蒙运动的先驱。

二、孟德斯鸠

孟德斯鸠(Montesquieu,1689—1755年)出生在法国吉伦特省波尔多一个贵族世家,原名查理·路易·德·色贡达。其父不是长子,不能继承爵位和封地,不过,他娶了一位贵族的独生女儿,为他带来了庄园和封地。童年时,孟德斯鸠在巴黎附近一所教会学校奥拉托里会学院学习,后来回到波尔多专心研究法律,获法学士学位,并且在基因议会担任律师。1709年他迁居巴黎,几年后因父病故返回波尔多。他的伯父去世后,孟德斯鸠遵照遗嘱承袭了伯父的爵位和职位,成为"查理·路易·德·色贡达,拉伯烈德和孟德斯鸠男爵",任波尔多议会议长①。孟德斯鸠对诉讼事务不感兴趣,他是一位学者,研究领域涉及自然科学、哲学、历史、文学等等。

1721年孟德斯鸠以"彼尔·马多"化名出版了《波斯人信札》,假托两个到欧洲旅行的波斯人的通信,抨击和讽刺了当时法国腐朽没落的封建专制制度和风俗习惯。此书大受欢迎,在他生前就曾再版二十多次。孟德斯鸠从此声名大振。1726年他辞掉了波尔多议长职位,退出政界,迁居巴黎,专门从事研究和著述。1728年他入选法国科学院,不久他开始出国长途旅行,实地考察欧洲各国政治、经济状况和风土人情,寻求治国的良方。孟德斯鸠在英国旅居两年,结交学者名人,研究洛克哲学,考察英国社会政治制度。1731年他离英返法,回到老家从事著述。

---

① 在当时的法国,议长亦称法院院长。因为当时法国封建时代的议会不仅是贵族参政的机关,也是处理诉讼的司法机关,如同法院。

1734年孟德斯鸠发表了另一部著作《罗马盛衰原因论》。这是他成熟时期的一部严肃的学术著作。在此书中他第一次扼要阐述了他的社会学理论,探索了历史更替的基本原因。1748年,孟德斯鸠集20年辛勤探索研究著述之力,发表了他最重要的著作《论法的精神》。这是他的最后成果和理论总结。在这部书中,孟德斯鸠全面阐述了他的哲学、社会学、法律、经济和历史观点。虽然此书比较松散,不够规整,但还是有一定的内在布局的,"那就是它根据每一种政体形式相应找出它在法律和机构体制上的变化,又根据环境——自然环境和制度条件——的要求找出政体的差异。"①此书出版后轰动一时,两年内连续印行了22版,很快译成多种文字出版。它被伏尔泰推崇为"理性和自由的法典",黑格尔则称之为"一部美妙的著作"。20世纪初,严复把它译成中文,名为《法意》,对中国资产阶级革命产生了很大影响。

1755年,孟德斯鸠因病在巴黎逝世,终年66岁。

(一)封建专制制度和宗教神学批判

孟德斯鸠生活于路易十四和路易十五交替时期,正是法国封建君主专制濒于崩溃之际。他无情地抨击和批判了封建专制制度,在他笔下,法国的君主专制暴政甚至比东方伊斯兰教国家厉害得多。专制政府既无法律又无规范,一切都由一个人凭个人意志为所欲为,他借助暴力使人民只知道服从和恐惧。在《波斯人信札》中,孟德斯鸠指责已故"太阳王"路易十四是"独夫专制",喜欢阿谀奉承,盲目轻信,刚愎自用,黩武好战,卖官鬻爵,奢侈浪费。他的极度富有是任何一个国王不能相比的,而人民的贫穷也非普

---

① [美]萨拜因:《政治学说史》下册,刘山等译,商务印书馆1986年版,第623页。

通人所能忍受。总之,在他的统治下,"法国是一个百病丛生的身体。"①这样一个使人民没有自由的专制政府,不仅不合理,而且一定要灭亡。因为人们建立政府的目的是保障人的自由平等,生活幸福。"假如有一个君主,不但毫不使人民生活幸福,反而加以蹂躏和摧残,于是人民服从国君的基础立即丧失;君民之间,毫无维系、毫无牵绊,于是人民恢复本来的自由状态。"②孟德斯鸠以人的天赋自由平等学说为武器来批判封建专制制度,反映了法国第三等级的要求和愿望。

孟德斯鸠在批判专制制度的同时,也批判了它的精神支柱天主教。他指出,在没有法律的专制国家,宗教是专制国王的卫道士,教会是它的保卫机构。专制国家的原则是恐怖,而"在专制的国家里,宗教的影响比什么都大。它是恐怖之上再加恐怖"。③ 如果人们看到了关于死后天堂的描绘,那就足以使他放弃对天堂的憧憬。孟德斯鸠主张宗教宽容,要求允许不同教派的存在。这无疑反映了新兴资产阶级对天主教居于国教地位和对新教的迫害的不满。在他看来,反映资产阶级利益的新教适合共和国。

虽然如此,孟德斯鸠同当时一些启蒙思想家一样,并不是无神论者。他承认上帝存在和上帝创世说,但是他认为,上帝在创造世界之后,就不再过问世界的事情。他否认上帝任意创造一切,干预一切,主张一切事物包括上帝在内都有其自身的内在规律。在《论法的精神》一书的注释中,他引用普鲁塔克的话,把法(规律)看作一切人和神的主宰。言外之意,神也不能违反自己的法则,而世界一经创立就按照固有的规律运动。这就是当时流行的自然神

---

① ② ［法］孟德斯鸠:《波斯人信札》,罗大冈译,人民文学出版社 1958 年版,第 239、178 页。

③ ［法］孟德斯鸠:《论法的精神》上册,张雁深译,商务印书馆 1982 年版,第 60 页。

论的观点。在宗教神学占统治地位的情况下，他以自然神论对抗神学和经院哲学，是具有积极意义的。

孟德斯鸠不仅抨击和批判了封建专制制度和宗教神学，而且试图寻找治国救民的根本方法。他集多年的探索和研究，以探寻构成人类社会的基础的根本规律为目的，最终建立了关于法、政体和权力分立等等比较系统的社会政治理论。

（二）关于法的理论

关于法的理论是孟德斯鸠社会政治学说的基础。在法文中，"loi"一词含有法、法律、规律等多种意义。① 孟德斯鸠广义地把"法"理解为事物的规律、法则：从最广泛的意义来说，法是由事物的性质产生出来的必然关系。在这个意义上，一切存在物都有它们的法。上帝有他的法，物质世界有它的法；高于人类的"智灵们"有他们的法；兽类有它们的法；人类有他们的法。世界上一切事物的产生和存在都是必然的，因而存在着一个"根本理性"，而"法就是这个根本理性和各种存在物之间的关系，同时也是存在物彼此之间的关系"。②

法作为万事万物产生和存在的规律，乃是永恒不变的。不过在这点上，物理世界与人类社会又有着本质上的区别。物理世界由物质的运动所形成，它是没有智能的东西，但却永恒存在着，所以它的运动必定有不变的规律。人类社会也有永恒不变的规律，但是"智能的世界并不像物理的世界那样永恒不变地遵守自己的规律，这是因为个别的'智能的存在物'受到了本性的限制，因此就会犯错误；而且，从另一方面来说，独立行动就是他们的本性。

---

① 在西文中，法与规律多为同一词汇，如英文之 law。
② ［法］孟德斯鸠：《论法的精神》上册，张雁深译，商务印书馆 1982 年版，第1页。

所以他们并不永恒地遵守他们原始的规律;而且,就是他们自己制定的规律,他们也并不老是遵守的"。①人作为一个"物理的存在物",他与一切物体一样受不变的规律所支配,而作为一个"智能的存在物",他又不断地违背上帝所制定的规律,并且更改自己所制定的法则。因此,人类社会常常治理不善。

人类在进入社会状态之前,处于自然状态之中,遵从着"自然法"而生活。这种法则所以叫"自然法",是因为它们单纯渊源于我们生命的本质,即自然本能。自然法有四条:和平、寻找食物的意图、相互之间经常存在着自然的爱慕和过社会生活的愿望。②由此可见,人类的自然法不同于兽类的自然法。孟德斯鸠认为,从人类本性派生出来的自然法是人类一般法,即人类社会固有的规律。

但是,人类不能永远处于自然状态,人生来就要过社会生活。当人类有了知识之后,就从"可能的理智实体"进入现实的"理智实体",从自然状态过渡到社会状态,也就产生了政府。因为"一个社会如果没有一个政府是不可能存在的"。③人类一进入社会便有强弱之分,平等就不存在了,代之而起的是战争。政府为了维持社会安定,使人人都能依法活动,从而保证人的自由平等权利,于是制定了处理统治者与被统治者关系的法律。这样,除了自然法而外,还有政府制定的法,即"人为法"。在孟德斯鸠看来,自由平等是人的天赋权利,而人为法正是为了保障人的自由平等而设立的。

孟德斯鸠说:"一般地说,法律,在它支配着地球上所有人民的场合,就是人类的理性;每个国家的政治法规和民事法规应该只

---

① ② ③ 〔法〕孟德斯鸠:《论法的精神》上册,张雁深译,商务印书馆 1982 年版,第 2—3、4—5、6 页。

是把这种人类理性适用于个别的情况。"① 即是说,人类理性是人类的一般法,每个国家的政治法律等社会制度则是人类理性这个一般法在特殊情况下的具体体现。在孟德斯鸠看来,法律制度首先与国家政体的性质和原则有关系,也与国家的气候、土壤、面积等自然条件有关系,与人民的生活方式有关系,与居民的宗教、人口、风俗习惯等也有关系。这些关系综合起来就构成了"法的精神",只有符合这种"法的精神"的社会制度才是最好的制度。因此,为某一国人民制定的法律,应该非常适合于该国的人民,"如果一个国家的法律竟能适合于另外一个国家的话,那是非常凑巧的事"。② 由此,孟德斯鸠试图探寻和建立符合"法的精神"的社会政治法律制度。

(三)关于政体和权力分立的理论

所谓政体,指的是国家政权构成的形式。按照孟德斯鸠的观点,一个国家的法律与已建立或将要建立的政体的性质和原则有关系,法律正是从政体的性质和原则中引申出来的,如同水从泉源流出一样。因而政体的性质和原则对国家的各项制度有决定性关系。"政体的性质是构成政体的东西;而政体的原则是使政体行动的东西。一个是政体本身的构造;一个是使政体运动的人类的感情。"③

孟德斯鸠认为,在世界历史上存在着三种政体:共和政体、君主政体和专制政体。共和政体的性质是人民全体或一部分人民握有最高的权力;君主政体的性质是君主握有最高的权力,但是他依据既成的法律行使这一权力;专制政体的性质是一个单独的个人依据他的意志和反复无常的爱好在那里治理国家。每一种政体都

①②③ [法]孟德斯鸠:《论法的精神》上册,张雁深译,商务印书馆1982年版,第6、6、19页。

有各自的动力原则。共和政体的原则是"品德"，君主政体的原则是"荣誉"，专制政体的原则是"恐怖"。孟德斯鸠在《波斯人信札》和《罗马盛衰原因论》中是拥护共和政体的，后来他在《论法的精神》中则拥护君主政体。不过他始终对专制政体怀有极大的恶感，对它进行了无情的抨击和批判。

在专制国家中，"法律等于零"，"没有任何基本法律，也没有法律的保卫机构"。[1]即使有法律也徒有虚名，因为法律以君主的意志为转移，"他就是法律，他是国家，又是君主"。[2]君主意志统治一切，从上到下无法可循，是专制国家的根本特点。这样的国家总是按照恐怖的原则实行残暴统治的。孟德斯鸠称专制君主为暴君，"暴君之所以有权力正在于他能剥夺别人的生命。"[3]君主制和共和制的最大危险莫过于堕落为专制制度。他形象地把专制制度比喻为杀鸡取卵，自取灭亡："路易斯安纳的野蛮人要果子的时候，便把树从根柢砍倒，采摘果实。这就是专制政体。"[4]

孟德斯鸠对共和政体多有赞美之词，但是他更拥护开明君主立宪政体。他认为，共和政体只有在"古人的英雄美德"占优势的地方才能存在，不可能要求现代人也具有这种美德。极端平等的精神同样会毁灭共和政体，一切权力合而为一就不可避免地要导致一人统治的专政制度。在孟德斯鸠时代，欧洲占优势的政体形式是君主制。在君主国家里，人民很难具有美德，上层不诚实而要求下层诚实是不可能的。所以它的原则不是美德而是荣誉。君主制区别于专制制度的标志，是遵循固定的根本法进行治理，这种根本法是不容许专横任性的。同时，它容纳了许多"明智而有权威的人们"参政，能够"采取温和手段，商议解决办法，改正弊端"，一

---

[1][2][3][4]　[法]孟德斯鸠:《论法的精神》上册,张雁深译,商务印书馆 1982 年版,第 17、59、26、58 页。

旦国内发生纷乱,事情不会走向极端,因而可以防止革命的爆发。在君主政体中,君主通过行使权力的中间渠道,按照法律治理国家,由于存在着"中间权力",就避免了只凭一个人反复无常的意志行事的专制主义。

当然,孟德斯鸠并不是要建立古典意义的君主政体。如果说共和制是美妙的乌托邦的话,那么君主制也不是最现实美好的政体形式。他的理想政体是英国的议会制君主立宪制。在英国的考察和研究,使孟德斯鸠摆脱了那种认为政治自由取决于只有古罗马人才具备的美德,而且只有在城邦中才能实现的成见。这段经历从根本上加强了他对君主专制的厌恶,并且提供了一条对法国专制主义的弊端加以变革的途径。英国实行议会君主制,它以世袭的君主为国家元首,而把国家权力集中于内阁,孟德斯鸠主张按照英国样式在法国建立君主立宪制。尽管他美化了英国的君主立宪制,但是其目的在于批判法国封建专制制度,试图通过宪法限制君主的权力,因而他的思想在当时条件下具有一定的历史意义。

孟德斯鸠的实际目标,是批判封建专制制度,分析自由赖以存在的体制条件,寻求恢复自由的手段。为此他提出了政治自由的主张,继而提出权力分立的思想。他认为,一切国家都有一个共同目的,这就是"自保",而每个国家又有其特殊的目的。例如扩张领土是罗马的目的,战争是斯巴达的目的,社会太平是中国的目的,而英国国家制度的直接目的则是政治自由。所谓政治自由并非任意胡为,而是"不强迫任何人去做法律所不强制他做的事,也不禁止任何人去作法律所许可的事"。[①] 如果一个公民能够做法律所禁止的事情,他就不再自由了,因为其他公民也会这样做。在

---

① [法]孟德斯鸠:《论法的精神》上册,张雁深译,商务印书馆1982年版,第154页。

孟德斯鸠看来,"一个公民的政治自由是一种心境的平安状态。这种心境的平安是从人人都认为他本身是安全的这个看法产生的。要享有这种自由,就必须建立一种政府,在它的统治下一个公民不惧怕另一个公民。"①专制政体是不自由的,即使共和政体在性质上也是不自由的。"政治自由只在宽和的政府里存在。"②只在权力不被滥用的时候才存在。但是一切有权力的人都容易滥用权力,这是万古不易的一条经验。所以,"从事物的性质来说,要防止滥用权力,就必须以权力约束权力。我们可以有一种政制,不强迫任何人去做法律所不强制他做的事,也不禁止任何人去做法律所许可的事。"③这就是英国式的权力分立制。

权力分立的思想在政治思想史中是最古老的观念之一,混合政体的思想早已见诸于柏拉图的《法律篇》。近代分权思想则以洛克为先导,而以孟德斯鸠为代表。孟德斯鸠把权力分立的思想变为政治结构各组成部分在法律上相互制约和平衡的体制。他认为,每个国家都有三种权力,即立法权力;有关国际法事项的行政权力;有关民政法规事项的行政权力(亦即司法权力)。依照立法权,国王或执政官制定临时的或永久的法律,并修正或废止已制定的法律。依照行政权,他们媾和或宣战,派遣或接受使节,维护公共安全,防御侵略。依照司法权,他们惩罚或裁决私人讼争。这三种权力必须分立,如果立法权和行政权集中在同一个人或同一个机关之手,自由就不复存在了,因为人们将要害怕这个国王或议会制定暴虐的法律,并且暴虐地执行这些法律。如果司法权不同立法权和行政权分立,自由也不能保证,因为司法权和立法权的结合将使法官成为立法者,从而对公民的生命和自由施行专断的权力,

---

① ② ③ [法]孟德斯鸠:《论法的精神》上册,张雁深译,商务印书馆1982年版,第155—156、154、154页。

而司法权同行政权合一，则会使法官握有压迫人的力量。假如这三种权力为一人或一个机关所有，那么必然是专制独裁。因此，必须使立法权、行政权和司法权分掌于不同的人、不同的机关手中。这样就既可以使它们互相制约，又可以使它们保持平衡，从而使三种权力有条不紊地、互相协调地行动，最终建立起真正的法治国家。

孟德斯鸠对于三权之间的关系做了详细的论述。他认为，立法权应该由人民集体享有，司法权应有独立性，而行政权应该掌握在国王手中，这样便于迅速行使权力，便于治理国家。不过君主虽有行政权，但不能超越立法权和司法权或制止这两种权力的行使，否则就会蜕化为专制政体。

孟德斯鸠关于政体和权力分立的理论具有较大的妥协性。在孟德斯鸠看来，政治的善就好像道德的善一样，是经常处于两个极端之间的。因此适中宽和的精神应该永远是立法者的精神。他不仅将行政权赋予君主，而且承认世袭贵族集团和由选举产生的代表平民的团体同时握有立法权，只是对贵族集团的权限做了限制，规定他们没有创制法律的权力，只有否决权。但是，孟德斯鸠的政治理论毕竟是当时新兴资产阶级的主要政治纲领，代表了法国资产阶级向封建统治者"分权"的要求，具有进步意义。而且，他的分权学说比洛克更为周详、合理，在一定程度上具有普遍性，它的一些基本原则被以后许多不同政体的资产阶级国家在建立政权时所采用。

（四）地理环境决定论

孟德斯鸠是社会学中地理学派的创始人之一。按照他的观点，法律制度是从政体的性质和原则而来的，而政体的性质和原则决定于自然环境等因素。

孟德斯鸠认为，人类社会历史的发展是有规律的，这个规律就是社会根本自然法或人类理性。社会根本自然法必须在不同环境下发挥作用，因而必然在不同的地方产生不同的体制。每个民族都受气候、宗教、法律、施政的准则、先例、风俗、习惯等等因素的支配，这些因素紧密相连，其综合而产生的结果就形成了"法的精神"或民族精神。立法者的职责就是在不违背政体的原则的限度内，遵从民族的精神。孟德斯鸠从文化等综合因素入手考察社会政治制度，开辟了新的研究方向。不过，在诸因素中，他特别强调地理环境的重要意义。在《论法的精神》一书中，他用了整整五章的篇幅论述法律与气候、土壤和面积等等的关系。他认为，地理环境对于一个民族的性格、风俗道德和精神面貌及其法律性质和政治制度具有决定性的作用。

　　孟德斯鸠特别强调气候的影响作用。他认为，居住在寒带地区的北方人体格健壮魁伟，但不大活泼，较为迟笨，对快乐的感受性很低；居住在热带地区的南方人体格纤细脆弱，但对快乐的感受性较为敏感。北方人精力充沛，自信心强，像青年人一样勇敢，刻苦耐劳，热爱自由；而南方人则心神萎靡，缺乏自信心，像老头子一样懦弱，懒惰，不动脑筋，可以忍受奴役。"不同气候的不同需要产生了不同的生活方式；不同的生活方式产生了不同种类的法律。"①土壤同居民的性格之间，尤其是同民族的政治制度之间也有非常密切的关系。"土地贫瘠，使人勤奋、俭朴、耐劳、勇敢和适宜于战争；……土地膏腴使人因生活宽裕而柔弱、怠惰、贪生怕死。"②土地肥沃的国家常常是单人统治的政体，而土地不太肥沃的国家则常常是数人统治的政体。同时，民族居住的地域大小也同国家的政治制度有关。小国宜于共和政体，大小适中的国家宜

①② ［法］孟德斯鸠：《论法的精神》上册，张雁深译，商务印书馆 1982 年版，第 235、282 页。

于由君主治理,而大帝国则宜于由专制君主统治。

孟德斯鸠的地理环境决定论其意义在于他从社会历史领域排除了神意的干扰。孟德斯鸠把人的自然本性看作社会的根本法则,因而他试图从自然因素中寻找决定社会制度的因素。这在当时虽然有进步意义,但是这种理论毕竟是错误的。地理环境虽然是人类社会生存和发展的物质生活不可缺少的和经常的条件之一,但它既不能决定社会制度的性质,也不能决定社会发展的方向。

孟德斯鸠不愧为他的时代的儿子。他对封建专制主义进行了猛烈的批判,详尽地阐述了资产阶级政治改革的理论。他以自然神论为基础对宗教神学进行批判。他的思想不仅促进了当时法国启蒙运动的深入发展,而且对法国和其他一些国家的资产阶级民主革命运动产生了巨大影响。他对社会历史规律的综合性探讨,对于 19 世纪西方的哲学、历史学、社会学、法学的发展意义深远。

三、伏尔泰

伏尔泰(Voltaire,1694—1778 年)本名弗朗索瓦·马利·阿鲁埃(Francois-Marie Arouet),生于巴黎。其父是法庭公证人,后任审计院司务。伏尔泰天资聪慧,10 岁入耶稣会办的大路易中学接受传统教育。毕业后迫于父命进入法科学校。后来因学法律无成,搞外交无望,沦为无业文人。他曾因讽刺摄政王奥尔良公爵被逐出巴黎。不久又因针砭朝政被投入巴士底狱。在狱中他创作了他的第一部悲剧《俄狄浦斯王》和一部史诗,出狱后剧作在巴黎上演,赢得了"法兰西最优秀诗人"的桂冠。1725 年伏尔泰与贵族德·洛昂发生冲突,因与其决斗之事事先被洛昂告之警察,于是再次入狱,一年后被驱逐出境,被迫流亡英国。

伏尔泰在英国的流亡生活是他一生活动的转折,他在英国居住了3年,考察英国政治制度,研究洛克哲学和牛顿物理学。他的第一部哲学和政论著作《哲学通信》就是上述活动的总结。正是经他介绍,洛克经验论成为法国哲学的重要来源之一。1729年他返回法国。但是,1734年又因《哲学通信》出版后遭到查禁和焚毁,巴黎最高法院下令逮捕作者,他被迫逃亡到洛林省边境的小城西雷,在女友夏德莱夫人的古堡中一住15年,安心著述,收获极丰。其中有专著《形而上学论》、《牛顿哲学原理》,戏剧《恺撒之死》等,长诗《奥尔良的处女》,哲学小说《查弟格》等。为了避免迫害,据说他一生用过的笔名竟有100多个。1749年夏德莱夫人逝世。第二年伏尔泰接受普鲁士腓特烈二世的邀请来到柏林,幻想辅佐开明君主实行开明政治。1751年出版历史著作《路易十四时代》,提出了"开明君主制度"的思想。伏尔泰最终明白了,他在柏林不过是宫廷点缀,于是1755年他逃离柏林,在法国和瑞士边境的凡尔纳购置地产,安居下来。

在凡尔纳定居之后,伏尔泰密切了他与年轻一代启蒙思想家们的联系,热情支持百科全书派的活动,积极为之撰写条目。他的《哲学辞典》一书就是为《百科全书》所写哲学条目的汇集。他的家成为欧洲进步势力的中心,人们尊他为"凡尔纳教长"。

1774年,对伏尔泰深恶痛绝的路易十五逝世。1778年他凯旋巴黎,受到人民热烈欢迎。重返巴黎是他一生事业的荣誉顶点,最终确立了他在18世纪法国启蒙运动中的崇高地位。然而,过度劳累使已经84岁高龄的伏尔泰病倒了,他于这一年的5月31日离开了人世。

（一）自然神论

伏尔泰的哲学思想是丰富而繁杂的。他继承了法国怀疑论传统,以之为武器批判了宗教神学和唯心主义形而上学;他继承了洛克经验论和牛顿物理学,论述了以自然神论为表现形式的唯物主义思想。

伏尔泰继承了法国怀疑论传统,他认为,人类理性是有局限性的,"……关于我们自己,我们什么都不知道,我们不知道什么是运动、生命、感觉和思想;物质的要素,正如其余一切事物一样,也是我们所不知道的;我们是一些摸索着走路和推论的盲人……"①不过,伏尔泰怀疑论的对象是当时的形而上学。他断言形而上学诸问题不可知,我们不可能借助理性认识那些在思辨哲学体系中得到了论证的真理,从而也就把理性从认识形而上学的实在转向了真正的现实——自然界和人。因此,在伏尔泰的怀疑思想中包含着对以经验为依据的科学认识的肯定。他说:"我们既不认识精神,也不认识肉体;我们对于精神,一点儿观念都没有,对于肉体,也只有些非常不完善的观念"。然而,我们不应当因为人类不能认识一切,就阻止他去寻求于自己有用的东西。"倘使我们还不知道一只蜘蛛和土星的光环之间可能存在的关系,也不必难过,我们继续考察我们能力所及的事物罢。"②

伏尔泰对洛克的《人类理智论》推崇备至,认为多少理论家写了灵魂的故事,只有洛克写下了灵魂的史实。在他看来,"只有洛克才可以算是我们时代胜似希腊最辉煌的时代的伟大榜样。从柏拉图到洛克,其间什么也没有……只有洛克在一部满篇真理的书中阐明了'人类悟性';其中所有的道理都很明晰;因而使这部书完美无瑕。"③伏尔泰始终未能超越他的老师,但也没有改变主张。

伏尔泰继承了洛克的经验论原则,主张"一切观念都通过感

---

① 转引自[苏]捷·伊·奥伊则尔曼主编:《十四——十八世纪辩证法史》,钟宇人、朱成光等译,人民出版社1984年版,第229页。

②③ [法]伏尔泰:《哲学通信》,高达观等译,上海人民出版社1963年版,第144、206页。

官而来。"①凡是不为感官所把握的东西都是空洞抽象的"形而上学"。"我们只能从外物获得感觉和观念,正如我们只能吸取身外的物质,让它变作我们自己的物质,来营养我们的身体。"②由感官而来的观念是我们最初的观念,我们的记忆力把它们保存下来,通过思维的组合和整理,我们就有了全部知识。

伏尔泰从洛克经验论和牛顿物理学出发,承认自然界是真实存在的,有其自身的运动规律,广延和不可入性是物质的本质,力学规律是物质运动的规律。在他看来,这些都是不证自明的真理。如果不是唯心主义哲学家的怀疑,人们做梦也想不到要讨论外部世界的客观性问题。他还认为,灵魂和肉体是统一的,人们的"感觉与思想的能力与他们的器官一同成长、一同衰退、一同消灭"③。这实际上否定了笛卡尔的二元论和神学关于灵魂不死的思想。

伏尔泰也继承了洛克的不可知论。他说:"追问我们是如何思想,如何感觉的,我们的运动是如何服从我们的意志的,乃是追问创世主的秘密;我们的感官不能为我们提供这种知识的途径。"④他也继承了洛克的形而上学思维方式,称赞洛克阐明人类悟性,"就好像一位最好的解剖学家解释人体各部分的关键一样"。⑤他把生理学与认识论等同,认为"人是由无数器官组合而成的:倘使其中有一个器官发生毛病,那就会改动脑子里所有的感觉,就会有新的思想和新的意志"⑥。因此,伏尔泰不可能科学地说明人的认识问题。

伏尔泰是机械论者,他用牛顿力学解释世界,把物质看作消极被动的,没有外力的推动,物质自己不会运动。所以他同牛顿一

---

①③④ 北京大学哲学系外国哲学史教研室编译:《十八世纪法国哲学》,商务印书馆1963年版,第73、80、75页。

②⑤⑥ [法]伏尔泰:《哲学通信》,高达观等译,上海人民出版社1963年版,第137、51、120页。

样,把宇宙看作一座钟,引力是发条,各部分可以精巧和谐地运转,但需要外力的推动。这就使伏尔泰成为 18 世纪法国自然神论的代表。他说:"运动并不是凭自身而存在的;因此必须求助于一个最初的推动者……整个自然界,从最遥远的星辰直到一根草茎,都应当服从一个最初的推动者。"① 这个推动者就是上帝。因此"非承认神不可能不存在不可"。② 整个自然都证明上帝的存在,万物都是宇宙中的艺术,而艺术证明造物主的存在。

恩格斯曾经指出,在法国大革命前夕,"唯物主义就以其两种形式中的这种或那种形式——公开的唯物主义或自然神论,成为法国一切有教养的青年信奉的教义"。③ 伏尔泰的自然神论就是不公开的唯物主义。他的上帝只是宇宙的第一推动者和自然规律的制定者,而不是宗教的人格神。在他看来,上帝在创造了现实世界之后,就不再干预世间的事务,犹如一位建筑师,在完成了宇宙大厦的建筑之后,就不再过问这座大厦的使用。上帝发一次命令,宇宙便永远服从。我们可以把上帝看作为自然立法,使世界机器运转而又不干涉它的运转的几何学家。

伏尔泰早年承认意志自由,后来他倾向于严格的决定论。在他看来,任何事情的发生都是有原因的。如果整个自然界都服从永恒的规律,而唯独人这种"五英尺高的小动物"居然能够按照自己任性的要求行动,那才是怪事。当我能够做我想做的事情时,我就是自由的,但是我想做的只是我基于必然性所希望的。世界上一切事物都是必然的,"现在的每一个事件都是从过去诞生,并成为未来之父……永恒的锁链既不能扯断,也不能错乱……必然的

---

①② 北京大学哲学系外国哲学史教研室编译:《十八世纪法国哲学》,商务印书馆 1963 年版,第 71—72、69 页。

③ 《马克思恩格斯选集》第 3 卷,人民出版社 2009 年版,第 514 页。

命运是整个自然界的规律。"①

伏尔泰虽然从机械论立场出发,把上帝看作宇宙的第一推动者和规律的制定者,但是他从来否定上帝存在证明的可靠性。"有一个神这一命题并不能给我们一个关于神是什么的观念"。②上帝既非物质,也非精神,人们无从了解他的本性和属性,"我是生成不能理解它们的"。③所以他不愿意在这些问题上纠缠不休:"如果整个大自然的声音只是一味向我们高喊有一个上帝,它越喊得起劲,这些微妙道理越有弱点。"④像贝尔那样,伏尔泰认为"理性的对象跟信仰的对象性质两样"。⑤他说自己有兴趣相信某物,但他的兴趣却不是某物存在的证明。上帝是信仰的对象,而不是理性的对象,"基督教只教给我们朴素、人道、慈悲;要使它降为形而上学,那就是使它变为错误的源泉。"⑥因此,"崇拜上帝罢,不要妄想揭穿他的许多'神秘'的奥义。"⑦

伏尔泰否定了上帝存在证明的可靠性,但却主张上帝是道德生活和社会秩序的保证者。促使我们相信上帝存在的真正的主要的原因,并不是出于形而上学的理由,而是相信上帝存在是社会生活的需要,是维系社会道德的必要前提。一个哲学家可以是斯宾诺莎主义者,然而对于一个国务活动家来说,这一体系是不中用的。大自然告诉我们,上帝是贤明的和威力强大的,但是社会没有正义就不能生存下去。普遍相信有一个上帝可以赏善罚恶,能够防止人们作恶,防止人们作恶之后不受良心的谴责。所以,一方面

---

① 参见[苏]维·彼·沃尔金:《十八世纪法国社会思想的发展》,杨穆、金颖译,商务印书馆1983年版,第35页。

②③ 北京大学哲学系外国哲学史教研室编译:《十八世纪法国哲学》,商务印书馆1963年版,第75、71页。

④⑤⑥⑦ [法]伏尔泰:《哲学通信》,高达观等译,上海人民出版社1963年版,第121、55、118、127页。

伏尔泰认为甚至贝尔所谓可能存在一个无神论者社会的著名论断是可以成立的,只是这个社会必须全部由哲学家组成;但是另一方面他认为,对于现实社会来说,承认上帝存在是必然的前提,不要说让贝尔来管理整个社会,哪怕只让他管理一个小庄园,"如果他管理五六百个农民,他就不会忘记向他们宣布,存在着赏善罚恶的上帝"。①

伏尔泰是一个自然神论者,而不是彻底的无神论者。他的名言:"即使上帝不存在,也必须创造一个",实际上只是半句话。他还说:"整个自然都在高声地告诉我们:上帝是存在的"。所以他的攻击目标主要只是指向天主教会和僧侣。正是针对他们,伏尔泰提出了"消灭败类"的战斗口号。因此,在伏尔泰那里,上帝在自然和社会两方面具有不同的功能,即理论和实践两方面的功能。在宇宙的动因问题上,上帝只是一个逻辑的假设,但是在社会生活中,上帝就成了一个必要的信仰对象,一个赏善罚恶的人格神了。

(二)宗教神学批判

伏尔泰终其一生都在同宗教这个当时社会的大敌之一搏斗,他是宗教和教会不共戴天的死敌。教会之所以成为他的主要敌人,不仅因为宗教的迷信和偏见最违背人的健全理性,不仅因为它们传播得特别广泛和特别根深蒂固,而且也因为它们是最大的社会祸害的根源和为之辩护的理由。因此,必须用理性照亮人们的头脑,揭露教会的反动社会作用,同宗教的蒙昧黑暗作斗争。

伏尔泰批驳了神的观念是天赋观念的说法。他指出,非洲一些民族并没有神的观念,小孩也丝毫没有神的观念。每个人生下来就有一个鼻子和十个手指,但没有关于神的知识。神的产生,宗

---

① 《普列汉诺夫哲学著作选集》第3卷,张仲实、中国人民大学编译室等译,三联书店1962年版,第712页。

教迷信的原因在于人们的无知和僧侣的欺骗。基督教就是建立在"最下流的无赖编造出来的最卑鄙的谎话"的基础上的,它是"最卑鄙的混蛋所作出的各种最卑劣的欺骗"的产物。教会利用盲从迷信使宗教观念在人心中根深蒂固,"把宇宙看作牢狱,把所有的人看作马上要受刑的罪犯;这是一个狂信者的观念。"①圣经、福音书充满了胡说八道,所谓原罪、方舟、神迹等等全是滑稽可笑、荒唐透顶的神话故事。全部教会史乃是充满了迫害、抢劫、谋杀等暴行的历史,是僧侣煽动宗教狂热和偏见的罪恶史,尤其宗教裁判所更是犯下了无数反人类罪行的罪恶渊薮。自从圣处女的儿子死后,恐怕没有一天没有人因他而被杀。伏尔泰不仅揭露、批判了宗教所造成的罪恶,而且为遭受宗教迫害的人们奔走呼喊。面对卡拉、德·拉·巴尔、西尔文、蒙巴里等人的冤案,他挺身而出,为他们辩护,愤怒地揭发了教会和法官制造冤狱、进行宗教迫害的无耻行径,动员了法国乃至欧洲各国的进步舆论,掀起了声势浩大的抗议浪潮。这一系列实际斗争使他的名字家喻户晓,使人民永志不忘。

　　针对教会反动势力的宗教迫害,伏尔泰极力提倡宗教宽容政策。他非常推崇英国的宗教状况:"这里是一个宗派林立的国度。一个英国人,作为自由人,可以沿着他所喜欢的道路进入天堂。"②"要是在英格兰只有一种宗教,怕的是可能要闹专制;要是在那里有两种宗教,他们自己相互之间可能要互相扼杀;但是那里有三十多种宗教,而它们却都能和平地幸福地生活着。"③

　　伏尔泰愤怒地揭露和抨击了教会和僧侣的腐朽黑暗。教皇表面上道貌岸然,实际上卑鄙之极,简直就是"两足禽兽"。僧侣是寄生虫,神甫们无所不有,老百姓一无所有。修道院是什么恶行都

①②③　[法]伏尔泰:《哲学通信》,高达观等译,上海人民出版社1963年版,第122、18、24页。

干得出来的卑鄙流氓麇集的场所,是妒忌、倾轧和疯狂的大本营和发源地。教会和暴君狼狈为奸,沆瀣一气,"这些给人们造下那么多恶迹的君主们,全都是领头叫喊神颁赐了善恶规范的人,这班地上的灾星没有一个不是按宗教的规矩办事的;我看不出人们有了这些规范可以得到多大的好处。"①总而言之,教会僧侣罪孽深重,罄竹难书,应该打倒这些卑鄙的东西,"消灭败类"。伏尔泰以战斗的激情向僧侣们宣布:"你们曾经利用过无知、迷信、疯狂的时代,来剥夺我们的地产,把我们践踏在你们的脚下,用苦命人的脂膏把自己养得肥头胖耳。现在你们发抖吧,理性的日子来到了!"②

伏尔泰对天主教的批判,无疑是他一生中的光辉业绩。不过,这种批判有很大的局限性,他并不是一个无神论者,而是一个自然神论者。

(三)社会政治思想

伏尔泰社会政治思想的出发点是"自然法权论"。这是 17、18 世纪流行于欧洲的一种社会政治学说。这种学说从抽象的人性出发,以自然状态和社会契约来说明人类社会的起源,利用"自然秩序"、"自然权利"追求一种合乎自然的理想社会原则。在众多的不同观点中,伏尔泰的观点是独具特色的。他把自然在各个时代为了维护正义而向人们指出的那些规律叫作自然规律,这就是"利益和理性"或"正义的观念"。他不止一次讲到,"自然规律"是上帝亲自创造的,因而是不可侵犯的,具有普遍的意义。"一个社会要存在下去,就必须有一些规律,正如每种游戏都必须有一定

---

① ② 北京大学哲学系外国哲学史教研室编译:《十八世纪法国哲学》,商务印书馆 1963 年版,第 86—87、88 页。

规则一样。"①尽管不同国家不同历史时期,约定的法律、人为的习惯和风尚不断变化,尽管人类历史充满了迫害、抢劫、屠杀、欺骗等等不义行为,但是,基于人性的东西永远不会改变。任何社会都把遵守他们所制定的法律的人称为"道德君子",把违背法律的人称为"罪犯"。因此,无论在任何地方,美德与过恶都是对社会有利及有害的行为。确实存在着一些自然的法则,它们是社会的永恒联系和根本法律。约定法或人为法越是接近于这些自然规律,一个国家的内部生活就越安定和谐。可见,法律是自然的女儿。

与当时的一些思想家不同,伏尔泰不同意国家起源于社会契约的理论。在他看来,国家不是由契约、协议,而是由暴力产生的。我们不妨设想两个毗邻的小民族,当它们相安无事,和平共处时,在它们之间充满了自然赋予的平等精神。但是在邻居之间总是会有引起冲突的理由的,当一个民族侵犯另一个民族时,其中一定会涌现出比较有力的和比较出色的领导人。敌人被征服以后,必然引起胜利者营垒中争夺战利品的纠纷。战争中的领袖也就自然而然地成了本部落人中的裁判。人们开始公认他是伟大的人物,并开始服从他,君主的权力就是这样发展起来的,国家就是这样产生的。

在伏尔泰看来,以平等、自由和财产为基础的社会秩序是最公正的社会秩序。人生而平等。"一切享有各种天然能力的人,显然都是平等的;当他们发挥各种动物机能的时候,以及运用他们的理智的时候,他们是平等的。"②不过,这种"平等"只是抽象的天赋原则,而不是财产上的平等。他认为,拥有财产是"人民群众中健全部分"的标志。"在我们这个不幸的星球上,生活在社会里面

①②　北京大学哲学系外国哲学史教研室编译:《十八世纪法国哲学》,商务印书馆1963年版,第83—84、88页。

的人们不可能不分成两个阶级：一个是支配人的富人阶级；另一个是服侍人的穷人阶级；"加之人人都生来具有喜爱统治、财富和欢乐的强烈倾向，因而"平等既是一件最自然不过的事，同时也是最荒诞不经的事"。①在他看来，最好的统治就是各种不同身份的人在其中得到法律平等保护的那种统治。自然权利同样属于苏丹和守园人，前者和后者有同样的权利支配自己的人员、家庭和财产。所以人们实际上是平等的。伏尔泰并不主张消除造成社会不平等的根源即财产私有制，他没有找到代替私有制的社会制度，也就不可能消除由私有制带来的不平等。这正是伏尔泰平等观中的内在矛盾。

伏尔泰把对自由的规定也看作启蒙工作的主要任务之一。他在《哲学辞典》"自由"条目中写道，自由就是"试着去作你的意志绝对必然要求的事情的那种权力"。②这种天赋的权利不应受到任何侵犯，它只受合乎"自然权利"的法律支配。他非常赞赏英国的政治形式。在英国，所有公民不能同样有势力，却能同样有自由。他们首先享有"人身和财产的全部自由"，法律保障他不会在半夜三更从妻子的怀抱中被拖出去押入城堡，当他清晨醒来时不用担心他的财产会突然被剥夺；他们也享有"用笔向国家提意见的自由"，还享有"只能在一个由自由人所组成的陪审员会面前才可受刑事审问的自由；不管什么案件，只能按照法律条文的明确规定来裁判的自由"和"信仰自由"等等。③ 人民自由是国家强盛的保证，人民丧失了自由，国家也就丧失了抵抗敌人的能力。同恺撒战斗了十年之久的高卢人之所以连一天也不能阻挡法兰克人的入

---

① ② 北京大学哲学系外国哲学史教研室编译：《十八世纪法国哲学》，商务印书馆1963年版，第91、95页。

③ ［法］伏尔泰：《哲学通信》，高达观等译，上海人民出版社1963年版，第192页。

侵,正是因为他们在恺撒时代是自由的,而面临法兰克人入侵的时候,他们处于被奴役的境地已经有五百年之久了。

伏尔泰是历史学家,他非常熟悉古代和近代欧洲各国政治制度演变的历史。在大量考察和比较了各个历史时期政治制度的优劣之后,他认为"开明君主制度"是最好的政治制度。

伏尔泰反对曾长期盛行于欧洲的诸侯和贵族割据的封建制度(封建庄园制)。封建主都是"小暴君",而统治下的百姓则是"贱民"、"奴隶"、"畜生",他们还不断与国王冲突。在《共和思想》这部著作中,他又分析了专制政体和共和政体的特点。专制政体的根本特点是专断。国王为所欲为,而人民和社会如同驾轭服役的牛,这是不合理的。共和政体崇尚平等和自由,它的原则是对的,但是会引起无政府状态,甚至也可能产生暴政,这种集体的暴政比一个专制君主的暴政还要坏得多。最好的政府形式是开明君主制度或君主立宪制度。伏尔泰以英国为典型,从许多方面分析了这种制度的优越性。

开明君主制度"保存了专制政体中有用的部分和一个共和国所必需的部分"。[1]例如英国建立了一个举世唯一的政府,在那里,"一个为人尊敬而又富裕的国王,有无限权力去行善,却无力去为非作歹,当了一个自由、强盛、擅长经商、又复开明的国家的首领。一边是贵族重臣,一边是城市代表,与国君共分立法之权。"[2]这种政体之所以能够得以维持,最重要的原因是英国制定了完善的宪法和法律,确立了议会制度,这是自由和平等的根本保证。伏尔泰对英国政治推崇备至,认为凡不是建立在这些原则基础上的一切国家,都要发生革命。

---

[1][2] [法]伏尔泰:《哲学通信》,高达观等译,上海人民出版社1963年版,第194、187页。

伏尔泰对君主制的留恋不仅与他在英国的经历有关,而且也有其历史背景。在欧洲,君主专制制度代替了封建割据,曾起过进步作用。它一方面消除了封建割据,另一方面与教权抗衡,在一定程度上有利于国家的统一和资本主义生产关系的建立。王权以一种表面上超然的立场充当了贵族势力与资产阶级的中间人,人们对"开明君主"还抱有幻想。在启蒙运动中,伏尔泰较早地、比较详细地反复论述了追求平等、自由和君主立宪的社会理想,在第三等级广大人民中产生了广泛深刻的影响。当然,他的社会政治思想也明显反映出主要是维护资产阶级利益的局限性。

伏尔泰所处的时代使他的历史视野比前人广阔得多。当他用中国的茶碗喝着阿拉伯的咖啡时,他感到历史视野扩大了。在伏尔泰一系列历史著作中,他阐发了人类进步发展的历史观。在他看来,"没有一个人类的社会能够无规律地存在,哪怕是一天"。①历史乃是手工业、科学、艺术、风俗、法律、生活条件不断完善的过程,是日益扩大的启迪人们心智开化的过程,其中没有任何固定不变的东西。这些变化是人类自己在不受上帝干预的情况下由人类自然动机的压力而完成的。按照伏尔泰的观点,在自然界中,一切都在变化发展,整个星球本身以及在它上面居住的人类社会也在变化发展。人类走过了漫长的发展道路,"几乎所有的民族,特别是亚洲民族,累计有惊人数目的生存年代。"②总的说来,全世界人类的发展是沿着不断进步的道路进行的。但这一进步并不是平静地进行的。历史的进步是善与恶、理性与无知的无止境的斗争过程。全部历史就是"一连串的犯罪、狂妄和不幸,在这些现象中,

---

① [法]伏尔泰:《哲学通信》,高达观等译,上海人民出版社1963年版,第143页。

② [法]伏尔泰:《历史哲学》,转引自[苏]捷·伊·奥伊则尔曼主编:《十四——十八世纪辩证法史》,钟宇人、朱成光等译,人民出版社1984年版,第233页。

我们也可以看到为数不多的美德、几个幸福的时代,犹如散布在荒野的沙漠上的绿洲孤岛一般"①。在人类的全部历史中,他只划分出四个"幸福的时代",它们是人类精神伟大的时代,堪为后世之典范。

晚年的伏尔泰,推行开明君主制度的热情逐渐消退,而代之以对革命的渴望。他说:"我所看见的一切,都在传播着革命的种子。革命的发生将不可避免,不过,我怕是没有福气看它了","年轻人真幸福,他们将会看到不少的大事。"②

伏尔泰是18世纪法国启蒙运动公认的领袖和导师。高寿使他有幸几乎经历了启蒙运动的全过程。他多才饱学,思想博大精深,成就遍及人文科学的所有部门,为法国启蒙运动作出了伟大的贡献。正如维克多·雨果所说,伏尔泰的名字所代表的不是一个人,而是整个一个时代。

四、卢　梭

让·雅克·卢梭(Jean-Jacques Rousseau,1712—1778年)生于日内瓦一个钟表匠家庭,祖籍法国。其母早逝,幼时的卢梭常与父亲一起阅读文学和历史作品。10岁时他的父亲因与人决斗之事逃离日内瓦,从此,卢梭便失去了正常的家庭教养,走上了流浪的人生旅途。他学过诉讼,当过学徒、店铺伙计,给贵族贵妇们当过仆人,也曾随法国驻外使节任过秘书。环境使他沾染了许多恶习,但也使他认识到民众的痛苦。

---

① ［法］伏尔泰:《论形而上学》,转引自［苏］捷·伊·奥伊则尔曼主编:《十四——十八世纪辩证法史》,钟宇人、朱成光等译,人民出版社1984年版,第233页。

② ［法］伏尔泰:《致德·寿维兰侯爵书》,转引自［苏］阿尔塔蒙诺夫:《伏尔泰评传》,马雍译,作家出版社1958年版,第10页。

在卢梭的一生中,与华伦夫人的相遇具有重要意义。在她家中,卢梭开始了系统地读书和思考。两人分手后,1742 年卢梭携带自己发明的新记谱方案来到巴黎。这个记谱方法未被认可,他定居巴黎。此时的卢梭,知识渊博,思想奔放,见解深刻,但是却不具备社交所必备的才思敏捷、良好的口才和优雅的风度,因而使他自感不容于上流社会。他结识了一个愚昧无知的客店女仆勒娃瑟尔,一起生活了 25 年,生育了 5 个孩子,先后送进了育婴院,对此他不但屡遭责难,自己也深感后悔。

在巴黎,卢梭与百科全书派的学者们开始了交往。1749 年,他的论文《论科学和艺术的复兴是否有助于敦风化俗》获第戎科学院征文奖。在这篇论文中,他首次提出了自然与文明对立的思想。1755 年第二篇论文《论人类不平等的起源和基础》出版,进一步阐发了这一思想,也埋下了他与百科全书派决裂的种子。与百科全书派疏远后,他移居乡间,写下了书信体小说《朱丽或新哀洛绮丝》。1762 年他的政治学著作《社会契约论》出版,这是他计划写作但未完成的巨著《政治制度》一书中的一部分。同年,他的教育学著作《爱弥尔》出版,他对此书最为满意,但却被教会和巴黎高等法院查禁,并且下令逮捕作者。卢梭逃离法国,又不见容于祖国,于是潜回巴黎。1766 年他应休谟之请避居英国,但由于神经受刺激,怀疑休谟的诚意,遂又逃回法国。直到 1770 年法国政府撤销通缉令,他才最后定居巴黎郊区。晚年他拒领国王的馈赠,也不接受达官贵人的馈赠,依然以抄写乐谱为生。在生命的最后时光,卢梭写作了《忏悔录》等自传体著作。这是他对自己一生所为的最后审视和辩白。1778 年 7 月 2 日,孤独、贫病交加的卢梭离开了人世。

卢梭是 18 世纪法国启蒙运动的杰出思想家,其著作遍及人文科学的各个领域,社会政治学说是他的主要贡献。他围绕着"社

会不平等的起源和发展"和"克服社会不平等的途径"问题,阐述
了独具特色的社会政治理论。卢梭还是一位具有远见的思想家,
正当启蒙思想家们为理性、文明、科学、进步高唱赞歌的时候,他却
敏锐地看到了资产阶级社会的种种弊端。在卢梭那里,启蒙主义
意识形态开始了对其自身的批判反省。

（一）人类不平等的起源及其基础

卢梭社会政治学说的出发点是"自然状态"与"社会状态",自
然与文明之间的对立。在他看来,要解答人类不平等的原因和基
础问题,现存社会中不平等现象从何而来的问题,必须回溯到人类
的"自然状态",展示人的本性,才能说明发生变化的原因。他接
受了自然法学派的思想,但是不同意霍布斯"人性本恶","自然状
态"是"一切人反对一切人的战争状态"的观点,而赞成洛克的"人
性善"说。他从抽象的人性论出发,把人类历史划分为"自然状
态"和"社会状态"。

卢梭很清楚,要从现已被社会大大改变了的人身上追溯人的
原始状态是非常困难的,而且这种"自然状态"也许从来就没有存
在过。所以,对这种状态的描写,与其说是历史的真理,不如说是
为了阐明事物的本性,即为了正确地判断我们现在所处的状态所
需要的一种"假定"。① 因此,卢梭使用抽象的分析方法,把"人所
形成的人"即社会人同自然人加以比较,剔除人的社会性,以剩下
的东西为人的自然本性,研究最适合人的素质的自然规律,人类社
会的真正基础以及产生不平等的原因。当然,他也参考了当时人
类学、博物学的成就和关于野蛮民族的游记,这使他的描述也具有
一定程度的事实基础。

---

① ［法］卢梭:《论人类不平等的起源和基础》,李常山译,商务印书馆1982年版,
第71页。

卢梭认为,处于"自然状态"下的自然人或野蛮人没有社会生活的本能,他们是孤独的,相互之间毫无联系,没有交往,因而不需要语言;两性的结合完全是偶然的,因而没有固定的住所,也没有家庭;他们没有农工业,没有战争,除生理差异而外彼此自由平等,处在和平状态之中。这些野蛮人分散在森林里,生活在野兽中间,不会任何技能,只靠天然肥沃的土地给予他们的东西为生。他们的全部欲望都建立在肉体需要上,这就是食物、交媾和休息。在自然人的心灵里,有两个先于理性而存在的原则:自我保存和怜悯。自我保存使人关心自己,而怜悯则使人对任何生物特别是同类生命所遭受的痛苦和死亡厌恶。自然法的一切准则都是从这两个基本原则产生出来的。人类在既不知道社会也不知道私有制和家庭的状态下,度过了许多世纪。人们彼此间没有任何道德上的关系,也没有人所公认的义务,没有"你的"和"我的"的观念。"在这种状态中,既无所谓教育,也无所谓进步,一代一代毫无进益地繁衍下去,每一代都从同样的起点开始。许多世纪都在原始时代的极其粗野的状态中度了过去;人类已经古老了,但人始终还是幼稚的。"①

人类由于什么原因,没有永远停留在自然状态而步入了文明社会,从平等过渡到不平等呢? 人类有一种独特的区别于其他一切生物的能力,即"自我完善化"的能力。人与禽兽的根本区别,在于人类自身有一种能够维持自己生存,满足自己需要,趋于完善和向前发展的能力。所以,自然人具有理性、文明、语言、社会生活、道德与进步的潜在能力。动物只能服从自然唯一的支配,一千年后的猫仍然同一千年前一样,而人则由于这种能力而具有"自

---

① [法]卢梭:《论人类不平等的起源和基础》,李常山译,商务印书馆1982年版,第106—107页。

由主动者的资格","人虽然也受到同样的支配,却认为自己有服从或反抗的自由。而人特别是因为他能意识到这种自由,因而才显示出他的精神的灵性"。①

人的"自我完善化"能力为人类进入社会状态提供了可能性,但是它不能自发地完善和发展起来,必须借助许多外部原因的偶然会合,各种客观条件的综合作用使这种可能性变为现实。随着人类的繁衍,产生了获取食物的困难,由此发展出多种劳动技能和谋生方式,在临水的地方,人们发明了钓丝和钓钩而变成了渔夫;在森林地带,人们制作了弓箭而变成了猎人;在寒冷的地方,人们穿起了野兽的皮。某种侥幸的机会使他们学会了使用火。生存的斗争必然使以前离群索居的个人之间增多了接触,由此产生了语言。人的观察力也发展了,产生了思考和预见。人的智力越是发达,他的经济活动就开展得越快。人们开始定居下来,结成了家庭。由日益频繁的交往产生了虚荣和轻蔑、羞惭和羡慕以及对公众舆论的关切等等新的情感。更为重要的是,导致人类不平等的根源,即私有制产生了。

私有制的产生是人类"自我完善化"能力的必然结果,而冶金术和农业则引起了这一变革。"使人文明起来,而使人类没落下去的东西,在诗人看来是金和银,而在哲学家看来是铁和谷物。"②土地的耕种必然引起土地的分配。花在土地上的劳动首先使人拥有对土地产品的权利,然后使人拥有对土地本身的权利。"谁第一个把一块土地圈起来并想说:这是我的,而且找到一些头脑十分简单的人居然相信了他的话,谁就是文明社会的真正奠基者。"③从此以后,平等就消失了。当然,这一历史转折并不真的是

①②③　[法]卢梭:《论人类不平等的起源和基础》,李常山译,商务印书馆 1982年版,第 83、121、111 页。

由某个人头脑中的观念造成的。实际上,"那时一切事物已经发展到不能再像以前那样继续下去的地步了。因为这种私有观念不是一下子在人类思想中形成的,它是由许多只能陆续产生的先行观念演变而来的"。①一定要取得很大的进步,获得很多技艺和知识等等,最后才达到这一自然状态的终点。总而言之,正是由于私有制的产生,人类从此由自由平等的自然状态陷入了没有自由和平等的社会痛苦之中。

卢梭关于私有制是人类不平等的唯一根源的思想是极其深刻的。在他看来,所有权不是一种天赋的自然权利,而是历史的产物,它是人类一切灾难痛苦的祸首,"各种不平等最后都必然会归结到财富上去"。②他不赞成伏尔泰等一些启蒙思想家把私有制看作永恒的、天然合理的,建立君主制符合自然法则,从而使社会不平等合法化的观点。同时,卢梭在分析私有制的产生时看到了生产技术发展的作用。但是,尽管如此,他却没有想到通过消除私有制来恢复人类平等。在他看来,私有制是文明社会的基础,而我们是不可能重新回到自然状态,返回森林去和熊一起生活的。因此,私有制是不可能消除的,我们只能对它加以限制、约束。有时,他甚至认为财产是政治社会的真正基础,是公民订约的真正保障。而且,他以抽象的人性来说明私有制的产生也是不正确的。不过,卢梭毕竟试图在人类自身中寻找发展变化的内在原因,而不是从外在的或神学的原因来说明它,因而也就把人类从"自然状态"到"社会状态"的发展看作是必然的自然过程。

(二)社会不平等的发展阶段

卢梭认为,在人类中有两种不平等,即自然不平等和社会不平

---

①② [法]卢梭:《论人类不平等的起源和基础》,李常山译,商务印书馆 1982 年版,第 111—112、143 页。

等。"一种,我把它叫作自然的或生理上的不平等,因为它是基于自然,由年龄、健康、体力以及智慧或心灵的性质的不同而产生的;另一种可以称为精神上的或政治上的不平等,因为它是起因于一种协议,由于人们的同意而设定的,或者至少是它的存在为大家所认可的。第二种不平等包括某一些人由于损害别人而得以享受的各种特权,譬如:比别人更富足、更光荣、更有权势,或者甚至叫别人服从他们。"①人与人之间的自然差异在"自然状态"下是微不足道的,然而在"社会状态"下,不但社会不平等,就是自然不平等也得到了巨大的发展。

私有制的产生是文明社会的开端,它是一切社会发展的基础,这些社会发展的基本后果就是社会不平等的产生和深化。社会不平等的发展过程分为三个阶段:法律和私有财产权的设定是不平等的第一阶段;官职的设置是第二阶段;而第三阶段即最后一个阶段是合法的权力变为专制的权力。"因此,富人和穷人的状态是为第一个时期所认可的;强者和弱者的状态是为第二个时期所认可的;主人和奴隶的状态是为第三个时期所认可的。这后一状态乃是不平等的顶点,也是其他各个阶段所终于要达到的阶段,直到新的变革使政府完全瓦解,或者使它再接近于合法的制度为止。"②

第一阶段是私有制的产生。人类的"自我完善化"能力在外在因素的促进下产生了私有制,终于使人类从自然状态进入社会状态。原来无足轻重的自然差异现在在劳动中发挥了重要作用,有些人富了,有些人则难以维持生活。土地很快被分割完毕,大多数人由于软弱或疏忽而没有得到土地,他们成了穷人,虽然他们似

---

①② [法]卢梭:《论人类不平等的起源和基础》,李常山译,商务印书馆1982年版,第70、141页。

乎没有失掉什么东西。于是自然不平等为社会不平等所替代。在这种状态下，富人与穷人有了不同的性格。富人只想维持住自己的财产，统治、掠夺和奴役穷人。他们像恶狼一样，在尝过一次人肉的美味之后，就不想再吃别的而只想吃人了。没有土地因而丧失了生活资料的穷人则把自己的需要看作对他人财产的权利，环境迫使他们或者从富人手里接受一切，或者掠夺它们。这样，一方面产生了统治和奴役的关系；另一方面产生了暴力和掠夺的关系。"于是使人变得悭吝、贪婪和邪恶。在最强者的权利和先占者的权利之间发生了无穷尽的冲突，这种冲突只能以战斗和残杀而终结。新产生的社会让位于最可怕的战争状态"。①富人觉得这场战争对自己不利，终于想出了一种最深谋远虑的计划。他们向穷人说："'咱们联合起来吧，好保障弱者不受压迫，约束有野心的人，保证每个人都能占有属于他自己的东西'";②防御共同的敌人，保卫每一个成员，使我们大家生活在永久的和睦之中。而穷人也就听从了富人的引诱，相互订立契约，建立起国家政权。富人对穷人的统治被确立，其财产得到保障。这是不平等发展的第二阶段。

人们订立社会契约，建立公共权力和制定法律，以保障社会安定。但是，建立政府的动机是一回事，而实际后果则是另一回事。由于法律巩固了所有权，把巧取豪夺变成了合法的无可争辩的权利，因而无非是给了富人以新的力量而已。最初的政治制度是一种不完善和不稳固的制度，因为它是偶然的产物。后来，权力逐渐具备了越来越稳定，越来越固定的形式。开始时，所有的法律都是由某些一般准则构成的。然而这种管理方式的弱点，不久就使人

①② ［法］卢梭：《论人类不平等的起源和基础》，李常山译，商务印书馆1982年版，第126、128页。

们把公共权力冒险地托付给私人。首领选举制就是这样产生的。首领无不蓄意制造事端来扩大自己的权力。政府腐化败坏了，合法权利变成了专制权力。统治者对臣民的态度也发生了变化，他把自己看作像神一样的国家所有者，而把自己的同胞看作奴隶。这就是不平等发展的第三阶段。

由此可见，在私有制的基础上，人类文明每前进一步，都伴随着不平等的深化和普遍的道德堕落。社会进步完全改变了人的本性。人类不平等在专制制度下达到了极点，"这里是不平等的顶点，这是封闭一个圆圈的终极点，它和我们所由之出发的起点相遇。"①登峰造极，过度腐化的不平等本身就是一种消极恶劣地回复到"平等"：在暴君面前，人人平等，都等于零。但是，这种极度不平等正是新的平等的起因，既然暴君只依靠暴力而成为统治全体臣民的主子，既然表面"公正"的政府已被破坏殆尽，那么，人们对他已毫无义务可言。因此，"当他被驱逐的时候，他是不能抱怨暴力的。以绞杀或废除暴君为结局的起义行动，与暴君前一日建议处理臣民生命财产的行为是同样合法。暴力支持他，暴力也推翻他。"②社会从而转向新的平等。

卢梭在阐述人类不平等发展过程的时候，涉及了"异化"问题。他认为，人是生而自由的。在自然状态下，人同自己的本质是同一的，而在社会状态下，他却不自由了。在社会进步中，人的全部才能得到了最大限度的发挥，科学、艺术、贸易和工业等也得到了发展。但与此同时，人类的灾难却越来越深重了，"人类所有的进步，不断地使人类和它的原始状态背道而驰，我们越积累新的知识，便越失掉获得最重要的知识的途径。这样，在某种意义上说，

---

①② ［法］卢梭：《论人类不平等的起源和基础》，李常山译，商务印书馆 1982 年版，第 145、146 页。

正因为我们努力研究人类,反而变得更不认识人类了。"①随文明
一同产生的社会为自己建立的各种机构转变为同它们原初的使命
相反的东西,反过来压迫人。社会的人迷失了自己,他只知道生活
在他人的意见之中,也可以说,他们对自己生存的意义的看法都是
从别人的判断中得来的。也就是说,步入社会之后,人类丧失了自
己的内在价值,人的产物则采取了与人对立的异化形式,而且这种
异化状态是普遍的。私有制使富人和穷人,主人和奴隶都败坏了。
穷人和奴隶失去了独立的人格,而富人和主人则由于不得不依赖
于穷人和奴隶,以至于他们在实施统治和奴役的同时,实际上也变
成了奴隶。

卢梭关于社会不平等发展过程的学说包含着辩证法思想。他
把从自然状态的平等到社会不平等,再到社会平等看作一个历史
发展过程,一个否定之否定的"圆圈"。在他看来,这种发展过程
中的后一阶段都是对前一阶段的否定。文明前进一步,不平等也
加深一层,它也是一种倒退。而且,不平等的每一阶段都具有矛盾
的二重性,矛盾使一个方面向着它的反面转化。因此,在"平
等——不平等——平等"的发展过程中,包含着深刻的矛盾发展,
转化以及否定之否定的辩证因素。恩格斯对此给予了很高的评
价,称赞《论人类不平等的起源和基础》一书是"辩证法的杰
作"。②

(三)民主共和国理想

卢梭的社会政治哲学所追求的最高目的是人的自由和平等。
他在《论不平等》等著作中集中探讨了人类不平等的起源和基础,

① 　[法]卢梭:《论人类不平等的起源和基础》,李常山译,商务印书馆1982年版,
　　第63页。
② 　《马克思恩格斯文集》第3卷,人民出版社2009年版,第538页。

而在《社会契约论》中则讨论了如何实现社会平等的问题,提出了民主共和国的理想。由于人类不可能再返归平等的自然状态,所以,他要探讨的是,"在社会秩序之中,从人类的实际情况与法律的可能情况着眼,能不能有某种合法的而又确切的政权规则。"①在这里,卢梭感兴趣的不是现有的东西,而是应有的东西。他指出,"人是生而自由的,但却无往不在枷锁之中。自以为是其他一切的主人的人,反比其他一切更是奴隶。这种变化是怎么形成的?我不清楚。是什么才使这种变化成为合法的? 我自信能够解答这个问题。"②如果说,他在《论不平等》一书中考察的是国家的实际历史起源,那么,在《社会契约论》一书中,他所考察的则是国家的合法的逻辑根据。换言之,鉴于历史上的契约是以牺牲人的自由平等为代价的,所以卢梭要创立一种真正合法的契约来取代它。

在卢梭看来,"社会秩序乃是为其他一切权利提供了基础的一项神圣权利。然而这项权利决不是出于自然,而是建立在约定之上的。"③社会制度不是自然赐予人类的东西,它的准则不能直接从自然中产生,权利也不能建立在强者的权利的基础上。"强者的权利"这个名词本身就存在着内在矛盾,因为使用暴力不可能产生任何权利,当我们屈服于暴力时,用不着给暴力加上"权利",这是没有意义的。既然自然和暴力都不能成为合法权利的基础,那么只有一个结论:约定或契约才是"人间一切合法权威的基础。"④

社会契约是合法权利的必要条件,是正常的政治制度的必要前提。我们可以设想,人类曾达到过这样一种境地,当时自然状态中不利于人类生存的种种障碍,在阻力上已超过了每个个人在那

---

①②③④　[法]卢梭:《社会契约论》,何兆武译,商务印书馆 2005 年版,第 3、4、4—5、10 页。

种状态中为了自存所能运用的力量,于是,那种原始状态便不能继续维持,并且人类如果不改变其生存方式,就将会消灭。在这种状态下,人类只有集合起来,形成一种力量的总和,才能够克服这种阻力,由一个唯一的动力把它们发动起来,并使它们共同协作。人类要想既保存自身又不妨害自身,就必须"寻找出一种结合的形式,使它能以全部共同的力量来卫护和保障每个结合者的人身和财富,并且由于这个结合而使每一个与全体相联合的个人又只不过是在服从自己本人,并且仍然像以往一样自由"。[1]这就是社会契约所要解决的根本问题。

社会契约的要旨在于"每个结合者及其自身的一切权利全部都转让给整个的集体"[2]。由于这种转让的条件对每个人都是同样的,由于每个人都没有把自己奉献给任何个人,反而从所有订约者那里获得了自己转让给他们的同样的权利,所以每个人在订约后仍然"只不过服从自己本人,并且仍然像以往一样自由"。因此,社会契约可以简化为一句话:"我们每个人都以其自身及其全部的力量共同置于公意的最高指导之下,并且我们在共同体中接纳每一个成员作为全体之不可分割的一部分。"[3]

这样的结合行为产生了一个道德的和集体的"共同体",以代替每个订约者个人。这个由全体个人的结合所形成的公共人格,以前叫"城邦",现在称为"共和国"或"政治体"。当它是被动时,它的成员就称之为"国家",而当它是主动时,就称之为"主权者"。至于结合者,他们集体地称为"人民",个别地作为主权权威的参与者,就叫作"公民"。[4]

为了使社会契约不至于成为一纸空文,它默默地包含着这样

---

[1][2][3][4] [法]卢梭:《社会契约论》,何兆武译,商务印书馆 2005 年版,第 19、19、20、21 页。

的规定,也唯有这一规定才能使其他规定具有力量,即任何人拒不服从公意的,全体就要迫使他服从公意,这恰好就是说,"人们要迫使他自由;因为这就是使每一个公民都有祖国从而保证他免于一切人身依附的条件,这就是造成政治机器灵活运转的条件,并且也唯有它才是使社会规约成其为合法的条件;没有这一条件,社会规约便会是荒谬的,暴政的,并且会遭到最严重的滥用。"①

因此,只有在这种社会契约之下,人类从自然状态进入社会状态所发生的变化才是合理的。在人们的行为中,正义代替了本能,行动被赋予了前所未有的道德性,而唯有道德的自由才使人类真正成为自己的主人。虽然在社会状态下他失去了许多自然的东西,然而他却从中重新得到了巨大的收获。他的能力得到了锻炼和发展,他的思想开阔了,他的感情高尚了,他的灵魂整个地提高到这样的地步,使他永远脱离自然状态,使他从一个愚昧的、局限的动物一变而为一个有智慧的生物,一变而为一个真正的人。而且,"基本公约并没有摧毁自然的平等,反而是以道德与法律的平等来代替自然所造成的人与人之间的身体上的不平等;从而,人们尽可以在力量上和才智上不平等,但是,由于约定并且根据权利,他们都是人人平等的。"②

卢梭认为,建立在社会契约上的国家,其主权即最高权力属于全体人民。在人民主权的国家里,每个人都具有双重身份:对于个人来说,他是主权者的一个成员,而对于主权者来说,他是国家的一个成员。在这里,治者与被治者只具有相对意义。卢梭反对洛克、孟德斯鸠等人的权力分立学说。在他看来,主权是至高无上的,不可分割的。不过,他并不反对权力在实践中的区分以及各具特殊的职能。主权是行政权的根据,行政权只是主权的机能和作

---

①② 〔法〕卢梭:《社会契约论》,何兆武译,商务印书馆 2005 年版,第 25、30 页。

用,政府决不是主权的体现者,而只是主权的受托者。①人民无条件地拥有对以下两个提案投票表决的定期集会的权利,即:"主权者愿意保存目前的政府形式吗?""人民愿意让那些目前实际担负行政责任的人们继续执政吗?"②同样,主权也是不能转让、代表的。卢梭既不赞成封建专制制度,也不赞同代议制民主制。他认为,在英国式的代议民主制下,人民"只有在选举国会议员的时刻才是自由的,议员一旦选出,他们就是奴隶,他们就等于零了"。③

按照卢梭的观点,所谓"公意"是国家的灵魂。它使国家保持内在的统一,使国家组合为具有意志、公共人格的有机体。"公意"与"众意"不同。"公意"只着眼于公共利益,而"众意"则着眼于私人利益,它只是个别意志的总和。"公意"是从"众意"中除掉其中相异部分而剩下的相同部分。"公意"永远以公共利益为依归,因而它永远是公正的,不可能犯错误。"公意"在具体政治实践中表现为法律。法律是作为立法者的全体人民对作为臣民的全体人民所作的规定,它结合了意志的普遍性和对象的普遍性。作为"公意",它代表了主权者的普遍意志;对于对象,它只考察臣民的共同体以及抽象的行为,而绝不考察个别的人以及个别的行为。因此,法律不仅保障公民的权利平等,而且是自由的基石,"唯有服从人们为自己制定的法律,才是自由"。④而"法律只不过是我们自己意志的记录"⑤。所以,凡是实行法制的国家,无论它的行政形式如何,都是共和国,因为唯有在这里才是公共利益在统治着国家。

卢梭承认宗教的社会作用。他认为,人们进入政治社会之后,就要靠宗教来维持,没有宗教,一个民族就不会、也不可能长久存

---

①②③④⑤ [法]卢梭:《社会契约论》,何兆武译,商务印书馆 2005 年版,第126—127、129、121、26、47 页。

在。"从没有一个国家是不以宗教为基础便能建立起来的。"由于基督教有害于国家,因此有必要建立起一种"公民宗教",它并非严格地作为宗教教条,而只是作为社会性的感情,"没有这种感情则一个人既不可能是良好的公民,也不可能是忠实的臣民。"①但卢梭认为"基督教只宣扬奴役与服从",它的精神只有利于暴君。因此这种宗教的罪恶昭然若揭,以至如果还要去证明的话,那简直是浪费时间。卢梭否定基督教的态度是鲜明的。

如果说在《论不平等》等著作中,卢梭对"社会状态"持批判态度,有崇尚自然的倾向,那么,在《社会契约论》中,他则致力于通过建立合法公正的社会契约来避免人类进入社会状态所造成的不平等现象。这相互矛盾的思想,在卢梭那里由追求自由和平等的最高理想统一起来了。② 因为他认识到,人类不可能回归到原始的自然状态,而且自然状态也无所谓幸福美好。因此,他要以更高的、真正的自由平等的民主共和国,把自然状态的好处和社会状态的优点结合起来,以达到人类精神、道德、自由和平等的更高阶段。当然,由于时代的局限,这只是美好的理想。

毫无疑问,卢梭是18世纪法国启蒙运动的杰出思想家。他对封建制度的批判,他所提出的民主共和国理想以及对自由和平等的追求,代表了启蒙运动中激进的民主思想。但是,卢梭与18世纪法国启蒙思想家之间也确实存在着巨大的分歧。正当启蒙思想家们为理性、文明、科学和进步高唱赞歌之时,他却敏锐地觉察到了现代社会所隐含着危险的弊端。因此,"针对理智、知识的增长和科学的进步——这些本是启蒙运动引为文明的唯一希望——他

---

① ［法］卢梭:《社会契约论》,何兆武译,商务印书馆2005年版,第181页。
② 参见［美］萨拜因:《政治学说史》下册,刘山等译,商务印书馆1986年版,第650页。

（指卢梭——修订者注）崇尚友好和仁爱的情感,崇尚善意和虔诚",①采取了与启蒙运动截然相反的方向。在卢梭看来,人的真正本性并不在于少数有教养的人才具有的理性,而在于人所共有的情感。因而他把过去一直被排除在文化之外的人民大众也包括进来了。"事实上,卢梭在政治领域发现了路德在宗教领域所发现的伟大的真理——人的价值就是人。"②康德曾满怀敬意地说,卢梭使他学会了尊重人。③

卢梭的社会政治学说是人类思想史上的里程碑。启蒙运动自卢梭起开始了对自身的反省和批判。正如歌德所说,伏尔泰是旧世界的终点,卢梭则是新世界的开端。

第二节　唯物主义者

18 世纪法国唯物主义哲学,是当时处于反封建革命斗争中的资产阶级的世界观,是该世纪末发生的资产阶级政治大革命的前导。它的代表人物有拉美特里、孔狄亚克、爱尔维修、狄德罗和霍尔巴赫。法国唯物主义哲学的理论来源有两个,即笛卡尔的物理学和洛克的感觉主义。拉美特里继承了笛卡尔的物理学的机械唯物主义,在新的条件下阐发了机械唯物主义的基本原理,成为笛卡尔机械唯物主义学派的中心人物。孔狄亚克的唯物主义具有很大的不彻底性,然而他却是在法国介绍、传播洛克经验论哲学的重要人物。他在 1746 年出版的《人类知识起源论》,对同时代人产生

---

① ［美］萨拜因:《政治学说史》下册,刘山等译,商务印书馆 1986 年版,第 647 页。

② ［英］博伊德、金:《西方教育史》,任宝祥、吴元训主译,人民教育出版社 1985 年版,第 284 页。

③ 参见［苏］古留加:《康德传》,贾泽林等译,商务印书馆 1981 年版,第 46 页。

了很大的影响。爱尔维修继承、发展了洛克的唯物主义感觉论,并把它应用到社会伦理问题上,阐述了功利主义的伦理学。狄德罗的哲学具有较丰富的辩证法思想,反映了法国唯物主义哲学的最高水平。霍尔巴赫作为法国哲学的殿后人,把唯物主义系统化,鲜明地表述了战斗无神论思想。这样,他们就各自对法国唯物主义哲学的形成和发展,作出了自己的贡献。

一、拉美特里

茹利安·奥弗雷·拉美特里(Julien Offray de La Mettrie,1709—1751年)是18世纪法国唯物主义哲学的最早代表。他出身于圣马洛城的一个富商家庭,希望儿子将来从事神学的父亲把年幼的拉美特里送到巴黎,接受詹森教派的教育。但他对神学无兴趣而转学医学,1733年来到荷兰莱顿大学,师从当时名医波尔哈维,不仅学到高明医术,而且深受老师的唯物主义和无神论思想影响。1735年回国,在故乡一面行医,一面翻译出版波尔哈维的著作。1742年,颇有名气的拉美特里来到巴黎,任近卫军军医。3年后因《心灵自然史》一书遭受迫害,被迫于1746年逃往莱顿。1747年匿名出版了主要哲学著作《人是机器》,又面临险境,不得不流亡到普鲁士,担任国王腓特烈二世的医生。这期间撰写出版了《人是植物》、《各派体系的提要》等著作,1751年因食物中毒去世。

(一)无神论思想

在18世纪法国资产阶级启蒙运动中,拉美特里首先把反宗教神学的斗争提升到唯物主义世界观的高度。他明确地申称他所讨论的“唯一的哲学”是“人体的哲学”。他的哲学主旨就是阐明心灵对肉体的依赖。而神学家们根本没有能力解答这一问题。“他们的那些晦涩的学问正好歪曲了这个问题,这些学问把他们引导到千百种偏见上去,总而言之,把他们引导到宗教狂热上去,这就更加重了他们对于人体机械作用的彻底无知。"①基于对心灵和肉体关系的唯物主义理解,拉美特里响亮地喊出了"我的感官高举着火炬","哲学的火炬""照亮了理性的路"。这就无疑给伏尔泰等人所说的理性灌注了唯物主义新内容,把反神学反唯心主义的斗争推向新的阶段。

拉美特里着重批判了上帝存在的目的论证明。因为这是神学企图"打倒无神论"的"更有力的武器"。拉美特里指出,自然界的一切现象的原因就在自然之内。我们的眼睛之所以能看,"是由于它有这样的组织和生长在这样的位置上,只要一旦确定了自然在物体的发生和发展中所遵循的那些运动的规律,眼睛这一奇妙的器官就不可能有别样的组织,也不可能生长在别的位置上了"。②因此,一切有利于上帝存在的全部理由,包括目的论证明,都不可能粉碎、打倒一个真正的无神论者。

拉美特里驳斥了神学唯心主义者横加给唯物主义和无神论的种种莫须有的罪名,捍卫了唯物主义者和无神论者的声誉。他说,哲学是听从自然的,唯物主义是对自然进行观察和实验的结果,是唯一的真理。"那么,把它发表出来难道是一种罪过吗?"③真理如果不能被讲出来,那是倒霉透顶的事情。理性如果生来就要受到限制和束缚,那它就是累赘多余的东西。而神学,唯心主义恰恰压抑理性、封锁真理。这是"凌辱人类、贬低人类","包庇迷信、赞助野蛮"④的丑恶行为。针对神学家和唯心主义者的诽谤和攻击,拉美特里豪迈地指出,历史上没有一个唯物主义者和无神论者是

①② [法]拉·梅特里:《人是机器》,顾寿观译,商务印书馆 1979 年版,第 16、51 页。

③④ 北京大学哲学系外国哲学史教研室编译:《十八世纪法国哲学》,商务印书馆 1963 年版,第 190、189 页。

侮辱他人、背叛祖国、煽起战争的坏人。相反地，这些坏人正是来自神学家的队伍。正是"一些神学家，一些无事生非之徒，为了侍奉"①一个神，挑起连绵不断的内战和血流遍野的战争。

拉美特里还揭露了神学家和教会对唯物主义者和无神论者的残酷迫害。他说，祭司们不肯花一点力气去证明自己的观点，却盲目地宣称它确实可靠，要人们相信它、皈依神。而对用理性去思考他们的观点的人，这些盲从的卫道者就用种种炮火把他轰得粉碎，化为齑粉。神学家、教会和伤天害理的暴君勾结在一起，干着"文字狱的勾当"，焚毁说出真理的著作，把它们的作者关进监狱。但是，真理是封锁不住的。讲出真理的人的光荣业绩已经传播四海，响彻云霄，永垂青史。而暴君们的恶行终于有一天要暴露于光天化日之下。面对这股反动势力，拉美特里以战斗激情写道：我挺身屹立在众目睽睽之下，有"胆量自由地说出我所想的东西"。"我决不会拒绝向那些使我神魂颠倒的迷人魅力低头下拜。大海越是布满着暗礁，越是以险恶出名，我越觉得通过重重危难去寻求不朽是一件赏心乐事"。②拉美特里铿锵坚定的誓言，显示出法国唯物主义哲学一登上反封建反神学的思想斗争舞台，就展示出它的不可扼杀的生命力和彻底的革命精神。

（二）对唯心主义的批判

拉美特里在《人是机器》一书中，一开始就提出依照哲学家们对心灵和肉体关系的不同回答，哲学上存在着两个对立的哲学体系的观点。他说："第一类，也是最古老的一类，是唯物论的体系；第二类是唯灵论的体系。"③他还把唯心主义比作脆弱的芦苇，把

①②　北京大学哲学系外国哲学史教研室编译：《十八世纪法国哲学》，商务印书馆1963年版，第191、194页。

③　[法]拉·梅特里：《人是机器》，顾寿观译，商务印书馆1979年版，第13页。

唯物主义比作牢固坚实的橡树。"神学、形而上学、经院哲学这些脆弱的芦苇,怎样能对抗这样一棵牢固、坚实的橡树呢?"①

拉美特里批判了莱布尼茨的客观唯心主义。他以讽刺的口吻指出,如果不是莱布尼茨,我们决不会想到世界上居然还有独立自存的单子。其实,那是在"虚无缥缈中"讨论存在和实体问题,用"单子建立了一个谁也不懂的假定"。②莱布尼茨自诩认识了一切事物的本质,武断地说物质是由单子这种精神性的东西所构成,这就把物质心灵化了。在唯物主义者拉美特里看来,物质是客观存在的,根本不是心灵的产物。

拉美特里从机械论出发,认为笛卡尔"第一个完满地证明了动物是纯粹的机器"。③这是一个重要的、需要很大智慧的发现。但他同时也不客气地批判了笛卡尔的二元论和唯心主义。拉美特里说,这位有名的哲学家有许多错误,其根本错误就是主张心灵和肉体是两种独立的、各不联系的实体。从这个根本错误产生其他一系列的错误,天赋观念就是其中之一。他说,笛卡尔不知道观念是从哪儿来的,因而主张它是先天的,是独立自存的精神产物,是不依赖于感性经验的。其实这是错误的。拉美特里也指出了笛卡尔唯心主义同神学的联系。笛卡尔主张神是物质运动的唯一动因。这种看法是他力图同宗教信仰取得调解的一种假设。正是基于对笛卡尔二元论和唯心主义的否定,拉美特里指出,笛卡尔在科学方面是第一流的人物,而在哲学上则是末流之辈。这个评论当然并不十分公正。它体现了拉美特里对二元论和唯心主义的强烈不满,以致到了偏激的程度。

拉美特里尖锐地批判了笛卡尔主义者马勒伯朗士的神学唯心

---

① ② ③　[法]拉·梅特里:《人是机器》,顾寿观译,商务印书馆1979年版,第74、13、66页。

主义。马勒伯朗士认为神是唯一实体,是一切存在物的根据。灵魂和肉体只是神的属性,神的创造物。拉美特里指出,马勒伯朗士哲学的这些内容"是一些谬误荒唐的东西,集各种胡思乱思、狂言谵语之大成",[1]是把自己头脑中毫无根据的幻影说成是实际存在的事物。这样一个只在书名中探求真理的人,却自命是清楚地认识和陈述了真理的天才,真是荒唐之极!

(三)对自然和人的机械唯物主义解释

拉美特里反对宗教神学和唯心主义的理论武器是机械唯物主义哲学。

拉美特里认为物质、自然是唯一真实的客观存在。他说:"自然界只有一个唯一的物体",[2]那就是物质。如果你从神学的虚幻中来到自然界,那你就会看到"自己的周围到处都是永恒的物质"。[3]万物有生有灭,但物质却是永恒的。因为它"凭自身而存在"。他用物质元素和物质结构来说明世界的物质性。他把物质元素叫作"面粉团子"。植物、动物和人都是由它构成的,区别在于他们是面粉团子以不同的方式变化而成的。

拉美特里是一个机械唯物主义者。他用力学观点说明物质的属性,认为广延和运动力是物质的两种根本属性。他也受了洛克等人的第一性质和第二性质的影响,把大小、形状、运动、硬度等属性说成是物体的第一性的质,而颜色、温度、痛苦以及滋味等说成是物体的第二性的质。但他认为第二性的质也是物体本身具有的,既不是物体的不可见的能力,也不是主观自生的。"盐和糖以相反的运动刺激味蕾;其结果我们就会得到相反的观念,使我们发觉一个是咸的,一个是甜的。"[4]

---

[1][2][3][4]　北京大学哲学系外国哲学史教研室编译:《十八世纪法国哲学》,商务印书馆1963年版,第231、212、186、213页。

在物质和运动的关系问题上,拉美特里明确提出了物质自己运动和物质与运动不可分割的观点,纠正了 17 世纪某些哲学家把物质和运动割裂开来的错误。他指出,运动如同广延一样,是物质的本质属性,产生运动的动因就在物质本身之中。我们无须大量引证就可以明白地看出,物质本身就包含着这种使它活动的推动力,这种推动力乃是一切运动规律的直接原因。他采纳了古希腊唯物主义者的观点,认为冷和热是使物质运动的两种普遍的力量。"地球上的一切形体大概都是由于这两种普遍的能动性质而产生出来的"。①

但是,正如他用机械观点解释物质的属性一样,拉美特里也用机械论解释物质的运动。他把一切运动形态,甚至人这样一种社会动物的运动,都归结为机械运动。这样,他终究解决不了运动原因的问题,不能说明不同运动形态的区别,继而得出运动的性质是我们所不知道的结论。

拉美特里唯物主义地解释了人的肉体和心灵关系问题。应该说心灵和肉体的关系问题,是拉美特里"人体的哲学"探讨的主要问题,也是贯穿拉美特里哲学的一条主线。

拉美特里以丰富的医学知识,指出人是物质性的东西。"人并不是用什么更贵重的料子捏出来的;自然只用了一种同样的面粉团子,它只是以不同的方式变化了这面粉团子的酵料而已。"②所谓心灵,"是指我们身体里那个思维的部分",③即大脑。它"也是用同样的面粉团子从同样的作坊里制造出来的",④不过组成大脑的面粉团子同构成动物心灵的面粉团子的品质不同,也不很相

---

① ④ 北京大学哲学系外国哲学史教研室编译:《十八世纪法国哲学》,商务印书馆 1963 年版,第 203、286 页。

② ③ [法]拉·梅特里:《人是机器》,顾寿观译,商务印书馆 1979 年版,第 43、53 页。

近。他指出,心灵是依赖于身体的各种器官的,与它们一同形成、长大和萎缩。人有了身体,也就有了心灵。人吃了食物,吸收了养料,身体发育长大了,心灵也随之发育长大。身体死亡了,心灵也就随之死亡。拉美特里据此指出,主张心灵不死的神学说教,心灵派生肉体的唯心主义,以及心灵和肉体各自独立的二元论,统统是"无聊的体系",是"胡思乱想"的产物。

拉美特里还指出:"心灵的一切机能,直到意识为止,都只不过是依身体为转移的东西。"[1]所谓心灵的一切机能,是指人的认识和精神活动。人睡着了,心灵也跟着休息,人没有感觉,没有意识,好像不存在似的。人的生理病态也影响人的精神病态。一个刚刚截去胳膊的士兵,可能认为他那只胳膊还在他身上。拉美特里进一步指出,所谓心灵活动以身体为转移,不过是说心灵的活动都以感官能够接受对象的刺激为前提。"如果没有感觉能力,心灵就不能发挥它的任何功能。"[2]只有当感觉器官受到对象的刺激,神经把受到的震动传到大脑,大脑才有认识、精神活动。拉美特里的这些看法,表明他在说明认识和精神活动的物质基础的问题上,比17世纪唯物主义有所前进。

但是,拉美特里在这个问题上的机械论和形而上学的观点,也是非常突出的。

拉美特里把人的肌体和心灵的一切活动都归结为机械运动。他认为人和动物都是一架机器,人不过是一架比较复杂的机器。两者只有量的差别而无质的区别。从动物到人并不是一个"剧烈的转变"。"比最完善的动物再多几个齿轮,再多几条弹簧,脑子和心脏的距离成比例地更接近一些,因此所接受的血液更充足一

---

①② 北京大学哲学系外国哲学史教研室编译:《十八世纪法国哲学》,商务印书馆1963年版,第227、236页。

些,于是那个理性就产生了"。①"人是机器"是典型的机械论结论。这样,拉美特里不可能真正解决物质和意识的关系,不了解人的自觉能动性,由此他错误地认为,动物也有善恶良心,猴子也可以训练成人。有时,他也不得不承认人和动物的区别,但把这种区别归于教育所致,归于人有语言文字。他说:"只有教育才把我们从动物的水平拉上来,终于使我们高出动物之上。"②而语言文字,他又仅仅看成是"自然的产儿"。这当然也是不正确的说法。

(四)唯物主义的经验论

在认识论上,拉美特里是一个唯物主义经验论者。他说,感官是我们的哲学家,"经验应当是我们唯一的向导"。③客观世界是我们的认识对象,感觉经验是客观事物的反映。他十分强调感觉在认识过程中的地位和作用。没有感觉器官,没有通过感官而来的感觉,就没有观念,也就没有知识。感觉不会欺骗我们,应当受到我们的信任。不管什么理论,凡是同无可争辩的经验相违背,与日常的观察、实验背道而驰,都应当被当作谬误的东西,没有用处的东西。

拉美特里在经验论的基础上阐述了认识的过程。"当各种感觉器官受到某种对象刺激的时候,这些器官的结构中的神经就受到震动,受到变动的动物精神的运动就传到大脑,一直达到共同的感觉中枢,也就是达到感觉心灵凭着这股动物精神流接受各种感觉的所在地。"④由此开始了感觉、记忆、想象、判断、推理等活动。但拉美特里对认识过程的解释也是机械论的观点。他不仅把感觉说成是"脑弦"由于外物运动而引起的激动,而且也把理性认识也

---

①② [法]拉·梅特里:《人是机器》,顾寿观译,商务印书馆 1979 年版,第 52、40 页。

③④ 北京大学哲学系外国哲学史教研室编译:《十八世纪法国哲学》,商务印书馆 1963 年版,第 208、206 页。

看作是外物的映象在"脑幕"上的变化。他说:"判断、推理、记忆等等……是这种脑髓的幕上的种种真实的变化,映绘在眼睛里的事物反射在这个幕上,就像从一个幻灯里射出一样。"[1]判断无非是把观念"排列组合起来"。[2] 他把认识看作是机械的反射,消极的反映,一次完成的动作。这样他就把感性和理性都看成"想象",实质上把理性归于感性。因为他认为想象归根到底是"感性原则"。由此他也就错误地认为语词(一般、概念)只是表示"物体的任意规定的符号"。[3]拉美特里的认识论是脱离了社会实践,不了解认识辩证过程的消极直观反映论。

作为 18 世纪法国唯物主义哲学的第一人,拉美特里主要是制订了这一哲学的基本原理。他以心灵和肉体的关系为主线,肯定物质和运动,物质和意识的不可分割的联系,指出了思维是大脑的属性,并把唯物主义和无神论结合起来,较为彻底地反对天主教神学和唯心主义。但他的哲学也显明地反映出 18 世纪法国唯物主义哲学所固有的局限。

二、孔狄亚克

埃蒂亚纳·博诺·德·孔狄亚克(Etienne Bonnot de Condillac,1715—1780 年)是 18 世纪法国哲学的代表之一。他的哲学显明地具有唯心主义的不彻底性,乃至折中主义哲学企图把他从法国各学派中排挤出去。然而孔狄亚克的感觉主义认识论以及对 17 世纪形而上学的批判,却对他的同时代人和后辈人的唯物主义哲学的形成发生了重大影响和作用。他是 18 世纪法国哲学从

---

[1][3]　[法]拉·梅特里:《人是机器》,顾寿观译,商务印书馆 1979 年版,第 34、31页。

[2]　北京大学哲学系外国哲学史教研室编译:《十八世纪法国哲学》,商务印书馆1963 年版,第 238 页。

自然神论向公开的唯物主义和无神论过渡的重要人物。

孔狄亚克出生在法国南部格勒诺布尔的一个贵族家庭,著名空想共产主义者马布里的弟弟。年轻时就读于里昂耶稣会专科学校,毕业于巴黎索尔本神学院。40—50 年代在巴黎居住期间,结识了伏尔泰、卢梭、狄德罗等人,并为《百科全书》撰稿。50 年代后期开始在巴马公国任小公爵的教师,晚年在乡间过隐居生活。他既当过天主教神甫和修道院院长,也曾是法兰西科学院和柏林科学院的院士。孔狄亚克的主要哲学著作有《人类知识起源论》,《体系论》和《感觉论》等。

(一)对 17 世纪形而上学的批判

孔狄亚克承继贝尔批判 17 世纪形而上学的传统,"用洛克的感觉论去反对 17 世纪的形而上学。他证明,法国人把这种形而上学当作幻想和神学偏见的拙劣作品加以抛弃,是有理由的。他发表了驳斥笛卡儿、斯宾诺莎、莱布尼茨和马勒伯朗士等人的体系的著作。"[1]

孔狄亚克批判了笛卡尔等人的唯理论,特别是天赋观念论。他强调指出,我们一切观念都来自感觉,除此而外没有别的来源。"我们可以凭着感官确切地知道一个物体的形状是什么"[2],而天赋观念并不能确定一个物体的形状是什么。因此,天赋观念论的论点"是十分明显地违反经验的"。[3]孔狄亚克进一步指出,按照天赋观念论的说法,我们只能在远离感觉的观念中获得自然的知识,只能相信清楚明白的观念"是由一个不能欺人的实体"[4]即上帝"铭刻在我们心中的"。而实际上,这不仅"不能得到真正的知

---

① 《马克思恩格斯文集》第 1 卷,人民出版社 2009 年版,第 333 页。
②③④ 北京大学哲学系外国哲学史教研室编译:《十八世纪法国哲学》,商务印书馆 1963 年版,第 106、105、112 页。

识"，相反地"只能产生一些荒唐可笑的意见"。我们应当"抛弃天赋观念的假设"，这就是孔狄亚克的结论。

孔狄亚克也批判了莱布尼茨的单子论。他指出，"灵魂尽管是单纯的，它却非依靠形体不可，因此它的活动是以某种方式与这个实体的活动混在一起的。"① 这就是说，只有在对象作用于感官从而造成印象的情况下，灵魂才能体验到某种东西。而莱布尼茨的单子是脱离肉体的精神性实体，他用以说明单子的力和知觉也是不依赖于肉体的力和不依赖于感官的知觉。因而从灵魂——脱离肉体的灵魂是不能说明单子的本性。孔狄亚克还指出，一个原因的观念总是直接地指谓这个原因本身的，如果我们连原因本身还不知道，又怎么能有一个原因的观念呢？"我们对灵魂所具有的不完满的观念，怎么能够使我们理解到其他的东西也同灵魂一样具有一些知觉呢？"② 总之，莱布尼茨在单子问题上是"什么都没有说明"，"他的体系""完全是儿戏"。③

孔狄亚克对斯宾诺莎的实体学说也是很不满意的。他从狭隘的片面的感觉论出发，认为抽象观念只是存在于感觉(个别)观念之中的东西的总和。它只能说明我们在个别对象上见到的东西，并不能增加我们的知识。"我们在我们的认识对象上面觉察到的，是一些不同的性质；……但是我们并不能发现那种作为它们的基础的东西"，即实体，我们只能认识作为"结合在某处的某些性质"④的实体。他认为原因"是指与一件有别于自身的东西的关系"，⑤"在整个自然界里，既没有活动，也没有产生，既没有原因，也没有结果"。⑥ 在他看来，既然实体的本性是不能认识的，那么，

①②③④⑤　北京大学哲学系外国哲学史教研室编译：《十八世纪法国哲学》，商务印书馆1963年版，第114、114、113、116、115页。

⑥　［法］孔狄亚克：《论体系》，转引自《费尔巴哈哲学史著作选》第1卷，涂纪亮译，商务印书馆1984年版，第307页。

说实体是自因,是万物的原因"就未免欠合理了"。①孔狄亚克对斯宾诺莎实体学说的批驳,并不都是正确的。

(二)感觉论

如同洛克一样,孔狄亚克主张"我们的一切知识和一切能力……都来自感官,或者说得更确切一点,都来自感觉"。②感觉和心灵活动是我们一切知识的原料。"由于外界的对象对我们起作用,我们就通过各种感官得到了各种不同的观念"。③但是,在观念起源问题上,孔狄亚克不怎么满意洛克的反省是观念另一来源的说法。他说:"洛克分别了我们的观念的两个来源:感觉和反省。只承认一个来源,要更确切一些:这一方面是因为反省在原则上只不过是感觉本身,另一方面是因为它与其是观念的来源,不如说是观念借以从感觉导出的途径。"④在孔狄亚克看来,人作为"反省动物",当然有反省活动,但它不是独立的、脱离外界作用的心灵活动,它只是"我们对各种感觉在我们灵魂中引起的那些活动进行反省",⑤归根到底是一种感觉,是观念形成的途径。孔狄亚克只承认感觉是观念的唯一来源,他的确把经验主义原则彻底化了。

在孔狄亚克看来,感觉是外界对象刺激我们感官时产生的,当感官现实地形成印象时,感觉和感知是一回事;当感觉只引起心灵某些变化时,感觉就是一种知觉。感觉有两种,一种是当下直接地获得的感觉,一种是通过记忆保存下来的过去的感觉。前者是直接的强烈的知觉,后者是间接的暗淡的知觉。但孔狄亚克认为记忆不过是一种"变相的感觉",所以归根结底还是只有一种感觉。

---

①②③④⑤ 北京大学哲学系外国哲学史教研室编译:《十八世纪法国哲学》,商务印书馆1963年版,第115、128、103、132、103页。

　　孔狄亚克从物体即广延这种机械论观点出发,提出"我们只能以广袤来认识广袤,以形体来认识形体"①。由此他特别推崇触觉,认为唯有触觉能够从身体判断外物的存在。他说,从有形体即有广延的物体产生的触觉,"既是知觉又是观念。它之为知觉,是就它使灵魂发生变更而言,它之为观念,是就它来自外物而言"。②这就是说,唯有触觉是物体的反映,"触觉的每一个感觉都是手摸到的对象的代表"。③而听觉、味觉、视觉和嗅觉,在没有接受触觉教导时,只是心灵自身的一些变更,也就是知觉。唯有凭借触觉的指引、教导,才能把声音、味道、颜色和气味同一个有广延的物体联系起来。这种本体论的形而上学机械论和认识论的极端感觉主义观点,使孔狄亚克错误地认为,嗅觉、听觉、味觉和视觉"这些官能都不能凭自身给予我们任何关于外物的知识"④,不能使我们认识事物本身是什么。由此他认为"哲学家们企图深究事物的本性实在是多余的"。这就背离了可知论,陷入了不可知论。

　　孔狄亚克把观念分为单纯观念和复合观念两类。由某一感觉形成的观念,如白色,就是单纯观念,由几个感觉集合或组合的(如坚固、形式、白色等集合),就是复合观念(如白纸)。一切观念都是后天获得的。但孔狄亚克认为,第一次得到的感觉还不是观念,"当我正在尝到痛苦的时候,我是不会说我有痛苦的观念的,我只会说我感到痛苦。"⑤观念是心灵通过反省活动(注意、比较、分辨、判断、思考等)获得的。它或者是一种现实的知觉,或者是通过记忆保存下来的过去的知觉。孔狄亚克又把前者称为感性的观念,后者称为理性观念。"感性观念向我们表象那些正在作用于我们感官的对象",它是"我们知识的来源"。"理性观念向我们

————————

①②③④⑤　北京大学哲学系外国哲学史教研室编译:《十八世纪法国哲学》,商务印书馆1963年版,第138、141、142、134—135、141页。

表象那些在造成印象以后业已不见的对象",它是"我们知识的基础"。①正如记忆终究是感觉一样,理性观念归根到底还是感觉观念。而所有观念,不论简单的、复合的,还是感性的、理性的,都"只是就事物与我们的关系来描绘事物",只表象"对象的性质",而不说明事物的本性、本质。正是基于这种观点,孔狄亚克竟得出了同贝克莱"物是观念的复合"相类似的看法。他说:"如果有人问什么是一个形体,就应当回答他说:这就是对象出现时你所摸到、看到……的那些性质的集合;当对象不出现时,这就是你摸到过、看到过……的那些性质的回忆。"②这自然受到狄德罗等人的批评,当然他们也肯定了孔狄亚克的积极贡献和作用。

孔狄亚克的成就在于他对 17 世纪形而上学的错误(笛卡尔、莱布尼茨)和唯理倾向(斯宾诺莎)的批判,在于他的感觉论,从而对法国唯物主义的形成和传播产生了积极作用。

三、爱尔维修

克劳德·阿德里安·爱尔维修(Claude Adrien Helvetius,1715—1771 年)是 18 世纪法国唯物主义哲学的主要代表之一,系统地论述了资产阶级功利主义的哲学家。他出身于巴黎一个宫廷医生家庭,就读于伟大路易专科学校。但是在这所耶稣会创办的学校里,爱尔维修厌恶教会学校的死板生活和陈腐的课程,孜孜不倦地阅读洛克的著作和其他人的作品,深受先进思想家和文学家的影响。1738 年由于皇室的恩典,爱尔维修担任了政府总包税官的职务,年俸 30 万利维尔。这使他有机会目睹官场的丑行,了解第三等级的政治、经济状况,思考国家的前途和命运。40—50 年

①② 北京大学哲学系外国哲学史教研室编译:《十八世纪法国哲学》,商务印书馆 1963 年版,第 142—143、142 页。

代,他既同封德奈尔、伏尔泰、孟德斯鸠、布丰等老一辈思想家交往,也同同辈的狄德罗、霍尔巴赫等人结交。这加速了他的唯物主义世界观的形成。1751年爱尔维修宁愿失去巨额薪俸,走上背离现实政权的道路。1758年他发表了《论精神》。像一切进步著作一样,这本书一出版就遭到反动势力的攻击。罗马教皇说这部书维护渎神的可恶的唯物主义邪说,企图搞垮基督教。巴黎大主教告诫教徒要像防备瘟疫那样防范它。最后,巴黎议会于次年决定焚毁这部著作。1764年和1765年爱尔维修先后访问了英国和普鲁士。晚年他完成了长诗《幸福》的写作,撰写了《论人的理智能力和教育》(简称《论人》)。他去世后,《幸福》和《论人》分别在伦敦和海牙出版。

爱尔维修明白地声称,哲学的对象是人的幸福。他说,文学家、剧作家、画家和音乐家都以人作为他们创作的对象,但他们都是各自考察人的某一方面,而不考察人的全貌。唯有"哲学家研究人,对象是人的幸福"。① 爱尔维修说他自己出于对人和真理的爱,才从事著述,目的就是要像建立一种实验物理学一样,建立一种道德学,阐明人的幸福含义和获得幸福的手段。爱尔维修从世界观的角度,以利益这一范畴为中心,对资产阶级的功利主义作出哲学上的论证。

(一)唯物主义的感觉论

爱尔维修幸福论的哲学基础是唯物主义的感觉论。

马克思曾经指出:"爱尔维修同样也是以洛克的学说为出发点的"。② 他继承了洛克的唯物主义经验论,同时也批评并克服了

---

① 北京大学哲学系外国哲学史教研室编译:《十八世纪法国哲学》,商务印书馆1963年版,第478页。

② 《马克思恩格斯文集》第1卷,人民出版社2009年版,第333页。

洛克感觉论的唯心主义不彻底性。洛克认为人的观念除了来自外部的感觉经验而外,还有所谓"内省"的经验。爱尔维修则主张"我们的一切观念都是通过感官而来的",①所谓内省的经验"是没有益处的",实际上也是不存在的。因为人身上的一切感觉观念都是由于肉体感觉而来的。

爱尔维修认为,认识的对象是自然,自然就是一切事物的总和。作为一个力图从哲学上阐明情感和精神的哲学家,爱尔维修在探讨自然和教育能够为精神干些什么的问题时,指出"自然能够使我们对它(即赋予我们一切情感的自然)的某些事物或力产生深奥观念;……应当彻底地把精神看作是自然所赐予的"。②精神是自然物质发展到生物最高阶段的产物。而物质就是一切有形体物质固有的特性的集合。这些特性不外就是广延、不可入性、体积等等。运动如广延一样,是物质的属性。"假如这一物质没有运动就不可能存在的话,那么由此可见,运动是物质本性所固有的。"③物质和运动不可分。但他所理解的运动主要是空间位移运动。他对物质和运动的了解依然是机械唯物主义的。

爱尔维修认为,认识固然首先要有客观对象的存在,但还须要主体有接受对象作用的能力。不然,认识就不可能发生。他提出人身上有两种能力。一种是接受外界对象在我们身上造成各种印象的能力,即"肉体的感受性"。另一种是保存外界对象在我们身上造成的各种印象的能力,这就是所谓的"记忆"。但爱尔维修认为,真正说来,记忆不过是延续了的或减弱了的感觉,或者说是感觉能力的一个结果。所以,"产生我们的一切观念的,是肉体的感

---

① 北京大学哲学系外国哲学史教研室编译:《十八世纪法国哲学》,商务印书馆 1963 年版,第 491 页。

②③ К. Гельвеций, *Сочинения*, том Ⅰ, СоставлелиеХ. Н. Момджяна, Москва, Издателъство《Мыслъ》,1973, стр. 326, 126.

受性和记忆,或者说得更确切一点,仅仅是感受性。"①而认识主体的两种能力,是以有机体的物质组织为基础,是同机体的一定组织相联系的,就是说,它们并不是独立的精神实体或灵魂的自我活动。当某种声音在我们耳膜上造成震动,我们才有了听觉。如果自然没有在我们手腕的末端安上手掌和伸缩自如的手指,而是接上一个马蹄,那么人们也就不可能有感觉、观念和认识,人也许同生活在密林深处的野兽一样。

总之,"自然提供给我们各种对象;这些对象与我们之间有一些关系,它们彼此之间也有一些关系;对于这些关系的认识,构成了所谓精神。"②基于认识论这一基本观点,爱尔维修认为人的智力是天然平等的。自然对人并没有采取厚此薄彼的态度。人人都具有同样的身体结构,都有肉体的感受性,当然也都具有认识事物的同等能力。"人生而无知,并非生而愚蠢"。③这对任何人都是一样。同样,人的本性不善也不恶。人们的智力差别和道德行为的善恶都是后天形成的,即他们所处的不同环境和所受的不同教育造成的。

基于唯物主义感觉论,爱尔维修批判了天赋观念论。他说,婴儿离开母体打开生活门户的时候,除了感到需要吃奶外,没有什么观念和情感。儿童只是在生活环境中才产生了观念和情感。多次摔跤使他学会了保持身体平衡,一块石头沉到水底而一块木板浮在水面使他有了重量观念,等等。因此不存在笛卡尔所说的天赋观念。

爱尔维修坚持了感觉论,但他犯了把认识活动全部归结为感觉的错误。他说,我们精神的内容,就是对外界事物同我们的关系

①②③　北京大学哲学系外国哲学史教研室编译:《十八世纪法国哲学》,商务印书馆1963年版,第435、435、480页。

以及它们相互关系的认识。对这些关系的认识是通过判断。而判断无非是对不同感觉进行比较,从而指出它们的区别。因此,判断也就是感觉。认识的全部活动,就在于比较我们的各种感觉和观念,也就是它们之间的相同、相合、相似、相异、相反之处。"精神的一切活动都归结到感觉"。①这是片面的狭隘的感觉主义。

(二)幸福论

爱尔维修以感觉论为基础,提出了他的伦理学说。

在爱尔维修看来,既然肉体的感受性是我们接受对象的能力,那么快乐和痛苦就是接受对象刺激所产生的结果。苦乐可以分为两类:一类是肉体的苦乐,另一类是记忆中的苦乐。而记忆不过是延续或减弱了的感觉。所以,归根到底只有一种苦乐,即肉体的苦乐。爱尔维修指出,肉体的快乐才是真正的快乐。人作为一个生物,本能地知道苦乐意味着什么。人天生追求快乐避免痛苦。人的这种趋利避害的本性,从人的生存本能来说,是"自我保存",从人的伦理道德来说,叫作"自爱"。这是"我们心里的唯一情感"。"这种以肉体的感受性为基础的爱,是人人共有的。不管人们的教育多么不同,这种情感在他们身上永远一样:在任何时代、任何国家,人们过去、现在和未来都是爱自己甚于爱别人的。"②

"自爱"是爱尔维修伦理学说和政治观点的基石。他以此为出发点,说明利益、正义、美德等范畴的含义,回答人们思想、行为的动机以致社会契约等问题。利益就是指一切能够使人幸福的东西。正义就是维护公民的生命和自由。美德也是以人的利益为衡量尺度。如果爱美德而无利益可言,那也就谈不上什么美德。人的行为也是受利益支配。"人是一部机器,为肉体的感受性所发

---

①② 北京大学哲学系外国哲学史教研室编译:《十八世纪法国哲学》,商务印书馆 1963 年版,第 493、501 页。

动,必须做肉体的感受性所执行的一切事情。"①对财富的贪婪,引诱商人远涉重洋。对权力的欲望,驱使君主发动一场战争。爱情的诱惑,使古希腊城邦的战士英勇善战。爱尔维修认为,自爱不仅是人们行为的动因,而且也是人们结成社会的唯一原因。为了生存,人们运用自己的理智能力,制作工具,学会打猎、捕鱼、耕作等技术。人们为了保障自己的生活,不致被野兽吞噬,弱者不受强者凌辱,于是联合起来,相互订立契约,组成社会(国家)。总之,爱尔维修提出,如果自然界服从运动规律,那么精神世界就不折不扣地服从利益规律。"利益在世界上是一个强有力的巫师",②是个人和社会的唯一推动力。"无论在任何时候,任何地方,无论在道德问题上,还是在认识问题上,都是个人利益支配着个人的判断,公共利益支配着各个国家的判断"。③这样,在爱尔维修看来,无论道德问题还是认识问题上,人都是为利益所支配。爱尔维修在人的幸福是哲学对象的思想指导下,由肉体感受性到自爱继而到利益,把功利主义变成了有着系统形态的体系。

爱尔维修还把这套功利主义学说提高到宗教的地位,提出用"世界宗教"摧毁伪宗教。所谓世界宗教或"唯一真正的宗教就是建立在真正原则基础上的道德"。④这种宗教是以"允许每一个人拥有财产、生命和自由"⑤这些永恒不变的原则为基础。爱尔维修说,世界宗教的这一立足点决定了它的宗旨就是谋求人的幸福。它所谋求的是人类的幸福、国家的幸福,同公共利益相一致的个人享受的幸福。世界宗教的任务就在于宣传个人利益和公共利益的一致,使人们正确地认识获得幸福的原则。它所崇拜的圣贤不是

---

① ② ③ ⑤ 北京大学哲学系外国哲学史教研室编译:《十八世纪法国哲学》,商务印书馆1963年版,第499、460、458、489页。

④ [法]爱尔维修:《论人》,转引自[苏]蒙让:《爱尔维修的哲学》,涂纪亮译,商务印书馆1962年版,第220页。

迷信、荒诞的奇迹的创造者,而是那些为人类发明技术、发明合乎公共利益的新娱乐的恩人。这样,爱尔维修的世界宗教以世俗的人为内容,排除超自然的神,并用它同基督教、天主教相抗衡。这在当时历史条件下有一定积极作用。但他的世界宗教不过是他的功利主义道德学说的宗教化,用宗教一词把人的幸福神化。

其实,爱尔维修的功利主义学说,无论就其理论化的形态来说,还是就其宗教化的形态来说,实质上都是资产阶级利益观的理论概括,观念反映。资本主义的生产关系使人与人的关系(乃至一切关系)实际上仅仅服从于金钱盘剥关系、利害关系。爱尔维修作为资产阶级的思想家,把这种关系加以哲学上的升华,从而把人类的所有各式各样的相互关系都归结为唯一的功利关系,并使之成为"普遍"、"永恒"的东西。爱尔维修的功利主义学说不过是法国新兴资产阶级的有正当历史根据的哲学幻想。

在爱尔维修的利益学说中,关于正确理解个人利益,把个人利益和公共利益结合起来的论述,具有十分重要的地位。他认为,解决这一问题,是使人们获得幸福的关键。

爱尔维修并不否认个人利益,而是要求对个人利益的追求要适度,主张"把个人利益与公共利益很紧密地联系起来"。[①]他说,国家是由它的全体公民组成的,公共幸福是由个人幸福组成的。它"是人类一切美德的原则,也是一切法律的基础"。[②]所谓利益是正义、美德和善恶的原则,也只是说公共利益是它们的原则。从个人来说,只有把个人利益和公共利益结合起来,他的行为才是正直的,灵魂是高尚的,精神是明智的。整个国家则是繁荣昌盛的,对外是强大的。反之,如果个人利益同公共利益相分离,就会出现

---

①② 北京大学哲学系外国哲学史教研室编译:《十八世纪法国哲学》,商务印书馆 1963 年版,第 537、463 页。

一些人不幸一些人幸福,整个国家也是不安宁的。如何使人们把个人利益和公共利益结合起来呢? 爱尔维修认为,从国家来说,需要有良好的法律,"这些法律将会让公民们顺着他们要求个人幸福的倾向,把他们很自然地引导到公共幸福上去"。①换句话说,法律是否良好,决定了人们能否把个人利益和公共利益结合起来。这一思想的进一步展开,使爱尔维修提出了人是环境产物的观点。

(三)环境论

关于人是环境的产物,爱尔维修首先是从人的情感来论述的。他说人的情感有两种,一种是自然直接赋予我们的,如饥饿、口渴、冷热的感觉等,这是人生存本能的需要。另一种是由于建立社会而得到的,如骄傲、贪婪、嫉妒、野心等。它们是后天获得的。人在社会中生活,总是受到他周围环境的影响。一个人还在儿童时期,人们就把他心中最明白的、合乎人性的自然观念搅浑了,而把贪婪、野心以及追求个人财富等等谬误和矛盾的观念铭刻在他的脑海里。人是由他所处的环境成为他那个样子。"我们在人与人之间所见到的精神上的差异,是由他们所处的不同的环境、由于他们所受的不同的教育所致。"②

环境的内涵是什么呢? 应当说,爱尔维修对环境的理解是很广泛的。在他看来,人们的相互交往,阅读的书籍、生活方式,所受的教育,乃至前人的影响等等,都包括在环境之内。不过,他把法律和政治制度看成是这些因素中具有决定意义的东西。他说:"人们的善良乃是法律的产物",③"各个民族的性格和精神是随着它们的政治形式变化的"④,一句话,"法律造成一切"。⑤

不难看出,爱尔维修这一思想,在当时资产阶级反封建的斗争

①②③④⑤　北京大学哲学系外国哲学史教研室编译:《十八世纪法国哲学》,商务印书馆1963年版,第537、467—468、525、502、538页。

中,有着重大的现实意义。既然法律的优劣决定人们能否把个人利益同公共利益结合起来,那就应该用良好的法律取代腐朽的法律。"既然人的性格是由环境造成的,那就必须使环境成为合乎人性的环境。"①要根除犯罪行为,就不应单纯地惩罚犯罪的个人,而应该消灭产生犯罪行为的社会根源。这就是说,应当消灭封建制度,代之以资本主义制度。这在当时无疑对人们有着很大的启发。

事实上,爱尔维修在具体阐述法律、政治制度决定人们的幸福、道德行为和精神状态的时候,就谴责了专制制度和君主制,颂扬了民主制,显示出这一思想的积极意义。

爱尔维修指出,追求幸福是人的本性,与此相联系,人们也就产生了对获得幸福的力量和手段——生命、自由和财产所有权的爱。它们是最根本最神圣和不可侵犯的,但在一人专制政体和贵族专政政体下,人们获得幸福的这些手段都因国家被一个人或少数人统治以及没有法律而丧失殆尽。统治者只谋自己的权力,置公众利益于九霄云外。结果出现一些人醉饱要死,另一些人无衣无食的局面。公民没有美德,国家陷于纷乱之中。相反,在民主政体即全体人统治下,国家权力被同等地分给所有全体公民,因而也就保证了每一个公民获得幸福的手段和力量,保证了人人都同等地享受幸福。爱尔维修说,由于民主制国家实现了"公共的利益是最高的法律"这条原则,国家所要求的也只有公共幸福,所做的也只是为公众服务。而从个人来说,他服从的法律就是为保障自己利益而制定的法律,遵循它的指导,能够把自己的利益同公共利益结合起来。爱尔维修据此认为这种政府形式是"最好的形式"。这显然是把资产阶级民主制理想化了。

---

① 《马克思恩格斯全集》第2卷,人民出版社1957年版,第167页。

　　爱尔维修关于人是环境产物的思想,有着重大的缺陷。马克思曾经指出,"有一种唯物主义学说,认为人是环境和教育的产物,因而认为改变了的人是另一种环境和改变了的教育的产物,——这种学说忘记了:环境正是由人来改变的,而教育者本人一定是受教育的。因此,这种学说必然会把社会分成两部分,其中一部分凌驾于社会之上。"①爱尔维修正是这样的唯物主义者。他不懂得人类社会实践活动的意义,不懂得人的能动性,因而也就看不到"环境的改变和人的活动的一致,只能被看作是并合理地理解为变革的实践"②。由此他也就不可能从社会物质生产活动来说明社会发展的决定因素,而只能从上层建筑和意识形态中寻找这种因素。当他进一步解释明智的法律取决于天才,继而认为"天才召唤幸福"的时候,则表现出唯心主义的英雄史观。

　　爱尔维修认为,法律和政府形式是环境的主要内涵,那么法律和政府形式取决于什么呢? 他说这两者是由人的理性和知识状况决定的。"公民的美德靠的是法律的完善,法律的完善靠的是人类理性的进步"。③ 反之,法律的不完善则是由于人类的无知。这也就是说,环境是由理性所决定。而能够有丰富的知识,对理性有充分理解的,又只有天才人物,这样,爱尔维修又得出结论说,"必须有天才,才能用好法律代替坏法律",④从而使每一个人都幸福。

　　依靠什么使人们摆脱无知状态,造就天才人物呢? 爱尔维修主张靠教育及教育的改善。于是爱尔维修又提出了"教育万能"的思想。他说,良好的教育能够启迪人们的思想,消除人们的无

①② 《马克思恩格斯文集》第 1 卷,人民出版社 2009 年版,第 504 页。

③ 参见[俄]普列汉诺夫:《唯物主义史论丛》,王太庆译,三联书店 1961 年版,第106 页。

④ 北京大学哲学系外国哲学史教研室编译:《十八世纪法国哲学》,商务印书馆1963 年版,第 549 页。

知,促进人类理性的进步,造就伟大的人才。爱尔维修自诩这是向人们昭示出"一项重大的真理"。"教育万能"的思想在当时抨击贵族和僧侣阶层的黑暗腐朽的斗争中确实有着积极作用。

爱尔维修的以感觉论为基础的功利主义学说,是革命前夕法国资产阶级实际需要的理论形态。它对以后的西方社会伦理思想的发展,有着广泛的影响。一方面,19世纪空想社会主义者继承了他的伦理学说和感觉论的某些内容;另一方面,18—19世纪英国资产阶级的功利主义者边沁、穆勒等人,也同他的伦理学说有一定的联系。

四、狄德罗

德尼·狄德罗(Denis Diderot,1713—1784年)是18世纪法国杰出的资产阶级思想家,"百科全书"派的领袖,"伟大的唯物主义者"。[1]

1713年,狄德罗出生在法国东北部的郎格里的一个小资产者家庭,父亲是当地手艺出众的制刀匠。他先后在故乡耶稣会学校和巴黎路易公立中学读书,成绩优异。1732年获巴黎大学文科硕士学位,离开学校后,在巴黎过了10来年无固定职业的生活。狄德罗在生活十分清贫的情况下,依然勤奋好学,潜心研究自然科学、语言和哲学等学科,广泛结识当时著名的学者和思想家。艰苦生活锻炼出坚强的意志,博览群书为以后的思想斗争打下坚实的知识基础。

狄德罗早年是深受伏尔泰思想影响的自然神论者,这反映在1746年匿名出版的《哲学思想录》中。但他同时也大胆地指出,

---

[1] 《列宁选集》第2卷,人民出版社1995年版,第43页。

"一个人若为一种他认为虚伪的宗教信仰而死,他将是一个疯狂的人。"①"我写到上帝,我不打算有多少读者,而只切望有几个人赞成。"②最高法院下令禁止这部著作的发行。但深信理性、自由是自己时代精神的狄德罗,并没有被吓倒,仍然继续追求真理。先进思想的影响,使狄德罗走向唯物主义和无神论。他在 1747 年写的《怀疑论者的漫步》著作中说,既然物质在过去和将来都是永恒的,既然运动把物质安排在一定的秩序中,那么上帝还有什么用处呢?③ 两年后,狄德罗又发表了《供明眼人参考的谈盲人的信》。他借盲人之口指出,如果要一个盲人相信上帝,那就要让他摸到上帝。反动当局给狄德罗扣上"思想危险"的罪名,把他关进文桑监狱。出狱后,狄德罗依然从事反对神学和唯心主义的斗争,编辑把人放在中心而只字不提上帝的巨著《百科全书》。这部经过二十多年出齐的 35 卷巨著,反映了当时科学文化的最新成就,在反封建反神学的斗争中起了巨大作用。

在全书编辑和出版过程中,狄德罗团结了一批坚定的人员,以惊人的毅力克服了重重困难,终于使全书出齐。他以自己的实际行为,为"德行总是自我牺牲"④做了出色的说明。恩格斯说他是"为了'对真理和正义的热诚'(就这句话的正面的意思说)而献出了整个生命"⑤的人。狄德罗除担负全书的编辑、组稿外,还亲自撰写了数以千计的条目,这是他的广博知识的结晶。他的哲学论著主要有:《对自然的解释》、《达朗贝和狄德罗的谈话》、《关于物质和运动的哲学原理》、《对爱尔维修〈论人〉一书的系统反驳》、

---

①② 《狄德罗哲学选集》,陈修斋等译,三联书店 1956 年版,第 18、1 页。

③ [法]狄德罗:《怀疑论者的闲游或林荫小道》,参见[苏]蒙让:《爱尔维修的哲学》,涂纪亮译,商务印书馆 1962 年版,第 109 页。

④ 《狄德罗美学论文选》,张冠尧等译,人民文学出版社 1984 年版,第 250 页。

⑤ 《马克思恩格斯文集》第 4 卷,人民出版社 2009 年版,第 286 页。

《生理学基础》等。他的小说《拉摩的侄儿》是一部具有丰富辩证法思想的哲理小说。

狄德罗是用笔向封建专制和宗教神学作战的勇士。他认为自由是人的天赋权利。"没有一个人从自然得到了支配别人的权利。"[1]他痛斥封建制度。"这是何种的鬼制度,有些人吃厌了一切东西,而其他的人……却没有东西放在牙齿底下。"[2]他敏锐地感到,法国革命终将爆发,专制国王"用什么都不能扑灭暴动的爆发"。[3] 他揭露了宗教神学对社会所起的破坏性作用。狄德罗形象地比喻说,理性是引导一个夜间在森林里迷路人前进的火炬,而神学家则对人说,你把火炬熄灭,就可以完全找到路。实际上,人只能陷入迷信愚昧无知的深渊。理性和信仰是"两种不相容的而且彼此矛盾的"[4]东西。一个研究自然的人,除了碰到一些由对象本性所产生的困难外,还要花很大精力对付神学家所设置的种种精神障碍。至于神、上帝,狄德罗明确指出,神是"一个没有意义的、不可理解的字";[5]关于上帝存在的证明,不过是用"最可疑不过的事情,来证明最不可信的东西"。[6]基于坚定的无神论信念,狄德罗在生命垂危之际拒绝了神甫要他忏悔、放弃无神论思想的要求。

(一)物质——自然观

狄德罗认为,自然、物质是唯一真实的客观存在。"物质是永恒存在的,而运动是为它本性固有的。"[7]空间和时间是物质存在

---

[1]　北京大学哲学系外国哲学史教研室编译:《十八世纪法国哲学》,商务印书馆1963年版,第427页。

[2][4][5][6][7]　《狄德罗哲学选集》,陈修斋等译,三联书店1956年版,第294、36、124、38、11页。

[3]　参见苏联科学院编:《近代史教程》第1分册,赵洵译,人民出版社1954年版,第85页。

的形式。他说:"在自然中,时间是活动的连续性,空间是几个物体同时活动的并存。在理性中,时间通过运动得到解释,空间通过静止(这借助于抽象)而得到解释,然而静止和运动都是同一个物体的"。"甚至在抽象中,我也不能把空间和时间同存在分开,也就是说,这两种特性是存在的本性固有的"。①

狄德罗指出,宇宙、世界的统一性就在于它的物质性。为着阐明自己的这一观点,他依据当时刚出现的生物进化论的思想萌芽,提出了物质普遍具有感受性的思想,明确肯定思维是大脑的属性,从而肯定了思维、意识对物质的依赖性。他说:"在宇宙中,在人身上,在动物身上,只有一个实体。教黄雀唱歌用的手风琴是木头做的,人是肉做的。黄雀是肉做的,音乐家是一种结构不同的肉做的;可是全都有同一的来源,同一的构造,同一的机能和同一的目的。"②

狄德罗强调指出,感受性是物质的普遍和基本的性质。"不接受感受性这一物质的一般特性或机体组织的产物,你就是抛弃常识,就是跳进神秘、矛盾和荒谬的深渊。"③他把感受性分为两种,即所谓"迟钝的感受性"和"活跃的感受性"。无生命的物质,如一座大理石雕像,只有迟钝的感受性。而人、动物,也许还包括植物在内,则具有活跃的感受性。这两种感受性不是相互割裂的,只要具备一定条件,前者就可以过渡到后者。狄德罗举例说,人和大理石雕像是很不相同的,无论手艺多么高明的雕刻家,他的刀子也造不出皮肤来。但是有一种简便的办法,就可以使只有迟钝感

---

① Д.Дидро:*Собраниесочинений*,том Ⅱ,Москва,1935,стр.342. 转引自[苏]敦尼克等主编:《哲学史》第 1 卷,中共中央马克思恩格斯列宁斯大林著作编译局译,三联书店 1959 年版,第 596 页。

②③ 北京大学哲学系外国哲学史教研室编译:《十八世纪法国哲学》,商务印书馆 1963 年版,第 372、370—371 页。

受性的大理石雕像过渡到有感觉有思想的人。这就是把雕像捣成粉末,同粪土搅和在一起,让它腐烂,而后种上粮食,人吃了粮食,消化了,就长成了肌肉……狄德罗关于物质普遍具有感受性的思想,当然具有素朴的色彩。但列宁仍予以重视和肯定。

作为一个唯物主义者,狄德罗坚持从世界本身说明世界的原则。他决不想在当时自然科学还没有完全解决生物进化的情况下,就轻率地武断地说明从无机到有机,乃至向思维能力的人过渡的具体过程。他承认迟钝的感受性比"那些最接近死物质的动物的感受性要小一千倍",①而且从前者过渡到后者有很长的距离。在他看来,普遍的感受性、感觉体的形成和统一,动物的起源等问题是一些"重大的问题",须要"进行严格的审查"。尽管这样,世界的物质性是无可置疑的。"谁想向科学院提供一个人或动物逐渐形成的情况,就只有用物质的因素来说明,这些物质因素逐步产生的结果便是一个迟钝的生物,一个有感觉的生物,一个有思想的生物……"②这样,狄德罗就明确地肯定了人也是宇宙中的物质,思维是大脑这一物质性器官的属性,否认灵魂离开肉体而独立存在的观点,批驳了笛卡尔的二元论。他认为这种理论不过是"形而上学、神学的呓语"。至于唯心主义者把意识说成第一性的观点,狄德罗形象地比喻说,这种观点在自然中没有任何基础,就好似没有根的树木。"只要一阵风,一件轻微的事实,就把整个树木的森林及观念的森林推倒了。"③

狄德罗在说明世界的统一性的同时,提出了"异质元素"的思想,并用它说明自然、世界的多样性。他说,自然界的一切事物决

①② 北京大学哲学系外国哲学史教研室编译:《十八世纪法国哲学》,商务印书馆1963年版,第336、365页。
③ 《狄德罗哲学选集》,陈修斋等译,三联书店1956年版,第57页。

不是也决不可能是由一种同质元素组成的,正如不可能用同一种颜色表现一切事物一样。丰富多彩、变化万千的自然现象都是异质元素造成的结果。自然就是异质元素"组合起来造成的那个现实的总结果或那些相继出现的总结果"。①元素乃是组成自然的"那些不同的异质元素"。元素数目"无数",性质"不同",在"分割到最大的可能限度"之后,就"不能再加以分割"。它本性固有内部活动的力,具有感受性这个"一般特性"。正因为元素异质的,因而也就产生了自然现象的多样性,力的多样性,作用与反作用的多样性。

十分明显,狄德罗提出的"异质元素"是一个具有重要意义的哲学论点。它表明,狄德罗试图用辩证的观点说明世界统一性和多样性的关系,用质的区别而不是用量的不同解释自然界的多样性。这比17世纪唯物主义者仅仅从力学观点或数量关系的角度看待物质,把物质了解为具有广延的物体而不了解物质的多样性,或者把物质的某些性质归结为主观的看法,无疑前进了一步。不仅如此,狄德罗还用元素异质的思想,论述了物质的运动,变化和发展问题,批判了当时流行的一些形而上学见解。

（二）运动发展观

狄德罗明确肯定运动是物质固有的属性,物质和运动不可分离。他指出,无数不同的元素"都因其不同之点而有其天赋的、不变的、永恒的、不可毁灭的特殊的力;并且物体内部的这些力对物体以外起作用:从这里便产生出宇宙中的运动或普遍的骚动"②。就是说,由于元素的不同,力的不同,产生了整个宇宙的运动。"物体就其本身说来,就其固有性质的本性说来,不管就它的分子

---

①② 北京大学哲学系外国哲学史教研室编译:《十八世纪法国哲学》,商务印书馆1963年版,第342、359页。

看,还是就它的整体看,都是充满着活动和力的。"①狄德罗由此认为,某些哲学家设想物体"没有活动也没有力",物体的运动是由一种存在于物质之外、作用于物质的力的观点,乃是一个可怕的、违反全部正确的物理学和化学的错误。而这种错误的根据乃是"物质同质这一虚妄的假设"。至于神是世界第一推动力的神学观点,狄德罗指出,这更是无稽之谈。

狄德罗认为运动有两种基本形式:位置的改变("移动")和内在趋向("激动")。与此相联系,他认为引起物质运动的能力也有两种,即分子外部的力和分子内部的力。前一种力是由于物体之间的作用与反作用,这是会消失的力。后一种力是基于组成物质的元素是异质的,因而它是分子内部固有的,是永恒的。宇宙中的一切都在移动或激动,或者同时既在移动又在激动。这是确信不移、无可怀疑的事实。

狄德罗接受了布丰等人的生物进化思想,在论述无生物向生物过渡、物种进化时,涉及了事物的联系、变化和发展的问题。

狄德罗指出,在自然界,在无生命物质和有生命的物质之间,没有绝对分明、不可逾越的界限。在自然界,一切事物都是互相关联的,根本没有严格的界限。他举例说,在无机界和有机界这两大"界"之间,"'住满了'一些不确定的、模棱两可的东西,大部分被剥夺了这一'界'的形状、性质及机能,而披上了另一'界'的形状、性质及机能"。② 这样的中间物质能说它就是属于哪一界吗? 可见,这两界的界限不是绝对分明的。狄德罗明确地说,如果自然界的现象不是彼此相互联系的,那就根本没有哲学。

① 北京大学哲学系外国哲学史教研室编译:《十八世纪法国哲学》,商务印书馆 1963 年版,第 356 页。
② 《狄德罗哲学选集》,陈修斋等译,三联书店 1956 年版,第 60 页。

　　在狄德罗看来，"植物界很可能是，并曾经是动物界的最初的
发源地，而它也可能是在矿物界获得自己的源泉；矿物界则可能来
自于异质的普遍物质"。① 既然生物是由无生命的东西发展而来
的，生物物种也不是永恒不变的，那么，无论是在植物界还是在动
物界，每一个生物个体都有一个产生、成长和衰亡的过程。而全
体、整个世界，则是一个不断变化的洪流。"一切都在变，都在过
渡，只有全体不变。世界生灭不已，每一刹那它都在生都在灭，从
来没有例外，也永远不会有例外。"②"绝对的静止是一个抽象概
念，根本不存在于自然中"③。

　　正是基于对物质、自然的这些辩证见解，狄德罗批判了"天下
无新事"和"预成论"的错误思想。他指出，所谓"太阳底下无新
事"不过是一种偏见。"预成论"是把物种看成固定不变的观点。
先有蛋后有鸡还是先有鸡后有蛋的问题使"预成论"者困惑不解。
其实，这是由于他们"假定了动物原来就是它现在这样"。④狄德
罗说，每一个生物个体及其物种都有发展变化的过程。我们不可
能设想，有一只完全成形的像在这一个原子里，而那个原子里又有
另一只完全成形的像，这样下去，永无止境。所以，"在一个关于
动物最初形成的问题中，把注意力与思想固定在已经形成的动物
上面是开始得太晚了一点；我们应该上溯到它的最初根苗，必须把
你的现有组织剥去，回到你还只是一个柔软的、纤维状的、无定形
的、蛆虫似的、不大像一个动物而颇像一颗植物的根块的物质那一

---

①　[法]狄德罗：《生理学基础》，转引自[法]勒费弗尔：《狄德罗的思想和著作》，
　　张本译，商务印书馆1985年版，第133—134页。
②③④　北京大学哲学系外国哲学史教研室编译：《十八世纪法国哲学》，商务印
　　书馆1963年版，第382、356、366页。

刹那才行。"①

从上面所述可以看出,在当时形而上学思维方法占统治地位的情况下,狄德罗的自然观却具有丰富的辩证法思想。这确是难能可贵的。但是,他毕竟摆脱不了时代所给予他的限制。狄德罗最后还是把无生物到生物的过渡归结为一定性质的元素的"或多或少的量的比例",从而断言"生命,就是一连串的作用与反作用"。②同时,他用力(尽管是分子内部的力)而不是用事物内部的矛盾来说明运动的原因也是形而上学的观点。因为,"力"的概念摆脱不了从作用与反作用的观点来寻求运动原因的机械论。即使他用元素异质说明力的多样性以及力赖以产生的原因,也不能使他对此有着辩证的见解。

(三)认识论和方法论

在认识论上,狄德罗坚持了唯物主义的反映论,提出了观察、思考和实践结合起来的认识方法。

列宁说:贝克莱和狄德罗都渊源于洛克。但前者遵循着主观主义路线走向主观唯心主义。而狄德罗则沿着客观主义走向唯物主义。狄德罗认为,物质是感觉的对象,"感官是我们一切认识的来源"。③正是基于唯物主义的前提,他批判了贝克莱把客观事物看作是感觉的复合的主观唯心主义。狄德罗说,我们的感觉不过是客观存在着的物质的反映,人就像一架钢琴(不过是具有感觉能力和记忆能力的钢琴),我们周围的自然界弹它,它自己也弹自己,从而形成了感觉。而像贝克莱这样的主观唯心主义者,只意识到自己的存在,以及那些在他们自己的内部相继出现的感觉,而不承认别的东西。狄德罗愤怒地指出:"这种狂妄的体系,在我看

①②③ 北京大学哲学系外国哲学史教研室编译:《十八世纪法国哲学》,商务印书馆 1963 年版,第 393—394、388、337 页。

来,只有在瞎子那里才能产生出来"。①

在论证知识起源于经验的原则时,狄德罗不仅没有像爱尔维修那样把全部认识归结为感觉,而且还批判了狭隘经验主义的观点。他说,诚然大脑不能自动产生思想,它作为感官的"共同感觉中枢",接受感官通过神经传来的感觉。但认识不仅仅是感觉,也不能归结为感觉。而狭隘的经验主义者却"怀着一种偏见,以为我们决不能越出感官的范围,我们的眼睛无法看到的地方,就是一切事物停止的地方"。狄德罗强调指出,人不仅是自然的观察者,而且也是自然的解释者。自然的观察者与解释者的主要分别之一,就在于后者的出发点正是感官和仪器把观察者抛下不管的地方。要解释自然就不能停留在感觉的范围内,而是借助理性的帮助,根据事物的现状,推测它的过去和未来,从事物的秩序中推出一些抽象的一般结论,并"认为这些结论是各种特殊的感性真理的全部根据"②。总之,"一切都归结到从感觉回到思考,又从思考回到感觉:不停地重新进入自身,又走出自身。"③狄德罗形象地把这比喻为蜜蜂的工作。

基于对感性和理性辩证关系的一定认识,狄德罗批评了所谓实验哲学和理性哲学的各自局限性,形象地把从事于前者的称之为"勤劳的工匠",把从事于后者的称之为"骄傲的建筑师"。他指出,实验哲学不思考,只是寻找表面现象,蒙着眼睛,摸索着前进。因此,"实验哲学并不知道自己的工作会产生什么结果,也不知道它不会产生什么结果"。④理性哲学则相反,它只在寻找"类似之点"的东西上花时间、花力气,而不顾在搜集事实上花点功夫。它只是"专门忙于让匠人动手操作",自己则像蜘蛛似的编织理

---

①②③④　北京大学哲学系外国哲学史教研室编译:《十八世纪法国哲学》,商务印书馆 1963 年版,第 307、339、326、329 页。

性之网,一旦有了结果,也就停止了工作。但是,这种用脑力建成的建筑物,或迟或早总会由于工匠在地底下的不停挖掘而倒坍。

狄德罗继承并发挥了培根关于经验和理性联姻以及强调实验在认识中的作用的思想,提出"我们有三种主要方法:对自然的观察、思考和实验。观察搜集事实;思考把它们组合起来;实验则证实组合的结果"。①

狄德罗十分强调观察的重要性,认为只有它才能使我们搜集到足够的事实。而唯有事实,才是哲学家的真正财富。为此"观察应该专注"。但是认识的任务不在于指出事实,单讲"如何"问题,而是要把握事实的规律、本质,回答"为何"的问题。"'如何'来自事物,'为何'则来自我们的理解,是属于我们的学说体系的,是依靠我们认识的进步的。"②这就需要思考。它包括分解、组合、类比、概括、抽象、判断、推理等等。"思考应该深刻"。通过观察、思考而形成的概念、知识,"可能是真的,也可能是假的,可能被认可,也可能被反对。它们只有和外界的东西联系起来时才坚实可靠。"③这种联系,或者通过许多实验连成的不断锁链造成,或者由许多推理连成的不断的锁链造成,也可能由实验和推理交错而成的锁链造成。但是,这后两种锁链,都必须"一端连着观察,一端连着实验"。这样,狄德罗就认为必须通过实验来检验我们知识的正确与否。"除了实验以外,没有别的办法可以识别错误。"④为此,"实验应该精确",应当反复进行,把各种情况的细节弄清楚,把握认识、知识的适用范围。唯有这样,实验的功能或效用才能发挥出来。"一种实验如果不能把规律推广到新的事例上去,

①②③④　北京大学哲学系外国哲学史教研室编译:《十八世纪法国哲学》,商务印书馆1963年版,第327、340、325、408页。

或者不能以某种例外来限制规律的有效范围,那就是毫无意义的实验。"①狄德罗把科学采用的实验手段作为认识的方法之一,检验真理的手段。这就使它具有哲学意义上的普遍性、广泛性。这是狄德罗的杰出之处。

但是,狄德罗的实验概念还不是科学的实践概念。他不懂得社会实践在认识中的决定意义和作用。从根本上说,他的认识论仍是消极直观的反映论。他也不可能科学地始终一贯地解决感性和理性的辩证关系。他对抽象的理解就是明证。诚然,他反对17世纪唯理论者夸大抽象和理性的作用,是有合理的成分。但他走向否认抽象作用的另一极端也是不对的。在他看来,"根本就没有什么抽象;只有一些习惯上的省略,一些略语,使命题一般化一些,使语言比较简捷一些。……所有的抽象都不过是一个没有观念的记号"。②狄德罗没有摆脱经验论、唯名论的片面性错误。

(四)美学思想

在18世纪法国唯物主义者当中,狄德罗比其他人更多地研究了美学和艺术理论问题。这是他的哲学思想的一个重要组成部分。

狄德罗从唯物主义立场出发,提出了"美在关系"说。在他看来,美本质上属于人的理智能力的范畴。美就是"对关系的感觉",或者说,"对关系的感觉就是美的基础"。③关系是美的本质规定。没有关系就无所谓美。"美总是随着关系而产生,而增长,而变化,而衰退,而消失"。④那么,关系是什么呢? 真实的关系是"事物本身就具有"的,"是存在于事物本身"之中的,并把事物的

①②　北京大学哲学系外国哲学史教研室编译:《十八世纪法国哲学》,商务印书馆1963年版,第331、410页。

③④　《狄德罗美学论文选》,张冠尧等译,人民文学出版社1984年版,第34、29页。

存在、数、长宽深等体现为秩序、安排、对称、比例等。我们的知性借助感官获得对真实关系的把握,从而形成关系的观念或概念。关系的观念只能存在于知性中,但"它的基础则在客观事物之中"。[1]基于对关系客观实在性的肯定,狄德罗说:美来源于所见到的关系。"我把凡是本身含有某种因素,能够在我的悟性中唤起'关系'这个概念的,叫着外在于我的美;凡是唤起这个概念的一切,我称之为关系到我的美。"[2]所谓外在于我的美亦即客观存在的美,又叫真实的美。关系到我的美亦即已被我感觉到的美,或叫见到的美。美的观念就是对事物本身真实关系的感觉,它同人们具有的长宽深等几何学观念一样实在、真实、清晰和明确。狄德罗以此批判了当时流行的唯心主义美学观点。他说,那些否认存在着客观事物美的唯心主义者,把美看作如同冷、热、甜、苦等观念一样,是我们主观心灵的感觉,从而否认美的客观来源,否认引起美感的对象具有与之相似的东西。这种看法真是本末倒置。

基于对美的本质的唯物主义理解,狄德罗提出了艺术要"认真仔细地仿效自然"的现实主义艺术理论。只有模仿自然的艺术才能使自己的艺术形象与事物一致。但是这不是说艺术要机械地抄袭自然。狄德罗说,艺术家在"模仿美的自然"的时候,凭借自己的想象、幻想,就能创造出一个"逼真"而又不是"真实"的形象,使人感到"惊奇"但又不认为是"奇迹"的艺术形象。基于艺术模仿自然的理论,狄德罗指出,一个艺术家要创作一件完美的艺术作品,就必须学习、了解自然,深入生活。这样"对生活中的真实动作就会有正确的概念"。[3]

狄德罗同 18 世纪法国唯物主义其他代表一样,克服了 17 世

---

[1][2][3] 《狄德罗美学论文选》,张冠尧等译,人民文学出版社 1984 年版,第 30、25、368 页。

纪唯物主义的某些局限,把唯物主义哲学推向前进。他比同时代的其他唯物主义者对一些哲学问题做了较全面、较深入的解决。因而他的整个哲学思想,确实比他们的哲学思想高明。狄德罗本人曾经就说过:"不同的时代,不同的关系,便有不同的哲学"。[1]包括他在内的18世纪法国唯物主义者的哲学,都是那个时代的产物。他本人的勤奋努力,敏锐的观察力,对科学的关注以及对社会矛盾的深切了解,使他的哲学有着为其他人少有或没有的辩证思想。然而,也恰恰由于所在时代的制约,他的唯物主义哲学依然属于形而上学唯物主义的范畴。

五、霍尔巴赫

保尔·昂利·梯也利·霍尔巴赫(Paul Henri Thiry Holbach,1723—1789年)是18世纪法国唯物主义的卓越代表,战斗无神论的杰出战士。他原籍德国(生于巴伐利亚的埃德森姆小村),年幼丧母,12岁时应伯父的邀请,随父移居巴黎。1744年就读于荷兰莱顿大学,阅读了牛顿、洛克等人的著作。毕业后回到巴黎,并取得法国国籍,一度在索尔本神学院教书。30岁时,无嗣的伯父病故,他继承了伯父的男爵爵号和一笔巨额遗产。贵族的社会地位,富裕的经济状况,为霍尔巴赫从事广泛的社会活动提供了条件。他的住所成了先进思想家聚会的场所,传递书报、交流思想的中心。不仅狄德罗、卢梭、爱尔维修等人是他的沙龙的常客,而且怀疑论者休谟、英国化学家普利斯特利、美国独立运动的著名代表富兰克林都曾光临他的沙龙。霍尔巴赫积极参加并全力支持《百科全书》的编辑工作。在全书编辑、出版面临极端困难的情况下,他

---

[1]　[法]狄德罗:《百科全书·霍尔巴赫》,转引自[俄]普列汉诺夫:《唯物主义史论丛》,王太庆译,人民出版社1955年版,第12页。

不仅从物质上支持、精神上鼓励工作人员,而且亲自为全书撰写了近 400 个条目,内容涉及物理、化学、矿物学、地质学、冶金学等自然科学和技术科学。他还翻译出版了不少这方面的著作。霍尔巴赫的哲学和无神论方面的著作,大都以假托译自外文或假借别人的名字出版,或假托国外出版。他这方面的主要著作有:《揭穿了的基督教》、《袖珍神学》、《神圣的瘟疫》、《自然的体系》、《健全的思想》和《社会的体系》。

作为 18 世纪法国唯物主义的最后代表,霍尔巴赫利用自己广博的科学知识,总结了前人的成就,把法国唯物主义加以系统化,形成了较为完整的机械唯物主义体系,即所谓"自然的体系"。从这个体系出发,他论证了资产阶级的社会政治和伦理学说,鲜明地提出了战斗无神论,从而在思想战线上继续向着封建意识形态作战。他明确地宣称,他的著述,就是要"引人重新回到自然",使"他学会认识他的本质和他的合法权利",为"要在尘世生活得幸福"①而斗争。

(一)论物质和运动

霍尔巴赫论述了唯物主义对自然的基本思想。他说:"自然,从它最广泛的意义来讲,就是由不同的物质、不同的配合、以及我们在宇宙中所看到的不同的运动的集合而产生的一个大整体。"②或者说,"在自然这个集合名词下,我们是指由于自己固有的能力而活动着的种种物质的集合体。"③这就是说,在霍尔巴赫看来,自然是唯一真实的客观独立的存在。它既没有开端,也没有终结。它永恒存在,永远运动。而自然存在和运动的原因就在它自身之

---

①② [法]霍尔巴赫:《自然的体系》上卷,管士滨译,商务印书馆 1964 年版,第 6—7、17 页。

③ [法]霍尔巴赫:《自然的体系》下卷,管士滨译,商务印书馆 1977 年版,第 159 页。

中。在这里,神是没有任何地位的。说神创造世界,乃是"无中生有"的怪论。

霍尔巴赫还给物质下了一个定义。他说:"物质一般地就是以任何一种方式刺激我们感官的东西;我们归之于各种不同物质的那些特性,是以物质在我们内部所造成的不同的印象或变化为基础的。"①霍尔巴赫这一定义,肯定物质离开我们而独立存在,我们的感觉、印象是物质的反映。这种试图从哲学上对世界统一性作出的概括,较之17世纪唯物主义从力学观点对物质概念的表述(物质即广延,物质即物体等),无疑沿着正确方向前进了一大步。不过,霍尔巴赫在具体说明物质的特性时,仍然把可分性、不可入性、引力、惰性等说成是物质普遍具有的特性。他对物质概念的理解终究还没有超出机械论的范围。

霍尔巴赫在阐述自然的统一性时,也试图说明自然界的质的多样性问题。他指出:"自然不能不使它的一切作品彼此有别;在本质上不同原素的物质,必然由于他们的配合与性质、它们的存在与活动方式而形成不同的事物。"②在他看来,水、火、气、土这四种元素是构成万物的最根本的元素。它们的性质、配合和比例不同,产生了不同的事物。因此世界上没有也不可能有两个完全相同的东西。地点、环境、关系、比例和变动的不同,产生了事物的差异性。霍尔巴赫承认物质的多样性和差异性是有合理之处。但他用量的观点和古老的四元素解释多样性和差异性,这比狄德罗的"异质元素"说要逊色得多了。

霍尔巴赫在论述自然、物质的客观实在性时,也阐明了"运动就是物质的一种性质"③的思想。他认为,自然的本质就是活动,

---

①②③　[法]霍尔巴赫:《自然的体系》上卷,管士滨译,商务印书馆1964年版,第35、108、85页。

它不包含有永恒不变的东西。它不断变动,它的一切部分也都在运动。物质运动的原因就在物质自身之内。"运动乃是存在的一种形式,它是必然地从物质的本质中产生的;物质由于它自己特有的能力而活动;它的运动则归因于与它密切关联着的一些其他的力;而各式各样的运动以及由运动产生的一些现象,是从原来存在于以自然为其总体的不同的原始物质中的各种特性、性质和配合而来的。"①这就否认了上帝、神是世界第一推动力的臆说。

然而,霍尔巴赫对运动的理解是机械的。他把运动形式都归结为简单的机械运动。他用力、作用与反作用、吸引和排斥、向心和离心说明运动的产生。他说:"运动就是一种努力,由于这种努力,一个物体改变或倾向于改变位置,就是说,继续不断地对应于空间的各个不同的部分,或者说相对于其他物体地改变着距离。"②这样,尽管霍尔巴赫认为物质自己能够运动,但机械运动观终究使他陷入外因论。霍尔巴赫诚然把运动分为两类:一类是由于外力作用而产生的,可以看见的"块体运动",另一类是物体凭借自己的能力而产生的、内在隐藏的"自发的运动";但他认为,"严格讲来,在自然界不同的物体中,就绝没有什么自发的运动"。③

(二)因果—必然学说

因果学说是霍尔巴赫自然体系的一个重要内容。他在探讨物质自己运动的原理时,也论述了运动的规律性、自然界的因果性和必然性问题。在这些问题上,他发挥了唯物主义的基本观点,批判了神学唯心主义的观点,同时也暴露了形而上学唯物主义的局限性。

---

① ② ③ [法]霍尔巴赫:《自然的体系》上卷,管士滨译,商务印书馆1964年版,第26、19、21页。

霍尔巴赫认为,物质的运动是有其一定的规律的。"在自然中所引起的一切运动,都遵循着一些不变的和必然的法则"。[1]这些不变的必然法则就是自然的因果联系。霍尔巴赫据此认为,事物的因果性就是它的规律性,因为"秩序永远只是原因和结果之一致和必然的连锁"。[2]事物的因果性也是它的必然性。因为"必然性就是原因和它的结果二者之间决不会错的和不变的联系"。[3]

霍尔巴赫上述见解的立足点是机械运动观。在他看来,运动的产生是由于力的作用,有了作用力(原因),才有运动(结果)。任何原因都要产生结果,任何结果都不能没有原因。在整个自然界,由于力的作用,自然这个全体和它的各部分,各个部分之间,也就必然有着相互作用、相互联系(即因果联系)。"所以,在宇宙中一切事物都是互相关联的,宇宙本身不过是一条原因和结果的无穷的锁链,这些原因和结果,不断地这一些从那一些中产生出来。只要我们稍加思索,我们就会不得不承认,我们所见的一切都是'必然的',或者不能不是现在这个样子的"。[4]

霍尔巴赫用自己关于自然有其客观因果性、必然性的唯物主义观点,进行了反对神学的斗争。他指出,宇宙的运动既然有其必然性、周期性,那么,"在一个自己运动的物体中,秩序就是特为来构成它那样子并且来把它保持在现在生存中那样的活动或运动的系列、链环。秩序,对于整个自然来讲,就是对于它的主动生存和对于它的永恒总体的保持所必需的原因和结果的长长的锁链。"[5]换句话说,一切有其秩序。这样,霍尔巴赫自然地把与秩序相应的混乱,看成是暂时的,是一个存在物由一种秩序向另一秩序过渡的阶段。但混乱也是自然法则的一种结果,是自然原因所产生的必

---

[1][2][3][4][5]　[法]霍尔巴赫:《自然的体系》上卷,管士滨译,商务印书馆 1964 年版,第 45、66、50、51、56 页。

然结果。在整个宇宙中,为了维系整体的存在,混乱也是必要的。霍尔巴赫由此提出,自然界中没有怪物、神奇、奥妙和奇迹等这些为神学家所宣扬的东西,它们依然"是自然的一些现象,不过我们丝毫不认识它们的根源和活动的方式罢了"。①其实只要发挥理性的作用,我们是能够认识自然奥妙的;即使我们暂时碰到困难,也不应用"超自然的力量",用幽灵、幻影、奇迹这类毫无意义的字眼去代替我们所不知道的原因。

但是,霍尔巴赫在因果必然问题上的形而上学观点也是十分明显的。他从宇宙是一系列无穷的因果联系出发,主张宇宙一切都是必然的。这就使他:第一,在秩序混乱客观性的问题上表现出混乱。他既承认秩序混乱的客观实在性,又认为"自然的秩序和混乱其实是并不存在的"。②在他看来,自然只有因果的必然锁链,所谓秩序和混乱是我们从"适合于我们生存的"角度看待自然的因果联系,在适合我们生存的事物中找到秩序,在相反之中找到混乱。它们不过是一些字、一些符号。第二,当他谈论必然和偶然时,否认偶然性的客观性。"在这个自然之中,没有偶然,没有属于意外的事物"。③偶然这个概念是没有意义的、用来掩饰人们无知的空洞概念。但是,如果客观世界不存在偶然性的话,"如果'偶然性'不起任何作用的话,那么世界历史就会带有非常神秘的性质。"④

(三)论身体和心灵

霍尔巴赫把考察自然得出的一般法则,用来考察"对我们最有关系的自然物"即人。

---

① ② ③ [法]霍尔巴赫:《自然的体系》上卷,管士滨译,商务印书馆 1964 年版,第 59、58、66 页。

④ 《马克思恩格斯文集》第 10 卷,人民出版社 2009 年版,第 354 页。

　　霍尔巴赫指出，人是自然的产物，存在于自然之中，服从自然的法则。人和自然界的一切生物一样，是自然大家庭的一个成员，而不是一个有特权的生物。但人是一部非常复杂的机器。人和动物的区别"就在于人有理性、智力，这理性、智力使人高于一切动物。因为动物只有在绝无理性参加的生理刺激的影响下才进行活动"。① 于是，使人有理性、智力的大脑活动，成了人类的特殊法则的重要内容之一。霍尔巴赫说，就是这样一个问题由于长期以来人们还没有弄清楚，而为宗教神学所利用。它们制造出灵魂脱离肉体、灵魂不死的荒谬说教。而笛卡尔、马勒伯朗士等人在身心关系上的错误观点只能使人类精神迷失方向。在他看来，如果人们请教经验和理性，就能在解决身体和灵魂关系的问题上摆脱成见，少犯错误，识破唯灵者的欺骗计谋，从而对此形成清晰的认识。

　　霍尔巴赫指出，当人们感到自己身体或它的某一部分在活动而看不到使它们动作的东西的时候，当他意识到使他有所感觉的某种内在运动而又不理解这种运动产生的惊人结果的时候，简言之，当人们还不能解释、了解大脑的隐蔽的内在活动时，就设想出一个与人有区别而又具有一种神秘力量的实体，继而把它设想成一个异于自然的东西，用"非物质的"、"精神性的"、"灵性"、"不朽"等等空泛概念来描绘它。这样，人成了双重的人，即"物质的人"和"精神的人"。人成了由肉体和灵魂这两个毫无相似之处的实体所组成。前者是粗糙的、僵死的、被动的物质构成。后者是精细的、不朽的和能动的精神，它和身体奇妙地结合在一起并把运动、思考、意志等赋予肉体。霍尔巴赫指出，这种杜撰出来的毫无根据的想法，又由唯心主义者、神学家们加以穿凿附会，因而变得更加扑朔迷离、玄秘莫测。人们陷入迷宫，虔诚地相信上帝创造了

―――――――――
① ［法］霍尔巴赫：《健全的思想》，王荫庭译，商务印书馆1985年版，第92页。

人以及灵魂不朽的教义。

那么,灵魂究竟是什么呢?霍尔巴赫指出,灵魂是物质性的,它是我们身体的一部分,只有通过抽象才能把它和身体分开。灵魂本来就是身体,只不过从它的特殊本性和构造使它具有某些作用或机能去看,即从它使人能够感觉和思维看,才称之为灵魂。这就是人的大脑。作为思维器官的大脑,是物质性的东西,是身体的一部分。灵魂或大脑"完全服从于肉体的运动,没有肉体,它就会是僵死的,毫无生气的"。[①]大脑究竟如何形成理性、智力的那些活动力呢?霍尔巴赫依托当时刚出现的生理学知识,指出"脑子是一个公共的中心,所有散布在人体的一切部分中的神经都要通到这里,并且在这里汇合起来:一切归之于灵魂的作用都借助于这个内在器官进行着"。[②]由感官而来的印象、变化和运动经神经对大脑发生影响,于是它就发生反作用,使我们的肢体活动起来;或者它对自己发生作用,进行思考、判断、推理等认识活动。霍尔巴赫的这一解释有着用机械观点解释精神活动的烙印。

霍尔巴赫据此批判了唯灵论者割裂身体和灵魂的观点以及把灵魂当作独立实体的神学唯心主义。他指出,对于唯灵论者毫无根据地假定出来的灵魂实体,一个单纯的不可分的、没有广延的、看不见的不为感官所把握的精神实体,我们既不能领悟,也不能形成概念。因此,灵魂实体是一个幻影、一个纯粹虚构、臆造的东西。唯灵论的这种不可思议的学说,无疑符合于剿灭理性的神学。宗教神学正是用灵魂不朽(这首先以灵魂是独立实体为前提)去恫吓、统治和剥削无知者及信徒。

(四)认识论思想

霍尔巴赫以唯物主义地解决身心关系的思想为基础,探讨了

---

①② [法]霍尔巴赫:《自然的体系》上卷,管士滨译,商务印书馆1964年版,第87、93页。

人的认识问题,阐述了唯物主义经验论的内容,批判了天赋观念论和贝克莱的主观唯心主义。

霍尔巴赫指出,"能够触动我们的器官并给我们以观念的,只有物质的,物理的或自然的客体。"①作为我们思维器官的大脑,或"我们的灵魂并不是从本身抽出自己的观念的。没有先天的观念。"②天赋观念的主张者"硬说人不需外物和感官的帮助而能有万有的观念,这就无异于说,一个生而盲目的人,对于一张描写着他从来不曾听见说过的事实的图画,也能有真实的观念"。③

霍尔巴赫分析了由感觉到思维、经验到理性的过程。他首先肯定感觉能力是物质具有的普遍特性。他把感觉能力分为"死的感觉能力"和"活的感觉能力"。具备一定条件,前者就可以变成后者。就活的感觉能力来说,只为动物所具有。就人来说,大脑是感觉的中心,好似蜘蛛,无数神经就好像蜘蛛丝通向我们身体的各处,通向身体的各个器官——内部器官和外部器官。感觉能力是人的"第一个能力",一切由它所派生。只有通过感官,事物才为人们认识,或在人心中产生概念。感官是人接受或产生感觉、知觉和观念的唯一途径,而感觉恰恰是在我们感官为外物触动时才产生的,它是想象、记忆、反省、思维、判断、推理、乃至意志的基础。感官理所当然地"是自然赋予我们去发现真理的唯一工具"。④

霍尔巴赫说,当外界事物作用于我们的感官,感官的运动或震动通过神经很快地传到大脑,从而在外感官上产生印象并使大脑发生一些变化,于是就产生了感觉、知觉和观念。感觉是外界事物

①④　[法]霍尔巴赫:《自然的体系》下卷,管士滨译,商务印书馆1977年版,第78、332页。

②③　[法]霍尔巴赫:《自然的体系》上卷,管士滨译,商务印书馆1964年版,第138、140页。

给予感官的"一个震动;知觉就是传达到脑子的这个震动;观念则是对于使感觉和知觉得以产生的那个对象的影像"。①霍尔巴赫还以桃子为例,具体阐明"桃子"这一整体观念的形成,间接地同贝克莱以苹果为例作出"物是感觉和观念集合"的观点对立起来。他说,当一个桃子呈现在我面前时,首先视觉器官形成两种印象,传到脑子形成知觉,继而有了颜色和圆形的观念;手摸到它,产生了柔软、新鲜、重量的观念;用鼻子闻一下,有了气味的观念;放到嘴里,我们就有了滋味观念。最后,"把所有这些传达给我的脑子的、在我的器官上所造成的各种印象和改变联系起来,就是说,把我所接受的这一切感觉、知觉、观念配合起来,我便有了对于一个整体的观念,这个整体我名之为桃子,对这个桃子我能进行思维,或是我对桃子有了一个概念。"②桃子的整体观念是实在桃子的反映,这就是霍尔巴赫不同于贝克莱的结论。

霍尔巴赫认为,认识远非只是局限于感觉知觉和观念——这些由外感官引起内感官变化的结果——的阶段。大脑还有思维能力。大脑也不止接受从外界得来的变化,而且也考察自身的变化和运动,这就是反省。霍尔巴赫把记忆、想象、判断、意志(意欲、动机)等视为思维能力的种种具体体现。作为起着认识作用的思维能力就是理解力。它"可以审察自己的内部,感知自己所获得的各种变化或观念。把它们组合和分开,对它们加以推广和限制,加以比较,使之再现等等"。③ 经验把我们引向理性,"而理性是不能欺骗我们的。……理性使我们认识事物的真正本性,推知我们

---

①② [法]霍尔巴赫:《自然的体系》上卷,管士滨译,商务印书馆1964年版,第100、102—103页。

③ 北京大学哲学系外国哲学史教研室编译:《十八世纪法国哲学》,商务印书馆1963年版,第632—633页。

期待它们发生的结果"。①霍尔巴赫区分感觉和思维,力图论述认识的复杂完整过程,这比彻底的感觉论无疑包含更多的有价值的内容。

但是,霍尔巴赫认识论的基本倾向是形而上学的。他对感性理性的论述都具有机械论的特征。他认为,"我们只能从纯粹的机械观点来说明习惯的物理现象和精神现象"。②大脑"也以自己的形式而服从于引力和排斥的物理法则"。③这样,他也就把我们的理智力即认识能力,归结为运动在大脑中的变化、性质、改变和存在方式。尤其是他从自然是一条无穷因果锁链的思想出发,主张有机体的内部活动,包括人的大脑思维活动,都受必然的因果联系制约。人只是消极被动地接受外物的刺激,服从自然。"人在他生存的每一瞬间,都是在必然性掌握之中的一个被动的工具"。④人"没有一刻是自由的"。⑤霍尔巴赫不懂得人的基于社会实践的能动作用。

(五)无神论思想

霍尔巴赫留下了大量批判宗教神学的著作。他公开鲜明地宣传无神论,充分体现了法国唯物主义的批判战斗精神。他的一生可以说是在同宗教神学的斗争中度过的。

霍尔巴赫如此重视宗教,是由于他认为,人要认识自然,寻求尘世生活的幸福,就必须驱散那些使人迷糊的神学云雾,打碎禁锢着人们思想的神学枷锁。他指出,宗教神学是人的理性大敌,研究自然和社会的大敌。"自古以来,宗教的唯一作用就在于:它束缚了人的理性,使它无法认识人的一切正确的社会关系、真正的义务

———————

①②③④⑤　[法]霍尔巴赫:《自然的体系》上卷,管士滨译,商务印书馆1964年版,第293、123、105、71、168页。

和实在的利益"。① 霍尔巴赫豪迈地喊出:"现在是时候了",是高举理性的旗帜,向着宗教神学宣战的时候了!

霍尔巴赫分析宗教产生的根源,认为无知和恐惧加上欺骗造成了神。野蛮人对自然一无所知,气候骤变、狂风暴雨、火山爆发、洪水泛滥、饥荒瘟疫等等灾难使他们惶恐不安,痛苦万分。他们把泪水汪汪的眼睛转向苍天。想象的能力,使他们假想那里存在着一些为人所不知的超自然力量,由于它们的使然,给人类带来了不幸、痛苦和灾难。同时,人们由于无知,往往把毫无因果联系的偶然情况设想为一种超自然力量的安排。野蛮人从事狩猎、捕鱼、打仗等活动时,如果遇到一条蛇、一只兽、一棵树或别的东西,他们往往把自己的成败归之于碰到它们。无知使野蛮人把偶然的巧合神化了,把它看作是超自然力量造成的。

霍尔巴赫指出,由人的无知和想象创造出来的神,又因骗子手的欺骗而变得严峻可怕。一些野心勃勃、存心奸恶的人,利用人们的无知,促使神的观念更加根深蒂固。他说,各民族的一些最早导师,立法者及其继承者,"为对那般通常只敬重不懂得的东西的平民保持其权力",②用寓言、谜语、比喻同人民谈话。而自己却保留了解释它们的权利。久而久之,这些东西越来越模糊、越来越神秘,成了人们崇拜、恐惧和希望的对象,最后产生了万能的造物主——上帝。

霍尔巴赫对神的观念起源的分析,表明他把宗教放在理性法庭的面前,用人的眼光说明宗教的产生。这就剥去了宗教神圣的外衣。但他用无知和欺骗阐明宗教的产生,乃是一种肤浅的看法。

① [法]霍尔巴赫:《健全的思想》,王荫庭译,商务印书馆1985年版,第217页。
② [法]霍尔巴赫:《自然的体系》下卷,管士滨译,商务印书馆1977年版,第33页。

霍尔巴赫用人创造了神、上帝的观点,揭露了以上帝创造人为主旨的基督教神学的荒谬及其种种混乱和矛盾。他指出,实在说来,神学这门关于上帝的学科,不过是用华丽而又奥秘的词句掩盖着的无知,是充满幻想的玄想。神学所宣扬的,诸如上帝公正,不幸是对渎神的人的惩罚,上帝创造世界是为了显示自己的万能,荣耀等等,统统是荒谬而又反常的见解。至于历代神学家连篇累牍,不厌其烦地阐述关于上帝存在的证明,其论据是"软弱无力和晦涩不清"。他们漏洞百出的矛盾,绞尽心计的诡辩,毫无根据的理论,充分暴露了他们的无知。

霍尔巴赫作为18世纪的资产阶级革命的哲学家,还以自己的战斗无神论为武器,考察评析了17世纪哲学家笛卡尔和科学家牛顿等人关于上帝存在的证明,评述了自然神论和泛神论。他说,对于"近代哲学的复兴者笛卡尔"用来支持上帝存在的证明,人们可以说:第一,一件东西并不因为人们"对它具有观念它就存在";第二,人们不可能对上帝这样一个没有广延的精神实体,一个无形的实体,"形成一个真实的观念";第三,人们对上帝的圆满、无限等属性,也"不可能形成任何积极而真实的观念"。所以,"再没有比笛卡尔用来支持上帝的存在所依据的证明更得不到结论的了。"[1]这是一个"无力的证明"。至于近代物理学之父牛顿的有神论和证明上帝存在的论证,只表明他一旦离开物理学而陷入神学,就"茫然自失了","他至多不过是一个小孩子而已"。[2]关于自然神论,霍尔巴赫说,这一理论主张上帝是宇宙的设计者和建筑师,它创造世界并推动世界运动之后对它的创造物漠不关心。这样的上帝对"人毫无益处"。他也批评了那种"认为宗教至少可以

---

[1][2] [法]霍尔巴赫:《自然的体系》下卷,管士滨译,商务印书馆1977年版,第119、122页。

约束人民"，①即使没有上帝也需要一个惩恶扬善的上帝的错误观点。霍尔巴赫同样不满意泛神论。他指出，既然人们承认自然永恒存在，永远运动，是自因和一切的原因，是种种具体事物的集合体，那么，"引进一个比自然更不可领会的存在"，②即上帝，又有什么需要呢，又能增进多少知识和教益呢。如果一定要对神有个观念，那就说自然是上帝吧。也许基于这一点，霍尔巴赫对明确地说出这一思想的斯宾诺莎予以肯定和赞扬，说他摒弃了近代神话学的上帝。

霍尔巴赫指出，他在完成了上述工作之后的任务是：考察神的观念、宗教是否有益，他的结论是："从我们的宗教谬误中所产生的弊害，过去是而且将来也总是最可怕的和最广泛的。"③

霍尔巴赫以极大的精力，深刻地揭露了宗教的反动社会作用。他认为天主教和教会是封建专制君主统治人民的工具。"宗教的唯一目的就是使君主的暴政永远存在，和使各国人民屈从于这些君主"。④ 而统治者为了为所欲为地统治人民，也需要宗教。专制君主把自己同神等同起来，说自己是神在地上的代言人，因而他们行使的权力是无上的绝对权力。

宗教神学践踏人的自然本性，剥夺人的"自然权利"。自然对人说，你是有理性的，应该追求真理，享受尘世的幸福。而神学则说理性是败坏了的，不可信的向导，要人安于无知，拒绝真理，放弃人生的欢乐。自然对人说，你是自由的，世界上没有任何政治权威有权剥夺你的权利。而神学则说，你是一个奴隶，上帝罚你要在它的代理人的铁棒下呻吟。宗教神学的一套说教总是同人的本性相悖的。

---

① ② ③ ［法］霍尔巴赫：《自然的体系》下卷，管士滨译，商务印书馆1977年版，第299、160、197—198页。

④ ［法］霍尔巴赫：《健全的思想》，王荫庭译，商务印书馆1985年版，第149页。

宗教和人类道德也是不相容的。宗教是正义、美德的破坏者，是一切恶行的根源。"神的道德对于尘世永远是有害的"。① 他以辛辣的讽刺，无情地揭露了教会的腐败内幕和僧侣们的道德败坏。在霍尔巴赫的笔下，宗教是"神圣的瘟疫"，它"对于人民来说乃是一个分裂、狂暴、罪行的来源"。"神是一个独夫，一个民贼，一个什么都能干得出来的暴君"。② 这样一个神怎么能使人们有正义、美德和人性呢。

宗教神学的恶行之一，就是为使神学谬误、宗教观念在人民中根深蒂固，神学家们"对无神论者倾箱倒箧地发出"攻击、咒骂、诬蔑、陷害。以致即使一个最温和的人也把无神论者看作疯子、洪水猛兽、人类公敌，"一听到无神论者的名字就发抖"。③ 霍尔巴赫痛斥神学家们妄加给无神论者的种种莫须有的罪名。无神论者忠心耿耿地为祖国服务，遵循理性和德行的法则而行动，因而他有正直和德行，并使人审慎，注重现实尘世的生活。因此"一个无神论者社会，受到完善的法律统治，法律奖赏德行，惩办抑制罪犯，这社会要比宗教社会有道德得多"。霍尔巴赫充满信心地指出："无神论既站在真理一边，将使自己逐渐浸入人心，普及于人。"④

霍尔巴赫进一步指出，应该消灭极其有害而又非常荒谬的宗教。他说，由于宗教神学在任何时候都是一堆燃料，潜伏在人们的想象中，最后都以引起大火灾而结束。宗教神学的谬误"乃是人们的利益要求彻底加以消灭的谬误；健全的哲学应该引为己任的，主要的就是去消灭这些谬误。我们不必害怕这种哲学会产生骚乱和革命"。⑤ 霍尔巴赫对宗教彻底决裂的态度，可以说是 18 世纪法

---

① ③ ④ ⑤　[法]霍尔巴赫：《自然的体系》下卷，管士滨译，商务印书馆 1977 年版，第 202、374、379、299 页。

②　北京大学哲学系外国哲学史教研室编译：《十八世纪法国哲学》，商务印书馆 1963 年版，第 556 页。

国无神论的战斗性的突出表现。

如何消灭宗教呢？由于霍尔巴赫认为无知和欺骗是宗教得以产生的根由，由此他也就认为通过启蒙、教育、宣传科学和无神论，就可以完成这一任务。这是有部分真理的观点。

在社会伦理思想方面，霍尔巴赫把"自保"说成人的本性，从而也把功利主义变成理论体系，并提出意见是"支配人们的皇后"的历史唯心主义观点。比较起来他在这方面并不比爱尔维修有更大的贡献。

霍尔巴赫的哲学是法国唯物主义的系统化，也可以说是它的发展的一定总结。他全面地发挥了机械唯物主义原理，形成了形而上学的自然哲学体系，并在此基础上提出了战斗无神论。列宁说："18 世纪老无神论者所写的那些泼辣的、生动的、有才华的政论，机智地公开地抨击了当时盛行的僧侣主义"①。霍尔巴赫的无神论著作是无愧于列宁这一极高评价的。

本 章 小 结

18 世纪法国哲学革命是 1789 年政治大革命的前导。在封建政治制度行将灭亡，资产阶级革命条件日益成熟的形势下，作为革命的领导者也是未来社会统治者的资产阶级，发动了一场波澜壮阔的反封建反宗教的思想文化运动。启蒙主义者的社会—政治哲学和法国唯物主义哲学就是这场运动的伟大成果。

以伏尔泰、卢梭等人为代表的早期启蒙思想家，率先吹响了资产阶级反封建思想斗争的号角。他们一手执理性旗帜，一手持人性论武器，无情地鞭挞专制制度和天主教及神学。他们热情地向

---

① 《列宁选集》第 4 卷，人民出版社 1995 年版，第 649 页。

法国人介绍英国哲学和科学,为后来的唯物主义哲学的产生和传播起了积极的作用。他们阐发了资产阶级的社会国家学说。这不仅为本国资产阶级夺取政权以及立国治国提供了蓝图,而且对其他国家的资产阶级革命产生了深刻的影响。启蒙思想家用人的眼光考察社会问题,从理性中引申出国家的自然规律。这是人类对自身认识史上的重大进步。当然,他们对人的解释从根本上说来是片面的、不科学的。

由于法国资产阶级肩负的历史重任以及这个阶级较为彻底的革命性,由于当时自然科学的成就,法国唯物主义哲学成为18世纪"唯一彻底的哲学"。① 以本体论为研究重点的法国唯物主义,克服了17世纪唯物主义在物质与意识、物质与运动等问题上的不彻底性,把唯物主义大大向前推进了一步。法国唯物主义者是一批杰出的无神论者。他们的战斗无神论是无神论史上的光辉一页。在伦理道德方面,他们把功利主义完善化了,使之具有体系的形态。18世纪法国唯物主义是哲学史上的一个光辉学派。但是它们属形而上学唯物主义的范畴,有着这种唯物主义所具有的缺陷。

作为法国资产阶级反封建的理论旗帜,18世纪法国启蒙哲学在当时起了巨大的革命作用。它也是人类认识发展史上的一个重要阶段,是一份应当用马克思主义理论去批判继承的珍贵遗产。

---

① 《列宁选集》第2卷,人民出版社1995年版,第310页。

第 六 章

18世纪末—19世纪初德国古典哲学

引 言

德国古典哲学是西方自古希腊以来两千多年哲学发展的总汇,是近代欧洲资产阶级反封建哲学发展的最高峰。德国古典哲学把人类各个领域的知识总结为一个完整的宏大思想体系,成为马克思主义哲学创立的直接理论前提。德国古典哲学的出现标志着近代西方资产阶级哲学发展的成熟与完成,在整个西方哲学发展史上占有突出的重要地位。

一、德国古典哲学是欧洲资产阶级反封建
哲学发展的最高峰

德国古典哲学是德国资本主义生产关系形成时期和德国资产阶级革命前夕的资产阶级革命理论,①同时又是全欧范围资产阶级政治革命、经济革命和文化革命思想的集中表现。蓬勃发展的

① 一般都把德国古典哲学分为两个阶段:第一阶段是德国资本主义初步形成时期的资产阶级哲学,它包括康德、费希特、谢林和黑格尔的唯心主义哲学;第二阶段是德国1848年资产阶级革命前夕的资产阶级哲学,这就是费尔巴哈的人本主义哲学。为了叙述方便,这里仅限于对第一阶段的历史条件做了概述,至于第二阶段的历史发展情境则留在后面去叙述。

欧洲资产阶级革命浪潮和迅猛高涨的自然科学思想及其巨大成果，为德国古典哲学家们的哲学创造活动提供了良好的环境和大量必不可少的思想素材。从康德到黑格尔的德国古典哲学家们都是有着强烈的时代感的思想家，他们的哲学可以说是在以法国资产阶级大革命为中心的欧洲资产阶级革命的国际环境中形成的，因而都深深地打上了时代的烙印，体现了时代的特点，明确说，则是在哲学的理论反思中把握了时代精神的精华。所以，德国古典哲学虽诞生在德国，但它决不仅仅是德国一个民族的思想产物，而是整个欧洲资产阶级文化、思想发展中的一个重要的有机组成部分，它不仅具有德国的特点，而且还具有全欧洲的性质。正因为如此，马克思把德国古典哲学的创始人康德的哲学称为"法国革命的德国理论"。这一论断也适合于其他德国古典唯心主义的代表——谢林、费希特和黑格尔的早期活动。

德国古典哲学首先是欧洲范围内的资产阶级革命的理论表理。

18世纪末到19世纪上半叶，欧洲社会正处于重大变更时期，英国发生了工业革命，法国资产阶级领导了震撼全欧的资产阶级大革命。这是自17世纪尼德兰和英国发生资产阶级革命后，最具有世界历史意义的重大事件。尤其是法国资产阶级大革命，它不仅从根本上摧毁了法国的反动腐朽的封建秩序，建立了资产阶级的统治，为资本主义的发展扫清了道路，而且也动摇了整个欧洲封建统治的基础，大大推动了欧洲范围的反封建斗争。正像列宁所指出的那样，法国资产阶级的"这次革命给本阶级，给它所服务的那个阶级，给资产阶级做了很多事情，以至整个19世纪，即给予全人类以文明和文化的世纪，都是在法国革命的标志下度过的"。[1]

----

[1]　《列宁全集》第36卷，人民出版社1985年版，第354页。

自法国大革命后,欧洲各国的资产阶级都纷纷行动起来,在全欧范围内展开了资产阶级反封建的斗争。资本主义的新秩序不断发展,到处摧毁着封建制度的政治结构、经济结构和文化结构。资产阶级在斗争中所提出的政治要求、经济要求和文化要求,在客观上也在一定程度上表现出符合人类历史进步的必然性。

德国的思想家们都是法国大革命的同时代人,他们都亲身感受到欧洲社会的深刻变化和飞跃发展,看到了资产阶级新世界这一"壮丽的日出";同时他们又是在法国革命的思想先驱——卢梭为主要代表的启蒙思想家们的思想熏陶下成长起来的,具有强烈的资产阶级民主与自由的先进意识,因而,这些思想家们可以从另一个角度更深切地体会到以法国大革命为中心的欧洲资产阶级革命的历史意义,较其前辈思想家更准确地把握时代的脉搏,看到时代变迁的合理性和必然性。当资产阶级革命风起云涌、席卷全欧时,他们都表示同情、支持和拥护,并为之欢欣鼓舞,齐声欢呼。例如,黑格尔就这样说:"这是一个光辉灿烂的黎明。一切有思想的存在,都分享到了这个新纪元的欢欣。一种性质崇高的情绪激动着当时的人心;一种精神的热诚震撼着整个的世界,仿佛'神圣的东西'和'世界'的调和现在首次完成了。"①

德国的思想家们在为资产阶级革命感到兴高采烈的同时,又自觉或不自觉地意识到自己的历史使命就是为这种革命做意识形态方面的工作。他们一方面努力在哲学上、理论上贯彻资产阶级的革命理想和要求,用思辨的哲学语言系统全面地阐发资产阶级民主与科学、自由与平等的启蒙精神,反对封建秩序对人的钳制和禁锢以及天主教神学对理性的贬斥和藐视;另一方面,他们又用"抽象思维活动伴随了现代各国的发展",从更高水平上认识欧洲

---

① 〔德〕黑格尔:《历史哲学》,王造时译,三联书店1956年版,第493页。

正发生着的巨大变化,估计这种变化的意义与价值,大胆而深入地提出一系列远远超出英、法资产阶级思想家所能提出的重大理论问题,并从哲学的理论高度上完成对这些问题的论证,达到全面总结资产阶级革命经验,并把其上升为一种系统完善的资产阶级的思辨哲学体系。因此,德国的这些思想家们没有一个不是视野开阔,胸怀全欧的。他们的哲学是那些震撼世界的革命性事件,那些被证明为合理的资产阶级理想与要求的意识形态的反映,是欧洲资产阶级革命时代的精神产物。

其次,德国古典哲学又是在德国现实状况下产生的德国资产阶级的革命理论。

18世纪末19世纪初的德国,同先进的英法等国相比较,还是一个政治经济落后的国家。政治上仍然处于许多封建诸侯专制王国分立而治的割据状态;经济上还是封建生产关系占统治地位的落后的农业国;在城市只有以手工业生产为基础的狭小的地方经济。由于手工业的落后,使得德国商品在国际市场上失去了竞争能力,受到了排挤,德国国内关卡林立,没有统一的市场、货币和度量衡。这种政治上的四分五裂状态和经济上的严重落后状态,严重地阻碍了德国资本主义的发展,但却得到了"小而强有力"的王公们的千方百计的维护。这些大大小小的王公诸侯囿于自身狭隘的地区利益,几乎没有任何民族感情,他们宁可邀宠于外国侵略势力,而不顾民族经济的发展;宁可剥蚀民族利益以自肥,而不愿出现一个强大而又统一的德意志民族国家。这些盘踞在德意志领土各个角落的封建诸侯,成为真正阻碍德国资本主义生产关系形成,破坏德意志民族统一的赘疣。

德国市民资产阶级,特别是他们的思想家们,面对上述复杂而又落后的状况,清楚地看到,要建设一个繁荣昌盛的德国,发展民族资本主义经济,必须首先铲除封建割据局面,统一民族和国家。

软弱的德国市民资产阶级本身虽然无力与封建割据势力相抗衡，但都不愿意受外来侵略和内部保守势力的宰割，他们渴望结束这种分裂的局面，有一个良好的发展民族经济的环境。而普鲁士自腓特烈大帝实行"开明君主制"以来的一系列改革和普鲁士王国的逐渐强大表明：一个强大的中央集权的政治势力的确是德意志民族统一的象征，是资产阶级完成自己反封建任务的必需的中介条件。

腓特烈大帝自称是"国家第一公仆"，对启蒙思想感兴趣（他自命为伏尔泰的朋友和庇护者）。在他执政期间，德国实行了一系列改革：改革司法，开凿运河，疏通河道，设立银行，并推行重商主义，保护工商业；允许宗教自由，促进教育与科学发展。由于这一系列措施的实施，中央集权得以巩固，封建割据局面有所遏制，由三十年战争带来的"农奴制再版"也得以有效制止，封建性半封建性的农业逐渐转化为资本主义农业，容克地主阶级逐渐资产阶级化，封建统治的基础渐渐动摇，并且由于"开明君主制"本身为了强化自己的统治，必然在发展工业方面（18世纪末19世纪初德国的工场手工业主要是为宫廷和军队服务）在一定程度上与资产阶级合作，这也在客观上有力地促进了民族经济的振兴，扩大了资本主义生产的范围，保证了资本主义秩序逐渐确立与巩固。正因为德国资产阶级首先要解决的任务是联合各邦，建立一个名副其实的统一的国家，为民族资本主义的发展创造必要条件，而不是像法国人那样，去摧毁一个腐朽反动的王朝。因而，当德国市民资产阶级以其亲身的经历感受到普鲁士王室在其扩张自己的势力以达到统治德意志的目的上，恰好是以其特殊条件，在客观上有利于实现他们的阶级利益时，他们拥护普鲁士的"开明君主制"，寄希望于这样一个强大的中央政权力量。实际上，这也是从当时德国现状出发，德国市民资产阶级唯一可行的资产阶级革命道路。

　　由康德创始的德国古典哲学,正是德国市民资产阶级这种变革现实要求的意识形态反映。他们一方面毫不犹豫地把英、法资产阶级反封建的思想武器吸收过来,坚定不移地继续着启蒙运动反封建、反神学的思想斗争;另一方面又恰如其分地结合本国国情,进行创造性的理论活动,突出了民族意识的地位。在他们那里,唤醒民族意识,鼓吹民族统一,为以后建立资本主义新秩序做好精神上的准备,是首要的任务。因此,他们的哲学中渗透着一种强烈的国家意识和民族意识。这种思想的直接意义就是要求资产阶级与王权结成同盟,共同对付封建割据状态,抵御外国侵略势力,通过自上而下的资产阶级民主改革实现德意志民族的统一,建立起繁荣强大的新秩序。他们的这种以现实历史状况为起点,谋求资本主义经济的发展,与发展着的欧洲现实是一致的,同样提供了资产阶级革命来临预告者的功用。正像恩格斯说的那样:"当黑格尔在他的《法哲学》一书中宣称君主立宪制是最终的、最完善的政体时,德国哲学这个表明德国思想发展的最复杂同时也是最准确的温度计,就表示支持资产阶级。换句话说,黑格尔宣布了德国资产阶级取得政权的时刻即将到来。"①

　　德国古典哲学不仅是在社会变革,而且也是在科学知识进步的影响下形成的。欧洲近代自然科学是德国古典哲学产生的自然科学基础。

　　在这段时间里,自然科学发生了质的变化,扩大了自己的研究范围,开始从几个世纪以来研究既成事物的科学转到研究这些事物的发生发展过程的科学。人们不再把机械力学作为唯一的一种运动形态来研究,而发展到研究物理运动、化学运动和生物运动等等。

---

① 《马克思恩格斯文集》第2卷,人民出版社2009年版,第361页。

不仅如此，人们还进一步研究了不同物质运动的形式和过程之间的联系。自然科学的发现和发明，处处向人们显示着自然界的辩证性质。

在天文学方面，康德—拉普拉斯提出了太阳系起源的科学假说，说明了包括地球在内的整个太阳系的变化和发展；在物理学方面，奥斯泰特发现了电流的磁效应，法拉弟发现了电磁感应与电解定律，说明了电与磁关系等物理现象的复杂联系；在化学方面，道尔顿发现了气体分压定律和倍比定律，后者证明了化学元素的质变对它的量的构成的依赖关系，拉瓦锡推翻了燃素说，奠定了关于燃烧和氧化过程的理论，而戴维则发现了电解化学现象，揭示了化学过程与电过程的关系；在生物学方面，最重要的是拉马克提出的进化学说，证明外部环境引起有机体变异以及用进废退和获得性遗传的思想；这个时期出现的地质学家，如魏纳和哈顿，也开始用历史的发展观点说明地层的形成原因和生物变迁。许多新的科学领域如胚胎学、植物生理学、动物生理学等也逐渐建立起来。新科学用新的事实证明宇宙是发展的，事物之间是相互联系的。总之，自然科学的发展，逐渐表明自然界的一切现象都是辩证地而不是形而上学地发生的，并且向哲学提出了制定新的辩证思维方式，以准确地反映自然界的客观规律性的要求。

与这种自然科学向深广方面发展相结合，人们在社会生活方面也开始形成辩证观念。英法资产阶级革命所引起的社会生活的大变动，向人们揭示了社会变化发展的新课题，封建社会留在人们头脑中的那种永恒不变的陈腐观念，已不能适应社会生活中一日千变的观念。人们意识到事物的发展变化决不是偶然的，人类周围的世界是统一的，它们都服从于相同的规律，哲学则有可能在世界观和方法论上揭示出这些规律。德国的哲学家们较同时代人更深刻、更敏锐地感到这一点。

德国思想家们对当时欧洲科学的发展给予极大的关注,并且充分利用这个优越条件,从科学的已获得的长足发展的成果中,汲取丰富的理论经验和资料,发展自己的哲学理论。他们在使用这些丰富材料时,最感兴趣的是各门科学所提供的关于变化与发展的思想。他们哲学中的丰富的辩证法思想,其主要源泉之一,便是由自然科学提供的。这样德国哲学家便在继承了以莱布尼茨为代表的传统的辩证思维的基础上,形成了一个逻辑上一贯的辩证思维发展,达到了完整形态的唯心主义辩证法这一辉煌结果。由此而使德国古典哲学"包括了以前的任何体系所不可比拟的广大领域,而且没有妨碍它在这一领域中阐发了现在还令人惊奇的丰富思想"。①

但是,另一方面,德国古典哲学并没有充分发挥出辩证法本身所固有的批判的、革命的精神,他们更多地把辩证法理解为理性的辩证法,因而把发展、变化仅仅停留在观念的领域。这也是与德国资产阶级要求首先在思想上发动一场反封建斗争相一致的。

二、德国古典哲学的主要精神

德国古典哲学具有深远的文化思想背景。它既是德国这一个民族文化思想运动的必然结晶,同时又是整个西方文化思想运动、特别是资产阶级文化思想运动的直接继续和必然发展。贯穿整个近代西方资产阶级文化的主要精神,是崇尚理性和追求理性的启蒙精神。德国古典哲学继承了西方资产阶级启蒙思想中一切积极的东西而继续向前发展。它的主要精神就是启蒙运动所贯彻的精神。如同黑格尔所说:"理性和自由永是我们的口号"。②

---

① 《马克思恩格斯文集》第4卷,人民出版社2009年版,第272页。
② 《黑格尔通信百封》,苗力田译,上海人民出版社1981年版,第38页。

近代启蒙运动是资产阶级反封建、反宗教的民主文化运动。尊崇理性,倡导科学,号召人的解放,抨击封建专制,批判宗教神学是这股文化浪潮的主流。以伏尔泰、卢梭以及以狄德罗为代表的"百科全书派"思想家,都是启蒙主义的杰出人物。这些启蒙主义者在同封建专制、宗教偏见进行不调和斗争中,把启蒙精神贯穿于新兴的资产阶级世俗文化的各个方面,努力建设不同于封建旧文化的资产阶级文化体系;而且以启蒙精神,培育和熏陶了包括德国哲学家在内的一代又一代资产阶级思想家。

德国的启蒙运动是当时德国社会经济状况和德国资产阶级反封建、反宗教革命在思想意识上的反映,它也为德国古典哲学的形成提供了必不可少的文化前提条件。

与欧洲其他国家相一致,启蒙运动也是德国市民资产阶级文化发展中的一个必然阶段。虽然当时的德国在政治上和经济上是落后的,但从18世纪下半叶开始的反映着德国市民同国内封建专制制度进行斗争的和丰富的精神文化,仍然发展起来了。所以,梅林指出:"资产阶级的社会解放是以18世纪的古典文学和哲学来开始实现的"。①

克易卜斯托克和莱辛首先开辟了德国启蒙运动的光荣时期。尤其是莱辛,他在他的戏剧理论的创作中,明确地突出了理性原则。他把理性看作是文学评论和文学创作的最高标准,把达到个性自由看作是作品要达到的最高境界。由莱辛而掀起了一场波澜壮阔的思想解放运动,这场运动与沃尔夫在哲学领域进行的启蒙工作和路德派在宗教领域进行的革命在一起,成为批判封建主义旧思想,建立资产阶级新文化的先声。18世纪70年代掀起的文

---

① [德]弗兰茨·梅林:《中世纪末期以来的德国史》,张才尧译,三联书店1980年版,第68页。

学运动即狂飙运动,是德国启蒙运动的继续和发展。它标志着德国资产阶级民族意识的进一步觉醒,它在思想方面的影响,远远超出了文学艺术的范围。

　　总之,启蒙运动在德国找到了繁荣发展的沃土,德国发动了一场真正的文化革命。这场文化革命表现在文学、科学、哲学、艺术等诸领域,有着共同的社会内容和历史继承性,富有蓬勃生气的启蒙精神由于这场文化革命而开始迅速渗透到德意志文化中,与神学道德、宗教狂热、偏执、欺骗和愚弄人民的社会意识进行着不调和的斗争,宣布资产阶级为争取本阶级利益所进行一切政治活动、经济活动、思想活动的合理性和必然性。德国启蒙思想的一个鲜明特点,便是证明了德国人民的民族统一和民族主权思想的重要性。这种思想在当时进步的思想家的创作中,占着统治地位。德国古典哲学,作为德国资产阶级的社会意识形态,理所当然地把上述共同的社会内容和历史继承和吸收过来,经过艰苦的理论创造活动,汇集在一起,以理论的思辨形式最大限度地把启蒙精神表现出来,或者说把启蒙精神上升为一种永恒的哲学原则,从而把启蒙运动推向最高峰。德国古典哲学自身的发展就是西方资产阶级自由意识和自由理论的发展史。黑格尔说:"康德哲学是在理论方面对启蒙运动的系统陈述"。①

　　自康德以来的德国哲学家们都是理性的崇尚者和自由的捍卫者。这些哲学家们不再仅仅局限于宣传启蒙主义观点,不只是认为社会进步的基础在于改善理性,增加知识,根除谬误和偏见以及抓住形式上的自由与平等,而必须用理性和自由两面旗帜来反对封建神学,对抗封建专制,进一步从哲学世界观高度论证启蒙精

―――――――――

① ［德］黑格尔:《哲学史讲演录》第4卷,贺麟、王太庆译,商务印书馆1978年版,第258页。

神,把启蒙精神引入人类精神的神圣殿堂,上升为一种恒久的哲学原则。这些思想家们以提高人的理性从而提高人的地位为己任,把他们的哲学理解为从人的理性观念来考察世界,即把观念理解为既不同于神学观念,也不同于日常意识信念的理性观念,广泛深入地论证了人的理性的无限至上性和无限的能动性,从而扩展了人对世界的主宰意识,提高了人在世界上的地位。

自文艺复兴以来,人文主义运动与启蒙运动所努力追求的精神,即以人性否定神性,以人的权威否定神的权威,把理性作为一切现存事物的尺度和建立与发展资产阶级反封建、反宗教的精神基础,好似万流归宗,几个世纪以来,西方资产阶级所培育的启蒙精神,全部集中体现在德国哲学中。德国古典哲学以其特有的思辨形式充分表现出来的对人的尊严和敬重,对人的能力的无限信任和对人的解放的不懈追求等先进思想,从理论上最终完成了对全欧范围内的资产阶级反封建的启蒙运动的思想总结。德国古典哲学的形成,标志着资产阶级文化进入了一个新的阶段,而且在事实上取代了封建思想意识的统治地位。

恩格斯曾经指出:"德国哲学从康德到黑格尔的进展是如此连贯的,如此合乎逻辑,也许我可以说,是如此必然"。① 这种连贯的、合乎逻辑的、必然的哲学运动,就其实质来说,是一种充分地研究和发挥了理性作用的唯心主义哲学。理性为德国古典唯心主义哲学理论体系的轴心线。与德国哲学这种对理性能动性的突出相适应,德国哲学采用了精密的思辨形式来构造一个庞大的体系。理性内容与思辨形式相得益彰。为人类思想史增添了富有积极内容的新成就。

德国古典哲学最主要的成就之一,就是系统创立了辩证法理

---

① 《马克思恩格斯全集》第 3 卷,人民出版社 2002 年版,第 490 页。

论,即作为发展理论的理性辩证法。他们把辩证法自觉地应用于各个知识领域,表述了认识、精神文化发展的最一般规律。尽管这种辩证法还不是客观的辩证法,但这种辩证思想又恰好提供了由形而上学唯物主义向辩证唯物主义科学世界观的转移。正如列宁所说:"马克思并没有停止在18世纪的唯物主义上,而是把哲学向前推进了。他用德国古典哲学的成果,特别是用黑格尔体系(它又导致了费尔巴哈的唯物主义)的成果丰富了哲学。这些成果中主要的就是辩证法"①。

第一节 康 德

伊曼努尔·康德(Immanuel Kant,1724—1804年)是德国古典唯心主义的创始人。海涅说:"德国被康德引入了哲学的道路,因而哲学变成了一件民族的事业。一群出色的大思想家突然出现在德国的国土上,就像用魔法呼唤出来的一样。"②

康德出生于东普鲁士的哥尼斯堡(现属俄罗斯的加里宁格勒)一个制马鞍的手工艺家庭。1740年,康德入哥尼斯堡大学哲学系学习,1745年毕业。大学毕业后,康德连续9年在贵族家庭中担任家庭教师职务。从1755年开始,康德开始在哥尼斯堡大学担任讲师,1770年,在他46岁时被提升为教授。1786年担任了1年校长的职务。1797年退休。康德毕生从事于教学和研究工作,一辈子没有离开过哥尼斯堡。终生独身,生活中没有波澜起伏的大变动,他的一生是平平静静沉浸于思辨的一生,是在哲学的一个极盛时期,洞隐发微、独辟蹊径的一生,也是在德国的困难条件下

① 《列宁选集》第2卷,人民出版社1995年版,第310页。
② 〔德〕海涅:《论德国》,薛华译,商务印书馆1980年版,第307页。

深入阐发启蒙思想的一生,是为人类进步事业作出重大贡献的哲学家的一生。所以,海涅说:"康德这人的表面生活和他那种破坏性的、震撼世界的思想是多么惊人的对比!"[①]

通常把康德的哲学思想的发展划分为两个阶段,即"前批判时期"和"批判时期"。划分的标志就是康德在1770年写的教授就职论文《论感性世界和知性世界的形式和原则》。在这篇论文中,康德开始形成自己的批判哲学的基本思想,奠定了他的先验哲学的基础。

一、"前批判时期"的哲学思想

康德在"前批判时期"比较重视自然科学的研究。在这一时期,他通过对自然科学理论的阐述表现出一定的自然哲学观点,所取得的最大成就就是提出了与当时占统治地位的宇宙不变论相对立的宇宙发展论。

在这个时期,康德在自然科学研究方面的成果,突出地表现在他提出的两个有名的假说上面:地球自转由于潮汐的摩擦的影响而减慢的假说和关于太阳系起源的星云假说。恩格斯评论说:"没有这两个假说,今天的理论自然科学简直就不能前进一步。"[②]

1754年6月,《哥尼斯堡周报》分两期刊登了康德的论文《对一个问题的研究,地球是否由于绕轴旋转时发生过某种变化》。文中提出了地球自转的速度由于受到潮汐摩擦的影响而延缓的假说。康德认为,由于月球靠近地球,受月球引力的作用,使地面海洋的水的粒子高涨,一昼夜间潮涨潮落的交替现象就是这种运动的结果。康德指出,因为水位的涨落,和地球旋转的方向相反,如

---

① 〔德〕海涅:《论德国》,薛华译,商务印书馆1980年版,第294页。
② 《马克思恩格斯文集》第9卷,人民出版社2009年版,第439页。

果把这种运动的延缓同地球旋转的巨大速度相比,这种阻碍是微不足道的,甚至几乎看作等于零,但是,这个过程是永恒不息的,阻碍作用不断增长而又得不到补偿,年深月久,就不能不产生严重的后果,最终将使地球停止自转,走向死亡。康德这个浅显而又使人信服的假说的哲学意义就在于,他指出了天体(如地球和月球)不是一成不变的,也不是奇迹般突然产生的,它自身有一个变化发展的过程;天体自身就是在那里不断地运动变化,有产生,有灭亡。这就为天体演化的研究指出了正确的方向。

这篇论文中所阐发的天体变化发展的思想,在康德1755年匿名发表的《关于诸天体的一般发展史和一般理论》(中译本题为《宇宙发展史概论》)一书中得到了系统发挥。这就是有名的关于太阳系起源的"星云假说"。

《宇宙发展史概论》一书,共分为三个部分。第一部分带有序言性质。康德对于天体系统的阐述一再表明:"我的体系同宗教是一致的"。[①]然而,如果我们稍加留意,就不难看出康德在这一部分字里行间就闪烁出非常可贵的启蒙主义的时代精神,在协调科学和宗教矛盾上,他是真心倾注于科学的。康德明确指出,上天世界虽然历来是宗教的神圣不可侵犯的禁地,然而,"在自然科学所能提出的各种研究中,正是这种对天体的研究可以使人们最容易也最有把握地追溯到天体的起源"。[②]就是说,自然科学要从神学的禁锢中解脱出来,就得选择以天体学说作为突破口,首先把这块禁地从宗教手中夺过来,因为天体并不神秘,天体是球形的物体,这是人们在探讨一个物体的起源时所常见的一种结构。同时,天体的运动也是最简单的机械运动,它不过就是物体对中心物体所

_____

[①②]　[德]康德:《宇宙发展史概论》,上海外国自然科学著作编译组译,上海人民出版社1972年版,第5、16页。

作的圆周运动。因此,"在人们研究的各种自然物的起源中,宇宙体系的起源、天体的产生及其运动的原因是人们可望首先得到彻底而正确的认识的。"①康德满怀信心地说,"给我物质,我就用它造出一个宇宙来!"②就是说,用不着再假借上帝的手指了。

正是这样,康德公开承认他的理论是站在古代唯物主义者一边的。他说:"因此,我并不否认卢克莱修或他的先驱伊壁鸠鲁、留基伯和德谟克利特的理论与我的理论有许多相似的地方。"③康德和这些哲学家们一样,认为自然的"原始状态",是一切天体的"最初物质",或者说"原子";而伊壁鸠鲁关于原子由于重力下沉的想法,在康德看来,也和牛顿的吸引理论相近似,后者则是康德的理论依据;留基伯和德谟克利特关于旋涡运动的思想也为康德所吸收。

但是,另一方面,康德本人也有不彻底的一面。他反对古希腊唯物主义者"把有理性的东西说成真正可以从无理性的东西中推导出来",他自己却把自然作为一个有秩序的整体,归之于"一个至高无上的智慧按照协调一致的目标来设计万物的本性"。这样,他就强调有机界的内在本质不是我们人类所能说明的,他问道:难道能够说,给我物质,我将向你们指出,幼虫是怎样产生的吗? 在康德看来,上帝虽然不是天体及其规律的创造者,然而,它仍是混沌状态的物质的创造者。宗教与科学还得平分秋色。

该书第二部分,是全书的中心内容,也就是著名的天体形成说的核心。康德试图用力学规律来说明宇宙体系怎样从它的原始状态发展起来的。他认为,说明天体的形成必须依据两个条件:密度不同的基本微粒;吸引和排斥两种力量的作用。由于密度不同引

①②③ 〔德〕康德:《宇宙发展史概论》,上海外国自然科学著作编译组译,上海人民出版社 1972 年版,第 16、17、11 页。

起物质原始状态的聚集,这样就产生了引力中心,密度较小的微粒则向引力中心聚集。微粒落到中心物体上,使它燃烧,并达到炽热状态,太阳就是这样形成的。

另外,还有一种与引力相反的斥力,它们阻碍微粒朝一个方向聚集,其中一部分由于两种相反力量的作用而发生旋涡运动,从而形成另外一个引力中心,这就是行星。它们逐渐在一个平面集中,最后成为行星绕太阳运转的有规则的天体系统。康德明确指出:运动是"自然界的永恒生命",斥力的作用"使垂直的下落运动变成围绕降落中心的圆周运动"。①这样,行星围绕着太阳旋转就再不需要什么外力的推动了。由于康德肯定了牛顿不敢承认的与引力相对立的斥力,这样在宇宙结构的形成上就不再要上帝插手了。"如果我们现在不想把宇宙的结构和运动的起源归之于一般的自然规律,而把它们直接归之于上帝之手",我们就会察觉到会与对于运动的这种想法"矛盾"。②所以,对于一位哲学家来说:"不去钻研而满足于提出上帝的直接意志来,是一个苦恼的决断"③。

康德由太阳系的形成最后推断出整个宇宙系统的力学起源。他得出结论:整个宇宙也是从物质的原始状态而凝聚成一个中心,再逐步向四面无限扩展下去。在宇宙中,天体不断地形成,又不断地毁灭;千千万万的太阳不断燃烧,又不断熄灭。宇宙万物都是处于这样永恒的生死成毁的过程中,"这个大自然的火凤凰之所以自焚,就是为了要从它的灰烬中恢复青春得到重生"④。

但是,同样,康德即使是做了这些充满激情的描述,也不会忘怀和上帝的妥协,他写道:"这个结论是完全正确的:如果在宇宙的结构中显露出秩序和美丽,那就是上帝。然而另一个结论的正

_____

① ② ③ ④　[德]康德:《宇宙发展史概论》,上海外国自然科学著作编译组译,上海人民出版社1972年版,第66、181、185、156页。

确性也不亚于前者,这另一个结论是:如果这种秩序可以由普遍的自然规律中推导出来,那么整个自然必定是最高慧智在起作用。"①

第三部分,是一个附录,回答地球以外的其他天体上是不是还有人或类似人的动物存在。这个在我们今天看来仍然像谜一样尚未解决的问题,康德与他同时代的科学家一样却对它抱有肯定的信念,认为虽然不是全部、至少有一部分天体上居住有,或者将来必定能有人居住。康德以预测的口吻来结束他的论题:"谁知道,会不会有那么一天,人类精神能就近认识一下宇宙中那些遥远的星体及其卓越的结构,而那些东西不是早已从远处引起了人类去欣赏它们的好奇心吗? 也许为了这个目的,行星系还在形成一些星球,好让我们在地球上一定的可居住时期终止以后,能到那里找到新的住所。谁知道,环绕木星运行的那些卫星不会有一天为我们而发光呢?"②这种把大胆的科学预测与半神秘主义的悟彻结合在一起的做法,体现了探索者的勇气,和对科学的无限信任,深深打上了启蒙精神的烙印。

《宇宙发展史概论》中的许多论断已经过时了。现代自然科学既不赞同关于太阳系是由冰冷而分散的物质微粒组成的基本假说,也不认可康德企图论证的一系列其他原理。但是,主要的哲学思想——历史主义、发展思想——仍然是无可非议的。恩格斯对康德天体形成的假说所具有的这种历史性意义给予很高的评价:"康德关于所有现在的天体都从旋转的星云团产生的学说,是从哥白尼以来天文学取得的最大进步。认为自然界在时间上没有任何历史的那种观念,第一次被动摇了。……康德在这个完全适合

---

①② ［德］康德:《宇宙发展史概论》,上海外国自然科学著作编译组译,上海人民出版社1972年版,第196、224页。

于形而上学思维方式的观念上打开了第一个缺口"①。

二、"批判时期"的哲学思想

自 1770 年以后,康德主要致力于批判哲学的建立,先后发表了《纯粹理性批判》、《实践理性批判》和《判断力批判》三本著作。《纯粹理性批判》系统地阐述了他的认识论思想,以后出版的《未来形而上学导论》是《纯粹理性批判》一书的通俗简明的阐述。《实践理性批判》是康德的伦理学著作。在此之前他还写了《道德形而上学原理》,《实践理性批判》是这部著作的系统化和理论化。《判断力批判》是康德的美学著作。康德在书中除了系统地阐述他的美学思想外,还着重阐述了关于天才论和目的论的思想。这样,康德就从真(认识论)、善(道德)、美三方面完成了他的批判哲学体系。

(一)批判哲学的形成及其主要特征

到 60 年代末期,康德的哲学思想发展的方向,有了重大的变化,他开始离开早期自然哲学的道路而走上了一条他自己的独特道路。这明显表现在 1770 年他的教授就职论文中。在这篇论文中,康德提出要到纯粹理性中去寻找因果性等理性概念的源泉,提出空间、时间是人的感受形式,提出划分"现象"世界与"物自体"世界的意义。这篇论文成了康德"前批判时期"与"批判时期"的划分标志。康德循着论文的方向继续深入研究,全力投身于批判哲学体系的建设工作中,其兴趣主要在认识论、逻辑学、道德哲学、美学以及历史哲学等方面。

对批判哲学体系建立,具有重大影响的首先是以牛顿为代表的当时自然科学的进步思潮和以卢梭为代表的当时资产阶级启蒙

----

① 《马克思恩格斯文集》第 9 卷,人民出版社 2009 年版,第 61 页。

主义的民主思潮。牛顿和卢梭是真正影响康德的两个最有力量的人。在他们身上体现了资产阶级上升时期追求科学与民主的精神。他们对康德的影响远不只是思想资料问题,而且是现实生活对康德思想影响的集中表现。当时广阔的现实正是通过这两个时代的标兵作为中介环节,对康德投射了深厚的光影。

康德哲学思想的自然科学背景,主要是牛顿的力学。牛顿力学的辉煌成就,更坚固了康德早年就一直抱有的对自然科学的热忱信念。科学知识具有普遍必然性,这是千真万确无可否认的事实。除了欧几里得几何学和牛顿力学,别无颠扑不破的真理。可是,自然科学的这种普遍必然性的根据又是什么呢? 显然,中世纪神学的解释是不成立的。牛顿力学的成就,已致命打击了传统的世间和超世间,自然与超自然的对立。牛顿告诉人们:整个宇宙受同一引力定律、同样的运动定律支配着。整个宇宙是其各个部分相互影响着的一个整体。所以,近代自然科学第一个时期最辉煌的业绩已把上帝从运动的宇宙赶了出去。但是,另一方面,近代发展起来的经验论和唯理论哲学也都不能回答科学知识可能的根据。这两派哲学片面地把握了以牛顿为代表的科学精神。经验主义者认为,牛顿力学表现了观察、实验的成果;理性主义者认为,牛顿力学表现了笛卡尔重视数学、演绎的结果。但在实际上,从伽利略到牛顿的近代自然科学方法,既不同于唯理论的几何或演绎,也不同于经验派的描述;既不是专重感官,也不是只凭理性,而是实验加数学,经验与理性的结合。实验是在理性指导下的经验,数学也不是与感性无关的理性。它的主导精神应属于近代科学的实验方法。

总之,从伽利略到牛顿,自然科学的凯旋进军,使人们获得了如伽利略所说的可与神明相比的确实知识。现在这种确实知识向哲学提出了尖锐的挑战,要求哲学家从认识论的高度,总结出科学知识普遍必然性的可能依据。康德是近代实验科学的信奉者,他不但积极参加了自然科学活动,而且还敏锐地把握住了自然科学提出的问题,这形成了他毕生从事研究而为之作出重大贡献的两大问题之一:具有真理性质的科学知识是如何可能? 即询问自然科学的普遍必然性根据。这是批判哲学极力要解决的问题之一。

批判哲学所提出并极力要解决的第二个问题是:如果因果必然联系普遍统治着整个自然界,应该怎样解释人的自由。即探讨人的自由原因对实践行为的决定作用。在这问题上,康德深受卢梭的影响。康德本人在 1764 年一篇文稿中明确说:"我生性是一个探求者,我渴望知识,不断地要前进,有所发明才快乐。……卢梭纠正了我。我意想的优点消失了。我学会了来尊重人,认为自己远不如寻常劳动者之有用,除非我相信我的哲学能替一切人恢复其为人的共同权利。"[①]人的本质、权利目的等问题,深为康德所关注。而这些问题又显然与自然科学发生着尖锐矛盾,这使康德十分苦恼,幸亏有卢梭这一位强有力的好向导。卢梭对普通人的"自然良心"和道德感情的极力渲染,对封建腐败的社会、政治、教育、宗教、文化所作的猛烈抨击,对人生和生活提出的新颖看法,对人人天生平等,对民主权利,对自由原则的热情歌颂,无不使康德倾心神往。终于使他挣脱旧形而上学束缚,用理性来解决道德问题即解决人的自由问题,认为一切有理性的人无论如何都不应放弃自由。自由就是意志自律,它所提出至善,应当作为人的最高的目的永远追求其实现,应该相信它们在现实世界里虽然达不到,但在现实世界以外的"彼岸世界"里是可以实现的。因而必须使实践理性高于理论理性,在寻求自然必然性之外,去探询自由的先验

---

① 　[英]斯密:《康德〈纯粹理性批判〉解义》,缂然译,商务印书馆 1961 年版,第 39 页。

依据。

可见,一方面是牛顿发现的自然因果律,另一方面是卢梭宣扬的人的自由,正是批判时期康德所要解决的问题。

对康德解决这两大问题直接提供了思想资料,因而对康德批判哲学形成产生较大影响的是经验论和唯理论两大哲学思潮。

一般说来,康德是大陆唯理论与英国经验论的综合。批判哲学充分汲取了两派哲学的长处,又力图克服它们的不足。他同意经验主义的观点,认为我们只能认识我们所经验的,感觉是知识的材料。知识是属于观念性质的知识,它不是关于事物本来状态的知识,而是关于现象的知识,即关于感官所接受的事物的知识。因此,理性形而上学(宇宙论、神学和理性心理学)是不可能的。但是,另一方面,他又不能同意经验主义者把普遍必然性的科学知识根据仅仅归于经验的观点,特别是不能同意休谟把因果原理归于习惯性联想,仅表示主观联想的必然性,因而自然科学只能是或然性知识,而无真理性质的破坏性结论。康德作为一个卓越的自然科学家,对于自然科学的可靠性具有坚定的信念,在他看来,数学和自然科学的原理具有客观有效性是不容置疑的。如果连这个事实都加以怀疑,那么任何经验也不可能,我们的知觉世界还抵不上一个梦。所以,康德又受理性主义者,特别是莱布尼茨的影响。莱布尼茨认为,理性本身有一些天赋的内在原则成为永恒法则,它们早已作为一些必然的关系潜在于感觉经验中并起着我们常常感觉不到的某种现实作用;理智通过对感觉经验的反省就可以清楚明白地意识到它们,从而得到具有普遍必然性的知识。这启发了康德。康德同意理性主义者的意见,不再把普遍必然的真理归源于经验。感觉提供知识的材料,心灵按照由它的本性所形成的必然的方式整理感性材料,我们有关于观念的秩序的普遍必然的知识。但是无论唯理论还是经验主义都有其共同的弱点,正如理性主义者是由于没有认真考察人类理性的能力,而对理性加以盲目运用和误用,因而成效甚微一样,经验主义者,特别是休谟之陷入怀疑论,也是由于他没有预先对人类理性即认识能力作全面考察,因而对理性自身的构造和功能缺乏真正理解的结果。

正由于以上原因,康德清楚地看到了经验论与唯理论各自的片面性,明确规定自己的批判哲学与它们不同。他的哲学目的是通过对人的理性能力详加探讨,研究知识的起源、范围和界限,以便最终回答批判所关心的两大问题即自然必然性的原因和人的自由的原因。换句话说,就是最终确立这两个问题只有在哪个范围,以什么样的方式,根据什么样的先天条件才能成立。这种通过批判人的理性能力,以达到调和统一自然因果律与自由律目的的哲学,就是所谓批判哲学。所以康德说:"人类理性的立法(哲学)有两大目标,即自然和自由"。①

康德批判哲学思想的形成,又是奠基在他本人对历史上存在过的各种哲学思潮的批判继承之上的。康德广泛阅读了各种自然科学和人文科学著作,兼收并蓄,最后形成了自己独特的哲学体系。

康德早年受莱布尼茨—沃尔夫思想的熏陶,又是牛顿的信徒和研究者;后来既赞赏洛克的经验论,更警觉到休谟分析因果律的精辟深刻及其结论的不当;既了解英国舍夫茨伯利的感情主义,也熟悉爱尔维修的感觉主义,更倾倒于卢梭的自然主义。他从哲学上分析了柏拉图理念论的虚妄不实,也批判了亚里士多德逻辑的纯形式性质和作用;既赞赏古代唯物主义重感觉的朴素倾向,又接受古代唯心主义排除意见实在性的观点。各派哲学都在康德哲学

① [德]康德:《纯粹理性批判》,蓝公武译,三联书店1957年版,第570页。

那里有所反映,而康德哲学也确实是对人类以往认识成果的一次大检阅。正像哲学史家文德尔斑所说的那样:康德"经历了沃尔夫的形而上学,经历了与德国大众哲学家们的交往,他投入过休谟提出的深奥问题,热心于卢梭的自然福音。牛顿自然哲学的数学严格,英国文献中对于人的观念与意志的心理学分析的精巧,从托兰德和舍夫茨伯利到伏尔泰的自然神论,法国启蒙主义用来改进政治与社会的高贵的自由精神,都在青年康德那里找到了忠实的合作者。"①康德批判时期的哲学思想就是在这样一些复杂而矛盾的思潮的交错影响下,经过长期的动摇和反复的考虑,才逐渐定型的。它具有不同于前此以往哲学的特征。

那么,批判哲学的本质是什么? 康德说:"我们这个时代可以称为批判的时代。没有什么东西能够逃避这个批判的。宗教企图躲在神灵的后面,法律企图躲在尊严的后面,而结果正引起人们对它们的怀疑,并失去人们对它们真诚尊敬的地位。因为只有经得起理性的自由、公开检查的东西才博得理性的尊敬的。"②康德以批判精神看待以前哲学,第一次提出了为了避免独断论和怀疑论而对人的理性能力进行批判研究的任务,从而划分开理论理性和实践理性,形而上学成了划定人类理性设置认识的界限的东西。他强调理论理性只能运用于感性经验范围内才有客观有效性,才是真理。至于上帝存在、灵魂不朽、意志自由等问题,根本不是知识,不是科学所追求的对象。它们只是信仰的对象,是实践理性的"公设"。作为这种划分基础的是批判哲学始终坚持的"现象"与"物自体"的截然二分。所以,事实上必然存在两个并存的系统:

---

① Wilhelm Winderband, *Lehrbuch der Geschichte der Philisophie*, Tübingen. revidiert von Heinz Heimsoeth, 1950, s.456.

② [德]康德:《纯粹理性批判》,蓝公武译,三联书店 1957 年版,第 3 页。

从属于自然律的现象界和作为现象界根据的智性世界。现象界是
认识对象,智性世界不可知。因此人就这种理性存在体而言,也有
两个方面特征:属于现象界的经验特征和属于智性世界的理智特
征。人一方面是现象,另一方面自觉是本体,是有理性的,是根据
理性自身的道德律向自己发布命令而行动的,是意识到"责任"和
"应该的",即意识到自己是自由的。从道德方面看的自由的人,
必然对造物主、道德世界主宰即上帝以及来世具有坚强的信念。
这样,在知识里"否弃了"的自由,灵魂不朽和上帝,在道德方面,
在实践方面完全以另一种意识形式——信仰——固定下来。可
见,"现象"与"本体"划分一举而完成批判哲学两大任务。康德就
这样把科学与道德、启蒙精神与宗教传统,唯物主义与唯心主义,
经验论与唯理论,等等结合在一个体系中。

　　对于康德批判哲学的这种折中调和的基本特征,列宁做了经
典的表述:"康德哲学的基本特征是调和唯物主义和唯心主义,使
二者妥协,使不同的相互对立的哲学派别结合在一个体系中。
当康德承认在我们之外有某种东西、某种自在之物同我们表象
相符合的时候,他是唯物主义者;当康德宣称这个自在之物是不
可认识的、超验的、彼岸的时候,他是唯心主义者。康德在承认
经验、感觉是我们知识的唯一泉源时,他就把自己的哲学引向感
觉论,并且通过感觉论,在一定的条件下又引向唯物主义。康德
在承认空间、时间、因果性等等的先验性时,他就把自己的哲学
引向唯心主义。"①

　　整个说来,批判哲学的形成是西方哲学史上的一个转折点,它
像崇山峻岭间的一座大关,只有穿关而过,才能继续前进。批判哲
学检查了西方哲学长期发展的成果,提出了新问题,开辟了新境

---

① 《列宁选集》第2卷,人民出版社1995年版,第161页。

界,至今仍具有极大的影响。

（二）批判时期的认识论思想

1.批判哲学认识论的总问题。

康德是从总结历史经验入手,展开他的批判哲学认识论的。康德认为以往的哲学,在认识论问题上,不是犯了独断论错误,就是犯了怀疑论的错误。独断论在哲学王国里进行专制统治,它在没有事先考察人类理性即认识能力的限度以前,就断定理性自身具有的原理或范畴即是客观事物本身的规定,断定理性仅仅凭自身的力量就能认识事物的真相和事物的最后根据,于是就任意超出理性所及的范围,提出各种不受经验检验的原理,并采取只承认自己的学说为真实而视异己的学说为谬误的独断态度。而怀疑论则走向了另一极端。怀疑论者是哲学王国中的游牧民族,他们厌恶独断论所建立的专制秩序,不愿听他们的说教,于是他们就对我们的理性能认识什么东西都表示怀疑。他们由感知出发,反对有普遍必然的客观真理,从而在根本上否定了科学知识,只是起到了破坏作用。

康德指出,哲学史上,独断论与怀疑论总是交替出现,尤其在近代情况更为如此。这样就使得作为各门科学女王的形而上学（哲学）,处于无休止的争辩的黑暗之中。不能像数学和自然科学那样成为一门科学。人们对它大失所望。哲学的这种衰败,也有它的光明一面,它标志着人类理性的成熟,号召我们重整理性的旗鼓,去寻求建立未来的科学形而上学的正确途径。于是,康德提出了"批判哲学",要给形而上学找到坚实可靠的基础。康德所说的"批判",并不是现在一般所理解的对旧事物的否定,而是强调探讨理性构成知识的条件,并且批判地确定这种知识的范围界限,以决定理性能力是不是能够建立起新的形而上学。康德说:"我之所谓批判,不是意味着对诸书籍体系的批判,而是关于独立于所有经验去追求一切知识的一般理性能力的批判。"①显然，批判哲学不同于独断论和怀疑论，独断论和怀疑论都不单独探讨理性能力，而简单地肯定（独断论）或否定（怀疑论）理性能力能否有超感性经验的认识，批判哲学要探讨、分析、审查人的认识能力。这也决定了批判哲学所要解决的认识论问题是认识主体条件问题。

康德又把他的认识论称为"先验哲学"。"先验"就是意味着在经验之先，不是从经验中得来的，而又对经验有效的可能条件，也就是说，它不是从外面来到我们心里的认识，而是主体具有的认识能力。因此，康德的认识论在考察主体认识条件时，不是谈经验得来的条件，而是考察我们自身在经验之前就有的条件。这样，康德对他的认识论所规定的任务就是探明这些先天的认识条件是什么，这些条件怎样使得科学知识成为可能，以及这些条件又是在什么范围内才是普遍有效的。

可以看出"批判哲学"和"先验哲学"实质上是相通的。"先验哲学"不过就是把批判哲学所提出的主体条件具体化而已。康德批判哲学的中心问题，由此而可以归结为：探寻科学知识的可能的先天条件，阐明这些先天条件怎样来构成科学知识，这样构成的科学在什么范围内才能是普遍有效的。一言以蔽之：一切科学知识是怎样可能的。

康德认为，知识都通过逻辑判断形式表现出来。单个概念，只是一些零碎的表象，它只有相应的对象，但不能构成对象的知识。只有当我们用这一定判断来规定对象时，才构成了知识。因此，一切知识都必然表现为判断。

但是，并不是所有的判断都是科学知识。科学知识必须具备两个条件：第一，普遍必然有效性；第二，扩大新内容。因此，要回

---

① ［德］康德：《纯粹理性批判》，蓝公武译，三联书店 1957 年版，第 3 页。

答科学知识怎样可能的问题,就必须找出一种能符合上述两个条件的判断,以及再分析构成这类判断的条件才行。

判断,就主项和谓项关系说,可分为两类:分析判断和综合判断。所谓分析判断又叫作解释判断,它是一种谓项原来就包含在主项中的判断。如"物体是广延的"。这类判断只把我们实际上在主项(物体)中已经想到了的东西(广延)明白地说了出来,分析不过是把主项的某一属性独立出来,并没有超出主项原来的内容,即没有为主项增添任何新的东西,因而还不能说是真正的知识。与之相反,所谓综合判断,又叫扩充判断,它是一种谓项不包含在主项之中,由我们加到主项上面的判断。像"一切物体有重量"。这类判断给主项增加了新内容,谓项"重量"是通过我的感觉得来,又由我加在"物体"上面的。但是,由于这类判断是通过经验方式,联结主、谓项而扩展判断内容的,所以,它又缺乏分析判断那样的普遍必然性,也不能称为真正的知识。可见,两类判断各有优缺点,都难以满足科学知识条件的要求,这样,就迫使我们另谋出路,寻找第三种可能的判断。

从知识来源上看,知识或者是先天的,或者是经验的(后天的)。先天的知识是在经验前,不依靠经验而独立形成的知识;经验的就是以感觉经验为基础、通过经验归纳而形成的知识。一切分析判断必定是先天的知识,而一切综合判断也必定是经验知识。因而,单独来看,这两类知识,就像两类判断那样,一个可以提供普遍必然性却不能扩充知识内容,一个可以扩充知识内容却无普遍必然性,因此也构不成科学知识。

这样,为了解决科学知识如何可能问题,我们就不得不把上述两种类型的判断和知识结合起来考察,或者是在经验的基础上建立分析判断,或者是在先天条件下建立综合判断。在康德看来,"经验分析判断",不可能建立,因为我们进行分析判断时,思维只要依据矛盾律，将谓项独立出来就能成立，根本不需要经验的帮助。作为分析判断，必定有严格的普遍性和绝对的必然性，必定独立于经验，因而不可能是后天的。这样就剩下唯一一类判断："先天综合判断"，这种判断作为综合判断意味着扩大了对主项知识的范围，作为先天知识则意味着具有普遍必然性。它满足科学知识的两个要求，真正的知识应由这种判断构成。

但是，从常识上看这类判断似乎也不可能，因为既然是综合的就只能求助于经验，不可能是先天的了。康德认为，在我们未作出这个结论之前，不妨从已有的科学事实和作为"理性学问"的形而上学现实来寻找答案。

首先，康德认为纯数学即算术的每一个命题和几何学定理都是先天综合判断。例如 7＋5 ＝ 12。如果靠分析"7"和"5"这两个概念，绝得不出"12"来，只有借助了直观，用 5 个手指或者 5 个点作为单位，逐一相加到"7"上面去，才能得出"12"这个和数。这个命题是由综合完成，而又具有普遍必然性的。几何学中"直线是两点之间最短的线"这个命题也是如此。"直"是一个质的概念，"短"是一个量的概念，显然从"直线"中分析不出"最短"来，可见这也是借助于直观才能综合得出的。

其次，纯科学即物理学的基本原理都是先天综合判断。命题："一切事物的变化都有原因"。"变化"是凭经验得知的，决不能由"原因"这个概念分析得出这个概念来，只有靠综合，才能联结成一个普遍必然性的命题，即具有先天性。

最后，康德认为，"形而上学"虽然还没有像数学和自然科学那样成为科学，但是哲学的主要任务并不在于分析、解释哲学概念，而在于要把不包含在现有概念中的新东西加到现有概念上去，以扩大我们哲学知识的范围。所以他认为虽然哲学不同于数学、自然科学，但它也应包含先天综合知识，它的根本命题也应由先天综合判断构成。如"在事物中的一切实体都是常住不变的"这个命题就是一个综合的、真正的形而上学命题。

由此可见，"先天综合判断"的存在决不容怀疑，一切科学知识事实上正是由它构成的。这样，康德认为，对人类认识能力的考察即对认识论中心问题的回答，就不是先天综合判断是否可能，而是先天综合判断怎样可能？上面提出的问题："一切科学知识是怎样可能的？"就可以换一个说法："构成一切科学知识的先天综合命题是怎样可能的？"

康德提出的"先天综合判断"这个概念包含着他对于人类认识本性的一种新见解。首先，他一反过去认识史上的独断论和怀疑论的错误，提出研究认识的条件，探讨主体在认识中的能动作用，从人类的立场来考察认识论，这为以后认识史发展的研究开辟了一条新路。同时，康德把科学知识的可能条件归结为先天综合判断是怎样可能的？这就清楚表明既不是光凭经验综合，也不是光凭理性分析就能构成科学知识。它一方面继承了一切知识来自感觉经验的经验论原则和只有理性能够把握事物本质的理性论原则，既反对了经验论又反对了唯理论；另一方面康德又把二者结合起来，提出了感性与理性既相区别又相联系的新思想，显示出他与经验论和唯理论的区别，从而推进了哲学。因此，"先天综合判断"绝不是康德心血来潮的产物，而是经验论和唯理论哲学发展到危机条件下，科学和认识发展到一个新的水平要求认识论作出的新的概括和总结。它的提出为扩大经验论和唯理论的理论成果，推动、深化认识论的研究，引导哲学摆脱旧的思维方法的羁绊，为获得真正的科学知识创造了理论前提。

但是，另一方面，康德在寻求这个中心问题的解决时，却声称既不是从主体和对象的关系上，也不是从外部经验方面来找出路，而仅是从主体的先天条件来找答案，这样就完全撇开了认识过程，所以黑格尔嘲笑康德是在下水之前研究游泳术。

然而康德认为,先天综合判断如何可能这个中心问题的解决具有很大意义,因为它和(1)纯数学如何可能、(2)纯自然科学如何可能、(3)"形而上学"作为一种自然倾向如何可能、(4)"形而上学作为科学如何可能"这四个问题的解决相联系着。换句话说,这个中心问题的解决,一方面为数学、自然科学提供了理论基础,从而杜绝了休谟的怀疑论;另一方面从理论上阐明了旧形而上学何以是一门必然出现的假学问,同时又为未来的科学的形而上学指出了方向,奠定了基础。那么,如何解决这个问题便成为批判哲学认识论所最为关心的内容。

康德对这个中心问题的具体回答,是基于这样一个思想:人的认识活动既不像经验论者所说的那样只是消极地连接感觉印象,也不像唯理论者那样,撇开经验,消极地分析概念,而是认识能力(主体)运用先天知识形式能动地综合统一感觉材料,一方面形成具有普遍必然性的科学知识,一方面形成科学知识对象的过程。从这个思想出发,他把人类认识能力(理性)区别为三个环节,它们的活动构成同一认识过程的三个不同阶段:感性、知性和理性。认识论最重要的任务就是要找出这三种不同认识能力本身固有的先天知识形式和知识原理,说明它们的不同功用、起作用的条件和运用的界限,从而确定人类认识能力在什么范围之内可以构成科学的知识,超出了什么范围便会产生假知识、伪科学。

2.感性的理论,数学知识是怎样可能的。

认识开始于感性。康德把感性规定为"通过我们被对象所刺激的方式来接受表象的能力"。① 他认为,当外界的对象刺激我们的感官时,在主体方面接受刺激印象的能力便开始活动,一切对象

---

① ［德］康德:《纯粹理性批判》,蓝公武译,三联书店 1957 年版,第 47 页。

只有通过感性才能被主体接受,对象与主体感受能力处于一种直接的关系中。因此,康德称这种认识是"感性直观"。

"感性直观"包含两个方面,一是提供感觉因素的质料方面,这就是"经验直观"。它是外物作用而产生的那些表象,一切认识的材料就是由这里得来的。"经验直观"满足了数学先天综合判断中综合这个条件。但是,这些"经验直观"得来的感觉材料还仅仅是一些零乱无序的杂多,还不足构成知识。把它们加以整理的便是直观的第二个方面,康德称之为"纯直观",也就是整理质料的形式,这是先天地存在于我们心中的。既然是先天的,它就满足了数学先天综合命题的先天条件方面,从而保证了数学知识的普遍必然性。

康德断言,感性直观的先天形式是空间和时间。数学是与感性直观相关的科学。空间时间是数学对象的本质要素,空间与时间具有的性质直接相关数学基本原理可否能成为先天综合判断。空间、时间的性质显然是一个先决问题。

康德首先提出种种理由,反驳了牛顿关于空间和时间是"实在的东西",即绝对空间与绝对时间的观点和莱布尼茨关于空间时间是"实在事物的关系"的观点。然后就提出了他自己对空间时间所作的形而上学阐明。这种形而上学阐明是阐明了空间与时间的先天直观性质。就空间而言:

第一,空间不是从外部经验得来的经验概念。因为我们为了感觉经验到有些东西在我们之外存在,而把这些被感觉到的东西互相排列,互相靠近,使它们不但彼此不同,而且也彼此处于不同位置,所有这些,都必须是以空间作为前提。所以,只是由于有了空间这个先决条件,才使我们感觉经验到的事物表象为一种外在、并列、靠近的关系成为可能。而不是相反。

第二,空间是必然的先天的表象。因为,我们可以在心中把一切感觉的东西拿掉,这时我们还能够设想出空的空间;但是,当我们设想一个对象时,就必须联想到空间,不可能把对象设想为不在任何空间中存在的东西。因此,空间是先天、必然的表象,是一切外部直观的基础。

第三,空间不是推论得来的概念,而是直观。因为概念是通过共相、间接地和多数个体事物发生关系的,它是先有个别事物然后从一些个别事物的共同属性概括而来。空间则是单一的,它必然是整体先于部分,决定部分,我们所说的许多个别空间不过是指这单一空间的各部分而已。这恰好表明了空间的直观性,因为只有直观这种认识才能表象单个对象。

第四,概念只能包含个体事物于其下,直观则包含部分于整体之中。这就是说,由经验得来的概念都有外延,因而不能包含无限的事物;空间则无外延,它仅是无限大,它的部分不过是无限大的一定限制而已。所以,空间不是概念,而是直观。

康德为了把空间时间作为感性直观形式,来解决数学的"普遍必然性"问题,他又提出了所谓的"先验的阐明"。

"先验的阐明"要解决两个问题:(1)数学的综合命题是从空间时间中得来的;(2)只有从空间、时间是感性直观形式这种解释中,才能得到数学的综合命题。康德认为几何学与算术的命题就说明了空间、时间的这种先验的运用;数学知识之所以可能,是因为数学的判断都是先天综合判断,是有严格的普遍性与必然性的。但是这种普遍必然性不是由于数学中的概念的演绎所产生的,单凭概念的分析是不行的。数学判断不是分析判断,它必须求助于直观。但是,这种直观决不能是个别人从经验中得来的,从外部经验获得的,因为感觉总是杂乱无章,不能保证有普遍性和必然性的。因此,这种直观必定是所谓"纯粹直观"或"先天直观",这种直观不是对数学知识的材料的直观,而是对数学知识形式的直观。

数学知识中的形式是先天的形式，即是数学所依据的先天形式——空间、时间。时间是内感官的一切现象的先天直观形式，空间是外感官的一切现象的先天直观形式，几何学所研究的对象都离不开空间，而与数学命题密切相关的关于对象的"运动"和"变化"的表象，都必然依据于时间，可见数学的先天综合命题只有建立在空间时间这种先天直观形式的基础上，数学科学知识如何可能的问题才能迎刃而解了。

有一点要注意，空间时间作为先天的直观形式，在应用的普遍性方面有所不同。

外部都在空间里面，空间是我们的外感官形式，观察外部现象时我们必定要通过空间，这是一方面；另一方面，在我们意识中的表象不是在空间里面，但必定在时间里，时间是内感官形式。外部现象只要被意识到，它们就成为意识中的表象，从而就必定从属于时间。所以，空间只是外部现象的形式，时间则直接是内部现象、间接是外部现象的形式。

按照康德对空间时间的这种理解，他认为空间时间有经验的实在性。因为空间时间可以作为外在地出现于我们面前的一切现象的规定，使感觉经验具有客观有效性；有了空间时间才有经验产生，所以从经验说来，它们是实在的。但它们没有绝对的实在性。另一方面，空间时间又有先验的观念性，即它们在形成经验之前只是一种观念，是主体的感性能力只是可能经验的可能条件，要加之以感性材料才能形成经验。因此，康德所说的空间时间的经验的实在性与先验的观念性是从不同角度对空间时间的说明。经验的实在性是指空间时间的效用，先验的观念性是指空间时间的根本性质。二者是一回事的两个方面。

因此进一步推论说，由于康德把客观实在性与绝对实在性区别开来，所以，他了解的客观实在性仍然是主观的，仅限于经验范围,超越经验范围而寻求所谓的绝对实在性,那只能是幻象。那么,既然我们的一切经验认识都离不开空间时间,因此,我们所认识的东西必然就只在空间时间内,在它之外就什么也不能认识,我们所能认识的东西就只能是主体范围内的东西,这就是现象(表象),也就是物自身刺激我们之后在空间时间形式的必然条件下的表现。至于空间时间之外的物自身则是我们永远不能认识的。

康德的空间时间学说,对他的批判哲学体系建立是一个关键。正是根据这个学说,首先确立了现象与物自身的划分,解决了表象即认识对象问题。其次,由于康德把时空与其他范畴区分开来,就使得感性的主观形式与知性的主观形式先后建立起来,范畴体系得到了最终完善,完成了批判哲学的体系。再次,批判哲学的革命性变革在于充分发挥人在认识中的主观能动性。空间时间学说使得康德在感性方面断言人的意识不是"白板",尽管感性的功能仅是接受对象,但也是在一定条件下接受,而不是全然被动。从认识一开始就有一整套主观形式起作用,并随着批判体系的展开而愈加突出,这就远远超越了旧唯物主义的直观、被动的消极反映论。这一方面与启蒙运动时期以理性能动性论证科学进步思潮相一致,另一方面又开辟了现代哲学必须深入探讨的一个新的领域。

但是,另一方面,对于康德空间时间学说的先验唯心论性质,我们也必须加以批判。康德关于数学知识不是反映客观世界的空间形式和数量关系,而是以人的感性的直观形式为依据,这种观点显然是错误的。而他由此得出的不可知论结论更是不足取的。我们现今所有的时空观念是在漫长的改造客观世界的历史实践过程中逐渐地产生、形成和发展起来的。时空观念之所以能够在人们实际活动和实际认识中起着那样巨大作用,首先就是因为它们是客观物质事物本身存在的形式,而我们对它们的表象则是对这种物质运动形式的近似正确的反映。

3.知性的理论,自然科学是怎样可能的。

康德把知性看作是认识的第二阶段。认识从感性进到知性是必然的。在知性阶段知性把感性提供的分散而无联系的材料综合统一起来,使之获得知识的意义、成为有意义的思想,从而产生具有普遍性和必然性的科学知识。

康德认为,我们的知识有两个源泉,第一是接受印象的感性,它依赖于外物刺激,所以是被动的。第二是靠自己能动地产生概念以进行思维活动的知性,它是能动的。这两种能力,本质上有别,感性不能思维,其职能在于提供对象,知性不能直观,其职能在于思维对象。两种能力各司其职,无优劣之分,都为认识不可缺少的能力。无感性就没有对象提供给我们,思维就没有了内容;无知性就没有什么来思维所提供的对象,直观就没有了概念,而只是一堆零碎的材料;在任何一种情况下都说不上有什么知识。因此,康德强调说:"思维无内容是空的,直观无概念是盲的。……只有当它们联合起来时才产生知识。"①由此,康德指出过去经验论和唯理论的错误就在于看不见感性与知性两者的差别,他们或者把感性知性化(感性是知性模糊的表象),或者把知性感性化(知性概念仅仅是感性的抽象与整理)。所以他们都不能了解只有感性和知性的联合才能产生知识。应当说,在感性和知性两种认识能力看法上,康德前进了一大步。这个思想既包括了康德对感性经验的唯物主义理解,又突出了思维的能动作用。尽管他并没有真正彻底地解决感性与知性的相互关系。

康德把知性规定为联系到直观以思维对象的能力,"心灵从其自身产生表象的能力,即认识的自发性,应叫作知性。"②因此,知性是一个"自足自存的统一体",它无须外来的附加东西而使自

---

①② [德]康德:《纯粹理性批判》,蓝公武译,三联书店 1957 年版,第 71、70 页。

身有所增添。照这个观点,感性与知性之间并没有一个由此及彼的转化,心灵自身产生出一些范畴,人的认识发挥它的主动性,用这种范畴把感性材料结合起来。因此知性理论的首要任务是发现供知性运用以综合统一直观材料的先天形式,然后再说明这些先天形式如何实现质料与形式的结合,构成具有普遍必然性的科学知识的。

康德以形式逻辑为依据,把他的"先验逻辑"分为两大部分。第一部分,他称之为"先验分析论",亦称"真理逻辑",回答一切科学知识怎样可能的问题,也就是寻求对象与认识一致,达到真理的知识。第二部分,他称之为"先验辩证论",亦称"幻象逻辑",回答一切先验幻象产生的缘由,也就是揭露一切旧形而上学的谬误,以假充真,因此不能提供形而上学的科学知识。前者,实际上是人们通常说的关于知性的理论;后者,则是通常说的关于理性的理论。

与形式逻辑中的概念、判断相对应,康德又把"先验分析"分为"概念分析"和"原理分析",至于与形式逻辑的推理相应的则是先验辩证论。

"概念分析",就是人们通常所说的关于范畴的学说。康德又把它分为两部分。第一部分,他称之为范畴的"形而上学演绎",说明范畴的先天起源和建立范畴体系的原则依据。第二部分他称之为范畴的"先验演绎",全面论述了范畴使用的客观有效性。

范畴的形而上学演绎,即范畴的先天起源和康德的范畴体系。康德认为,范畴不必像时空那样需要去阐明它们的先天性质,因为范畴既然是概念,就已表明属于知性,是人类知性先天的概念,属于先天的形式,范畴就是来自知性。从知性思维活动的最简单、最常见的表现中就可以寻找到知性之最基本的形式即范畴。而知性思维的最基本活动是对一个对象下判断,因此在判断的分类中就不难发现知性的先天概念的分类。康德提出了如下一个判断表：

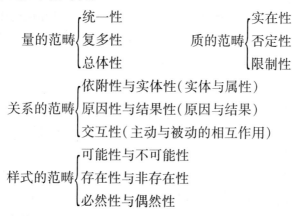

量的判断 { 全称的 / 特称的 / 单称的

质的判断 { 肯定的 / 否定的 / 无限的

关系的判断 { 直言的 / 假言的 / 选言的

样式的判断 { 或然的 / 实然的 / 必然的

康德认为，每一种判断形式所以可能，是由于有范畴做它的基础。判断本质上便是使表象杂多产生统一性的一种知性主动作用，而通过各种判断形式展现出来起着综合统一的功能的便是"知性纯粹概念"。"知性纯粹概念"是各种逻辑判断的前提和基础，是使这些判断所以进行的条件。这样，我们就完全可以利用形式逻辑中的判断分类来得出范畴的数目和体系，即由上述判断表引申出如下范畴表：

量的范畴 { 统一性 / 复多性 / 总体性

质的范畴 { 实在性 / 否定性 / 限制性

关系的范畴 { 依附性与实体性（实体与属性） / 原因性与结果性（原因与结果） / 交互性（主动与被动的相互作用）

样式的范畴 { 可能性与不可能性 / 存在性与非存在性 / 必然性与偶然性

康德是继亚里士多德之后，在西方哲学史上建立起完整的范畴体系的哲学家。虽然，他把范畴看作是来源于知性的自发活动，是如同时空一样的纯粹先天主观形式，使其范畴理论带有强烈先验唯心主义色彩。但他提出的范畴表和范畴相互关系的见解却是近代哲学史上一件大事。首先,他第一个试图从判断表推出范畴体系,这就使人们注意到了逻辑和认识论的内在联系。其次,他力图指出范畴是一个有机体系,范畴之间有某种从属关系。康德把12范畴分成4组,每组都由3个组成,这就突破了形式逻辑惯用的非此即彼的两分法的框框,建立起了正、反、合的三分法的辩证推演关系。而且康德已经指出,在前两组里范畴的关系是过渡性的,而在后两组里则是"相依性"和"对立性"的。这些合理思想都为黑格尔的范畴推演准备了必要条件,实际上开创了德国古典唯心主义对概念的本性进行系统研究的先河。

但是,康德的注意力并不在范畴的辩证关系上,而是在范畴对构成具有客观有效性的科学知识的作用上。范畴怎样和空间时间所提供的感性杂多(质料)结合起来,从而构成自然科学的先天综合判断的呢? 这就是康德在范畴的"先验演绎"中所要解决的问题。

"演绎"一词,原是法律上的用语,本意是证明某种权利的合法性,康德借用过来,"说明概念因之而能先天地与对象相关的这种方式",就叫它是"先验演绎"①。

康德把它的演绎分为两部分,第一部分是主观演绎,"是研究知性本身,它的可能性,以及所依据的认识能力,所以它所讨论的是主观方面"。第二部分是客观演绎,"是与知性的对象相关,并且力图说明知性先天概念的客观有效性"。康德认为,这是演绎的"根本目的所在"。②

主观演绎,实质上就是确定构成知识和对象的主体条件,充分展示主体的自发能动作用。于是他把主体的综合功能放在首要地位,综合就是主体连接各杂多表象的作用,杂多表象的综合,是知

---

① ② [德]康德:《纯粹理性批判》,蓝公武译,三联书店1957年版,第93、5页。

识产生的首要条件,要"决定知识的最初起源,首先就必须注意综合"。①

康德认为,在一切经验知识中,所见到的自发性的综合有三种,即直观中把握的综合、想象力中再生的综合以及概念中认知的综合。这就是知识的三种源泉,由之而"使知性本身成为可能以及使一切经验成为可能"。②

(1)直观中把握的综合。因为由感性直观得来的表象是孤立零乱的,瞬刻即逝的,因此这些表象要为我们的感知所把握,形成对它们的意识,就不能不把这些表象在时间中将它们进行安排。所以"一切表象必须在时间中整理、连接,并且使得彼此成立相互关系"。③这种在时间中将各种杂多表象综合统一的活动,便是直观中把握的综合。

(2)想象力中再生的综合。单是在时间里把杂多表象加以区别和连接为一个整体的意识,这还不够,因为很明显,如果我在想到 B 这个感觉因素时,A 这个在前的感觉因素已经在意识中消失,那就不可能有综合统一的意识,所以在想到后一个感觉因素时,必须同时能再现在前的那些感觉因素,从而形成统一的意识,这就是想象力中再生的综合。

(3)概念中认知的综合。单有表象杂多的再现还不能构成知识。因为怎样能保证再现的东西和原来意识到的东西是同一的呢?这正是概念的作用。有了概念的统一意识的作用,我们才把这些杂多表象看作是在对象中必然统一的东西。而概念的这种必然的综合统一,必须依据于主体自我意识(即统觉)的同一。

---

① ② ③ 〔德〕康德:《纯粹理性批判》,蓝公武译,三联书店 1957 年版,第 85、121、122 页。

照康德的说法,统觉有经验的和先验的之分。经验统觉,就是内知觉,也即各种内部意识情状。它是变化不定的。因此,很显然,能觉察着这些内部情状的变化,就必然还有一个不变的自我存在,才能意识到我自己的各种经验意识,康德把这个原始的、不变的自我意识就叫作先验统觉。

这种先验统觉有双重功能,一个功能是把杂多表象统一在一个意识里,构成了认识的主观方面,使得我们有了统一的认识;另一功能是构成对象的统一,因而使得直观有了对象。因此,统觉的意识同一性,就构成对象的统一性,没有统觉的原始的必然的意识同一,当然不可能有对象的统一;然而,要是没有对象的统一,也不可能意识到自我的同一。所以康德说:统觉的综合统一,"不仅是我们自己在认识对象时所必须的条件,而且是一切直观成为我们对象时,必须从属的条件"。①

客观演绎。如果说,主观演绎是从主体认识条件来说明认识对象怎样形成的问题,那么客观演绎便是怎样使这个主观的对象的知识具有客观有效的问题。这就是知性纯概念、范畴的功能。

在主观演绎中,概念认知的综合所完成的还只是经验的综合,经验的综合如果没有先天条件作为依据,就只能是偶然性的知识,而不可能具有普遍必然性,这个普遍必然性的条件就是先天知性纯形式的范畴。康德说:"要是经验概念不能建立在一个统一的先验根据之上,那么,依据这些经验概念的综合统一,就完全是偶然的,因为如果没有这种先验的根据,那就可能出现各种现象涌向心头,而又决不让它成为经验的事情发生,因为缺乏了依据普遍必然性的规律的联结,于是没有知识和对象的关系全部消失了。现象固然可以构成没有思维的直观,然而决不是知识,因而对我们也

---

① 　[德]康德:《纯粹理性批判》,蓝公武译,三联书店1957年版,第103页。

就毫无用处。"①

范畴怎样有可能来行使自己的功能呢? 康德认为,范畴的可能性就在于它的必然性是建立在全部感性现象和统觉的关系上。就是说,范畴自身不过是思维条件,也就是统觉的综合统一的方式;而统觉的综合统一,实际上就是对现象即感性杂多的综合统一。因此范畴的效准自然必须以感性杂多对统觉的关系为依据,否则这些范畴就是空洞无物。另一方面,感性杂多又必须与自我意识的综合统一条件符合,因为这些杂多之所以能够成统一的单一意识,正是知性的综合功能,而知性的综合统一的方式恰好就是先天知性纯概念,也就是综合统一的形式条件,所以正是范畴为知识的构成提供了必然性。

这样,作为经验概念的先天条件的范畴,在形成经验对象和对象经验的关系上,就不单是一种规则的作用,而且是以其先天性起着规律的作用。因此,范畴既是构建经验对象的必然条件,从而使得经验对象具有普遍的有效性;同时又是对象经验知识的必然条件,从而使对象经验知识具有客观有效性。所以,范畴既是"可能经验的先天条件,同时又是经验的对象所以可能的条件"。②可见经验对象和对象经验都是在范畴这个先天条件下统一起来的。这样就达到对象和认识的一致,即得到真理性的知识。

范畴演绎的最高点,就是人为自然立法。因为自然就是现象的总和,范畴就是对于现象以及对于一切现象总和的自然规定的规律,因为我们所说的认识对象不是物自体,而是存在于我们主体之内的现象,因此所有这些对象都必须完全统一于统觉,而统觉的统一正是借助于范畴才使表象杂多具有先天的规律,所以,人为自然立法,实质就是人以范畴作为规律去规定作为现象总和的自然。

---

①② [德]康德:《纯粹理性批判》,蓝公武译,三联书店 1957 年版,第 128 页。

康德说:"我们对于范畴演绎所要求证明的就全在这里了,因为这就使得人们了解到了知性和感性的关系,以及通过感性而与经验的一切对象的关系。先天的纯粹概念的客观有效性由之而一目了然,它们的起源和真理都因之而被决定。"①

但是,范畴是"先验的""知性纯粹概念",不同于一般概念。一般概念从经验中抽象而来,与直观有直接联系,而范畴则是先天的,它不是从经验中提升出来,与经验毫无关系,那范畴又如何可以运用到感性直观上面,而实现感性与知性的结合的呢?

康德认为,过渡的困难在于感性直观的对象与知性范畴不是同质的,直观没有连接作用,范畴则不能直观,因此必须在范畴和直观之间寻找一个第三者,由它将范畴与直观结合起来。这找到了的中间环节便是作为"图型"的时间。因为,一方面时间和直观有关,它是内直观的形式,一切事物必须是在时间中才能为我们所感知;另一方面,时间与知性相关,它作为内感官形式,不同于外感形式的空间,和范畴的根源统觉有密切关系,自我意识必须通过时间意识来呈现。这样,时间便成为沟通直观与范畴的桥梁,或现象包摄在范畴之下的媒介。这种桥梁与媒介作用,简单地说来,就是当范畴应用于具体直观时,范畴应先成为一定的时间图型,这样就可以和直观相关。于是,量的图型是时间系列,质的图型是时间内容,关系的图型是时间秩序,样式的图型是时间的范围。

康德的"图型论",无非是要说明认识中从感性到理性的过渡,说明一般和个别的关系,说明最普遍的东西必须为具体的东西所限制。所有这一些不过是批判哲学所一贯强调的感性和知性必须结合才有经验知识这一思想的再现。它的特殊意义在于,康德第一次具体去解决感性到知性的过渡问题,提出了二者

————————

① ［德］康德:《纯粹理性批判》,蓝公武译,三联书店1957年版,第137页。

之间有一个中间环节,从而填补了这方面的空白,促进了人类认识的发展。

康德对认识过程的研究已经说明了知性范畴的客观运用,并说明了范畴通过图型如何使这种运用实现出来,他进而提出了纯粹知性的原理,即知性在对经验进行综合时采取的普遍命题,知性就是使用这些原理来联结直观,构成一定的认识与对象的关系,成立经验知识的。这个步骤实际上是更具体地说明了范畴在经验中的综合作用。

康德提出的普遍原理表如下:

Ⅰ 直观的公理

Ⅱ 知觉的预感　　　　　　　　Ⅲ 经验的类比

Ⅳ 一般经验思维的准则

康德称之为"纯粹形而下的自然科学普遍原理",实质上就是构成科学知识的四条原则,就是说,一切自然科学知识,最终都必须以这几条原则为依据才能形成具体的自然科学知识,也就是构成了自然科学知识的先天综合命题。

在第三条原理即"经验的类比"中,康德着重阐明了他的因果性原理。

因果性原理在康德的先验哲学中占有突出的地位,康德说:原因对结果的关系,"乃是经验的条件,所以,在现象的继续里面的一切因果关系的原理,也是对于一切(在继续条件之下的)经验对象有效的,由于它本身乃是这种经验的可能性的基础"。①

所谓经验知识,就是科学知识,在康德看来这种知识的可能条件,归根到底是以因果性作为依据的。因此,这条原理是回答自然科学知识怎样可能的核心。

_____

① 参见[德]康德:《纯粹理性批判》,蓝公武译,三联书店1957年版,第182页。

康德对这条原理的证明如下：

先从人们的感性经验认识谈起，康德提出我们对杂多现象的感知，总是一个跟随着一个，就是说，总是前后相继的。但是这些知觉之间的连接靠什么来进行？不能靠感性直观，因为感性直观是被动的、它只是接受表象的能力而无创造连接的能力。因此，这种连接只有靠想象力来完成。但是，想象力的连接不外是从 A 到 B，或者从 B 到 A，这两种方式都是一样，完全是主观随意的。因此现象的彼此相随的客观关系不能通过这种方式来完成。

怎样才能找到现象之间的客观的相继关系呢？

康德认为，关键在于对客观性的理解。要理解现象的客观的相继关系，就得要理解对象是否有前后相继的关系。因此，问题就在于对象指何而言。

如果对象是物自体，那么我们实际上不能知道物自体是否连接的，因为我们所能认识的只是现象即表象，因此，我们决不能从表象的相继中来规定物自体。换句话说，物自体不是我们认识的对象。

什么是认识的对象呢？康德说："对象就是在现象中，包含有对感知把握的这种必然规则的条件的那个东西"。①　就是说，对象也是现象，它不同于其他的表象，因为这些表象在感知的综合把握中的连接是服从于一定的规则的，所以，对象是按一定的规则必然连接起来的一些表象。

这个连接的规则就是概念，譬如，我们将广延、形状、不可入性、重量等这些表象结合在物体这一概念里，于是这些表象便形成一种必然的连接统一，从而，也就得到物体这一认识对象，并且和主观的其他表象区分开来。

———————————

①　[德]康德：《纯粹理性批判》，蓝公武译，三联书店1957年版，第176页。

既然我们有了区别主观表象和客观认识对象的依据，那么我们同样也可以把表象之间的主观任意的相继关系和表象之间的客观必然相继区别开来，问题就在于是否服从一定的规则。

康德列举两个例子以示这种区别。

首先，拿我们对房子的感知来说，各种表象之间的相继关系，可以是先是屋顶，而后是地板，但也可以颠倒过来，先是地板而后是屋顶，这两种相继关系的连接都是任意的，就是说，是主观的，没有任何规则。

再者我们对顺流而下的船的感知，我们就不能由主观随意来连接各表象，而是必须先有船在上游的知觉，而后是船在下游部位的知觉，决不可能颠倒过来，这意味着服从一定的规则，因而这种前后相继的关系就是客观必然的。

这种前后相继的不变秩序，显然就是时间的必然相继，因为时间作为内感官的形式，首先使感性表象得到综合，从而出现前后相继的秩序，因此发生的事件都是在时间中；可是时间自身并不能规定事件的秩序，因为我们并不能感知一般的时间，我们所感知的只是处于一定时间点的现象，所以现象虽然都在时间中，却不能由此而推论出某一现象必须在某一时间点上，然后有继之而起的现象发生，因此想象 B 现象一定随 A 现象而发生，这种必然性就不能不借助一定的先天形式，这就是范畴，正是由于范畴作为先天的规律规定了两现象之间在时间里的必然性，这样我们才把在前出现的现象 A，称为原因，把继之而起的 B 现象看作结果，从而构成了经验知识。为了更容易明了起见，康德举了下列的例子：我们把"太阳晒石头"这一知觉表象作为前件；然而把"石头热了"这一知觉表象作为后件，通过先天知性概念因果性把二者连接在一起，于是得出一种普遍必然的知识："太阳晒热了石头"。由此可见，一个事件不变地必然跟随着另一事件的规则，即先天知性概念——

因果性原理是我们"可能经验的基础",也是客观知识的基础。

由上述知性原理,最终完成了知性理论,回答了先天综合判断如何可能这个认识论中心问题。但是,康德的知性范畴理论同样是与他的哲学不可知论相联系着的。他认为,我们在使用范畴时,仅限于联结表象,也就是现象,决不可能把范畴应用到物自体上去。物自体不是我们可以经验到的对象。

可以看出,康德在知性理论中,不仅系统建立了范畴学说,而且在阐明范畴构成科学体系时也充分地论述了人的意识在认识中的能动作用,认识的对象和对象的认识都是人的意识活动的结果。作为认识主体的人与自然界的关系,不是学生对教师的关系,而是法官与被告的关系。理性向自然提出问题,迫使自然作出回答,它成了整个现象界的真正主宰。康德的知性范畴理论是资产阶级推崇理性,提高人的地位,扩展人的能力的启蒙思想的进一步深化和理论化。

但是,也必须看到,康德的知性范畴理论又是他的先验唯心论的进一步继续和全面发挥。

4.理性的理论,形而上学究竟是可能的吗?

康德认为,理性是人类认识的最高能力。康德所谓理性,是指人心中要求把知性所得的各种知识、规则定律等等,再加以"综合统一",把它们概括为最高最完整的系统知识,以达到把握无条件的绝对知识的能力。他认为,感性和知性所认识的只是现象世界中的东西,都是有条件的、相对的、不完整的;而人的理性却不满足于认识这样的"对象",而有一种不可避免的自然倾向,要求认识无条件的、绝对的、完整的统一体,也就是认识现象界之外的"本体界",即"物自体"世界,这就是理性为自己提出的任务。可见,理性不同于知性。知性的对象是感性经验,而感性经验是有条件、有限制的;理性只与知性相关,与感性材料无丝毫直接关系,它不对感性材料进行直接的概括。也正因为如此,理性才不受感性经验的限制,而要求绝对完整的认识,于是便超越了经验认识的范围。但是,理性作为最高的概括能力,一样有其作用。康德说:"尽管经验的绝对整体是不可能的,但是根据一般原则得来的知识,这种知识的一个整体的理念是唯一能够给予这种知识一种特殊种类的统一性,即一个体系的统一性的;没有这种统一性,我们的知识就是支离破碎的"。①

由此可以用一句话概括康德关于认识过程的思想:感性提供材料,知性进行加工,并把它放到"最高统一之下",即由理性最后概括而为系统完整的知识。

理性所要达到的最高统一体就是理性的理念,发展理念并建立理念体系的工作要由理性自身完成。

康德认为,理性和知性一样,属于人的自发的思维能力,二者是同一个认识源泉,同样具有能动的作用。因此,理性和知性一样,具有两方面的应用,一是逻辑运用,一是实际应用。理性的逻辑运用,就是进行间接推理,正如知性产生判断一样;理性的实际运用,就是产生理念和原理,正如知性产生范畴一样。因而,正如每种形式逻辑的判断蕴涵着一个纯粹知性概念一样,形式逻辑的每种三段论(推理)便蕴涵着一个纯粹理性理念。相应于直言推理,由内经验最后追溯到一个自身不是宾词的主词,即灵魂;相应于假言推理,由外经验最后追溯到一个不再以任何事物作为条件的前提,即世界;相应于选言推理,从经验系列的统一最后追溯到一个自身不再是部分的绝对总体,即上帝。由这三种结果构成理念的体系,即(1)一切精神现象的最高的最完整的统一体"灵魂";

---

① [德]康德:《任何一种能够作为科学出现的未来形而上学导论》,庞景仁译,商务印书馆 1978 年版,第 137 页。

（2）一切物理现象最高最完整的统一体"世界"；（3）以上两者的统一"上帝"。这三个理念就是理性所要达到的无条件绝对完整的知识。哲学或形而上学的任务就在于证明这些理念的本质，从而论证形而上学的可能性。

康德认为，如果理性仅仅把理念作为"综合统一"知性知识的指导原则，那是很有必要的，也是很有益的，因为这样可以推动知性在各现象领域中的"综合统一"活动，使现象界的知识不断扩大，向着经验无从达到的理念永远继续前进，并因此保持最大的统一和成为有根据的最高最完整的知识系统。然而，理性由于其自然倾向，却要去追问认识这些"理念"的可能性，即要求把握经验背后的绝对无条件的"物自体"。因而不免产生"幻相"，即把主观思维中追求的东西，看作客观实在的东西，以为有现实的对象作为与理念相一致符合的东西。这就是"先验幻相"。这种"先验幻相"不是逻辑错误，逻辑错误一经发现便可避免或纠正；也不是由于感官影响我们的知性，发生判断错误的"经验幻相"；它是理性的，又是知性本身超经验使用的结果。由于理性追求的绝对无条件东西不在现象世界之中，因而知性"超验使用"是不可避免的，"幻相"产生也是必然的。"先验幻相"产生原因还在于：理性要求把握"物自体"，它本身又没有别的认识工具，于是就不可避免地仍然要用知性的那些只适用于现象而不适用物自体的范畴当作自己的认识工具，因此，当理性把知性范畴推广到经验范围之外，去规定绝对的，无条件的东西的时候，便产生理性的辩证法（错误的推理）。

康德在这里的任务是全面批判旧形而上学（特别是莱布尼茨—沃尔夫"形而上学"体系），证明旧形而上学抛开经验，只从抽象的概念出发，应用抽象的逻辑方法进行分析和推理，对"灵魂""世界"和"上帝"所作出的一切似是而非的理论论证，都是一些毫无根据、自欺欺人的"伪科学"。

"形而上学"的"理性心理学"的研究对象是"灵魂",主要目的是证明灵魂不朽。这种证明的全部推理以灵魂是一个实体为基础,而实体则被定义为"一个只能作为主体而不能作为属性的东西"。由此形成以下推理:

"只能作为主体而被思维的东西必须存在为主体,因而就是实体。

一个思维的存在者从它的本性来看,只有作为主体才是能被思维的。

所以,一个思维者只能作为主体,即作为实体而存在"。①

康德指出,上述推理是一个"谬误推理",由于大、小前提中的中词含义不同,所以这个三段论犯了"四名词"错误。大前提中"作为主体而被思维的东西"存在为主体,并为实体,指的是存在着的实在实体;小前提中的"主体"是逻辑的主体,即自我,为康德所理解的"统觉",它以范畴为工具,综合杂多形成现象界,不是本体论意义上的实体。理性心理学关于灵魂的其他推理也都犯了同样性质的错误。

进一步说,旧形而上学之产生上述谬误推理,是因为他们把说明现象的实体范畴错误地用来说明灵魂理念。这种谬误的推理一点也不给我们提供任何有关灵魂自身的知识内容,它决不可能像在现象界那样,认识了实体,同时也认识了它的许多属性,而我们说灵魂是单一的实体却仅限于一个空疏的概念而已,并不能得到关于灵魂实体的属性的知识。总之,我们不可能有关于灵魂的我自体认识,从理论来证明灵魂不死是有害无益的。只有在"实践"上,出于道德的需要,可以假设"灵魂不死"。

---

① ［德］康德:《纯粹理性批判》,蓝公武译,三联书店1957年版,第275页。

　　"形而上学"的"理性宇宙论"的"对象"是"世界",其主要目的是得到关于作为绝对完整体的宇宙或世界的绝对知识。旧形而上学在世界理念上所做的推理,凡一方用"知性"范畴对"世界"所作的看起来似乎十分有力的论证和规定,都会遭到来自另一方看起来也同样十分有力的反驳。这种理性的辩证法,康德称作"二律背反",意思是说:具有同等理由而能成立的相互冲突的命题。康德举出了四个"二律背反":

　　(一)正题——世界在时间空间上是有限的。

　　　　反题——世界在时间空间上是无限的。

　　(二)正题——世界上的一切都是由单一的东西构成的。

　　　　反题——没有单一的东西,一切都是复合的。

　　(三)正题——世界上有出自自由的原因。

　　　　反题——没有自由,一切都是自然。

　　(四)正题——在世界因的系列里有某种必然的存在体。

　　　　反题——世界上不存在一个绝对的必然存在者,一切都是偶然的。

　　康德用形式逻辑的"归谬法",论证了四个论题无论正题还是反题同样可以成立。现以第一组"二律背反"为例。

　　正题:世界在时间上有开端。

　　证明:假如世界在时间上无开端,那么,在任何一所予的时间点上,就有一个永恒的无限时间系列过去了。可是,一个系列的无限性就在于它永远不能通过继续的综合来完成。因此已经完成的无限时间系列是不可能的。所以,世界在时间上是有开端的,是有限的。

　　反题:世界在时间上无开端。

　　证明:假如世界在时间上有开端,那么,就一定有一个时间,在那时世界还不存在,即有空的时间。但是在空的时间里,没有什么事物能发生,因为空的时间的任何一部分本身都不具有任何"存在"而非"不存在"的条件,把它与其他部分区别开来,不管我们是假定事物是由自身发生还是由某种其他原因发生,情况都是如此。在世界中,虽然许多事物系列可能有开端,但世界本身不能有开端。所以,世界是无限的。

康德认为,正反双方,观点针锋相对,但却各持之有故,言之成理,在逻辑上可以站住脚,谁也反驳不了谁。而且在上述问题上,又因为它们是不可能经验的对象,而不可能由经验证实谁是谁非。理性在这里必然陷入"二律背反"即自相矛盾中。康德并没有仅停止在这一点上,他又进一步提出了自己的解决办法。

在康德看来,四个"二律背反"代表着哲学史上已存在的两条路线,即正题所代表的"柏拉图路线",表现为莱布尼茨—沃尔夫派的唯心主义唯理论的"理性宇宙论"观点,和反题所代表的"伊壁鸠鲁路线",表现为17、18世纪的机械唯物论的世界观观点。康德首先同情正题的主张认为它有一定的"实践"上的好处,便于作为道德和宗教的支柱。而反题的主张,则有利于自然科学的发展,具有一定的"理论认识"的好处。因此,批判哲学要扬其所长,避其所"短",找到它们之陷入"二律背反"的原因。康德认为,双方之陷入矛盾的关键在于它们的出发点错了,他们不了解"现象"与"物自体"的区别,不知道现象的主观性和"物自体"的不可知性,因此超验地使用范畴于不可知的"物自体"之上。就第一、第二个二律背反来看,照康德的看法,世界作为现象依赖于认识主体的"综合统一"活动,而这种活动是可以不定地继续下去,因而世界既非有限也非无限,而是无穷地递进;但世界作为物自体是有限还是无限,则是不可知的。因此,这两组"二律背反"双方都是错误的。就第三、第四两组"二律背反"来说,却可以从"现象世界"和"物自体"世界两个层次上说明,只要运用恰当,正反双方都正确。

也就是说，就世界作为现象从属于因果必然性范畴说，一切都从属于因果必然性的制约，根本不存在自由，但就"物自体"世界说，理性出于道德和神学的需要，可以假设自由、上帝的存在。

我们看到，虽然康德关于四组二律背反的证明和由此而得出的结论是不可取的。但是，这部分内容仍属康德理性学说中最精彩、最重要的部分，因为正是对四组二律背反的论述，充分表达了康德对理性辩证法的论述，说明了我们的认识从认识现象到认识本质，从认识相对到认识绝对，从认识局部到认识全体，在一定程度上就要必然发生矛盾，而这正是人的思维的本性，从而有力打击了17、18世纪占统治地位的"非此即彼"的形而上学思维方式，为以后德国唯心主义辩证法的发展展现了新的前景。

"形而上学"的"理性神学"的对象是上帝，主要目的是证明上帝存在。康德认为上帝这个理念只是纯粹理性的"理想"，要用纯粹理性来论证上帝的存在是不可能的。哲学上关于上帝存在的三种论证，即本体论的论证，宇宙论的证明和目的论的论证，可以归为本体论的论证一个，因此，驳倒了本体论证明便驳倒了其他一切证明。

本体论证明是从上帝概念推出上帝的存在。康德认为这是不可能的。因为，这种证明是建立在把概念和存在的属性混同起来的基础上。"存在"这个知性范畴也只适用于规定"现象世界"中的事物。不能规定根本不出现在时空中的"上帝"。一个事物的存在与一个事物的概念是两回事，不能从某个事物概念中推出某个事物存在，正像不能从一个人头脑中有一百元钱，就推断这个人口袋里实际存在一百元钱。因此，关于上帝的理论证明是不可能的，上帝存在与否在理论上是无法解决的。

所以，上帝的理念只是一种"理想"。它只是为推论出事物的实在性，为了经验，为了理解经验的连续，经验的秩序和经验的统一性而设想出来的。应肯定康德对上帝存在的证明的批判和上帝理念是一种理想的观点，是一种启蒙主义性质的思想。它反对了神学，旧形而上学。但康德并不真正否定了上帝，他只是否定作为"物自体"的上帝的不可知，而把上帝放逐到道德领域。

康德试图用先验唯心论解决形而上学可能与否问题，并基于理性辩证法回答了这一问题。按康德的说法，形而上学既可能又不可能，说它可能，是因为人类理性本性的要求，人类理性很早就产生了形而上学，要求解决对事物最后根据的认识，因此，作为一个事实看，形而上学实际已经存在。说它不可能，是因为理性辩证法已说明作为形而上学对象的灵魂、世界和上帝都不可认识，形而上学关于这些内容的论证都是虚妄的，因而不可能提供出关于这类知识的先天综合判断。所以，作为一种科学知识的形而上学是不可能的。旧形而上学之失败的原因，就在这里。但是，康德仍相信科学的形而上学存在，而他的批判只是这个未来的科学形而上学的导论，通过这个导论使人们了解先天概念的全部内容，了解先天知识如何可能，从而放弃旧形而上学那种使人迷失方向、徒劳无益的工作，转到一个确有把握的工作上来。这个确有把握的工作就是未来出现的科学的形而上学。我们现在的工作就是为这现在未出现将来一定会出现的哲学作先导工作。这就是康德对科学的形而上学如何可能的回答。

总之，在理性学说中，康德系统地批判了旧形而上学，深刻地揭露它们不是真正的科学知识，虽然康德断言自然科学永远不能揭露事物内在的本质的观点是错误的不可知论的观点，但是，当他慷慨陈词声称决不能用任何非物质性的存在体来作为自然科学的根据时，他的看法却是无可争辩的，这种观点使我们认识到康德哲学中十分宝贵的启蒙主义精神，只有把握了这种二重性，才能对康德哲学作出符合历史发展的评价。因此，当康德把灵魂不死、上帝看作物自体,并认为它们不可知时,他的观点是正确的。

总的说来,"纯粹理性批判"是批判哲学的奠基石,它不仅充分地表达了先验唯心主义的认识论,而且也为批判哲学的道德学说开辟了道路。上帝、自由、灵魂不死不是认识的对象,否弃了旧形而上学,就为理性活动的另一范围提供了可能性。这一范围便是实践理性活动的范围,解决人类立法的另一目标,为自由立法,为人立法。

（三）批判时期的道德哲学思想

康德把理性分为理论理性和实践理性,这是人的先验的两种能力,即认识能力和意志能力。实践理性就是指行为的规范,它的对象是"至善",探求和实现人的意志自由所需要的东西。在康德看来,实践理性和理论理性,都是同一个"纯粹理性",是这个"纯粹理性"的两个方面,它们都追求一种不能在经验范围内发现的超验的无条件的东西,在理性中存在着的普遍必然的先验法则,它们二者在本质上是共同的。但是在应用上,实践理性和理论理性又有所区别,后者揭示一切事物必然发生的规律,寻求知识的普遍必然的客观有效性,要求与主观经验区别开;前者揭示应该发生的规律,只服从于由理性赋予自身的普遍的必然法则,追求具有普遍有效的客观道德法则,要求与任何主观准则区分开来。因此,理论理性必然与经验相关,是一种与经验相关的主体,它从感性出发,经过概念,最后终止在原理上,为自然立法;实践理性则不受经验制约,是一种超验的主体,它从原理出发,到概念,又从概念到感性,为自由立法。然而,两种理性虽不可混淆,但毕竟又是一个完全的统一体。两者的统一可能在于必须把其中一个放在优先地位,由它支配另一个。居优先地位的是实践理性,所以,本体统一现象,现象归属本体,认识世界从属于意志世界,自然界因为道德界才具有意义。

康德道德哲学的出发点仍然是当时普遍流行的人性二重论。他认为,人作为一个存在者,既有感性的活动,又有理性的活动。感性的活动使得人必须受外物的支配,因此,在这方面他和自然现象中其他事物一样,服从必然规律,属于现象界的一个组成部分。但是,人又是具有理性的,它的行动又受意志所支配而可以摆脱外物的影响,它自身就是主宰自己的力量。所以,人又是绝对意志自由的。它根据理性自身颁布的道德法则对自己发布命令而行动。因此,作为实践理性,在它的运用中,首先是为人类的意志颁布先天的"道德实践规律"。照康德看来,人类的全部道德观念和道德行为规范或行为准则都来源于先天的道德律,只有懂得了先天的道德律才能正确地下道德判断和防止道德腐化。因此,康德道德哲学首要的任务,就是要发现和判定道德律。换言之,康德道德哲学不同于一般伦理学说,它是要从我们理性的本性中去寻求道德实践原则的先天依据,阐明人怎样为自己立法,从服从必然王国的他律而进入到尊重自由王国的自律的。因此,他把他所建立的道德理论称作道德形而上学。

康德认为,道德律应当同自然律一样具有普遍适用性,它决不能是经验的原则,而是一种先验的原则,它至高无上,为一切有理性的人所遵循,并且不是在某些情况下,而是在任何情况下为有理性的人所遵循。

另一方面,道德律又区别于自然律,它不是从经验中引申出来的,它蕴含在人的理性之中,不受任何经验的制约。有理性的人不像自然物那样完全按照自然律自发地、必然地、实际上如此地发生和进行。他有意志,由此决定了他既可以按理性的原则行动,又可以不遵从理性的原则去行动。因此,意志在决定人的道德行为时,必须是按照一定的规律规定人的行为,即人的一切都是来自对规律的尊重,没有什么东西来自爱好,行为才是符合道德律的。由于这个原因,道德律作为理性所规定的适用一切有理性者的行为原则,其不同于自然律之处在于:它必须具有"应当"的特征,是一种指示意志"应当"如何行动的原则,换句话说,它必须采取"命令"形式,是对意志宣示的一道"命令"。

康德指出,道德法则,对人之示的"命令"是一种"绝对命令"(即"定言命令")。所谓"绝对命令"就是任何人都普遍具有的一种无条件的、必然的、先验的指挥行为的力量,它不受任何经验、情感欲望、利害关系、效果有无等条件的限制,是以其自身为根据而成立的。"绝对命令"不同于以个人利益和幸福为基础的有条件的、相对的"假言命令"。"假言命令"是由人主观决定的,它把道德当作满足个人利益与欲望的手段,计较行为的效果。这种道德原则没有普遍有效性,因而人们可以不服从。而"绝对命令"是一种强制的客观力量,它要求必须无条件服从。"绝对命令"之所以具有这种力量,是因为它不是来自经验,而是来自纯粹理性,为每个有理性的人所必须遵循的。因此,只有从"绝对命令"出发的行为,才是道德行为,"绝对命令"是道德的最高原则。人应该按照"绝对命令"行动,应该为义务本身而尽义务,不掺杂任何欲望,不为任何情感或快感所左右,不考虑任何效果。

可见,在康德那里,人们行为的善恶、道德与否,只能从行为的动机本身来评价。道德动机决不掺杂任何情感上的好恶、趋利避害的因素,以及对行为效果的任何考虑。这种道德动机即所谓"善良意志"。"善良意志"之所以善良,只在于"善意"本身,不在于它的功用。这种"善良意志"纵然毫无成就,它还是像宝珠似的,会自己发光,还是自身具有全部价值的东西。它的有用或是无结果,对于这个价值既不增加分毫,也不减少分毫。由此可见,康德把道德基础从经验的外在的对象(物)转移到先验的主体(人)的意志中来,认为只要靠一个善良的动机,不管效果如何,行为都是道德的。

"善良意志"又是与"责任"观念相联系。责任是"善良意志"的体现,它是道德法则对我们的行为提出的要求,即执行"实践理性"先验地规定出的某种永恒不变的普遍道德法则,由此而产生出于尊重规律的行为必然性。通俗地说,"责任"就是出于对规律的尊重而必然去做的事。所以善良意志也就是人的意志彻底摆脱了经验的感性欲望,完全按照实践理性自身所规定的道德法则而行动,即服从和执行"绝对命令"。那么,康德确定的使人的意志之为善良,从而使行为具有道德性质的"绝对命令"有哪些呢?

"绝对命令"是人们道德行为的最高准则,具有普遍有效性并成为普遍的立法原则。康德明确提出了三条先验的道德原则。

第一条道德律:"不论做什么,总应该做到使你的意志所遵循的准则永远同时能够成为一条普遍的立法原理"。① 这条道德律是说,个人的行为准则只有在适合于"普遍的立法原理",即成为对任何有理性和意志者都有效时,才具有普遍有效性,才能成为普遍的道德法则,才是具有真正道德价值的行为准则;这条道德律是作为实践理性规定意志时的一种标准的主观原理,先天地存在于每个人心中,因而任何人在任何时候任何情况下都能辨别出来哪些准则适合于普遍立法,极容易发现什么是真正的道德责任,自己应该有什么样的行为。这正是实践理性优先于理论理性的一个具体表现。

康德的这条道德法律,是只涉及"命令"的形式而不涉及内容,因为内容总是后天的,只有"普遍形式"才是先天的。康德正是用先验形式来规定道德律,并认为以这种普遍形式出现的道德律适用于一切有理性存在者。这当然是一种不可实现的主观幻

---

① [德]康德:《实践理性批判》,关文运译,商务印书馆1960年版,第30页。

想,因为事实上并不存在一个永恒不变的道德教条。

第二条道德律:"你须要这样行为,做到无论是你自己或别的什么人,你始终把人当成目的,总不把他只当作工具。"①康德认为,意志是决定自己依照规律的概念去行动的一种能力,这种能力只有理性者才具备,而作为意志"自决"所依照的客观依据就是目的,如果这个目的纯出于理性,就一定适用于一切有理性者。所以,理性本身应该就是目的,人之所以作为理性者存在,即由于他自身就是"客观目的",也就是说,人是以自身为目的而存在的。理性不能是手段,每个人自己是目的,人与人互相也要把对方看成目的。所以,每个人本身都是一个绝对价值,一个"人格"。人格具有"尊严"。一般所谓价值可用等价物来替换,但尊严作为价值,超乎一切,是不可替代的超越感性世界的一切价值的绝对价值。

康德由此进一步引申出"目的国"的概念。他说:"每个人应该将他自己和别人总不只当作工具,始终认为也是目的——这是一切有理性者都服从的规律。这样由共同的客观规律的关系就产生一个由一切有理性者组成的系统,这个系统可以叫作目的国"。②在这个国度里,每个理性存在者都是立法者,同时又都服从自己颁布的道德律;每个人都是目的,不是单纯的手段,因此,每个人既对自己的行为负责,又同时承担着共同责任,个人意志自由与道德责任感达到了完善的统一。康德反封建、反宗教的启蒙精神在这里得到了充分表现。

第三条道德律:"个个有理性者的意志都是颁定普遍规律的意志"。③这即所谓"意志自律",自己为自己的行为规定法则。康

---

①②③　[德]康德:《道德形而上学探本》,唐钺译,商务印书馆1959年版,第43、48、45页。

德认为,人是道德法则的主体,人的道德活动必然是真正"自我"的活动,亦即"意志自律"的活动。"自律"相对"他律"。"他律"即指意志由其他外在因素所决定,即从道德以外的原则引申出道德。由于它不是"法由己出"的"自律",因而是不道德的。康德强调,道德的自律性不允许在道德之上或之外存在支配道德的东西。

康德把从前的道德学说全部看成是"他律",它们或者主张道德以追求幸福为最高目的,把善恶观念看成是从人对幸福、享乐、利益的意向中派生的;或者把道德的根源和权威归于神,把道德法则奠基于神意之上。康德认为,上述把道德建于"他律"基础上的观点,都会使道德失去普遍必然性。康德强调道德律具有独立性质和自身价值,"自律"就是指人的道德意志是独立自主的,每个人按照理性所规定的道德律,按照实践理性的意志和目的行动。

可见,康德既不把人的自律意志看成是情欲的奴隶,也不看成是神的工具,既不受幸福的驱使,也不受神意的支配。人是服从自己立法的主人。康德的道德自律学说使道德远离开了神学,他的这个学说反映了近代兴起的资产阶级反封建、反神学、主张个性自由、尊崇人的理性的启蒙精神。

从上面对康德三条道德律的论述中,可以看出康德把三者最终集中在"自由"概念上。自由被康德表述为独立于自然规律,不受自然规律支配,而由意志自己决定自己。自由概念是道德律不可缺少的条件,康德的三条道德律都以意志自由为前提和基础,自由是绝对命令的根据;自由也是作为目的存在的有理性者的本质。自由思想是康德道德哲学的最重要的思想,由这个思想,才能说明人为什么可以依据纯粹理性"自己立法",对自己的行为进行自觉决定和选择,使道德律成为自觉的实践活动。所以,康德本人就把自由概念看成是解决意志自律之关键,是纯粹理性体系"整个建筑的拱心石"。①

　　康德在阐述道德律的各种原理之后,进一步考察了实践理性的对象。康德认为善恶是实践理性的对象概念,也就是"作为通过自由而可能得到的一种结果来看的那一个'客体'观念"②。

　　善恶概念不同于福祸概念。福祸永远只是表示我们的快乐或痛苦,愉快不愉快等心情的一种关系,是从感性出发,依靠感性,与人的感受性相关的东西,而善恶则是一种对意志的关系,它只同人的行为有关,而无关于人的感觉状况,因为它主要是指行为本身,不指事物的对象或性质;它由先验的道德律所决定,对它的判断只能根据先验理性。

　　因此,是先验道德律决定善恶,即先有道德律,后有善恶概念。这是实践理性的一个根本原则。因为如善恶概念不来自实践理性的法则,不以实践理性法则为标准,反而以自身为一切实践理性法则的基础,那么要判断善恶就只有依靠经验,只能以一个对象与我们的苦乐感觉的契合关系为检验标准,这样就会使善恶混同于福祸(乐与苦)。善恶不是感性经验的自然属性,它是行为作为实践理性的对象(客体)对道德律的体现。善即对道德律的尊重和服从,恶即意识到道德律却又有意采取背离它的原则。善恶判断需要理性,它是先天的、必然的,对福祸的判断只需要经验。

　　行为的善恶与经验的福祸不同。人作为具有感性与理性的二重化存在者,一方面要追求生活幸福,另一方面又要服从道德律。而服从道德律与追求幸福生活并不一定完全一致。善可能得祸,而恶也可能得福。因此,在道德与幸福之间必然存在一种矛盾。康德用"至善"来解决这一矛盾。

　　"至善"是实践理性的最终对象。"至善"就是道德与幸福的

①②　[德]康德:《实践理性批判》,关文运译,商务印书馆 1960 年版,第 1、58 页。

完全结合,它是至上的、无条件的善。在"至善"里面,德行作为与幸福相统一的最高条件,总是"无上的善",而幸福对于享福者来说,虽然总是愉快的,但就它本身而论并非都是绝对的善,而总以道德的、合法的行为作先决条件,才成为善的。所以,行善虽不为追求幸福,但最终善行和福利必然是一致的,这才是道德生活所追求的最高目标。

构成"至善"两大要素的道德与幸福的联系,既不是由德行中推出幸福来完成,也不是由幸福中推出德行来完成。康德认为,道德与幸福是至善包含的两个种类完全不同的要素,在现实世界里,道德与幸福的真正统一是无法实现的;如果把它们统一起来,就要造成实践理性的"二律背反"。

构成实践理性的二律背反的两个命题如下:

(1)"谋求幸福的欲望是德性准则的推动原因"。

(2)"德性准则是幸福的发生原因"。①

康德认为第一个命题是绝对不可能的,因为把意志的动机置于个人幸福中的那些准则,都是不道德的,因此它不能作为任何德行的基础。第二个命题也是不可能的,因为现实世界上一切实践方面的因果联系,作为意志被决定后的结果看,并不遵循意志的道德律,而是遵循对于自然法则的认识,并依靠这种知识以求达到自身幸福的物理能力上。因此,我们即使严格遵循了道德律,也不能期望德行与幸福在现实世界上结合起来,达到至善。

这样,"至善"的实现就被推到了"彼岸世界",换句话说,作为实践理性的最高对象,"至善"只有在超感性世界中才能实现。

为了达到"至善"的理想境界,康德提出了以下三个公设。

第一,意志自由。道德是至善的第一条件,而道德的唯一的最

---

① [德]康德:《实践理性批判》,关文运译,商务印书馆 1960 年版,第 116 页。

高原理是意志自由,因为道德律是人为自己规定的,它摆脱了对自然法则的依赖,受意志所支配;而人是按照这种法则去行动的。所以意志自由是道德律不可缺少的条件。

第二,灵魂不朽。人既是一个感性存在物,其意志总是他律的,因此,人要在其生存期间内达到一种圆满境界是不可能的。要达到这样一种境界,就必须假设灵魂不朽。"至善只有在灵魂不朽的这个假设之下,才在实践上是可能的"。①

第三,上帝存在。因为假设世界的秩序是按德与福不一致的样子构造出来的,那么即使灵魂不朽也无济于至善的实现。因此,只有相信这个世界是按照与道德要求相协调一致的因果系列构造的,即存在着调整自然的因果必然的道德秩序,灵魂不朽才有意义。而建立这种秩序的只有神(上帝)。因此,神的存在为实践理性最后一个必要的公设。

这样,康德在《纯粹理性批判》中被驱逐的上帝,却在道德学说中又请了回来。但值得注意的是,上帝变了质,它已由外在"权威"变成了内心信仰,成了人们道德行为的主宰和最后归宿,它以理性的愿望为基础,不过是理性的自我满足。这样,康德的伦理学也就进入了宗教领域,但却是使"神之国"变成了"完全幸福之国"。

可见,在康德那里,道德第一,宗教第二,道德学说不是神学道德,而是道德神学。神学道德论是以世界最高统治者——上帝的存在为道德法则的前提,而道德神学则是最高统治者的一种确信,这种确信是以道德法则为基础的。实际上,康德的道德神学不过是用理性代替上帝,用道德代替宗教、用理性王国代替天上王国。

总的说来,康德整个道德学说,贯注其中的主调都是人,人应

---

① [德]康德:《实践理性批判》,关文运译,商务印书馆1960年版,第125页。

有的地位,人格尊严和目的。这位修身有素的哲学家竟然不惜用了最激动人心的情感和最响亮的词句来呼吁人的尊严、人的价值、人的高贵人格:人是目的,而不是单纯手段。这充分体现了康德哲学的启蒙主义精神。但它是以抽象人性论为基础的。康德的这些美丽动人的词句好像可以适用于一切社会,然而却又对什么社会也不适用。马克思、恩格斯指出:"康德只谈'善良意志',哪怕这个善良意志毫无效果他也心安理得,他把这个善良意志的实现以及它与个人的需要和欲望之间的协调都推到彼岸世界。"①

(四)批判时期的美学和目的论思想

《纯粹理性批判》和《实践理性批判》规定了认识和实践、科学和道德各自独特的本质。一方面是必然,一方面是自由,一方面是自然界,一方面是心智世界。《判断力批判》就是要在这两大批判之中起桥梁作用,即要使判断力在知性和理性之间起桥梁作用;情感在理论活动与实践活动之间起桥梁作用;审美的活动在自然界的必然和心智世界的自由之间起桥梁作用。

所谓判断力,它并不是一种独立的能力,它既不能像知性那样提供概念,也不能像理性那样提供理念。它只是在普遍与特殊之间寻求关系的一种心理功能。是"把事例归摄于规律之下的能力"。② 判断力分为两种,一是"决定的判断力",它辨识特殊的东西,把它们纳入普遍的概念之中。知性的范畴加之于感性的材料,就借助这种判断力。另一个是"反思的判断力",它不是从普遍性的概念、规律出发来判断特殊事实,而是从特殊的事实、感受出发去寻找普遍,反思判断力是产生规范性概念的能力,它属于审美和目的论的判断力。反思判断力既具有知性的性质,又带有理性的

---

① 《马克思恩格斯全集》第3卷,人民出版社1960年版,第211—212页。
② [德]康德:《纯粹理性批判》,蓝公武译,三联书店1957年版,第140页。

性质,既有认识的性质,又有意志的性质,因而,在它的活动中既见出自然界的必然,又见出精神界的自由,填塞了认识与实践、科学与道德之间留下的鸿沟。

《判断力批判》一书分为"审美的判断力"与"目的论的判断力"。前者主要是康德的美学思想,后者主要是康德的目的论思想。

康德强调美的主观性,认为美的问题根本不是美的客观存在问题,而是美的判断,即人在什么情况下作出美的判断的问题。审美判断不是知识判断,所以不是逻辑判断。审美判断主要内容是情感(快感)而不是概念,而快感并不是表象的一个属性,它只存在于它对我们的关系中,表示主体自己受到对象刺激时是如何感觉的。因此,审美判断是由于主观决定而不是客观存在着的美。

对审美判断的分析,可以依照形式逻辑判断的质、量、关系和样式四个方面进行。这四个方面也就是康德所说的美的特征。

第一,质。主要是把审美愉快与其他愉快作重要区分。康德强调审美愉快,既不同于与一定生理自然需要相关的,满足官能欲望的感觉愉快,又不同于与一定伦理道德相关的、纯理性的精神愉快。审美愉快是超脱了任何利害关系,对对象存在无所欲求的"自由的"快感。所以,康德说:"趣味是仅凭完全非功利的快或不快来判断对象的能力,或表象它的方法,这种愉快的对象就是美。"①

第二,量。主要指美不凭概念而能普遍地引起愉快。康德认为,审美判断是单称判断,而一般单称判断都不能显示出普遍性。但审美判断则不然,它虽为单称判断,却仍带有普遍必然性。因为

---

① ［德］康德:《判断力批判》上卷,宗白华译,商务印书馆1964年版,第47页。

审美快感的原因不在于私人欲念上,只能在于一切人共有的"共同感觉力"上,所以它仍可假定为带有普遍性。但是,这种普遍性不是对象的一种普遍属性,而是一切人的共同感受。所以康德说:"美是无须概念而普遍给人愉快的。"①

第三,关系。说明美与目的的关系,康德认为,一个审美判断是一个对象使人产生一种美的感受,使人主观上感到愉快,即具有目的性。美的这种合目的性,就它不是某个具体的客观的目的,而是主观上的一般合目的性,被称为没有具体目的的一般合目的性;就这种目的性只联系对象的形式,是一种形式的合目的性,被称为没有目的的合目的性形式。所以康德说:"美是对象的合目的性形式,当它被感知时并不想到任何目的"。②

第四,样式。说明美的东西产生快感是必然的。康德认为审美判断的必然性只是一种规范的必然性。这种必然性既不来自概念认识,又不来自经验,它只能来自一种先验的"共通感"。这种"共通感"不同于"共同的知性",它以情感为根据,同时它又决定了情感的协调,而这种协调作用使想象力与知性互相结合,形成美感。所以康德说:"美是不凭概念而被认作必然产生愉快的对象。"③

上述可见,康德比前人更充分地认识到审美问题的复杂性以及审美现象中的许多矛盾对立。他既反对英国经验论的美学将审美看成感官的愉快,又反对大陆唯理论将审美当作完善概念的模糊认识,提出了自己重形式的主观主义美学观点。这个特征也贯穿在康德对"崇高"和"天才"的分析说明中。

康德认为,崇高是一种不可比较、不可测量的"绝对的大",是

---

①②③　[德]康德:《判断力批判》上卷,宗白华译,商务印书馆1964年版,第57、74、79页。

心灵借助于理性的力量,让想象力活跃于理性理念的无限世界中所产生的。康德认为,崇高也是主观的感觉,它与美相同之处在于,它们都不涉及概念与欲望,都具有没有目的的合目的性,也就是普遍地、必然地令人愉快的。它们之间不同之处在于:美只涉及对象的形式,而崇高则涉及对象的"无形式",它是"无限制的","无限大的";再者,崇高不是单纯的快感,而是从痛感、从可怕的感觉而转为快感,因此,崇高比美具有更强的主观性。总之,如果说,美是想象力与知性的和谐运动,产生比较平静安宁的审美感受,崇高则是想象力与理性的互相冲突,产生比较激动强烈的审美感受。这也是在感性中实现出理性理念,显现出道德、伦理、人的实践理性的力量。"崇高"的分析,使康德更加突出了自然与人的联系与交织。

康德在讨论了美的鉴赏之后,讨论了美的创造,即艺术创造问题。他认为美的艺术必然要看作出自天才的艺术。"天才"问题是这里论述的重点。

康德认为天才是替艺术定规则的一种才能,是艺术家的天生的创造功能。才能本身是属于自然的,所以我们可以说,天才就是一种天生的心理能力,通过这种能力自然替艺术定规则。在替艺术定规则时,天才一方面符合自然,一方面也显示出创造的自由,它给艺术定的规则,不是摹仿而来,不是作为"做成的公式"到处套用,而是具体地体现于作品本身,从作品中窥见天才所制定的规则,不是通过对公式的掌握,而是通过对精神实质的心领神会与从中所得的潜移默化。

康德把天才特征归结为创造性,典范性与自然性。他把天才仅限于艺术领域,认为科学无"天才",因为科学可以依照一定范畴、原理引导,而学习掌握,而艺术却是"无法之法",无目的的目的性,不可教,不能学,纯靠艺术家捕捉和表现既具理性内容又不能用概念来认识和表达的东西,以构成审美理念,创造美的理想,成为既是典范又是独创的作品。

但是,审美鉴赏(趣味)却又高于艺术创造(天才)。因为趣味所涉及的美之为美的形式,天才主要涉及美的理念。没有前者,缺乏审美形式,根本不可能成为艺术作品;没有后者,则仍可以是一种缺少生命力量和内在精神的,平庸的作品。此外,康德的天才指的虽不是形式技艺的掌握,但他认为,形式技艺却是磨炼、管束、训育"天才"使之能构成艺术作品的条件。

总的看来,康德在天才问题上仍表现出严重的形式主义倾向和主观主义倾向。但是,我们从中也可以看出康德的启蒙精神,尤其是狂飙突进时代的新风气,或则说上升资产阶级对个性自由的要求,对他影响很深,所以他颂扬天才,推崇想象力与独创性,视艺术为自然与人,规则与自由,审美与理性的统一体,而把自由看作是美的艺术的精髓。

审美判断力只是一种主观的合目的性。康德认为,艺术毕竟是人为的产物,它的合目的性形式是人所创造出来的。而自然则不同,自然是作为人在其中也是一个环节的系统整体。因此,不能只是把自然的形式与我们主观愉快相联系,而且要把自然的存在自身看作具有客观目的。目的论与美学一样,可以达到把"自然"与"自由"联系起来。所以,《判断力批判》在审美判断力之后,着重谈了目的论判断力。

康德把自然的目的区别为外在目的与内在目的,区别在于是把对象看成目的还是看成手段。外在目的论认为一物存在是为了别物,像一个东西作为手段,因而对人有好处,我们就说它对人有用,这个事物对他物来说,我们就说它对他物有"适应性"。例如:海水退了,淤积了许多沙土,沙土上有肥料,适于松树生长。在这一些事实关系上就有了一串目的性联系,前者对后者是手段。这种手段与目的关系可以无限地递进。这样看,外在目的性即一事物对另一事物的适应性,就是以这一事物本身适应另一事物,存在的状态是自然的一个目的。这种目的性只是一种相对的目的性,从这种相对目的性来看,一件事物决不能靠任何单纯的自然来决定,还要在自然以外去寻找一个目的,即最终以神来做最后目的。因而,相对目的性只是在某种假定上是指自然的目的性,但它并不保证绝对目的论的判断,即它并不能提供关于绝对目的论的知识。可见,康德的论述实际上是对有神论的一种批判,有神论正是从这种无限的目的追求中,达到神这个"最后目的"。

康德认为,绝对的目的论只能是内在的目的性。这种目的论的具体范例,便是自然界的有机系统。内在目的性不同于机械的单向效力的因果联系,而是一种目的因果联系,它包括了称为原因与结果的各因素的并存、交互作用和相互依赖。在这个有机系统中,原因可以称为结果,结果也可称为原因,它使一个事物的各个部分与整体之间保持有机联系,它们按照一个目的而联系起来,因而也就在一个目的概念或观念之下,事物也就成为有组织的、并自行组织的整体性现象。因此可用以下三个特点概括内在目的性:第一,各个部分只有与其整体相联系的情况下才存在。"一个事物成为一个自然目的,首先要求它的各部分(不论存在或形式)都只有与其整体相关联才可能。"①例如手从躯体上切下来,就不成其为手。第二,各部分交互作用,互为因果,互为手段和目的,由它们自己的因果作用而构成一个全体。在这个有机全体里,它既是由知性的因果概念产生,同时又由于目的性的原理而成为一个全体。本来的因果联系就可以作出目的性的理解。第三,具有自行

---

① [德]康德:《判断力批判》下卷,韦卓民译,商务印书馆1964年版,第20—21页。

组织的功能,能够自己再生产。这就是说,有机体不同于人造物,人造物(如钟表)也可以具有第一、第二特点,而有机体则不仅如此,它还具有它自身本来的形成力量,这本来的形成力量使这个有机体自行运动,自己发展。

康德的这种内在目的论观点,表达了事物的运动发展的规律性,表明这种运动不是机械的、直线运动,而是自身有机的运动。由此推广到整个自然界,可以说,自然界也是这样发展的,自然界本身就是一个有机系统,我们只能从内在目的论来理解它,而不能用外在目的论来解释它。因为一事物以另一事物为原因,另一事物再以另一事物为原因,这样追溯无穷,直线发展,总不能说明事物的原因。只有把自然界作为一个整体,每一事物都是自然整体中一部分,与其他部分处于有机联系中,其作用、生长、发展都与自然中其他事物相关,才能说明自己的存在。康德已不满足于以机械的因果链条来说明自然的存在与发展,也不满足于外在目的论从自然之外寻求自然的原因,而是要求进一步从自然万物的各部分之间的相互关系来说明作为有机系统整体的自然界。

康德强调,目的性原理并不能从经验中得出,它根本不是在本身中所能提供和发现的原理。它只是一种主观的理性理念,只是一种"类比",一种范导性原理,是反思判断力的先验原理。康德的内在目的论仍属于他的先验唯心主义的一部分。

康德的目的论观点还继承了以前哲学家关于目的论的理论,力图去说明机械论与目的论之间的关系。他认为哲学史上关于目的论的一些看法,可分为两大类:目的性的观念论与目的性的实在论。目的性的观念论又分两种,一是偶然性的体系,德谟克利特和伊壁鸠鲁的哲学就属于这一类。他们用自然本身的运动规律来解释一切,但同时又认为目的性中带有偶然性,换句话说,既是必然性又是偶然性,因此这个体系显然是矛盾的。目的性观念论的另一表现是斯宾诺莎的"宿命论"，这种理论主张自然的无限实体的超感觉的原始存在必然地决定一切。其实是把自然的有目的联系本身看成是无意的，它是由原始存在的必然统一性流出来的。康德指出，目的性的观念论，无论哪一种形式，都是把目的等同于原因，或等同于必然，实际上仍然是机械论。

目的性的实在论也分为两类，一是物理的目的性的实在论，它把物质的生命看成是自然目的，所以也就是物活论。另一种是超物理的自然目的论的实在论，这就是从宇宙的原始来源中取得目的，所以也就是有神论。康德指出，无论是说物质有生命，还是说物质由一个活灵活现的上帝来设计制造，都说不通。但相比较之下，有神论是较可取的一种目的性学说，因为它认为物质中的目的统一性是由于机械作用不能解决问题才提出来的，因而有改造的理由。康德的目的论就是批判了有神论，而以道德的神学来代替它。

康德认为，上述种种目的论观点，由于把目的当成客观存在的原理，使机械论与目的论不能并存，因而导致了目的论判断力的二律背反，机械论与目的论的反对关系是：

正题：所有物质事物只依据机械规律才可能。

反题：有些物质事物只依据机械规律不可能。

机械论与目的论就是这样对立着，但这又同时是理性与事物之间关系的两种方式。只有把这个"二律背反"当作"判断力"问题，才能很好解决。因为，如果把它们都当作范导的原理来使用，则二者可以并存，正反双方事实上并不矛盾，人们可以同时使用这两条原理来指导自己，探讨研究。这就是说，在认识事物时，机械论还是非常重要的。因为，自然界只有机械的因果关系，探讨和揭示自然界的所有奥秘也依然只能用因果规律，并不能到自然事物或自然界中真正去找什么目的。另一方面，又要看到，在我们考察一个对象时,在它们作为机械系统的部分得到确定后,我们还没有对它作出全面解释,机械现象只是它的一个方面,还有一些经验内容需要我们去说明,这时候,我们用目的性概念去思考经验,就可用主观的范导原理去整理经验,对事物作出目的性思考,使事物变得可以理解,从而推动对自然界的认识。所以,机械论与目的论作为主观的两种观点可以同时运用,并无矛盾。探讨一个事物,可以把它看作包含某种目的,同时又看到,这种目的必须体现在机械规律之中。很明显,康德看到了有机体的本质特征和自然界的系统整体很难用甚至不可能用机械力学规律来穷尽,所以他设定了一个不能为经验提供和证实的目的论原理,把它放在主观范围作为反思判断力的范导性原理。这种原理就其目的是要解决机械论与目的论的矛盾,其努力是值得肯定的。

康德在目的论判断力论述的最后提出了他的关于人是最终目的的观点。康德认为,形形色色的自然生命不管如何符合目的,安排得如何巧妙合理,但没有人类,就毫无意义,也毫无目的可言。人才是自然界不断创造的最终目的。这个人不是指认识的人,康德指出,世界并非作为人的沉思对象而有意义。这个人也不是指自然的人,即人的幸福。康德认为,尽管个人总是把幸福作为自己的主观目的,但幸福并不是创造世界的最终目的,自然并不给予人的幸福以什么不同于动物的特殊偏爱或恩宠。理性的存在者倘只考虑物质上幸福,而不考虑道德价值,那么他的存在就只有相对的价值,而没有绝对的价值,这样的理性存在者也就是没有目的的。所以,理性存在者的价值和目的就不在享受了什么(幸福),而在于能自行选择目的的能力(从而是在自由中),这就是文化。但是也并不是所有文化都成为自然最终目的的,文化要成为最终目的,只是在它与道德有关,在于间接促进道德,因此,在于人做了什么(道德),在于他恰恰可以不做自然锁链的一环。"善的意志是人的存在所能独有的绝对价值,只有与它联系,世界的存在才能有一最终目的。"①因此,自然的最终目的就是这种道德的人,只有服从道德律的人,才是能有超感性(自由)能力的自然存在物。这种作为道德本体的人的自然存在,才是无条件的目的自身,才是作为现象界的整个自然的最终目的和归宿。康德把人类社会看作是一个道德的目的论的整体,在这个整体中,每个人都把自己看成是目的,每个人都不把别人看作是手段。人类社会就成为一个有文化的有道德的人的组合体。

按照康德的论述,目的论就是要解决人与自然的关系即自由与自然的调和。人是一个道德的存在者,而且又是一个自然的存在者,人的道德目的体现于行为,就对他自己的感性性质发生了直接影响(克服欲望),也对外部世界发生了间接的影响(改造自然界)。自然界的目的论就是自然界的客观目的与道德的人的行动自由相联系。如果彻底实现了道德原则,人与自然都在道德的目的控制之下,就达到了最后目的,这时候人与自然的对立就完全消失了。这个最后目的便通过自由而成为可能的最高的善,达到了真、善、美完善而又和谐的统一。

康德的目的论,不是科学知识,因为它不提供什么客观的原理,不直接构成知识。但它也不是自然神学,由目的论而引出自然神学,在康德看来是一种谬误或曲解。当然,康德也用目的论来论证上帝存在,但却是在道德神学的意义上。康德承认除非我们把目的性和世界看作是一个理知原因,即上帝的产物,我们就不了解目的性。但在事实上,他是把上帝、道德律和目的性看成是一个东西。他并不承认有一个客观的上帝,他的上帝即作为最后目的控制者而设定的上帝,只是反思判断主观之内设定的,只是一种主观

---

① ［德］康德:《判断力批判》下卷,韦卓民译,商务印书馆 1964 年版,第 110 页。

上的愿望而已。上帝在《判断力批判》中,最终变成一种为了人们行为而设想出来的主观信仰的东西。康德整个"批判哲学"体系,以批判上帝能证明其存在开始,而又以上帝作为主观信念必须存在而告结束。康德的这种理论恰好以思辨的方式满足了资产阶级对上帝的要求。

总之,康德的美学和目的论思想,依康德哲学逻辑,基本上完成了沟通认识与伦理以联系自然与人的任务,审美判断力以自然形式的合目的性与人的主观的审美愉快相联系;目的论则以自然具有客观目的与道德的人相联系。尤其是康德的内在目的论,它不仅是西方哲学史上自亚里士多德之后,全面论述机械论与目的论关系的又一人,具有承上启下的历史性作用,而且他的目的论本身就包括了许多丰富而深刻的内容,具有较高的理论价值。正像康德传记作者阿尔森·古留加所说:"康德的目的论——这并不是神学,而且也不是自然科学:哲学家不是借助于目的论来寻找自然界中的神,而且他也不是借助于目的论来发现支配着自然界的规律,他考察的中心仍然是人。只有人才能给自己提出自觉的目的,结果便产生了文化界。康德的目的论发展成为文化论。"①这才是康德目的论的创见。

康德的批判哲学是一个真、善、美统一的庞大的思想体系。这个体系的基本精神是启蒙运动的精神。理性即自由像一根红线贯穿这个体系的始终,联系着群星灿烂的上天到人心的道德世界的各种复杂内容。而人的问题则始终是这个体系的核心。康德本人就说,他的哲学解决四个问题:(一)我能知道什么? (二)我应该做什么? (三)我可以希望什么? (四)人是什么? 围绕这些问题,

① [苏]阿尔森·古留加:《康德传》,贾泽林等译,商务印书馆1981年版,第187页。

康德充分伸张了人的理性,肯定了人的自由,提高了人在自然面前的至上尊严,并试图以"人"为主线,全面解决人类有史以来所面对的各种重大而根本的问题。这也正是康德哲学不朽的历史意义所在。

康德哲学是富于开创性的,但又是充满各种各样矛盾。贯穿于康德哲学始终的批判精神,启迪了后世许许多多哲学家,他们对传统哲学大胆进行反思,推动了哲学的进展。但康德哲学中的种种矛盾现象,又使得形形色色的哲学思想都不同程度上从他那里汲取养料,改造发展,从不同方向发来责难和批判。康德之后,费希特、谢林、黑格尔首先把康德哲学发展为绝对唯心主义,完成了德国古典唯心主义的逻辑发展过程。现代西方哲学中的新康德主义,实证主义和逻辑经验主义继续了这条路线,虽然在个别观点上有所差异。费尔巴哈、车尔尼雪夫斯基则是从左边批判改造康德哲学的先驱,但是只有马克思、恩格斯、列宁和以后的马克思主义者才真正从辩证唯物主义出发,对康德哲学进行了彻底的批判改造。两百多年来,研究康德的著作,几乎浩如烟海,汗牛充栋,众说纷纭,莫衷一是。然而有一点却是几乎每一个哲学史家都承认的,康德毕生都在追求真理,他的一生是精神世界不断发展的一生,永远探索的一生。他的思想已渗入人类文化深处,成为人类文化宝库中一颗璀璨夺目的明珠。

第二节 费希特和谢林

康德开创的德国哲学革命精神,由费希特、谢林继承下来,他们以思辨唯心主义形式,发展了康德哲学中的理性辩证法,为黑格尔哲学的产生,直接地进行了思想上的准备。

一、费希特

约翰·戈特利布·费希特(Johann Gottlieb Fichte,1762—1814年)出生于德国上劳齐茨的一个乡村手工业者家庭。由于过人的天资,12岁那年他受人资助进了一所贵族学校受教育。1780年秋,费希特入耶拿大学,翌年转学到莱比锡,都是研究神学。1788年他弃学回家,开始了家庭教师的职业生涯。1792年,他的第一本著作《启示批判》出版,这部阐发康德宗教观点的书使他名声大振。1794年费希特到耶拿大学任教。1799年来到柏林。拿破仑入侵德国战争时期,他的勇敢、无畏,和火一般的雄辩演说,激发了德国人民高度的爱国主义精神,在人民中赢得了极高的声誉。费希特的一生是为民主自由不断奋斗的一生。

费希特的主要著作有《全部知识学的基础》、《知识学原理下的自然法基础》、《知识学原理下的道德学体系》、《论学者的使命》、《论人的使命》、《对德意志民族的讲演》等。

费希特是从康德哲学出发的,他继康德之后更加着重探讨知识问题,把知识的问题看作就是哲学本身,把自己的哲学称为知识学。他大大发挥了康德哲学中的主体能动性原则,把康德哲学中的辩证法思想大大提高了一步。费希特哲学是从康德到黑格尔的德国古典唯心主义的重要环节。

(一)费希特的知识学原理

1.以自我为出发点。

费希特认为,哲学的任务在于说明经验的根据。什么是经验呢? 在他看来经验就是"有必然性感觉伴随的那些表象的体系"①。必然性感觉的根据是什么呢? 这是哲学要回答的问题。

---

① 北京大学哲学系外国哲学史教研室编译:《西方哲学原著选读》下卷,商务印书馆1982年版,第321页。

哲学要说明人类知识的根据,它从何而来,它如何形成。

在费希特看来,对于知识从何而来的问题,历来只有两种回答,从而也只有两种哲学体系,一种是唯心论,一种是独断论(即唯物论)。唯心论和独断论的争论从本质上说就是:我与物哪个是第一性的?费希特是继拉美特里之后,明确划分哲学上的两条基本路线的哲学家之一。

费希特认为,独断论把物看作是第一性的,以"物自身"作为哲学的对象和出发点,然而,独断论者的这个"物自身"纯粹是一种虚构。首先,不能用它来说明经验或知识。独断论无法说明由物怎么能产生出精神活动。按照独断论的观点,物质和精神的关系可以用因果律来解释:物是原因和作用者,精神是结果和被作用者。但是这样的解释本身存在着没有解决的困难,物是完全被动的存在,受无限的因果链条的制约,甲受乙所制约,乙受丙所制约,如此下去,以至无穷。这样的因果链条是向相反的方向无限延展的直线,永无回复的可能。这就是说,物是不具有"自身回复"的特性的,物自己并不决定自己,物也不能把自己作为对象,自己认识自己,相反,物总是被意识活动所认识。而精神活动则不同,精神的本质是"自身回复"性,精神是一种能动的力量,精神就是以自身的对象,"理智本身注视着自己本身"。①因此用物来解释精神和作为精神的根据,真是万难的事。费希特认为,独断论的原则"做了一个巨大的跳跃,跳到一个和他们的原理完全不相干的世界里去了"。②再者,自然界里不存在自由,自然不能自由地进行选择,不能预先设计。而理性是自由的,人的天性要求自由选择自己的本质,人是根据自己的思维设计和塑造自身,造就自己的存在

---

①② 北京大学哲学系外国哲学史教研室编译:《西方哲学原著选读》下卷,商务印书馆1982年版,第331、333页。

的。假如选择了物是第一性的观点,那就等于甘心情愿受外在必然性的支配,放弃自我的独立性而依赖于外物,等于自由的丧失。费希特认为唯心论和独断论虽然谁也驳不倒谁,但是独断论的软弱无力和它对人的心灵的践踏就说明了它是无用的体系,而唯心论则更能满足人的自由天性。他断定,唯一可能的哲学就是唯心论,精神活动是人类知识乃至外物存在的根据。精神活动本身的实在性则是不容置疑的,思维即存在,我思想和我存在是直接同一,不可分割的。他说:"理智本身注视着自己本身;这种对自己本身的注视直接进入理智自身的存在,而理智的本性就在于这个注视与存在的直接结合。"①他提出"自我"作为哲学的对象和出发点。他说:"哲学所要谈的不是在你外面的东西,而只是你自己。"②

费希特反对在唯心论和唯物论之间进行调和的一切企图,认为这两个体系是势不两立的,因为它们的观点和结论是互相否定的,因此把它们混合成为一体是没有一贯性的,必定会带来自相矛盾。例如康德就曾经企图把这些不同体系的碎片融成一个完整的体系,其结果并不能消除自在之物和现象界之间的巨大裂缝。因此费希特要消除康德的自在之物,力图以此克服康德哲学中存在的二元论,而完全由自我推演、创造出在自我之外的对象。

费希特看到了旧唯物主义的局限性,指出思维的本性用机械的自然观是无法解释清楚的,从而促使他走向唯心论,在自我中去寻求解答。这在一定意义上批判了机械唯物主义的局限性,促进了理论思维的发展。但是费希特的主观唯心主义并没有真正科学地揭示出人类知识的根据,正如马克思和恩格斯在

---

① ② 北京大学哲学系外国哲学史教研室编译:《西方哲学原著选读》下卷,商务印书馆1982年版,第331、320页。

《神圣家族》中一针见血地指出的，费希特的"自我"并不是现实的人类精神的科学的抽象，而是形而上学地改了装的、脱离自然的精神。

2.自我即行动。

费希特认为，作为全部意识、全部经验根据的自我是绝对第一性的、绝对无条件的行动。这就是说，自我不是个别的经验意识，而是先于一切经验的纯粹自我意识。它不是被他物所规定的意识事实，而是自行设定，自行产生，自行发展的自发行动。自我的行动由三个步骤构成。

第一步，自我设定自己本身。

一切知识都是有条件的，自我作为全部知识的基础，它必须是绝对无条件的，完全确定无疑的。它不能是由别物所决定的，而是自己决定自己本身。因此自我设定自己本身就是费希特自我的第一个行动。

为了证明自我是由自己本身所设定的，费希特借用了形式逻辑的同一命题"A是A"（即A＝A）。这个命题是不包含任何经验规定的纯粹意识，而且任何能作判断的人都无条件地承认它是确定无疑的，因此它是绝对确实的、不以任何别的东西为根据的自明的真理。从这样一个命题出发可以更接近于作为全部知识基础的绝对自我。

由A＝A，可以得出一条绝对确实的结论：作为前项的A与作为后项的A之间有一种必然联系，即：如果A存在，那么A就存在。这个必然联系是由哪儿来的呢？费希特认为这个必然联系是在自我之中，并由自我所设定的。是我给予了"A＝A"这一命题以必然联系。既然这一必然联系是在自我之中，由自我设定的，而只有联系到A，这种必然联系才有可能，所以A必定也是在自我之中，并由自我所设定的。"A存在是绝对为了那个下判断的自我

的,并且是仅仅由于它在自我中被设定".①

这就是说,"A＝A"这个形式逻辑同一律的根据是在自我之中,是自我的设定。由此,费希特推论出,在自我中,必定有某种东西是始终如一、永远同一的,这就是:自我＝自我,自我就是自我。由自我的自身同一,就得出了这样一个命题:"我存在"。因为自我的自身同一是绝对无条件设定的,因此"我存在"也是绝对无条件地设定的。

费希特认为,"自我就是自我"这一命题是无条件地绝对有效的,因为人类精神的一切判断活动都是以这个绝对的自我为根据的,而"自我＝自我"则是以自身为根据的东西。他把这个作为一切认识活动基础的绝对自我称作"人类精神的纯粹性格"或"行动本身的纯粹性格"。"自我＝自我"意味着一种纯粹行动,即自我设定自身。"自我设定它自己,它凭着自己设定自己的单纯活动而存在;反过来也是这样:自我存在,它凭着它的单纯存在而设定它的存在。——它同时既是活动者,也是活动的产物;既是行为者,又是行为产生的结果"。②自我以设定自己本身的方式而存在,这是自我的第一个行动步骤。

第二步:自我设定非我。

费希特认为,正如自我设定自我是无条件的自发行动,自我设定非我也是无条件的。他仍然从形式逻辑的命题"非 A 不＝A"入手。这个命题与"A＝A"一样是人人都认为完全确实的、自明的。它不是由"A＝A"推导出来的从属命题,而是直接由"A＝A"过渡来的。或者说,它是"A＝A"的另一表达形式,是自我的无条件设定。因为"非 A 不＝A"可以表述为"非 A＝非 A",这样一个命题所

①② 北京大学哲学系外国哲学史教研室编译:《西方哲学原著选读》下卷,商务印书馆 1982 年版,第 337、338 页。

表达的必然联系也是出自于自我,正如"A＝A"一样是由自我所设定的。因此,正如"A＝A"是绝对自我的自发行动,"非A不＝A"同样是绝对自我的自发行动。"非A是无条件地、绝对地被设定为对立面的","这种设定对立面的活动,从它的单纯形式说,是一种绝对可能的、没有任何条件的、不依靠任何更高的根据的活动"。①

　　费希特认为,"非A不＝A"只就其形式说是无条件的,就其内容而言则是有条件的。说它在形式上无条件,是说它的设定是绝对自我的自发行动,并非出于任何其他根据。说它在内容上是有条件的,是说非A的设定是以A的设定为条件的,要把它联系到A的设定上,它才成为一种反设定。

　　由此推论,自我在设定自身的同时绝对地设定了自身的对立物——非我。它是自我的反设定,只是与自我相联系时才有意义。这就是说,自我与非我相比较,自我是绝对无条件地由自身设定的,非我只是作为自我的对立物才成为无条件的,而非我的内容如何,它具有什么样的属性,则完全取决于自我的意识活动。

　　第三步:非我与自我统一。

　　这第三步行动是由前面两步行动所决定的。因为第一步行动设定了自我,第二步行动设定了非我,于是在同一个自我中设定起来的既是自我又是非我。是自我就不可能是非我,是非我就不可能是自我,自我与非我是矛盾的,这不符合自我意识的同一性。但是这一矛盾又是不可避免的,因为非我的设定是以自我的设定为前提的,只要设定了自我,也就设定了非我,所以自我与非我还必须被设定于同一的意识之中。这样一来,自我既设定非我,又扬弃

---

① 北京大学哲学系外国哲学史教研室编译:《西方哲学原著选读》下卷,商务印书馆1982年版,第339页。

非我,或者说,自我既设定自己,同时又不设定自己。也就是:"自我不=自我,而是自我=非我,非我=自我。"①

由前两步行动所推演出的这一矛盾应当得到解决,以确保意识的同一性。对立面应当统一起来。那么,靠什么力量来把自我与非我统一起来呢? 费希特认为自我与非我统一的依据是人类的精神活动。靠着绝对自我的活动,就把自我和非我看作是彼此相互限制的。

限制性的概念是从康德的范畴表中借用过来的,它是量的范畴,表示实在性与否定性的统一,即肯定与否定的统一。费希特在限制性概念中补充进了"可分割性"或"可以有量性"的含义。因此,这里的所谓限制就是设定为可分割的、有限的东西。

因此这第三步行动就是:"自我在自我之中设定一个可分割的非我与可分割的自我相对立。"②这个行动步骤实际上是与第二步行动同时进行的。在设定非我的同时,就设定了这个非我是有限的,而与非我正相对立的自我也因此被设定为有限制的。相互限制的自我和非我是相对的、有限的、个别的存在,矛盾和对立只存在于经验的自我与非我之中,而自我作为绝对的自我意识则保持着它自身的统一性和不可分割性。有限的非我与自我从属于绝对自我,是在绝对自我之中的,这样,非我与自我的矛盾就由绝对自我统一起来了。

至此,费希特"自我"的前两步行动就由第三步行动统一起来了。事实上,这三步行动本来是一个行动,只是在反思中才可以把它们区分开。因此,自我在自我之中设定一个可分割的非我与可分割的自我相对立,这个原理就成为费希特知识学的最高原理。

---

① ② 北京大学哲学系外国哲学史教研室编译:《西方哲学原著选读》下卷,商务印书馆 1982 年版,第 343、346 页。

他说道："任何哲学都不能超出这个认识;但是一切彻底的哲学都应当以此为归宿;这样做才会成为知识学。今后人类精神的体系中所要出现的一切,必须从上面所提出的原则推导出来。"①

费希特的知识学的基本原理,既是自我的三步行动步骤,又表明了知识学的方法,即肯定、否定、肯定与否定统一的哲学方法,也叫正、反、合的哲学方法。他认为第一条自我设定自己本身的同一命题,是一个正题;第二条自我设定非我的矛盾命题,是一个反题;第三条自我在自我中设定一个可分割的非我与可分割的自我相对立命题,是一个合题。这三条命题从正题开始,经过反题,再到合题,是概念本身的逻辑发展过程。由正题和反题所产生的矛盾,在合题中得到了解决。思维和存在的矛盾在绝对自我的基础上得到解决。这正表明费希特是以主观唯心主义的自我意识来解决哲学的根本问题的。

3.作为认识主体的自我。

根据费希特知识学的基本原理,自我在自我中设定一个可分割的非我与可分割的自我相对立。这里,可分割的非我与可分割的自我是相互限制、相互规定的。费希特把自我与非我的这种关系,分为两种情况:被非我所限制的自我称作理论自我,规定非我的自我称作实践自我。

理论自我是从事认识活动的自我,认识总是要有认识对象的,因此理论自我总是与一个客体、非我联系着的,它是受非我限制的,也就是说,认识活动受着客观对象的制约。但这只是问题的一个方面,或者说表面现象。费希特认为,从实质上看,作为认识对象的客体来源于作为认识主体的自我,认识对象是认识主体、想象

① 北京大学哲学系外国哲学史教研室编译:《西方哲学原著选读》下卷,商务印书馆1982年版,第346页。

的产物。

在费希特看来,认识活动并不是外物规定我们的感觉,而是我们自己的感官活动为我们创造出对象世界。我们之所以感知到对象的存在,只是由于我们自己感官的属性和感官的活动,如视觉活动、触觉活动等。这些感官活动不是由外部事物引起的,也不反映外物的属性,而是我们自己的内部状态,是内部感觉对象的特殊规定。因此,感觉不是关于我之外的对象的感觉,而是对我们自身的感觉。"我的意识是从感觉我的状态开始的……对于我的状态的意识和关于对象的观念,不可分割地连接在一起"。①也就是说,我们关于对象的意识都不过是对自我本身的意识,是对自我建立对象的意识,意识并不超出自我。

那么,作为认识主体的自我与作为认识客体的对象之间的区别与对立又是从何而来,如何产生的呢?自我并不是物,如何能够在自身之内产生出关于物的意识?费希特解释道,自我既是主体,又是客体,是主客同一性,主体与客体的同一是自我意识的本质。自我意识能动地分裂自身,创造出主体与客体的对立。意识就是主体与客体的分裂,意识是自我之分裂为主体与客体两个方面。他说:"这分裂既是意识的条件,也是意识的结果。"②由于这种分裂,在我之内的感觉就转化成为在我之外的可感觉的东西。例如我的红色、光滑等等感觉,就转化成为在我之外的红色、光滑之类的东西。我之所以感觉到光并意识到光的存在,是因为我本身是光。我们意识中的外在世界都是从对我们自己的状态的知觉中必然产生的,只不过我们并非总是清楚地意识到自我中的主客体分裂,我们对我们自己创造对象世界的活动常常是无所意识的,因此

---

① ② [德]费希特:《人的使命》,梁志学、沈真译,商务印书馆1982年版,第52、58页。

当我们无意识地进行想象时,我们就把自我意识所想象出来的产品看作是呈现于我们之外的物的属性。我们承认外物存在,原因并不在外物,而在于自我本身的固有本质,即想象力。他说道:"一切实在都是想象力制造出来的。……我们的意识,我们的生活,我们的存在,作为自我,其可能性是建立在上述想象力的行动上的。"①

在上述想象力的基础上,费希特提出自我作为认识的主体经历了六个发展阶段。

(1)感觉:感觉是自我对自己的活动的第一次反思,因为在任何知觉中,你只知觉到自己的状态。由于自我在第一次反思时不能同时反思其反思,故自我的活动仿佛因反思而中断,自我感到自己受到限制,成为受动的,受到强制的。

(2)直观:直观是自我对感觉的结果进行的反思。在直观中,感觉的结果呈现为外来的东西,自我就对这仿佛是外在的东西进行反思。费希特说,直观是一种沉默的、无意识的静观。

(3)想象力:想象力是自我对直观结果的反思。想象力模拟直观,对直观的结果进行构造和再生产,于是产生出客观世界的图形。

(4)知性:知性是自我对现实客体的反思,知性是自我的思维活动。知性活动的结果是关于客体的概念。

(5)判断力:判断力是自我自由地进行理智思维活动的能力,即自由地运用反思、抽象、综合、分析的能力。

(6)理性:理性是自我对其自身活动的反思。理性是对纯粹的主体活动的意识,因此是一种自我意识。理性是自由的,它可以

---

① ［德］费希特:《全部知识学的基础》,转引自王树人、李凤鸣编:《西方著名哲学家评传》第6卷,山东人民出版社1984年版,第117页。

摆脱一切客体活动,而体会到它除了受自己本身所规定以外不受任何客体规定。客体则不过是它自己的自由设定。所以理性是自我在它所设定的客体中返回到了自身。

4.作为实践主体的自我。

费希特把限制非我的自我称作实践自我。自我作为认识的主体是用想象力构造世界的,自我作为实践的主体则用实在的行动变革和创造世界。在费希特看来,实践高于认识,认识产生于行动的需要,行动的需要是在先的,对于世界的认识则是派生的。由于我们注定要行动,我们才认识。他说:"不仅要认识,而且要按照认识而行动,这就是你的使命。"①

自我的行动目的是从它所创造的世界中返回它自身,把世界变得与自身的理想一致,在变革现实的行动中追求人的解放。而人的解放首先是人的自由和独立自主。人要求摆脱必然性的支配,摆脱那种单纯受他物摆布、为他物效劳、由他物支配的生活,使自我成为完全自主的存在。这就是说,我要完全依靠自身成为我所是的东西,完成自我实现。

然而,在自我追求自我实现的行动中,非我始终是一个阻碍,实践自我就是自我规定和统一非我的一种努力。自我不断地克服阻碍,不断地超越单纯肯定的现实,在克服阻碍的行动中追求理想的实现。这种努力是自我本身的设定,是发自自我,并以自我为目的的。费希特认为,它是一种"实在的行动力量",一种向外活动的意向和努力,它表明自我具有无限的能力,我不仅具有制定概念的能力,而且具有用概念以外的实在行动来表现这种概念的能力,即实在的、能动的创造存在的能力。

实践自我要求规定和统一非我,非我是具有多样性存在的感

① [德]费希特:《人的使命》,梁志学、沈真译,商务印书馆1982年版,第78页。

性世界,因此自我规定非我的行动就表现为具体的、有限的。自我永远不停地规定非我,它的无限性也就不断地映现在有限的每一瞬间。实践自我是无限和有限的统一。

　　费希特认为,实践自我要求与非我统一的最终目标在现存的感性世界里是不能达到的。它超越了时间、空间,超越了一切感性事物。在现实中,自我永远有一个非我与它作对,自我要规定非我成为与自我一致,但是要使非我与自我完全一致却是不可能的。因为非我是由自我绝对地设定起来的,作为自我的对立物,非我与自我始终同在。人在尘世间可以无限地追求美好世界的理想,追求人的自我实现和自身的解放,但要完全达到这一理想则是不可能的。人的实践活动绝不可能达到这样一点。由此费希特提出,实践自我规定非我的活动实际上"只是一种要规定的倾向、要规定的努力",不过这种倾向、努力是由自我的绝对设定活动所设定的,因此"是一种无限的努力"。至于自我与非我的完全同一,人的理想的最终实现,费希特把它放到超感性的世界里去了,作为信仰的目标。他说:"人必须有超越尘世生活的目的。""对于感性世界来说,我只是为了另一个世界而活动"。①

　　(二)费希特的社会伦理思想

　　费希特的社会伦理思想是以抽象的人性论为出发点的。他认为人性的本质是自由,作为现实的人,人是必然的存在,他是由外在环境所决定的,然而作为理想的人,人是自由的,人应该由他自己决定他的存在。这就是他所说的绝对自我的自相同一。他重新提出了康德关于人本身就是目的的观点。他强调,因为人是目的,所以人应当自己决定自己,绝不应当让某种异己的东西来决定自己,他应当遵循理性给他指引的方向前进。要做到这一点,人必须

① 〔德〕费希特:《人的使命》,梁志学、沈真译,商务印书馆1982年版,第111页。

力求影响和改变事物,使事物同人的理想相一致。这种在变革事物中实现纯粹自我的技能,就叫文化。文化是达到人的终极目的的最高手段。他认为,人的最终目的是使一切非理性的东西服从自己,自由地按照自己固有的规律去驾驭一切非理性的东西。但是只要人不变成上帝,这个最终目的是永远达不到的,人的使命是无限地去接近这个目标。

他认为人的本性要求假定其他的、跟他一样的自由人,所以人注定要过社会生活,社会是自由的人的共同体,社会概念产生于人对自由的自我意识。他认为具有人性的人不仅要意识到自己的自由,而且更要尊重别人的自由。他说:"任何人,自以为是别人的主子,其实自己就是一个奴才,……只有想让自己周围的一切人都有自由的那种人,自己才是自由的。"①

他认为国家是在一定条件下产生的,用以创立完善社会的手段。国家的目的在于自身的消亡。

按照费希特的观点,道德行为是自由地承担起责任。责任感是对经验的感性存在挑战。责任意识是人的自由意志,当我完成着我的责任行为时,我也就更充分地实现着我自己。我行使的责任是我的责任,为实现它而奋斗是我的真正存在,承担责任的意识是我的良心。由此,他把康德伦理学中的绝对命令变成了良心的行动:永远按照你最善良的责任感而行动,永远按照你的良心办事。他认为人应当力求对社会尽责,应当坚守自己的岗位,以某种方式把同类提高到更高的水平。

费希特把历史看成是人的本能与理想的不断斗争,历史的发展是理性经过艰苦的努力对本能日益加强影响的过程。他提出了

---

① [德]费希特:《论学者的使命》,转引自王树人、李凤鸣编:《西方著名哲学家评传》第6卷,山东人民出版社1984年版,第128页。

划分历史的五个时期:1.非反思的、半理性行为时期;2.权威的强制(少数人用法律控制多数人的行为)时期;3.不受约束的本能公然反抗法律约束的时期;4.启蒙时代的逐渐承认和接受理性方针的时期;5.社会的人道精神最终实现的时期。他宣称,伦理的目标是至高无上的,它永远不可能存在,但永远应当存在。因此问题不在于我能否获得成功,而在于我应当成功,我应当而且值得为这样一个目标而忠诚地奋斗。

费希特的社会理想充分反映了当时的德意志民族渴求独立自由和民族解放的愿望,也反映了德国资产阶级反对封建主义束缚,争取独立自主,个性解放的要求。

二、谢 林

弗里德里希·威廉·约瑟夫·谢林(Friedrich Wilhelm Joseph Schelling,1775—1854年)出生在德国莱翁贝格的一个新教家庭。15岁进了蒂宾根神学院,与同窗黑格尔和荷尔德林结成了友谊。1789年法国爆发的资产阶级大革命以及康德所开始的德国哲学革命都对年轻的谢林产生了深刻的影响,他开始接受了康德和费希特的哲学传统。神学院毕业后,他担任了3年家庭教师。1798年开始在耶拿大学任教,成为费希特的同事和朋友。与此同时,谢林开始超越费希特而走上自己独立发展的道路。他在这个时期发表的重要著作《自然哲学体系初步纲要》和《先验唯心论体系》等,表明他的思想从费希特的主观唯心主义转向客观唯心主义。当时的耶拿是德国浪漫主义的中心,谢林深受浪漫主义运动的影响并以他的哲学影响了浪漫主义运动。1803年谢林离开耶拿,1804年发表《哲学与宗教》,从此他的思想越来越向神秘主义转变,最后走到了"天启哲学",成为官方的基督教哲学家。

谢林的思想前后变化很大,他的早期哲学构成了从康德经费

希特到黑格尔的中间环节。他的思想大致经历了四个阶段:主观
唯心主义、自然哲学、同一哲学和天启哲学。

谢林一开始是费希特哲学的信徒,接受了费希特关于自我的
学说,把自我看作是人类知识的最高原则。后来他吸收了意大利
启蒙哲学家维柯哲学中的历史主义以及斯宾诺莎的实体概念,开
始了对自然变化过程的广泛研究,提出了一系列自然哲学观点,从
而逐步脱离了费希特的轻视自然的主观唯心主义,建立起他的自
然哲学体系。

1796—1798 年,谢林把自然哲学作为先验哲学的一部分,
1799 年,谢林把自然哲学作为一门独立的科学来研究,1801 年他
把自然哲学和先验哲学一起作为同一哲学,自然哲学成为同一哲
学的一部分。

(一)谢林的同一哲学

谢林把关于自然的学说和关于知识的学说的统一称作同一哲
学。他认为这两门学说的总和并不构成完全的真理,真理是把自
然和知识统一起来的一种"绝对同一"。他把这种"绝对同一"作
为哲学的出发点和归宿。

究竟以主观的东西统一客观的东西,还是以客观的东西统一
主观的东西? 换言之,主观和客观何者为先? 在这个问题上,谢林
既不同意费希特的主观唯心主义,也不同意唯物主义观点,而主张
真正在先的既不是主体,也不是客体,而是主体和客体的"绝对同
一",他把这称为"主体—客体"。宇宙间的一切自然现象和精神
现象都来源于这一绝对的同一。

在谢林看来,人们的思路无论从客观的东西出发,还是从主观
的东西出发,最终都要导致这两方面的"绝对同一"。或者你从客
体开始,像在一切自然科学里那样,那么,自然科学的理论原理是
怎样能够普遍地适用于客观自然界的? 难道不是预先设定了在主

体和客体之间有一种预定的和谐吗？否则就不能设想观念的东西怎么能与客观的东西相符合。或者你从主体出发，像知识学所做的那样，那么，一个与主体相符合的客观世界又是怎样能够从主体中想象和推演出来的？除非我们预先设定主体与客体的"绝对同一"。因此，无论从客体出发，还是从主体出发，追根溯源，最根本的还是那个"绝对同一"。他认为，"整个哲学都是发端于、并且必须发端于一个作为绝对本原而同时也是绝对同一体的本原。"①"这种更高的东西本身就既不能是主体，也不能是客体，更不能同时是这两者，而只能是绝对的同一性"②。

谢林所谓"绝对同一性"是一种不自觉的精神力量，在这个不自觉的精神力量中，"自我"和"非我"、思维和存在、主体和客体都融合为一，是绝对的无差别性。"绝对同一"精神本原由于自身不自觉的原始冲动，就产生出原始的对立，从而一分为二，其中无意识的精神活动就是自然界，有意识的精神活动就是人类社会。"绝对同一"不仅是万事万物产生的原因，而且是它们的结果。

谢林的"绝对同一"不同于费希特的"自我"，费希特的"自我"既是具有绝对普遍性的自我（大我），又是具有个人特殊性的自我，自我是非我的对立物，并且永远处于这种对立状态，自我与非我的统一只是一种理想。谢林则要求普遍性和特殊性、客观性和主观性的联合，他把这种联合看作绝对无差别的同一。谢林的主观客观相统一的观点在黑格尔哲学中得到继承和发挥，但他的在产生差别和矛盾的前后，都有一个无差别、无矛盾的绝对同一的观点，也受到黑格尔辩证法的批判。

在谢林看来，"绝对同一性"只有通过自我意识才能显现出

---

① ② ［德］谢林：《先验唯心论体系》，梁志学、石泉译，商务印书馆1977年版，第274、250页。

来,而这种自我意识的行动不是别的,就是一般自我直观的行动,或者说理智直观。这是由于他所说的绝对同一是一种漫无差别的同一,因此要认识它就不可能通过任何有限的规定性和中介来达到,既不能通过概念去理解,也不能通过概念去表达。它不是证明的知识,而是直接的知识,而且是与感性的直接知识不同的理智直观知识。谢林认为,感性直观的内容是零散、不统一的,理智直观则把握全体和同一性。他说:"没有理智直观,哲学思维本身就根本没有什么基础,……哲学的所有概念都仅仅是对那种把自身当作对象的创造活动、即理智直观的各种不同的界说,所以,没有理智直观,一切哲学也都会是绝对不可理解的。"①与此同时,他又提出,理智直观虽然为哲学所必需和特有,然而在通常意识中是根本不出现的。哲学是决不能普及的,它只把少数人带到那里去,因为只有少数特别幸运的人,即天才,才会享有这种理智直观。这样,谢林就把哲学认识神秘化了。

(二)谢林的自然哲学

谢林把自然哲学看作是"哲学的一门必不可少的基本科学"。②自然哲学"专门研究自然界的原始动因"③。自然科学着眼于自然的表面以及外在的方面,研究的是自然界的局部现象。与自然科学不同,自然哲学则着眼于自然的内在动力结构,把自然作为一个整体、一个系统,把握它的逻辑联系。自然哲学研究自然和精神的区别和联系,它着眼于普遍的原理,因而是一切自然研究的准则和前提条件。他提出:"完善的自然理论应是整个自然借以把自己溶化为一种理智的理论。"④"自然应该是可见的精神,精

---

① ② ④ ［德］谢林:《先验唯心论体系》,梁志学、石泉译,商务印书馆1977年版,第35、8、7页。
③ 北京大学哲学系外国哲学史教研室编译:《西方哲学原著选读》下卷,商务印书馆1982年版,第350页。

神应该是不可见的自然"。①

　　谢林不同意费希特关于自然界是自我所设定的阻碍自我的观点,他认为自然与自我一样拥有无条件的实在性,不能说客体是由主体所产生的,也不能说主体是由客体所产生的,实际上自我和自然是同一的。人们可以从主体出发,从中引申和推演出整个客观世界,如同康德和费希特哲学所做过的那样;也可以从客体出发,用自然的东西来说明精神现象。谢林把前者称作先验哲学,而把后者称作自然哲学。在他看来这两门哲学本来是一个,只是由于考察问题的角度和方向不同,才分成了两门,而这两个认识方向都是认识体系中不可缺少的,它们是相互过渡、相互统一的。谢林所说的自我和自然的同一,是一种客观精神,基于这一客观唯心主义观点,他提出自然是盲目的、无意识的心智,意识是自由的、有意识地产生的心智。

　　谢林认为自然科学的发展向人们展示了自然界的精神化过程,即从客观向主观的过渡和运动。他说:"一切自然科学的必然趋势,是从自然出发而达到心智。"②自然科学从客观的东西出发,越来越深入到自然界更深的层次中去,在这一揭示自然本质的过程中,物质的东西消失了,留下的只是规律和形式的东西。由此谢林推测道,自然界是自发的能动的和发展的,在自然界本身中存在着把自己精神化的趋向,即自然界自我实现的趋向。自然界从一个阶段向另一个阶段的运动发展,就是从无意识的东西向有意识的东西的逐步转化,也就是逐步地实现自身。物质只是自然实现自己过程中的低级阶段,物质是死寂的、无意识的,"死寂的自然

---

①　[德]谢林:《自然哲学观念》,转引自王树人、李凤鸣编:《西方著名哲学家评传》第6卷,山东人民出版社1984年版,第192页。

②　北京大学哲学系外国哲学史教研室编译:《西方哲学原著选读》下卷,商务印书馆1982年版,第352页。

只是一种不成熟的心智"。① 自然自身实现的最高目标只有通过
人,即理性,才能达到。在谢林看来,自然借助于理性,才第一次完
全地回复到它自身。由此可见,谢林是把精神的东西看作从自然
本身当中孕育成熟的,精神是自然界自身运动和发展的产物。

谢林力图把自然看作一个统一的整体。他认为意识和自然本
来是无限的统一体,只是当意识限制自身并把自身表现为有限的
东西时,才有了物质和精神的区分。他不仅用引力和斥力说明物
质运动,而且把它作为物质和精神的共同基础。在他看来,引力表
现为客观、自然、物质;斥力表现为主观、自我、精神。引力和斥力
的二重性和矛盾还制约着人类精神活动的过程,作为引力的自我
把外在世界的运动变化凝聚到内在的感觉世界,构成内部经验,它
是时间的先天基础。作为斥力的自我向外在世界奋进,构成外部
经验,它是空间的先天基础。

在《论世界灵魂》中,谢林探讨了物理学中的哲学问题,提出
科学的根本目标是把自然解释为一个统一的整体,为此一切科学
研究都应当以力的问题为归宿。他试图证明,机械力、化学力、电
力、生命力都是同一个基本的力的不同表现形式。这个基本的力
他称作"纯粹的活动"。各种纷然杂陈的特殊的力归根到底是一
种一般的自然力,因此不存在孤立的运动方式,各种运动形式是内
在联系、最终统一的。自然是普遍联系的整体。

谢林的自然哲学把世界看作一个由同一开始,经过差别、对
立、二重性,回归到同一的发展过程。自然界最初是无差别的同
一,但无差别已经是同差别对立的,而在无所不包的同一性范围之
外不可能有任何东西,因此,与同一对立的差别应当是包括在同一

---

① 北京大学哲学系外国哲学史教研室编译:《西方哲学原著选读》下卷,商务印
书馆 1982 年版,第 352 页。

本身中的。这就是说,同一中应当有对立。于是,自然界就应当不再是纯粹的同一性而是二重性。谢林认为,同一性和二重性是相互依存、不可分割的,"在自然界中,没有两分性的统一性和没有统一性的两分性都是不可思议的。这一个总是从另一个产生的。"①统一性中的二重性和二重性中的统一性,这就是自然界全部活动的最终根源。由同一到对立,又从对立到新的同一,这就构成了自然界永恒的生成运动。他说,"对立在每一时刻都重新产生,又在每一时刻被消除。对立在每一时刻这样一再产生又一再消除,必定是一切运动的最终根据"。②

　　谢林发现了磁、电、化学现象的联系和转化,提出"正是同一个普遍的二元对立,从磁的两极性开始,经过电的现象,变为化学的异质性,并最后在有机自然界表现出来"。③ 在他看来,磁的现象中,对立存在于同一个物体中;在电的现象中,对立的东西在不同的物体中,彼此对立;到了化学现象,彼此对立的物体相互作用的结果是回复到同一,即物体的无差别性。磁、电、化学现象就构成了运动过程的上升的层次序列。而化学现象就是磁和电的统一。无机运动过程的完全实现就是有机过程的开始。有机生命并不是与其他物质现象并列的一种物质现象,而是无机物发展的最完善形式,是无机物质的最高层次,既属于无机物质,又区别于无机物质。生命是具备了一切无机过程,同时又不同于无机过程的物质现象。生命现象的根据是自然界的本质,由此他断言,自然界

① ［德］谢林:《自然哲学体系大纲导言》,转引自［苏］捷·伊·奥伊则尔曼主编:《辩证法史　德国古典哲学》,徐若木、冯文光译,人民出版社1982年版,第167页。
② ［德］谢林:《先验唯心论体系》,梁志学、石泉译,商务印书馆1977年版,第148页。
③ 《谢林全集》第3卷,转引自王树人、李凤鸣编:《西方著名哲学家评传》第6卷,山东人民出版社1984年版,第196页。

是一个活的整体,存在着"世界灵魂",而非生物的自然界只不过是"僵死了的"生命。由此看来,谢林企图用"世界灵魂"、"万物有灵"的观点解决世界的统一性问题,并把自然现象看作是相互联系的整体。

谢林特别重视有机体的特点。在他看来,无机物的特点是机械性,它受直线式因果序列的支配,有机体的特点是不仅有机械性,而且有目的性,是机械性和目的性的统一。有机体"不只是作为原因或结果而存在的,而且是独立自主地维持其存在的,因为它本身就同时既是原因又是结果。"生命的根本特点尤其在于,它是"一种向其自身回归的、稳定的和由内在本原维持的前后相续的系列"。① 在他看来,生命是在同周围环境的不断斗争中维持自身的同一性的。有机体的这个特点表明,在有机体中,整体先于部分,部分是由整体中产生的。而这正是自然界的一般特点。"自然界中的一切个别都是由整体预先决定的。"②因此谢林认为自然界的整体性在有机体中得到了充分的表现。与康德仅仅在主体的判断力中寻找机械性和目的性的统一不同,谢林在自然界本身中寻找这种统一性的根据。

谢林认为,正如无机过程的每一发展阶段都是自然界要完全实现自己而没有成功的企图一样,在有机自然界中也是如此:生物进化的每一物种都是自然界自我实现经过的必然阶段。个体是表现生物种的不完善的手段,而每一个种又是表现生物类的不完善手段。有机物种由此而循序进化。这里,在种之间,以及在同一个种的个体之间,都存在着起源上的联系。这就是说,一切有机物前

① [德]谢林:《先验唯心论体系》,梁志学、石泉译,商务印书馆1977年版,第155页。

② 《谢林全集》第3卷,转引自[苏]捷·伊·奥伊则尔曼主编:《辩证法史德国古典哲学》,徐若木、冯文光译,人民出版社1982年版,第180页。

后相续的系列应当是自然界自身逐渐发展的结果。而自然界就是这样一个内在联系着的有机整体。

（三）谢林的先验哲学

在1800年出版的《先验唯心论体系》中,谢林进一步研究了人的认识的发生、发展过程。在认识论问题上,他吸收了康德、费希特知识学的一些基本观点。他说:"一切知识都以客观东西和主观东西的一致为基础"。[1]在认识活动中,主观的东西和客观的东西是统一在一起的,二者同时存在,是一个东西。这就是说,知识的构成过程就是客观对象的形成过程。他又进一步提出,主观和客观的这种直接同一只能存在于自我意识里,因为自我意识即"我＝我",其中前一个"我"是思维着的我,后一个"我"是对象的我。因此一切认识活动的基础是自我意识。认识的对象是自我意识,认识活动是自我意识的纯粹活动。对非我或客体的意识不过是自我意识对自身活动的限制,"纯粹意识在用各种方式加以规定和限定时就得出了经验意识。"[2]自我意识的纯粹活动从根本上说是一种直观活动,这种直观活动和感性直观相反,它是理智直观,是自我对其自身的知识。

谢林把认识活动看作自我意识内对立不断发生又不断同一的运动过程。在自我的纯粹活动内有两种对立的活动,一种活动是被限制的,一种活动是作限制的。前者构成客体的意识,后者构成主体的意识。然而孤立的客体或孤立的主体并不构成知识,因此就有第三种活动——自我意识本身的综合活动把两个对立的环节相互关联、同一起来。在谢林看来,主体和客体的对立是认识运动的动力,"假如自我中没有对立,那么它里面一般地就根本不会有

————————
①② ［德］谢林:《先验唯心论体系》,梁志学、石泉译,商务印书馆1977年版,第6、40页。

运动,不会有创造,因而也不会有什么创造物了。"①但他把这种对立看作是一种绝对的对立,其中的任何一方都没有能力消除对方,也没有能力把无限的对立结合起来,因而只有借助于所谓第三种活动(介于两者之间)才能实现对立的统一。这就把对立的同一外在化了。在谢林看来,认识活动就是主客对立不断发生不断解决的无穷系列,"a 和 b(主体和客体)这两个对立面被行动 x 结合在一起,但 x 里有一种新的对立,即 c 和 d(作感觉的东西和被感觉的东西),因此行动 x 又使自身成为对象;这种行动本身只有通过一种新的行动 z 才能得到说明,而行动 z 也许又包含着对立,如此等等,以至无穷。"②

在此基础上,他构造了关于自我意识活动的三个时期,表明了他对认识过程的理解。这就是从原始感觉到创造性的直观、从创造性直观到反思、从反思到绝对意识活动三个时期。在感觉阶段的初始,主体和客体的对立尚未明显地显示出来,这是认识的无意识阶段。感觉第一次区分出主体和客体。感觉是自我直观到它自身受某种与它对立的东西限制的。谢林认为任何限制状态都是由自我意识的活动产生的,但处于感觉中的自我并不意识到这种限制是自身的限制,因而在感觉中就有了自我与自在之物的原始对立。这一矛盾是由第三种活动即直观的活动结合起来的,他把这种直观称作比感觉的直观更高级的第二级次的直观,即创造性的直观。在感觉活动中所设定的自我和对象的对立在创造性直观中成为特定的对立,就是说自我在一特定的方式中获得关于对象的特定观念。于是就产生了客观世界及其产物和现象的全部多样性。在创造性直观中,自我作为进行感觉的自我,即作为主体,变

---

①② [德]谢林:《先验唯心论体系》,梁志学、石泉译,商务印书馆 1977 年版,第58—59、76 页。

成了自己的对象。但是这时的意识还没有达到对它自身的直观，这一目的只有在完全从创造活动中解脱出来的自由的反思活动中才能达到。抽象是反思的第一个条件，抽象是自我行动和被创造的东西的分离，由此产生了概念和对象的分离。在判断中彼此对立的概念和对象又成为彼此等同的。谢林认为把判断中分离的概念和对象连接起来的是范式化的直观（即从感性上加以直观的规范）。在谢林看来，在反思活动中的绝对的抽象只能解释为理智自己决定自己的行动，即意志行动。这样，"理智只有以意志活动为中介，才会自己成为自己的对象"①。这就是说，认识的最高目标只有通过实践活动才能实现。由此，谢林就从认识的领域转入实践的领域。

谢林认为理智是必然的和有限的，意志是自由的和无限的，想象力则是理智和意志之间的中介，即构成由理论到实践的桥梁。想象力产生出想法，想法的对象总是有限的，而想象活动是无限的。这些想法在意志的理想化之后，就产生了理想与现实的冲突。矛盾引起冲动，为了恢复主客体之间被破坏的同一，自我永远不停地为实现自身的理想而奋斗。但他又认为理想作为最终目的是永远达不到的。

在谢林看来，意志与理智之间的区别只是相对的，不是绝对的，归根结底它们是同一的。在理智中，行动的自我和认识的自我是同一个自我。行动的自我改变着外在世界的面貌，把主观变为客观，外在世界的变化则由认识的自我接纳为概念，由客观变为主观。所以理智就是行动，认识与行动是同一的。

谢林认为历史是有意识、有目的的"实践自我"创造出来的。

———————————

① ［德］谢林：《先验唯心论体系》，梁志学、石泉译，商务印书馆 1977 年版，第 189 页。

实践自我永远不断地谋求理想与现实的一致,但个人的行动欲望若是越过了自己正当的限度,就必定会受到他人意志的约束和制裁。法律制度正是在意志相互约束的基础上建立起来的,他把这称为我们的意志在第一自然的基础上建立起来的第二自然。因此他把历史过程看作是法治的逐步实现,是朝向完善国家的目标的不断进步。在这个完善国家中,一切人都是公民,人人平等自由。他相信"人类能够并且应该自己创造自己的历史"。① 在此基础上他进一步提出,历史是人类自由的发展,是人类通过必然去实现自由的过程。但他又认为,必然和自由的统一是一种绝对的同一,对此人是永远无法认识的,它不是认识的对象,而是信仰的对象。他把这称为"历史中的上帝"。在谢林看来,人类历史的第一个时期是原始时代,这个时代理智的因素占主导地位。理智作为一种完全盲目的必然性的力量冷酷地、无意识地毁灭最宏伟壮丽的事业,这是一个"悲剧时期"。第二个时期从罗马共和到他的时代,是意志的因素占主导地位,封建主的个人意志对人民实行专制统治,自然规律受到践踏。第三个时期是未来时代,在这个时代将达到理智和意志的统一,达到"法治"。谢林批评封建专制制度为十足的专横暴虐,主张实行"法治"。但同时,他又以历史是在时间中进行,而时间是无限的为理由,认为"法治"的理想是不能完全实现的"最终理想"。谢林的这种社会历史观点,反映了德国资产阶级既要革命又不敢革命的两重心理。

谢林用艺术理论来完成他的理论体系。他认为,在人类历史中实现不了的理智和意志的统一,可以在艺术中获得实现。因此,艺术理论在他的哲学中占有非常重要的地位。谢林提出,艺术创

---

① 《谢林全集》第 1 卷,转引自王树人、李凤鸣编:《西方著名哲学家评传》第 6 卷,山东人民出版社 1984 年版,第 181 页。

造活动是有意识东西与无意识东西的统一。这里,自我就其创造活动而言是有意识的,但就其产物来看则是无意识的。因此艺术活动是自由与必然在其中得到绝对统一的行动。在艺术中,理智第一次成为完全的自我意识,主观和客观的无限矛盾达到绝对的同一。因此在艺术作品中表现出来的是无限的事物,"而这种终于被表现出来的无限事物就是美"①。他认为艺术的目的不是功利、愉快、道德或知识,而是美,艺术的目的是在有限中实现无限。艺术创造的东西只有通过天才才是可能的,因为天才可以解决其他任何才能用别的方法都绝对不能解决的矛盾。谢林把艺术看作真正的哲学,是一切理智所追求的目标。在艺术中,自然和历史是永远和谐一致的。他说:"艺术对于哲学家来说就是最崇高的东西,因为艺术好像给哲学家打开了至圣所,在这里,在永恒的、原始的统一中,已经在自然和历史里分离的东西和必须永远在生命、行动与思维里躲避的东西仿佛都燃烧成了一道火焰"。②谢林的艺术理论表现出相当浓厚的神秘主义色彩,为他后来的思想转变提供了准备,也为当时的浪漫主义思潮提供了哲学基础。

从1804年写作《哲学和宗教》开始,谢林的思想越来越趋向宗教神秘主义。他开始感到他那个调和并消除了一切差别和对立的绝对同一与充满矛盾对立的真实世界之间缺乏合理的过渡,很难解释永恒静止的绝对同一如何引申出实在的世界,假、丑、恶以及一切有限事物怎样从作为世界本原的神圣本质中产生出来。于是,谢林不得不求助于神的启示。他提出上帝是一切存在的基础,上帝是绝对无条件的、永恒的无,上帝同时又是永恒的对立,

①② ［德］谢林:《先验唯心论体系》,梁志学、石泉译,商务印书馆1977年版,第270、276页。

上帝的异化产生出万物。这样,恶及有限事物就成为神的自我启示所必需的东西,是不可理解的,对之只能采取宗教的态度,即用爱来调和善与恶。在他看来,这种启示已非理性所能把握,理智直观就为非理性的"狂热"所代替,也就是说,只有在狂热状态中,才能认识作为绝对同一性的神。这个时期的谢林已经转变成为基督教哲学家,这也是谢林思想发展的最后阶段——天启哲学阶段。

(四)谢林的辩证法思想

谢林的早期哲学中包含有丰富的辩证法思想。他批判了当时的机械运动观点,提出了自然界自己运动变化和发展的思想。在他所描绘的世界图景中,自然界表现为富有生命的、永恒的生成过程。普遍的联系、转化、发展是他自然哲学中贯穿的基本方法。他力图揭示出各种物质运动形式之间的联系和转化,以及无机物和有机物、物质和精神、认识和行动、主观和客观之间的联系和转化。在他看来,世界就是普遍联系着的有机的整体。谢林把发展理解为不断由低级阶段向高级阶段运动的过程。他提出了"级次"概念,不仅无机的自然界经历了磁、电和化学现象等级次的上升的前进运动,有机的自然界也是如此,生物的种类进化同样表现出不同级次的循序渐进。同时,他把精神活动,即自我意识的发展也描述为自我直观从一个级次转入另一个级次的过程。

谢林坚持自然和精神同一和把世界看作统一整体的观点,反对二元论,反对把世界分割成僵死的碎块的知性观点。通过对有机体特性的考察,他提出了自然界作为整体应当先于它的各部分,以及自然界中的一切个别都是由整体决定的思想。

在对物质现象和精神现象的进一步的考察中,谢林提出了对立的统一原则,指出对立统一既是"一般的世界规律",又是"关于自然界的哲学学说的第一个原则"。① 他认为事物本身都包含对立的两方面,这两方面既对立,又相互关联,互为前提,每一方只有同另一方对立,才能成为它所是的东西,才能规定它自己。矛盾对立的双方是互相转化的。他说,任何变化中都会发生从一种状态向其矛盾对立状态的转化。他进一步指出,事物自身的矛盾是运动变化的源泉,对立的一再产生又一再消除,这是一切运动的最终根据。谢林把发展看成为同一和对立(即二重性)的相互依存和转化,由同一开始,经过对立面的斗争,再到新的同一,这就构成了世界的永恒的生成和发展。他说,对立的原则在整个自然界发生作用,这些对立的原则又在每一个物体中合而为一。他认为对立、矛盾也是社会历史具有的。谢林的这些辩证法思想,特别是关于对立统一的合理思想,在黑格尔的哲学中得到继承和发展。

当然,谢林的辩证法思想是有许多缺陷的。在他的同一哲学中,发展过程的开始和结尾都是所谓消除了一切差别和规定性的同一,由这种僵硬的绝对同一当然无法说明由同一到差别的进展,正如黑格尔正确指出的那样,真实的同一是包含差别、对立于自身内的同一。在抽象的同一观基础上,谢林把直观的知识夸大到一个极端。他所谓的理智直观同样是排斥中介和规定性的直接知识,是对理性认识的曲解。排斥了中介和规定性,就无法说明认识的真实发展,而只能把真理性的知识神秘化。

谢林哲学前后变化很大。但他早期的哲学思想是他"真诚的青春思想"。② 他的客观唯心主义和辩证法思想直接影响了黑格尔。他的美学也影响了当时的浪漫主义思潮。

---

① 《谢林全集》第2卷,转引自[苏]捷·伊·奥伊则尔曼主编:《辩证法史德国古典哲学》,徐若木、冯文光译,人民出版社1982年版,第171页。
② 《马克思恩格斯文集》第10卷,人民出版社2009年版,第12页。

第三节 黑 格 尔

黑格尔是康德所肇始的德国新兴资产阶级哲学革命的伟大继承者和推进者。黑格尔哲学继康德、费希特、谢林哲学之后,形成德国古典唯心主义哲学发展的顶峰。黑格尔第一次全面系统地创造了辩证法的一般运动形式,并且自觉地应用这种思维方式建构了空前宏伟、内容丰富的哲学体系。黑格尔哲学是辩证唯物主义哲学的理论来源之一,一百多年来一直对理论思维发生着巨大的影响。

格奥尔格·威廉·弗里德里希·黑格尔(Georg Wilhelm Friedrich Hegel,1770—1831 年)出生于符腾堡公国首府斯图加特城,父亲是公爵府财政秘书。黑格尔 7 岁入拉丁学校,10 岁进本城中学。1788—1793 年,黑格尔在蒂宾根神学院学习,他对正统神学不感兴趣,而爱好钻研古典作品,并开始注意卢梭的著作。这时,黑格尔跟他的两位同学即谢林和荷尔德林结下深厚友谊。他们当时都是法国革命的热忱拥护者。据说当法国革命爆发的消息传来时,黑格尔和谢林等人还去近郊按法国方式栽种了"自由树"。他成为学生中政治俱乐部的积极成员,热情宣传卢梭的自由平等思想。

1793—1796 年他在瑞士伯尔尼一个贵族家里当家庭教师。在这里,黑格尔一面深入研究康德、费希特和谢林的著作,一面继续注视法国事态的发展。他不赞成雅各宾派的恐怖手段,但他仍把法国革命看作一场彻底的社会变革。

1797—1800 年,黑格尔在法兰克福一商人家里当家庭教师。在此期间,黑格尔继续关心政治、社会状况和宗教,并把研究领域扩展到政治经济学。

　　1801—1806年,黑格尔在耶拿。1801年他与谢林一起创办《哲学评论》杂志。同年8月黑格尔通过就职论文答辩,得到编外讲师资格。在耶拿大学,黑格尔讲授逻辑学、形而上学、"实在哲学"等课程,1805年获得副教授职称。同年冬季他开始撰写巨著《精神现象学》,此书在1806年10月耶拿战役前夕匆匆完稿,1807年4月初版问世。

　　1807—1808年,黑格尔任《班堡报》的编辑。1808年12月—1816年,黑格尔任纽伦堡中学校长。1812—1816年完成了他的哲学名著《逻辑学》。这部著作系统地论述了唯心主义辩证法。

　　1816—1818年,黑格尔在海德堡大学任教授。1817年,出版了他的主要著作《哲学全书纲要》。这部著作由"逻辑学"、"自然哲学"和"精神哲学"三部分组成,全面系统地论述了黑格尔哲学体系,标志着黑格尔客观唯心主义体系的最后完成。

　　1818年黑格尔奉普鲁士王国政府之命,担任柏林大学教授。1821年,他出版了《法哲学原理》,这是他生前公开发表的最后一部著作。1829年10月黑格尔被选为柏林大学校长并兼任政府代表。1831年11月因患霍乱病逝世。

　　黑格尔逝世后,他的学生对他的讲课手稿和学生的笔记进行整理,出版了《哲学史讲演录》、《历史哲学讲演录》、《美学讲演录》、《宗教哲学讲演录》。20世纪初以来,黑格尔研究者整理出版的黑格尔著作有:《黑格尔早期神学著作》、《黑格尔政治和法哲学著作》、《耶拿体系草稿》(第1—3卷)以及《黑格尔法哲学》(第1—4卷)等。

一、哲学体系的形成

　　黑格尔唯心主义辩证法的哲学思想是当时时代精神的反映。他继康德、费希特等之后,在哲学中维护和贯彻启蒙运动所首倡导、而在法国大革命中得到现实体现的反封建的"理性"和"自由"原则，以及破旧立新、前进发展的时代精神。当然，他也是按德国古典唯心论哲学家所特有的方式反映这种时代精神的。他宣称，"'理性'支配世界"①，"我们时代的伟大在于承认了自由、精神的财富、精神本身是自由的"。②他在《精神现象学》中谈到创立新哲学的任务时，对法国革命所代表的破旧立新、前进发展的精神做了生动的论述。他说："我们这个时代是一个新时期的降生和过渡的时代。人的精神已经跟他旧日的生活与观念世界决裂，正使旧日的一切葬入于过去而着手进行他的自我改造。事实上，精神从来没有停止不动，它永远是在前进运动着。"③

黑格尔在法国革命以后德国资本主义形成过程加快的历史条件下，着力于向前推进启蒙运动的思想原则。他肯定法国启蒙者对理性真理的确信、对自由精神的贯彻实行；但是认为他们的思想还是"抽象的"，没有达到对"绝对'真理'的具体的理解"。④他批评雅各宾派把自由原则推到了"绝对自由"这一极端，导致了"无政府状态"和"纯粹恐怖"。⑤ 黑格尔赞赏康德对启蒙思想的理论概括和系统化，但是不满意于康德的理性"没有达到统一性和现实性本身"。⑥黑格尔坚信理性能认识真理，理性原则能变为现实。这样，一种能动的、辩证的理性原则就成为贯穿于他全部哲学之中的一个根本的思想原则和思维方式。

黑格尔辩证法思想的形成和发展，是与他对当时自然科学成

---

①④ ［德］黑格尔:《历史哲学》,王造时译,三联书店 1956 年版,第 53、492 页。

②⑥ ［德］黑格尔:《哲学史讲演录》第 4 卷,贺麟、王太庆译,商务印书馆 1978 年版,第 254、294 页。

③ ［德］黑格尔:《精神现象学》上卷,贺麟、王玖兴译,商务印书馆 1987 年版,第 6—7 页。

⑤ ［德］黑格尔:《精神现象学》下卷,贺麟、王玖兴译,商务印书馆 1979 年版,第 122 页。

果的概括相联系的。正如他自己所说,"哲学与自然经验不仅必须一致,而且哲学科学的产生和发展是以经验物理学为前提和条件。"①他特别重视那些揭示自然界辩证法的科学材料。他着重指出,在科学中代替那种机械的"力"的观念的统治,"'两极性'这一范畴在近代却起了最重要的作用,而且不管好歹,侵入一切领域……这样的事实有无限的重要。"②

黑格尔唯心主义辩证法哲学的思想渊源,主要是古希腊哲学和近代哲学特别是他的直接先驱者康德、费希特和谢林的哲学。在古希腊哲学中除爱利亚学派和赫拉克利特之外,他最为推崇柏拉图和亚里士多德。黑格尔认为,柏拉图第一次以自由科学的形式制订了辩证法,柏拉图的理念论是划时代的伟大贡献。黑格尔把亚里士多德所讲的共相解释为能动的具体的理念,认为亚里士多德的哲学是对柏拉图理念的进一步发展。

黑格尔认为,近代哲学克服了古代哲学把思维和存在看作浑然一体的那种素朴观点,开始意识到二者的对立,并力图加以调解,达到二者的统一,从而明确提出了近代哲学基本问题。在近代哲学中,黑格尔重视笛卡尔的我思故我在、斯宾诺莎的实体统一性和莱布尼茨的个体能动性观点。

黑格尔认为康德是德国哲学革命的开创者,是辩证法的复兴者。康德首先从形式方面即从规律和范畴方面提出了思维和存在统一的问题,其"主要作用在于曾经唤醒了理性的意识",③维护了人的主体性和自由的原则。但是,黑格尔指出,由于康德没有贯彻发挥辩证法的能动性的思想,割裂了现象和本质、思维和存在、理

---

① ［德］黑格尔:《自然哲学》,梁志学等译,商务印书馆1980年版,第9页。
② ［德］黑格尔:《逻辑学》上卷,杨一之译,商务印书馆1974年版,第9页。
③ ［德］黑格尔:《小逻辑》,贺麟译,商务印书馆1980年版,第150页。

想和现实等等关系,陷入二元论和不可知论。黑格尔认为费希特发挥了康德的主体性原则,提出了正、反、合的推理方法,但是仍然停留在"自我"原则的主观性形式上,仍然没有实现思维和存在的统一。黑格尔肯定谢林在"绝对理念"基础上实现思存同一的企图,以及他所提出的对立统一的思想,但是摒弃了谢林的"理智直观"和无差别的同一性。

就是这样,黑格尔通过对以往哲学的批判继承,形成了他自己的哲学思想。他认为当代哲学的根本任务在于"通过思维"克服思存的对立,达到二者的同一。因此,他继承康德所开创的德国古典哲学的唯心主义路线和主体能动性原则,从而提出了"客观思想"、"绝对精神"、"世界理性"、"理念"作为基本哲学概念,认为这种思想、精神就是世界万物的实体、本原,是统一思维和存在、主体和客体的"绝对"原则。因此黑格尔把自己的哲学称作"绝对唯心论",即认为这种绝对的思想概念是"在先的",世界万物都是这种"神圣思想"所产生出来的。① 这是区别于康德的主观唯心论的一种客观唯心论。

在这种唯心主义的哲学中,黑格尔着重提出了辩证法的问题。因为他用来作为基本哲学概念的"客观思维",不是一般所谓主观的、形式的思维,而是能动的、辩证的概念思维。因此,黑格尔不仅把自己的辩证法思想看作是古希腊爱利亚派、赫拉克利特、柏拉图和亚里士多德所代表的"真正的辩证法"思想的继承,是对康德等先驱者辩证法思想的发展,而且,他把自己的辩证法称作是"更高级的概念辩证"②,是具有普遍意义的"科学方法",是"唯一能成为真正哲学的方法"。③ 黑格尔在西方哲学史上第一次系统地

① 参见[德]黑格尔:《小逻辑》,贺麟译,商务印书馆1980年版,第127、334、177页。

② [德]黑格尔:《法哲学原理》,范扬、张企泰译,商务印书馆1961年版,第38页。

③ [德]黑格尔:《逻辑学》上卷,杨一之译,商务印书馆1974年版,第36页。

制订了概念的辩证法。他正是应用这种方法在"客观思维"基础上实现思存的辩证统一以及其他对立范畴的辩证统一,从而在哲学史上划分了一个时代。

黑格尔依据他的客观唯心主义和辩证方法,形成他的全部哲学的整体构想。在他看来,真正的哲学知识应是以纯概念的形式对绝对精神的真理认识。但是,这种真正的哲学知识不是一蹴可就的。要达到这种哲学知识,必须经过"意识"的发展过程,即从最低级的感性知识开始发展到"理念"知识的过程。而这种真正哲学的"理念"知识也有一个发展过程:(1)理念的自在自为阶段,即理念在它自身内部的发展(逻辑学);(2)理念"外化"为自然界的阶段(自然哲学);(3)理念由"外化"返回到它自身的阶段(精神哲学)。

按照上述的哲学的构想,黑格尔认为他的哲学必须有一个"导言",专门考察"意识"的诸形态即精神的诸现象,这就是《精神现象学》;由此达到的他的哲学体系本身则包括这样三部分即逻辑学、自然哲学和精神哲学。这三个部分不是平等并列的。按黑格尔的看法,以自在自为的理念即纯粹思想为考察对象的逻辑学是自然哲学和精神哲学中富有生气的灵魂,即是其哲学体系本身的基础和核心,而自然哲学和精神哲学只不过是"应用的逻辑学"而已。

二、《精神现象学》

《精神现象学》是黑格尔公开发表的第一部哲学巨著。此书作为黑格尔哲学体系的"导言",通过对"意识"诸形态的考察,论证了他的哲学体系的必然性。与此相联系,黑格尔在书中对他的哲学的基本理论和方法论原理,做了最初的较系统、明确的表述。此书包含着黑格尔后来所制订的庞大体系的基本纲要和雏形。正如马克思所指出的,《精神现象学》是"黑格尔哲学的真正诞生地和秘密"。① 我们在这里主要就此书,并结合《哲学全书纲要》的导言部分,考察黑格尔所宣示的他的哲学的基本理论和方法论原理。

（一）论哲学真理的基本理论和方法

黑格尔在《精神现象学》序言中申称,哲学不仅应当是对真理的爱,而且它本身就应当成为真理的知识;而他的著作的目的正在于此,因此他首先着重论述了哲学真理认识的基本理论和方法问题。

1.真理在于实体就是主体。

黑格尔紧紧把握思维和存在的关系这一哲学基本问题,批判总结近代西方哲学诸主要流派的功过得失,从而提出了他自己对此问题的解决,这就是他所说的真理在于实体即主体这一基本原理。他写道:"照我看来,……一切问题的关键在于:不仅把真实的东西或真理理解和表述为实体,而且同样理解和表述为主体。"②

这就是说,为了解决哲学的基本问题,即为了调解思存的对立,达到二者的真正同一,不仅要提出作为思存统一体的实体概念,而且必须把这个实体明确规定为一种客观思想、精神性的东西,一种能够自我认识、自我实现的辩证运动的东西,这就是一个真正的主体。

黑格尔把真理在实体即主体这一基本原理概括在"绝对精神"这样的基本概念中。他说:"实体在本质上即是主体,这乃是

① 《马克思恩格斯文集》第1卷,人民出版社2009年版,第201页。
② ［德］黑格尔:《精神现象学》上卷,贺麟、王玖兴译,商务印书馆1987年版,第10页。

绝对即精神这句话所要表达的观念。精神是最高贵的概念,是新
时代及其宗教的概念。"①黑格尔这一客观唯心论和概念辩证法的
基本思想和基本概念,直接地、主要地来源于斯宾诺莎的实体和费
希特的主体。马克思深刻地揭示了黑格尔哲学的基本构成要素及
其思想渊源,写道:"在黑格尔的体系中有三个因素:斯宾诺莎的
实体,费希特的自我意识以及前两个要素在黑格尔那里的必然充
满矛盾的统一,即绝对精神。"②

黑格尔结合对哲学基本问题的解决,进一步发挥启蒙思想的
理性原则。他把"理性"看作是和"精神"、"理念"同一序列的基
本概念。他说"'理性'是宇宙的实体"。③ 他在《哲学全书纲要》
导言中论述哲学对象时指出,一般所谓思维和存在、理性与现实的
区别,不过就是"自觉的理性"和"存在于事物中的理性"的区别,
二者实质上是统一的、同一的。他由此提出了"合理的是现实的,
现实的是合理的"著名原理。黑格尔着重说明,他所谓现实的不
是指一切现存的东西,而是具有必然性的、前进发展的东西;同时,
理性、理念、理想也不是软弱无力不能实现的幻影,而是"完全能
起作用的,并且是完全现实的"。④ 这样,黑格尔力图应用辩证法
克服康德理性原则的缺陷,把启蒙思想和德国古典哲学推向前进。

2.真理是矛盾发展;否定性的辩证法。

黑格尔从真理在实体即主体这一原理出发,着重论述了概念
辩证法的基本思想。他首先申明,他所说的实体不同于斯宾诺莎
的"僵硬的"实体,而是一种活的实体,它通过自身的运动而实现

---

①　[德]黑格尔:《精神现象学》上卷,贺麟、王玖兴译,商务印书馆1987年版,第
　　15页。

②　《马克思恩格斯文集》第1卷,人民出版社2009年版,第341—342页。

③　[德]黑格尔:《历史哲学》,王造时译,三联书店1956年版,第47页。

④　[德]黑格尔:《小逻辑》,贺麟译,商务印书馆1980年版,第296页。

为主体。"实体作为主体是纯粹的简单的否定性,唯其如此,它是单一的东西的分裂为二的过程或树立对立面的双重化过程,而这种过程则又是这种漠不相干的区别及其对立的否定。所以唯有这种正在重建其自身的同一性或在他物中的自身反映,才是绝对的真理,而原始的或直接的统一性,就其本身而言,则不是绝对的真理。"①实体作为主体的这一对立统一的矛盾运动,是一个首尾相接的"圆圈式"的发展过程。

黑格尔在揭示实体即主体的矛盾过程时,着重阐发了"否定性"的辩证法思想。他所谓否定性原则就是内部矛盾的展开,内在的"不同一性"、"差别"、对立及其发展;他认为这就是意识自我及其对象自己运动的"推动者"。②他在这里讲的否定性不是抽象的、全盘的否定,而是"规定的否定"或"特定的否定"。正是这样的辩证否定原则决定了发展过程中的新陈代谢,构成了前进运动的巨大动力。黑格尔鲜明地揭示了否定性原则的巨大力量。他说:"对于这否定原则而言,没有东西是永恒不变,没有东西是绝对神圣的,而且这否定原则能够冒一切事物的任何危险并承担一切事物的任何损失"。③黑格尔关于否定原则作为前进发展巨大动力这一精辟论述,既显示了他的辩证法的合理内核所蕴含的革命批判精神,同时也显示了被合理理解的辩证法,作为科学方法论基本原则所具有的破除迷信、不断创新、开拓前进的精神。

3.真理是全体,是体系。

黑格尔从矛盾进展基本原理出发,揭示真理知识的形成发展过程。他强调说,真理不是停留在一个作为开端的原理上,也不在于一个孤零零的结论里;真理知识是从科学原理出发经过自身的

---

①②③ 〔德〕黑格尔:《精神现象学》上卷,贺麟、王玖兴译,商务印书馆 1987 年版,第 11、23—24、257 页。

矛盾运动而达到完满结果的全过程。"真理是全体。但全体只是通过自身发展而达于完满的那种本质。"①因此，真理的形成过程及其中的各个环节都是必要的；它们相辅相成，构成整体的生命，形成前进发展的科学知识。这样的"全体便有如许多圆圈所构成的大圆圈。这里面每一个圆圈都是必然的环节，这些特殊因素的体系构成了整个理念，理念也同样表现在每一个别环节之中。"②

因此，在黑格尔看来，真理性的哲学知识是由概念范畴推演、必然联系所构成的体系。"哲学若没有体系，就不能成为科学。"③哲学是在发展中的体系或系统。

4.真理和谬误的辩证法。

黑格尔按照真理在于绝对精神、理念这一基本原理给真理下定义说道："理念就是真理；因为真理即是客观性与概念相符合。"④例如，我们认定某个作品是一件真的艺术品，那只是说这一客体的实在性符合于艺术品的概念。

黑格尔真理观的出发点是概念。这是唯心主义的颠倒，但他在此基础上着重阐发了真理的辩证观，特别是真理和谬误关系的辩证法。

黑格尔着重批判了形而上学的独断论。在这种观点看来，真理只不过就是直接确认的个别事实，比如说"恺撒生于何时？""一个运动场要有多少尺长？"等等。黑格尔指出，对这类问题诚然应该给予一个明确的简洁的答复，但是其性质与哲学真理的性质毕竟不同。

形而上学独断论者把真理和谬误都看作是固定不变的、现成

---

① ［德］黑格尔：《精神现象学》上卷，贺麟、王玖兴译，商务印书馆 1987 年版，第 12 页。

②③④ ［德］黑格尔：《小逻辑》，贺麟译，商务印书馆 1980 年版，第 56、56、397 页。

的东西,把二者截然分割开来、彼此隔离起来。黑格尔在批判这种观点时指出,"真理不是一种铸成了的硬币,可以现成的拿过来就用",①真理和虚妄二者不是机械地对立、彼此隔离的,而是相互联系、相互转化的。错误可以成为真理的先导,就是说,从错误中可以发展出真理来。他说:"我们可能作出错误的认识。某种东西被认识错了,意思就是说,知识与它的实体不同一。但这种不相等正是一般的区别,是本质的环节。从这种区别里很可能发展出它们的同一性,而且发展出来的这种同一性就是真理。"②

正因为真理和谬误是相互联系的,在追求真理的过程中犯这样那样的错误是难免的;所以,如果为了预先保证不犯任何错误而不去行动,如像康德派不可知论者为了预先避免陷入二律背反的幻象而不超越经验的界限那样,实际上就等于不去追求真理。黑格尔明确指出:"所谓害怕错误,实即是害怕真理"。③因此,"这种害怕犯错误的顾虑本身不已经就是一种错误?"④

在批判形而上学独断论的同时,黑格尔实质上也批判了一种绝对相对主义的观点。这种观点抹杀真理和谬误的界限,把二者混为一谈了。针对这种情况,黑格尔在着重批判独断论时也顺便指出:"不过,我们却不能因此而说虚假的东西是真实的东西的一个环节或甚至于一个组成部分。"⑤

黑格尔这些思想闪烁着辩证法的光辉,也表现出追求真理的进取精神。

5.关于异化和劳动的思想。

黑格尔在进一步阐发关于真理是矛盾发展的辩证法思想时,在哲学中引入异化和劳动的范畴,用以说明精神、意识以及社会历

---

①②③④⑤ [德]黑格尔:《精神现象学》上卷,贺麟、王玖兴译,商务印书馆1987年版,第25、25、53、52、25页。

史发展的辩证机制。

"异化"一词的含义在黑格尔那里可以有广狭之分。首先,这一词用于泛指精神实体作为主体自身的分而为二即自身对立化或产生自身的对立物。他把这种对立化以及扬弃对立化而返回自身的过程,称作"异化,以及这种异化的克服"①的过程。其次,异化一词用于特指某一范畴过渡到与它自身处于异己关系的另一对立的范畴。例如,当逻辑理念过渡到自然时,由于自然物质对于理念来说是一种异己的形式,因此这种对立化被称作异化。最后,异化一词用来专指社会历史中一种社会意识的产物,对于它自己说来却成了"异己的陌生的现实";②由此而产生的社会矛盾具有一种对抗的性质。在这个意义上,他并不认为异化是永远存在的。比如说,他认为在古希腊城邦社会就没有异化(但已有国法和家法的矛盾);只是到了罗马帝国法权社会才开始产生异化,这表现在罗马皇帝和臣民的"对立"上。黑格尔着重揭露了法国大革命以前欧洲封建社会中的突出的异化现象,指出在这里"一切都是自身异化了的",③这种异化现象的发展,必然导致法国大革命。黑格尔对法国革命是热情欢迎的,但是他不赞成雅各宾专政的恐怖政策,认为它反而使异化现象更加严重了。于是他就从现实社会返回到德国的伦理道德以及宗教、哲学领域中去寻求消除社会异化的途径了。

黑格尔吸取了英国古典经济学的劳动概念和费希特的行动思想,加以辩证的解释和发挥,从而形成他自己关于劳动、行动和实践的概念。他区分行动的三个环节:(1)目的;(2)目的的实现即

---

①② [德]黑格尔:《精神现象学》上卷,贺麟、王玖兴译,商务印书馆1987年版,第11、38页。

③ [德]黑格尔:《精神现象学》下卷,贺麟、王玖兴译,商务印书馆1979年版,第69页。

达取目的的手段;(3)创造出来的现实。这三个环节形成一个统一的过程。这就是意识主体由主观到客观、由潜在到现实,从而发展自身、形成自身的过程。因此,"行动正是作为意识的精神的生成过程。"①在谈到主奴意识时,他提出"劳动陶冶事物",认为奴隶通过自己的劳动不仅"对于对象的否定关系成为对象的形式",而且"开始意识到他本身是自在自为地存在着的",②从而实现主与奴、独立与依赖意识的对立转化。黑格尔开始把行动、实践引入认识论中(在唯心主义基础上),声称"真理性只存在于意识与行动的统一性中";③"真正的思想和科学的洞见,只有通过概念所作的劳动才能获得。"④

在黑格尔关于劳动、行动的论述中,他表达了这样的思想,即意识、自我意识(他认为人即自我意识)通过劳动、行动而发展自身、形成自身;也就是说,现实的人是他自己劳动的结果。当然,黑格尔是按唯心主义观点理解劳动的。即把劳动归结为概念的劳动。后来黑格尔在《逻辑学》概念论中对他关于理论与实践辩证关系的思想做了进一步的发挥。

(二)论意识的发展

黑格尔所追求的哲学真理的知识究竟怎样才能达到呢? 换言之,究竟怎样才能引导到他所谓哲学真理知识呢? ——这就是《精神现象学》所要解答的主要问题。黑格尔认为,只有通过对"意识"发展过程的考察,即考察从最初的感性知识出发最后达到"绝对知识"的过程,才能解决这个问题。这样也就给他的哲学体系提供了论证。

黑格尔自觉地应用他所创立的概念辩证法来表述意识,揭示

---

① ② ③ ④　[德]黑格尔:《精神现象学》上卷,贺麟、王玖兴译,商务印书馆1987年版,第265、131、271、48页。

了意识诸形态(即精神诸现象)的内部矛盾性来阐明它们之间的
内在联系及其由低级到高级阶段发展的必然性。特别值得注意的
是,他把辩证法应用于意识形态的发展史,提出了关于个体意识与
社会总体意识发展一致性的重要原理,指出各个个体意识在其发
展过程中要重复群体发展历史过程中曾经过的基本阶段,当然这
不是简单的重复,而是大体一致的再现。"各个个体,如就内容而
言,也都必须走过普遍精神所走过的那些发展阶段,但这些阶段是
作为精神所已蜕掉的外壳,是作为一条已经开辟和铺平了的道路
上的段落而被个体走过的。"①恩格斯谈到黑格尔这一思想时给以
高度评价,说《精神现象学》"也可以叫作同精神胚胎学和精神古
生物学类似的学问,是对个人意识各个发展阶段的阐述,这些阶段
可以看做人的意识在历史上所经过的各个阶段的缩影。"②概念关
系在思想史中的发展和它在个别辩证论者头脑中的发展相一
致——"这就是黑格尔首先发现的关于概念的见解"。③

　　《精神现象学》中意识的发展共经历了八个阶段或八种形态,
即感性确定性、知觉、知性、自我意识、理性、精神、宗教和绝对知
识。关于《精神现象学》的结构,大体上可以参照黑格尔后来写的
《精神哲学》来了解。前五种形态可归于主观精神或个体意识,第
六种形态"精神"相当于客观精神或社会意识,最后两种形态可归
于绝对精神或绝对意识。前三种形态属于狭义的"意识",它们分
别把握对象的个别性、特殊性和普遍性。第四种形态则偏重于认
识主体自我本身。第五种形态"理性"是意识和自我意识的统一,

---

① 〔德〕黑格尔:《精神现象学》上卷,贺麟、王玖兴译,商务印书馆 1987 年版,第
　 18 页。
② 〔德〕恩格斯:《路德维希·费尔巴哈和德国古典哲学的终结》,人民出版社
　 1972 年版,第 10 页。
③ 《马克思恩格斯全集》第 20 卷,人民出版社 1971 年版,第 565 页。

但是像以前各种形态一样仍然局限于个体意识范围之内。第六种形态"精神"属于社会意识。最后两种形态就达到主客统一的绝对意识了。《精神现象学》中的这些基本思想内容在以后制订的哲学体系中得到进一步论述和发挥。

总之,黑格尔在《精神现象学》中通过对意识发展诸阶段的考察,最终达到了"绝对知识"。所谓"绝对知识"是指以纯概念的形式对绝对精神的真理知识。在这里,精神就从"意识"形态发展的领域过渡到了"理念"发展的领域。也就是说,已经从《精神现象学》引导到了逻辑学,即引导到黑格尔的哲学体系本身了。

三、逻辑学

黑格尔的逻辑学继承、发挥康德"先验逻辑"旨意,区别于那种与知识内容相脱离的"形式逻辑"。它是形式和内容统一的、真理认识的逻辑。它通过理念(作为真理)在纯粹思维中的发展,表述了黑格尔的本体论、认识论和辩证法的基本理论。当然,它着重论述了辩证逻辑学的基本规律和范畴。

(一)逻辑学概念的基本规定

1.逻辑学的对象。

按黑格尔的看法,哲学研究的对象是一般理念;而逻辑学作为哲学的一个首要的部门,则研究纯粹理念。所谓纯粹理念就是"思维的抽象要素中的理念",即思维自身给予的、超感官世界的、普遍的规定性。在这个意义上,我们可以说,"逻辑学是研究思维、思维的规定和规律的科学。"①但是思维并不是没有内容或脱离内容的单纯的、外在的形式;思维能产生特定的思想和思想规定,而后者在黑格尔看来即是构成事物本质和真理的东西。因此,

---

① [德]黑格尔:《小逻辑》,贺麟译,商务印书馆1980年版,第63页。

也可以说"真理"就是逻辑学的对象。黑格尔概括写道:"逻辑须要作为纯粹理性的体系,作为纯粹思维的王国来把握。这个王国就是真理,……这个内容就是上帝的展示,展示出永恒本质中的上帝在创造自然和一个有限的精神以前是怎样的。"①

既然逻辑学是关于思维的科学,而思维并不是一种无足轻重的东西,它能够在现实世界里成为一种力量,产生异常之大的影响。因此,黑格尔认为考察思维的本性,维护思维的权威,便构成了近代哲学的主要兴趣。

2.对思维本性的分析。

黑格尔发挥他在《精神现象学》中所奠立的实体即主体、绝对即精神的基本原理,对思维的本性做了深入细致的分析,提出了以下四点:(1)思维是能动的普遍。区别于一切感性事物的个别性,思维具有普遍性;思维能够把握普遍的东西,产生普遍性的概念,并在现实中成为一种力量,因此它是能动的普遍。就思维被认作能思的主体而言,它也就是自我。(2)作为思维产物的普遍概念,包含有事物的本质和真理;也就是说这些普遍原则就是事物的本质和真理。(3)人们借助于反思把感性知觉中的内容加以改造,就能够使对象的真实本性呈现于主体意识的面前。(4)事物的真实本性是自我精神的产物,思维就是事物的产生者即本质、本原。

在对思维本性的这一分析中,黑格尔从康德关于主体能动性思想出发,与消极被动的形而上学观点相对立。他进一步发挥这种能动性思想,达到了思存统一和世界可知论的原理,克服了二元论和不可知论。但是,黑格尔是抽象地、即按客观唯心主义观点发挥了主体能动性思想,从而同唯物主义相对立,也同主观唯心主义相区别。

---

① 　[德]黑格尔:《逻辑学》上卷,杨一之译,商务印书馆1974年版,第31页。

这样,黑格尔把他对思维本性的分析归结到客观唯心论的关于"客观思想"的基本论断。他说,"思想不但构成外界事物的实体,而且构成精神性的东西的普遍实体。"①黑格尔由此断言,以纯粹思想为对象的逻辑学便与研究思想所把握的事物本质性的"形而上学"合流了。也就是说,黑格尔的逻辑学即是他的唯心主义的和辩证法的本体论和宇宙观。这就是黑格尔通过对思维本性的剖析所得出的关于他的逻辑学的内容实质的一个重要的结论。

上述黑格尔对思维本性的剖析都是围绕思维和存在、主体和客体关系问题进行的。"客观思想"一词也提示了这种对立的关系。因此黑格尔接着就明确提出思想对客观性的态度问题,并从方法论、认识论方面评述了近代哲学诸流派在这个问题上的三种态度。

3.论思想对客观性的三种态度。

思想对客观性的第一种态度的典型代表是"康德以前的形而上学",指唯理派哲学,也涉及经验论者洛克等。第二种态度包括经验主义和康德的批判哲学。第三种态度是以耶柯比为代表的直接知识论。

按黑格尔的分析,在思维对客体的关系问题上,第一种和第三种态度的原则是抽象同一性,第二种态度则割裂了思维和存在。就是说所有这三种态度的代表者们,都没有达到思维和存在的辩证的统一。他们所运用的方法总的说来属于形而上学的思维方式,或者说并没有完全摆脱这种思维方式的局限。因此,黑格尔着重批判了形而上学的静止、孤立、片面的思维方式,揭示了它同辩证法的对立。

4.论认识发展阶段;逻辑思维形式的三个阶段。

按黑格尔的看法,辩证法和形而上学思维方式的区分和对立,

---

① [德]黑格尔:《小逻辑》,贺麟译,商务印书馆 1980 年版,第 80 页。

既是方法论问题,也是认识论问题。形而上学思维方式是与它对"知性"阶段的片面坚持分不开的,因此黑格尔把这种思维方式也称作"知性形而上学"。他认为必须从这种思维方式提高到辩证的、思辨的理性思维的高度即辩证法的思维方式。因此他在评论思想对客观性的三种态度的过程中,发挥他在《精神现象学》中关于意识发展阶段的论述,进一步概括阐述了他关于认识发展阶段及其相互关系的思想。

关于认识发展阶段性问题,黑格尔按照他的哲学体系各个部分的特点和需要,在不同地方做了不同的具体划分。[①]但是,大致说来,他继承了近代哲学家把认识区分为感性经验和概念思维两大阶段的做法,特别是继承了康德关于感性、知性、理性三阶段的划分。黑格尔的贡献在于把辩证法应用于认识论,力图阐明认识诸阶段的内在联系和矛盾进展。

在感性和思维的关系问题上,黑格尔反对把二者割裂开来。他赞赏康德把二者"联结"起来的努力。但是他认为康德的这种"联结"实际上只不过是一种"外在的、表面的"[②]联合,并没有把二者有机地、内在地联系起来。黑格尔力图揭示二者的这种内在联系。他说,按时间的顺序,感性表象在先,思维概念在后,前者是后者的必要条件,而后者则对前者进行改造、否定和提高的工作。但是这种否定不是简单地抛弃放在一边,而是"扬弃",[③]就是把经验的东西"转化"为普遍的东西即共相,从而实现"思维之由有限提高到无限,思维之打破感官事物的锁链而进到超感官界的飞

①③　参见[德]黑格尔:《逻辑学》下卷,杨一之译,商务印书馆1976年版,第250、252页。

②　[德]黑格尔:《哲学史讲演录》第4卷,贺麟、王太庆译,商务印书馆1978年版,第271页。

跃"。①在黑格尔的这些论述中显然包含有某些辩证法的思想因素。

但是,归根到底,黑格尔认为,概念是在先的,思维普遍性属于"先天成分",②绝对真理只在上帝里。这样,黑格尔在批判康德的主观唯心主义的先验论的同时,他自己陷入客观唯心主义的先验论;他并不真正理解从感觉到思维的转化,而且根本不理解从物质到意识的转化。

在论述概念思维的发展时,黑格尔肯定康德最早明确提出了知性和理性的区分(即认为知性以有限东西为对象而理性则以无限东西为对象),同时又批评康德把知性和理性、有限和无限、现象和物自体割裂开来,因而陷入不可知论。与此相反,黑格尔贯彻应用辩证法观点论述知性、理性及其相互关系。

黑格尔在《小逻辑》中论述逻辑思维形式时,除知性外,进一步把理性区分为否定的和肯定的两个环节,把它们称作逻辑思维形式的三个方面或三个阶段,对它们做了详细的规定和评论,表达了关于辩证逻辑的基本思想。

(1)"知性"坚持固定的规定和各个规定性之间的区别,以之与对方相对立。黑格尔承认人的思维首先是知性思维,这种思维有它的权利和优点;无论在理论或实践范围内,没有知性便不会有坚定性和规定性。但是知性有其片面性的局限,如果停留在知性的有限范围内,那就形成了形而上学的独断论。

(2)"辩证的或否定的理性"环节揭示出:有限的事物由于自身内的矛盾而扬弃自身,过渡到自己的对立面。但是,如果把这一阶段所包含的否定性的要素片面夸大,当作认识论的基础,那又会陷入怀疑论。

---

①② [德]黑格尔:《小逻辑》,贺麟译,商务印书馆 1980 年版,第 136、53 页。

（3）"思辨的或肯定的理性"环节在否定中认识到肯定,在对立的诸规定中认识到它们的统一,从而达到全体的、具体的真理。

在黑格尔看来,上述逻辑思维形式的三个方面都是必要的,不能片面地坚持其一而抛弃其他。只有综合第一和第二环节并从而达到第三环节,才是真正的概念辩证法的即"思辨的"思维方式。

黑格尔通过对知性和理性等认识能力的剖析来论述他关于辩证逻辑思维形式的规定。这表明他的辩证法是和认识论紧密结合在一起的。他明确指出了辩证法、逻辑学的认识论意义。他说辩证法是"一切真正科学认识的灵魂",[①]"逻辑学以知识为研究对象"。[②]同时,黑格尔致力于把辩证法原理应用于认识论,考察从存在到本质、从感性到思维、从认识到实践的发展过程。可见,在黑格尔那里,逻辑学、辩证法和认识论三者统一起来了。

黑格尔逻辑学中概念范畴的推演,体现着认识由抽象到具体、由表及里不断深化的发展过程。这是由直接存在出发经过"本质"这一中介领域达到"概念本身"的过程。据此,逻辑学一般分为客观逻辑(包括存在和本质)和主观逻辑两大部分;更确切地说分为存在论、本质论和概念论三个部分。

（二）存在论

纯粹概念、范畴推演的这一阶段特点在于:范畴是直接的,就是一个范畴不通过其他范畴的中介而直接出现;范畴与范畴的关系是"过渡性的",当一个范畴推演到另一个范畴时,前面的一个范畴就算过去了;这里的范畴是"自在的",就是说:在"存在论"中矛盾只是潜在的,还没有明显地发挥出来。当然,矛盾毕竟是存在的,而且实际上像在任何地方一样,总是由矛盾推动前进的。存在论即通过质和量的矛盾,达到二者统一即"度"并由此转入本

---

①② ［德］黑格尔:《小逻辑》,贺麟译,商务印书馆1980年版,第177、89页。

质论。

存在论的开端,即全部逻辑学和哲学的开端。黑格尔从他关于哲学的对象是理念的唯心论基本观点出发,断言哲学的开端只能是在"作为纯知的理念"中造成的。这一理念原来是间接的,因为它是从《精神现象学》发展而来的。但是它又是直接的,因为"纯知"已经消融为统一体,扬弃了与他物和中介的一切关系,而为无区别的东西,"于是这无区别的东西自己也停止其为知;当前现有的,只是单纯的直接性"。①这无区别的单纯直接性即是"纯粹的存在"。"所以,开端是有,而不是其他什么,这是开端本身的本性。因此,为了进入哲学,纯有既不需要其他的准备,也不需要别的思考和线索。"②

1. 质。

"纯有"或"纯粹的存在"作为哲学、逻辑学的一个最简单的"纯粹思想",它是一个单纯直接的、没有任何规定性的东西,是一个纯粹的抽象、纯粹的否定性。换言之,它是"不存在",就是"无"。再就这个"无"来说,尽管它没有任何规定,但毕竟是一个自身等同的直接性,因此它就与"存在"、"有"是同一个东西了。于是"无"也就是"有"了。——以上所说的从有到无的过渡是"消灭",而从无到有的过渡则是"产生"。有和无的这种互相过渡和统一,就是消灭和产生的相互过渡和统一。这正就是"变易"。

"变易"是有和无的统一,是这样的一个"有":这个"有"却具有"无"的特性即具有否定性。而按照上述的辩证推演,无即是有,否定性也就是肯定性。因此这一具有否定性的有,也就是具有肯定性或规定性的有或"存在"。这个具有规定性的"存在"就是

---

① ② [德]黑格尔:《逻辑学》上卷,杨一之译,商务印书馆 1974 年版,第 54、58 页。

"定在"。

当"定在"返回到自身的这种规定性里,即具体表现为一个"在那里存在着的东西",就是"某物"。某物与别物是相互关联的。某物潜在地就是自己的别物,因此引起自身的变化,并从而形成"某物成为别物,别物作为某物又成为一个别物"的无穷进展。

黑格尔区分了"坏的无限"和"真正的无限"两种对立的无限观点。所谓"坏的无限"是指片面地、单纯地否定有限,实际上无力摆脱有限,因而有限仍经常出现,从而形成一种直线式的无穷递进,始终没有能力达到真正的无限。而所谓"真正的无限"是指在他物中即是在自身中,或返回自身,好比是个圆圈。"真正的无限并不仅仅是超越有限,而且包括有限并扬弃有限于自身内"。①

黑格尔在进一步论述某物和他物的相互关联时指出,某物在他物中的自身联系即是"自为存在"。自为存在作为存在和定在的统一是"完成了的质"。

"自为存在"作为包含否定的自身联系就是一个自为存在着的东西,也就是"一"。通过一和多、斥力和引力的相互过渡,自为存在("完成了的质")作为排他的"一"扬弃自身。这就意味着从"质"过渡到了"量"。②

2.量、尺度。

黑格尔在阐述量的概念时说,连续的量也是分离的,因为它是"多"的连续;同样,分离的量也是连续的,因为由"多"形成为一。他由此得出结论:"量是分立与连续两者的单纯统一,关于空间、时间、物质等无限可分性的争辩或二律背反都可以归到量的这种

---

① ②　[德]黑格尔:《小逻辑》,贺麟译,商务印书馆1980年版,第126、211—217页。

性质里去。"①

"量"的范畴的推演,是从未规定的量("纯量")到具有排他的规定性的量("定量")。体现在"量的比例"上的"以数规定数",意味着以另一定量来规定某一定量的"质"。这样,就从量的规定又返回到了质的规定;而一个有质的量,即是"尺度"。这是"存在论"的最高、最后的一个范畴。

3.关于量变质变规律的思想。

黑格尔在推演质、量和尺度等范畴时,批判了在17、18世纪占统治地位的单纯的量的观点。他指出,量和质、量变和质变不是彼此隔离的,而是相互联系的。由此出发,黑格尔论述了量变质变的辩证法规律的思想。

黑格尔明确揭示质和量的规定的含义:所谓"质"是与存在同一的直接的规定性;某物之所以是某物,乃由于其质,如失掉其质,便停止其为某物。所谓"量"虽然也同样是存在的规定性,但不是直接与存在同一的规定性。

"尺度"是质和量的统一。但是,这个"统一"有一个发展的过程:它最初只是潜在的,在经过了一个发展过程之后才明白发挥出来。因此,当我们从直接性角度去说明尺度中质和量的相互关系时,质和量的关系便表现为两种可能,即直接差别和直接同一的关系。

就质和量的直接差别的关系来说,这两个方面各自要求其独立的效用,二者似乎漠不相关。特殊定在的量的增减不影响它的质的规定,不致取消尺度。因此,"尺度"在这里表现为一种经常不变的"规则"。

就质和量之直接同一的关系来说,量变之不影响质的情况,也

---

① ［德］黑格尔:《逻辑学》上卷,杨一之译,商务印书馆1974年版,第199页。

有其一定的限度;一旦超过这个限度,就会引起质的变化。黑格尔把这种由于量变所引起的质变称为"渐进性的中断"、"飞跃",并揭示这种质的变化的实质内容在于"某物在质的方面过渡为与自己有别的一般的他物以及自己的对立面"。① 这是"一种新质、一个新的某物"代替了正在消失的旧的质,是事物的根本变化。

黑格尔把量变过程中引起质变的那个点称为"交错点",而把那联结许多交错点的线叫作"度量关系交错线",用以形象地说明量变质变的辩证法规律。

为了说明量变质变规律的普遍作用,黑格尔除了援引古希腊麦加拉学派的"谷堆"、"秃头"等著名论辩外,还从自然科学和社会伦理等方面举出了许多例证。例如,社会伦理方面轻率行为因超越尺度而构成犯罪。化学中系列化合物如氧化氮、氧化铝等表明:由于某些元素化合比率改变,因而产生不同性质的化合物。为了驳斥"自然界没有飞跃"的成见,黑格尔举例说,当温度升高或降低达到一定点时,水就从液态汽化或结成冰。

由于质的变化,原有的尺度被取消,成为"无尺度"。但在"无尺度"中,尺度(作为完成了的"存在")不是简单地被抛弃,而是内在地自身结合,深入到自己本身。这样,就从"存在"过渡到了"本质"。

(三)本质论

"本质的观点一般地讲来即是反思的观点。"②"反思"(Reflexion,也译作反射、反映)这个词本来是用来讲光的。当光线直射出去碰到一个镜面上就反射回来。同一光线包含着直射和反射、直接性和间接性这两方面的相互关联。黑格尔以此比喻说明本质

---

① 〔德〕黑格尔:《逻辑学》上卷,杨一之译,商务印书馆1974年版,第405页。

② 〔德〕黑格尔:《小逻辑》,贺麟译,商务印书馆1980年版,第242页。

论的"反思"。它不是单纯直接的,而是间接的,经过中介的;这中介不是外在的,而是自身中介。本质论的"反思"就是指内在的矛盾对立及其相互关联。本质和存在的关系正是这种反思关系。本质是存在的否定;但这并不是抛弃存在,而是存在自身中介,深入自身;存在被扬弃为假象,但这假象仍在自身中,因此本质是作为"自身中的映现"的存在,是与他物关联亦即与自身关联。本质之所以是本质的,只是因为它具有它自身否定的东西在自身内,就是说,它自身内具有与他物的关系,具有自身的中介作用。这样的反思观点即是辩证法的矛盾观点。"所以,本质的范围又是发展了的矛盾的范围,这矛盾在存在范围内还是潜伏着的。"①

本质论中的范畴都明显地表现出内在的矛盾对立及其相互关联。因此黑格尔把本质论的范畴称作"反思规定"。他说:"反思规定的真理唯在于它们的相互关系中,因而也就唯在于以下一点,即:每一反思规定在其本身的概念中都包含其他规定;没有这种认识,在哲学中就真会寸步难行。"②

整个本质论就是一个这样的"反思规定的体系"。它是专门论述辩证法的矛盾规律即对立统一规律以及辩证法的诸对立范畴的。黑格尔认为本质论是逻辑学中最困难的也是最重要的一个部分。

本质论中概念范畴的矛盾进展分为三个阶段:(1)本质自身内部的反思,即纯粹反思;(2)显现于外的反思即现象;(3)自身反思和他物反思的统一即现实。

1.本质自身内部的反思;关于矛盾规律的思想。

按黑格尔的说法,本质自身内部的反思即"纯粹反思";在这

① ［德］黑格尔:《小逻辑》,贺麟译,商务印书馆1980年版,第246页。
② ［德］黑格尔:《逻辑学》下卷,杨一之译,商务印书馆1976年版,第64页。

里只有纯粹关系,还没有显现于外部的实际存在。这是一种抽象
的反思。这样的反思范畴叫作"纯反思规定",包括同一、差别(对
立,矛盾)和根据等范畴。通过对这些范畴的考察,黑格尔论述了
辩证法的矛盾规律。

黑格尔从"本质"和"存在"的辩证关系入手,首先推演出"同
一"范畴。他说,存在通过对自身的否定而深入自身,自己同自己
相中介,这就是本质。因此本质是映现在自身中的存在。本质映
现在自身内,即是自身联系,不过不是直接的自身联系,而是反思
的自身联系,亦即自身同一。

黑格尔指出必须区分两种不同的"同一"。一种是抽象的同
一,即是脱离了差别而片面地坚持同一。例如谢林所谓"无差别
的同一"即属于这一种。另一种是具体的同一,即是把差别包含
于自身之中的同一。黑格尔认为这才是"真正的同一"。

"差别"也有两种情况:(1)外在的差别即差异或杂多;(2)本
质的差别即对立,由对立进展到矛盾。

黑格尔认为,所谓"本质的差别",是指肯定和否定两方面的
差别;这两个方面各自独立,相互排斥,同时又相互关联,互为前
提。这样的本质的差别也就是"对立"。"在对立中,有差别之物
并不是一般的他物,而是与它正相反对的他物;这就是说,每一方
只有在它与另一方的联系中才能获得它自己的[本质]规定,此一
方只有反映另一方,才能反映自己。另一方也是如此;所以,每一
方都是它自己的对方的对方。"①

辩证的矛盾正是这种对立的进一步展开,即是同一规定包含
自身的对方,否定自身,促使自身向对立面转化,概括讲来就是对
立统一。黑格尔写道:"理性矛盾的真正积极的意义,在于认识一

---

① 　[德]黑格尔:《小逻辑》,贺麟译,商务印书馆1980年版,第254—255页。

切现实之物都包含有相反的规定于自身。因此认识甚或把握一个对象,正在于意识到这个对象作为相反的规定之具体的统一。"①

黑格尔批判了把矛盾看作偶然的、不正常现象的形而上学观点,也指出康德只承认四组二律背反的局限,着重论述了辩证矛盾的客观性和普遍性。黑格尔指出,在一切经验中,一切现实事物中,一切概念中都存在着矛盾。"认识矛盾并且认识对象的这种矛盾的特性就是哲学思考的本质。"②

对矛盾特性认识的主要之点,在于揭示统一物内部包含着对立,肯定中包含着否定;"因为自在的肯定物本身就是否定性,所以它超出自身并引起自身的变化"。③黑格尔由此得出了关于矛盾是发展的动力和源泉的重要原理。他说:"矛盾则是一切运动和生命力的根源;事物只因为自身具有矛盾,它才会运动,才具有动力和活动。"④

辩证法旨在阐明事物和概念的自身运动和发展,揭示一切运动、生命和事物的推动原则。而这一推动的动力和源泉恰恰就在于事物的内在的矛盾。因此,黑格尔说,"本来意义上的辩证法"就是"在对象的本质中发现它自身所具有的矛盾"。⑤可见,辩证矛盾的规律在黑格尔辩证法学说中占有最重要的地位。

黑格尔在论述了矛盾规律的思想之后,进一步指出,我们不能停留在矛盾里,因为矛盾对立的双方相互依存,又相互排斥,其结果导致双方的毁灭,就是说,矛盾扬弃它自身而进展到"根据"。"根据"作为本质的全体,又扬弃它自身,于是就在更高的基础上

---

① ② [德]黑格尔:《小逻辑》,贺麟译,商务印书馆 1980 年版,第 133、132 页。

③ ④ [德]黑格尔:《逻辑学》下卷,杨一之译,商务印书馆 1976 年版,第 67、66页。

⑤ [德]黑格尔:《哲学史讲演录》第 1 卷,转引自《列宁全集》第 55 卷,人民出版社 1990 年版,第 212 页。

返回到直接性的存在,这就是"实存";具体实存着的东西就是"物"。作为在自身中的反思的本质,经过"实存"和"物"等范畴,就过渡到表现于外的实际存在,即过渡到"现象"了。

2.现象。

黑格尔批判了康德割裂现象和本质的不可知论观点,论述了本质和现象的辩证的关联,指出"本质必定要表现出来";[①]"当我们认识了现象时,我们因而同时即认识了本质,因为本质并不存留在现象之后或现象之外,而正由于把世界降低到仅仅的现象的地位,从而表现其为本质。"[②]这样,现象包括了现象本身和本质、他物反思和自身反思两个方面;通过各种"本质关系"(内容和形式、全体和部分等)的进展,达到他物反思和自身反思的完全渗透,达到内和外即本质和实存的统一,这就是"现实"。

3.现实。

它是由内和外等关系范畴发展而来的,因此它自身包含着两个环节:单纯的内在性,即是"可能性"和现实性的外在性,即是"偶然性"。与此相联系,黑格尔着重论述了可能和现实、偶然和必然、原因和结果、相互作用以及必然和自由等辩证法范畴。

(1)可能和现实。黑格尔区分两种可能性:即"单纯的抽象的可能性"和现实"存在着的可能性"。前者是单凭抽象同一的形式设想出来的,比如说,今晚月亮会落到地球上来是可能的。这样的可能性实际上等于不可能性。与此相反,"存在着的可能性"本身即是一个直接的现实,它自身的开展则表明从可能性向着新的现实性的转化。黑格尔进一步指出:"一个事物是可能的还是不可能的,取决于内容,这就是说,取决于现实性的各个环节的全部总

①②　[德]黑格尔:《小逻辑》,贺麟译,商务印书馆1980年版,第275、276页。

合,而现实性在它的开展中表明它自己是必然性。"①

（2）偶然和必然。黑格尔批判了那种否认偶然性客观存在、只承认必然性的机械论观点,指出,偶然性像必然性一样"在对象性的世界里仍有其相当的地位",而不是"仅属于我们主观的表象"。偶然性和必然性的区别主要在于它们各自的根据不同:偶然性一般讲来,是指一个事物存在的根据不在于自己本身而在他物而言,与此相反,我们所要达到的必然性,即一物之所以是一物乃是通过它自己本身。这二者是相互渗透、对立统一的:"必然的规定性在于:它在自身中具有其否定,即偶然";②"偶然的东西就是必然的东西"。③因此,科学特别是哲学的任务在于从偶然的假象里去认识潜蕴着的必然性。

（3）因果关系和相互作用。黑格尔认为因果关系只是必然过程的一个侧面。这一必然过程必须扬弃那包含在这种关系里的中介性,并表明其自身为简单的自身关系。"原因,真正讲来,即是自因"。④它自己以自己为原因。因和果的差别只是形式上的差别,二者的内容实际上是同一的。例如下雨是地湿的原因,可是二者都是同一实际存在着的水。因果双方都是实体,都是既被动又主动。这样,因果关系就过渡为作用与反作用的关系或"相互作用"。"相互作用无疑地是由因果关系直接发展出来的真理"。⑤它体现着有区别的因果范畴的统一性及其自身原因的实质内容;同时还表明,它作为"自己与自己本身的纯粹交替",因此就是显示出来的必然性,显示出由必然向自由的过渡。

（4）必然和自由。黑格尔批判了把必然和自由割裂开来的种

---

①④⑤ ［德］黑格尔:《小逻辑》,贺麟译,商务印书馆 1980 年版,第 300、317、321 页。

②③ ［德］黑格尔:《逻辑学》下卷,杨一之译,商务印书馆 1976 年版,第 204、198 页。

种形而上学观点,第一次阐明了必然和自由的辩证法。与那种排斥必然性的意志自由论和绝对自由论相反,黑格尔指出,自由诚然正是"在他物中即是在自己本身中、自己依赖自己、自己是自己的决定者";①但是,自由并不排斥必然,"真正的理性的自由概念便包含着被扬弃了的必然性在自身内"。②与机械决定论相对立,黑格尔着重指出,必然性只有在它尚未被理解时才是盲目的,而被理解了的必然就是自由。总之,黑格尔认为必然性的真理就是自由,而"概念是自由的原则"。③这样,本质论的"现实"通过各种"绝对同一性"关系(因果、相互作用等)的进展,就过渡到具体统一整体的"概念"了。

（四）概念论

概念是存在和本质的统一,它包含这两个范围中全部丰富的内容在自身内。因此概念不是空洞抽象的形式,而是完全具体的,是全体。概念无疑地是形式,但它是无限的、有创造性的形式,是自由自决的,就是说,它是独立自存的实体性力量,是真正在先的。总之,"概念的观点一般讲来就是绝对唯心论的观点。"④

概念论的进展方式是"发展"。就是说,概念中的各个环节由潜伏而逐步实现出来;有区别的各个环节同时被设定为彼此同一,并且与全体同一,从而形成为一个有机的统一的整体。概念论就是按这种方式通过主观性和客观性的矛盾达到二者的统一,即绝对理念。因此概念的发展过程包括三个阶段,即:主观概念、客体和理念。

1.主观概念。

黑格尔在这里考察概念本身、判断和推论等思维形式。他批

---

① ② ③ ④　［德］黑格尔:《小逻辑》,贺麟译,商务印书馆1980年版,第83、358、327、327页。

判了旧形式逻辑,认为对旧形式逻辑的那些"僵化的材料"、空疏的规定必须予以根本的改造,"使这些材料流动起来",①使之成为充满内容的、内在联系和发展的思维形式。

(1)概念本身。概念本身包括个别性、特殊性和普遍性三个环节。黑格尔认为概念的诸环节是不可分离地相互联系、相互渗透,共同构成一个统一的整体。黑格尔把这三个相互联系的环节作为他的全部主观逻辑的基本规定。他正是围绕这三个基本规定来揭示判断、推论等逻辑思维形式的内在联系和辩证进展的。

(2)判断。"判断是对概念的各个环节予以区别,由区别而予以联系。"②黑格尔大体上按照逻辑学中存在、本质和概念三个阶段,把判断区分为四类,即质的判断、反思判断、必然判断和概念判断。可是,从实际内容来说,黑格尔是按概念的三个环节论述判断形式的进展,即第一类是个别的判断,第二和第三类是特殊的判断,第四类是普遍的判断。

"质的判断"是对个别事物的某种感性的质有所肯定或否定。比如说:"这朵玫瑰花是红的。"

"反思的判断":比如说,"这一植物是可以治病的"。主词通过谓词表明它自身与一他物相连系。"必然的判断"表明主词的实体规定性或类,如"玫瑰花是植物"。这两类判断都是特殊性判断,表明某种特殊事物的特性、特殊关系或属于某一特殊的类。

"概念的判断"表明主词对自己的概念或一般本性符合到什么程度。比如说:"一所(个别性)怎样的(特殊性)房子(普遍性)是好的或坏的。"这个必然判断是适用于任何房子的一个普遍性判断。

恩格斯在评述黑格尔的判断分类时指出,这种分类法不是任

---

① [德]黑格尔:《逻辑学》下卷,杨一之译,商务印书馆1976年版,第237页。

② [德]黑格尔:《小逻辑》,贺麟译,商务印书馆1980年版,第337页。

意作出的;对于研究过黑格尔《逻辑学》中的天才论述的人来说,
"这种分类法的内在真理性和内在必然性是明明白白的"①。

(3)推论。推论是概念和判断的统一,是分别以概念的特殊、
个别和普遍环节,作为中项而展开各端项,从而使各项由偶然的外
在联系走向必然统一的过程。

"质的推论"或定在的推论,其形式为 E—B—A,即个别性通
过特殊性而与普遍性相连接。比如说:这玫瑰花是红的;红是一种
颜色;故这玫瑰花是有颜色的。这种推论以随意挑出的一种特性
(红的)作为中项,因而它的各项及其联系都是偶然的。

"反思推论"以个体性为中项,各项之间有了一定的实质内容
的相互关联。例如,全称的推论,"凡人皆有死,卡尤斯是人,故卡
尤斯有死"。这里的中项"人"不仅是主词(卡尤斯)的一个抽象的
特殊的规定性,而且也是一切个别的具体的主词,这些主词也是与
别的主词一样具有那种规定性。个体就通过这样的中项和普遍性
连接起来。

"必然的推论"以本质的普遍性为中项,因此结论中两个端项
的联系是必然的。例如,选言推论:"甲或者是乙,或者是丙,或者
是丁;今甲是乙;所以甲既不是丙,也不是丁。"这个推论以普遍性
"甲"作为中项,因此它是一个普遍性推论。同时,黑格尔也利用
这种选言推论作为从主观概念向客体过渡的环节。按他的解释,
这种推论方式把那个起中介作用的普遍("甲")设定为它的特殊
环节的全体,同时也被设定为个别的特殊事物或排他的个体性
("今甲是乙")。选言推论的中项("甲")既是普遍,又是特殊,也
是个体。它就是概念各环节的统一。就是这样,概念诸环节的差
别性、中介性被扬弃,而返回到概念的直接的统一性了。"概念的

---

① 《马克思恩格斯文集》第9卷,人民出版社2009年版,第488页。

这种实现就是客体。"①

总之,黑格尔在论述逻辑思维形式时,围绕着个别、特殊和普遍这三个规定性,揭示了这些思维形式的内在联系。他致力于由此及彼地推出这些形式,不把它们互相平列起来,而使它们互相隶属,从低级形式发展出高级形式。这样,黑格尔在近代哲学史上奠立了辩证逻辑的基础。

2.客体。

"客体"或"客观性"这一部分,就其内容实质来说,并不是考察作为理念之外化的自然界,而仍然是在考察逻辑的理念本身。它旨在论证由机械性观点提高到内在目的论观点的必要性。首先,机械性客体是彼此漠不相干地、外在地并列在一起的。然后,化学性客体则彼此相互关联,通过化合与分解的交互更替,而否定了外在性直接性,使得内部潜存的概念得以解放出来,即表现为目的概念。"目的性"最初作为主观目的与客体相对立,表现为一种"外在的合目的性"。在目的关系的开展中,主体的目的能够通过中项(与手段、工具结合的活动)而达到主客统一即"已完成的目的"。

黑格尔继承和发展亚里士多德和康德的内在目的论,批判机械决定论和外在目的论,认为事物运动变化的机制不在外力或神力,而在于事物的内部规定和动力,这种内在目的即事物的本质或概念。黑格尔说:"自然研究不把自然的特性作为外来性的,而是作为内在固有的规定性来认识,并且只承认这样的认识可以形成概念。"他接着指出:"目的是在其存在中的概念本身"。②

通过目的的实现的过程,主观性和客体潜在的统一就被建立

---

① [德]黑格尔:《小逻辑》,贺麟译,商务印书馆1980年版,第372页。
② [德]黑格尔:《逻辑学》下卷,杨一之译,商务印书馆1976年版,第423页。

为现实的统一。于是就从客体过渡到理念了。

3.理念。

理念作为以前全部逻辑范畴发展的结果，是自在自为的真理，即是全部的、具体的真理。它作为真理即是概念和客观性的绝对统一。正因为它是这一最高的统一，所以它也包括了观念和实在、无限和有限、灵魂和肉体等等的统一。理念的统一是辩证的对立统一，是一个过程，即是全部的具体的真理的展现和认识的过程。它的发展经历了生命、认识和绝对理念三个阶段。

（1）"生命"。它的概念是灵魂，实现在肉体里。生命就其直接性来说是一个灵肉统一体，即是一个活生生的个体。生命的进展过程在于从个体自身内部的运动和联系，达到个体与外部自然的关联，最后达到内外统一，取得实体的普遍性，即形成"族类"。族类的过程即是生命个体的死亡和产生的过程。但是，如果超脱一切个体的局限，而从整个生命本身的概念、真理性看，那么生命过程的结果则在扬弃生命理念的直接性，而达到间接的、区分的形式（"判断的形式"）的理念，这样就过渡到"认识"的理念了。

黑格尔在论述他在逻辑学中考察"生命"理念的必要性时说道，逻辑学是要考察认识和真理的，既然要讨论认识，那就必须谈到生命。① 列宁在评论黑格尔这一思想时指出，从辩证唯物论的反映论和实践观点来看，"把生命纳入逻辑中的思想是可以理解的——并且是天才的"。②

（2）"认识"。它作为"区分的"形式的理念，区分开主观性和外部世界两个方面。理念作为真正意义的理性，具有绝对的信心

---

① 参见［德］黑格尔：《逻辑学》下卷，杨一之译，商务印书馆1976年版，第455—456页。
② 《列宁全集》第55卷，人民出版社1990年版，第171页。

去建立这两方面的统一,以达成真理;也具有其内在的冲力以证实真理。这个过程就是认识。认识过程包括两个方面即理论活动和实践活动。前者是从客观到主观,扬弃片面的主观性;后者是从主观到客观,扬弃片面的客观性。这两方面的活动由分到合,从而实现主客统一的真理。

理论的活动或"认识活动本身",在于"接受了存在着的世界,使进入自身内,进入主观的表象和思想内,从而扬弃了理念的片面的主观性"。①这种认识活动最初是有限的,因为它把主客双方外在地对立起来,还没有把握到主客双方的内在的统一。"知性"思维正是执着于这种外在的有限的认识。它在认识方法上则把分析和综合二者截然割裂开来。以洛克为代表的经验论者主张采用分析的方法,认为认识作用除了分析之外就"没有别的工作可做"了。与此相反,唯理论者一般推崇综合方法,主要是来自几何学的方法,特别是克·沃尔夫把这种方法发挥到了学究气的顶峰。

与抽象知性方式相对立,黑格尔强调思辨理性概念的认识,即对立统一的辩证认识。他指出,即便是有限的认识也必须在理性概念指导下进行,而概念的原则则构成认识进展的内在线索。"在哲学方法的每一运动里所采取的态度,同时既是分析的又是综合的"。②

"意志"即理念的实践活动,"趋向于决定当前的世界,使其符合于自己的目的"。③黑格尔应用辩证法剖析理念的实践活动,揭示这种活动是由主观到客观的转化,也是个别性与普遍性的统一。他提出"行动的推理"在于"目的通过手段与客观性相结合,并且

---

① ② ③ [德]黑格尔:《小逻辑》,贺麟译,商务印书馆1980年版,第410、424、419页。

在客观性中与自身相结合"。①同时,直接目的具有"主观个别性",而手段、工具则具有"实有的普遍性",②实践活动须得凭借一般规律性的知识技能。按黑格尔的说法,理念的实践活动作为"概念自身的总体",③具有普遍性。

黑格尔通过这样对理念的理论活动和实践活动的比较分析,指出理论的活动只有普遍性的规定,而实践活动则不仅有普遍性,而且还有直接现实性。他由此提出了关于实践理念高于认识理念的重要思想。

但是,实践活动本身毕竟还是有限的。它如果脱离开理论认识,就不能解决主客等矛盾,就会遇到障碍,就不能达到目的。黑格尔由此得出了关于理论理念"与实践理念联合"的重要结论。通过这个"联合"的途径也就最终达到"绝对理念"了。

在以上关于"认识"的论述中,黑格尔在唯心主义基础上,发挥主体能动性思想,把实践纳入认识论中,把认识论和辩证法紧密结合起来,在哲学认识论史上开辟一个新的阶段。列宁对此给予高度评价,说"马克思把实践的标准引进认识论时,是直接和黑格尔接近的"。④

(3)"绝对理念"。它是概念论的终点,也是全部逻辑学的最高、最后的环节。绝对理念是理论理念和实践理念的统一,是主观理念和客观理念的统一。这种统一乃是"绝对和全部的真理"。

绝对理念,作为逻辑学的终点,既是对最初的起点的否定,也是向起点的返回,因为它即是起点的潜在内容的展开和总结。在这里,"两个意义的最初"即存在的最初(开端)和"绝对的最初"

---

① ② ③　[德]黑格尔:《逻辑学》下卷,杨一之译,商务印书馆1976年版,第433、435、523页。
④　《列宁全集》第55卷,人民出版社1990年版,第181页。

（本原、根据）统一起来了。这样首尾衔接的圆圈式的发展过程，即是辩证法的否定之否定的规律的体现。黑格尔的全部哲学体系都是按照这个规律建构起来的。他在哲学、逻辑学的开端已经说明了这一点；而在《逻辑学》的结尾部分，则结合着对逻辑理念全部发展过程的总结，着重阐述了关于这一规律的思想。

4.关于否定之否定的规律的思想。

黑格尔首先对"否定"作出辩证的解释。他指出，辩证法讲的否定不是全盘的、简单的否定，不是消解为无，而是规定了的否定，"保持肯定的东西于它的否定的东西中，保持前提的内容于它的结果中，这就是理性认识中的最重要的东西"。① 辩证的否定既否定先行的概念，同时又保存和包含被扬弃了的先行概念，从而构成前后联系的环节、前进发展的环节。就是说，通过一次辩证的否定，理念的运动就前进一步、提高一步。

黑格尔进一步指出，概念的发展过程是"肯定—否定—否定之否定"的过程。既然辩证的否定意味着前进、上升，由此必然得出结论：整个的发展过程形成一条上升的、前进的路线。"这种前进是这样规定自身的，即：它从单纯的规定性开始，而后继的总是愈加丰富和愈加具体。因为结果包含它的开端，而开端的过程以新的规定性丰富了结果。"②

黑格尔还指出这一条前进的发展路线不是一条直线，而是一条曲线，因为在发展过程中，离开端越来越远，同时就是越来越近地向开端返回。"以这种方式，在以后的规定中，每前进一步离开不曾规定的开端时，也是后退一步靠近开端"。③但是这样的返回

---

① ［德］黑格尔：《逻辑学》下卷，转引自《列宁全集》第38卷，人民出版社1959年版，第243页。

②③ ［德］黑格尔：《逻辑学》下卷，杨一之译，商务印书馆1976年版，第549、550页。

开端或首尾汇合,并不是单纯的循环运动,而是在更高的基础上返回开端。黑格尔就是这样把发展过程中的每一个阶段或环节比喻为一个"圆圈",把许多阶段或环节所构成的发展的全过程比喻为由许多圆圈形成的"大圆圈"。

按照否定之否定规律,理念在逻辑中的发展,最后(终点)是作为一个最高的自身统一的全体的"绝对理念";它扬弃了一切间接性,返回到"存在的直接性"(起点);但理念的这一返回起点,并不是如形而上学的"外在反思"所想象的那样简单地返回到那片面的、抽象的存在,而是在更高基础上的返回。就是说,在这里理念已是绝对和全部的真理,因而具有绝对自由"解脱自身",把自己的直接性的理念"自由地外化"为具有感性直观形式的、作为"直接形式的整体"的、作为存在的理念。但是这种存在着的理念就是自然。

总的说来,黑格尔的逻辑学是一部概念辩证法的著作。"黑格尔逻辑学的总结和概要、最高成就和实质,就是辩证的方法"。[①]在这一著作中,黑格尔制订了辩证法的基本形式,论述了辩证法的基本规律和范畴。同时,按黑格尔的看法,辩证法也就是认识论。黑格尔所谓理念自身辩证发展的过程,也就是理念认识它自身的过程。逻辑学全书的结构和基本线索正在于他所深刻揭示的科学认识发展的一般辩证规律性:"概念(认识)在存在中(在直接的现象中)揭露本质(因果、同一、差别等等规律)——整个人类认识(全部科学)的一般进程确实如此。"[②]黑格尔贯彻应用辩证法来解决认识论问题,论述了关于真理是全体、是体系、关于认识辩证发展过程、关于认识和实践的辩证统一、关于辩证逻辑思维等合理的思想,对认识史的发展作出了重要的贡献。总之,黑格尔在逻辑

---

① ② 《列宁全集》第 55 卷,人民出版社 1990 年版,第 202—203、289 页。

学中创制了一种新的思维方式,即概念辩证法的思维方式。他力图把这种思维方式贯彻应用于自然,特别是应用于社会历史的各个方面。

四、自然哲学

在黑格尔看来,自然界是理念的"外化"或"异化";自然界、物质世界不是永恒实在的;"世界和有限的事物是从神圣思想和神圣命令的圆满性里产生出来的"。①

在自然哲学中,黑格尔的唯心主义同他自己所制订的辩证法的矛盾,同他自己所推重的自然科学的对立,是非常突出的。一方面,在论述辩证法的客观性普遍性时,他肯定了辩证法在自然领域中的支配作用。他说:"自然世界和精神世界的一切特殊领域和特殊形态,也莫不受辩证法的支配。"②通过"理性"、"概念"的折光,黑格尔承认"贯穿在自然界的阶段发展过程中的运动"③以及"自然界的内在规律",主要是辩证法的矛盾规律;与此联系,在黑格尔自然哲学的论述中也不乏辩证分析和概括的卓越范例。但是另一方面,他不仅一般地把自然现象归结于内在的概念,而且,当他把自然物质和精神加以对比时,极力贬低物质的意义,认为自然界作为物质的形态是死板僵化的,公然否认了自然事物在时间中的发展,断言自然界只能在空间中展开自己的多样性,只是周而复始的循环,而不能产生什么新东西,"只有在精神领域里的那些变化之中,才有新的东西发生"。④ 这样,他为了贯彻绝对唯心论观点,终于背离了辩证法,曲解了自然事物。同时他的自然哲学中也

①② [德]黑格尔:《小逻辑》,贺麟译,商务印书馆 1980 年版,第 334、179 页。
③ [德]黑格尔:《自然哲学》,梁志学等译,商务印书馆 1980 年版,第 34 页。
④ [德]黑格尔:《历史哲学》,王造时译,三联书店 1956 年版,第 94 页。

包含一些虚构和幻想的东西,用来代替现实的联系,以弥补材料的不足。在研究黑格尔的自然哲学时,上述矛盾的两个方面都是应当注意到的。

在如何对待自然界的态度问题上,黑格尔既反对消极直观和不可知论的片面性的理论态度,也反对为了利己欲望而肆意砍伐自然、毁灭自然的片面的实践态度。他主张把认识自然的理论态度和改造自然的实践态度统一起来,不过他把这种统一归结为单纯的"概念认识活动"。

在谈到如何划分自然的问题时,黑格尔承认自然界由简单到复杂、由抽象到具体的阶段性系列。他断言:"引导各个阶段向前发展的辩证的概念,是各个阶段内在的东西。"[1]

按照这种观点黑格尔把自然过程划分为三个阶段,即力学、物理学和有机学。恩格斯对黑格尔所做的这一科学分类予以历史的评价,认为这"在当时是完备的",是"要把旧的牛顿—林耐学派的整个自然科学作百科全书式的概括"[2]的企图。

根据黑格尔的说法,自然哲学作为逻辑学的具体应用,完全按照逻辑学中存在、本质和概念三个阶段的特征来安排阶段性的进展。具体说,理念在外化领域中从最初的直接性(力学)开始,经过反思的间接性(物理学),达到二者的统一即具体总体(有机生命)并从而返回精神自身。

(一)力学

力学领域体现理念的直接性,它的各种规定只有漠不相干的区别和外在的过渡。但是,由于概念的内在规定,实际上也存在对立的关联,如空间和时间、运动和物质的相互联系等。

---

① ［德］黑格尔:《自然哲学》,梁志学等译,商务印书馆1980年版,第29页。
② 《马克思恩格斯文集》第9卷,人民出版社2009年版,第504页。

1.空间和时间,运动和物质。

如同逻辑学的开端一样,自然哲学的开端也是一个直接的、无差别的规定。具体说,这就是"空间"。空间作为直接的、无差别的"己外存在"即"在自身之外的存在",展现为点、线、面。但这样一来,空间就是有差别的了,也是包含矛盾的了:空间作为点、线、面的持续存在,是多又是一,是间断又是连续。空间这一矛盾的进展即是自身否定、扬弃。但一种存在作为持续不断的自我扬弃的存在,就是时间。①因此空间和时间是相互渗透的:时间在空间中被设定是位置,空间在时间中被设定是运动。"位置与运动这两者的直接同一的、特定存在的统一,即物质。"②

黑格尔认为空间和时间是观念性的、最初的东西,是先于物质而出现的。由此出发,黑格尔同意康德关于空间是单纯的形式的说法,即认为空间是"直接外在性的抽象",但是不同意康德的主观主义观点。他认为时间也是"完全外在的和抽象的原则"。

黑格尔认为空间和时间是直接统一的,是"充满了物质"的。由此出发,黑格尔批判了牛顿的绝对的时空观。他说,有人认为空间"必然像一个箱子,即使其中一无所有,它也仍然不失为某种独立的特殊东西。"实际恰恰相反,"空间总是充实的空间,决不能和充实于其中的东西分离开。"③同样,时间也不是跟事物不相干的、空洞的"容器";反之,"事物本身就是时间性的东西,这样的存在就是它们的客观规定性。所以,正是现实事物本身的历程构成时间"。④

黑格尔按唯心主义观点把运动看作是观念性的东西。但是在

---

①②③④ 〔德〕黑格尔:《自然哲学》,梁志学等译,商务印书馆1980年版,第47、56、42、49页。

他对运动的理解中也包含有合理的思想。他强调运动不能归结为外力推动、单纯直线式的位移，而要把运动理解为自己运动、自由运动、一系列圆圈式的前进运动；运动（作为空间和时间的统一、连续性和间断性的统一）不是从外面带进物质的，而是寓于物质本质之中的。他批判了那种把物质和运动割裂的机械论观点，明确地肯定了物质和运动的不可分离的联系。他说："既然有运动，那就有某物在运动，而这种持久性的某物就是物质。……就像没有无物质的运动一样，也没有无运动的物质。"①

2.作为力学系统的太阳系。

黑格尔对天体运动的考察仅仅局限于太阳系。他在解释行星的运动时，把引力看作是吸引和排斥、向心力和离心力的统一，从而认为星球自己自由运动，而不是由外来的力推动的。他不同意牛顿把离心力和向心力割裂开来、把离心力作为外来的"切线力"启动运转的说法。他写道："作为沿着切线方向飞出去的意向，离心力被极为愚笨地假定为是通过斜射、振动和碰撞传给天体的，……如果我们要说力，那也只有一种力，它的各个环节不是作为两种力引向不同的方向的。天体运动不是这样一种来回牵引，而是自由运动"。②

（二）物理学

物理学领域包括光、热、磁、电以及化学过程等现象。在黑格尔关于物理现象的论述中包含有不少陈旧的和虚构的东西。例如，他重新搬出了早已过时的四元素说，把气、火、水、土四元素看作是比化学元素更为基本的东西，用以"解释"各种物理现象。但是，在黑格尔有关物理学的论述中也包含有一些合理的、辩证的

①②　[德]黑格尔:《自然哲学》，梁志学等译，商务印书馆1980年版，第60、87页。

思想。

按黑格尔的范畴推演,从力学进展到物理学领域,意味着自然的理念进入了"反思"阶段,即建立起了内在的质的差别、对立及其相互关联。与此相联系,黑格尔在物理学领域着重论述了"两极性"的概念,实际上就是辩证法的矛盾观点。

1.光的连续和间断的统一。

在光学中,黑格尔批判了偏重间断性的微粒说和偏重连续性的波动说,指出片面性观点"对于认识光毫无裨益"。与此相反,黑格尔提出了关于光的连续和间断统一的观点。他说:"光是作为物质、作为发光的物体,而与另一个物体发生关系的,因此就存在着一种分离,这种分离在任何情况下都是光的连续性的一类间断。"①

2.磁的两极性。

黑格尔在把磁现象解释为"纯粹非物质的形式"的唯心观点基础上,深刻地揭示了磁的两极既互为前提、互相关联又互相排斥的辩证法的实质。他写道:"两极是两个生动的终端,每一端都是这样设定的:只有与它的另一端相关联,它才存在;如果没有另一端,它就没有任何意义。"②黑格尔认为这种两极性观念包含了关于对立的比较正确的界说。

3.电的对立统一。

黑格尔在把电解释为"自我性"的精神本质的唯心主义幻想的基础上提出了关于电的对立统一的思想。他说:"电像磁一样,也出现了这样的概念规定:活动就在于把对立的东西设定为同一

---

① ② [德]黑格尔:《自然哲学》,梁志学等译,商务印书馆 1980 年版,第 127、225 页。

的,把同一的东西设定为对立的。"①

4.化学中酸和碱、量和质等对立统一。

黑格尔在化学方面的思想也是包含矛盾的。一方面,他不理解道尔顿的原子论在化学领域划时代的伟大意义,仍然固守四元素说以及按唯心框架杜撰的"无差别的"、"对立的"和"个体性的"等元素的说法。但另一方面,他毕竟研究了当时化学方面大量文献,非常重视对化学过程的辩证法探讨,明确提出化学物体自身矛盾,论述酸和碱等的对立统一,揭示化学过程中量和质的辩证关系、量变引起质变的辩证法规律。

总之,黑格尔认为,最初在磁石里所发现的两极性的对立,不仅是物理学的基本规律,而且是"浸透于整个自然界的普遍自然律"。②

(三)有机学

黑格尔所讲的有机学就是生物科学。他在这里论述了差别的统一整体、内在的目的论等基本观点。他认为生命自身包含矛盾,但它能够承受矛盾,同时也是矛盾的解决;"生命是整个对立面的结合,而不单纯是概念和实在这种对立面的结合。只要内在的东西和外在的东西、原因和结果、目的和手段、主观性和客观性等等是同一个东西,就会有生命。"③生命是一活生生的个体、有机的整体,它是按它自身内在目的进行活动的。这是它的内在规定。但归根结底这是内在概念。

黑格尔认为,生命自身的矛盾,特别是个别性与普遍性的矛盾就是它疾病以至死亡的根源。"生命本身即具有死亡的种子"④,

―――――――――――

① ③　[德]黑格尔:《自然哲学》,梁志学等译,商务印书馆1980年版,第307、377页。

② ④　[德]黑格尔:《小逻辑》,贺麟译,商务印书馆1980年版,第257、177页。

"生命的活动就在于加速生命的死亡"①。这就是黑格尔所阐明的生和死的辩证法。

按黑格尔的自然哲学体系,"生命"是概念在自然中的最高的存在方式。生物的死亡,即生命个体的被扬弃,也就是精神的出现。这就构成从自然哲学到精神哲学的过渡。从自然过渡到精神,决不是说从物质世界、自然界派生出精神,而是意味着精神在经历了外在形式并扬弃了这种形式之后,又返回到精神自身了。

五、精神哲学

精神哲学的对象既不是那些比较抽象的、单纯的逻辑理念,也不是理念的异化形态,而是理念在其自身的实现过程中所达到的最具体、最发展的形态。它不只是研究个体的个别能力或特性,而是要研究精神的实质本身,要认识人的真实本质。实际上它涉及整个人类精神及其各个领域——个体的和社会的意识诸形态、社会生活各方面及其历史发展。因此,黑格尔说,对精神的认识是最具体的,也是最高、最难的。

作为精神哲学之考察对象的人的精神的本质,在黑格尔看来,即在于理性和自由,或者说,在于真理和自由;因为,在他那里,"理性只不过是真理或理念的另一表达"。②"真理使精神成为自由的,自由使精神成为真理的。"③

黑格尔认为,整个精神阶段就是辩证理性的鲜明体现和贯彻。"他物、否定、矛盾、分而为二——这一切属于精神的本性。"④但精神能够在矛盾中保存自身并保持自身的自由,能够以自身的能

---

① [德]黑格尔:《自然哲学》,梁志学等译,商务印书馆 1980 年版,第 373 页。

②③④ G. W. F. Hegel, *Sämtliche Werke*, Band10, hrsg. von Hermann Glockner, Stuttgart, Fr.Frommanns Verlag, 1929, s.51, 31, 31.

动活动解决矛盾,使自由从潜在变为现实,并最后达到圆满自由、最高统一的境界。精神的这一发展过程按逻辑学概念中主观性、客观性和绝对性的三分法,划分为主观精神、客观精神和绝对精神三个阶段。

(一)主观精神

在这一阶段,精神处于它自身的主观性、观念性之中,还没有达到客观性、现实性,就是说还没有展现于社会政治和伦理生活中,实际上是讲个人精神及其形成过程。在这里,精神的自由只是潜在的,还没有实现出来。主观精神阶段是从低级的"自然精神"开始逐步发展形成"自由精神"的过程。这一过程按普遍性、特殊性和个体性的序列又区分为"灵魂"、"意识"和精神本身三个阶段。

1.灵魂——人类学的对象。

灵魂即是"自然精神"。在这里精神和自然浑然一体,还没有主体和客体的区分。这是精神的最原始的状态。

灵魂作为精神的一种形态,毕竟已经扬弃了自然物质的异化阶段,而表现为"一切的非物质性"。① 黑格尔承认灵魂和肉体是统一的。他反对把这二者割裂开来的二元论观点。他甚至肯定唯物论者企图超出二元论而寻求二者统一性的那种"热忱努力"。但是他借口唯物论者对于如何从物质中产生出思维的解释不能令人满意,就根本排斥唯物论,而断言一切物质东西和非物质东西最终都统一于精神、理念。②

黑格尔力图把辩证法应用于考察精神,他把灵魂看作是一个

---

① G.W.F.Hegel,*Sämtliche Werke*,Band10,hrsg.von Hermann Glockner,s.58.

② 参见 G. W. F. Hegel, *Sämtliche Werke*, Band10, hrsg. von Hermann Glockner, s. 58-60。

发展的过程。最初的"自然灵魂"是完全受自然条件束缚、受肉体支配的。例如,人类受气候、地理环境条件决定而产生的人种差别、个体生理发育、两性关系等因素。当"自然灵魂"发展到能够自我感觉时,它就开始摆脱自然的规定了。"感觉灵魂"通过习惯的重复,形成普遍性自我,即成为能够支配肉体的现实力量。"现实灵魂"超出于自然的存在之上,形成一个与客体相对立的主体。于是就从"灵魂"阶段过渡到"意识"阶段了。

2.意识——精神现象学的对象。

到了"意识"阶段、精神摆脱了自然的束缚,觉醒起来,作为"自我"同外部客体相对立。随着这一对立的开展,"精神现象学"又区分为三个阶段,即"意识本身"(对外部客体的意识)、"自我意识"和"理性"(对自我和客体统一的意识)。经过这一过程,一般"意识"存在的个人就提高成为"理性"存在的个人了。

《精神哲学》中的"精神现象学"一章和《精神现象学》一书相比较,二者的任务、目的和范围不同:后者作为整个哲学体系的"导言",旨在论述从感性知识出发达到哲学知识的整个过程及其必然性;而前者则只是"主观精神"中专门考察"意识"的那一个部分,相当于《精神现象学》中前五章即"感性确定性"、"知觉"、"知性"、"自我意识"和"理性"。《精神哲学》中对这几个阶段的论述,大体上是《精神现象学》一书中相应部分的简述。

3.精神本身——心理学的对象。

"精神本身"克服了前两个阶段——灵魂(抽象的统一体)和意识(自我与对象的区分)的片面性,达到了自我与对象的具体的统一。就是说,一个"理性"存在的人展开自己的认识和意志活动,向着现实的自由发展了。因此,"精神本身"区分为理论精神、实践精神和自由精神三个阶段。

黑格尔在这一部分论述中,从辩证法观点概括了认识论和心理学的材料,把他在《精神现象学》和《逻辑学》中有关认识发展阶段以及理论和实践统一的思想加以细致的分析和系统化。

(1)"理论精神"。理论精神是"理智"(Intelligenz)的认识活动。"理智"从外面给予的个别对象开始,"把对象中自在的理性内容从外在性和个体性形式提高到理性的形式",①把它改变为具体普遍的东西,从而达到思存、主客的统一。黑格尔在这里重复了前两个阶段(灵魂和意识)对感觉、知性等认识能力的考察。但是按照他的体系的安排,在这里是以"理智"作为认识主体并且依据主客统一的精神来考察各个认识能力或阶段的。"理智"的活动区分为直观、表象和思维三个阶段。

"直观"是直接同个别客体相关的感性认识。最初的直观即"感觉"具有一般直接性的规定和偶然孤立的形式,但已渗透着理性的内容,因而既有主观性也有客观性。精神借助于"注意",对直接感觉的东西加以规定,形成"真正的直观"。这种直观专注于一定的对象,达到了对该对象的整体观察。

"表象"是从个别的存在到普遍性概念的中间环节。它把直观中的直接的东西转变成为主体内部的东西;首先凭借"回想"把个别性的感觉内容安置到自我的时空表象中,形成一般的"图像"。然后由"想象力"对这些图像加以规定,即再现和联结图像,并对内容进行初步概括,从而创造出普遍性的表象。表象和图像结合起来,就能再现直观对象的整体,于是表象活动"作为能生的想象力在自身之内得到完成",并过渡到以语言为工具的思维活动。

思维是理智活动的最后阶段。理智的思维有一个发展过程,即从抽象的形式的思维达到具体思维,即达到对于对象的实质的

① G.W.F.Hegel, *Sämtliche Werke*, Band10, hrsg.von Hermann Glockner, s.305.

真理认识的过程。这一过程包括知性、判断力和理性三个环节。

"知性"的能力把那些"被回想的表象"改造成为类、种、规律、力等等,即改造为概念范畴。"判断力"在认识对象方面比知性有所前进;因为知性把个别和普遍、内容和形式等范畴都割裂开来;而判断力则把对象的个别性、特殊性归于普遍性,从而把对象看作是相互关联的,是客观联系的整体。但是判断力也有其局限:它仍然把对象看作是现成的东西,而看不到对象的发展过程。因此在判断活动中,对象的实质仍然没有被揭示出来。到了"理性"阶段,对于对象的认识就深入于内在的联系,把握了对象本身的概念的发展,并从而达到思维和存在的同一了。"在这一与自己的对象相同一的思维中,理智就达到了自身的完成、自己的目的。……思维的主观性和客观理性的这一相互渗透,就是理论精神发展的最终结果"。①

(2)实践精神。正如理论精神体现为"理智"活动一样,实践精神则体现为"意志"活动。黑格尔在这里阐发了他在逻辑学中关于实践理念的论述,指出意志活动是从主观自我出发,把主观东西变为客观存在等。此外他在这里还补充说明,实践精神的意志活动包括三个环节,即个别性的实践感觉、特殊性的冲动和普遍性的幸福,这三者的统一和进展就形成"自由"的概念。于是实践精神就过渡到了自由精神。

(3)自由精神。自由精神是理论精神和实践精神的统一,是理性思维和意志的统一。这一与理性思维统一的意志,即是"理性的意志"。它"知道自己是自由的,并且意愿自己成为自己这样的对象",②它自己依赖自己,自己是自己的决定者。这样的"现

①② G. W. F. Hegel, *Sämtliche Werke*, Band10, hrsg. von Hermann Glockner, ss. 363-364, 379.

实的自由意志"即是"自由精神"的本质所在。

黑格尔发挥了启蒙主义关于人的自由的思想,但他是按照概念唯心论观点阐发这一思想的。他认为自由概念的出现归功于基督教;按基督教精神,个人本身即具有无限价值,因为个人是上帝之爱的对象和目的。人自在地应有最高自由;随着精神的发展,自由观念逐步渗入于世俗生活的各个领域。

自由精神作为概念与对象统一的知识,通过它自身的自决活动发展了自己的内容,并且把这一内容设定为现实的具体存在,也就是把自由的概念变成为现实。这样,主观精神就过渡到客观精神了。

（二）客观精神

如果说在主观精神(个体精神)阶段自由只是潜在的,那么到了客观精神(社会精神)阶段,自由就具有了现实存在的形式。它表现为自由意志,而自由意志的"定在"就是法。因此客观精神的哲学也就是法哲学。它实际上包括了整个社会生活和历史领域。具体说,黑格尔的法哲学包括抽象法、道德和伦理(含世界史)这样三个部分。

1.抽象法。

自由意志最初是没有分化的、抽象的同一,即是一个抽象的人格。它体现为对外物的所有权即财产权。这就是抽象法的领域。黑格尔认为,私有财产是合乎理性的,因为它扬弃了人格的纯粹主观性,而赋予人格和自由意志以定在。谁如果侵犯了私有财产,就是侵犯了人格和自由,就构成了"不法"和"犯罪"。

2.道德。

在道德领域,自由意志已不是像在抽象法领域那样体现在外物上面,而是转移到了主体自我的内部,即体现为道德的意识、动机和道德观点。因此,道德即是"主观意志的法"。

按黑格尔的论述,道德的观点首先是"意识的观点"。主体意识到他的某个行为,他"故意"、"存心"做了某事,意识到他的行为的一般性质,并以此构成他的行为的特殊内容("意图")。因此他对自己的行为是要承担责任的。从"应有的观点"看来,主体的意志"应当"符合于普遍道德法则("善")的要求并促其实现;同时,"善"也只有以主观意志为中介才能够实现出来。而主体自我目的的实现,又必然与他人的意志发生关联,必然涉及他人的福利。这就是道德上的"关系的观点"。

以上对道德观点的分析表明,道德固然是"主观性"的环节,但它与客观性是相联系的。这一联系的中介和基础就是道德行为。黑格尔着重提出"道德行为"作为他的道德学说的基本范畴。他认为"更高的道德观点在于在行为中得到满足",①道德行为是道德估价的标准和依据。他说:"人的真正存在是他的行为;在行为里,个体性是现实的,……有什么样的行为就有什么样的人。"②

黑格尔应用辩证法观点,通过"行为"活动的能动转化作用来解决道德领域中一系列对立范畴(动机和效果、普遍和特殊、理性和感性等)的相互关系问题。他批判康德的单纯"动机论",主张按行为效果进行道德评估;但是他不同意把行为后果同道德价值简单等同起来,他指出也必须估计到现实行为中常常发生的外来的偶然的因素。③在他看来,动机和效果是辩证地统一的。

黑格尔指出,康德的普遍的道德法则排斥了一切特殊的内容,"为义务而义务"、不考虑任何感性的、利益的需要和动机;这是一种不切实际的"空洞的形式主义"。与此相反,黑格尔认为一般法

---

① ③　[德]黑格尔:《法哲学原理》,范扬、张企泰译,商务印书馆1961年版,第
　　　124、120页。

②　　[德]黑格尔:《精神现象学》上卷,贺麟、王玖兴译,商务印书馆1987年版,第
　　　213页。

则是同特殊内容紧密结合在一起的。因此他给道德义务所做的基本规定是："行法之所是,并关怀福利,——不仅自己的福利,而且普遍性质的福利,即他人的福利。"①

按黑格尔的范畴推演,通过道德行为的展开,使得道德的主观性转化为客观现实性,于是就从道德领域过渡到"伦理"领域了。

3.伦理。

"伦理"在实现自由方面既克服了"抽象法"的单纯外在的片面性,也克服了"道德"的主观内在的片面性,达到了自由的具体实现,即把自由同时体现在外部现实和主观性上。因此黑格尔说:"伦理就是成为现存世界和自我意识本性的那种自由的概念。"②但伦理阶段自由的具体实现,还有一个在个体和整体之间矛盾的发展过程。因此"伦理"又区分为家庭、市民社会和国家这三个环节。

(1)家庭和市民社会。"家庭"是最初的、直接的伦理实体,是以自然形式的伦理关系即以爱的情感联系起来的统一体。在这里,个体还不是真正自由独立的。在进一步发展中,家庭分裂为众多的独立的原子个体。这些原子个体凭借物质利益的纽带联结成为"市民社会"。市民社会就是"个人私利的战场"。③通过生产和交换等方面的活动,市民社会划分为各个等级。这样的市民社会是在现代世界中形成的。黑格尔所讲的市民社会实际上是资本主义经济关系体系。黑格尔吸取了古典经济学的内容,剖析了资本主义社会中财富积累增长和劳动者贫困化之间的矛盾,力图揭示"市民社会的这种辩证法"。④

(2)国家学说。黑格尔在"伦理"部分着重阐述了国家学说,

---

① ② ③ ④ [德]黑格尔:《法哲学原理》,范扬、张企泰译,商务印书馆1961年版,第136、164、309、244—246页。

表达了他有关社会政治的基本观点和立场。按他的说法,国家克服了家庭和市民社会的片面性,达到了个体和整体、客观自由和主观自由的统一,实现了理性的原则和精神的自由。他规定国家的理念说道:"自在自为的国家就是伦理性的整体,是自由的现实化;而自由之成为现实乃是理性的绝对目的。国家是在地上的精神,这种精神在世界上有意识地使自身成为实在"。①

从国家的理念出发,黑格尔认为,虽然在论述时把国家安排在家庭和市民社会之后,但是"在现实中国家本身倒是最初的东西",它是家庭和市民社会的"真实基础"。马克思和恩格斯揭露批判了这种把理念看作独立实体、把国家看作是经济关系的决定性基础的观点,指出这是思辨思维的"头足倒置",是一种"传统的"唯心主义国家观。

不过黑格尔的国家观同封建神学国家观有着本质的区别。他反对"以神的权威为基础"的国家观念,②而用"人的眼光"来观察国家。不仅如此,他还企图把辩证法范畴应用于解释国家理念。他说:"在国家中,一切系于普遍性和特殊性的统一。"他认为在古典的古代国家中,普遍性原则已经出现,但是特殊性还没有解除束缚,没有获得自由。"现代国家的本质在于,普遍物是同特殊性的完全自由和私人福利相结合的"。③

黑格尔同意卢梭把国家看作是意志原则的体现,但是不同意卢梭所代表的"契约说"。黑格尔认为,这种说法偏执个人意志,忽视了整体意志,因而导致个人任性;雅各宾专政所体现的"绝对自由"原则,它所推行的恐怖政策就是由此产生的结果。黑格尔

---

① ③ [德]黑格尔:《法哲学原理》,范扬、张企泰译,商务印书馆 1961 年版,第 258、261 页。

② 《黑格尔政治著作选》,薛华译,商务印书馆 1981 年版,第 154 页。

在对此提出批评时声称,保护个人利益未必就是"国家实体性的本质","国家是比个人更高的东西"。①

黑格尔对"绝对自由"的批评诚然不无合理的因素,但是他过分夸大了国家整体性方面,终于把整体同特殊割裂开来,以致把国家神化了。他说,国家高高地站在自然生命之上,"因此,人们必须崇敬国家,把它看作地上的神物"。②在这里明显暴露出黑格尔的唯心主义观点及其辩证理性的局限,但也反映了当时德国资产阶级通过普鲁士建立一个统一强大国家的期望。

按黑格尔的看法,国家理念的直接现实在于国家制度,即国家的政体及其权力划分。国家权力的各种规定,体现有机整体的各个环节,即单一、特殊和普遍。具体说,这就是王权、行政权和立法权。黑格尔反对君主专制政体,认为君主不应为所欲为,而应"受咨议的具体内容的束缚",唯有法律才是客观的方面,而君主只是把主观的东西加到法律上去。立法的等级会议和行政权一道起一种中介作用:一方面使王权不致成为专制暴政,另一方面使人民不致结合成为一种反对国家政权的赤裸裸的群众力量。③

在黑格尔看来,上述三种权力结合成为一个有机整体即是君主立宪制;"国家成长为君主立宪制乃是现代的成就"。④黑格尔的这种政治主张显然包含有对普鲁士王权的妥协和对人民群众的排斥,但是在当时德国历史条件下是有进步意义的。

(3)历史哲学。黑格尔在他对国家理念的阐述中,从"国家法"开始,经过"国际法",最后达到"世界历史"。在这样的系统安排下,他继国家学说之后,又详细论述了历史哲学学说。

---

①②③④ [德]黑格尔:《法哲学原理》,范扬、张企泰译,商务印书馆1961年版,第103、285、321、287页。

黑格尔认为,世界历史是"世界精神"的合理的必然的发展过程;精神的本质和目的既然在于自由,因此世界历史无非就是自由意识的进展。但自由最初只是一个抽象的原则,还不是具体现实。由此就提出一个问题:"这个'自由'的原则是用什么手段来实现呢?"①

黑格尔回答说,世界历史以及贯穿于其中的理性自由的原则都是通过人们的活动实现的,而推动人们进行活动的动机在于他们特殊的目的和兴趣、私人的利益、利己的企图等主观因素。他把这一切对自身利害关系的关心称作人的"热情",认为"假如没有热情,世界上一切伟大的事业都不会成功"。②因此他把理性自由的概念和人的热情这二者称作"世界历史的经纬线",即是构成世界历史的两个基本要素。他认为,人们在自觉地追求自己特殊目的的同时,也在不自觉地实现着世界理性的更广大的目标;世界精神、理性利用人们的欲望、兴趣和活动以及人们相互之间的斗争和冲突作为手段来实现它自己的目的。黑格尔把这称作是"理性的机巧"。显然,在黑格尔的这一唯心主义的论述中,包含有关于历史中一般法则和特殊企图、客观规律性和主观能动性等对立统一的辩证法思想。

与此相联系,黑格尔论述了伟大人物在历史中的作用。在他看来,这样的人物的伟大之处在于:他们作为世界精神的代理人,洞察自己时代的需要;他们的言行是这个时代最卓越的;他们的整个本性在于他们的热情;因而能够成为群众所追随的"灵魂领导者",从而完成一番伟大的事业。但是当他们的目的已经达到,而不再代表世界精神的需要时,他们便凋谢零落了。

黑格尔在论述"世界历史的行程"时,批判了把社会历史看作

---

①② ［德］黑格尔:《历史哲学》,王造时译,三联书店1956年版,第58、62页。

固定不变或简单重复、看作偶然事件堆积或一切由上帝安排的形而上学观点和神学观点,确立了历史中的发展原则,认为世界历史是一个不断更新、前进发展的过程;即使在某些历史时期,原有的成果似乎完全被摧毁了,发展过程似乎中断了,但实际上却得到逐渐的恢复和新的发展。法国启蒙者把中世纪看作是单纯的谬误,认为对它只有憎恨和蔑视;但黑格尔却把它看作是欧洲历史中一个必然的发展环节。黑格尔指出,正是中世纪社会生活内部孕育了近代社会,法国封建社会内部矛盾的发展必然导致法国大革命。黑格尔不仅把矛盾进展的观点应用于考察欧洲历史,而且企图对整个世界历史以及宗教、艺术、哲学等许多意识形态部门的历史做出合规律的考察和概括。正如恩格斯所评论的,"黑格尔把历史观从形而上学中解放了出来,使它成为辩证的,可是他的历史观本质上是唯心主义的"①;黑格尔基本观点的宏伟就是在今天也还值得钦佩;"这个划时代的历史观是新的唯物主义世界观的直接的理论前提"②。

黑格尔在具体说明世界历史时,断言这个历史过程从东方开始,到西方结束:"东方从古到今知道只有'一个'是自由的;希腊和罗马世界知道'有些'是自由的;日耳曼世界知道'全体'是自由的。"③他认为日耳曼民族在基督教影响下首先认识到人作为人是自由的。欧洲是世界历史的绝对终点,"北欧日耳曼民族"负有"使命"完成神性和人性、真理和自由的调解。而完成这个调解的"原则的内在性就是一切矛盾的调和解决"。④ 这就是黑格尔所设

① 《马克思恩格斯文集》第9卷,人民出版社2009年版,第388页。
② 《马克思恩格斯文集》第2卷,人民出版社2009年版,第602页。
③ [德]黑格尔:《历史哲学》,王造时译,三联书店1956年版,第149页。
④ [德]黑格尔:《法哲学原理》,范扬、张企泰译,商务印书馆1961年版,第359页。

想的最后到达"世界历史的目标"了。显然,这里确实表现出黑格尔的欧洲中心论和大日耳曼民族的偏见,以及他的历史辩证法思想的不彻底性。

（三）绝对精神

绝对精神是主观精神和客观精神的统一。它作为唯一的、普遍的实体,是"绝对真理中的精神",已达到了自由独立的现实。绝对精神的自身认识和实现分为三个阶段即艺术、宗教和哲学。这三者的对象和内容都是"绝对",只是认识的方式不同。"普遍精神的定在的要素,在艺术中是直观和形象,在宗教中是感情和表象,在哲学中是纯自由思想"。①

1.艺术。

艺术以感性直观的形式认识和表现绝对精神。艺术的"美就是理念的感性显现"。② 这所谓感性显现,不是单纯的自然物质,而是扬弃了存在的直接性的感性形相。这里的理念也不是还处于"异化"状态的自然理念,而是达到了精神高度的理念。在这个意义上严格说来,自然美是被排除于美学之外的。只有艺术美才是由精神所产生的、真正的美。自然美则只是属于精神的那种美的反映,它所反映的是一种不完全不完善的形态。因此美学这门科学的正当名称应是"艺术哲学",更确切些说,是"美的艺术的哲学"。

艺术美的理念中所包括的感性形式和理性内容这两方面的矛盾进展,决定着艺术史的阶段划分。这样,艺术类型有三种,或者说,艺术史划分为三大阶段:第一,"象征的艺术",例如东方原始

---

① ［德］黑格尔:《法哲学原理》,范扬、张企泰译,商务印书馆1961年版,第351页。

② ［德］黑格尔:《美学》第1卷,朱光潜译,人民文学出版社1958年版,第138页。

艺术,利用自然界现成的材料,如木头石块之类,只经过极简陋的加工就拿来作为神的象征。在这种艺术类型中,理念本身还很含糊,很不明确;它的形式也很不完美;形式和内容不协调,形成分裂。第二,"古典型艺术",其典型代表是古希腊的雕刻。它的内容已是具体的理念,形式是人的形象,二者形成了"自由而完美的协调",达到了最高度的完美。但是,它的人体形象毕竟是有限的,不足以完满表达无限的精神。这个矛盾就导致古典艺术解体并从而过渡到浪漫型艺术。第三,"浪漫型艺术",其代表是基督教世界的艺术,包括绘画、音乐和诗等。它的自由的具体的心灵生活内容与感性形式不协调,力图摆脱这种形式,而达到和它自身相适合的内在的理性形式。这样一来,艺术就超越了它自身而过渡到了宗教阶段。

2.宗教。

宗教是以"表象"形式对绝对精神的认识;所谓"表象",按黑格尔的规定,是感性和思维的中间环节,是这两种认识成分的联合。在宗教发展过程中这两种成分发生变化,即感性成分逐渐减少,而思维成分则逐渐增加;于是就由原始宗教、多神教逐步升华为一神教。宗教的这一发展过程划分为三大阶段,即自然宗教、自由宗教和绝对宗教。

"自然宗教"的神体现为直接的自然存在形态,如波斯的拜火教、印度的神牛崇拜等。在"自由宗教"中,精神的主体克服了自然物的束缚,得到了独立和自由。但是精神的个体性和整体性还没有达到统一。例如,希腊的诸神体现为美的个体性,但是还没有提高到统一的上帝概念。"绝对宗教"是上帝启示给人的,所以也称作启示宗教,具体说,就是指基督教。黑格尔认为,基督教首先提出了统一的一神教观念即"上帝"观念。上帝观念是有限和无限的统一。无限的绝对精神体现在一个现实的人即耶稣身上,即所谓"神化身为人"。黑格尔运用思辨逻辑概念来解释"三位一体",认为圣父代表普遍性,圣子代表特殊性,圣灵代表个体性,并表明普遍和特殊统一,返回到了对立统一的根据。三个环节结合为思想的单一性,即是被认识为绝对精神的自身统一。这种形式下的真理,就是哲学的对象了。

3.哲学和哲学史。

哲学把艺术的客观性(外在的直观)和宗教虔诚情感的主观性(以"己内存在"为绝对)两个方面统一起来,从而提高到"纯概念"的绝对形式。哲学就是以这种形式对绝对精神、理念的把握;而"纯概念"是与"绝对"最适合的形式,它使得哲学知识达到最高的、绝对的真理的认识。

黑格尔从绝对唯心论观点出发,根本否认唯物论是真正哲学,断言"在一切时代里只存在着一个哲学"[1]即唯心论哲学。不过,黑格尔认为理念是"永恒的创造、永恒的生命","理念自身就是辩证法",因此辩证法是真正的"哲学的方法"。

按黑格尔的说法,在他的哲学体系中,理念的三个环节(逻辑理念、自然和精神)可以分别作为中项构成三个推论;这表明了诸环节互为中介,相互关联,形成一个统一整体,并最终揭示了"哲学的理念"。它作为一个统一体包括两个方面:一方面"事情的本性即概念推动自身前进和发展",另一方面,"这一运动也是认识的活动——永恒自在自为存在的理念永恒地作为绝对精神而实现自身、产生自身和享受自身。"[2]这就是精神自身所一直追求着,而在哲学认识中,终于达到了的绝对真理和完满自由的最高境界。

---

① [德]黑格尔:《哲学史讲演录》第4卷,贺麟、王太庆译,商务印书馆1978年版,第378页。

② G.W.F.Hegel, *Sämtliche Werke*, Band10, hrsg.von Hermann Glockner, s.475.

"在最高的真实里,自由与必然、心灵与自然,知识与对象、规律与动机等的对立都不存在了,总之,一切对立与矛盾,不管它们采取什么形式,都失其为对立与矛盾了。"①黑格尔断言,"只有这种最高的统一体的实在界才是真实,自由和满足的境界。这种境界里的生活,这种对真实的心满意足,作为情感,这就是享受神福"。②

黑格尔认为哲学史和哲学一样都是对于理念本身的发展的考察,就是说,二者有着同一的对象内容:"哲学是在发展中的系统,哲学史也是在发展中的系统;这就是哲学史的研究所须阐明的主要之点或基本概念。"③因此,哲学史本质上也就是哲学这门科学。

哲学和哲学史用以表达理念发展的方式是有区别的。哲学是以纯概念、范畴的逻辑推演的方式表达;而哲学史则是以时间中、经验形式中不同阶段的具体形态来表达的。但是二者毕竟是一致的。黑格尔由此得出了关于哲学中逻辑和历史一致的重要原理。

黑格尔认为,哲学史不是种种分歧的意见的偶然堆积,而是一个有必然性的、有次序的进程。这就是哲学思想从抽象到具体、从低级到高级的发展过程,"那初期开始的哲学思想是潜在的、直接的、抽象的、一般的,亦即尚未高度发展的思想。而那较具体较丰富的总是较晚出现;最初的也就是内容最贫乏的。"④

哲学思想按必然法则向前进展,"这种进展的步骤似乎可以延至无穷。但它却有一绝对的目的。"⑤按黑格尔的说法,精神、理念之认识它自身为绝对精神,实现理想、理性和现实的最终和解,这是世界历史和"整个哲学史所〔要求〕达到的目的","现在看来

---

①② 〔德〕黑格尔:《美学》第1卷,朱光潜译,人民文学出版社1958年版,第123、124页。

③④⑤ 〔德〕黑格尔:《哲学史讲演录》第1卷,贺麟等译,三联书店1957年版,第33、43、38—39页。

它似乎达到它的目标了"①,"那最后的哲学就是一切较早的哲学的成果"。②不言而喻,黑格尔自己的哲学就是这个"最后的哲学";而且在他看来,全部哲学史至此也就终结了。

黑格尔从康德所奠立的主体性原则出发,继费希特"自我"和谢林的"绝对同一"之后,提出了作为"活的实体"——主体的"绝对精神"即辩证理性的基本概念,解决近代哲学基本问题,即调解思存对立,达到二者具体统一,以便从哲学上维护并推进启蒙主义的思想原则。黑格尔为此而第一次全面地论述了辩证法的一般运动形式,并建立了空前宏伟的哲学体系,把德国古典唯心论哲学推到顶峰。

黑格尔吸取古代自发的辩证法,批判近代哲学中占支配地位的形而上学,创立了西方哲学史上第二种形态的辩证法——概念辩证法。他围绕对立统一这个基本原理,制订了辩证逻辑的体系,论述了辩证法的规律和范畴。他按照这种新的思维方式把世界看作一个过程,考察人类文化诸领域的大量实际材料,力图揭示其发展线索和内在联系,因而使他的著作表现出可贵的历史感,在各个领域开辟了一个时代。但他的辩证法即概念的辩证法是不彻底的。

黑格尔的哲学体系是唯心主义的,其基本结构是强制性的;其中包含有许多荒唐、神秘的教条内容。"黑格尔的体系作为体系来说,是一次巨大的流产,但也是这类流产中的最后一次。"③但另一方面也应看到,他的体系涉及广阔的领域,也包含有许多宝贵的思想。黑格尔哲学方法和体系的关系是复杂的。一方面,他的方

---

①② [德]黑格尔:《哲学史讲演录》第4卷,贺麟、王太庆译,商务印书馆1978年版,第378、373页。

③ 《马克思恩格斯文集》第3卷,人民出版社2009年版,第543页。

法和体系是一致的:方法为体系服务,方法的专门论述(逻辑学)就是他体系中的一部分,他关于真理是体系或系统的思想是具有合理内容的。在他的哲学中方法和体系是结合在一起的。但是,另一方面,他的方法和体系又是矛盾的;其实质就在于辩证法和唯心主义的矛盾。唯心主义体系决定了他的辩证法的不彻底性。

在这种意义上讲的方法和体系的矛盾,构成了他的哲学的基本矛盾。他的辩证理性的哲学固然有其思辨的"原罪",但是其合理内核恰恰寓于其中。这是一个很复杂矛盾的哲学史现象。在黑格尔生前和死后一个时期,人们都不能正确理解黑格尔的辩证法。只有马克思、恩格斯才是批判其唯心主义体系,并从中拯救出其辩证法的合理内核的第一人。

现代西方哲学中的新黑格尔主义、新托马斯主义诸流派,都吸取黑格尔的唯心主义,利用他的体系的某些环节,把它解释为非理性主义、泛悲剧主义、宗教神学世界观等等;新实证主义、"科学哲学"诸流派则对黑格尔哲学的成果一笔抹杀①等等。对所有这些流派来说,黑格尔辩证法的合理思想内容似乎仍然是一个"秘密"。不过,在西方学者对黑格尔哲学的研究和评论中有值得我们参考借鉴的东西;特别是有些西方学者在某些专门领域中的研究成果,是与对黑格尔辩证法的合理思想的参考应用是有联系的(如贝塔朗菲的系统论,皮亚杰的儿童智力发展论等)。

总之,运用辩证唯物论基本观点,结合当代生活实际和科学成果,研究黑格尔哲学,批判其唯心主义,吸取其合理思想,以推进我们的哲学发展,仍然是一项重要的研究课题。

---

① 例如罗素说:"黑格尔的学说几乎全部是错误的"。参见[英]罗素:《西方哲学史》下卷,马云德译,商务印书馆1976年版,第276页。

第四节　青年黑格尔派

1815 年,拿破仑帝国灭亡,神圣同盟建立,欧洲一些国家相继恢复了封建王朝的统治。但是,以大机器生产为标志的资本主义生产力却在全欧洲范围内势不可当地发展着。资本主义的物质文明和精神文明渗透到社会生活的各个领域。就德国而言,19 世纪30—40 年代是资本主义经济迅速发展、资产阶级革命条件日渐成熟的年代,并在 1848 年终于爆发了资产阶级民主革命。如果说,1834 年成立的关税同盟在经济上表明统一的国内市场正在形成的话,那么 1832 年汉巴哈大会和 1833 年法兰克福起义则在行动上成了资产阶级实现国家统一的先声。

正是时代赋予了宗教和政治新的实践意义。而这两者又恰恰集中地反映了黑格尔学说的矛盾性质。当时在思想领域占统治地位的、既被普鲁士文教大臣阿尔腾斯坦称为"普鲁士复兴的国家哲学",①又被恩格斯视为"宣布了德国资产阶级取得政权的时刻即将到来"②的黑格尔哲学,特别是他的宗教哲学,受到各方面的抨击和指责。因此,资产阶级特别是这一阶级的激进派,也就选中对宗教的批判,作为政治上打击贵族统治的突破口。这样就导致黑格尔学派解体和青年黑格尔派产生,进而实现了德国古典哲学从唯心主义向以费尔巴哈为代表的唯物主义的过渡。

一、黑格尔学派解体的社会文化背景

宗教之所以成为当时德国资产阶级反对封建制度的主要战

① 1821 年 8 月阿尔腾斯坦给黑格尔的复信。参见［德］黑格尔:《美学》第 3 卷下册,朱光潜译,商务印书馆 1981 年版,第 390 页。
② 《马克思恩格斯文集》第 2 卷,人民出版社 2009 年版,第 361 页。

线,是有着深刻的历史—现实和文化背景的。宗教改革后,德国出现了新教。1555年奥格斯堡宗教和约,根据"谁的国家就信谁的宗教"的原则,确立了各邦信教的自由。这个原则实际上肯定了各邦君主、诸侯既拥有世俗的权力,又具有控制教会的权力。无论是天主教诸侯还是新教诸侯,都借"拯救"之名,迫害异教信徒,强迫臣民改信自己所信的教派。天主教和新教都是帝国皇帝、各邦君主、大小诸侯用以扩展地盘、制造不和、挑起纷争(战争)的工具,成为德国长期分裂的一个因素。德国资产阶级反对宗教(天主教、新教)、教会和神学的斗争就是铲除这一阻碍德国统一的势力的斗争,而不仅仅是纯粹意识形态领域的斗争,是资产阶级为着自己政治利益而势必进行的斗争。这一斗争经过长期的孕育终于在19世纪30—40年代到来。

1830年底,在法国七月革命影响下,德意志的萨克森邦、巴伐利亚邦以及不来梅、汉诺威等地也爆发了反封建的革命运动。1832年5月,在有两万多人参加的汉巴哈大会上,资产阶级民主派提出了统一共和的要求,并举行了游行示威。翌年4月,美因河畔法兰克福的民主派和大学生为反对警察迫害举行了暴动。在黑森,诗人毕希纳以"对宫廷战争,给茅屋和平"的口号号召农民起义。然而这些革命斗争都被反动势力残酷镇压下去。这样,当"1830年和1834年的政治活动家不是在狱中,就是流亡国外",以致"从1834年到1840年,德国的一切社会运动都沉寂下去",[1]政治成为当时荆棘丛生的领域的时候,宗教自然也就成了思想家们激烈争论的首要问题,黑格尔学派也就随之发生分裂。

恩格斯曾经指出,"早在1810年以前,这一体系(指黑格尔体系——修订者注)已经具备自己的基本特征;到1820年,黑格尔的

---

① 《马克思恩格斯全集》第2卷,人民出版社1957年版,第652页。

世界观已经彻底形成了。"①这一世界观通过黑格尔本人年复一年
的讲课以及著作的出版,他的学生和友人借助各种媒介的传播,在
德国思想界日益广泛流行,甚至渗透到人们的日常生活意识。
1826 年 7 月,黑格尔的一批主要弟子、信徒和友人,如甘斯、亨宁、
米希勒、恩泽、维廉·洪堡等人,在黑格尔家里组织了"科学评论
社",下设哲学、自然科学和历史语言三个组,并在翌年 1 月出版
了由黑格尔本人主持的机关刊物《科学评论年鉴》,实际上组建了
黑格尔学派。学派成员奉老师学说为神圣,恪守黑格尔的原则,拒
绝任何方面的批判。他们通过各种方式广泛地宣扬黑格尔学说,
并在黑格尔去世不久,编辑、出版了第一部《黑格尔全集》。

　　就黑格尔哲学来说,他把绝对精神(观念)称之为上帝,这就
使他的唯心主义具有泛神论的色彩。就黑格尔的宗教哲学来说,
他的一个基本思想是主张用理性、辩证思维的方法去阐释、研究宗
教。他一方面认为哲学和宗教都以绝对精神(上帝)为对象,两者
的区别只在于把握上帝的方式不同;另一方面他又强调哲学高于
宗教,哲学能理解宗教,而宗教则不能理解哲学。黑格尔的思想在
他生前就受到正统神学家的攻击。柏林大学神学教授亨格施坦堡
在 1827 年就非难黑格尔使传统的、人格化了的、能够惩恶扬善的
上帝失去了意义,指责他把基督教变成泛神论,继而导致无神论。
总之,"黑格尔的整个学说,⋯⋯为容纳各种极不相同的实践的党
派观点留下了广阔场所"。②

　　1830 年,费尔巴哈根据黑格尔的理性观点,在匿名发表的《关
于死和不朽的思想》中,作出了否定个人不朽以及上帝是另一个
自然这些为宗教神学所不能容忍的结论。1835 年,施特劳斯出版

---

① 《马克思恩格斯全集》第 41 卷,人民出版社 1982 年版,第 211 页。
② 《马克思恩格斯文集》第 4 卷,人民出版社 2009 年版,第 273 页。

了《耶稣传》第 1 卷,加剧了黑格尔学派内部的分歧。面对学派内部的"异端"和学派外部正统神学的攻击,保守的黑格尔主义者,特别是 1838 年以前的布·鲍威尔以及戈舍尔、加布勒等人,竭力维护黑格尔的观点。随后不久,施特劳斯在《黑格尔学派在基督论方面的各种派别》一文中,提出按照法国议会的做法,把黑格尔学派分为左中右三派。不久又出现了"青年"和"老年"的说法。"青年黑格尔派"、"老年黑格尔派"也就成了哲学史上常见的术语了。由于人们对这两个术语内涵以及划分派别标准的不同理解,因而分属两派的成员也不尽相同。有的学者把亨利希、戈舍尔、加布勒等人列为老年黑格尔派的代表。这些人政治上保守,哲学上遵循老师的唯心主义学说并企图调和黑格尔哲学和宗教的矛盾。关于青年黑格尔派,一般公认施特劳斯、鲍威尔兄弟和施蒂纳是这一学派在哲学—宗教领域的主要代表人物。费尔巴哈、年青的马克思和恩格斯起初也属这一学派,但他们的整个思想理论体系同青年黑格尔派的观点有着本质的区别,应该另行对待和另作论述。

二、施特劳斯

大卫·弗里德里希·施特劳斯(David Friedrich Strauss,1808—1874 年)出生于德国西南部符腾堡邦路德维希堡的一个富商家庭,就读于蒂宾根神学院。毕业后,出于对黑格尔的崇拜,他于 1831 年来到柏林大学。但黑格尔的课没听上几节,讲课人就去世了,只好靠借阅他人的课堂笔记学习黑格尔哲学。不久回故乡从事教育工作。1835—1836 年出版了《经过批判整理的耶稣传》(两卷)。这是"第一部超出了正统黑格尔学说的著作"。[①] 这一著作在思想界产生了极大反响,作者从此名声大振,但也因此失去

---

① 《马克思恩格斯全集》第 1 卷,人民出版社 1956 年版,第 589 页。

了苏黎世大学聘职的机会。以后他从事著述。1848年革命时期，施特劳斯转向反动势力方面，担任符腾堡邦议会的议员。60年代成为民族自由主义者。在1872年出版的最后一部著作《旧信仰与新信仰》中，施特劳斯承认自然科学唯物主义，认为对当代社会进步来说，基督教完全是僵死的东西，有教养的人不再信仰基督教了。1874年他在故乡去世。

"施特劳斯的革命功绩是在德国宗教生活方面中的"。① 这当然归功于他的主要著作《耶稣传》。他在这本书1835年版的序言里，开宗明义地指出"这本书是为神学家写的"，披露了自己向神学挑战的意图。他认为，批判宗教神学是反对封建制度所必需的。在他看来，在想方设法使人们的精神摆脱宗教的谬见和对人民进行真正文明的教育之前，政治的进步，至少在德国，不能认为是有保障的。

施特劳斯遵循黑格尔的理性观点来考察基督教，由此决定了他在研讨基督的神性时，不是从神性出发，而是以"一个按照自然律而行动的人"为前提。他明确地指出，圣经故事作为信仰的对象，只是教义的出发点，而不是真理本身。也就是说，圣经故事同哲学是两码事，不应混为一谈。于是，批判地考察、分析福音故事就成了施特劳斯《耶稣传》的主要内容。在他看来，只有做好这一工作才能确定福音故事和历史现实的关系，基督和耶稣的关系。

《新约》的福音书是记述耶稣——耶稣基督活动的主要典籍。施特劳斯在对四福音书的考察中，或通过自然律（因果关系）的分析，或通过福音书对同一事件前后叙述矛盾的揭露，指出福音书的故事并不真的就是使徒的话，并不真的就是故事目击者的报导，而是一些人把长期流传的神话、传说收集起来，拼凑而成的。

① ［德］梅林：《保卫马克思主义》，吉洪译，人民出版社1982年版，第255页。

施特劳斯在 1864 年所写的《耶稣传》中,再次引用了他在 1835 年版本中所讲的思想。"在我前一部著作里,我提出了神话的观念作为打开福音书中神迹故事和另外一些反历史观点的一把钥匙,我曾说过,像指引东方博士的星,山上变像和以饼饱众之类的故事,试图把它们想象为自然事件是徒劳无益的;既然不可能想象这类不自然的事真的会发生,我们就应当把所有这类故事当作传奇来看待。"①这也就是说,福音故事不是真实的历史现实。耶稣基督,或作为圣子的基督并不是历史现实的人物,而是信仰的对象。

施特劳斯承认历史上实有耶稣其人,他在拿撒勒长大并在那里创立了一个教派。但是,这个历史上的人物如何成为圣经中的基督呢,圣经故事的神话或传奇,那又是怎样形成的呢?

施特劳斯把这归于宗教团体的无意识创造或捏造。"我对这个问题的回答是这样的:首先是由于当时人们对救世主的期待。我说过,起初有少数人认为耶稣就是救世主,后来这样认为的人愈来愈多了,而在这以后,这些人就充满了一种观念:认为过去期待于救世主的一切,一定会在耶稣这里发生,他们根据的是旧约里的预言、预兆和对它们的通常解释。……由于人民的第一个解放者摩西创造了奇迹,那末人民的最后一个解放者、救世主即耶稣也应该创造出奇迹"。② 既然先知以赛亚曾预言救世主出现时,盲者复明、聋者复聪、哑者能言、瘫者能行,那么大家也就确定无疑地知道耶稣即救世主应该创造出什么样的奇迹。这就是为什么早期的基

---

① [德]施特劳斯:《耶稣传》第 1 卷,吴永泉译,商务印书馆 1981 年版,第 210 页。

② [德]施特劳斯:《耶稣传》第 1 卷,转引自[德]恩格斯:《路德维希·费尔巴哈和德国古典哲学的终结》(普列汉诺夫为恩格斯《费尔巴哈论》俄文版写的注译四),人民出版社 1972 年版,第 74 页。

督教团体不仅能够而且一定会编造出关于耶稣的故事！不过它们没有意识到它们自己在编造这些故事。神话……不是个别人有意识的、故意的虚构，而是某一民族或宗教团体的共同意识的产物"①。这就是施特劳斯所讲的科学在神话领域内的最新成就。

施特劳斯的结论，超出了黑格尔的观点，具有重大的现实意义。他以经验为依据，把耶稣当作一个人看待，从而使历史上的耶稣不同于圣经中的基督。而黑格尔则借助"神人"概念使耶稣成为信仰的对象。施特劳斯对福音书的批判及其结论，使圣经、基督、基督教及其教义等失去了神圣的神学光轮。他把基督教消融在人类世界历史之中，把神灵事物同人类的事物或整个人类完全等同起来。这体现了他的泛神论思想。因此，《耶稣传》一出版，在德国思想—政治界掀起轩然大波，就毫不足怪了。

施特劳斯把神话、圣经故事的产生归于宗教团体的无意识创造，表明他是以黑格尔的实体为基础的。黑格尔认为在社会历史领域，理性就是实体，它支配世界，它以各民族无意识的不自觉的创造活动展现在世界历史的现象中。这就使施特劳斯不可避免地同以自我意识为立足点的布·鲍威尔发生对立。他们之间也就势必发生论争。

三、布鲁诺·鲍威尔

布鲁诺·鲍威尔（Bruno Bauer，1809—1882 年）是萨克森邦爱森堡的一个家境富裕的画匠的儿子。15 岁时随家迁至柏林。他是柏林大学神学系的学生，聆听过黑格尔的宗教哲学等课程。1834 年在母校任神学系讲师。1836 年他创办《思辨神学杂志》，率先反驳施特劳斯并使它成为黑格尔右翼的机关刊物。1839 年

---

① D.F.Strauß, *Das Leben Jesu*, Erster The il. Stuttgart, A.KrönerVerlag, 1905, s.195.

鲍威尔因卷入了批判宗教神学的运动,引起保守势力的抨击,普鲁士文教大臣把他派到波恩大学。其后几年内,鲍威尔发表了一系列评析《圣经》以及黑格尔学说的大部头著作和论文,成为青年黑格尔派的头面人物。激进观点使他在1842年被赶出大学讲坛,回到柏林从事著述,特别是就社会政治问题出版了不少论著;1848年革命后,他长期同当时著名的资产阶级化的容克地主思想家,后来成为俾斯麦枢密顾问之一的海·瓦盖纳合作,担任极端保皇主义的《新普鲁士报》即《十字架报》的编辑。60年代成为民族自由主义者。鲍威尔晚年从事原始基督教(基督教起源)的研究,"在解答这个问题方面,布鲁诺·鲍威尔的贡献比任何人都大得多"。① 1882年他在柏林离开人世。

鲍威尔是19世纪德国思想史上的重要人物。他一生著作宏富,内容涉及哲学、宗教、神学、文化、历史以及社会政治等学科。他一生的活动和思想是复杂矛盾的,功劳和过失、正确与谬误交相混杂。但他40年代作为青年黑格尔派重要成员所从事的活动,特别是他对宗教神学的批判,无论从思想史的角度抑或从他个人来说,都应该视为他一生中最有意义的经历和活动。

30年代后期,正当施特劳斯把鲍威尔列为右翼代表的时候,鲍威尔却通过自己的著作表明自己同正统黑格尔主义者以及虔诚主义者的区别,这以后他同施特劳斯的争论乃是青年黑格尔派内部的争论。他们两人观点的对立,乃是"类和自我意识,实体和主体的对立"。②

青年黑格尔分子鲍威尔在肯定自己同伴同正统派分道扬镳的

---

① 《马克思恩格斯文集》第3卷,人民出版社2009年版,第592页。

② [德]布·鲍威尔:《自由的正义事业和我自己的事业》,转引自恩格斯:《路德维希·费尔巴哈和德国古典哲学的终结》(普列汉诺夫为恩格斯《费尔巴哈论》俄文版写的注释四),人民出版社1972年版,第78页。

积极意义的同时,也指出他用宗教团体无意识的创造来解释福音故事的产生,具有神秘主义的色彩。因为按照这种解释,福音书乃至社会历史是由一种茫然的力量所使然,任何一个人都可以随意地把圣经的各个故事当作历史的东西。这种解释不仅不可能同宗教起源于灵感的论点划清界限,而且使福音书产生问题模糊不清,依然是不可解释、不可捉摸的问题。鲍威尔既不主张福音故事具有历史真实性,也不赞成它们都以传说和神话为来源。例如救世主观念,鲍威尔就认为基督社团刚出现时还没有完整的救世主观念,也就是没有福音书作者据以创造的根据。鲍威尔提出福音故事是怀有一定宗教目的的人的创作。因此尽管福音故事并不意味着就是历史事实,但既然是作者的创作,它就或多或少地体现了作者所处时代的状况和历史情况。鲍威尔以此反对施特劳斯用实体解释神话、福音故事的产生。"作为神秘实体或从这一实体出发的种族、社会什么也创作不了,只有主体——个体的自我意识——才能使《圣经》的内容具体化,形象化和具有鲜明性"。[1] 施特劳斯的解释是对自我意识的"粗鲁行为和忘恩负义"。而他的义不容辞的任务就是捍卫自我意识免遭实体论的攻击。

鲍威尔认为,基督教有其产生、形成和发展的过程。在基督教刚产生的时期,还没有基督教教义和道德训律,也没有福音书。福音书的作者们是公元 1 世纪末到 2 世纪末的人,他们出于基督教社团的目的和利益,依据当时的基督教观点和意图,对流传下来的基督耶稣、基督教的材料进行修改、加工,记述其生平活动,或记载教团早先就有的原则和信条。这就是说,福音书是作者们的"随意的创造",有意识的编造。福音故事,乃至"最古的福音故事毕

---

[1]　B.Bauer, *Kritik der evangelischen Geschichte der Synoptiker*. Band Ⅰ. Leipzig, Otto Wigand Verlag, 1841, s.69.

竟不过是作者的自由创造的产物。"①鲍威尔自认这是正确的见解并直言不讳地说，他"对福音历史的正确理解……是以自我意识的哲学为根据的"。②

自我意识是鲍威尔哲学的基本概念。他认为自我意识是一切事物的主宰，它就是一切。"自我意识是世界和历史的唯一力量，而历史除了仅仅具有自我意识的产生和发展的意义而外并无其他意义"。③自我意识是能动的，唯有它是有生气的、创造的、行动着的。批判就是它的活动的体现。鲍威尔的自我意识是什么呢？"自我就是自我意识"，④自我是真正的实体。但是鲍威尔的自我并不是现实的人的自我。他不主张人是自然的产物，自我、自我意识只以精神活动为根基。这就表明，鲍威尔的自我同费希特的自我并无本质区别，是形而上学改了装的、离开人而独立存在的精神。这自然是主观唯心主义的观点。鲍威尔不过把本来是黑格尔体系的一个因素的自我意识，片面地夸大为绝对唯一的东西，用以代替黑格尔的绝对精神。这就注定了他同施特劳斯的争论依然停留在黑格尔体系的范围内。虽然他们各自使自我意识、实体"获得了片面的、因而是彻底的发展"，但"他们之中无论哪一个都只是代表了黑格尔体系的一个方面"。⑤

鲍威尔用自我意识进一步批判宗教。既然自我意识是社会历史的基础，他由此也就自然地认为"宗教是自我意识的产物"，⑥是

---

① B.Bauer, *Hegels Lehre von der Religion und Kunst*, Aalen, Scientia Verlag, 1967, s.61.

② ［德］布·鲍威尔：《复类福音作者的福音史批判》第 1 卷，转引自《马克思恩格斯全集》第 2 卷，人民出版社 1957 年版，第 177 页。

③④ *Die Hegelsche Linke*, hrsg.von Karl Löwith.Stuttgart/Bad Cannstadt, 1962, s.164, 169.

⑤ 《马克思恩格斯文集》第 1 卷，人民出版社 2009 年版，第 342 页。

⑥ Die *Hegelsche Linke*, hrsg.von Karl Löwith. 1962, s.204.

"自我意识的作品和表现形式"。没有自我意识就没有上帝。所以他说,对自我意识的哲学来说,"上帝死了",历史上也不存在什么耶稣。他承继黑格尔的观点,用自我意识的苦恼、分裂说明基督教的产生,并把基督教看作是自我意识发展历程中的一个阶段。在这个阶段,绝对的无限的普遍的自我意识处于受压抑、不自由的状态。基督教把人的注意力引向虚幻的领域。在这里人成了非人的实体并崇拜这个没有人的本质、本性的实体。宗教意识是自我意识的异化。因此,只有批判、"废除基督教",才能实现人的真正自由,即过渡到自我意识的自由阶段。这样也就实现了"没有上帝、没有神灵"的自我意识哲学的使命。鲍威尔在自我意识的基础上提出了无神论思想。

鲍威尔对自我意识的理解决定了他的无神论是唯心主义的无神论。它在当时的历史条件下是有一定的历史作用的。然而,也正因为这种无神论立足于主观唯心主义的自我意识,因而尽管鲍威尔对宗教大张挞伐,然而他从来没有想到宗教的世俗物质基础。鲍威尔高喊批判"基督教国家",但他的批判依然"局限于对宗教观念的批判"。至于他把批判矛盾指向人民群众,鼓吹要在群众中寻找精神真正敌人的荒谬观点,更是这种唯心主义在历史观方面的突出体现。马克思恩格斯对此做了彻底的批判。

四、施蒂纳

麦克斯·施蒂纳(Max Stirner,1806—1856年),原名约翰·卡斯巴尔·施米特(Johann Caspar Schmidt),是巴伐利亚邦拜罗依特城一个制笛工匠的儿子。他在故乡古典中学结业后,于1826年进柏林大学哲学系,1835年获得有条件地授课的资格。1839年开始在柏林一所私立女子学校任教,直到1844年辞去教职。大约在1841年底,他参加柏林一批所谓"自由人"的聚会,同青年黑格尔派有了交往。1842年起,他陆续在报刊杂志上发表《人道主义和唯实主义》、《论艺术和宗教》等文章。1844年底出版了他的主要著作《唯一者及其所有物》。第二年施蒂纳经商破产,妻子又离开他,只好靠翻译亚当·斯密等人著作谋生。施蒂纳晚年生活穷困潦倒,50年代由于无力还债两次入狱。1856年因毒疮去世。

《唯一者及其所有物》是施蒂纳的唯一一本系统论述自己思想的著作。他的矛盾百出的哲学使他同费尔巴哈、赫斯等人发生了论战。他的主观唯心主义——唯我论、虚无主义和无政府主义思想受到马克思恩格斯的严厉批判。

"唯一者"是施蒂纳哲学的基本概念,它的含义就是"这个人"即"这个我"。施蒂纳认为,宇宙、自然、社会对我来说,都没有什么意义、价值。他把概念(一般)和存在(个别)、本质和现象对立起来,提出"我既不是神,也不是人,既不是最高本质,也不是我的本质,因此不管我认为这本质在我之内还是在我之外,它都是一回事"。① "对我来说,我自己就是一切",我的一切都在我之内,"我就是唯一的"。根据这种观点,他说,把我之外的规定强加于我不过是基督教的巫术。他也攻击费尔巴哈"把类,把泛称的'人'、也即抽象、理念,描述成为我们的真正实体,以区别于那个现实的、个体的'我',把后者描述成为某种非本质的东西"。② 至于费希特的自我,他也是不满意的。因为在费希特那里,自我是普遍的自我,因而每一个人都是自我。相反地,施蒂纳认为,我只是个别的我,只能说我是……,不能说自我是……。总之,"我不是另一个我之外的一个我,而是独一无二的我:我是唯一的。……而且只有

---

① Die *Hegelsche Linke*, hrsg. von Karl Löwith. 1962, s.68.
② ［德］施蒂纳:《唯一者及其所有物》,转引自《费尔巴哈哲学著作选集》下卷,荣震华等译,三联书店1962年版,第423页。

作为这个唯一的我,我才把一切据为我的,……我不是作为人而议论,也不是议论人,而是作为我而议论并议论我"。① 这就是施蒂纳的"唯一者"。

施蒂纳用唯一者说明一切。唯一者或我是唯一存在,在我之外没有任何东西存在,一切都是我的创造物。"我把一切都归于我",我把"世界作为我心目中的世界来把握,作为我的世界、我的所有物来把握"。②我既是事物世界的所有者,也是精神世界的所有者。至于人类历史,施蒂纳则看作是这个我、唯一者的"自我发现"的历史。他把人的生活分为儿童(唯实主义)——青年(唯心主义)——成人(利己主义)三个阶段。与此相应,历史也分为古代(人类童年)——近代(人类青年)——施蒂纳发现的唯一者(完善的成人、真正的利己主义者)三个时期。由于施蒂纳不是从人的物质生产和社会生活,而只是在意识关系范围内考察人的生活和人类历史,因而他的这一套说法纯粹是唯心主义的历史虚构,是观念统治历史。马克思一针见血地指出:"这个'我',历史虚构的终结,不是男女结合而生的'肉体的'我,也不需要假借任何虚构而存在;这个'我'是'唯心主义'和'唯实主义'两个范畴的精神产物,是纯粹思想上的存在。"③

施蒂纳还用"自有"(Eigenheit,又译"独自性")概念说明唯一者。所谓自有,"就是我的全部本质和存在,就是我自己。我从我所摆脱的东西中获得了自由;我是在我权力之下的或受我支配的那些东西的所有者"。④施蒂纳把自有同自由对立起来。他提出,自由无非是摆脱某物的自由。正是追求自由,使我失去了自己的

---

① Die *Hegelsche Linke*, hrsg. von Karl Löwith. 1962, s.72.

②④ [德]施蒂纳:《唯一者及其所有物》,转引自《马克思恩格斯全集》第3卷,人民出版社1960年版,第125、348页。

③ 《马克思恩格斯全集》第3卷,人民出版社1960年版,第266—267页。

自有。我愈是自由,就会有更多的限制、强制出现在我面前,我就更加觉得自己软弱无力,永远摆脱不了某物。因此,施蒂纳声称:给自己创造一个自己的世界,就是给自己建立了一个天国,何必追求什么自由呢。这个世界就是我的全部存在。我只要我自己,只是我的所有物的所有者,只是为了自己的利益。简言之,唯有我自己,我属于我自己。马克思指出,这是"德国小资产者对自己的软弱无力所进行的最庸俗的自我粉饰,从而聊以自慰"。①

"自有"显明地体现出"唯一者"哲学的实质。既然自有"就是我自己",我的利益,我要成为我所需要的一切东西的所有者、我的权力所支配的东西的所有者,那么,我、我的利益对任何东西说来,就是第一位的,至高无上的。一切都是为了我、我的利益。为了我可以不顾一切、不择手段。这就必然使施蒂纳崇拜个人权力。他认为权力就是我的一种财产,只有权力,我才是我需要的东西的所有者、我的财产的所有者。一切有害于我的权力、利益的东西,如国家、社会、宗教、共产主义等等,都要遭到我的攻击。一切同我不相干的事业,诸如上帝的事业、人类的事业、人民的事业、祖国的事业、真理的事业等等,都应抛在一旁。既然我是一切的创造者,那么法律、道德规范、传统思想等等对我都没有什么约束。既然我只是我,因而"在我看来,任何人也不是一个值得尊重的人、甚至连我的亲人也是如此;任何人都只和别的东西一样,只是我所关心或不关心的对象,有意思或者没有意思的对象,有用或者无用的主体。"②唯一者哲学的主观唯心主义——唯我论在这里暴露得淋漓尽致。这种哲学的内在逻辑,使施蒂纳成了一个极端个人主

---

① 《马克思恩格斯全集》第3卷,人民出版社1960年版,第358页。
② [德]施蒂纳:《唯一者及其所有物》,转引自《马克思恩格斯全集》第3卷,人民出版社1960年版,第478页。

义——利己主义者、虚无主义者和无政府主义者。不消说,他的这套理论在当时历史条件下,客观上就起有害作用。

30 年代后期至 40 年代前期出现在德国思想舞台上的青年黑格尔派,是时代的产物。它适应资产阶级的需要,进行了批判基督教及其神学的斗争。施特劳斯、鲍威尔继承了黑格尔的理性观点和发展思想,提出了泛神论和唯心主义无神论,施蒂纳则用唯一者否定了上帝和神学事业。这是当时又一次思想启蒙,具有反封建的积极意义。但是他们的立足点始终没有离开黑格尔的唯心主义哲学,他们的批判始终停留在观念的范围内。他们只是空喊震撼世界的词句,而没有"想到要提出关于德国哲学和德国现实之间的联系问题,关于他们所作的批判和他们自身的物质环境之间的联系问题"。① 随着思想斗争的深入,冲出黑格尔唯心主义的藩篱也就不可避免了。

第五节　费尔巴哈

路德维希·安德里亚·费尔巴哈(Ludwig·Andreas·Feuerbach,1804—1872 年),这位自康德开始的德国哲学革命的殿后人,是 1848 年革命前夕德国资产阶级激进民主派的代言人,"在黑格尔以后起了划时代的作用"②的杰出人本学—唯物主义者。他的人本学哲学的基本内核,是马克思主义哲学的理论直接来源之一。

费尔巴哈出生在巴伐利亚的朗茨胡特镇的一个法学教授家庭,1823 年进入古老的海德尔堡大学神学系。但一年的学习生活

---

① 《马克思恩格斯文集》第 1 卷,人民出版社 2009 年版,第 516 页。
② 《马克思恩格斯文集》第 3 卷,人民出版社 2009 年版,第 17 页。

使他"看透了盲从的、狭隘的、愚昧的天主教教义的空虚",①萌生转向哲学的意向。第二年春费尔巴哈来到当时德国思想文化中心柏林大学,在哲学系旁听黑格尔的课程。黑格尔把青年费尔巴哈引向哲学王国。一年后费尔巴哈正式成为哲学系的学生。其后两年主要是听黑格尔的课。1826年春费尔巴哈转到埃尔兰根大学。两年后以《论统一的普遍的和无限的理性》论文获博士学位,并在该校任编外讲师。1830年费尔巴哈匿名出版了《关于死和不朽的思想》。书中的泛神论思想和否定个人不死的观点给作者带来了终生不幸。尽管他随后发表的论著表明作者胜任教授职务,但他求职的努力终成徒劳。1837年末他定居在安斯巴赫附近的布鲁克堡村。在这穷乡僻壤的小村居住了二十多年,60年代初又迁居到莱欣贝格。这种孤寂生活对费尔巴哈的世界观产生了重大影响。

1837年10月,费尔巴哈开始同青年黑格尔派交往,这以后的六七年间,他发表了《黑格尔哲学批判》、《基督教的本质》、《哲学改造的临时纲要》、《未来哲学原理》等重要论著。这是费尔巴哈学术活动的黄金时期,也是他对德国思想界产生重大影响的时期。1848年德国爆发了资产阶级民主革命,费尔巴哈以旁观者的身份对待它。费尔巴哈晚年生活是很凄苦的,甚至无钱买书。1870年他参加了德国社会民主党。这固然不能说明费尔巴哈的世界观有了根本的转变,但毕竟是他晚年政治上有所进步的表现。1872年9月13日,这位近代德国杰出的哲学家在穷困中离开人世。

费尔巴哈本人曾经说过:"我的第一个思想是上帝,第二个是

---

① 费尔巴哈1823年秋致父亲的信。《黑格尔通信百封》,苗力田译,上海人民出版社1981年版,第254页。

理性,第三个也是最后一个是人。神的主体是理性,而理性的主体是人。"①这不仅充分说明人的学说是他整个思想体系的核心,而且也说明了他的哲学经历了一个艰难曲折的形成过程。笃信宗教、在神学系学习是第一阶段,信服黑格尔哲学、正式转到哲学系也就过渡到理性阶段,而1839年初步形成的人本学哲学则是标志着第三阶段的开始。不过,人们以及费尔巴哈本人,也常用"前唯物主义时期"和"唯物主义时期"以及"我以前的观点"和"我现在的观点"这种两分法来划分他的思想发展阶段。因为所谓理性,这里实质上是指黑格尔唯心主义哲学。而这一哲学,正如后来的唯物主义者费尔巴哈所说,不过是理性的或理性化了的神学。所以,我们也就以人本学哲学的形成标志,分前后两个时期来论述费尔巴哈的人本学哲学。

一、早期哲学思想

费尔巴哈1839年以前的著作和论文,大致可以分为两类:一类是探讨宗教神学问题的论著,一类是阐述哲学和哲学史问题的论著。而贯穿这两类论著的基本原则就是理性。他当时学术研究中所碰到的难题是如何正确解决一般与个别、理性和具体存在的人的关系、哲学与宗教的关系等问题,正是在探索解决这些难题的过程中,费尔巴哈得出了理性的主体是人,人是哲学的最高原则这一人本学哲学的根本性的原则性的结论。论述费尔巴哈的早期哲学思想,实质上也就是阐述费尔巴哈人本学哲学的形成史。

(一)论理性

费尔巴哈接受了黑格尔哲学,也就承继了黑格尔的理性观点,即对理性的唯心主义解释。他在博士论文中指出,动物和人的区

---

① 《费尔巴哈哲学著作选集》上卷,王太庆等译,三联书店1961年版,第247页。

别就在于："动物只是单个存在的动物；而人类，既作为一个人而存在，也作为人类、一个全体、一个团体而存在"。[1]动物没有思维、没有语言，也就是说动物没有意识、类意识、自我意识，因而它只能是孤立的单个存在物。相反地，只有人才具有这些。但是要明确这时费尔巴哈所讲的人并不是他后来所讲的感性实体，而是抽象的精神实体，是自我意识的人。"人只有在他是精神时才是人"。[2]这显然是黑格尔的观点。在此基础上，费尔巴哈论述了理性的统一性、普遍性和无限性。

理性是统一的。费尔巴哈认为，思维是永恒的活动，同时又是精神的本原、根源和目的，是"精神和精神全部活动的统一"，[3]是存在和本质不可分离的统一。当我思维时，一方面表明理性是真实地存在着，另一方面我通过思维把个体上升到类，溶化到统一的普遍的本质中去。"我在思维中达到同所有人的统一"，我与其把自己当作个体毋宁说当作类，与其说把自己同别人相区别毋宁说是个体和类相区别。"人类的本质同人类的绝对统一是同一个意思，但这种本质存在于思维中"。[4]

费尔巴哈还从人的交往、需要和友谊来证明理性的统一性。他说，人有着同别人交往这样一种不可克服不可分割的本性。"首先通过人与人之间建立的交往，一个人才成为人，如果人是完全孤独的以及在需要和意向方面仅仅为了自己，那他恰恰不是人而是动物"。[5]这是"绝对的无条件的和圆满的联合"，是理性的"原始的普遍的统一性"的体现。"人的统一不是别的，只是意味着和表现了理性自身的统一"。[6]这是他把人看作是自我意识的人

[1][2][3][4][5][6]　Ludwig Feuerbach, *Sämtliche Werke*, Band4, hrsg. von Wilhelm Bolin, Frierrieh Jodel, Stuttgart, FrommannsVerlag, ss. 343, 339, 339, 342, 342-343, 346.

的必然结论。

理性是普遍的。费尔巴哈根据黑格尔《精神现象学》的观点,认为"感性只有单一性",而"思想不是别的,只是普遍的存在"。语言就是思想普遍性的体现。思想、理性是每一个人都具有的。它既是个体的也是类的本质。但理性作为人的绝对本质,理性乃是人的类。这种扬弃了个体性的普遍性,在费尔巴哈看来,乃是唯一真正的普遍。因为这普遍性"乃是就它的本质而言而不是就它的数目而言的,并且不涉及同另一个东西的关系而言的"。①费尔巴哈进一步指出,如果按照斯宾诺莎的实体思想来理解理性的话,那也可以说"理性必然是唯一的理性,……理性在整个世界必然是恒常不变的,处处必然与自己相同或与自己相似,它凌驾于天空和大地的区别之上"。②这隐含了费尔巴哈把理性和自然等同的思想。

理性也是无限的,也就是理性没有界限、限制。费尔巴哈解释说,人们通常称谓某种规定性或明白某种规定是有限的,乃是以另一个东西、事物为中介、尺度,进行比较、对比,从而确定要确定的对象的规定性或明了这规定的有限性。如果说理性是有限的,那就等于说理性之上、之外还有一个理性或非理性,而这是同理性的统一性普遍性相矛盾的。费尔巴哈进一步指出,所谓界限、限制等思维形式,其实不过是"从理性或思维本身产生的"。它们只能运用到有限事物上,而不能运用到不涉及认识对象的思维、理性。因此,无限性属于理性。

费尔巴哈关于思想、理性的论述,确实表明博士论文是他"根据他老师的精神写成的"。不过,由于他在这里提出了普遍和个体的关系在理性和自然中的不同情况,因而又具有偏离老师思想

---

①② Ludwig Feuerbach, *Sämtliche Werke*, Band4, hrsg. von Wilhelm Bolin, Frierrieh Jodel, ss.336, 337-338.

正统的成分。就是说,理性作为个别的存在或一般存在都是实在的,它既是个体的本质也是一般的本质。在思维、理性中,"单一存在和普遍存在之间事实上不存在区别,个别事实也不是单一的"。① 但是这种个别与一般的关系"不同于作为感性个体的我对类的关系"。在自然中,类是由个别事物抽象而来的,是依赖于、存在于个别事物之中的。正如没有一般的抽象的"鼻子"而只有具体的各个不同的鼻子一样,"人"这个作为一般概念的人也是不存在的,而只有诸如诗人、音乐家和医生等等具体的人。也就是说,在自然中,抽象的类或一般概念并不是真实地实在地存在着,相反地,个别事物和个体倒是真实的存在,是有生有灭的。承认个别事物的实在性,孕育着费尔巴哈未来哲学的思想因素。他首先以此为基础讨论了死和不朽的问题。

(二)对死与不朽的探讨

费尔巴哈指出,既然个别事物是真实存在的,有生有灭的,那么人们通常所说的死是一种感性的死,是生命在时间中的结束。这种时间上的死亡"是以一种非时间的死亡为前提,感性的死亡以一种超感性的死亡为前提,而这个永恒的超感性的死亡乃是上帝本身"。② 所谓上帝是"永恒的超感性的死亡",也就是说上帝是无限永恒的实体,即不死。它不是某种东西,而是不脱离这里或那里的存在、现在的和从前的存在,这一存在的和那一存在的以及这样存在的和那样存在的存在。上帝是普遍、永恒、大全。"上帝就是生命、爱、意识、精神、自然、时间和空间。如同一切是在它的统一中那样,一切也是在它的区别之中"。③ 上帝是一切有限之物变

---

① Ludwig Feuerbach, *Sämtliche Werke*, Band4, hrsg. von Wilhelm Bolin, Frierrieh Jodel, s.336.

②③ Ludwig Feuerbach, *Sämtliche Werke*, Band 11, hrsg. von Hans-Martin Sass, Stuttgart, Frommanns Verlag.ss.94,323.

化、消逝、运动的基础。这种把上帝说成一切或"自然是另一个上帝"的泛神论思想,同宗教神学的观点显然是大相径庭的。

探讨死和不朽的问题,必然涉及灵魂问题。费尔巴哈指出,所谓灵魂,并不是某种有形体的东西,而是以自身为对象的思维、理性、意志、自我意识和自由,是非物质的、纯洁的生命活动。在个体那里,灵魂和肉体的关系如同火和柴火的关系。没有柴火也就没有火,柴火燃烧尽了火也就熄灭了。肉体是灵魂的灯芯、养料;肉体死亡了,灵魂也就随之被扬弃。因此在个体那里灵魂是有死的。那么在什么意义上可以说灵魂是不朽的呢? 费尔巴哈说,这只有灵魂在肉体之外或脱离肉体的情况下才有意义。但是所谓灵魂在肉体之外或脱离肉体,仅仅是说灵魂不单纯是灵魂,而是自由、意识和理性。它们是普遍独立永恒的。只是在这个意义上,灵魂才是不朽的。这种不朽,费尔巴哈称之为精神的道德的不朽。人如何实现这种不朽呢? 费尔巴哈指出,人只有在他的创造中,事业中才是长存的。人要实现精神道德上的不朽,必须在他所在的环境内创造出伟大业绩。

很明显,费尔巴哈这里所表现的泛神论思想,在个体那里灵魂有死的思想,用理性的永恒解释灵魂的不朽,以及人只在他的环境中创造伟绩从而实现精神道德不朽的思想,都是他这时思想中的积极的有价值的思想。他固守理性永恒的原则,表明他仍是站在黑格尔哲学的立场上,然而他又以上述思想表明他又不是黑格尔的忠实门徒。同时他的上述思想明显地具有反基督教及其教义的倾向。

费尔巴哈的反宗教神学的思想倾向以及对理性的看法,在30年代的哲学史著作和其他方面的论文中,得到了进一步的发挥,继而发展为哲学和宗教(神学)对立的思想。

（三）论哲学与宗教的关系

费尔巴哈早在1829年就指出，"哲学的任务是认识普遍性和必然性；哲学最崇高的并由整个时代所证实的要旨乃是：只有普遍性和必然性具有本质、现实性和永恒的存在"。[1] 他认为近代哲学和自然科学是理性同信仰、知识同愚昧斗争的产物，是从对经院哲学、神学的怀疑、思考和批判中发展起来的。它们的发展过程就是把宗教精神"从世界统治的宝座上推下来"，同时又使自己"成为世界的原则和本质，成为新时代原则"[2]的过程。

哲学的原则是理性。理性是什么？它究竟是不是独立存在的抽象实体？费尔巴哈在《经验主义批判》（后改为《唯心主义批判》）一文中指出："思维是什么？它和自身关系怎样？同客体的关系怎样？同自然的本质的关系怎样？同人的本质的关系怎样？同有机体的关系怎样？这些问题属于哲学上最重要的和最困难的问题"。[3] 说是最困难，是因为无论从哪个方面说，思维是我们所不了解的、非形体的、非感性的隐蔽的活动，是我们不能感性地直接地把握到的活动。说它们最重要，是因为真理可知性问题，观念的起源问题，精神的独立性问题以及唯心主义的实在性问题，是同这些问题相关联的。哲学的使命就是要解决这些问题。唯有如此，哲学享有哲学的称号才是当之无愧的，才能显示自己优于思辨神秘主义的长处。费尔巴哈在这里实质上提出了哲学的重大问题并做了虽不十分深刻但却是敏锐的论述。同时，当他把思维视为最困难的问题时，当他提出思维和自然、人

① Ludwig Feuerbach, *Sämtliche Werke*, Band4, hrsg. von Wilhelm Bolin, Frierrieh Jodel, s.371.

② 《费尔巴哈哲学史著作选》第1卷，涂纪亮译，商务印书馆1978年版，第15页。

③ Ludwig Feuerbach, *Sämtliche Werke*, Band2, hrsg. von Wilhelm Bolin, Frierrieh Jodel, s.131.

以及有机体的关系时,无疑也就包含了思维是大脑的属性(但不是机械的活动,也不是用生理学解释的活动)这一重要思想。这不仅表现了费尔巴哈有着试图否定思维、理性、精神是独立实体的意向,而且表现了费尔巴哈这时所讲的人也不再是抽象独立的理性实体的意向。

在哲学同神学关系的问题上,费尔巴哈强调指出,两者分歧、对立的根本之点在于:哲学的基础是事物的本性,是以理性和科学为原则。因此,只有时间和自然这两样东西是哲学家所需要的,因为"时间披露一切秘密,自然是万能的"。①而神学的基础是奇迹、意志,是以任性专横为原则。所谓奇迹,不过是把不真实不实在的东西当作真实存在的,把不存在的东西说成存在的东西,把无说成有。因此,奇迹不外是杜撰、想象或幻想、编造的产物。而想象、幻想是以感性为基础的。奇迹一方面以不寻常的事情使人感到惊奇,另一方面奇迹又必须被直观为一个感性事实。奇迹的力量就是感性的力量。但把奇迹直观为感性事实的感性,乃是不真实的、虚假的、违背现实感性的感性,因此,奇迹既同真实的感性相矛盾,也同作为哲学原则的理性相矛盾。这种矛盾、对立,从根本上说,乃是基于奇迹和事实的根本对立。"奇迹与真实的、感性的和无可反驳的事实的概念相矛盾;奇迹不是事实就是一个事实。事实是笃实的、开放的、可信赖的、无条件的、简明肯定的,而奇迹则是模棱两可的、骗人的、隐晦的、不诚实的。"②谁把奇迹当作真实的或历史的事实,谁就是自我欺骗。

虚幻的不真实的奇迹,靠什么才得以为教徒所接受或相信呢?靠信仰、盲从、迷信,"信仰奇迹就是奇迹的本质"。③然而,信仰奇

---

①②③ 《费尔巴哈哲学史著作选》第 3 卷,涂纪亮译,商务印书馆 1984 年版,第 35、40、39 页。

迹就是信仰虚幻的不真实的东西,也就是信仰虚无。因此,信仰、盲从及迷信所造成的恶果必然是使人去反对自己,信仰使人分裂为二,即一方面人否定他的最珍贵的宝物——尘世幸福生活,另一方面人又成了诡辩、谎言、欺骗的俘虏。而教会正是在保护人的最珍贵的宝物的幌子下,夺走了人的唯一实在的财富——人的自由。① 因此,费尔巴哈指出,现在的任务就是用理性的"自然之光",也就是"来自事物本性底层的光"去照亮宗教这个黑暗王国,从而使人抛弃对奇迹的信仰,扔掉宗教一类的"不堪忍受的精神枷锁",从"最野蛮、最可恶、最荒谬、最腐败"的黑暗王国解放出来。

　　费尔巴哈关于哲学同宗教(神学)对立的思想,关于奇迹既同真实的感性相矛盾,又同哲学原则的理性相矛盾的思想,是同黑格尔的宗教和哲学有着同样的兴趣、要求和对象的思想完全相反的。"一切宗教的思辨都是浮夸和谎言,谎言既违反理性也违反信念"。② 同样,"一切要想超出自然和人类的思辨都是浮夸"。③ 费尔巴哈在十来年的探索中终于认识到,"哲学必须超出黑格尔哲学"。作为自己原先探讨宗教问题出发点的理性亦即自己所信奉的黑格尔的理性,决不是什么独立自存的抽象实体,而是感性存在着的人的理性。当他找到了自己哲学的新立足点时,他也就宣告了和老师的唯心主义思辨哲学的决裂。这首先是在《黑格尔哲学批判》中进行的。

---

① 参见《费尔巴哈哲学史著作选》第 3 卷,涂纪亮译,商务印书馆 1984 年版,第 142 页。

② Ludwig Feuerbach, *Sämtliche Werke*, Band7, hrsg. von Wilhelm Bolin, Frierrieh Jodel, s.72.

③ 《费尔巴哈哲学著作选集》上卷,王太庆等译,三联书店 1961 年版,第 83 页。

(四)同黑格尔思辨哲学决裂

费尔巴哈从人是现实感性的实体以及人具有感觉和思维能力的实体出发，从人是自然的产物、自然的一部分的思想出发，批判了黑格尔的唯心主义，这个批判概括说来有如下几点：第一，有生命的个体是在一定时间和空间中生存着，他的哲学也必然是在一定时代里产生，受该时代的制约、限制，而不可能是人类认识的终结。黑格尔的"门徒们"关于黑格尔哲学是绝对真理的谬论，不过是一种企图创造出"类"在一个个体里得到完满实现的主观妄想。真理是时间的女儿。随着时间的推移，时代的前进，一切在此时被视为先进的哲学，终究在彼时成为过去了的哲学，成为在时间上同我们疏远的哲学。亚里士多德的哲学是这样，黑格尔哲学的命运同样也是如此。

第二，哲学的对象不是黑格尔的绝对理念或绝对精神，"哲学上最高的东西是人的本质"[①]，"哲学是关于真实的、整个的现实世界的科学；而现实的总和就是自然（普遍意义的自然）。"[②]人的肠胃是自然的产物，人的思维器官即高贵的头脑也是自然的产物。正是自然使人具有认识能力，使思维这个"本身就是一种存在的、现实的活动"去思维"存在的东西"。因此这个自然不是排除了人的或敌视人的自然，而是与人相联系、包含了人的自然。但是，作为哲学对象的自然，是为人所意识到的自然，是对象化了的自然，或对象化为"客观理性"的自然。费尔巴哈进一步指出，这种以人为基础（人又是自然的一部分）所理解的自然既区别于机械论所理解的自然，也同黑格尔把自然看作是绝对观念外化的唯心主义观点根本不同。黑格尔的错误就在于，"他把细看起来极度可疑

---

①② 《费尔巴哈哲学著作选集》上卷，王太庆等译，三联书店 1961 年版，第 84、83 页。

的东西当作真的,把第二性的东西当作第一性的东西,而对真正第一性的东西或者不予理会,或者当作从属的东西抛在一边"。①

第三,"感性的、个别存在的实在性,对于我们来说,是一个用我们鲜血来打图章担保的真理"。因此,黑格尔借助语言表达一般的这一规定来否定感性事物的实在性,"无非是确认自身就是真理的那种思想同自然意识耍的语言把戏"。作为哲学开端的"存在"本来是现实的感性存在的抽象。存在与存在着的事物是同一的,"如果你从存在的概念中除去存在的内容,这个概念就不再是存在的概念了"。②而作为黑格尔哲学体系起点的存在恰恰是不确定的、纯粹的存在,只是一个抽象的东西。这样的存在既不是真正的开端,也不是真正最初的东西。这个空洞抽象的、没有实在内容的存在也可以说是虚无。然而,"理性如果能够思维'无',那它也就不再是理性了。"③如果真是这样的话,这岂不是与黑格尔哲学的理性原则相矛盾吗?

第四,黑格尔哲学体系是以绝对理念为根基的"封闭的圆圈",开端又是终结。绝对理念就是潜在的逻辑,它通过一系列中介展示自己、向前进展。绝对理念展示自己也就是表达、证明自己。但是,由于"黑格尔把他预先提出来当作中介阶段和环节的东西,已经设想成为绝对理念所规定的东西。黑格尔没有放弃,也并没有忘记绝对理念,他在假定绝对理念时,已经设想到它的对方,它是应当从这个对方中产生出来的"④,因此,理念的外化,只不过是一种伪装、表演,只是嘲弄一下对方。作为绝对理念展开自己的中介也只不过是一种形式的中介。这种在形式上没有得到证明之前而实质上就已经得到证明的证明,是永远不能证明绝对理

①②③④　《费尔巴哈哲学著作选集》上卷,王太庆等译,三联书店1961年版,第77、63、79、65页。

念的。如果要说这种证明也是证明的话，那也只是形式的证明。这是其一。其次，"证明并不是思想者或闭关自守的思维对自身的关系，而是思想者对别人的关系"。①证明不是自在的理性形式。因为，只有不仅为我所意识并确认而且也为别人所意识并确认的真理，才是真理。真理只在于"我"和"你"的联合。既然黑格尔的理念不是由另一个东西即经验来产生和证明，仅仅以自身提供的证据来证明（因而也就是主观片面的、可疑的证明），那么，黑格尔的整个体系也就是理性的绝对自我外化。黑格尔哲学是理性神秘论。

费尔巴哈以人本学的基本原则为武器，批判了黑格尔的唯心主义思辨哲学。这是他由理性到人的决定性一步。应该指出的是，费尔巴哈虽然批判了黑格尔辩证法的唯心主义性质，指出"辩证法不是思辨的独白，而是思辨与经验的对话"②，但他并没有真正理解黑格尔辩证法中合理的有价值的东西。

二、关于人的学说

费尔巴哈曾经把他的学说概括为人和自然这两个词。他说，"新哲学将人连同作为人的基础的自然当作哲学唯一的，普遍的，最高的对象——因而也就将人本学连同自然学当作普遍的科学。"③人本学无疑是他的哲学系统的核心。他明确声称：自然界这个无意识的、非发生的永恒实体，是第一性的实体，但不过是时间上的第一性而不是地位上的第一性。人这个自然界发展到一定阶段产物的实体，在时间上是第二性的，但在地位上则是第一性的。人不仅是哲学的对象，而且也是历史的、国家的、法律的、宗教

①②③ 《费尔巴哈哲学著作选集》上卷，王太庆等译，三联书店1961年版，第56、63、184页。

的和艺术的本质。那么,费尔巴哈所讲的人是什么和人的本质是什么呢? 他又怎样以人为基础来回答哲学的一系列重要问题呢?

(一)人是感性实体

费尔巴哈所讲的人亦即他思想成熟时期所讲的人,不是抽象的精神实体,即既不是费希特的自我,也不是黑格尔的自我意识的人,更不是鲍威尔的自我意识;同时也不完全是《人是机器》的作者所讲的人。费尔巴哈说,人是最最现实的、真正最实在的存在,是有血有肉的人。人不是男人就是女人。一句话,人是现实存在的感性实体。所谓感性,乃"是物质的东西和精神的东西的真实的、非臆造的、现实存在的统一;因此,在我看来,感性也就是现实"。① 无论是从人是人的对象还是从人的活动来说,人都是感性的实体。人是作为感性的实体(存在)而成为别人的对象——本体论的和认识论的对象。爱或情欲便是直截了当的证明。人作为有生命的实体,他的生存活动、生活、延续后代等等都是感性的活动。"人的存在只归功于感性。"②

这样一个有生命的人,当然只能是自然的产物,以自然为其生存的基础。"生命起源于自然","自然是人类的母亲",这对于每一个稍微了解自然和人的人来说,是一目了然的。值得注意的是,费尔巴哈认为,直接从自然界产生的人,不过是纯粹的自然实体,只是"单纯的自然人","而不是人。人是人的作品,是文化、历史的产物。"③这样一个有生命的人,也只有通过种族繁衍而在时间的进程中延续下去,从而使自己的类或族类(Gattung)得以永恒、无限。不过,总的讲,费尔巴哈强调的仍然是自然属性的人。

---

① 《费尔巴哈哲学著作选集》下卷,荣震华等译,三联书店1962年版,第514页。
②③ 《费尔巴哈哲学著作选集》上卷,王太庆等译,三联书店1961年版,第213、247页。

人本学以人为哲学体系的核心。这就使费尔巴哈从人是感性实体出发,把感性这个传统上主要是从认识论角度理解的概念运用到本体论上去,即赋予感性以本体的意义。既然人是感性实体,那他也就自然地需要在他以外的其他事物的存在。而这样的事物只有对人发生作用时才能成为人的对象。只有在感觉之中,这个人,这个个别事物才有"绝对价值"。只有感性实体才是真正的现实的实体。由此费尔巴哈也就把自然界当作一切感性的实在事物的总和,"具有现实性的现实事物或作为现实的东西的现实事物,乃是作为感性对象的现实事物,乃是感性事物。真理性,现实性,感性的意义是相同的。"①新哲学是光明正大的感性哲学。

人是真实存在的感性实体,这是费尔巴哈阐明人的一切内容和解决哲学问题的基石。由此他进一步探讨了人的问题。

(二)人是肉体和灵魂相统一的感性实体

费尔巴哈指出,人作为感性实体,首先是肉体和灵魂相统一的实体。人是有形体的,这就是人的肉体,而人的精神、意志、思想、情感等,即所谓人的灵魂,是依赖于肉体的,是和肉体不可分离地联系在一起的,它随同肉体而存在、成长和消亡。设想灵魂可以同肉体分离,那也只是在理论上是可能的,而在实践上是不可能的。费尔巴哈进一步指出,这种理论上两者可以分离的说法,甚至在逻辑上也是无力的。从逻辑上说,只有本质上属于同类的东西,例如男人和女人(同属于人)、善与恶(同属于道德)、酸与甜(同属于味道),才是对立的,因而是可分离的。而灵魂和肉体并不属于同一类。就是说,一方面灵魂和肉体在本质上是彼此不同的,另一方面,这个和肉体本质上不同的灵魂又恰恰是肉体的人所具有的,是依赖于肉体的。因而说两者分离,在逻辑上是说不通的。

---

① 《费尔巴哈哲学著作选集》上卷,王太庆等译,三联书店1961年版,第166页。

费尔巴哈之所以肯定人是肉体和灵魂的统一体,继而把他的人本学——用他的话说,是以人为研究对象的唯物主义——称之为真理,就在于他敏锐地意识到:如何解释肉体(物质)和灵魂(精神)的关系是"唯物主义同唯灵主义之间争论中的阿基米德支点"①,是"解决唯物主义和唯心主义争论不休的问题"②的关键。"这场争论所涉及的只能是关于人的头脑问题。它既是这场争论的根源,又是这场争论的终结目的。只要我们阐明了这个绝妙的和最难理解的思维物质,亦即大脑物质,那么我们便能迅速地阐明其他物质和一般物质。"③费尔巴哈如何解释灵魂的载体或思维的器官——大脑的呢?

在费尔巴哈看来,精神活动中枢的大脑是物质的东西,是物质(自然)发展到高级阶段的产物,最高贵的东西也是最晚出现的东西。"自然是精神的基础"。作为思维器官的大脑,只有与人的整个身体联系在一起,才是思维器官。人必须先吃饭而后思维,而不是先思维而后吃饭。没有肉体的活动,没有脑的活动,我们就不能思维,不能分辨,也无什么灵魂。吃饭先于思维,自然(物质)先于精神——这就是费尔巴哈从人本学得出的结论。

费尔巴哈指出,大脑活动具有生理活动和心理即认识活动的二重性。就其生理活动来说,它可以成为别人的对象,但"永远不能成为我自己观察的生理学和解剖学的对象"。④就其心理活动而言,它只是我的对象而不是别人的对象,思维活动是绝对主观的活动,任何别人都不能代替我思维(当然,心理活动毕竟还是脑的活动,亦即精神活动是大脑这一物质器官的属性)。从一方面说,思

---

① ③ ④　《费尔巴哈哲学著作选集》上卷,王太庆等译,三联书店1961年版,第479、479、194页。

②　费尔巴哈1860年11月27日致尤·杜包克的信。《黑格尔通信百封》,苗力田译,上海人民出版社1981年版,第301页。

维的对象就是思维活动本身。因此,精神活动既不像消化食物的肠胃,也不像看东西的眼睛,能够成为人的感觉直接把握到的活动。它是一种隐蔽的、非感性的、甚至是"非对象性"的活动,是纯精神的、非物质的活动,是不能用力学观点和生理学观点解释的活动。"生理学本身对精神毫无所知,而且,在它看来,精神是虚无,因为精神是生理学的乌有。思维仅仅被思维所决定,并且只能被思维所决定。"①正是基于这一看法,费尔巴哈批评了用生理学观点解释思维活动的生理学唯物主义观点。他指出,如果否认精神活动,把精神活动物质化,或把精神当作虚无,从而把一切物体化,那么这样的真理不过是唯物主义的犬儒主义。可能费尔巴哈正是为着同这种唯物主义划清界限,从而对自己的哲学拒绝采用唯物主义这一名称。

但是,在灵魂和肉体关系问题上,费尔巴哈的批判锋芒主要是指向唯心主义否认精神活动具有客观物质基础,进而割裂肉体灵魂相统一的观点以及唯灵论的观点。他指出,如果由于主观上感觉不到脑和神经的存在,就否认它们的实在性,否认精神活动的物质基础,这就如同我从自身不能感到我有父母而否认我有父母或曾有父母这一事实一样荒唐。"对我说来,即主观上说来,是纯精神的、非物质的、非感性的活动,那么,就其本身说来,即客观上说来,是物质的、感性的活动。"②针对唯心主义者否认灵魂依赖于肉体的观点,费尔巴哈尖锐地指出,没有头脑可以思维吗? 当你说灵魂可以脱离肉体时,你的头脑不在你的头上吗? 至于黑格尔的灵魂——肉体学说,费尔巴哈指出,"黑格尔仅仅否认肉体,而没有否认灵魂。对于他,肉体没有任何真实性,灵魂却是全部真

①② 《费尔巴哈哲学著作选集》上卷,王太庆等译,三联书店1961年版,第477、195页。

理。……灵魂与肉体的统一也仅仅意味着灵魂与其自身、即与肉体的拟人的非存在的统一。"①因此,这种统一不过是绝对的片面性。

费尔巴哈说,唯灵主义是关于灵魂的学说。他认为人的精神活动、思维、意志以及某些唯灵主义者承认的感觉,是以与人的肉体根本不同的,并且不以肉体为转移的实体即灵魂作为自己的基础。在他们看来,没有肉体灵魂也能存在和活动。费尔巴哈认为,这种观点的产生,是由于把肉体看成有形体即有广延,把精神即灵魂看作是非物质的、无形体的必然结果。虽然某些唯灵主义者也主张两者有联系。然而,唯灵主义者阐明肉体和灵魂联系的"一切企图已经遭到失败,而且应当遭到失败"。②因为唯灵主义的真正意图、意志不是两者有什么联系,而是两者的分离。而这,乃是由唯灵主义的本质或它的根本企图所决定的。唯灵主义所指望的是来世生活和天堂幸福。为此,它就必然主张灵魂是无形体的即不朽的,从而是与肉体相区别相分离的。因此,唯灵主义和宗教神学是相通的。上帝的学说和灵魂学说是统一的。"神不外是摆脱与肉体(物质)的矛盾联系的灵魂;而灵魂不外是被约束的、潜在的、为异类因素所混合和玷污的神。"③

费尔巴哈主张灵魂依赖于肉体,这同法国唯物主义者以致自然神论者伏尔泰的观点是一致的。但是,生活于 19 世纪上半叶的费尔巴哈,依据当时生理学、医学的成就,尖锐明确地提出大脑问题是唯物主义和唯心主义分歧和争论的焦点,从而也就提出了哲学的重大问题。他依据当时科学成就,力图解释精神活动的特殊性,克服他的先辈的机械性,批判了生理学唯物主义。而他对这个

---

①②③　《费尔巴哈哲学著作选集》上卷,王太庆等译,三联书店 1961 年版,第499、483、484 页。

问题上的唯心主义和唯灵主义观点的批判,也比他的前辈的批判
深刻有力些。

（三）人是有感觉能思维的感性实体

费尔巴哈认为,人作为具有认识能力的感性实体,首先具有感
觉能力。人通过五种感官接受对象的刺激,从而产生了感觉。
"人的感官不多不少,恰合在世界的全体中认识世界之用。"①感官
或感觉是人第一个可以信赖的东西,是人打开世界同时又是自己
向世界放的最初的和最直接可靠的窗户,是科学的导师和鼻祖,是
一切怀疑和争论的审判者。那么人的感觉同动物的感觉区别在哪
里呢?

"动物的感觉是动物的,人的感觉是人的"。费尔巴哈在考察
人的时候,把人、人的身体、人的肢体看作是"统一的、有机的整
体"。因此在人身上,不能把人的感官同人的其他器官特别是思
维器官孤立地分别开来,否则那就不是人的而是动物的感官了。
人的感觉甚至纯粹的视觉都需要思维、理性。不仅如此,它还要上
升到精神活动,科学活动。一只猎狗或乌鸦的嗅觉比人的嗅觉敏
锐,但这局限于同它们的生存需要有必然关系的事物。因而也就
决定了动物只有一个或几个感官特别发达,而在具有理性的"人
身上,感官的感觉从相对的、从属于较低的生活目的的本质成为绝
对的本质、自我目的、自我享受"。② 人看到明媚的阳光、宝石的光
辉、清澈湖水的时候,并不只是看到这些自然现象,而且从中得到
美的感受。人的感官对象不仅有他生存所需要的东西,而且有他
求知、追求美的享受等等东西。一句话,人的感官对象是包含了人
和自然在内的一切现象,是整个世界。因此,人的五种感官都得到

① 《费尔巴哈哲学著作选集》下卷,荣震华等译,三联书店1962年版,第630页。
② 《费尔巴哈哲学著作选集》上卷,王太庆等译,三联书店1961年版,第212页。

完全均衡的发展。这是任何动物所不能比拟的。人之所以为人，就是因为他的感性作用不像动物那样有局限。

人作为具有认识能力的实体，还在于人具有理性、思维。诚然，思维是大脑的属性，思维活动不是生理学的对象。那么，作为哲学对象的思维，或作为认识能力"最高阶段"的思维、理性，它的规定性是什么呢？

费尔巴哈强调指出，"新哲学诚然也以理性为基础"。但作为新哲学基础的理性并不是抽象的精神，并不是自在自为的理性，并不是"无本质、无色彩、无名称的理性"，而是现实存在的人的理性。并不是理性在思维，而是人在思维。因此新哲学是"以饱饮人血的理性为基础的"。[①] 和唯心主义者把理性置于绝对无条件的、主宰一切的至高无上的地位相反，费尔巴哈明确提出："人乃是理性的尺度"。这既表现了费尔巴哈对自己以前理性观点的明确否定，也显明体现了人本学对理性的肯定的基本看法。

同感觉只把握个别不同，思维或理性是认识一般。在感性中植物是复数，而在思维中则是单一。但思维是以感官为前提，而不是感官、感觉以思维为前提。思维只是集中、收集、比较、区别或分辨、分类感官所提供的东西，是"感觉的综合、统一"。就此看来，理性或思维超出了或克服了感觉的割据性和局限性。费尔巴哈认为，思维要实现自己使命，就必须以语言为中介，对许多具体事物，例如桃子、苹果、梨子等，进行抽象概括，形成概括、反映这同类具体事物的一般概念，如"水果"，并用这一般概念称谓具体事物（人也从许多具体人形成一般概念及人的类概念，意识到并用语言表达出自己是人）。思维运用概念，进行分析综合、判断推理，"从现

---

① 《费尔巴哈哲学著作选集》上卷，王太庆等译，三联书店1961年版，第180—181页。

象中分解、寻找、抽出统一的、同一的、一般的规律"。①

　　深受黑格尔辩证思想影响的费尔巴哈,也充分注意到思维、理性的能动性。首先,理性的能动作用,使人在认识的过程中并通过认识活动建立起"自在对象和人的对象之间的区别",即"现实的对象和我们思维和表象中的对象之间的区别",继而把对象从它在人心中所造成的印象里区分出来,自在自为地,不以对人的关系为转移地考察对象,从而获得真理性的认识。这是一方面。另一方面,又正是人的理性、思维,使人在认识、把握一个对象的时候,同时也就把主体的一些因素放到对象中去,使作为人的对象的客体不仅包含有客观事物的成分,而且包含有主体的主观的因素,从而使作为人的对象的客体区别于作为动物生存对象的客体,或把自然拟人化、人格化,"实际的自然本质"变成了"人化自然本质"。② 其次,理性的能动作用不仅使人能够对自己进行反思,从而具有自我意识,而且使人对自己的认识以二重化的方式表现出来。也就是人一方面把自己的个体当作对象,摆脱自己主观的个人的本质,将自己上升到类,甚至在没有另一个个体的情况下依然进行思维,发挥类的职能。另一方面,人又把自己的类、类概念、类本质自身当作对象,思维、认识这个对象。再次,由上述认识二重化而来的是它蕴含着人跟自己的本质发生分裂的种子。即有限的个体把类的本质部分地或整个地对象化、异化,继而使之成为客观的本质、独立存在的精神实体。

　　费尔巴哈关于感觉能力和思维能力统一于人的思想,关于感觉渗透着理性、认识的客体包含有人的即主体的成分的思想,表明他的人本主义感觉论有着不同于以往彻底的感觉论和狭隘经验论

---

① 《费尔巴哈哲学著作选集》上卷,王太庆等译,三联书店 1961 年版,第 253 页。

② 《费尔巴哈哲学著作选集》下卷,荣震华等译,三联书店 1962 年版,第 822 页。

的观点。而他对思维、理性及其能动性的论述,无疑要比他的唯物主义先辈深刻得多。当然我们也不应忽视,由于人本学脱离人的物质生产活动考察人,因而尽管费尔巴哈认为理性等所谓人的心灵力量"是文化之产物,社会之产物",但从根本上说,他没有科学地解释意识(感觉、理性等)的起源及其社会性,也没有揭示出人的能动性的现实基础及其根本表现。

基于对人的认识能力的理解,费尔巴哈探讨了思维和存在同一的问题。他说:"思维与存在的统一,只有在将人理解为这个统一的基础和主体的时候,才有意义,才是真理。"[①]就是说:

第一,正如只有人有宗教而动物没有宗教一样,只有具有理性、意识的人才有思维和存在同一的问题。客观存在的事物当然不依赖于人而独立存在,但它们作为生存对象、认识对象都是对人即主体而言的。只是对人来说,它们才有意义和价值。因此,"作为哲学的开端的存在,是不能与意识分离的,意识也不能与存在分离。"[②]正是基于这一看法,费尔巴哈声称:"我同意唯心主义必须从主体、从自我出发的观点,因为十分明显,世界的本质,它对我是什么和怎样,只取决于我本人的本质,我本人的认识能力和我本人的一般属性。……但是我认为,作为唯心主义者出发点的和否认可感觉事物的存在的自我本身是不存在的,只是被设想的而不是实在的自我。实在的自我只是'你'与之对立的、它本身是另一个自我的对象的自我,它对另一个自我说来是'你'"。[③]他也明白地指出:"经验论认为我们的观念起源于感觉是完全正确的,只是经验论忘了人的最主要的,最基本的感觉对象乃是人本身,忘了意识和理智的光辉只在人注视人的视线中才呈现出来。"[④]费尔巴哈以

①②③④ 《费尔巴哈哲学著作选集》上卷,王太庆等译,三联书店1961年版,第181、109、523—524、173页。

人为思维与存在同一的基础和主体，反对唯心主义和经验论的两个极端，是有合理之处的。

第二，费尔巴哈认为，人是思维与存在同一的基础和主体，还在于人即认识的主体能够认识自然、事物，思维能够反映存在。感觉是联结、沟通主体和对象的纽带、桥梁。从对象来说，一切事物都是通过感觉而为我们拥有，被我们认识，不管是直接的还是间接的。从人来说，人的感官能够满足认识的需要。因此，谁抽掉了感觉，谁也就失去了认识世界的唯一手段。依靠感性我们看到许多树，借助理性我们认识"一棵树"。我们可以用感觉阅读自然这部大书，但理解它只能靠理性。费尔巴哈还指出，个体认识能力是有限的，但人类认识能力则是无限的。"人的力量，各自来看是有限的，结合在一起却就成了无限的力量。"①以我与你的实在为基础的类是这样，通过种族繁衍而在时间中延续的类也是这样。很多事实证明，我们的祖先不知道、不能做的，我们却知道并能做了；而我们现在没有认识的，我们后代一定能够认识。人类的历史就是不断地克服认识的界限而向前发展的历史。康德不可知论的错误，恰恰在于把"界限当成了限制"。

第三，人本学认为，思维和存在的同一的要义就在于："这个统一是以对象，以思想的内容为依据的"，亦即感觉、思维的内容是客观的，思想、真理是外界事物、对象的反映。感觉是主观的，它的内容是客观的。主观有咸味或甜味的感觉，这只不过是客观存在着的盐或糖的特性的反映。因此从感觉内容的客观性当然不能得出感觉所包含的客观内容就是客观事物本身的结论。前者从属后者，必须来源于后者，并且是后者的反映。两者有着"霄壤之别"。但是唯心主义者，不可知论者"认为感觉不证明和不包含任

---

① 《费尔巴哈哲学著作选集》下卷，荣震华等译，三联书店1962年版，第113页。

何客观的东西,这是多么庸俗! 难道饿和渴的感觉是空洞的和无对象的? 渴不就是水不足的感觉吗?"[1]同样,作为人这个现实实体的活动的思维,由于它是通过感性直观而确定自己、修正自己,而不是自我封闭的思维,因而也就反映、把握现实的实体和客观事物,"是真实的,反映客观的思维——具有客观真理性的思维"。[2]费尔巴哈据此指出,由于黑格尔把自然、客观世界看作是绝对理念的外化、异化,因此在他那里,思维与存在的同一,只是思维与自身的同一,是思维"嘲弄"它的对方,而真实的存在"永远是一个彼岸的东西"。

第四,费尔巴哈指出,人的直观、生活实践是检验思维是否正确反映存在的标准。他说,感性直观是绝对可靠,无可怀疑的。因为它既是人同对象都是感性实体的确证,也使人和对象处于直接关系之中。它直接依靠自己而无须借助任何中介来证明自己的确实性。感性直观的这一特性,是由它只在人的生活实践中才能开始发生所决定的。人的日常生活活动是通过人的身体在同自然的联系中以及人与人的交往中进行的,因此,"直观是生活的原则。"[3]"人与人的交往,乃是真理性和普遍性最基本的原则和标准。"[4]也就是说,作为真理标准的直观不是单个人的直观,而是类的即人类共同具有的直观。我所见到的并且也为你见到的,才是确实的,我的思想只有为你承认的时候,才是真实的。因为,对我来说,你是"类"的代表,是别的人们的代表;因此,说我的思想为别人承认,我和别人一致,也就是为类所承认,同类一致。"类是真理之最终尺度"。

费尔巴哈以感性现实的人为原则,解决思维与存在的同一问

---

① ② ③ ④ 《费尔巴哈哲学著作选集》上卷,王太庆等译,三联书店 1961 年版,第530、178、111、173 页。

题,坚持了唯物主义的反映论。然而也正由于人本学对人及其实践活动理解的局限性,使他不能辩证地解决两者的同一。他从感性直观是真理标准出发,走上类是真理的最终尺度,终究是在主体之内解决真理标准。显然他还不能用科学的唯物辩证的观点来解决这一问题。

(四)人是有意志,依照目的活动的感性实体

费尔巴哈从人是感性实体出发,认为人所特有的意志(自然没有意志)是同人的生存愿望以及追求幸福的愿望紧密相联的。人本学认为,生命是人的最高贵的宝物,生命就是幸福。像任何一种生物一样,追求幸福是人的首要的和基本的愿望,是追求自由的愿望,是意志自由,因为追求幸福同追求自由是"等同的"。"没有愿望的地方也没有意志,而在没有追求幸福的愿望的地方,也就没有一般的愿望。追求幸福的愿望,这是愿望的愿望。"①离开幸福的追求就没有什么愿望、意志、自由。"只有伟大的德国思辨哲学家们才杜撰出某种与追求幸福不同的而且是独立的抽象的意志,某种只是想象的意志"。②然而人毕竟是有别于动物的。为什么把人对幸福的追求称之为意志,而不把动物对生存、安乐等追求称之为意志呢?

费尔巴哈认为,正如人的各个器官是一个有机的整体一样,人的情感、理性和意志也是有机联系着的,相互制约、相互渗透的。在人身上,爱乃至性爱无非是人的感情和情欲的意志。愿望、追求幸福是被意识到了的或为理性所把握到了的或渗透着理性的意志。诚然,感觉是意志最首要的条件。但理性也是意志的前提,知识是能力的基础(同样"只有借助于意志和只有在追求幸福的愿望的基础上,理性才能区别想象的事物和客观的事物"③)。动物

---

①②③ 《费尔巴哈哲学著作选集》上卷,王太庆等译,三联书店 1961 年版,第427、538、429 页。

要喝水,但分不清水有毒或无毒,而人在他知道水有毒时,尽管他口渴得很,但他为着避免死亡而宁可忍受口渴。人不仅追求使他幸福的东西,而且也要克服、排除使他不幸福的东西。人在他面临难以忍受和忍耐的巨大不幸时,甚至把自杀这个同幸福极端矛盾的行为当作摆脱灾难的"良药"。而"动物不可能作这种希求,而且也无法作这种希求"①。人是有理性的动物。正是理性使人的追求幸福等愿望"人性化了、高尚化了、精神化了,但可惜也常变畸形了和恶化了"。②理性使愿望上升为意志。人借助工具、手段,力图实现自己的愿望,实现自己的思想、计划、方案等等。人的活动因此是有目的的活动,倘若无目的,人就什么事也做不出来。"但是,一般说来,目的不是别的,正是一种意志观念"。③ 不过这意志不应当停留在观念的范围内,而要通过活动"把它实现出来"。正是在这一基础上,费尔巴哈强调意志只有同动词联系起来才有意义,才能判明其真实性。"如果不借助于物质的肉体的手段,意志是丝毫无所作为的"。④"意志不过是人的自觉的、在外面起作用的本质(Wesen)"。⑤唯有这样,人借助意志,才具有不同于主体的外部世界的意识。

费尔巴哈从人本学讲意志,决定了他肯定、强调意志对肉体、对象的依赖以及受主体能力的制约,并由此提出了"真正的意志"同"超自然的幻想的意志自由"的区别。肉体是意志的基础,没有肉体,生命就没有意志。我存在着我才有意志。肉体、生命消灭了,意志也就随之消灭。因此它们的关系完全不像黑格尔所说的"只是因为我想要具有,我才具有四肢、生命"的关系。由此也就

---

① ② ④ ⑤ 《费尔巴哈哲学著作选集》上卷,王太庆等译,三联书店1961年版,第 539、572、467、461—462页。
③ 《费尔巴哈哲学著作选集》下卷,荣震华等译,三联书店1962年版,第627页。

决定了一方面人的意志必须以对象、现实自然界为前提。"意志是自决,但自决仅仅在不以人的意志为转移的自然界规定的领域内"。①我有愿吃某种食物而不愿吃另一种食物的意志或自由,但我没有不吃任何食物的意志或自由。因为吸取食物乃是人赖以生存的条件。另一方面人的意志也受人自己的能力的制约。我希望成为音乐家,如果我具有音乐气质、禀赋,那我的愿望就能实现。只有以一定工具、手段、器官和材料为保证的意志才是能够实现的意志。这种奠立于实现希望可能性和能力基础上的、同时又与自己对象相适应的意志,乃是真正的、成熟的意志,是能够实现的意志。反之,则是幻想的、无根据的、无基础的意志,是康德的"纯意志","叔本华式的意志",黑格尔的绝对观念的意志。而"历史的任何一页都否定那种幻想的和超自然的意志自由"。②

费尔巴哈在谈及真实意志时,还论述了意志的变动性(历史性)和"自由也是时间的女儿"的思想。一个存在于一定时空中的人的愿望、意志不是始终同一的。同样,儿童的、青年的、老人的意志,以及男人、女人的意志也是各不相同的。意志的可变性乃是意志同必然性的区别之处。"一种意志,它始终做同一样的事情,那它就不是意志。我们所以否认自然界具有意志、具有自由,仅因为它做的事情始终是一个样的"。③除此而外,意志的变动性还说明了意志是跟空间和时间有联系的。既然意志由对象规定、确定,那么,如果意志的对象变了,那意志本身也就改变。"凡事各有其时,只有符合当时要求的意志才不是无力的和幻想的意志。"④因

---

①②④ 《费尔巴哈哲学著作选集》上卷,王太庆等译,三联书店 1961 年版,第 426、421、421 页。

③ 《费尔巴哈哲学著作选集》下卷,荣震华等译,三联书店 1962 年版,第 743 页。

此,"自由只是历史的事情,人不是先天就自由的,只是在后天才
自由的"。①费尔巴哈据此批判了康德的超感性的、在时间之外存
在的自由意志,认为这种自由意志只是自在之物的空洞的同语反
复。因为摆脱感性的、不在时间之内的意志自由乃是一种被幻想
为与现实存在的人一切条件和规定毫无关联的,摆脱了对自由的
一切限制的意志自由。

　　费尔巴哈关于人是有意志(自由)、依照目的而活动的实体的
思想,深深地铭刻着人本学的烙印。他把追求幸福当作意志、自由
的立足点,这同17—18世纪思想家的自我保存并无本质区别。他
在一些地方,正是基于从生存本能说明意志,把一切生命之物对生
存这一"基本的和原始的追求"说成意志,乃至认为动物也有意
志,这就十分错误了。但他肯定意志受理性制约,因而也就同那种
机械决定论的意志观有所不同。特别是他以人本学的意志观为武
器,尖锐地批判了康德以来德国唯心主义者的思辨意志自由观。
这是他的贡献。他不理解物质生产活动是人类基本的实践活动,
因而只能抽象谈论人通过工具实现自己的意志、目的,等等。费尔
巴哈的人的抽象性决定了他的意志自由思想的抽象性。然而,在
这抽象思想的论述中又披露了这位哲学家对旧制度的鞭挞与愤
恨,对唯心主义思辨式自由的针砭,对民主制度的向往,对贫苦民
众的恻隐之心。

　　(五)人的本质包含在以我和你的实在区别为基础的统一
性中

　　按照费尔巴哈的解释,"任何一个本质,都只是被规定为它所
是的"。②人的本质乃是许多人合在一起的前提下,"人所应当是

————————

① ② 《费尔巴哈哲学著作选集》上卷,王太庆等译,三联书店1961年版,第422、
　　312页。

的和能够是的东西"。①按照这样的规定,费尔巴哈在不同地方,针对论及主题的含义,对人的本质做了不少解释,提出种种不同的说法,诸如:感性是人的本质,爱是人的本质,我欲故我在,人就是他所吃的那个东西,生命是人的最高本质,类是人的本质,团体性、共同性、统一性是人的本质,理性、意志、情感是人的绝对本质,人的存在就是人的本质。人是多名的,用凡是人所是和所能是的东西来解释人的本质,人的本质也确实有多种说法。但是,上述中一些说法同样也适用于动物,因为这一些说法同样也是动物所是的东西。因此,作为人区别于动物的本质,作为人的诸本质中最高层次的本质,作为人的绝对本质只能是一个,作为称得上人性、人的本性的东西只有一个。费尔巴哈认为,只有把精神——理性、意志和情感,看作是人的根本的、"与动物不同的标志",我们才能看到从动物到人发生了"整个本质的质变"。

在费尔巴哈看来,人的绝对本质的三个要素各司其事,各有其职能。理性是认识,意志是品性,心是爱。但它们是作为一个有机统一的整体才构成人性,任何一个要素如果孤立地单独地抽取出来,那就不是人性的要素了。"一个完善的人,必定具备思维力、意志力和心力"。

"类"或类的本质作为一般概念,同个体的关系是一般与个别的关系。"一般概念或类概念,并不存在于事物或本质之外,与其所抽象的个体并非不同,也不是对这些个体独立起来。"②因此类既是抽象的又不是抽象的。说是抽象的,是因为作为一般概念,它是概念、思想,舍弃了感性的存在;说不是抽象的,是因为类作为人的本性或本质,它在至少有两个人才得以实现时,作为类的体现者

----

① ②　参见《费尔巴哈哲学著作选集》下卷,荣震华等译,三联书店 1962 年版,第190—191、624 页。

的你,是一个感性存在。

费尔巴哈认为,类即人的绝对本质是无限的。任何一个存在着的人当然都有理性、意志和情感。然而,现实的孤立的个体不具备人的本质。他只是以本质为根据的实存(Existenz)。个体是有限的。而"他所以能意识到自己的限制、自己的有限性,只是因为他把类的完善性、无限性作为对象"。①说类无限,一是从横向即空间方面说,类是世界主义,它包含了各民族、各地区、各个国家的个体。二是从纵向即时间方面说,它通过种族繁衍而在时间连续中无限地延续下去。"类在无限多的和无限多样的个体中实现自己,并且在这种实现里面显示其本质之无限性。"②任何把类本质说成是有限的论点,都是"欺罔、谬误",是一种可笑而又罪过的谬见。

费尔巴哈还认为,类即人的绝对本质是完善的。其一说人的本质即是人的生存目的,是人的价值之所在。人之所以生存,就是为了认识,为了爱,为了愿望。理性的目的就是理性,爱的目的就是爱,意志的目的就是意志自由。而人的价值也就在于把他的本质当作目的,当作人的一切事物、一切对象中最崇高的东西。其二是说人的本质在对象中显现出来,确证、肯定自己。人作为现实的存在,必须有对象,人无对象人就是无。然而,对象是人的对象,是人用人的立场看待的对象,因此,这个对象不过是人所固有的而又客观的本质。"对于对象的意识,就是人的自我意识。你由对象而认识人;人的本质在对象里显现出来"。这就是人的本质自我确证、自我肯定、自爱。"不管我们意识到什么样的对象,我们总是同时意识到我们自己的本质;我们不能确证任何别的事情而不

---

① ② 《费尔巴哈哲学著作选集》下卷,荣震华等译,三联书店1962年版,第32、193页。

确证我们自己。"①这种在对象中确证自己、肯定自己也就是意识到自己,即自我意识。自我"意识是完善的存在者所特有的标志",是自我确证、自我肯定、自爱的最高形式。

费尔巴哈把理性、意志和心规定为人的绝对本质。而人本学对人是感性实体的理解,使他逻辑地、必然地提出:孤立的个别的人不具备人的本质,"人的本质只是包含在团体之中,包含在人与人的统一之中,但是这个统一只是建立在'自我'和'你'的区别的实在性上面的。"②

在人本学看来,人绝不是孤独自存的原子、本体、自我。无论是肉体的人产生,还是人的精神生活,都必须在有两个人——男人和女人、我和你——的前提下,才得以可能。人的外在生活,即种种维持生存的日常生活活动,诸如衣食住行、休息娱乐、交结朋友、恋爱婚姻,等等,都是在人与人交往中,人际关系中进行、从事、实现的。同样,人的内在生活即对他的本质发生关系的生活也是如此。"只有在人与人说话的场合下,只有在谈话——一种共同的行为——之中,才产生了理性。"③至于人的其他领域的活动和现象,诸如科学研究、著书立说、讲演教学、文艺创作、道德行为、宗教活动等等人类所特有的活动和现象,更是在人的社会及文化环境中进行、从事、实现、出现的。费尔巴哈由此指出,人的第一个对象就是人。人只有在交际、交往中互相补足,改善自己,提高自己,才能成为完善的人。

在人本学看来,只有两个人的存在、交往,类的职能才能发挥出来,人类的本质才得以实现。这两个人当然都是现实的感性存

---

①③ 《费尔巴哈哲学著作选集》下卷,荣震华等译,三联书店 1962 年版,第 31、113 页。

② 《费尔巴哈哲学著作选集》上卷,王太庆等译,三联书店 1961 年版,第 185 页。

在的人。对我来说,你满足了我的需要(包括我对许多其他人的需要),因而我从你那里感受到体验到我是人,明白了我们两人谁也不能脱离谁即两者缺一不可,明白只有集体、群体才构成人类。因此,你是类的代表,"即使我只跟如此一个人相连,我也就有了集体的、属人的生活了。"①于是,作为人的本质的载体,人的统一性是以我和你的实在区别为基础的。

人本学脱离人的物质生产活动和社会历史的发展,抽象地从人的自然属性谈论人的类、人的本质。显然是不科学的。正如马克思所指出的,费尔巴哈的"类"不过是"一种内在的、无声的、把许多人自然地联系起来的普遍性"②。费尔巴哈并没有科学地揭示人的本质,至少可以说对人的本质的揭示是不全面的。然而,第一,费尔巴哈毕竟是用人的眼光而不是用神的眼光来谈论人及其本质的,是从有血有肉的人而不是从自我意识的人谈论人及其本质的(由此他强调人与人的统一是建立在我和你的实在性即感性现实的区别之上的)。第二,费尔巴哈在谈论人及其本质时,力图超出仅仅从人的自然属性考察人的局限或限制,按照人本学所理解的"社会性"的含义,解释人的所谓社会性问题。他认为"只有社会的人才是人"。他提出两性的追求是人的社会本质(das menschliche Gesellschaftswesen)缩小到最小范围的体现,并提出人的本质只存在于人的团体中、人与人的统一中。尽管这些看法在他整个思想中是微不足道的,尽管他讲的"社会性"是一个不以社会物质生产为根基的概念因而是一个空洞抽象的、本质上是非科学的概念,但人是社会的人的看法,无疑比17—18世纪思想家认为人是孤立的原子的思想深刻得多。费尔巴哈在人

---

① 《费尔巴哈哲学著作选集》下卷,荣震华等译,三联书店1962年版,第193页。
② 《马克思恩格斯文集》第1卷,人民出版社2009年版,第501页。

的学说方面的成就和缺陷,都使人、人的本质问题更鲜明、更尖锐地摆在人们面前,并为后人正确地解决这些问题做了某种思想准备。从近代西方哲学的历史看,正是由于费尔巴哈把人的问题当作自己哲学的主题,从而使文艺复兴以来资产阶级思想家的人的思想系统化,并以人本学的形态确立了自己的哲学地位。而他本人也因此成了近代西方哲学史上人本学哲学的杰出的最重要的代表。

三、关于自然的学说

人本学对人的理解——把人看作是现实存在的感性实体,是有血有肉的人——的内在逻辑,必然地使自然成为费尔巴哈关注和着重论述的另一对象,使自然学(Physiologie)即关于自然的学说成了他的哲学系统的一个重要组成部分。

自然是什么呢? 第一,"自然界这个无意识的实体,是非发生的永恒的实体,是第一性的实体"。[①] 不过,费尔巴哈的自然是实体的观点,不同于斯宾诺莎的实体是自然或神的泛神论观点。在他那里,自然作为实体是自因。它是第一实体,是"依靠自身存在的东西和真实的东西"。它绝不是什么被创造出来的,或从无中创造出来的东西。它是一个独立的、只从自身派生出来的、并由自己得到说明的东西。因此,那种以上帝创造世界、自然的观点,自然是绝对精神外化的观点或精神派生自然的观点,显然都是"首尾颠倒"、"荒谬绝伦"的观点。

第二,"自然界是形体的、物质的、感性的"实体。费尔巴哈和斯宾诺莎都承认自然是实体,但前者对自然的了解不像后者那么抽象。正如他强调人是感性实体那样,他也十分明确地肯定自然

---

① 《费尔巴哈哲学著作选集》下卷,荣震华等译,三联书店 1962 年版,第 523 页。

是感性实体,只有感性的实体才是真正的、现实的实体。他认为自然界是一切感性的力量、事物和本质之总和,是直接地、感性地表现出作为人的生存基础和对象的一切东西,因而也就是为人的感官所感知的东西。这样一个感性实体的自然,是统一的又是多样的。作为实体,它是统一的,作为感性之物,它丰富多彩,具有多种多样的具体存在。举凡光、电、磁、水、火、气、土、植物、动物,乃至一个无意志和不自觉而活动着的自然人,都是自然的具体存在的形式。而自然之所以具有多样性,并不是什么神秘力量或神的作用,而是因为"世界的基质、物质"乃是"不能设想做一种同形的、无差异的东西",也就是说世界的基质是有差别的,是异质的,因为"吸引"和"排斥"是基质本质上所固有的。因而由基质组成、形成的具体事物也就显出多样性。

第三,空间和时间是自然界一切感性事物存在的形式。费尔巴哈认为自然存在于空间时间中,只有存在于时空中的存在才是真正的存在。空间(位置)是现实实体的第一个标记,因为任何一个感性实体、自然事物总是首先据有一定的空间(位置)。"空间的存在是最初的存在,是最初的确定的存在。"[①]时间是现实事物变化、发展、顺序继起即连续的标记。一切具体事物、自然事物和人都产生于、存在于空间和时间之中。如果把世界比作是一座城市的话,那空间就是市长大人,时间则是市长夫人。而自然界的一切事物,包括人都是市长夫妇的儿女。因此,空间和时间绝不是康德所说的直观形式。费尔巴哈俏皮地说,由于康德对那个超时空的自在之物的爱,所以就否认它们的客观实在性,而把它们看成是人所创造出来的先天形式。事实上,这恰恰是相反的。"并非事物以空间和时间为前提,反而是空间和时间以事物为前提⋯⋯。

---

① 《费尔巴哈哲学著作选集》上卷,王太庆等译,三联书店1961年版,第175页。

一切都占空间和时间,一切都在广延和运动"。①

　　费尔巴哈认为"时间是与发展不可分离的","是从运动中抽象出来的一种概念"。因此,说时间是以事物为前提的,也就是说运动是事物所必然具有的,因为,"时间或运动""必须以某个能动的东西为前提"。由此费尔巴哈提出自然运动、变化、发展的思想、自然事物相互联系的思想。"自然处于恒久不息的运动与变化之中"。②在他看来,由于自然存在物原本是一个含有差异性在内的东西,因而某些存在物互相吸引着,有些互相排斥着。地球也并不是一直就是现在这个样子,它是经历了一系列的发展和变化才成为现在这个状况。同样,"自然界中,一切都在交互影响,一切都是相对的,一切同时是效果又是原因,一切都是各方面的和对方面的"。③总之自然是一个共和国。而这一切,运动、发展、联系、相互影响等等,都是体现在时间中的。"时间披露一切秘密"。没有时间的发展,也就等于不发展的发展。黑格尔恰恰把时间和发展割裂开来,因而在他那里,绝对精神的发展不过是脱离时间的发展。这样一种发展只能看作是思辨哲学任意妄为的杰作。

　　第四,"在自然界里也没有什么神来统治,有的只是自然的力量,自然的法则,自然的元素和实体。"④费尔巴哈指出,自然界客观地有其因果性和必然性。自然界一切都是自然地,按其自身的本质发生、发展、变化、运动。"自然到处活动,到处化育,都只是在内在联系之下、凭着内在联系而进行的,……只是由于必然性,凭着必然性而进行的。"⑤自然界的因果之间,本质与现象之间,都有一种"必要的联系"。同样,尽管自然科学、生命科学还不能解决生命的起源和本质,但我们已确切地知道,有机界不仅同无机界

---

①②③④⑤　《费尔巴哈哲学著作选集》下卷,荣震华等译,三联书店1962年版,第620、812、602、641、484页。

密切相联系,而且有机生命出现在地球上并非偶然的,也不是某些元素孤立作用的结果。总之,自然的法则就存在于自然之中。不是自然规律服从思维规律,而是思维去反映、把握自然规律。康德的人给自然立法的思想,不过是把理性先验地构造的范畴及其联系强加到自然身上。而有神论、神学目的论之所以浅薄、无知、可笑和荒谬,就在于把自然的法则同人的思想中的秩序、目的等等观念混为一谈,不能区分原文和译文、原本和摹本,继而用一个非物质、非形体的东西,来充当物质的、有形的东西的目的和原因。

费尔巴哈关于自然的学说,承继了他的唯物主义先辈的思想。他对自然的一些辩证见解,也使他的自然观不像17—18世纪唯物主义那么机械,那么绝对不变地形而上学地看待自然。例如,他把自然界的必然性区分为“第一级的”、“第二级的”、“原始的”、“派生的”,从而明确表示既同意又反对霍尔巴赫在必然性、意志问题上的观点。① 然而,从根本上说,一个辩证的自然观并没有为费尔巴哈所具有。他不能也没有吸收黑格尔辩证法,不懂得矛盾、对立面的一致和斗争是事物发展的动力,不能科学地阐明事物的发展。他把发展和时间联系起来也只能是具有字面意义的空话。

四、关于宗教的学说

宗教和神学是费尔巴哈一切著作中从未放过的论题。作为一位唯物主义者,他以人本学哲学为武器,对宗教神学进行深入细致的剖析,成为无神论史上的光辉一页,他本人也就成为杰出的无神论者。

费尔巴哈充分意识到批判宗教是时代的要求。反对封建专制

---

① 参见《费尔巴哈哲学著作选集》上卷,王太庆等译,三联书店1961年版,第438—440页。

制度,必须批判宗教,特别是基督教及其神学。他说,基督教和神学不仅同工业、科学和艺术的发展相矛盾,同人们的日常生活相矛盾,而且"开始成为政治自由这种现代人的迫切需要的障碍"。①人们现实政治愿望是要求政治自由,废除政治上的等级制,参与国家事务,人生的目的是享受现实尘世生活的欢乐和幸福。而基督教及教会则反其道而行之。基督教和时代多么不相容。费尔巴哈指出,我们的时代是一个新时代。时代要求不信仰代替信仰,理性代替圣经,政治代替教会和宗教,工作代替祈祷,物质的享受代替地狱,地代天,人代替基督。总之,"只有当你放弃基督教,那么,你才会得到共和国的权利"。②费尔巴哈的这一看法,充分体现了启蒙思想的精神。

　　费尔巴哈分析了宗教产生的心理根源。他说:"人的依赖感是宗教的基础"。③ 所谓依赖感,包括恐惧和崇拜两个方面。人在自然力量面前无能为力,产生了恐惧感。但是,人们害怕的对象往往又是人们感激和崇敬的对象。洪水可以伤害人,但它又灌溉了农田和牧场。而人之所以有依赖感,是因为人要生存,是对生命的爱,是利己主义。费尔巴哈说,没有利己主义,也就没有依赖感。这表明费尔巴哈的宗教哲学一开始就打着人本学的烙印。

　　费尔巴哈认为,仅仅用依赖感以及人的无知还不足以说明宗教观念的产生。他比 17—18 世纪无神论者的杰出之处就在于用人的本质及其异化来说明宗教的产生和宗教的本质。他明确地宣称人的本质不仅是宗教的基础,更重要的它也是宗教的对象,宗教的本质。宗教(自然宗教和精神宗教)是人的本质的异化。神学

①② 《费尔巴哈哲学著作选集》上卷,王太庆等译,三联书店 1961 年版,第 96、100 页。

③ 《费尔巴哈哲学著作选集》下卷,荣震华等译,三联书店 1962 年版,第 436 页。

的秘密就是人本学。

　　费尔巴哈指出,意志和能力之间的对立乃是宗教出现的前提。在实际生活中,人的能力是有限的,特别是在人越无知的情况下,他受外界的限制就越大。但是人的愿望、意志却要使人成为不受限制、无所不能的。"谋事在人,成事在天"。当人的愿望不能实现的时候,人就以人以外的东西,或自然的或精神的东西来实现自己的愿望,或体现自己的愿望,于是产生了自然神和精神宗教。"人虽然有幻想和感情,但若没有愿望,就不会有宗教,就不会有神。"①费尔巴哈接着指出,以意志和能力之间的矛盾为前提的宗教,反过来又以破除这个矛盾为意图和目的。就是说在宗教里,那个由于人的能力的限制而不能实现的愿望变成了能够实现的愿望,甚至变成了现实。神的作用、职能就在于此。然而,神的意志是把不可能变成可能的意志,只不过是人的意志的虚幻反映。宗教的意图和目的也是人的意图和目的的对象化。

　　费尔巴哈还指出,在人的本质对象化的过程中,在真实的意志变成幻想的意志的过程中,想象这个宗教的主要工具起着重要的作用。正是想象力,使自然的东西变成人性的东西,使人性的东西变成神性的东西。费尔巴哈说,人受到来自事物(包括自身)本性的以及以事物本质为根据的限制是真正的限制,也可以说不是限制。人不能长生不老,不可能没有肉体、没有重量,等等。但是,人的幻想、想象能力是不受限制的。"对于想象力说来没有什么不可能的事情。"②人越是无知,他的幻想就越强大。人类的幼年是一个愚昧无知、幻想力统治一切的年代。原始人用人的眼光看待事物,把自然物和动物拟人化、人格化,把自己无能为力实现的愿

---

① ② 《费尔巴哈哲学著作选集》下卷,荣震华等译,三联书店1962年版,第701、682页。

望寄托在具有无限力量的自然物或动物身上，并认为它们也同人一样具有感性、具有一颗能感知人类事务的心，对人的崇拜也不是无动于衷，并以祈祷、膜拜等方式向它们表达自己的希望、感恩、爱戴、崇敬、敬畏之情，于是产生了自然宗教（多神教）的神。同样，精神宗教（基督教）的上帝也是人借助想象力、抽象力把人的本质（理性、意志和情感）异化的产物。

　　费尔巴哈说，当人类从自然状态过渡到社会状态，当"君王占有、决定、统治着人，以致被认为最高无上的时候"，[①]荣誉、道德、良心、舆论以及政治的法律的力量成了人所依赖的对象。人对社会的依赖代替了对自然的依赖，人从自然的奴隶变成了社会的、政治的奴隶。"君王的尊严的光芒则照耀得政治的奴隶眩晕，以致匍匐在它面前，把它当作一个神圣的力量，因为它是掌生杀之权的力量"。君王是神，神是政治的实体。费尔巴哈把基督教的产生和社会的压迫联系起来，虽是简单贫乏但本质上是有合理之处的。费尔巴哈同时也指出，和自然宗教的神是以间接的方式把人的本质异化不同，"一神教则直接地将人的精神和幻想神化了"。基督教即一神教的神不过是"脱离感官而联系于抽象能力的那种想象力的产物"。[②]基督教徒愿望做一个完善无罪的、非感性的、没有肉体需要的、永世受福的神物。但他们并不是这样的神物，于是就把自己的愿望、思想等对象化为一种独立存在的东西，神圣的东西，并称之为神。基督教的神就成为一般的、无所不在的、不受限制的、无限的本质，成了全知全能无所不在的创世主、救世主。

　　费尔巴哈由此指出，无论自然宗教的神还是基督教的上帝，都是想象、幻想的产物，都是人按照自己的形象创造的。"并非神按

---

①② 《费尔巴哈哲学著作选集》下卷，荣震华等译，三联书店1962年版，第471、695页。

照他的形象造人，……而是人按照他的形象造神"。①神因而也就不是真实的。它只"不过是一个梦想，不过是人所想象的，仅在人的幻想中存在的一个东西罢了"。②

费尔巴哈认为，就是这样一个不真实的上帝，一个原本是从人的本质分裂出去的、独立的精神本质，反过来却又成了支配人、奴役人、统治人的力量。人和自己的创造物上帝处于对立和矛盾之中。人以种种方法表达对自己创造物的虔诚、笃信。为了信仰，人甚至以人祭（基督教实行的是精神上的人祭）的方式向神奉献自己最宝贵的生命。人越是虔诚地信仰神、上帝，也就越失去对自己的爱。费尔巴哈指出，那种以为宗教对人的生活、对公众政治生活没有影响的看法，是非常肤浅的。随着时代的发展，宗教、基督教同人类处于越来越尖锐的对立状态，以致到了必须抛弃基督教的地步。

费尔巴哈深入地系统地批驳了基督教神学的种种内容，阐发宗教（基督教）的矛盾，从而进一步说明神学就是人本学。

费尔巴哈驳斥了关于上帝存在的几个证明。他指出，所谓本体论证明，就是要使上帝成为不仅是我们思维、信仰之中的存在者，而且是一个我们之外的感性存在者。然而这恰恰是不可能的。因为"我不能够在思维之中将我思维到的东西同时又放到我以外，使其成为感性的事物"。③他依据自然、事物的原因只能从它本身说明的原则，认为所谓上帝存在的宇宙论证明，不过是"人类的褊狭性"和贪图方便的表现，"是再愚蠢没有的事"。至于所谓目的论证明，费尔巴哈明确指出，人们称谓自然目的性的那个东西，"其实不是别的，正是世界的统一性、因果间的和谐、自然界中一

①②③ 《费尔巴哈哲学著作选集》下卷，荣震华等译，三联书店1962年版，第691、645、241页。

切事物存在和活动的总联系"。①因此目的论证明似乎是最明了、最令人信服的证明,然而恰恰是最浅薄、可笑和无知的证明。费尔巴哈进一步指出,即使退一步说,自然有一个充当目的的东西,那也不应当"超出自然以上去"寻求一个超自然的东西即上帝的存在。因为目的只有依靠物质的条件和手段才能实现。而自然界的条件和手段,永远是属于自然自己的。

费尔巴哈用人的类的统一性、整体性,揭露了三位一体这个"绝对哲学和宗教的最高神秘和中心点"②的秘密。上帝是一个,但有圣父、圣子和圣灵三位。人本学认为,上帝是人的本质的对象化。作为单纯存在者的上帝,或作为上帝的上帝,只是绝对的孤独的独立存在。"只有爱跟理智合在一起,只有理智跟爱合在一起,才是精神,才是完整的人"。③为了满足这种需要,就有了圣子这第二个存在者。上帝作为圣子的创造者就是圣父。圣父是"我",是理智;圣子是"你",是爱。至于圣灵则是表明圣父圣子的相互之爱。它们的统一乃是人的整体生活、共同性的虚幻反映。那么,神学所讲三位(人格)的区别又是什么意思呢? 费尔巴哈指出,正如上帝是人的本质对象化一样,人格也只是对人的本质所固有的基本规定进行想象的产物。作为人的本质的基本规定,理智、意志和情感当然是有区别的。鉴于三位中主要是两位,即圣父和圣子,所以这里人格的区别主要是理智和爱的区别。然而,无论是一个存在的上帝,还是三位、三圣、三个人格,都是幻影,是人的本质及其规定的虚幻反映。宗教、基督教仅仅间接地、颠倒地说出这个真理。

---

①③ 《费尔巴哈哲学著作选集》下卷,荣震华等译,三联书店 1962 年版,第 628、96 页。

② 《费尔巴哈哲学著作选集》上卷,王太庆等译,三联书店 1961 年版,第 186 页。

费尔巴哈还揭露了圣经、基督教神学关于化身、受难、复活以及上帝创世等等教义的秘密，并把它们同奇迹联系起来进行批判。基督教虚构出化身、受难以及复活之类的教义，是为着满足信徒心情的愿望，即直观地感性地把握上帝的愿望。而这也恰恰是宗教（基督教）以表象方式体现神（上帝）的本性所决定的。如果上帝只是被思想到的、仅仅作为思想对象的上帝，那就只是一个遥远的、疏远的存在者。人（信徒）同他的关系，也只能是一种抽象关系。基督耶稣正好弥补了这一缺陷。于是就有了超自然诞生、受难和复活之类的虚构。其实，这本质上是对人的神化。费尔巴哈指出，上帝创世，无中创有，这是绝对主观性的"最高峰"，应当与奇迹同属一类，甚至是第一奇迹。而所谓奇迹，不过是一个被实现了的超自然主义的愿望。奇迹是基督教的本质性的东西，是其信仰的内容，基督教以奇迹开始，以奇迹继续，也以奇迹结束。因此，"自然是多么地跟圣经相矛盾！圣经是多么地跟自然相矛盾！"[①]"一切超自然的宗教真理，都是跟经验相矛盾的。谁诉诸经验，那谁就丢弃了信仰。经验成了法庭，则宗教信仰与宗教虔诚就都要溜跑了。"[②]

费尔巴哈对宗教、特别是对基督教的批判，表明"他做的工作是把宗教世界归结于它的世俗基础"。[③] 他以人本学为立足点，揭示出宗教的本质是人的本质虚幻反映，人对神的崇拜其实就是对自己本质的崇拜，神学就是人本学。并在这个基础上批判了基督教神学理论、教义、教条、仪式等等宗教神学内容，揭露教会的社会

---

① Ludwig Feuerbach, *Gesammlte Werke*, Band Ⅴ, hrsg. von Werner Schuffenhauer, Akademie‐Verlag.Berlin, s.195.

② 《费尔巴哈哲学著作选集》下卷，荣震华等译，三联书店1962年版，第281—282页。

③ 《马克思恩格斯文集》第1卷，人民出版社2009年版，第500页。

的政治作用。这对宗教神学确实是有力的冲击,对当时人们的思想解放起了启蒙作用,为行将到来的资产阶级革命进行了思想准备。

由于人本学的局限,费尔巴哈对宗教神学的批判也有其固有的弱点。他对世俗基础的理解是空洞抽象的,当然也不可能对它进行批判。特别是他主张用"爱的宗教"来代替旧宗教。他解释说,为了"铲除自古至今人类所遭受的种种伤心惨目的不公不平的事情","我们就必须拿对人的爱当作唯一的真正的宗教,来代替对神的爱"。① 这样一来,费尔巴哈哲学的不彻底性就明白无遗了。

作为 1848 年革命前夕的德国资产阶级哲学家,费尔巴哈是一位在哲学史上具有重要地位的哲学家。他的人本学—唯物主义哲学,对基督教及神学的批判以及对思辨唯心主义的批判,是近代德国启蒙运动的最后成果,是近代西方哲学关于人的学说的哲学总结。它在当时对人们的思想解放发生过巨大的影响。费尔巴哈的致命弱点是长期过着离群索居式的生活。这就从实践方面决定了他找不到从抽象的人通向现实社会人的道路。费尔巴哈的人本学—唯物主义哲学终究还是形而上学的。他下半截是唯物主义者,上半截是唯心主义者。随着时代的前进,费尔巴哈哲学也就成为"过去了的"哲学。当然,这不否定它是历史上起过划时代作用的哲学。

本 章 小 结

"一切划时代的体系的真正的内容都是由于产生这些体系的

---

① 《费尔巴哈哲学著作选集》下卷,荣震华等译,三联书店 1962 年版,第 786 页。

那个时期的需要而形成起来的。"①从康德到费尔巴哈的德国古典哲学是德国资产阶级形成并准备革命时期的产物,是1848年德国政治革命的前导。

德国古典哲学也是18世纪中叶到19世纪上半叶西方资本主义迅速发展时期的产物,是西方哲学特别是近代西方哲学发展的必然结果。社会生活(制度)的急剧变化,科学新成果潮水般地涌现,经验论唯理论的激烈争论,启蒙主义者对宗教的犀利批判以及对人的自由平等的充分阐述,等等——这一切不仅向人们展现了崭新的世俗世界和精神世界,而且表明人似乎有着魔术般的实践创造力量和认识能动作用。时代要求哲学作出概括和阐明。德国古典唯心主义哲学奠基人据此用思辨方式构建起以人的知意情为对象的先验哲学体系,阐发了人的能动性,而在黑格尔那里则形成了辩证法纲要。辩证法无疑是德国古典唯心主义哲学的重大成果。应当历史地评价德国古典唯心主义哲学。德国思辨唯心主义是以理性在抽象王国的无限创造(能动)力量来肯定人的地位和价值,体现了资产阶级对自由、平等的向往和要求。

19世纪30年代以来,随着资产阶级革命形势日益到来,反宗教反神学斗争成了实践—理论的主要课题,这就导致黑格尔学派解体和青年黑格尔派产生。批判宗教的激进观点导致返回到唯物主义,费尔巴哈人本学—唯物主义哲学也就应运而生。他把文艺复兴以来思想家关于人的思想提升到哲学高度,建立起以人为本的人本学哲学,使人的学说以唯物主义哲学的一种形式确立了哲学地位。

人的问题是从康德到费尔巴哈的德国古典哲学家们热切关注并系统地予以论述的问题。他们各自外表相异的哲学体系,实质

---

① 《马克思恩格斯全集》第3卷,人民出版社1960年版,第544页。

上都是围绕人的问题而建立起来的。对人的理解,即从人是理性的、精神的、自我意识的人向感性现实存在的人的过渡,使德国古典哲学的发展有着内在的逻辑联系。随着人类认识的发展,费尔巴哈抽象的人的学说必然被对人的科学理解所代替。

德国古典哲学是马克思主义哲学的理论来源,对以后西方哲学有着广泛而深刻的影响。它作为人类知识宝库的明珠,至今仍然熠熠生辉。深入研究德国古典哲学还是一项重大任务。

结　束　语

　　两千多年的西方哲学史（西方古典哲学）表明，哲学作为人与世界关系的总体认识和人的一切行为的思想基础，是观念形态的理论体系，是时代精神的精华。它总是受时代的物质生产状况（方式）和整个文化状况的制约。哲学研究的范围、重点以及争论的主要问题，也因它赖以存在的条件的变化而发生变化、而发展。

　　西方哲学发展的历史表明，思维与存在的关系问题成为哲学基本问题，是经历了一个形成过程的。唯物、唯心以及与它们交织在一起的辩证法与形而上学的孕育、产生、形成和发展，它们相互之间的论争，既对立又同一的关系是哲学发展的基本事实（内容）和主要规律。在阶级社会中，哲学斗争除了认识论的原因而外，也还或隐或显地具有阶级的烙印。

　　西方哲学史向人们昭示出这样一个真理：哲学史作为人类知识最高层次知识的发展史，是由低级向高级、贫乏向丰富发展的历史。它反映了哲学随着人类实践活动和认识活动的丰富、深化而不断地向前发展。唯物主义从古代朴素唯物主义发展到近代形而上学唯物主义，原始唯心主义发展为近代唯心主义，古代朴素自发的辩证法发展到近代唯心辩证法，乃至古代怀疑论同近代怀疑论的不同，都说明了这一点。人类认识是波浪式的前进运动，哲学的发展也是如此。同希腊哲学崇尚理性相比较，经院哲学使理性服从信仰是一种倒退,然而后者恰恰在"服从"的前提下,又使理性思维得到发展。17—18世纪自然科学发展状况,使近代形而上学不可避免地出现。它在对自然分门别类的认识上,比古代自发的辩证自然观正确些;但就对自然的总体认识来说,希腊人就比形而上学论者正确些。

西方哲学发展的连续性也给人们这样一个深刻启迪:一定时代的哲学作为人类从总体上认识人与世界关系的成果,总是汇合到人类的哲学宝库中。前一时代、前一代人留下的思想资料,总是为后一时代、后一代人所继承,作为他们继续前进的起点。不仅同一流派内部有着继承关系,就是对立派别也有这种关系。

西方哲学发展的历史表明,西方哲学是世界哲学的瑰宝。它同中国哲学、以印度哲学为主体的东方哲学一同构成世界哲学的三大传统或三个哲学—文化圈,展现了人对自身同世界关系认识的辉煌成就。包括哲学在内的古希腊文化不仅孕育了以后的西方文化,而且使古希腊成为古代四大文明地区之一。基督教的中世纪是野蛮、昏暗的中世纪。但基督教哲学—文化却是那个时代精神的反映,对西方民族乃至基督教世界的居民以深刻的影响。西方中心论是错误的。可是也应当看到,当中国、东方还背着封建制度的沉重枷锁时,西方人则率先跨进了人类近代文明的大门,几个世纪的成就比过去一切时代的全部成就还要多、还要大。近代西方哲学无论在广度和深度上,都取得空前的发展和丰硕的成果,成为世界哲学发展这一阶段的典型代表。

西方哲学史表明,马克思主义哲学产生之前的哲学家,由于时代的(社会的)限制,阶级的和认识的局限,不能把唯物主义和辩证法结合起来,不能把唯物主义运用到社会历史领域的研究。时代在前进,哲学应发展。就西方而言,一方面,在人类以往优秀哲学遗产基础上(特别是德国古典哲学辉煌成果基础上)产生的马克思主义哲学,则以辩证唯物主义和历史唯物主义完成了上述两方面任务,实现了哲学的根本变革;另一方面,流行于西方资本主义国家的现代西方哲学是西方古典哲学的继续和发展。

后 记

为适应新形势下哲学系本科教学需要,中国人民大学哲学系外国哲学史教研室的同志商定,重新撰写一本西方哲学史,并设想它应遵循、贯彻如下精神:以完整准确地、从发展观点理解的马克思主义哲学为指导;从原著出发,占有第一手原始资料,力图从广阔的哲学—文化环境和哲学家本人的思想实际阐发哲学史;充分吸收国内外近年来的研究成果;认真汲取本教研室三十多年来开设这门课程的教学经验和教训,等等。初稿完成后,又几经讨论修改而成书。现奉献给读者。

本书是在由苗力田教授、李质明教授、钟宇人教授、李毓章副教授组成的编写领导小组的指导下撰写而成的。他们除集体商定一些原则性问题外,还分别负责各章的定稿工作。定稿的分工情况是:苗力田——第一章,李质明——第二章和第六章,钟宇人——第三章和第四章,李毓章——第五章。全书由李毓章统稿。

各章的撰写人是:

导言:李毓章;

第一章:苗力田、徐开来(第一节)、余继元(第二、第四节)、秦典华(第三节);

第二章:李秋零;

第三章:李秋零;

第四章:钟宇人、冯俊(第一、第四和第六节)等;

第五章:李毓章、张志伟(第一节);

第六章:李质明、付永军(第一节),罗桔芬(第二节),钟宇人、陶秀璇(第三节),李毓章(第四和第五节);

结束语:李毓章。

中国社会科学院哲学研究所、北京大学哲学系、北京大学外国哲学研究所、武汉大学哲学系、山东大学哲学系、人民出版社哲学编辑室的同行们参加了初稿讨论会。他们肯定了作者们的劳动成果,提出了不少极有价值的意见。田士章、曹力红同志为本书出版做了大量工作。在此,一并谨致衷心的感谢。

撰写一部科学的、适合中国读者阅读的西方哲学史,是我们和全国同行的共同心愿。但这是我们力所不逮的。本书定有纰漏、纰缪,敬请读者批评指正。关于西方近代哲学,本书只写到 19 世纪 40 年代,而 19 世纪中后期乃至 20 世纪初的哲学并未阐述,只好将来修改时补充。

本书已被国家教委列为高校文科教材。各地在使用本书进行教学的过程中如发现什么问题,欢迎随时联系,以便订正。

作　者

1988 年 7 月

修订本后记

　　遵照出版社关于学术著作出版规范的要求，我们对《西方哲学史新编》作了力所能及的修订。此次修订，主要是引文注释方面的。至于正文，除更正、补充了正文中的错字和遗漏外，只有几处作了必要的修改，使表述更准确些。

　　西方学者的姓氏、名字及其著作书名的汉译，以及一些专业术语的汉译，学术界至今还没有统一的标准翻译，绝大多数是约定俗成。本书引用的中文译著，最早的是20世纪30年代的版本，多数是新中国成立后的版本（这次修订时还用了20世纪90年代以后的版本），人名、书名和少数术语不一致是难免的。对于这些不同之处，我们处理的原则是：尊重被引用文本的译法，不作改动。至于少数引文中的错字、遗漏的字，除在行文中改正或补遗并以括号标明外，随后以"——修订者注"的方式标明责任者。有些引文的作者为强调某一概念或内容的重要性，或是把它们加粗或在它们的下面加上着重号。这次为了全书一致，我们去掉了这些标志性的东西。这里还需要说明对已故苗力田教授引文及注释的处理。据说苗先生写作、修改第一章时引用的希腊哲学资料，是他当时正在翻译的东西，同后来正式出版的文本有异。我们保留了原来的引文，在注释中用"参见"标出正式文本的出处。

　　参加引文修订工作的诸位先生是（依各章顺序列出）：聂敏里

教授(第一章)、李秋零教授(第二章、第三章的外文著作及部分中文著作)、冯俊教授(第三章、第四章的部分外文著作及部分中文著作)、钟宇人教授(第三章、第四章的部分外文著作及部分中文著作,第四章两处正文的修改)、张志伟教授(第三章部分中文及第五章第一节中、外文著作)、李毓章教授(第六章及全书各章的其余部分的中、外文著作,以及全书正文的核对与修改),并由李毓章教授负责全书修订稿的统稿。

《西方哲学史新编》第一版是23年前即1990年出版的,到2007年1月已再版8次,并在20世纪90年代中期获全国高校文科教材二等奖。二十多年来,国内西方哲学的教学与研究呈现前所未有的兴旺繁荣局面,新人辈出,成绩斐然。西方哲学教材的新作、佳作也是不断涌现。当《西方哲学史新编》修订再版之际,本应对它作较大乃至彻底的修订。但下列两个因素使我改变了想法。其一,它毕竟是那个年代的产物,深深铭刻着年代的烙印。较大或彻底修订既是我力不从心的事情,也不是短期内就能做好的事。何况积淀下来的东西往往使人心怀一种历史感。二是在我们看来,就是以当今的眼光审视,尽管《西方哲学史新编》需要修改、完善和充实,但它的基本内容,我们当初写作时所设想的并得到切实贯彻的基本原则,至今依然可以坚持。《西方哲学史新编》在人们的精神生活中能够继续传递"正能量"。从西方哲学史的内涵来说,它的缺陷在于它只讲到19世纪40年代的西方哲学。而这次修订因种种原因又不能改变这一局面,确是憾事。不过令人欣慰的是,现代(当代)西方哲学已成内地学界的显学,大量著作为人们的学习提供了方便。我们的眼光是向前看。我们殷切地期待西方哲学的新作不断地呈现在读者面前。

人民出版社哲学与社会编辑部的方国根先生、李之美女士为本书的出版作了大量工作,谨致真诚的谢意。

虽然我们尽管反复审核修订稿,仍不免有差错之处,恳请读者指正。

李毓章

2013 年 4 月 19 日

责任编辑:李之美

版式设计:顾杰珍

图书在版编目(CIP)数据

西方哲学史新编/苗力田,李毓章 主编. -修订本 —北京:
人民出版社,2015.1(2022.7 重印)
ISBN 978－7－01－013908－1

I.①西… Ⅱ.①苗…②李… Ⅲ.①西方哲学-哲学史 Ⅳ.①B5

中国版本图书馆 CIP 数据核字(2014)第 206746 号

西方哲学史新编
XIFANG ZHEXUESHI XINBIAN

（修订本）

苗力田 李毓章 主编

人 民 大 版 社 出版发行
(100706 北京市东城区隆福寺街 99 号)

环球东方(北京)印务有限公司印刷 新华书店经销

2015 年 1 月第 1 版 2022 年 7 月北京第 4 次印刷
开本:880 毫米×1230 毫米 1/32 印张:25. 25
字数:600 千字

ISBN 978－7－01－013908－1 定价:58.00 元

邮购地址 100706 北京市东城区隆福寺街 99 号
人民东方图书销售中心 电话 (010)65250042 65289539